Christian Thiel

Das „bessere" Geld

VS RESEARCH

Christian Thiel

Das „bessere" Geld

Eine ethnographische Studie über Regionalwährungen

VS VERLAG

Bibliografische Information der Deutschen Nationalbibliothek
Die Deutsche Nationalbibliothek verzeichnet diese Publikation in der Deutschen Nationalbibliografie; detaillierte bibliografische Daten sind im Internet über <http://dnb.d-nb.de> abrufbar.

Dissertation Universität Augsburg, 2010

1. Auflage 2011

Lektorat: Dorothee Koch | Britta Göhrisch-Radmacher

VS Verlag für Sozialwissenschaften ist eine Marke von Springer Fachmedien.
Springer Fachmedien ist Teil der Fachverlagsgruppe Springer Science+Business Media.
www.vs-verlag.de

Umschlaggestaltung: KünkelLopka Medienentwicklung, Heidelberg
Gedruckt auf säurefreiem und chlorfrei gebleichtem Papier
Printed in Germany

ISBN 978-3-531-18333-6

Für Sabine

Vorwort

Geld ist ein Rätsel. Oder vielmehr es wird dazu, je mehr man sich damit befasst. Dann nämlich tauchen Fragen auf, die beim alltäglichen Hantieren mit Geld außen vor bleiben. Was ist Geld – Ding, Symbol, Institution, Funktion, Rechtsanspruch, Herrschaftsmittel oder Illusion? Welche Auswirkungen hat Geld – ermöglicht es als neutrales Werkzeug die gesellschaftliche Organisation oder prägt es als Religion der Moderne unser ganzes Sein? Wie beeinflusst Geld das Individuum und seine sozialen Beziehungen? Eine Antwort darauf zu finden ist schwierig. Ein Grund dafür ist, dass Geld in fast allen Bereichen unseres Seins eine Rolle spielt. Ein anderer Grund ist, dass Geld selbst nichts Einheitliches ist, sondern in vielerlei Erscheinungsformen auftritt. Wenn es also nicht *das* Geld gibt, so sind auch die pauschalen Erklärungsversuche zwangsläufig ungenügend. Zumindest ergänzend sollte man den Blick auf konkrete Gelder und damit verbundene Geldkulturen richten, um sich über diesen Weg der Lösung des Rätsels Geld anzunähern. Die vorliegende Studie versucht hier einen Anfang zu machen, indem sie erstmals aus einer geldsoziologischen Perspektive systematisch-empirisch eine spezielle Geldform, das private Regionalgeld, erforscht. Sie ist entstanden an der Universität Augsburg und wurde von der dortigen Philosophisch-Sozialwissenschaftlichen Fakultät im Wintersemester 2010/11 als Dissertation angenommen. Dem voraus gingen lange Jahre des Forschens und Schreibens, in denen mich viele Personen unterstützt und begleitet haben. Ihnen möchte ich an dieser Stelle herzlich danken.

Prof. Dr. Werner Schneider für seine hervorragende Betreuung, die vielfältigen Anregungen und Verbesserungsvorschläge; Prof. Dr. Helmut Giegler für die inspirierenden Gespräche, Hinweise und Ermutigungen. Sie beide gaben jede denkbare Unterstützung und eine Betreuung, die nichts zu wünschen übrig ließ. Weiterhin danke ich Ludwig Gasteiger und Stephan Thiel für ihre vielen inhaltlichen Anmerkungen und Denkanstöße sowie Thomas Sedlmeyr für die aufmerksame Lektüre des Manuskripts und Hinweise auf Fehler und Unklarheiten. Alle verbleibenden Mängel habe ich selbstverständlich alleine zu verantworten. Wie bei jeder Forschung spielt neben dem Ideellen auch das Materielle eine wichtige Rolle – diesbezüglich danke ich der Universität Bayern e.V., die diese Arbeit durch ein dreijähriges Graduiertenstipendium im Rahmen des Bayerischen Eliteförderungsgesetzes erst ermöglicht hat. Weiterhin danke ich meinen Eltern für ihre Unterstützung und Hilfe. Noch eines muss gesagt werden: Wer eine Dissertation verfasst, vertieft sich jahrelang in ein Thema. Diese durchaus zeitaufwändige und vereinnahmende Tätigkeit erfordert viel Geduld und Verständnis von Familie und Freunden. Ich danke ihnen allen herzlich dafür, insbesondere meiner Frau Sabine, dass sie mich die letzten Jahre ertragen hat. Ihr möchte ich diese Arbeit widmen. Last but not least gilt mein Dank all den Menschen, auf die ich im Rahmen meiner Forschungen traf. Namentlich genannt seien Christian Gelleri, der mir erste Kontakte ins Feld vermittelte sowie die Mitglieder von Oeconomia Augustana e.V., von denen ich viel über Geld und regionale Währungen lernen durfte. Ich danke weiterhin all jenen, die sich Zeit für Interviews und Gespräche nahmen. Ohne ihre Freundlichkeit, Offenheit und Auskunftsbereitschaft wäre diese Arbeit überhaupt nicht möglich gewesen. Die spannenden Einblicke in andere Lebenswelten, die vielen interessanten Gesprächen und inspirierenden Diskussionen, die ich dabei erleben durfte, kann man sich für Geld nicht kaufen.

Augsburg, 08.08.2011

Christian Thiel

Inhaltsverzeichnis

Abbildungsverzeichnis

Abkürzungsverzeichnis

ATTAC	Association pour une taxation des transactions financières pour l'aide aux citoyens (Vereinigung für eine Besteuerung von Finanztransaktionen zum Nutzen der Bürger)
Bd.	Band
BP	Beobachtungsprotokoll (Kennzeichnung für Daten mit sinngemäßer Datenqualität)
	bzw. beziehungsweise
ca.	circa
CG	Interview im Chiemgau (Kennzeichnung für persönliche Interviews mit wörtlicher Datenqualität durch Mitschnitt und Transkription)
CH	Chiemgauer (Regionalwährungseinheit; äquivalent zu Euro)
cm	Zentimeter
d.h.	das heißt
d.Verf.	der Verfasser
ebd.	ebenda
engl.	englisch
et al.	et alii (und andere)
etc.	et cetera
f	folgende
ff	fortfolgende
GG	Grundgesetz
griech.	griechisch
GRÜNE	Kurzform für die politische Partei ‚Bündnis 90/Die Grünen'
GTM	Grounded Theory Methodology; Forschungsstil der qualitativen Sozialforschung
Hrsg.	Herausgeber
IN	Interview; Kennzeichnung für persönliche Interviews mit wörtlicher Datenqualität (Mitschnitt und Transkription)
INWO	Initiative für Natürliche Wirtschaftsordnung e. V.
LA21	Lokale Agenda 21
m.E.	meines Ermessens
NGO	Non-Governmental Organization; zivilgesellschaftlicher Interessenverband

o.ä.	oder ähnliche(s/r)
portug.	portugiesisch
SGB	Sozialgesetzbuch
sog.	sogenannte
span.	spanisch
StGB	Strafgesetzbuch
TEL	Telefoninterview; Kennzeichnung für telefonische Interviews mit wörtlicher Datenqualität (Mitschnitt und Transkription)
u.a.	unter anderem
usw.	und so weiter
v.a.	vor allem
z.B.	zum Beispiel
zit.	zitiert

I. Einführung und Überblick

„«Oh», lächelte der Große, «das Geld! Wer hat Menschengestalt und lernt nicht das Geld kennen? Ob er es hat oder nicht, es erregt sein Interesse.» [...] «Was, frage ich mich, ist mit diesem festen Ding aus Metall und Papier, das die Menschen stets bei sich tragen, auch in Kästen und Stahlschränken verwahren?» [...]

«Ich fand, Großer, es ist eine Magie an ihm! Ein Zauber, eine Beschwörung, ein Segen oder ein Fluch. Du kannst dich davon überzeugen. Du hast Hunger, du rufst, aber nichts kommt zu dir. Das ist der Zustand der Armut. Der Zustand wird wenig begehrt. Nehme ich aber ein Geldstück oder zwei oder viele, so kommt das Brot, das Fleisch, roh oder in gekochtem Zustand, ganz wie man es will. Hat man Geld, kann man seinen Willen ausführen, hat man keins, so ist man daran gehindert. [...] Ich habe mich oft gefragt und gedacht: was ist nun mit dieser Magie? Ich nahm die verschiedensten Münzsorten in die Hand, beklopfte, zerschlug sie. Denn bei einer solchen Behandlung wäre doch etwas erfolgt, wenn es sich um eine ernste Kraft handelte. Nichts. Das Geld war nicht besser als ein Blech, ein Papier. Dennoch war es wirksam. Da habe ich verstanden, daß gar keine Kraft an dem Geld hängt und was mit dem Geld ist, warum man es so behandeln kann und es doch wirksam ist.»

«Nun?» [...]

«Weil sie verrückt sind.»“ (Döblin 1997: 315f)

Verrückt erscheint es in der Tat, wie bereitwillig Menschen ihre Habe und ihre Arbeitskraft gegen nichts anderes als ein Versprechen eintauschen. Denn die Zahlen auf unserem Konto, das Papier und Metall in unserer Hand sind an sich wertlos. Wir vertrauen blind darauf, den durch sie dokumentierten Betrag jederzeit wieder gegen einen gleichwertigen Teil des Sozialprodukts eintauschen zu können. Aber das Geld, das so zentral ist für unsere Gesellschaft, das unsere arbeitsteilige Wirtschaft erst ermöglicht und sämtliche Bereiche koordiniert, ist nichts Reales. Geld ist ausschließlich ein fein gewobenes Netz gegenseitiger Ansprüche und Verpflichtungen, dokumentiert in unterschiedlichen Varianten und verwaltet durch mächtige Organisationen. Wie leicht dieses feine Netz zu erschüttern ist, zeigt die gegenwärtige Finanzkrise. Der Ausfall einiger Immobilienkredite in den USA führte zu einer Kettenreaktion. Ein Kollaps des gesamten Finanzsystems konnte vorerst durch weltweite Staatshilfen in Billionenhöhe verhindert werden. Diese Krise offenbarte jedoch nicht nur die Zerbrechlichkeit des Geldes, sondern auch wie sehr der gesellschaftliche Wandel es geprägt und verändert hatte. Mit Globalisierung, Liberalisierung und Virtualisierung wurde auch das Geldsystem immer schneller, komplexer und unberechenbarer.

Angesichts dieser problematischen Entwicklungen hört man Fragen wie: Ist das Geld schuld daran? Korrumpiert es die Menschen, verwandelt es sie in bonusgierige Banker, in narzisstisch-verantwortungslose Manager, in Zahlenzauberer und Wettkönige, die gewissenlos die Welt opfern? Oder umgekehrt: Liegt es an den Menschen? Missbrauchen einige unmoralische Individuen das an sich neutrale Werkzeug, diese geniale Erfindung ‚Geld', die der Menschheit Fortschritt überhaupt erst ermöglicht hat? Und überhaupt: Was ist Geld denn eigentlich und wie wirkt es auf das Leben?

1. Die Soziologie des Geldes und die Vielfalt der Gelder

Das Geld ist definitiv ein unentbehrliches Grundgut der modernen Gesellschaft. Seine zentrale Schlüsselrolle spiegelt sich jedoch nicht in der Forschung wider. Geld wird hauptsächlich (und recht oberflächlich) aus wirtschaftswissenschaftlicher Sicht untersucht, in der soziologischen Theoriebildung dagegen kaum systematisch berücksichtigt. Die vorliegende Arbeit versucht, einen Beitrag zur Behebung dieser ‚Geldblindheit' zu leisten. Das spezifische Erkenntnisinteresse ergibt sich aus der Aufarbeitung des *Forschungsstandes* (1) in Gegenüberstellung mit *aktuellen Entwicklungen* des Geldes (2):

(1) Der hierbei verfolgte Forschungsansatz konzentriert sich auf einen bisher eher vernachlässigten Aspekt des Geldes, und zwar die lebensweltliche Verhaltensseite des Geldes. Geld, so der Grundtenor vieler soziologischer Geldtheorien, habe eine objektivierende und rationalisierende Wirkung auf Menschen und ihre Beziehungen. Man denke nur an Karl Marx' Entfremdungsthese, nach der die Aneignung des Mehrwerts durch den Kapitalisten die Entfremdung der Menschen von ihrer Arbeit, von sich selbst und schließlich von anderen Menschen bedingt (Marx 1961). Max Webers Versachlichungsmotiv geht in eine ähnliche Richtung. Geld als „Maximum [der] formalen Rechenhaftigkeit" (Weber 1972: 45) widerstrebe „allen urwüchsigen Strukturformen menschlicher Beziehungen" (Weber 1922: 365f). Georg Simmel prophezeite gar eine durch Geld bewirkte ‚Tragödie der Kultur' im Sinne von Entfremdung, zunehmender Unsicherheit und Sinnverlust (Simmel 1989: 622ff). Geld trennt aber nicht nur die Menschen, es verbindet sie andererseits auch – allerdings nur in der Sphäre anonymer sozialer Beziehungen. Geld ist somit das Medium der Vergesellschaftung schlechthin und dahingehend Wegbereiter einer modernen Gesellschaft. Der ‚große Gleichmacher' Geld beschränkt sich allerdings nicht auf seinen Bereich, die Wirtschaft, sondern greift auch auf andere Bereiche über und ‚kolonisiert' etwa die Lebenswelt (Habermas 1981, II: 522). Wie König Midas verwandelt Geld alles, was es berührt, in ‚Wirtschaft' (Luhmann 1988: 245). So wurde und wird es immer wichtiger. Heute scheint Geld die ‚Religion der Moderne' zu sein, ein ‚omnipräsentes und omnirelevantes, absolutes Mittel' und

damit Endzweck allen Handelns (Deutschmann 2000: 307). Einige neuere, empirische Arbeiten zur sozialen Bedeutung des Geldes zeigen jedoch, dass Geld keineswegs nur das unpersönliche, objektivierende und damit vergesellschaftende Medium des Wirtschaftssystems ist. Menschen konvertieren Geld in ihrem Alltag in verschiedene partikularisierte Währungen, indem sie das angeblich homogene Zahlungsmittel mit verschiedenen symbolischen Bedeutungen versehen und so markiert in unterschiedliche Kategorien teilen. Je nach Nutzung und Art des sozialen Austauschs wird der äußerlich ununterscheidbare Euro als Lohnzahlung oder Zuwendung, als Haushalts- oder Urlaubsgeld, als Trinkgeld oder Geschenk verwendet (Zelizer 2000). Kurz gesagt: *Ein* Geld transformiert sich im Alltag der Menschen in *viele* Gelder, die sich in ihrer Funktionslogik und ihren Auswirkungen unterscheiden. Dementsprechend läge eine empirisch fundierte Soziologie des Geldes falsch, würde sie von einem rein neutralen, einheitlichen Medium ausgehen, das ausschließlich versachlichende und objektivierende Wirkungen besitzt. Die lebensweltliche Bedeutung des Geldes bestimmt sich durch das Vorhandensein verschiedener Gelder und Geldpraktiken.

(2) Weiterhin ist das Geld *selbst* in einem beständigen Wandel. In der fortschreitenden Moderne wird es immer weiter vereinheitlicht: Die im Laufe des 19. Jahrhunderts durchgeführte Verstaatlichung des Geldes setzt sich fort in supranationalen Währungsgemeinschaften. Was der Euro vorexerziert hat, wollen in den kommenden Jahren beispielsweise die arabischen Golf-Staaten (Golf-Kooperationsrat, geplant 2015), verschiedene südamerikanische (Sucre, eingeführt 2010) und westafrikanische (Eco, geplant 2015) Länder umsetzen. Neben dieser *Homogenisierung* findet jedoch gleichzeitig eine *pekuniäre Differenzierung* statt, es entstehen zunehmend verschiedene Zahlungsmittel und Zahlungsverfahren. Während man noch vor wenigen Jahrzehnten hauptsächlich mit Bargeld bezahlte, verwendet man heute EC- und Kreditkarten, elektronische Geldbörsen auf Chipkarten oder zahlt per Handy. Ein Drittel aller Umsätze im deutschen Einzelhandel wird bereits mit solchen unbaren Zahlungsverfahren erzielt, Tendenz steigend (Gladisch et al. 2003: 113). Den Zugriff auf Buchgeld ermöglichen zunehmend auch private Organisationen. Sie geben unter anderem sog. Affinity-Cards (Zugehörigkeitskarten) heraus, die teils nur für spezifische Gruppen erhältlich sind. So gibt es etwa Kreditkarten, die nur für Homosexuelle erhältlich sind oder solche, die sich an ein afroamerikanisches Klientel richten. Andere hingegen stehen nur besonders Begüterten zu Verfügung. Darin zeigt sich u.a. eine „Entstehung und Differenzierung neuer Zahlungsmittel in den Dimensionen Ethnizität, Klasse, Geschlecht und teilweise der sexuellen Orientierung“ (Zelizer 2000: 319). Solche Zahlungsmittel können dann eine wichtige Rolle im symbolischen Konsum spielen, signalisieren sie doch die verschiedenen Interessen, Präferenzen, Verbundenheiten des Benutzers. Gleichzeitig sind bestimmte Bevölkerungsgruppen, vor allem Arme, häufig von den elektronischen Geldtransfers wie Bankautomatenservice oder Kreditkarte ausgeschlossen. Sie

müssen Institutionen in den Randzonen der Geldwirtschaft nutzen, beispielsweise Pfandleiher oder Geldwechselstuben. Dies führt zur Entstehung teils milieu-, teils klassenspezifisch segregierter Geldwelten (Zelizer 2000: 319). Weiterhin scheint, nicht nur die gesellschaftsintegrative Funktion des Geldes schwindet, sondern die herrschende Geldordnung selbst verändert sich grundlegend. Die neu entstehenden *elektronischen Gelder*[1] stehen einerseits für die Bedürfnisse einer postmodernen Gesellschaft, die Geld immer schneller, einfacher, sicherer und zunehmend im virtuellen Raum verwenden will. Andererseits scheint schon jetzt den Zentralbanken die Übersicht und Kontrolle über die Vielzahl an privaten Geldemittenten und Zahlungsdienstleister zu entgleiten (Krüger/ Godschalk 1998: 1).

Dies verschärft sich noch durch die Entstehung und Verbreitung von sog. *Komplementärwährungen*[2]. Es handelt sich hier um Geldsurrogate, die parallel (nicht alternativ!) zur vorherrschenden Nationalwährung existieren. Sie beruhen auf der Vereinbarung einer Gemeinschaft, etwas (Gutscheine, virtuelle Kredite, Zeiteinheiten,...) neben dem offiziellen Geld als Zahlungsmittel zu akzeptieren (Seyfang/ Pearson 2000: 57). Zwar werden schon seit Jahrhunderten kombinierte Währungssysteme[3] innerhalb von Gemeinschaften erfolgreich praktiziert, seit den 1990er Jahren ist jedoch ein regelrechter Boom zu verzeichnen. Waren diese ‚privaten' Gelder – abgesehen von traditionellen Systemen in Stammeskulturen – noch Anfang der 1980er Jahre praktisch nicht existent, existierten im Jahre 2003 schätzungsweise bereits über 4.000 von ihnen (Kennedy/ Lietaer 2004: 73). Trotz der ungeheuren Vielfalt der verschiedenen Modelle, die sowohl in den westlichen Industrieländern wie auch in Entwicklungsländern entstanden, lassen sich diese letztlich alle als Reaktion auf aktuelle wirtschaftliche und soziale Entwicklungen verstehen. Aufgrund des rapiden gesellschaftlichen Wandels erodieren alte soziale Netzwerke, Vereinsamung und abnehmendes Sozialkapital sind die Folge, Exklusion und Anomie drohen oder bestehen bereits (Bourdieu et al. 1993; Bude 1998; Heitmeyer 1997).

Die Illusion der Vollbeschäftigungsgesellschaft zerbröckelt angesichts steigender Arbeitslosenzahlen, und mit dem Wandel der Institution ‚Arbeit' verändert sich

1 Im Unterschied zu elektronischen Zahlungsverfahren setzen diese kein personalisiertes Konto mehr voraus und können unabhängig von einem zentralen Buchungs- und Kontrollsystem umlaufen (Böhle/Riehm 1998: 163).

2 In dieser Arbeit werden die oft synonym verwendeten Begriffe wie folgt verwendet: *Alternativwährung* als eine Währung, die statt der jeweiligen offiziellen Währung verwendet werden soll; *Parallelwährung* und *Komplementärwährung* dagegen bezeichnen beide Geldsurrogate, die *neben* der jeweiligen offiziellen Währung verwendet werden. Der Begriff *Komplementärwährung* beinhaltet allerdings zusätzlich die Komponente der funktionalen Ergänzung des offiziellen Geldes.

3 Beispielsweise das traditionelle Muschelgeld auf Papua-Neuguinea, das den Bewohnern half, die jüngsten Wirtschaftskrisen gut zu überstehen (DeMeulenaere et al. 2002).

auch deren Ordnungsfunktion für die Gesellschaft und die Identität des Einzelnen (Beck 1999). Ein ‚entfesselter Kapitalismus' – so die Kritiker[4] der globalisierten Geldwirtschaft – lässt ganze Regionen veröden, Kapital wird in gewaltigen Mengen hin- und hergeschoben, immer auf die höchste Rendite bedacht. Kurzfristige Profitmaximierung führt zu Ausbeutung von Natur und Mensch und die Anforderungen der Arbeitswelt treten dem Individuum als inhumaner Imperativ gegenüber. Die Kapitalakkumulation in den Händen weniger verschärft die soziale Ungleichheit und verurteilt ganze Bevölkerungsschichten zu einem Leben am Rande der Existenz. Viele dieser Problemlagen werden von bestimmten gesellschaftlichen Gruppen wahrgenommen und auf das herrschende Geldsystem zurückgeführt. Daraus entwächst die Motivation eigene Gelder zu emittieren, die bestimmte Ungleichgewichte kompensieren sollen. Je nach wahrgenommener Problemlage entstehen unterschiedliche Varianten: Regiogelder wollen die regionale Wirtschaft stärken, Tauschringe praktizieren Vergemeinschaftung, Zeitbanken fördern Ehrenamt und soziales Engagement und Seniorengenossenschaften versuchen die Versorgungslage von Rentnern verbessern. Japan etwa führte mit der Pflegewährung ‚Fureai Kippu' ein System ein, mit dem die durch den demographischen Wandel überlasteten Renten- und Pflegekassen entlastet werden sollen. Dabei erhalten Personen für die Pflege und Unterstützung alter Menschen Guthaben auf ein Zeitkonto. Dieses können sie dann im Alter selbst gegen Unterstützungsleistungen eintauschen (Hirota 2003; Lietaer 2004). In Brasilien ist eine Bildungswährung namens ‚Saber' (portug.: Wissen) angedacht, mit der Schüler Bildung erwerben können, wobei die durch Nachhilfe verdienten Werteinheiten später auch zur Bezahlung von Studiengebühren dienen (Lietaer 2006). All dies sind offenbar Versuche, unterschiedliche Geldarten zu konstruieren, die je verschiedene Anreizstrukturen für bestimmte Verhaltensmuster beinhalten und dadurch spezifische Wirkungen ausüben sollen (Lietaer et al. 2008).

2. Erkenntnisinteresse und Untersuchungsgegenstand

Vor dem Hintergrund dieser doppelten Differenzierung des Geldes – einmal auf der Subjektebene, einmal auf der Ebene des Geldes selbst – will die vorliegende Arbeit den grundlegenden Wirkungen von Geld im Alltagshandeln von Menschen und in sozialen Beziehungen nachzuspüren.

Als *Untersuchungsgegenstand* wurde nicht einfach Geld im allgemeinen Sinne ausgewählt, sondern eine bestimmte Art von Komplementärwährung, und zwar sogenannte Regionalwährungen (auch Regiogeld oder Regionalgeld genannt). Es handelt sich hier um ein recht junges Phänomen, das sich ab 2003 in Deutschland

4 etwa Altvater 1987, Boris et al. 2000, Creutz et al. 1986, Senf 1996.

verbreitete. Meist ehrenamtliche Gruppierungen drucken dabei ihr eigenes, nur innerhalb der jeweiligen Region (Stadt, Landkreis) gültiges Geld. Inzwischen existieren über 30 aktive Initiativen bundesweit und ca. 40 befinden sich in Vorbereitung. Regionalwährungen wollen erstens eine nachhaltige und kooperative Wirtschaftsweise fördern, die Kaufkraft an die Region binden und sie dadurch besser vor globalen Finanzspekulationen schützen; zweitens sollen sie die regionale Identität und Gemeinschaft stärken. Dazu wird das Regiogeld einerseits mit einer entsprechenden Symbolik ‚aufgeladen', andererseits mit einer negativen Verzinsung versehen. Diese beschränkt es auf seine Funktion als Tauschmittel, wodurch es seinen Charakter als absolutes Mittel verliert. Da sich in diesen Versuchen, (herkömmliches) Geld bzw. seine sozialen und ökonomischen Folgen mit (anderem) Geld zu bekämpfen, – gleichsam ‚in nuce' – aktuelle gesellschaftliche Konfliktlinien und Debatten rund um Individualisierung, Globalisierung, Wandel des Sozialstaats, Kapitalismus und Finanzkrisen widerspiegeln, richtete sich das *grundsätzliche Erkenntnisinteresse* auf eine ethnographische Beschreibung des Phänomens. Dabei konnten Muster und Strukturen einer aktiven sozialen Bewegung identifiziert werden, in der verschiedene modernisierungskritische und postmaterialistische Ideologien zusammenfließen. Mit ihren Regiogeldern versucht diese (praktisch und diskursiv) als gesellschaftspolitische ‚Deutungsinstanz' (Soeffner 2000) Einfluss auszuüben. Der grundsätzliche Gedanke jener sozialen Bewegung ist, dass Geld sich ‚programmieren' lässt, d.h. durch die Veränderung bestimmter Konstruktionselemente automatisch ein spezifischer (besserer) Umgang mit Geld erwirkt werden kann. Dementsprechend soll das Regiogeld die unterstellten oder erfahrenen ‚schädlichen' Wirkungen des ‚normalen' Geldes quasi umkehren – das ‚bessere Geld' soll verbinden (vergemeinschaften), nicht trennen (vergesellschaften), es soll gemeinwohl-, nicht profitorientiert sein, es will spirituell und nicht rein rechenhaft sein. Hier setzt das *fokussierte Erkenntnisinteresse* an, das (entsprechend des theoretischen und methodologischen Hintergrunds) danach fragt, welche Bedeutungen Menschen dem Medium Regiogeld zuschreiben und welche Auswirkungen es auf ihr Handeln sowie auf ihre sozialen Beziehungen hat. Im Rahmen einer Fallstudie offenbart sich so der Einblick in eine spezifische Geldkultur.

Um den verschiedenen interpretativen „Mehrfachkodierungen" (Nassehi 2005) des Regiogeldes auf die Schliche zu kommen, wurde eine mikrosoziologische, sozialkonstruktivistische Perspektive in der Tradition der qualitativen Sozialforschung gewählt. Das entsprechende *methodische Vorgehen* erfolgt möglichst nahe am natürlichen Kontext des Geschehens und erlaubt durch größtmögliche Offenheit ein Entdecken und Verstehen komplexer Zusammenhänge.

Bei einem solch gewaltigen Thema wie dem Geld steht man selbstverständlich als ‚Zwerg auf den Schultern von Riesen' (Merton 1989). Deren bedeutende Konzepte zum Geld fließen reflektiert als ‚sensibilisierende Konzepte' in den Erkenntnisprozess ein. Dadurch wird es möglich, einen empirisch begründeten und theoretisch anschlussfähigen Beitrag zu einer Soziologie des Geldes zu leisten.

3. Aufbau der Arbeit

Im Anschluss an diese Einführung beschäftigt sich das nachfolgende *Kapitel II* mit verschiedenen Theorien und Untersuchungen über Geld, wobei Überlegungen zu zentralen Charakteristika des Geldes angestellt werden. Diese Aufarbeitung des Forschungsstandes mündet in der Präzisierung der Fragestellung und der Ableitung erkenntnisleitender Heuristiken.

Kapitel III enthält eine Darstellung der für diese Untersuchung angewandten Methoden und ihrer theoretisch-methodologischen Grundlagen. Das methodische Vorgehen (Datenerhebung, Datenauswertung, Datenmaterial) und der Forschungsprozess mit all seinen Erfolgen und Schwierigkeiten werden vorgestellt sowie kritisch reflektiert.

Kapitel IV beinhaltet entsprechend des grundsätzlichen Erkenntnisinteresses eine Ethnographie des Regiogeldes. Dabei werden die ideengeschichtlichen Wurzeln des Phänomens, seine Entstehung, die hier relevanten Wissensstrukturen, die daran beteiligten Personen in ihren Rollen, die hier wirksamen Normen und Regeln sowie die verwendeten Gegenstände betrachtet.

In *Kapitel V* folgt die Fallanalyse, in der für eine exemplarische Regionalwährung detailliert rekonstruiert wird, welche Bedeutungen und Handlungen sich im Alltag mit dem Regiogeld verknüpfen.

Kapitel VI richtet den Blick zurück auf zentrale Ergebnisse, diskutiert sie theoretisch sowie zeitdiagnostisch und versucht gleichzeitig, verbleibende Forschungslücken herauszuarbeiten.

Noch eine Bemerkung zur Terminologie: Es ist schwierig, einen Text zu verfassen, der beide Geschlechter gleichermaßen benennt. Ich habe deshalb versucht, möglichst geschlechtsneutrale Begriffe (Aktivisten, Nutzer etc.) zu verwenden. Ansonsten verwende ich die männliche als nicht-markierte Bezeichnungsform, die dementsprechend beide Geschlechter meint.

II. Geld und Regionalgeld – eine theoretische und empirische Annäherung

Jede wissenschaftliche Arbeit muss sich im Kontext der bestehenden theoretischen und empirischen Forschung verorten. Regionalgeld ist jedoch bislang kaum ein Thema in der wissenschaftlichen Forschung. Es finden sich weder große Forschungsprojekte, noch Veröffentlichungen in den führenden wissenschaftlichen Fachzeitschriften. Nur eine Handvoll Abschlussarbeiten[5] befasst sich mit dem Thema, meist aus den Bereichen Geographie, Regionalentwicklung und Raumplanung. Das Gros der sonstigen Publikationen wird herausgegeben von verschiedenen Institutionen, die sich alternativen Geldtheorien oder solidarischer Ökonomie verpflichtet fühlen[6]. Darüber hinaus gibt es einige aktuelle Sammelbände, die das Thema Regionalwährungen zumindest anschneiden[7] und natürlich die Veröffentli-

5 Verschiedene Abschlussarbeiten über Regionalgeld: *Geographie, Raum- und Umweltplanung, Regionalentwicklung*: Barth (2007) entwickelte das Konzept einer Regionalwährung, Bode (2004) befasste sich mit dem Thema unter dem Aspekt der regionalen Ökonomie, Herrmann (2005) führte mit dem Fokus auf Nachhaltigkeit eine Befragung bei zwei Initiativen durch, Meßenzehl (2006) erstellte ein Stimmungsbild der Bevölkerung bei einer Initiative, Schulz (2006) gab einen Überblick der Regionalgelder in Deutschland. *Wirtschaft*: Arnold (2007) beurteilte die ökonomische Wirksamkeit an ausgewählten Beispielen, Denich (2007) erstellte eine problemorientierte Fallstudie, Henning Osmers bearbeitet aktuell das Phänomen in seiner Dissertation unter dem Aspekt der Eigentumsökonomie. *Soziologie, Sozialpädagogik, Ethnologie, Politologie*: Großschmidt (2007) führte eine Fallstudie aus Rational Choice Perspektive durch, Kliewe (2008) fragte nach Effekten auf die regionale Sozialstruktur, Koch (2006) versuchte gesellschaftliche und individuelle Wirkungen von Regionalgeldern aufzufinden, Preissing (2007) verglich verschiedene Regionalwährungssysteme mit Fallbeispielen aus der Ethnologie, Schwaiger (2005) behandelte Regiogeld als neue Perspektive für die Gemeinwesensarbeit und Volkmann (2008) bearbeitete das Thema in seiner Dissertation vor dem Hintergrund von Regionalität und Globalität.

6 Vor allem die ‚Stiftung für Reform der Geld- und Bodenordnung' in ihrer ‚Zeitschrift für Sozialökonomie'. Zum Thema Regionalgeld siehe v.a. die Schwerpunktausgaben März 2005 (42. Jg, 144. Folge), Juni 2006 (43. Jg, 149. Folge), April 2007 (44. Jg, 152. Folge) und Oktober 2008 (45. Jg, 158/159. Folge).

7 Mit dem Fokus auf ‚Solidarische Ökonomie' etwa Müller-Plantenberg 2007 und Giegold/Embshoff 2008; aus dem Bereich Wirtschaftsethik etwa Weis/Spitzeck 2008; für eine kritisch-würdigende Diskussion Lietaers' Konzepte von Welt- und Komplementärwährungen siehe den Sammelband von Dirk Baecker (2003).

chungen von Margrit Kennedy und Bernard Lietaer (etwa Lietaer 2002; Kennedy/Lietaer 2004) – diese Autoren haben die Entstehung der Regiogelder in Deutschland überhaupt erst angestoßen.

Insgesamt fehlt eine fundierte theoretische und empirische Grundlage, mit der das Phänomen Regiogeld sowohl *theoretisch* erfasst als auch in seiner *zeitdiagnostischen Relevanz* beurteilt werden kann. Eine solche Grundlage kann jedoch aus dem Forschungsstand über Geld im Allgemeinen erschlossen werden. Schließlich stellt Regiogeld – wie der Name bereits sagt – nichts anderes als *eine* Art von Geld dar. Primär in seinen Intentionen unterscheidet es sich vom ‚regulären' Geld: Regiogeld versucht als ‚besseres' Geld den unterstellten oder tatsächlichen schädlichen Wirkungen der vorherrschenden Geldwirtschaft entgegenzutreten. Es will Geld sein, aber nicht wie Geld wirken. In diesem Zusammenhang stellt sich die grundlegende Frage, was ist Geld überhaupt und welche Auswirkungen – positiver oder negativer Art – hat es auf Gesellschaft und Individuen. An einer tiefergehenden Auseinandersetzung mit dem Phänomen Geld führt kein Weg vorbei. In den folgenden Kapiteln werden deswegen einige theoretische und empirische Erkenntnisse aus Geschichte, Wirtschaftswissenschaften, Soziologie und Psychologie wiedergegeben und auf ihre Relevanz für den Untersuchungsgegenstand befragt. Der eilige Leser möge gleich zu Kapitel II.6 blättern, er findet dort die Quintessenz dieser Aufarbeitung des Forschungsstandes. Allerdings entgeht ihm dadurch möglicherweise eine interessante Reise durch die Welt des Geldes.

1. Geld im Blickpunkt der Wissenschaft

> „Geld ist etwas Hochabstraktes und Knallkonkretes zugleich, unveränderlich und laufend anders, ein Maßstab und doch gleichzeitig meßbar. Geld hat die Aura des Magisch-Mythischen und zugleich etwas Platt-Profanes, es wird mit aller Inbrunst verteufelt und voller Leidenschaft vergötzt, es ist ungeheuer praktisch und doch hochkompliziert. Geld verkleidet sich als Sache, als Funktion, als Instrument, als Vorstellung, als (Rechts-)Anspruch, als Mittel oder gar als Symbol – es bleibt ein kniffliges Paradoxon" (Weimer 1994: 7).

„Geld regiert die Welt!" sagt der Volksmund zurecht. Geld ist ein, wenn nicht das Grundgut der modernen Gesellschaft. Und es ist weit mehr als nur Träger von Kaufkraft. Es kann „gemünzte Freiheit" (F.M. Dostojewski) sein oder „Brecheisen der Macht" (F. Nietzsche), das „stärkste Gift" (W. Shakespeare) oder „das Allerwichtigste auf der Welt" (G.B. Shaw). Geld ist Grundlage von Eigentum, Kapital und Reichtum. Es bestimmt die Möglichkeiten, welche Menschen, Gruppen und Gesellschaften haben, es eröffnet den Zugang zu „Lebenschancen" (Dahrendorf 1979) und besitzt insofern Ungleichheitsrelevanz (Kreckel 1992). Geld spaltet in Arm und Reich, in Inkludierte und Exkludierte. Es korreliert mit Bildungs- und

Erwerbschancen, mit Wohnqualität, Gesundheit und Lebensdauer, mit sozialen Kontakten und Netzwerken, kultureller und politischer Partizipation usw.

Als „omnirelevanter und omnipräsenter" Repräsentant von Macht, Einfluss, Vermögen und vielem anderen wird es zum „absoluten Mittel" und damit zum Endzweck allen Handelns (Deutschmann 2000: 307).

Angesichts dieser Zentralität und Bedeutung sollte man annehmen, das Phänomen Geld würde intensiv erforscht werden. Dem ist nicht so. Zwar haben seit Aristoteles unzählige Denker aus verschiedenen wissenschaftlichen Richtungen versucht, das „Rätsel Geld" (Schelkle/Nitsch 1995) zu ergründen. In der gegenwärtigen Diskussion ist Geld jedoch hauptsächlich Thema der Wirtschaftswissenschaften. Dies geht zurück auf Franz Oppenheimer, Inhaber der ersten Soziologieprofessur in Deutschland. Seiner Unterscheidung zufolge hat sich die Soziologie mit Mensch-Mensch-Beziehungen und die Ökonomie mit Mensch-Ding-Beziehungen zu befassen (Ganßmann 1996: 130). Als Konsequenz von „Oppenheimers Fluch" (Ganßmann 1996: 21) fiel das Geld zwischen alle Stühle. Die Soziologen ignorieren es meist, „as if it were not sociological enough" (Collins 1979: 190). Die Ökonomen hingegen tun sich schwer, das Geld angemessen in ihren Theorien zu berücksichtigen. Sie konzipieren es als „Notlösung" (Aglietta 1993: 176), als rein ‚neutrales Medium', das sich wie ein ‚Schleier' über die realen Austauschprozesse legt. Kaum eine Abstraktion der Wissenschaft dürfte sich von der Wirklichkeit jemals weiter entfernt haben (Deutschmann 2002b: 8). Allein an der Frage, warum Geld um seiner selbst willen begehrt wird, scheitert die ökonomische Theorie. Polemisch gesagt, scheint es, das Geld ist das „letzte Rätsel der Nationalökonomie" (Riese 1995: 45), die „bis zum heutigen Tag nicht weiß, was Geld ist" (ebd.).

Diese ‚Geldblindheit' ist nicht unproblematisch. Schließlich wird Geld häufig als ein Hauptverursacher für die Zerstörung und Versachlichung gemeinschaftlicher Beziehungen und als ein Motor der Individualisierung gesehen. Geld scheint die ‚Religion der Moderne' (Deutschmann 1999) zu sein und alle Bereiche des Lebens seiner Funktionslogik zu unterwerfen. Nicht umsonst heißt es im Volksmund: „Geld ist nicht alles, aber ohne Geld ist alles nichts". Vielleicht ist es gerade diese Allgegenwart des Geldes, die dazu führt, dass es „so selbstverständlich, natürlich und evident zu sein [scheint], dass sich darüber nicht viel sagen lässt" (Müller 2000: 425).

Die folgenden Kapitel werden zeigen, dass sich über Geld eine ganze Menge sagen lässt. Denn auch wenn sich die Wichtigkeit des Phänomens Geld nicht in der Intensität der wissenschaftlichen Forschung darüber widerspiegelt, so gibt es doch eine Fülle von Arbeiten zum Thema. Aus diesen wurden einige, für diese Untersuchung relevante, ausgewählt. Die Darstellung muss dabei aus Platzgründen streiflichtartig bleiben; weder kann ausführlich auf zugrundeliegende theoretische

Perspektiven eingegangen werden, noch ist es möglich, die jeweilige Rolle im wissenschaftlichen Diskurs angemessen zu würdigen.

Zuerst wird anhand verschiedener lexikalischer Definitionen die Komplexität des Phänomens Geld veranschaulicht (Kapitel II.2). Nach einem Streifzug durch die Geschichte des Geldes (Kapitel II.3), wenden wir uns jener Disziplin zu, welche am besten über Geld Bescheid wissen sollte – der Ökonomie (Kapitel II.4). Es folgt als umfangreichstes Kapitel die soziologische und sozialpsychologische Auseinandersetzung mit dem Geld (Kapitel II.5). Abschließend werden die für die vorliegende Untersuchung relevanten Ergebnisse zusammengefasst und erkenntnisleitende Heuristiken abgeleitet (Kapitel II.6).

2. Geld – Eine Annäherung

„Geld – was für eine seltsame Erfindung war das gewesen.“
– Carl Amery

Was ist Geld überhaupt, welche Aspekte beinhaltet es, welche Auswirkungen hat es? Zur Annäherung an das Phänomen Geld erfolgt eine kurze Durchsicht verschiedener Lexika.

Nach einem etymologischen Wörterbuch (Pfeifer 1993, Bd. 1: 418) geht das Wort ‚Geld' u.a. auf das althochdeutsche ‚gelt' (um 800) zurück und bedeutete ursprünglich „das, womit man Opfer, Buße erstatten, entrichten kann“ (ebd.). Anfangs der kultischen und rechtlichen Sphäre zugehörig, wandelt es langsam seine Bedeutung hin zu ‚Abgabe, Zahlung' im wirtschaftlichen Bereich und begegnet uns ab dem 14. Jahrhundert in seiner heutigen Bedeutung als ‚gesetzliches Zahlungsmittel'. Seine *zentrale Bedeutung im gesellschaftlichen und persönlichen Leben* spiegelt sich in den zahlreichen Umschreibungen (Blech, Kies, Kröten, Moos, Zaster etc.) und Sprichwörtern (das liebe Geld, Geld wie Heu, Zeit ist Geld usw.). Doch was *ist* Geld nun genau? Die Encyclopaedia Britannica gibt folgende Antwort:

> “A commodity accepted by general consent as a medium of economic exchange. […] People accept money at face value because they know that others will do the same. This universal acceptance means that money is a social convention […] Anything can serve as money that habit or social convention and successful experience deem acceptable” (Safra 2002, Vol.24: 325).

Geld ist zunächst offenbar ein *allgemein akzeptiertes Tauschmittel*, das auf einer *sozialen Übereinkunft* beruht. Sein Wesen – so der Brockhaus (Zwahr 2006, Bd. 10: 368ff) – definiert sich nach seinen *Funktionen* (Recheneinheit/Wertmaßstab, Tauschmittel, Wertaufbewahrungsmittel) und ist unabhängig von Stoff, Herkunft und Bezeichnung. Meist wird unter Geld das *staatlich anerkannte oder eingeführte Zahlungsmittel* verstanden.

Dieses tritt als Bargeld (Münzen, Scheine) sowie als Buchgeld (auch Giralgeld oder Geschäftsbankengeld) in Erscheinung. Daneben stehen *Behelfszahlungsmittel* (Wechsel, Schecks etc.) und sog. *Geldsurrogate*, die keinem gesetzlichen Annahmezwang unterliegen. Aus den Geldfunktionen leiten sich wiederum eine Vielzahl an *Geldtheorien* ab, die sich mit dem Wesen des Geldes (Nominalismus vs. Metallismus), mit seinen Auswirkungen auf einzelne Wirtschaftssubjekte (Liquiditätsbedürfnis, Kassenhaltung) bzw. auf Volkswirtschaften (Geldmenge, Geldwert, Geldwirkungen) befassen. Diese wiederum liefern die Grundlage für die *Geldpolitik*, deren Ziel die Steuerung des Geldumlaufs und der Kreditversorgung einer Volkswirtschaft ist. Die wichtigste Instanz hierfür ist in Europa die Europäische Zentralbank, die Zentralbankgeld herausgibt (emittiert), mit dem die Geschäftsbanken ihrerseits wieder (Buch-)Geldschöpfung betreiben. Soweit die einhellige und gleichzeitig sehr funktionalistische Sichtweise des Geldes. Hinweise auf mögliche negative Auswirkungen des Geldes finden sich nur sehr sporadisch und bezeichnenderweise in Lexika aus Philosophie und Theologie. Die Philosophen machen auf die leichte *Manipulierbarkeit* eines Geldmediums aufmerksam, das nicht mehr an einen (Stoff-)Wert gebunden ist (Ritter 1974, Bd. 3: 224f): Als bloßes ‚Geschöpf der Rechtsordnung', das im Verlauf eines ‚säkularen Abstraktionsprozesses' zunehmend substanzloser wird, ist es zwar rechtlich strikt *legitimiert* und *sanktioniert*. So ist etwa die Geldfälschung (§146StGB) strafbar und Geldvermögen genießt wie jedes Vermögen verfassungsrechtlichen Eigentumsschutz (Art. 14GG). Allerdings kann im Falle einer Geldwertverschlechterung (Inflation) vom Staat keine Entschädigung verlangt werden (Grill et al. 1995; Bd. 2: 698). Weiterhin wurde Geld, wie im ‚Lexikon für Theologie und Kirche' (Kasper 1995, Bd. 4: 406f) zu lesen ist, immer schon *ethisch ambivalent* beurteilt: Es dringe in alle Lebensbereiche vor und mache alles ver- und berechenbar. Geld werde zum Selbstzweck, Machtausübung die neue, eigentliche Geldfunktion. Man sieht: Geld ist hochkomplex. Beenden wir hier diesen ersten Einstieg und wenden uns im nächsten Abschnitt der Geschichte des Geldes zu.

3. Eine kurze Geschichte des Geldes

„Die Phönizier haben das Geld erfunden – warum bloß so wenig?"
– Johann Nepomuk Nestroy

Aus mehreren Gründen kann ein Blick in die Geschichte des Geldes zum tieferen Verständnis des Phänomens Regionalgeld beitragen. Erstens – und das wäre der *zeitdiagnostische* Beitrag – wird deutlich, welche Rolle v.a. die neuere Geldgeschichte bei der Entstehung des Phänomens Regiogeld spielt.

Zweitens zeigt sich aus *theoretischer* Sicht, dass Geld einem ständigen Wandel unterliegt. Es gab und gibt nicht nur ein Geld, sondern unterschiedliche Geldarten, die in verschiedenen Gesellschaftsformen zu verschiedenen Zeiten je Unterschiedliches bedeutet haben. Dabei war und ist das Geld immer eng mit der gesellschaftlichen Entwicklung, der Denkweise, ja dem ganzen menschlichen Leben verwoben. So kann die Geschichte der Menschheit auch als eine Geschichte des Geldes gelesen werden. Warum das Geld entstanden ist, darüber streiten sich die Geister:

> „Für Adam Smith ist es aus dem Handel entstanden, für Bernhard Laum aus religiösen Motiven, für John Locke aus Bedürfnissen der Wertaufbewahrung, für Wilhelm Gerloff aus Prestigedrang, für Karl Marx aus dem Zwang, Werte zu messen, für Aristoteles aus dem Zahlungsmittelbedarf, für Georg Friedrich Knapp aus staatsrechtlicher Konvention" (Weimer 1994: 11).

Was auch immer die Gründe gewesen sein mögen, Geld hat eine wechselvolle Geschichte durchlaufen. Vom Warengeld zum Münzgeld, vom Papiergeld zum virtuellen Geld – jede Geldform führte zu weitreichenden Veränderungen und brachte ihre eigene Kultur hervor.

3.1. Das Zeitalter des Warengeldes

Am Anfang der Geschichte des Geldes stand das Natural- oder Warengeld: Muscheln[8], Salz, getrocknete Fische, Kakaobohnen, Gewürze, Reis, seltene Steine, Zähne, Felle, Tiere[9] etc. dienten als Zahlungsmittel. Irgendwann wurde eines dieser Dinge zu einer allgemeinen Bemessungseinheit und damit zu einem Zwischenmedium im Tausch. Möglicherweise spielte dieses Gut eine besondere Rolle im ritualisierten Gabentausch (Gerloff 1943) oder es entstammte dem kultischen Bereich als Opfergut für die Götter (Laum 1924). Im Laufe der Zeit setzten sich Metalle als Geld durch, allen voran das Gold. Sie waren robust, haltbar, gut transportabel, teilbar, selten (aber nicht zu selten) und hatten zudem diverse magische und symbolische Bedeutungen. Etwa 1700 v. Chr. wird in der Geschichte von Babylon der Gebrauch von Edelmetall als Geld erwähnt, um 640 v. Chr. prägte

---

8 Besonders populär wurde die Kauri-Muschel, die bis zu Beginn des 20. Jahrhunderts religiöses Kultobjekt und in Südostasien, Indien und Afrika beinahe universelles Zahlungsmittel war (Sedillot 1992: 42).

9 Rinder spielten bei vielen alten europäischen Völkern von Irland bis Griechenland und auf dem gesamten indischen Subkontinent eine wichtige Rolle als Geld. Aus dem lateinischen *pecunia* (Viehreichtum), leitet sich ‚pekuniär' ab (frz. ‚pécuniaire' etc.), das englische ‚cattle' (Vieh) entstammt den gleichen Wurzeln wie ‚Kapital' (Weatherford 1999: 38).

man im kleinen anatolischen Königreich Lydien zum ersten Mal Münzen daraus (Zarlenga 1999: 22).

Die dadurch für jeden erkennbare Normierung von Qualität und Menge des Edelmetalls bewirkte eine Geldrevolution, die schnell auf die Nachbarvölker übergriff, v.a. auf Griechenland. Das Münzgeld ermöglichte eine weitaus komplexere Organisation der Gesellschaft als zuvor, es förderte den Handel und der neue Reichtum führte zu einer Blüte von Kunst, Philosophie, Drama, Dichtkunst und Wissenschaft (Weatherford 1999: 53ff). Die Römer errichteten später das erste Weltreich, das durch Geld organisiert wurde[10]. Mit seinem Geldsystem finanzierte Rom die großen Armeen und Verwaltungsbeamten, die die Errichtung und Verwaltung des riesigen Reichs erst ermöglichten. Unter anderem an seinem Geldsystem ging es auch wieder zugrunde. Hohe Staatsausgaben (Feldzüge, Baumaßnahmen, Importe) führten zu einer notorischen Finanzknappheit der Herrscher. Kaiser Nero verkleinerte deswegen 64 n.Chr. einfach Silber- und Goldmünzen. Spätere Kaiser übernahmen seine Strategie der Münzverschlechterung, bis der Silbergehalt im Laufe von zweihundert Jahren von fast 100 Prozent auf faktisch Null sank (Weatherford 1999: 75). Der Preis der Güter erhöhte sich entsprechend, die Folge war eine Schwächung der gesamten Wirtschaft. Hinzu kamen die hohen Steuern, mit denen die herrschende Elite ihren ausschweifenden Lebensstil finanzierte. Als Rom 476 zum zweiten Mal geplündert wurde und das Reich zusammenbrach, erlosch auch die Geldwirtschaft, die sich knapp 1000 Jahre gehalten hatte (Zarlenga 1999: 40f).

Die nächsten 1000 Jahre bis zum Beginn der Renaissance spielte Geld für die meisten Menschen eine eher untergeordnete Rolle[11]. Im 13. und 14. Jahrhundert

---

10 Die Göttin Juno war nicht nur Schutzheilige des römischen Staates, sondern ihr Tempel war gleichzeitig Münzprägestätte. Aus einem ihrer Namen, Juno Moneta (von lat. monere: warnen; wegen den Gänsen in ihrem Tempel, die vor einem feindlichen Angriff warnten), leitet sich etwa das englische ‚money' ab (Weatherford 1999: 69).

11 Eine wichtige Ausnahme sind die Kreditbriefe der Tempelritter, eines 1118 gegründeten Militärordens. Zur Zeit der Kreuzzüge brachten die Templer regelmäßig die Erträge ihrer europäischen Besitzungen in ihr Hauptquartier in Jerusalem und boten diesen ‚Service' auch für andere an. Wenn ein Adeliger ins Heilige Land pilgern wollte, trug er sein Geld zu einer der vielen Templer-Burgen in Europa und erhielt dafür ein schriftliches Dokument – einen Vorläufer des heutigen Wechsels. Damit konnte er es in Jerusalem (oder einer anderen Templer-Feste) wieder ‚abheben'. Anfang des 14. Jahrhunderts wurde der schwerreiche Orden von Philipp, IV. von Frankreich (der Schöne) enteignet und zerschlagen. Der Vorwurf lautete auf Ketzerei, der tatsächliche Grund war wahrscheinlich die chronische Geldnot des Herrschers. Mit der Verbrennung des Templer-Großmeisters Jacques de Molay auf dem Scheiterhaufen endete 1314 die größte und mächtigste internationale Finanzinstitution seiner Zeit (Weatherford 1999: 86ff; Zarlenga 1999: 99f).

entstanden dann in den großen italienischen Handelsstätten (Pisa, Florenz, Venedig, Verona, Genua) die Vorläufer des modernen Bankenwesens[12].

Die italienischen Bankiersfamilien schufen Bankennetze von England bis zum Kaspischen Meer, finanzierten weltweit Handelsmissionen und offerierten diverse Finanzdienstleistungen: Sie wechselten die verschiedensten Währungen, transferierten Geld, verwahrten es oder gewährten Darlehen. Die von ihnen herausgegebenen Wechsel wurden vielerorts wie Bargeld akzeptiert und kurbelten den Handel an, nicht nur weil es die unzureichende Menge an Gold- und Silbermünzen ausglich, sondern auch weil Geld dadurch leichter (und gefahrloser) transportiert werden konnte (Weatherford 1999: 100ff). Die Durchsetzung der Geldwirtschaft bedingte gleichzeitig eine neue Qualität des ökonomischen Denkens, symbolisiert durch die Anfang des 16. Jahrhunderts von Luca Pacioli beschriebene ‚doppelte Buchführung'. Sie subsumiert im Grunde alle Gegenstände und Tätigkeiten unter einen abstrakten Geldwert und – noch wichtiger – sie begründet die moderne Idee von Gewinn. Dieser ist nun nicht mehr, wie in der Antike, ein vager Besitzzuwachs, sondern ein objektives, mathematisch und empirisch überprüfbares Faktum (Buchan 1999: 97).

> „Die doppelte Buchführung [...] ordnet [...] die Erscheinungen zu einem kunstvollen System, und man kann sie als den ersten, auf den Grundsätzen des mechanischen Denkens aufgebauten Kosmos bezeichnen. [...] Man kann schlechthin Kapitalismus ohne doppelte Buchführung nicht denken: sie verhalten sich wie Form und Inhalt zueinander. Und man kann im Zweifel sein, ob sich der Kapitalismus in der doppelten Buchführung ein Werkzeug, um seine Kräfte zu betätigen, geschaffen oder ob die doppelte Buchführung erst den Kapitalismus aus ihrem Geiste geboren hat" (Sombart 1916, Bd. 2: 119).

So geschult, erlangten viele Bankiersfamilien große Reichtümer. Einige gingen wieder zugrunde, meist wegen geplatzter Darlehen an diverse Herrscher, doch andere folgten (etwa die Medici und die Fugger). Was blieb war der schlechte Ruf, der den Bankiers nachgesagt wurde. Nicht nur, dass die Kirche das Geldverleihen gegen Zins[13] verbot und mit ewiger Verdammnis belegte, auch der Geldreichtum als solcher galt als anrüchig:

---

12 Der Name ‚Bank' bzw. ‚Bankier' entstammt den Anfängen der Finanzwirtschaft. Die umherziehenden Geldhändler machten ihre Geschäfte auf Tischen bzw. Bänken. Wurde ein Geldwechsler zahlungsunfähig, so wurde sein Tisch (ital. banca) zerbrochen (ital. rotta) – er war bankrott (Hermann 2002: 77).

13 Das Zins- bzw. Wucherverbot findet sich in fast allen bekannten Sitten- oder Gesetzeskodizes: im Alten Testament, in der Senchas Már (altes keltisches Gesetzbuch), im Kodex Hammurabi, in Lykurgs' Verfassung, im hinduistischen und im römisches Recht, im Koran, in der Magna Charta usw. Zinsnahme war allerdings nicht automatisch Wucher, sondern erst dann, wenn der Zins unsoziale Auswirkungen hat. So war etwa nach dem römischen Recht ein

„Es ist leichter, dass ein Kamel durch ein Nadelöhr gehe, als dass ein Reicher ins Reich Gottes komme“ – so heißt es in der Bibel (Lukas 19, 24). Derart ‚verdammt’ unternahmen die Kaufleute und Bankiers allerlei, um ihren Reichtum in Prestige umzuwandeln. Dabei beförderten sie Kunst und Architektur. Ihr Versuch, sich vom einengenden Griff der Kirche zu lösen, die Offenheit für neue Denksysteme und die Orientierung an der klassischen Antike sollten konstitutiv für das neue Zeitalter der Renaissance werden. Was die wirtschaftliche Entwicklung jedoch weiterhin stark behinderte, war die Edelmetallknappheit. Die Förderstätten in Europa versiegten, die häufigen Münzverschlechterungen aus fiskalischen Motiven führten zur Geldhortung. Die Pest und die zahlreichen Kriege im Laufe des 14. und 15. Jahrhunderts verschärften die wirtschaftliche Misere zusätzlich (North 1994: 38ff).

Mit der Entdeckung Amerikas durch Christopher Kolumbus 1492 veränderte sich die Welt – nicht nur geographisch, sondern auch in ökonomischer und monetärer Hinsicht. Die dort vorhandenen gewaltigen Mengen Gold und Silber stellten alle bisherigen europäischen Funde in den Schatten. Zuerst fielen die Konquistadoren ein und raubten die Schätze der Ureinwohner, v.a. der Großreiche der Inkas, Mayas und Azteken. Der Plünderung folgte die Ausbeutung. In Mexiko und Peru etwa wurden riesige Silbervorkommen gefunden. Bereits 1536, nur 15 Jahre nach der Eroberung durch Cortés, errichteten die Spanier eine Münzstätte in Mexiko (Weatherford 1999: 124). Durch die Ströme von Edelmetall, die von der Neuen in die Alte Welt flossen, entspannte sich das Geld- und Kreditangebot beträchtlich (North 1994: 78). Von Spanien aus breitete sich der neue Geldregen über ganz Europa aus (Sedillot 1992: 131). Allerorts entstanden neue Münzen – Escuodos in Spanien, Louis in Frankreich, Rubel in Russland, Souvereigns in England, Gulden und Reichstaler im Heiligen Römischen Reich (Sedillot 1992: 133). Doch zuviel ist selten gut: Das Überangebot hatte die sog. ‚Preisrevolution’ zur Folge, eine massive Inflation (zwischen 1500 und 1600 stiegen die Preise in Spanien um geschätzte 400%; Weatherford 1999: 131). Die Geldentwertung zog wie so oft eine Veränderung der sozialen Lage weiter Bevölkerungskreise nach sich. Der Bauernstand, der für die steigenden Ausgaben der Feudalherren aufkommen musste, verarmte, während eine neue Mittelschicht von Kaufleuten aufstieg. Dabei entstanden völlig neue Berufe, die auf Geld basierten (Makler, Versicherungsagenten etc.) (Sedillot 1992: 134).

Zinssatz von 4-12% legitim. Das kirchliche Zinsverbot (u.a. 1215 von Papst Innozenz II. bestätigt) hingegen war sehr strikt. Zinsnahme war nur in Ausnahmefällen zulässig: bei Einbringung von Kapital in ein Geschäft (societas), bei Rentenkauf (census) und für bestimmte Gruppen wie etwa die Juden – die waren nach Ansicht der Kirche so oder so verdammt (Zarlenga 1999: 131f). Die meisten Bankiers mussten sich hingegen diverser Tricks bedienen, etwa indem sie Geld gegen Zahlungsanweisungen (Wechsel) verliehen, wobei die Rückzahlung (zuzüglich Zinsen) in der Währung einer anderen Stadt erfolgen sollte (Zarlenga 1999: 110).

3.2. *Das Zeitalter des Papiergelds*

Unaufhaltsam setzte sich die Geldwirtschaft durch. Zuerst wurde Amsterdam mit seiner 1613 eröffneten Börse Metropole des Welthandels, dann London. Dort kursierten auch die ersten Banknoten, Belege, die von den ansässigen Goldschmieden als Quittung für das verwahrte Gold und Silber ihrer Kunden ausgestellt wurden. Die englischen Goldschmiede erkannten schnell die Möglichkeiten der Geldschöpfung: Da nie alle Forderungen gleichzeitig eingelöst werden, kann man mehr Geldscheine ausgeben, als durch Einlagen gedeckt sind (North 1994: 113)[14]. 1694 erhielt die ‚Bank of England' per königlichem Privileg das Monopol, Banknoten auszugeben und Bankgeschäfte zu betreiben. So sollte sich im 18. Jahrhundert die Papiergeldwährung langsam durchsetzen – die Skepsis blieb jedoch groß. Einige gescheiterte Experimente bestärkten das Misstrauen. In Frankreich etwa gab der Schotte John Law 1716 in königlichem Auftrag Banknoten heraus, die angeblich durch Gold (und Immobilien) gedeckt waren. Wenige Jahre später platzte eine der ersten Spekulationsblasen der Wirtschaftsgeschichte, nämlich Laws' Handelsgesellschaft, die Mississippi-Kompanie. Dabei stellte sich heraus, dass seine ‚Banque Generale' fast zweimal so viele Geldscheine ausgegeben hatte, wie es Metallmünzen im ganzen Land gab. 1720 kehrte Frankreich zum Münzstandard zurück.

Im 18. und 19. Jahrhundert erlebte Europa nicht nur die industrielle Revolution und eine beginnende weltwirtschaftliche Integration, sondern auch die Entstehung des modernen Geldwesens. Die wichtigsten Schritte hierfür waren die Vereinheitlichung[15] der Währungen, die endgültige Etablierung von Banknoten sowie die Modernisierung des Bankwesens und eine dadurch ermöglichte gewaltige Ausweitung des Kredits und des Giralgelds (North 1994: 143ff). Eine wichtige Vereinheitlichung war der internationale Goldstandard, der sich bis zum Ende des 19. Jahrhunderts bei allen großen Wirtschaftsnationen durchsetzte. Zuvor wurden heftige Debatten geführt, ob eine Währung mit Gold oder mit Gold und Silber

14 Auf diesem Mechanismus basiert im Übrigen die heutige (aktive) Geschäftsbanken-Geldschöpfung. Die Geschäftsbanken müssen nur eine minimale Einlage (Mindestreserve; derzeit 2% in Europa) bei der Zentralbank halten. Den Großteil des (Giral-)Geldes erschaffen sie quasi aus dem Nichts. Diese Giralgeld-Schöpfung der Banken, die ja private Unternehmen sind, wird für finanzwirtschaftliche Instabilitäten verantwortlich gemacht. Seit der großen Depression von 1930 werden deswegen immer wieder die Forderung laut (u.a. von Henry Simons, Milton Friedman, Irving Fisher), die Geldschöpfung zu 100% dem Staat zu überlassen (Huber 2004).

15 Dabei wurden nicht nur unterschiedliche Währungen durch eine Nationalwährung ersetzt, sondern auch das metrische System wurde Grundlage aller Währungen. Die USA stellten ihre Währung als erste bereits 1782 auf das Dezimalsystem um, die Engländer als letzte 1971. Davor herrschte eine verwirrende Mischung: So entsprach etwa ein Shilling 12 Pence; jeder Pence zerfiel in vier Farthings. Ein Pfund bestand aus 20 Shilling und die Guinee, eine größere Goldmünze, betrug ein Pfund plus ein Shilling (Weatherford 1999: 181).

(Bimetallismus) gedeckt sein soll (Vilar 1984: 324ff; Weimer 1992: 119). In der Zeit des Goldstandards herrschte meist eine hohe Währungs- und Preisstabilität (Dieckheuer 2001: 267)[16].

Gleichzeitig bedeutete er eine starke Einschränkung der monetären staatlichen Handlungsmöglichkeiten. Der Wunsch nach mehr Geld löste im 19. Jahrhundert die größte internationale Jagd nach Gold seit der Eroberung Amerikas aus (Weatherford 1999: 203). Das gefundene Gold diente als Deckung für die Banknoten, die sich durch die Gründung von Zentralbanken (im Deutschen Reich etwa 1875 mit der Reichsbank) endgültig als gesetzliches Zahlungsmittel etablierten. Dadurch wurde das Geldsystem komplett in staatliche Hände überführt. Die Entstehung von Aktienbanken im 19. Jahrhundert relativierte die staatliche Kontrolle über das Geld allerdings wieder. Aktien- und Privatbanken bauten schnell das Geschäft der kurzfristigen Kreditgewährung mittels Wechsel, Scheck und Kontokorrentkredit aus. Bereits Ende des 19. Jahrhunderts machte der Buchgeldverkehr mehr als die Hälfte des Zahlungsverkehrs aus. Heutzutage stellen die Sichtguthaben bei Banken bereits 85% der Zahlungsmittel (Geldmenge M1) dar (Huber 2004: 5).

Die wirtschaftlichen, wissenschaftlichen und gesellschaftlichen Veränderungen im ‚langen' 19. Jahrhundert führten zur Entstehung neuer Ideen und Ideologien, die die herrschenden Verhältnisse kritisierten. Anarchismus und Kommunismus wandten sich gegen die kapitalistische Ausbeutung der Arbeiterklasse, Okkultismus und neue Esoterik gegen die neue empiristische Denkweise und Freiwirtschaft gegen die bestehende Geldverfassung. Die Erfindung des Regiogeldes beruht letztlich auf diesen geistesgeschichtlichen Strömungen.

3.3. *Das Zeitalter des virtuellen Geldes*

Der Goldstandard war das erste universale globale Währungssystem, das praktisch alle Menschen vereinte. Es sollte allerdings nicht lange Bestand haben. Schon während des Ersten Weltkriegs setzten etliche Staaten die Golddeckung wegen der Kriegsfinanzierung vorübergehend aus. 1944 wurde dann auf der Bretton-Wood-Konferenz ein internationales Währungssystem von festen Wechselkursen mit dem goldhinterlegten Dollar als Leitwährung vereinbart. Dadurch sollte ein reibungsloser

16 Außenwirtschaftlich sind – wenn alle Staaten sich an die Bedingungen des Goldstandards halten – in einem solchen System die Wechselkurse innerhalb einer gewissen Bandbreite fix (Goldautomatismus). Allerdings gab es schon damals harte Debatten über die Deckungsvorschriften: Die Currency-School verlangte eine quasi hundertprozentige Deckung, der Banking-School reichte ein Drittel. Zudem wurde durch die Buchgeld- bzw. Kreditgeldschöpfung der Geschäftsbanken der Goldstandard de facto schon ab 1900 unterlaufen.

Ablauf der zunehmend globalisierten Weltwirtschaft gewährleistet werden[17]. Wegen des Außenhandelsdefizits und der wachsenden Kosten des Vietnam- und Koreakriegs hob der amerikanische Präsident Richard Nixon 1971 den Goldstandard auf. In der Folge wurden ab 1973 in den meisten Ländern die Wechselkurse freigegeben, das Geld wurde zu einer reinen ‚Fiat-Währung', die ausschließlich auf institutionalisiertem Vertrauen beruht.

Die Regierungen konnten sich nun ungehemmt Geld drucken, um sich zu finanzieren. Die Folge waren häufig auftretende Hyperinflationen[18], so etwa in Lateinamerika (Bolivien, Nicaragua, Brasilien, Argentinien, Peru) und dem ehemaligen Ostblock (Jugoslawien, Russland, Georgien) und Afrika (Zaire, Angola, Simbabwe).

Die Geschichte des Geldes war damit jedoch nicht zu Ende. Weitere Entwicklungen zogen tiefgreifende Veränderungen nach sich, allen voran die „Demokratisierung und Allgemeinverfügbarkeit des Bankkredits" (Backert 2003: 43) und die zunehmende Virtualisierung des Geldes, die durch Computer und elektronische Kommunikationssysteme ermöglicht wurde. Seit dem Ende des Zweiten Weltkriegs forcierten die Banken ihr Kreditgeschäft und ermöglichten so breiten Bevölkerungsschichten Konsum- und Hypothekenkredite. Innerhalb einer Generation wurde die bankmäßige Verschuldung Normalität. Dadurch ergab sich eine relative Entkoppelung der Beziehungen zwischen Einkommen, der Verfügbarkeit und Verwendung von Geld und letztlich der Zeit (Backert 2003: 44). Nun ließ sich einfach die eigene Biographie beleihen, sei es für ein Eigenheim, Bildung, Urlaub oder schlicht ein Fernsehgerät. Das lukrative Geschäft blieb nicht nur auf die Banken beschränkt. Neue Zahlungsdienstleister drängten in den Markt, etwa die Kreditkartenunternehmen. Erfunden wurde die Kreditkarte von dem Geschäftsmann Frank McNamara, nachdem er – so die Legende – bei einem Restaurantbesuch seinen Geldbeutel vergessen hatte. Seine 1950 eingeführte Diners Club Karte war anfangs Zahlungsmittel in den besseren Restaurants der USA, wurde aber schnell in verschiedenen anderen Geschäften akzeptiert. 1958/1959 gab die American Express Company ihrerseits Kreditkarten heraus, 1977 folgte die Visa Card der Bank of America (Weatherford 1999: 278). Kreditkarten hatten weitreichende Auswirkungen: Erstens befreiten sie das Geld von seiner zeitlichen Beschränkung. Nun konnte man Geld ausgeben, das man noch gar nicht besaß. Die Folge war, vor

17 Dazu wurden auch die Institutionen der Weltbank, der Internationalen Bank für Wiederaufbau und Entwicklung (IBRD), sowie des Internationalen Währungsfonds (IWF) geschaffen, die heute noch Bestand haben.

18 Selbst die moderate Inflation wird häufig als ‚versteckte' Steuer kritisiert, die ungerechterweise v.a. die unteren und mittleren Einkommensschichten betrifft, da sie feste Einkommen (Lohn, Sozialhilfe, Renten) stärker in Mitleidenschaft zieht als größere Geldvermögen, die entsprechend lukrativ investiert werden können (Weatherford 1999: 249f).

allem in den USA, ein zunehmender Konsum bei gleichzeitig steigender Verschuldung. Zweitens erzeugen Kreditkarten eigenes Geld, indem sie (gegen Gebühr) einen kurzfristigen Kredit einräumen. Da immer mehr Unternehmen neue Geldarten und Zahlungsweisen schaffen – man denke nur an Bonussysteme wie Flugmeilen oder Happy Digits, mit denen bestimmte Güter und Dienstleistungen erworben werden können, oder an verschiedene Formen des Cyber- und Electronic-Cash – sprechen manche von einem Ende des Bankenmonopols (Bühl 2000: 193).

Diese Ausdifferenzierung von Geldarten wurde möglich durch die digitale Revolution. 1972 experimentierte die Federal Reserve Bank von San Francisco erstmals mit elektronischem Zahlungsverkehr. Statt die Finanztransaktionen zwischen verschiedenen Banken wie bisher mit Papierbelegen abzuwickeln, wurden sie auf Magnetbänder gespeichert, die per Kurier zwischen den Banken ausgetauscht wurden. Als es möglich wurde, die Informationen über Telefonleitungen zu übertragen, setzte sich das Prinzip allgemein durch (Weatherford 1999: 288). Das Internet und die Globalisierung der Märkte intensivierten die Entwicklung des elektronischen Zahlungsverkehrs. Riesige Geldsummen konnten nun in Sekundenbruchteilen weltweit verschoben werden. Diese Digitalisierung des Geldes auf Basis der modernen Informationstechnologien bewirkte zusammen mit dem Prinzip des Neoliberalismus einen tiefgreifenden Wandel des Finanz- und Wirtschaftssystems. Ab Mitte der 1970er Jahre lautete die Parole von monetaristischen Vordenkern wie Milton Friedman: Der Staat habe sich ausschließlich um die Geldmenge zu kümmern und solle der Freiheit der Märkte nicht im Wege stehen (Galbraith 2008: 71). In der Folge wurde vielfach dereguliert, liberalisiert und privatisiert. Auch Europa folgte (zeitversetzt) dieser Doktrin, vor allem mit Margret Thatchers' Reformen (Deutschmann 2008: 8; Wade 2008: 35). Die Öffnung und Internationalisierung der Märkte befeuerten die Globalisierung der Wirtschaft, gleichzeitig weiteten sich die Kapital- und Finanzmärkte gewaltig aus. Hierbei kam es zur Entwicklung immer neuer Finanzprodukte (etwa Derivate). Inspiriert von Währungsfutures (Terminkontrakte), mit denen Exportfirmen sich vor Währungsschwankungen absichern wollten, erfanden Finanzexperten und Wirtschaftsmathematiker immer weitere und kompliziertere Derivate, mit denen man sich gegen steigende Ölpreise, fallende Aktienkurse, säumige Schuldner oder gegen die finanziellen Folgen schlechten Wetters absichern konnte. Da sich hier mehr und schneller Geld verdienen ließ als in der traditionellen Wirtschaft, explodierte das Handelsvolumen regelrecht: Zwischen 1987 und 1998 erhöhte sich das nominale Volumen der Derivate von 1,6 auf 65,9 Billionen Dollar (Busch 2008: 809). Devisenhandel und Währungsspekulationen entwickelten sich ähnlich rasch. Riesige Geldbeträge wurden dabei elektronisch hin und her verschoben. Teilweise wechselten an einem einzigen Handelstag Devisen im Wert von fast dem gesamten Welt-Währungsbestand den Besitzer. Die Zeithorizonte bei all diesen spekulativen Geschäften wurden immer kleiner, die Renditeforderungen immer höher, die Transaktionen immer komplizierter und undurchschaubarer. Die Ursachen, die zu dieser Entwicklung führten, sind komplex und schwer zu ermitteln. Ein möglicher Aspekt ist, dass trotz wachsender Ungleichverteilung in den fortgeschrittenen Industrienationen seit dem Zweiten Weltkrieg beträchtliche Finanzvermögen – auch bei den Mittelschichten – entstanden sind. Dies führte zu einem Ungleichgewicht zwischen dem Volumen der Anlage und den Anlagemöglichkeiten (Deutschmann 2008: 7). Immer mehr Anleger wollten ihr Geld renditeorientiert ‚arbeiten lassen', es gab aber nicht genug Schuldner, die Kapital leihen und verzinst zurückzahlen. Dadurch kam es vermehrt zu Globalisierung der Kapitalanlage sowie zur Verlagerung in den virtuellen Raum (Binswanger 2002: 358).

Gleichzeitig entstanden aus dem Bedarf an Anlageberatung neue institutionelle Akteure (Pensions-, Hedge-, Investmentfonds), die mit teils riesigen Summen im ‚Finanzmarkt-Casino' mitspielten. Dieses verlagerte sich zunehmend in einen unregulierten Bereich (Over-the-counter-Handel), wo Schattenbanken, privates Beteiligungskapital, Hedgefonds, Kreditverkäufer und ähnliche Akteure um exorbitante Gewinne wetteiferten (Wade 2008: 36). Hinzu kam die extreme Ausdehnung der weltweiten Geldmenge, die sich in den letzten dreißig Jahren mehr als vervierzigfacht hat, während die Gütermenge sich nur vervierfachte (Otte 2008: 22). Die ‚Politik des leichten Geldes', die vor allem vom amerikanischen Notenbank-Chef Alan Greenspan betrieben wurde, half zwar, die verschiedene Krisen der letzten Jahre (etwa Mexiko 1994, Asien 1997, Brasilien 1999, Platzen der New Economy 2000, Argentinien 2001) abzufedern, trug aber unmittelbar zur aktuellen Finanzkrise bei (Otte 2008: 162).

Sie begann in Amerika, wo selbst den Ärmsten Hypothekenkredite gewährt wurden. Diese ‚Ninja-Kredite' (no income/job, no assets) wurden mittels Verbriefung in Wertpapiere (asset-backed securities) verwandelt und zudem von Rating-Agenturen häufig mit Bestnoten versehen (Janszen 2008: 48). Denn Kreditrisiken konnte man schließlich versichern und diese Kreditversicherungen wiederum verbrieft verkaufen (credit default swaps). Die Banken wickelten dies über eigens gegründete Zweckgesellschaften ab, oft Briefkastenfirmen auf den Kanal- oder karibischen Inseln. Dadurch umgingen sie elegant Eigenkapitalvorschriften (etwa Basel I, II[19]) und Bankenaufsicht, wodurch sie noch mehr Kredite vergeben konnten. Die Risiken dabei wurden mithilfe der modernen Finanzmathematik als handelbare Wertpapiere in alle Welt verteilt. Das Spiel mit diesen ‚finanziellen Massenvernichtungswaffen', wie der legendäre Investor Warren Buffet sie bereits

19 Beim *Basler Ausschuss für Bankenaufsicht* treffen sich Vertreter der Zentralbanken und der Bankenaufsicht vieler Länder um Richtlinien für die Bank-Aufsichtsbehörden zu erarbeiten, so etwa die Basel I und II genannten Eigenkapitalvereinbarung, bei denen u.a. festgelegt wurde, welches Mindestkapitalanforderungen die Banken erfüllen müssen.

2003 genannt hat (focus.de)[20], konnte nicht ewig gutgehen. Als 2007 die Häuserpreise fielen, verloren die Kreditverbriefungen an Wert und Banken wurden weltweit in den Strudel der Vermögensvernichtung gerissen. In den USA schwankte der weltgrößte Versicherungskonzern AIG, die Hypothekenbanken Fanny Mae und Freddie Mac wurden teilverstaatlicht und die fünf größten Immobilienbanken lösten sich auf: Merrill Lynch, Bear Stearns, Goldman Sachs und Morgan Stanley wurden zu gewöhnlichen Geschäftsbanken, Lehman Brothers ließ die US-Regierung Konkurs gehen. Diese als „Jahrhundert-Fehler" (SPIEGEL 11/2009) bezeichnete Entscheidung bewirkte nicht nur, dass Banken weltweit weitere Wertberichtigungen vornehmen mussten, sondern auch dass sie sich gegenseitig kaum mehr Geld liehen (Busch 2008: 805). Obwohl die Notenbanken weltweit die Leitzinsen senkten und Geld in den Markt pumpten, änderte sich bislang an dieser ‚Kreditklemme' wenig. Die Krise begann im weiteren Verlauf auch auf die Realwirtschaft überzugreifen und täglich war von Summen die Rede, die jede Vorstellungskraft des Normalbürgers übersteigen: Seit Beginn der Krise verzeichnen die Börsen der Welt einen geschätzten Wertverlust von 23 Billionen Dollar, allein am US-amerikanischen Hypothekenmarkt stehen noch 11 Billionen Dollar Kredite aus (Balzli et al. 2008: 44), Staaten schnüren Rettungspakte in Milliardenhöhe, allein in den USA über 700 Milliarden Dollar. Island ist pleite. Weitere Staaten wie Italien, England und Griechenland stehen ebenfalls kurz vor dem Staatsbankrott, verschiedene osteuropäische Länder mussten schon den IWF um Hilfe bitten (Hoffmann/Schäfer 2009: 20). Die Wut auf die Banker ist angesichts dessen groß. Schließlich haben die selbsternannten ‚Masters of the Universe' in den letzten Jahren unglaubliche Summen verdient. Jahresgehälter in zweistelliger Millionenhöhe waren keine Seltenheit, hinzu kamen exorbitante Bonuszahlungen – 2006 wurden allein an der Wall Street 34,1 Milliarden Dollar an Boni ausgeschüttet (Balzli et al. 2008: 62). Jetzt muss der Staat die Banken retten, für Jürgen Habermas eine „himmelschreiende soziale Ungerechtigkeit, die darin besteht, dass die sozialisierten Kosten des Systemversagens die verletzbaren sozialen Gruppen am härtesten treffen" (Habermas 2008). Doch es scheint keine Alternative zu diesem „Staatssozialismus für Reiche" (Beck 2008) zu geben. Die Weltwirtschaftskrise muss aufgehalten werden. Wie und ob das gelingt, wird sich zeigen. Fest steht, das Geld und mit ihm die Gesellschaft werden sich erneut wandeln.

Etliche der eben skizzierten Problemlagen des heutigen Geldsystems bilden den Hintergrund für das Phänomen Regiogeld, denn dieses versteht sich als Gegenbewegung zum modernen Geldwesen. Seine Wurzeln sind verschiedene gesellschaftspolitische und -reformerische Strömungen, die ab dem 19. Jahrhundert als

20 In dieser Arbeit werden Internetquellen, die nicht zweifelsfrei einem Autor zugeordnet werden können, mit ihrer verkürzten Internetadresse zitiert. Dies dient als Kürzel für die ausführliche Internetadresse nebst Zugriffsdatum im *Internetquellenverzeichnis*.

Reaktion auf bestimmte gesellschaftliche Veränderungen aufkamen. In seiner heutigen Form versteht es sich letztlich als praktische Kritik am modernen Geldsystem und seinen Auswirkungen: Eine umfassende Ökonomisierung des Lebens reduziert alles auf einen abstrakten Geldwert, Rendite wird das maßgebliche Kriterium für ökonomisches Handeln (Stichwort: Shareholder Value). Dabei verschleiern die durch Geld verlängerten, anonymisierten Handlungsketten mögliche negative Konsequenzen für andere (Ganßmann 2008). Die geldimmanente Logik des ‚immer mehr' bedingte unter anderem die ‚schmutzigen Seiten' der Globalisierung, wie Ausbeutung, Armut und Umweltzerstörung.

Mit der „Killerprämie Geld" (Kitzmüller 2007) wird Gewalt anonymisiert und (teils) unbewusst ausgeübt. Dies gilt im Besonderen für den in den letzten Jahrzehnten entstandenen Finanzmarktkapitalismus. Die modernen Finanzmärkte und Finanzprodukte sind zudem in ihrer Komplexität für den Normalbürger undurchschaubar geworden. Aus all dem resultiert der Wunsch nach einem einfacheren, sozialeren, ökologischeren, moralischeren, einfach besseren Geld(system) und damit nach einer besseren Gesellschaft. Bevor man sich allerdings mit möglichen ‚besseren' Geldern befasst, müssen erst die theoretischen Grundlagen des Geldes als solchem erarbeitet werden. Der Weg dazu beginnt im nächsten Kapitel mit der ökonomischen Konzeption des Geldes.

4. Geld aus ökonomischer Perspektive

„Nationalökonomie ist die Metaphysik des Pokerspielers."
– Kurt Tucholsky

Die Wirtschaftswissenschaften definieren Geld als „ein Medium, das allgemein beim Tausch akzeptiert wird" (Dornbusch/Fischer 1995: 447). Oder noch schlichter: „Geld ist, was gilt" (Siebert 1992: 248). Geld ist demnach alles, was wie Geld wirkt bzw. bestimmte (Geld-)Funktionen erfüllt. Ein Objekt muss dafür erstens als *Tauschmittel* bzw. *Zahlungsmittel*, zweitens als *Wertaufbewahrungsmittel* und drittens als *Recheneinheit* dienen. Allerdings, so wird eingeräumt, gibt es in der Wirtschaftsgeschichte „genügend Beispiele dafür, dass das Geld zumindest eine dieser Funktionen nicht ausübte" (Baßeler et al. 2006: 477). In der Zeit der großen deutschen Inflation nach dem Ersten Weltkrieg war etwa der Dollar die Recheneinheit, die Mark Zahlungsmittel und Sachwerte oder fremde Währungen fungierten als Wertaufbewahrungsmittel. Wenn Geld also nicht zwingend *alle* Funktionen gewährleisten muss, ist ein unbegrenztes Spektrum von Objekten denkbar, die in dem einen oder anderen Sinne ‚monetäre Funktionen' erfüllen – nicht unbedingt eine sonderlich trennscharfe Definition. Betrachten wir deshalb, welche Eigenschaften ein funktionsfähiges Geld aufweisen soll. Genannt werden u.a. Teilbarkeit, Haltbarkeit, Austauschbarkeit, Seltenheit und schwere Fälschbarkeit (Baßeler et al. 2006: 477). Dies trifft auf die vielfältigen Erscheinungsformen des Geldes – von Muscheln und Edelmetallen bis zu Papierscheinen und elektronischen Bits – mal mehr, mal weniger – zu. Kurzum, die wirtschaftswissenschaftliche Geldtheorie verfügt über keine präzise Definition (Deutschmann 2002c: 88)[21].

Dies stört allerdings nicht sonderlich, denn die Wirtschaftswissenschaften behandeln Geld zwar als eine Grundkategorie, aber nur unter bestimmten Blickwinkeln: Die Mikroökonomie konzipiert die Individuen als rational und nutzenmaximierend handelnde Marktteilnehmer, für die Geld Austauschbeziehungen vereinfacht, also Transaktionskosten senkt. Das Augenmerk der Makroökonomie liegt auf aggregierten Geldströmen und der Bedeutung von Institutionen wie etwa den Zentral- und Geschäftsbanken. Dementsprechend ist, wenn von Geld die Rede ist, ein allgemein anerkanntes, staatlich legitimiertes und mit Annahmezwang versehenes Zahlungsmittel gemeint, das in Form von Bargeld (Münzen, Scheine) und Buchgeld (Konten) existiert und von den Zentralbanken bzw. Geschäftsbanken quasi ‚aus dem Nichts'[22] geschöpft wird. Andere monetäre Formen, die qua Definition auch Geld wären, werden meist stillschweigend übergangen. Insgesamt wird Geld als homogenes und qualitativ neutrales Konstrukt gedacht, das (in der heutigen Form) keinen Wert an sich hat, sondern nur Kaufkraft bzw. Tauschnutzen symbolisiert und ein objektiviertes, abstraktes Wertmaß bietet. Geld ist das ‚Schmiermittel' der Wirtschaft und sonst nichts. Zwar ist die Rede davon, dass ein Vertrauen der Wirtschaftssubjekte, sowohl in die generelle Akzeptanz des Geldes als allgemeines Zahlungsmittel als auch in die Stabilität der jeweiligen Währung, notwendige Voraussetzung für ein Funktionieren ist, aber eine tiefergehende Betrachtung der sozialen, kulturellen und institutionellen Prägung des Geldes resultiert daraus nicht[23].

---

21 Der ständige Wandel des Geldes verkompliziert die Bestimmung dessen, was Geld eigentlich ist. Seit in den 1980er Jahren immer mehr Schecks auf zinstragende Anleihen ausgestellt wurden und zunehmend Kaufakte nicht mehr über Geld, sondern mit kurz- oder mittelfristigen Krediten abgewickelt wurden, entbrannte eine lebhafte Diskussion, inwiefern die lange akzeptierte Definition des Geldes als Geldmenge M1 (Bargeld und Sichteinlagen) erweitert werden müsste. Wo verläuft die Grenzlinie zwischen Geld und Finanzanlagen, so die Grundfrage, die auch geldpolitisch relevant ist, da sich das Handeln der Zentralbanken an den Geldmengenaggregaten orientiert (Dornbusch/Fischer 1995: 447).

22 Es handelt sich also um reines Kreditgeld, da es immer eine Forderung (meist gegenüber einer Bank) darstellt. Es ist stoffwertlos und wird auch nicht durch reale Werte (etwa Gold) gedeckt.

23 Dieser „blinde Fleck" (Ganßmann 1996: 21) resultiert u.a. daraus, dass in der reinen Ökonomie zunehmend sozial bedingte Sachverhalte zugunsten von mathematischen Modellen ausgeblendet wurden (Rogall 1996: 21).

Welchen Beitrag kann nun die ökonomische Geldtheorie für die vorliegende Untersuchung leisten? Erstens wird deutlich, dass es nicht *das* Geld gibt, sondern viele verschiedene *Arten* von Geld. Zweitens lassen sich aus der ökonomischen Geldtheorie verschiedene Merkmale ableiten, mit denen sich unterschiedliche Gelder klassifizieren lassen, wobei Mischformen möglich sind (Kennedy/Lietaer 2004; Rösl 2006): Zunächst gilt es zu bestimmen, inwieweit die *Geldfunktionen* erfüllt werden: Zahlungsmittel (was kann ich für dieses Geld kaufen und bei wem?) – Recheneinheit (woran misst sich der Wert der jeweiligen Währung?) – Wertaufbewahrungsmittel (wie eignet sich das jeweilige Geld dafür?). Dann ist die jeweilige *Geldform* zu betrachten, also der Stoff, aus dem das Geld gemacht ist. Das nächste Merkmal ist die *Geldschöpfung* (wer ist der Emittent, wie wird das Geld geschaffen und wodurch ist es gedeckt?). Ergänzen lässt sich diese Typologie noch mit dem Merkmal *Ziel des Geldes.* Schließlich gibt es eine ganze Reihe von Geldsystemen, die nicht ökonomische, sondern soziale oder ideelle Ziele verfolgen.

Hinsichtlich der sozialen Auswirkungen des Geldes hilft die ökonomische Konzeption wenig. Dafür ist ein Blick in die Soziologie und Sozialpsychologie des Geldes erforderlich.

5. Soziologie und Psychologie des Geldes

> *„Das Geld gilt als einer der Grundstoffe, mit denen die Menschheit die Architektur der Zivilisation errichtet hat."*
>
> – Lewis Lapham

Wie eingangs erwähnt, ist Geld für die Soziologie kaum ein Thema. Das war nicht immer so. Vor ca. 100 Jahren widmeten sich zwei ‚Klassiker' der Soziologie intensiv dem Geld: Karl Marx und Georg Simmel charakterisierten in ihren „bislang unübertroffene[n] Schlüsseltexten" (Bammé 2006: 17) Geld als Verkörperung gesellschaftlicher Verhältnisse. Beide machten Geld zum zentralen Bestandteil ihrer Gesellschaftsanalyse und zeigten seine Ambivalenz auf – gleichzeitig nützliches Tauschmittel und selbstzweckhaftes Herrschaftsmittel zu sein (Deutschmann 2002b: 9f). Nach Marx und Simmel verschwand Geld von der soziologischen Bildfläche und tauchte erst in den 1950er Jahren in Talcott Parsons' Systemtheorie wieder auf. Dessen Konzeption des Geldes als ‚symbolisch generalisiertes Kommunikationsmedium' wurde in der Folgezeit von etlichen Autoren (etwa Jürgen Habermas, Niklas Luhmann, Dirk Baecker) aufgegriffen und weiterentwickelt. Insgesamt handelt es sich hier um soziologische bzw. kommunikationstheoretische Erweiterungen und Neufundierungen des konventionellen Tauschmitteltheorems. Die Hauptkritik an diesen Ansätzen lautet auf Verharmlosung und Unterschätzung des Geldes: Geld ist eben nicht nur harmloses Kommunikationsmedium, sondern verkörpert auch Herrschafts- und Ausbeutungsverhältnisse. Erst in den letzten Jahren gab es vermehrt Anstrengungen, auch diesen Aspekt des Phänomens Geld zu berücksichtigen. Einige soziologische Monographien widmeten sich dem Thema: Heiner Ganßmann (1996) betrachtete das Geld als soziale Konstruktion, die Herrschaftscharakter besitzt, Christoph Deutschmann (1999) betonte den religiösen Charakter des Geldes und Axel Paul (2004) verdeutlichte seine gesellschaftstheoretische Relevanz. Eine geldbezogene Theorie der Gesellschaft steht dennoch in weiter Ferne – nicht umsonst nennen die Autoren ihre Arbeiten ‚Collage' (Ganßmann), ‚Essay' (Deutschmann) oder ‚Entwurf' (Paul). Daran änderten auch verschiedene Anstrengungen nichts, einen interdisziplinären Gelddiskurs[24] zu etablieren. Selbst die neuere Wirtschaftssoziologie (vgl. Maurer 2008) beschäftigt sich nur wenig mit Geld. Insgesamt gilt: „Die Rede von einer soziologischen Geldtheorie ist schlichte Angeberei" (Kaufmann 1999: 238).

Im Folgenden werden einige der vorhandenen soziologischen Arbeiten zum Geld hinsichtlich ihrer theoretischen und zeitdiagnostischen Bedeutung für den Untersuchungsgegenstand befragt. Begonnen wird mit den Theorien der Klassiker, in denen Geld eine zentrale Rolle spielt: *Karl Marx* (Kapitel II.5.1), gefolgt von *Max Weber* (Kapitel II.5.2) und *Georg Simmel* (Kapitel II.5.3). Es folgen die Vertreter des Tauschmittel- bzw. Kommunikationsmedium-Theorems: *Talcott Parsons*, *Jürgen Habermas* und *Niklas Luhmann* (Kapitel II.5.4). Als Gegenpol zu deren funktionalneutraler Geldtheorie betrachten wir einige Ansätze aus machtkritischer Sichtweise: *Heiner Ganßmann*, der an Marx' herrschaftskritische Perspektive anschließt, *Christoph Deutschmann*, der Simmels' kulturtheoretischem Ansatz folgt und *Pierre Bourdieu*, der eine alternative, herrschaftskritische Definition von Geld entwickelt (Kapitel II.5.5). Dann wird die Perspektive schrittweise, weg von den theoretischen und abstrakten Bedeutungen des Geldes für die Gesellschaft, hin zu seinen empirischen und konkreten Auswirkungen auf Lebenswelt und Individuum verlagert: über *Anthropologie*, *Austauschtheorie* und *Psychologie* (Kapitel II.5.6) des Geldes bis hin zu *Viviana Zelitzer* (Kapitel II.5.7), deren Ansatz einen wesentlichen Ausgangspunkt für die vorliegende Arbeit darstellt. Abschließend (Kapitel II.6) werden als Quintessenz der Aufarbeitung des Forschungsstandes die für die vorliegende Untersuchung relevanten theoretischen Erkenntnisse, analytischen Heuristiken und aufschlussreichen Forschungsfragen genannt.

24 Etwa bei den Ravensburger Waaghausgspräche im April 2002 ‚Geld oder Leben. Zur Ökonomisierung der Lebenswelten', im Klagenfurter Gelddiskurs (siehe dazu die Sammelbände von Kellermann 2006; 2007) oder beim Philosophicum im September 2008 zum Thema ‚Geld. Was die Welt im Innersten zusammenhält'.

5.1. *Karl Marx: Geld als sichtbare Gottheit und allgemeine Hure*

> *„Geld produziert Geld. Geld ist ein Herrschafts- und Machtmittel. Der Wille zur Herrschaft ist unausrottbar. Er kennt keine objektiven Grenzen."*
>
> – Jean Ziegler

Karl Marx' bekannte materialistische Grundkonzeption definiert den Menschen als „Ensemble der gesellschaftlichen Verhältnisse" (Marx 1978, MEW 3: 534) und damit als geprägt durch die jeweils herrschende ökonomische Struktur. Diese umfasst die Produktionsverhältnisse (die jeweilige Art der ökonomischen und sozialen Beziehungen der Menschen zueinander) und die Produktivkräfte (Produktionsmittel und Arbeitskraft)[25].

> „Die Gesamtheit dieser Produktionsverhältnisse bildet die ökonomische Struktur der Gesellschaft, die reale Basis, worauf sich ein juristischer und politischer Überbau erhebt und welcher bestimmte gesellschaftliche Bewusstseinsformen entsprechen. Die Produktionsweise des materiellen Lebens bedingt den sozialen, politischen und geistigen Lebensprozess überhaupt. Es ist nicht das Bewusstsein der Menschen, das ihr Sein, sondern umgekehrt ihr gesellschaftliches Sein, das ihr Bewusstsein bestimmt" (Marx 1961, MEW 13: 470).

Das Geld ist für Marx „nicht eine Sache, sondern ein gesellschaftliches Verhältnis" (Marx 1972, MEW 4: 107). Das Grundprinzip seiner Werttheorie[26] ist folgendes: Marx geht von der Ware aus. Diese hat zunächst einmal einen Gebrauchswert, der sich aus ihrer Nützlichkeit für den Menschen ergibt. Im gesellschaftlichen Austausch gewinnt diese Ware einen Tauschwert, der sich aus ihrem Verhältnis zu einer anderen Ware ergibt. Im Tauschwertausdruck werden die Waren zu abstrakten Gegenständen und sind nur noch „bestimmte Maße festgeronnener Arbeitszeit" (Marx 1872: 35). Aus dieser Waren- und Wertform ‚entfaltet' sich nach Marx sukzessive die Geldform: Zuerst wird zufällig eine Ware gegen eine andere getauscht, dann wird sie mit verschiedenen Waren getauscht, bis sich langsam eine bestimmte Ware (z. B. Vieh oder Eisen) als Geldware absondert und zuletzt eine Geldware (Edelmetall) aus dem normalen Gebrauch ausscheidet.

---

25 Im Rahmen dieses Buches kann nicht annähernd eine erschöpfende Darstellung der Marxschen Geldkonzeption erfolgen, weswegen nur einige für die vorliegende Fragestellung aufschlussreiche Aspekte skizziert werden. Konkret wären das hauptsächlich der Fetischcharakter des Geldes und seine Wirkung als Herrschaftsmittel.

26 Nach Meinung der Marx-Kritiker sind „nicht nur Marx, sondern auch seine Werttheorie tot und begraben" (Ganßmann 1996: 71). Als Hauptkritikpunkt an der Arbeitswertlehre wird die mit der Bestimmung ausschließlich der Arbeitszeit als Wertmaß einhergehende Vernachlässigung der sachlichen und sozialen Dimension von Arbeit genannt.

Diese beginnt als allgemeines Tauschmittel und generalisierter Wertausdruck, als ‚allgemeines Äquivalent' für alle anderen Waren zu fungieren. Der Tauschwert oder die Wertform findet also ihre höchste Entsprechung in der Geldform. „Geld als Wertmaß ist notwendige Erscheinungsform des innerlichen Wertmaßes der Waren, der Arbeitszeit" (Marx 1872: 85).

Hier liegt für Marx die Lösung des ‚Geldrätsels'. Dieses Rätsel, Marx spricht auch vom *Fetischcharakter*, beruht darauf, dass Geld als „Gott unter den Waren" (Marx 1983b, MEW 42: 148) fälschlicherweise geradezu als die Substanz der übrigen Waren anstatt als deren Wertausdruck erscheint. Der Fetischcharakter ist bereits in der (Tausch-)Wertform der Ware angelegt, die sich verselbstständigt, so dass die Produktion nicht mehr nur zur Erzeugung von Gebrauchswerten, sondern im Interesse der Schaffung von Tauschwerten (Erzielung von Profit) betrieben wird. Der Tauschwert einer Ware wird so eigentliches Ziel und scheinbare Ursache der Arbeit. Dadurch werden die den Wert schaffenden Arbeiter zum scheinbaren ‚Objekt' Arbeitskraft degradiert, die für das ‚Subjekt' Ware produzieren. Der Warenfetisch steigert sich im Geldfetisch, der die Arbeit vollständig unsichtbar macht. Deswegen wird Geld mitunter für „ein bloßes Zeichen" (Marx 1872: 82) gehalten und erscheint als eigene Macht. Geld als selbstständiger Träger des Tauschwertes wird zur „stets schlagfertigen, absolut gesellschaftlichen Form des Reichtums" (Marx 1872: 117).

Die Verselbstständigung des Tauschwerts hat als Konsequenz eine Umkehrung der ursprünglich nutzenorientierten Handlungskette ‚Verkaufen, um zu kaufen' (Ware-Geld-Ware) zur Kette ‚Kaufen, um zu verkaufen' (Geld-Ware-Geld'). Geld wird zum *Kapital*. Endzweck der Transaktion ist nun nicht mehr der Gebrauchswert, sondern der Tauschwert (in Form von Geld). Mit der Folge: „Die Zirkulation des Geldes als Kapital ist [...] Selbstzweck, denn die Verwertung des Werts existiert nur innerhalb dieser stets erneuerten Bewegung. Die Bewegung des Kapitals ist daher maßlos" (Marx 1872: 134).

In diesem Tauschvorgang darf das Geld (G) seinen Wert nicht verlieren, sondern muss ihn erhalten und vermehren (G'). Dieser Mehrwert kann nur entstehen, wenn die gekaufte Ware durch menschliche Arbeitskraft ‚verwandelt' wird[27]. Dazu braucht der Kapitalist als Gegenpart den ‚doppelt freien Arbeiter', der zum einen „freier Eigentümer seines Arbeitsvermögens" (Marx 1872: 148), zum anderen ‚frei' vom Besitz an Produktionsmitteln ist (er hat nur seine Arbeitskraft zu verkaufen). Geld, respektive Kapital, bewirkt in der kapitalistischen Gesellschaft diese Freisetzung des Individuums aus Gemeinschaften und persönlichen Herrschaftsverhältnissen sowie die Trennung der Arbeitskraft von den Produktionsmitteln.

27 Die Kapitalvermehrung kann nicht aus der Sphäre der Warenzirkulation erklärt werden, weder aus allgemeinem Äquivalententausch, noch aus speziellen Betrugsmanövern. Wenn zum Beispiel der Kapitalist als Verkäufer einen Preisaufschlag erhebt, würde er ihn als Käufer beim ‚G-W' wieder verlieren (Marx 1872: 144ff).

Der Arbeiter als Nichtbesitzer von Produktionsmitteln muss seine Arbeitskraft an den Kapitalisten, den Produktionsmittelbesitzer, verkaufen, wodurch dieser sein Kapital mittels Aneignung des Mehrwerts vergrößern kann. Hier wirkt das Kapital als *Herrschaftsmittel.* Folge des Verlustes der Disposition über die eigene Arbeitskraft ist für den Arbeiter eine mehrstufige ‚Entfremdung': Erstens wird das Produkt dem Arbeiter fremd, da es ihm – obwohl es Ergebnis seines Arbeitsprozesses ist – nicht selbst, sondern dem Kapitalisten gehört; zweitens entfremdet sich der Arbeiter dadurch vom Prozess der Arbeit an sich. Da Arbeit nach Marx das den Menschen Bestimmende darstellt, resultiert daraus drittens eine Entfremdung von sich selbst und viertens, auch von seinen Mitmenschen.

In der Folge von Akkumulationsprozessen erscheint schließlich das zinstragende Kapital als „äußerlichste und fetischartigste Form" (Marx 1983a, MEW 25: 404), in dem Geld seine vollständige Selbstreferentialität erreicht hat. Der Geldkapitalist macht das Kapital selbst zur Ware; er veräußert es – zum Preis des Zinses – an einen Dritten (den industriellen Kapitalist). Die entsprechende Formel hierfür lautet „G–G', Geld, das mehr Geld erzeugt, sich selbst verwertender Wert, ohne den Prozeß, der die beiden Extreme vermittelt" (ebd.).

> „Im zinstragenden Kapital ist daher dieser automatische Fetisch rein herausgearbeitet, der sich selbst verwertende Wert, Geld heckendes Geld, und trägt in dieser Form keine Narben seiner Entstehung mehr. Das gesellschaftliche Verhältnis ist vollendet als Verhältnis eines Dings, des Geldes, zu sich selbst" (Marx 1983a, MEW 25: 405).

Der Fetischismus, der auf einem verdinglichenden Denkmuster beruht, wirkt als gesellschaftlicher Sachzwang auf die Menschen zurück und führt nach Marx zur Bildung eines ‚falschen Bewusstseins': Im Geld wird der Zusammenhang zwischen Erzeugung des Reichtums durch Arbeit und der Aneignung mittels Geld und Kapital unsichtbar. Gleichzeitig unterwirft es das wirtschaftliche Handeln der Maxime des absoluten Bereicherungstriebs (Marx 1872: 135).

> „Maßlosigkeit und Unmäßigkeit sind das wahre Maß des Wirtschaftens. Die Nationalökonomie entwickelt sich als Wissenschaft des Reichtums und zugleich des Sparens. Ihr Ideal ist der wuchernde Geizhals und der asketische, aber produzierende Sklave" (Altvater 2004a).

Als ‚sichtbare Gottheit', die sich alle Gegenstände (käuflich) aneignen kann, transzendiert das Geld die Individualität und gewinnt dadurch eine *imaginäre Dimension* (Deutschmann 1999: 10):

> „Was durch das *Geld* für mich ist, was ich zahlen, d.h., was das Geld kaufen kann, das *bin ich*, der Besitzer des Geldes selbst" (Marx 1968: 564) und:

> „was ich qua Mensch nicht vermag, was also alle meine individuellen Wesenskräfte nicht vermögen, das vermag ich durch das Geld“ (Marx 1968: 565; Hervorh.i.Orig.).

Umgekehrt bleiben für den, der kein Geld hat, seine Bedürfnisse unwirklich und daher gegenstandslos. Im Sozialen wirkt das Geld als „wahre Scheidemünze“ (Marx 1968: 565) und „wahre[s] Bindungsmittel“ (ebd.): Es knüpft die Bande, die das Individuum mit Natur und Gesellschaft verbinden und kann sie gleichzeitig wieder lösen. Da Geld als generalisierter Wert alle qualitativen Unterschiede homogenisiert, wirkt es als eine ‚verkehrende Macht' auf Individuen und ihre sozialen Beziehungen:

> „Es verwandelt die Treue in Untreue, die Liebe in Haß, den Haß in Liebe, die Tugend in Laster, das Laster in Tugend, den Knecht in den Herrn, den Herrn in den Knecht, den Blödsinn in Verstand, den Verstand in Blödsinn“ (Marx 1968: 566)

Ohne in eine Marx-Diskussion eintreten oder sich mit weiteren Aspekten[28] befassen zu können, lassen sich für eine Untersuchung des Regiogelds einige Anschlussmöglichkeiten festhalten. Obwohl Marx' Gesellschaftstheorie auf einer anderen analytischen Ebene liegt, erscheinen für die hier verfolgte mikrosoziologische Perspektive folgende Aspekte interessant: Geld tritt – obwohl es eigentlich im gesellschaftlichen Verhältnis stehende Arbeitszeit repräsentiert – den Menschen als ein ‚Ding' gegenüber. Als solches erzeugt und verschleiert es gleichzeitig bestimmte Herrschaftsverhältnisse. Aufgrund seines Vermögenscharakters wird Geld zum Selbstzweck. Es bewirkt eine Orientierung des Handelns am Motiv der (maßlosen) Bereicherung. Als Herrschaftsmittel wirkt es in verschiedener Hinsicht entfremdend – so auch auf soziale Beziehungen der Menschen untereinander. Gleichzeitig ist Geld für Marx das ‚wahre Gemeinwesen'[29], man muss es erwerben, um gesellschaftlich zu gelten. Zu dieser vergesellschaftenden Wirkung gesellt sich allerdings auch eine zersetzende und verkehrende Wirkung: Geld dringt als der ‚große Gleichmacher' in alle Bereiche des Lebens ein und unterwirft sie seiner Beliebigkeit.

Daraus abzuleitende Anschlussfragen wären etwa, ob und wie sich dieser verdinglichte (fetischartige) Charakter des Geldes im subjektiven Bewusstsein ausprägt? Lassen sich auch beim Regiogeld jene Bedeutungen und Wirkungen, wie etwa Objektivierung und Entfremdung in sozialen Beziehungen, finden, die Marx dem normalen Geld zuschreibt? Da Regiogeld prinzipiell nur eine besondere Geldart ist und als solches auch auf die Ware zurückgeht, dürften sich hier keine Unterschiede

---

28 Etwa der Marxschen Konzeption von Zins bzw. der Prägung des Kapitalismus durch das Kreditsystem, die Akkumulation inklusive der daraus abgeleiteten Krisenerscheinungen bis hin zur Kapitalismuskritik.

29 In ihm Geld ist die Gesellschaftlichkeit bereits in verdinglichter Gestalt vorhanden, die sonst in jedem Tauschakt qua Vertrag erst aus dem Nichts rekonstruiert werden müsste.

feststellen lassen. Allerdings beruht die Idee und Konzeption des Regiogeldes ja bewusst auf dem Versuch, jene Wirkungen zu vermeiden, die Marx dem Geld in einer kapitalistischen Gesellschaft zugeschrieben hat: Verselbstständigung des Geldes, Entfremdung vom Prozess der Arbeit, Bereicherungsmotiv, etc. Das Regiogeld versucht dies mittels seiner Konstruktionsweise (negative Verzinsung, regionale Beschränkung) zu erreichen. Dadurch kann es zwar nicht als Kapital im eigentlichen Sinne wirken, aber es stellt sich doch die Frage, ob eine solch simple Konstruktionsänderung tatsächlich den Fetisch Geld bändigen kann. Nach Marx müsste dafür nicht das Geld, sondern die gesellschaftlichen Verhältnisse geändert werden.

5.2. Max Weber: Geld als Entzauberer der Welt

„Das Geld ist der wahre Apostel der Gleichheit; wo es aufs Geld ankommt, verlieren alle socialen, politischen, religiösen, nationalen Vorurtheile und Gegensätze ihre Geltung"

– Rudolf von Jhering

Karl Marx' Analyse des Geldes und des Kapitalismus der abendländischen Moderne lässt sich ergänzen mit Max Weber, der den Blick stärker auf die ideellen Grundlagen der kapitalistischen Organisation richtet[30]. Nach Weber setzte sich im Lauf der frühen Neuzeit in Mitteleuropa mit dem okzidentalen Rationalismus ein spezifisches Weltverhältnis durch, das auf der Berechenbarkeit und zweckorientierten Beherrschung der Welt beruht. Ausgehend vom ökonomischen Bereich durchdrang es die übrigen Lebensbereiche wie Politik, Wissenschaft oder Kunst und unterwarf sie seiner funktionalen Logik. Im Laufe dieser „Entzauberung der Welt" (Weber 2006: 99) wurden magisch-religiöse Erklärungsmuster durch rationale ersetzt, was zu einer rational-bürokratischen Herrschaftsform führte, die den Menschen zunehmend in den ‚eisernen Käfig' der Bürokratie einpasste. Den Ursprung dieses Prozesses verortete Weber in der Religion, und zwar in bestimmten protestantischen Sekten wie etwa dem Calvinismus. Dort verbanden sich die ethisch-moralische Verpflichtung auf berufliche Leistungen und kontinuierliches Gewinnstreben mit einer strengen ‚innerweltlichen Askese', also dem Vermeiden sämtlicher Vergnügungen und Verschwendungen. Die Rationalität des Gelderwerbs, also der

30 Es wäre falsch, Weber einfach als ‚bürgerlichen Marx' zu interpretieren. Er will keinen Gegenentwurf zur Marxschen Analyse liefern, allenfalls eine ergänzende Korrektur. Nach Müller (2007: 23) liefert Marx sogar – neben Nietzsche – einen Grundpfeiler für die seine Kritik der bürgerlichen Gesellschaft. Mit Marx kann Weber die Ambivalenzen des Kapitalismus herausarbeiten (materieller Fortschritt vs. Entfremdung) und mit Nietzsche die bürgerliche Moral einer radikalen Kritik unterziehen.

„Erwerb von Geld und immer mehr Geld, unter strengster Vermeidung unbefangenen Genießens“ (Weber 2006: 41), wurde zum Selbstzweck..

Das Geld wurde Träger der Systematisierung der religiösen Ethik. Dieser ‚Geist des Kapitalismus' löste sich im Lauf der Zeit von seinen religiösen Wurzeln. Die daraus hervorgegangene methodisch-rationale Lebensführung blieb aber in einem spezifischen und zwanghaften bürgerlichen Berufsethos erhalten:

> „Der Puritaner *wollte* Berufsmensch sein, wir *müssen* es sein. Denn indem die Askese aus den Mönchszellen heraus in das Berufsleben übertragen wurde, und die innerweltliche Sittlichkeit zu beherrschen begann, half sie an ihrem Teil mit daran, jenen mächtigen Kosmos der modernen, an die technischen und ökonomischen Voraussetzungen mechanisch-maschineller Produktion gebundenen, Wirtschaftordnung erbauen, der heute den Lebensstil aller einzelnen, die in dies Triebwerk hineingeboren werden – *nicht* nur der direkt ökonomisch Erwerbstätigen – mit überwältigendem Zwang bestimmt und vielleicht bestimmen wird, bis der letzte Zentner fossilen Brennstoffs verglüht ist“ (Weber 2006: 159f; Hervorh.i.Orig.).

Geld ist für Weber Träger dieser Rationalisierung des wirtschaftlichen Handelns. Er definiert es in seinen ‚soziologischen Grundkategorien des Wirtschaftens' als ein „chartales[31] Zahlungsmittel [...], welches Tauschmittel ist“ (Weber 1972: 39) und bestimmt es als das „»vollkommenste« wirtschaftliche Rechenmittel, das heißt: als formal rationalste Mittel der Orientierung wirtschaftlichen Handelns“ (Weber 1972: 45). Geld ist das „Abstrakteste und »Unpersönlichste«, was es im Menschenleben gibt“ (Weber 1986: 544). Es konstituiert die ‚Marktgemeinschaft', einen „Typus alles rationalen Gesellschaftshandelns“ (Weber 2001: 193), wo nur noch zweckrationale Motive maßgeblich sind.

> „Wo der Markt seiner Eigengesetzlichkeit überlassen ist, kennt er nur Ansehen der Sache, keine Brüderlichkeits- und Pietätspflichten, keine der urwüchsigen von den persönlichen Gemeinschaften getragenen menschlichen Beziehungen. [...] Eine solche absolute Versachlichung widerstrebt [...] allen urwüchsigen Strukturformen menschlicher Beziehungen“ (Weber 2001: 194f).

Weber betont hier die versachlichende Wirkung des Geldes; es vermittelt zwar (Tausch-)Beziehungen, hat also vergesellschaftende Wirkung, aber diese Beziehungen sind rein zweckrational ausgerichtet und damit unvereinbar mit den persönlichen, affektual oder emotional begründeten Bindungen anderer Gemeinschaftsformen. Geld ist aber nicht nur wirtschaftliches Rationalisierungsinstrument,

31 ‚Chartal' bedeutet für Weber zweierlei: zum einen die formale *Geltung* des Geldes durch Rechtsordnung oder Vereinbarung; zum anderen die *Stückelung*, was die „mechanische Rechnung“ mit dem Geld ermöglicht (Weber 1972: 41). Letzteres ist insofern wichtig, denn „wo kapitalistischer Erwerb rational erstrebt wird, da ist das entsprechende Handeln orientiert an Kapital*rechnung*“ (Weber 2006: 11; Hervor.i.Orig.).

sondern wirkt weiterhin als Vermittlungsinstanz zwischen wirtschaftlicher und nichtwirtschaftlicher Rationalisierung und überträgt so seine Logik auf nichtwirtschaftliche Sphären sozialen Handelns wie Politik, Recht oder Religion (Deutschmann 1999: 32). Für den Bereich der Politik bzw. der Herrschaftsformen zeigt Weber beispielsweise auf, wie der Patrimonialismus[32] mit der Umstellung seiner Bedarfsdeckung auf Geldwirtschaft „unvermerkt in die Bahnen einer rationalen bürokratischen Verwaltung mit geregeltem Geldabgabesystem" gerät (Weber: 1972: 586).

Zusammenfassend lässt sich festhalten, dass Geld als „Maximum dieser formalen Rechenhaftigkeit" (Weber 1972: 45) für Weber das wesentliche Strukturelement des modernen Kapitalismus darstellt, es ist Triebfeder der von der ökonomischen Sphäre auf die anderen ausgreifenden Rationalisierung und Bürokratisierung. Als das moderne Vergesellschaftungsmedium schlechthin bedeutet es für den Menschen eine ‚Versachlichung' seiner sozialen Beziehungen, die in der ‚Marktgemeinschaft' ihr idealtypisches Maximum erreicht.

Folgende Anknüpfungspunkte sind für die vorliegende Untersuchung relevant: Das geldvermittelte, wirtschaftliche Handeln ist nach Weber rein zweckrational am Gewinn ausgerichtet, absolut unpersönlich, quantifizierend und rechenhaft zu sein. Trifft dies für das Regiogeld auch zu? Einerseits entspricht es ja der Weberschen Definition von Geld als chartalem Zahlungsmittel: Es gewinnt formale Geltung durch die jeweilige Vereinssatzung und ist in objektive Zahlenwerte gestückelt. Andererseits will es – zumindest seiner Konzeption nach – eine abweichende Handlungsrationalität bewirken. Regiogeld soll eine Marktgemeinschaft konstituieren, die in vieler Hinsicht diametral zum Markt steht, wie Weber ihn beschrieben hat: Statt unpersönlicher, versachlichter Beziehungen sollen in der Regiogeldgemeinschaft persönliche Bindungen entstehen, statt rein zweckrationaler Kalküle sollen hier ethische Normen handlungsleitend sein. Kann so etwas möglich sein?

5.3. Georg Simmel: Die Ambivalenz des Geldes und die Moderne

> *„Geld ist natürlich eine despotische Macht, zu gleicher Zeit aber ist es der größte Gleichmacher, und darin liegt seine hauptsächliche Macht. Geld macht alle Ungleichheiten gleich"*
>
> – Fjodor Michailowitsch Dostojewski

Georg Simmel widmete dem Thema Geld eines seiner Hauptwerke. Seine ‚Philosophie des Geldes' (1989) besteht aus zwei Teilen: im ersten, ‚analytischen' Teil untersucht Simmel, welche Voraussetzungen und Bedingungen für den Sinn des

32 Weber meint damit ein auf einen Alleinherrscher ausgerichtetes Herrschaftssystem.

Geldes und seine praktische Stellung eine Rolle spielen. Im zweiten, ‚synthetischen' Teil fragt er danach, wie Geld den modernen Lebensstil und die moderne Kultur beeinflusst (Nedelmann 2003: 141f). Beide Teile werden im Folgenden ausschnittsweite wiedergegeben.

5.3.1 Geld analytisch: Sein ‚Wesen' und seine Doppelrolle

Simmel geht bei seiner Bestimmung des ‚Wesens des Geldes' vom Begriff des Wertes aus. Werte sind unabhängig von der Wirklichkeit, sie entspringen als subjektives Urteil unserem Bewusstsein (Simmel 1989: 29)[33]. Im Tausch, also im wechselseitigen Opfer und Gewinn, verschlingen sich zwei individuelle Wertbildungen ineinander; der Wert wird übersubjektiv. An die Stelle der subjektiven Begehrtheit tritt nun die gegenseitige Bestimmung des Wertes der Güter (Simmel 1989: 52f).

Dieser Objektivierung des Wertes der Dinge folgt seine Abbildung in einem Dritten, dem Geld, in dem der Wert seinen „reinsten Ausdruck und Gipfel" (Simmel 1989: 121) gefunden hat. Geld ist so gesehen eine „substanzgewordene Relativität" (Simmel 1989: 134) und der Geldpreis einer Ware bedeutet „das Maß an Tauschbarkeit, das zwischen ihr und der Gesamtheit der übrigen Waren besteht" (Simmel 1989: 123). In seiner Funktion als allgemeines Tauschmittel tritt das Geld zwischen die unmittelbaren personalen Wechselwirkungen (des wirtschaftlichen Austauschs) und gehört so in die „Kategorie substanzgewordener Sozialfunktionen" (Simmel 1989: 209), denn...

> „die Funktion des Tausches, eine unmittelbare Wechselwirkung unter Individuen, ist mit ihm zu einem bestehenden Gebilde kristallisiert. Der Austausch der Arbeitsprodukte oder des sonst aus irgendeiner Quelle her Besessenen ist offenbar eine der reinsten und primitivsten Formen menschlicher Vergesellschaftung" (Simmel 1989: 209).

Nun ist Geld aber für Simmel mehr als ein reines Symbol von relativen Werten, es ist *gleichzeitig* selbst ein Wert. Mit anderen Worten: Geld ist nicht nur Tauschmittel, sondern auch eine Ware, ein eigenständiger Wert[34].

---

33 Der Wert ist quasi das „Korrelat des Begehrens" (Simmel 1989: 38). Indem wir ein Ding begehren, was wir noch *nicht* haben und genießen, tritt dessen Inhalt uns als Objekt gegenüber (Subjekt-Objekt-Distanzierung). Wir nennen also jene Dinge wertvoll, die unserem Begehren, sie zu erlangen, Widerstände entgegensetzen (Simmel 1989: 33ff). Je größer (innerhalb eines bestimmten Spektrums) dieser Widerstand ist, desto größer das Begehren.

34 Simmels Zweifel an der Neutralität des Geldes rütteln an den Grundfesten der – auch heute noch maßgeblichen – ökonomischen Quantitätstheorie (Flotow 1995: 66f).

> „Geld [enthält] über seinen reinen Funktionscharakter als Ausdruck des Wertverhältnisses konkreter Dinge hinaus gewisse Qualitäten [...], die es spezialisieren, zu einem Marktgegenstand machen, es bestimmten Konjunkturen, Quantitätsverschiebungen, Eigenbewegungen unterwerfen, also es aus seiner absoluten Stellung, die es als Ausdruck der Relationen hat, in die einer Relativität hineindrängen, so daß es, kurz gesagt, nicht mehr Relation *ist*, sondern Relation *hat*" (Simmel 1989: 131; Hervorh.i.Orig.).

Simmel leitet diese ‚Doppelrolle' des Geldes aus verschiedenen ökonomischen Phänomenen ab, die an der (reinen) Funktion des Geldes als Tauschmittel zweifeln lassen. So erkennt man etwa bei Berücksichtigung der zeitlichen Struktur der Wirtschaft, dass Geld hier als eigenständiger Wert (als absoluter Preis) in Relation mit den Waren tritt und durch seine Wertkonstanz erst die zeitliche Kontinuität der Wirtschaft sichert. Geld beinhaltet dadurch neben seiner ideellen Bedeutung auch eine ganz praktische, indem es durch Komplexitätsreduktion den Menschen Handlungssicherheit gewährt. Da Subjekte mit der ständigen Überprüfung von relativen Preisen überfordert wären, orientieren sie sich an der Vorstellung eines absoluten Geldpreises sowie am Glauben an der zeitlichen Beständigkeit des Wertmaßes Geld (Flotow 1995: 96ff).

Wenn Geld aber mehr als ein Maßstab und Tauschmittel von Waren ist, wenn es zu einem konkreten und singulären Wert wird, beugt es sich selbst unter die Normen, die von ihm ausgehen (Simmel 1989: 126). Das bedeutet, es tritt in Bemessung und Austausch mit sich selbst (man denke nur an Währungskurse) und verlangt selbst einen Preis, den Zins. Dieser Geldpreis des Geldes muss beispielsweise gezahlt werden, wenn ein gegenwärtiges Quantum Geld gegen ein versprochenes Quantum Geld gekauft wird, wie etwa bei der zinsbaren Anleihe (ebd.; Flotow 1995: 102). Diese Möglichkeit des Geldes führt zum Phänomen des Geldkapitals, das durch Investieren zum „produktiven Kapital" (Simmel 1989: 211) werden kann, gleichzeitig aber auch zur „Akkumulierung" (Simmel 1989: 370) neigt.

> „Die Struktur der geldwirtschaftlichen Verhältnisse, die Art, wie das Geld Renten und Gewinne erzielt, bringt es mit sich, daß es von einer gewissen Höhe ab sich wie von selbst vermehrt, ohne durch verhältnismäßige Arbeit befruchtet zu werden" (Simmel 1989: 610).

Damit spricht Simmel die Tatsache an, dass große Geldsummen mehr Wert haben als nur den Wert eines Vielfachen des Teilquantums, nicht nur hinsichtlich der Möglichkeit sich zu vermehren, sondern auch in seiner wirtschaftlichen Bedeutung. Hat eine Person viel Geld in den Händen, so kann sie (räumlich, zeitlich, sachlich) Verschiedenes *einem* Zweck unterordnen, wodurch neue Unternehmungen und eine „Steigerung der sachlichen Kultur" (Simmel 1989: 370) zustande kommen. Da sich das Geldkapital immer die „fruchtbarere Hand" (Simmel 1989: 370), d.h. zumeist die höchste Rendite sucht, wirkt es als Motor des Wachstums. Simmel sieht somit das Wachstumsprinzip als ein wesentliches Charakteristikum der Geldwirtschaft[35].

Im Laufe seiner Entwicklung erlangt Geld einen ganz spezifischen Charakter: Als ein Werkzeug des Zweckhandelns wird es mit zunehmender Bedeutung immer „indifferenter, farbloser, allem einzelnen gegenüber objektiver" (Simmel 1989: 266), bis es schließlich eine „völlig objektive, an sich qualitätslose Instanz" (Simmel 1989: 80) bildet, die in ihrem Charakter von allen spezifischen Inhalten gelöst und in reiner Quantität besteht. Analog dazu überlagerte im Laufe der Geschichte der Funktionswert des Geldes immer mehr seinen Substanzwert, so dass eine Entwicklung vom Substanzgeld hin zum (fast) reinen Zeichengeld erfolgte[36].

Wenn nun in einer modernen Gesellschaft immer mehr Gegenstände für Geld erhältlich sind, wird das Geld schließlich vom Mittel zum Zweck zu einem reinen, ‚absoluten' Mittel und schließlich zum „Selbstzweck" (Simmel 1989: 298)[37].

> „Indem sein Wert als *Mittel* steigt, steigt sein *Wert* als Mittel, und zwar so hoch, daß es als Wert schlechthin gilt und das Zweckbewusstsein an ihm definitiv Halt macht. Die innere Polarität im Wesen des Geldes: das absolute *Mittel* zu sein und eben dadurch psychologisch für die meisten Menschen zum absoluten *Zweck* zu werden, macht es in eigentümlicher Weise zu einem Sinnbild, in dem die großen Regulative des praktischen Lebens gleichsam erstarrt sind" (Simmel 1989: 298f; Hervorh.i.Orig.).

Der Grund dafür, dass Geld zum ‚absoluten Mittel' werden konnte, liegt in seinem „generalisierten Machtpotential" (Deutschmann 1999: 21): durch die Abstraktheit seines Mittelcharakters gewinnt das Geld ein Surplus gegenüber Gütern und Dienst-

---

35 Simmel beurteilt die Wachstumsdynamik ambivalent: einerseits lindere das quantitative Wachstum die Konkurrenz und führe zu Fortschritt, andererseits bringe es eine Entfremdung des Menschen von sich selbst mit sich (Simmel 1989: 386 und 675).

36 Simmel nimmt hier (um 1900!) gewissermaßen die Virtualisierung des Geldes vorweg, glaubt aber, dass die Entstofflichung des Geldes nicht zu ihrem Abschluss kommt. Ein Grund dafür sei die Unmöglichkeit, Missbrauch bei der Geldschöpfung zu verhindern. Geld müsse daher immer an eine nicht beliebig vermehrbare Substanz gebunden bleiben (Flotow 1995: 148f). Dies war bis zum Zusammenbruch des Bretton-Woods-Systems 1971 mit der Golddeckung des Dollars als Leitwährung auch der Fall – seither befinden wir uns in einer Situation, wo „keine menschliche Macht es [das Geld; d.Verf.] mit den hinreichenden Garantien gegen die dann naheliegenden Mißbräuche umgeben könnte" (Simmel 1989: 185).

37 Für Simmel ist dies die Wurzel von psychologischen Phänomenen wie Geiz oder Verschwendung: Der *Geizige* empfindet die im Geld abstrakte Macht als definitiven und absolut befriedigenden Wert, die er in ihrer Potentialität festhalten will (Simmel 1989: 318f);.Der *Verschwender* ist dem Genuss des Augenblicks erlegen, wenn Geld in andere Wertformen übergeht, jedoch mit der gleichen (geldinduzierten) Maßlosigkeit (Simmel 1989: 123). „Geiz und Verschwendung stellen diesen merkwürdig kombinierten Begehrungscharakter des Geldes gleichsam abgelöst dar, es ist für sie in sein reines Begehrtwerden aufgegangen" (Simmel 1989: 327).

leistungen, nämlich den Bonus der vollkommenen Wahlfreiheit (in zeitlicher, räumlicher und sachlicher Hinsicht). Die „generalisierte Möglichkeit des Könnens" (Simmel 1989: 318) verleiht dem Geld einen *inneren* Wert, wobei dieser sich erst ab einer gewissen Quantität (über der zur Subsistenzsicherung erforderlichen) zunehmend entfaltet. Dieses „Superadditum" des Geldes offenbart sich beim Reichen, der nach Simmel…

> „nicht nur durch das wirkt, was er tut, sondern auch durch das was er tun könnte: weit über das hinaus, was er nun wirklich mit seinem Einkommen beschafft, und was andere davon profitieren, wird sein Vermögen von einem Umkreis zahlloser Verwendungsmöglichkeiten umgeben, wie von einem Astralleib, der sich über seinen konkreten Umfang hinausstreckt: darauf weist unzweideutig hin, daß die Sprache erhebliche Geldmittel als »Vermögen« – d.h. als das Können, das Imstandesein schlechthin – bezeichnet" (Simmel 1989: 276).

Im Superadditum des Geldes zeigt sich, wie es durch bloße Unterschiede in seiner Quantität qualitative Auswirkungen für seinen Besitzer entfaltet. Letztlich durchdringt Geld (als absolutes Mittel) die gesamte moderne Gesellschaft und so „wird es unwillkürlich zu dem Punkt, in dem alles soziale Handeln zurückläuft" (Deutschmann 1995: 385). Die Frage, welche Auswirkungen dies dann auf Mensch und Gesellschaft hat, führt zum zweiten, zum ‚synthetischen' Teil.

5.3.2 Geld synthetisch: der große Befreier und unbarmherzige Gleichmacher

Geld hat durch seine inhärente Qualitätslosigkeit, Objektivität und Unpersönlichkeit ganz spezifische Wirkungen. So löst die Geldwirtschaft beispielsweise die Verbindung zwischen Personen und Objekten, indem sich zwischen beide die objektive, qualitätslose Instanz des Geldes und des Geldwertes schiebt und so das ehemals direkte Verhältnis zu einem vermittelten macht (Simmel 1992: 79). Ähnlich wirkt es auf die Beziehungen von Personen zu Personen:

> „Nun aber war der relativ ganz enge Kreis, von dem der Mensch einer wenig oder gar nicht entwickelten Geldwirtschaft abhängig war, dafür viel mehr personal festgelegt. Es waren diese bestimmten, persönlich bekannten, gleichsam unauswechselbaren Menschen, mit denen der altgermanische Bauer oder der indische Gentilgenosse, der Angehörige der slavischen oder der indischen Hauskommunion, ja vielfach noch der mittelalterliche Mensch in wirtschaftlichen Abhängigkeitsverhältnissen stand: um je wenigere aufeinander angewiesene Funktionen es sich handelt, um so beharrender und bedeutsamer waren ihre Träger. Von wie vielen »Lieferanten« allein ist dagegen der geldwirtschaftliche Mensch abhängig! Aber von dem einzelnen, bestimmten derselben ist er unvergleichlich unabhängiger und wechselt leicht und beliebig oft mit ihm" (Simmel 1989: 396).

Indem Geld in seiner Ambivalenz einerseits zersetzt, isoliert und trennt, andererseits gleichzeitig neu verbindet und vereinigt (Simmel 1989: 468), wirkt es als zentraler Motor von Individualisierung und Entgemeinschaftung. Es löst die *komplette* Abhängigkeit der gesamten Person von einigen wenigen, individuell bestimmten Personen (etwa dem Lehnsherr oder der Zunftgemeinschaft) auf und ersetzt sie durch *partielle* Abhängigkeiten zu zahlreichen diffusen, anonymen und depersonalisierten Anderen. Dadurch hat die Geldwirtschaft für das Individuum befreiende Auswirkungen, denn die Vielzahl versachlichter, anonymer Beziehungen ermöglicht selbstbestimmte Handlungschancen und selbstreferentielle Identität (Deutschmann 1995: 387). Die Kehrseite dieses Individualisierungsprozesses ist allerdings der zerstörerische Einfluss auf traditionelle Gemeinschaften und Beziehungen. Anstelle der früher identitätsstiftenden Beziehungen treten zunehmend künstliche, funktional differenzierte Sozialzusammenhänge wie zweckgerichtete Verbände und Assoziationen, die kaum mehr die Persönlichkeit berühren (Simmel 1989: 464ff).

So treibt die Geldwirtschaft nicht nur die gesellschaftliche Differenzierung im Sinne von Arbeitsteilung, Rollen- und Funktionsdifferenzierung voran, sondern auch eine Rationalisierung der verschiedenen gesellschaftlichen Teilsysteme sowie des individuellen Bewusstseins. Der Charakter des Geldes überträgt sich auf alle Bereiche:

> „Sie [die Geldwirtschaft, d.Verf.] bewirkt von sich aus die Notwendigkeit fortwährender mathematischer Operationen im täglichen Verkehr. Das Leben vieler Menschen wird von solchem Bestimmen, Abwägen, Rechnen, Reduzieren qualitativer Werte auf quantitative ausgefüllt [...]. Die Exaktheit, Schärfe, Genauigkeit in den ökonomischen Beziehungen des Lebens, die natürlich auf seine anderweitigen Inhalte abfärbt, hält mit der Ausbreitung des Geldwesens Schritt“ (Simmel 1989: 614).

Diese rechenhafte Objektivierung führt zusammen mit der geldbedingten Ausweitung sozialer Handlungsketten zur Herausbildung des modernen Denkens, welches emotionale Unmittelbarkeit durch rationale Planung und qualitative Tatsächlichkeit durch quantitative Verhältnisse ersetzt (Simmel 1989: 336). Die Tatsache, dass Geld also als „Generalnenner aller Werte“ (Lichtblau 1997: 72) zusammen mit dem Intellekt den Charakter des Rationellen und des Logischen universal durchsetzt, führt nach Simmel zu einer ‚Tragödie der Kultur' (Simmel 1989: 622ff).

Simmel meint damit, dass die Geldwirtschaft bzw. die vom Geld vermittelte Logik zwar die objektive Kultur (Technik, Kunst, Verkehrsmittel) enorm gesteigert hat, die innere, subjektive Kultur jedoch auf der Strecke blieb. Deutlich werde dies beispielsweise an der Arbeit, die durch Arbeitsteilung und Spezialisierung in differenzierte Einzelleistungen zerlegt wurde, denen aber meist „die Seele fehlt“ (Schmoller 1990: 207). Zusätzlich entfremdet das Geld bzw. die Geldentlohnung den Arbeiter von seiner Leistung, denn „sobald seine potentielle Arbeitsmenge sich in wirkliches Arbeiten umsetzt, gehört nicht mehr sie, sondern ihr Geldäquivalent ihm, während sie selbst einem Anderen [...] zugehört" (Simmel 1989: 632).[38] Dementsprechend inadäquat ist das Geld auch für *personale* Werte und Beziehungen, denn es...

> „schafft zwar Beziehungen zwischen den Menschen, aber es läßt die Menschen außerhalb derselben, es ist das genaue Äquivalent für sachliche Leistungen, aber ein sehr inadäquates für das Individuelle und Personale an ihnen" (Simmel 1989: 404).

Die Entfremdungen, Unsicherheiten und Sinnverluste sind sozusagen der Preis für die gestiegene Individualität, sie sind das „unvermeidliche Korrelat der Freiheit" (Simmel 1989: 456). Die Rationalisierung der Mittel der Naturbeherrschung, die den Fortschritt, die moderne Technik ermöglicht hat, führt ihrerseits wieder zu einer Irrationalisierung des menschlichen Handelns. Denn die einst zur Befriedigung menschlicher Bedürfnisse geschaffenen technischen Mittel diktieren zunehmend Richtung und Struktur menschlichen Denkens und Handelns, auch wenn sich die entsprechenden Bedürfnisse schon längst geändert haben (Pohlmann 1987: 95). Die Herrschaft des absoluten Mittels ‚Geld' gewinnt Herrschaft über den Menschen.

Zusammenfassend betrachtet Simmel das Geld als Medium und Symbol zugleich: Als *Medium* setzt es alle Elemente des Lebens in Relation und stellt deren Austausch sicher; als *Symbol* strukturiert es die Intentionen und die innere Welt der Subjekte (Deutschmann 1995: 391). So kann es als „totalisierendes Prinzip" (Müller 1993: 17) seine ambivalenten Wirkungen entfalten, nämlich gleichzeitig zu trennen und zu verbinden. Dabei unterwirft das Geld alles seinem indifferenten, objektivierenden und quantifizierenden Charakter.

Welche Aspekte von Simmels umfangreicher Analyse des Geldes sind für die vorliegende Fragestellung relevant? Die ‚substanzgewordene Relativität' Geld kann als „eine Institution, in die der Einzelne sein Tun oder Haben einmünden lässt" (Simmel 1989: 263), betrachtet werden. Diese Sichtweise von Geld bzw. Regiogeld als Institution im Sinne eines verbindlichen Handlungsrahmens soll als nützliche *Heuristik* zur Analyse des Untersuchungsgegenstandes verwendet werden. Interessant könnte auch sein, das Phänomen Regiogeld nach seiner Symbolhaftigkeit zu befragen. Ein Superadditum von Regionalgeld spielt in der Realität wahrscheinlich weniger eine Rolle; umso mehr die Ambivalenz, die Simmel dem Geld zuschreibt: Wie sieht es mit den verbindenden und trennenden Auswirkungen des Regiogeldes aus? Wirkt regionales Geld eher vergemeinschaftend oder eher vergesellschaftend? Und: Fungiert es ebenfalls als ‚absolutes Mittel'?

38 Wie Marx konstatiert Simmel eine entfremdende Wirkung des Geldes, allerdings – im Gegensatz zu Marx – unabhängig vom kapitalistischen Charakter der Produktionsverhältnisse, allein durch die Entlohnung mit Geld.

5.4. Geld als ‚symbolisch generalisiertes Kommunikationsmedium'

„Geld ergibt Sinn in einer Sprache, die alle Nationen verstehen"
– Aphra Behn

5.4.1 Talcott Parsons: Geld und Strukturfunktionalismus

Talcott Parsons versuchte mit seiner strukturfunktionalistischen Handlungstheorie, die er zur Systemtheorie ausbaute, eine allgemeingültige, logisch konsistente und empirisch anwendbare soziologische Theorie aufzustellen. Sein Interesse richtete sich auf das gesellschaftliche Gleichgewicht, d.h. auf die Frage, welche funktionalen Leistungen zur Erhaltung der Struktur eines bestimmten Systems nötig sind. Dazu konzipierte er ein nach vier Funktionen (AGIL) gegliedertes Systemmodell der Gesellschaft[39]. In diesem ist Geld das Medium des gesellschaftlichen Subsystems der Wirtschaft, welchem die Funktion der Anpassung obliegt, d.h. die Mobilisierung und Verteilung von Ressourcen aus der Umwelt. Medien, genauer gesagt ‚symbolisch generalisierte Kommunikationsmedien' (Geld, Macht, Einfluss und Wertbindung) dienen bei Parsons der Verständigung innerhalb und zwischen den Systemen. Sie wirken so auf der makrosoziologischen Ebene *integrativ*, indem sie der „Grenzerhaltung und Identität der Systeme im Verhältnis zu ihrer Umwelt" (Künzler 1989: 18) dienen und auf der mikrosoziologischen Ebene *regulativ*, insofern sie den Individuen in der Interaktion Orientierung liefern und dadurch Handeln ermöglichen (Parsons 1980: 233).

Geld ist somit eine Art Spezialsprache, die einen reibungslosen ökonomischen Austauschprozess ermöglichen soll (Parsons 1951: 124). Als ein „*lineally* quantitative element" (Parsons 1951: 124; Hervorh.i.Orig.) macht Geld eine objektivierte Bemessung von Gütern möglich. Als reine „purchasing power" (ebd.) ermöglicht es nicht nur die Teilnahme am Austauschsystem überhaupt, sondern auch die freie Entscheidung, was, bei wem, wann und ob überhaupt gekauft werden soll (Parsons 1967: 307). Geld hat dabei keinen Wert an sich, es ist rein symbolisch insofern...

39 Eine breite Darstellung von Parsons allgemeiner Theorie ist hier sowohl aus Platzgründen als auch im Hinblick auf die Argumentation nicht notwendig. Deswegen in aller Kürze: Nach Parsons müssen soziale Systeme zu ihrer Bestandserhaltung immer vier Funktionsprobleme lösen: *Anpassung* (adaptation), *Zielerreichung* (goal attainment), *Integration* (integration) und *Erhaltung kultureller Wertmuster* (latent pattern maintenance). Parsons wendet sein Schema auf die Gesellschaft an, indem er den vier Funktionsproblemen jeweils ein gesellschaftliches Subsystem zuordnet, die sich auf ihre Bearbeitung hin ausdifferenziert haben. Jedem System wird ein Medium zugeordnet, das sowohl intra- als auch intersystemische Austauschprozesse formt und steuert. Dementsprechend haben wir: *Wirtschaft* (Funktion: Anpassung an die Umwelt; Medium: Geld), *Politik* (Funktion: Zielerreichung; Medium: Macht), *Gemeinwesen* (Funktion: Integration; Medium: Einfluss), *Kultur* (Funktion: Strukturerhaltung; Medium: Wertbindung) (etwa Parsons 1967; Parsons et al. 1953; Parsons/Smelser 1966).

„though measuring and thus »standing for« economic value or utility, it does not itself possess utility in the primary consumption sense – it has no »value in use« but only »in exchange«, that is for possession of things having utility" (Parsons 1967: 306).

In Parsons Theorie verkörpert Geld somit ein reines Wertmaß und Tauschmittel im ökonomischen Sinn. Es ist generalisierte Kaufkraft, dient dem Erwerb von Gütern und Dienstleistungen, ist universell, generalisiert, homogenisierend und quantifizierend – mit Parsons Worten: „all dollars are created free and equal" (Parsons 1967: 317). Die Tatsache, dass Menschen ein im Grunde nutzloses Symbol überhaupt annehmen, erklärt Parsons damit, dass anscheinend „a certain institutionalized confidence in the monetary system" (Parson 1967: 307) besteht. Wie es dazu kommt, wird nicht weiter ausgeführt. Parsons verallgemeinerte Annahmeerwartung – jeder akzeptiert Geld, weil er weiß, dass alle anderen das auch tun – ist nach Ganßmann keine zureichende Erklärung für Vertrauen, sondern allenfalls für „kollektive Verrücktheit" (Ganßmann 1996: 137).

Welche Anschlussmöglichkeiten ergeben sich hier für die Untersuchung des Regiogelds? Geld wirkt für Parsons auf Individuen regulativ, d.h. es bietet „Handlungsorientierung" (Kellermann 2006b). Diese beruht auf der symbolischen Bedeutung des Geldes, die aber für Parsons nur aus ökonomischem Nutzen besteht. Gilt dies auch für Regiogeld oder spielen hier möglicherweise auch kulturelle und soziale Bedeutungen jenseits eines reinen Nutzenkalküls eine Rolle? Sind wirklich alle (Regio-)Dollars gleich?

5.4.2 Jürgen Habermas: Geld, System und Lebenswelt

Jürgen Habermas übernimmt Parsons Medienkonzept, begrenzt es aber auf die beiden Medien Macht und Geld. Entsprechend der philosophisch-kritischen Tradition der Frankfurter Schule, in der Habermas steht, integriert er die Marxsche Entfremdungs- und Verdinglichungstheorie: Geld (als Steuerungsmedium der Wirtschaft) und Macht (als Steuerungsmedium der Politik) verursachen eine ‚Kolonialisierung der Lebenswelt' und ziehen so sozialpathologische Konsequenzen nach sich. Habermas entwirft in seinem opus magnum, der ‚Theorie des kommunikativen Handelns' (1981), eine neue, kritische Gesellschaftstheorie, in der er Handlungstheorie mit Systemtheorie verknüpft. Eine zentrale Position darin ist die Trennung von Lebenswelt und System[40].

40 Die *Lebenswelt* ist für Habermas der für die Individuen selbstverständliche Hintergrund für *kommunikatives* (d.h. nicht erfolgs-, sondern primär verständigungsorientiertes) Handeln und damit Grundlage für Verständigung. Sie ist gewissermaßen das Konglomerat unserer sozialen Herkunft, unserer früheren und jetzigen Gruppenzugehörigkeiten und sozialer Umfelder. *Systeme* hingegen sind diejenigen gesellschaftlichen Bereiche, in denen das *zweckrationale* (d.h. in-

> „System und Lebenswelt differenzieren sich, indem die Komplexität des einen und die Rationalität des anderen wächst, nicht nur jeweils als System und als Lebenswelt – beide differenzieren sich gleichzeitig auch voneinander." (Habermas 1981, II: 230)

Wenn Lebenswelten sich strukturell ausdifferenzieren, wächst auch der Verständigungsaufwand der kommunikativ Handelnden. Die normale Sprache ist aber nicht nur ein aufwendiger Mechanismus zur Handlungskoordinierung, sondern gleichzeitig auch noch mit den komplexen Sinnhorizonten der Lebenswelt(en) verflochten. Deswegen muss ab einem gewissen Komplexitätsniveau die normale Sprache durch Spezialsprachen (wie etwa Geld) ersetzt werden.

> „Es [das Geld, d.Verf.] hat sich aus der normalen Sprache als ein auf Standardsituationen (des Tausches) zugeschnittener Spezialcode abgezweigt, der aufgrund einer eingebauten Präferenzstruktur (von Angebot und Nachfrage) Handlungsentscheidungen koordinationswirksam konditioniert, ohne die Ressourcen der Lebenswelt in Anspruch zu nehmen zu müssen" (Habermas 1985: 406).

Mit der Ersetzung der normalen Sprache reduziert sich auch die Bindung der kommunikativ gesteuerten Handlungen an Kontexte der Lebenswelt, d.h. die jeweiligen Interaktionsformen werden ‚entweltlicht'. Gleichzeitig ermöglicht das Medium Geld auch die Herausbildung eines funktionsspezifischen Teilsystems, das seine Umweltbeziehungen über Geld abwickelt (Habermas 1985: 405f).

Es kommt also zu einer Ausdifferenzierung von mediengesteuerten Subsystemen aus der Lebenswelt durch die Umstellung der Handlungskoordination vom Verständigungsmechanismus (Sprache) auf Kommunikationsmedien (Geld und Macht). Diese systemischen Mechanismen steuern dann...

> „einen von Normen und Werten weitgehend abgehängten sozialen Verkehr, nämlich jene Subsysteme zweckrationalen Wirtschafts- und Verwaltungshandeln, die sich nach Webers Diagnose von ihren moralisch-normativen Grundlagen verselbstständigt haben" (Habermas 1981, II: 230).

Dabei betont Habermas, dass sich nur die Funktionsbereiche der materiellen Reproduktion über die Steuerungsmedien aus der Lebenswelt ausdifferenzieren lassen. Kulturelle Reproduktion, soziale Integration und Sozialisation bleiben der Struktur der Lebenswelt und der kommunikativen Handelns verhaftet, d.h. Medien können diese Funktionen zwar erweitern, rationalisieren etc., aber nicht ersetzen (Habermas 1981, II: 391).

---

strumentales, rationales und strategisches) Handeln in Reinkultur vorkommt, etwa in Unternehmen (Habermas 1981, II: 173ff).

Lebenswelt und System sind entkoppelt, bleiben aber durch einen komplexen Verweisungszusammenhang miteinander verbunden, denn die Lebenswelt muss sich materiell reproduzieren und das System muss lebensweltlich verankert sein. Die Macht der beiden miteinander funktional verzahnten Subsysteme Marktwirtschaft und Verwaltungsstaat ist allerdings so groß, dass zunehmend Bereiche der Lebenswelt davon beeinträchtigt werden. So wird etwa auch das Privatleben immer mehr von rationalistischen, marktkonformen Erwägungen und Kalkülen bestimmt.

> „Medienförmige Interaktionsformen können auf Lebensbereiche, die ihrer Funktion nach auf verständigungsorientiertes Handeln angewiesen sind, nicht übergreifen, ohne daß sich pathologische Nebeneffekte einstellen" (Habermas 1985: 413).

Monetarisierungs- und Bürokratisierungsprozesse dringen in die Kernbereiche der kulturellen Reproduktion, sozialen Integration und Sozialisation ein. Habermas spricht hier von ‚systemischen Imperativen', die zunehmend eine ‚Kolonialisierung der Lebenswelt' erzwingen (Habermas 1981, II: 522).

> „Heute dringen die über die Medien Geld und Macht vermittelten Imperative von Wirtschaft und Verwaltung in Bereiche ein, die irgendwie kaputt gehen, wenn man sie vom verständigungsorientierten Handeln abkoppelt und auf solche mediengesteuerten Interaktionen umstellt" (Habermas 1981, I: 187).

Diese Kolonialisierung der Lebenswelt beruht auf einer expansiven kapitalistischen Modernisierung, und damit letztlich auf dem Geld, welches alle lebensweltlichen Zusammenhänge zunehmend seiner instrumentellen Rationalität unterwirft und damit verständigungsorientiertes Handeln und die Sozialintegration zerstört.

Fassen wir zusammen: Geld ist für Habermas eine ‚Spezialsprache' des Wirtschaftssystems; es wird ausschließlich in Standardsituationen des Gütertauschs in Verfolgung von wirtschaftlichen Interessen von Tauschenden eingesetzt, die sich an Nutzenerwägungen orientieren (Habermas 1981, II: 395). Der Geldcode beinhaltet eine spezifische instrumentelle Rationalität; dementsprechend wird Geld nur in einem sachlichen und entpersönlichten Marktaustauschkontext verwendet und nicht in lebensweltlichen Zusammenhängen. Geld ist für Habermas, ebenso wie für Parsons, nur Symbol für wirtschaftlichen Nutzen, es hat keinen Wert an sich (Habermas 1981, II: 397). Das systemspezifische und zweckrationale Medium steht dem kommunikativen Handeln in lebensweltlichen Zusammenhängen entgegen, es greift auf diese über, ‚kolonialisiert' sie und zerstört so die Sozialintegration.

Diese zerstörerischen Wirkungen des Geldes werden auch von den Regiogeldmachern thematisiert. Allerdings schreiben diese sie nicht dem Geld als solchem zu, sondern nur seiner momentanen Konstruktion. Deswegen auch der Versuch, ein besseres Geld zu schaffen, das keine sozialpathologischen Auswirkungen hat. Kann das gelingen? Ist Geld vielleicht doch kein homogenes Gebilde, sondern tritt in vielfältigen Erscheinungsformen auf? Kann es neben dem ökonomischen Nutzen auch andere Bedeutungen und damit auch Logiken jenseits der Zweckrationalität transportieren? Ist es möglich, dass nicht nur das System in die Lebenswelt eindringt, sondern umgekehrt die Lebenswelt und die handelnden Individuen das (Geld-)System sozial produktiv beeinflussen?

5.4.3 Niklas Luhmann: Geld und Systemtheorie

Niklas Luhmann greift Parsons' strukturell-funktionale Theorie auf und entwickelt daraus seine funktional-strukturelle Systemtheorie. Das ist mehr als eine Wort spielerei, sie soll verdeutlichen, wo das Primat der jeweiligen Theorie liegt – für Parsons bei der Struktur, für Luhmann bei der Funktion. Die Gesellschaft zerfällt nach Luhmann – das ist eine seiner Grundideen – in funktionale Subsysteme (wie Wirtschaft, Politik, Recht, Erziehung, Religion, Kunst etc.). Gemeinsam ist ihnen, dass sie eine Funktion exklusiv erfüllen, autonom voneinander operieren und sich immer wieder neu bilden (Luhmann 1987; 1988; 1998). Luhmanns andere Grundidee ist, dass die Gesellschaft nur noch aus Kommunikation besteht, nicht etwa aus Menschen oder deren Taten[41].

Im Laufe der gesellschaftlichen Entwicklung werden immer neue, kommunikative Einheiten (Subsysteme) gebildet, deren Aufgabe es ist, Komplexität zu reduzieren. Dies gelingt, indem sie exklusiv bestimmte Aufgaben übernehmen: Das Wirtschaftssystem verteilt knappe Güter, das Politiksystem trifft kollektiv bindende Entscheidungen, das Rechtssystem formuliert allgemein bindende Rechtsnormen und setzt sie durch usw. Alle Systeme sind operativ geschlossen und erzeugen selbst die Regeln, nach denen sie operieren und die Elemente, aus denen sie bestehen (Autopoiesis).

> „Autopoietische Systeme sind geschlossene Systeme insofern, als sie das, was sie als Einheit zu ihrer eigenen Reproduktion verwenden (also ihre Elemente, ihre Prozesse, sich selbst) nicht aus ihrer Umwelt beziehen können. Sie sind gleichwohl offene Systeme insofern, als sie diese nur in einer Umwelt und in Differenz zu einer Umwelt vollziehen können" (Luhmann 1988: 49).

Bestimmend für Systeme ist ihr Verhältnis zur Umwelt (System-Umwelt-Differenz), wobei die Umwelt alles außerhalb des jeweiligen Systems umfasst. Es geht also darum, wie eine Einheit auf alles andere regiert, welche Grenzen gebildet werden und wie diese Grenzen die Informationen aus der Umwelt filtern, die dann im

41 Luhmann konzipiert Menschen als psychische Systeme, die sich über Bewusstsein konstituieren und reproduzieren (Luhmann 1987: 355).

System als Information erlebt und verarbeitet werden (Luhmann 1987: 35ff). Dazu orientiert sich jedes System an einer spezifischen Eigenlogik (Leitdifferenz), die als ein binärer Code gedacht werden kann: Zahlen/Nicht-Zahlen im Wirtschaftssystem, Macht/Nicht-Macht im Politiksystem, Recht/Unrecht im Rechtssystem, usw. Deswegen können die jeweiligen Subsysteme nicht miteinander kommunizieren und zeichnen sich durch wechselseitige Intransparenz aus – obwohl sie strukturell aneinander gekoppelt sind (Luhmann 1998: 92ff).

Autopoietische Systeme konstituieren und reproduzieren sich über Kommunikation[42]. Deshalb ist ihr Grundproblem das der Anschlussfähigkeit von Kommunikation an Kommunikation. Die Unwahrscheinlichkeit der Kommunikation wird durch Medien, die eine evolutionäre Errungenschaft darstellen, in Wahrscheinlichkeiten transformiert (Luhmann 1987: 222f). Während beim Medium Sprache das Potential der möglichen Sätze unendlich ist, sind die symbolisch generalisierten Kommunikationsmedien so strukturiert, dass sie nur wenige Möglichkeiten zulassen. Es geht darum, „die Selektion der Kommunikation so zu konditionieren, daß sie zugleich als Motivationsmittel wirken, also die Befolgung des Selektionsvorschlages hinreichend sichern" (Luhmann 1987: 222). So erhöht sich die Annahmewahrscheinlichkeit eines Kommunikationsvorschlags.

> „Wichtige Beispiele sind: Wahrheit, Eigentum/Geld, Macht/Recht; in Ansätzen auch religiöser Glaube, Kunst und heute vielleicht zivilisatorisch standardisierte »Grundwerte«" (Luhmann 1987: 222).

Insgesamt regelt Geld als das symbolisch generalisierte Kommunikationsmedium des Wirtschaftssystems dessen Referenzproblem, nämlich die Knappheit der Güter bzw. den Zugriff darauf. Dabei löst es das Problem der Knappheit nicht, es bringt es nur in eine Form, die mit höherer Komplexität kompatibel ist: in die Form von Geldknappheit. Knappheit entsteht ja, wenn jemand im Interesse der eigenen Zukunft andere vom Zugriff auf Ressourcen ausschließt. Wann und wie darf er das? Die Antwort, die das Kommunikationsmedium Geld ermöglicht, lautet: wenn er zahlt (Luhmann 1988: 252). Deswegen hat Geld für Luhmann eine befriedende Wirkung, es ist „der Triumph der Knappheit über die Gewalt" (Luhmann 1988: 253). Weil der Erwerber zahlt, unterlassen andere einen gewaltsamen Zugriff auf das erworbene Gut. Das Geld zirkuliert und verteilt dadurch ständig die Knappheit im System auf wechselnde Träger. Jeder kann seine Knappheit mildern, indem er

42 Unter Kommunikation versteht Luhmann das soziale Prozessieren von Selektion, die Einheit der Differenz von Information, Mitteilung und Verstehen. Dabei gibt es drei Unwahrscheinlichkeiten: die der Erreichbarkeit eines Empfängers, die des Verstehens der Information beim Empfänger (Problem der doppelten Kontingenz) und die der Übernahme der Information beim Empfänger, mit der sich die Möglichkeit einer Anschlusskommunikation eröffnet (Luhmann 1998: 190f).

sich mit knappen Ressourcen eindeckt, aber nur, indem er Geld weiterleitet und dadurch seine Geldknappheit entsprechend vergrößert (Luhmann 1988: 253). Für Luhmann repräsentiert Geld nichts anderes als abstrakte Zahlungsfähigkeit: Es geht nur darum, ob Geldflüsse in Gang gesetzt werden oder ausbleiben (Einheit der Differenz Zahlen/Nicht-Zahlen). Geld ermöglicht die Selektion bestimmter unbestimmter Möglichkeiten: bestimmt in der Hinsicht, dass es ausschließlich um Zahlungsmöglichkeiten geht, unbestimmt hinsichtlich *was* (Sachdimension) man *von wem* (Sozialdimension) und *wann* (Zeitdimension) erwirbt. Indem Geld den Tauschwert in Geldwert übersetzt, vereinfacht es den Austausch von Gütern und reduziert so Komplexität. Geld ist ausschließlich auf das Wirtschaftssystem bezogen[43]. Sobald also mittels Geld kommuniziert wird, ist alles, was damit zusammenhängt, wirtschaftlich.

> „Das Medium eignet sich nur für systemeigene Operationsweisen, es gibt also Geld nur im Wirtschaftssystem, und wenn es in Klingelbeutel oder Steuerkassen kommt, operieren diese als Teil des Wirtschaftssystems" (Luhmann 1988: 234).

Dieser Gedanke führt zur gleichzeitig verbindenden und trennenden Wirkung des Geldes (hier zeigen sich Parallelen zu Simmels Ambivalenzthese): Luhmann nennt das die im Geld eingeschlossene Einheit von *Symbolón* (das Verbindende) und *Diabolón* (das Trennende). In der symbolischen Wirkung konstituiert Geld das autopoietische Wirtschaftssystem, in seiner diabolischen Eigenschaft schließt es in diesem Subsystem die Verwendung anderer Medien bzw. Kriterien aus, indem es...

> „alle anderen Werte auf der Ebene der Codes neutralisiert und in den inferioren Status der Gründe für Zahlungen bzw. Nichtzahlungen abschiebt" (Luhmann 1988: 245).

Geld duldet keinen ‚anderen Gott' bzw. kein anderes Medium neben sich; das Wirtschaftssystem akzeptiert nur ökonomische Kriterien. Deswegen kann auch nur derjenige am Wirtschaftssystem teilnehmen, der Geld hat. Symbolón wie Diabolón kommen beide *innerhalb* des Systems zum Ausdruck – anders als bei Simmel, für den Geld verbindend im Wirtschaftsprozess und trennend in personalen Nahbeziehungen wirkt.

Welche Aspekte können nun für die vorliegende Fragestellung informieren? Luhmann versteht Geld als einen ‚Spezialcode', der aufgrund seiner symbolischen Generalisierung alles, was er berührt, in Wirtschaft verwandelt. Das hieße, beim Regiogeld ginge es trotz seiner ideellen Ambitionen letztlich nur um Zahlen oder

43 Luhmann argumentiert hier noch radikaler als Parsons, indem für ihn Geld nicht nur dem Wirtschaftssystem zugeordnet ist, sondern dieses sogar konstituiert. „In dem Maße, in dem wirtschaftliches Verhalten sich an Geldzahlungen orientiert, kann man deshalb von einem *funktional ausdifferenzierten Wirt*schaftssystem sprechen" (Luhmann 1983: 154; Hervorh.i.Orig.).

Nicht-Zahlen. Auch ein regionales Währungssystem wäre nur Wirtschaft und diese ist blind für Moral, Gemeinschaft oder Natur. Allerdings ist fraglich, ob die strikte Trennung von Systemen tatsächlich durchgängig zutrifft. Da Geld im Gegensatz zu anderen Kommunikationsmedien in allen Subsystemen benötigt wird, gäbe es nach Luhmanns Logik nur noch Wirtschaft (Deutschmann 1999: 78). Ein weiterer interessanter Punkt bei Luhmann sind die verbindenden und trennenden Wirkungen des Geldes: Das Diabolón des Geldes schließt alle anderen Medien aus dem Wirtschaftssystem aus. Einverstanden, nur was ist mit anderen Geldarten? Existieren diese nebeneinander, schließen sie sich gegenseitig aus? Welche Geldarten können als verbindendes Symbolón ein Wirtschaftssystem konstituieren? Und mit Simmel: Können verschiedene Geldarten nicht auch in sozialen Beziehungen ambivalente, also verbindende und trennende Wirkungen entfalten? Zuletzt noch ein Kritikpunkt: Luhmann vernachlässigt mit seiner ‚befriedenden Funktion' des Geldes dessen Ausschlusscharakter. Geld ist nicht nur konstitutiv für gesellschaftliche Teilhabe, es ist gleichzeitig extrem ungleich verteilt und Ursache für entsprechende Konflikte. Geld selbst provoziert und wendet Gewalt an (Bammé 2006: 10f) – mit den Worten des Philosophen Francis Bacon: „Wie wahr, dass Gelder die Lebenskraft des Krieges sind". Die Frage nach Geld und Gewalt, nach geldbedingten Macht- und Herrschaftsverhältnissen führt zum nächsten Kapitel.

5.5. Geld und Herrschaft

„Macht gebiert Geld, so war das seit dem Anfang der Welt."
– Ryszard Kapuscinski

5.5.1 Heiner Ganßmann: Geld und Arbeit

Heiner Ganßmann untersucht den Zusammenhang von Arbeit, Geld und Kapital. Sein Hauptaugenmerk liegt dabei auf Arbeit, Geld bzw. Kapital betrachtet er als Herrschaftsmittel. Hier teilt er O'Neills (1982: 114) Auffassung, nach der „the behavior of money is nothing but the algebra of the system of stratification and exploitation".

Ganßmann bearbeitet die neueren soziologischen Geldtheorien. Er kritisiert, dass die Konzeption des Geldes als symbolisch generalisiertes Kommunikationsmedium letztlich zum Ergebnis hat, dass „Geld eine komplizierte, aber harmlose Einrichtung ist" (Ganßmann 1996: 131). Tatsächlich jedoch spielt Geld die Rolle eines eigentümlichen, anonymen und weitreichenden Disziplinierungsmittels (Ganßmann 2002: 21). Allerdings, so räumt er ein, kann die Medien-Konzeption durchaus hilfreich sein, um die Leistungen und Eigenarten des Geldgebrauchs zu verstehen (Ganßmann 2002: 21). Er stimmt mit Parsons & Co. überein, dass Geld

Koordinationsprobleme löst, also Handlungskoordination mit anderen Akteuren bewerkstelligt: Ich kann dich dazu bringen zu tun, was ich will (also z.B. ein Gut an mich abzutreten). Doch warum tausche ich ein nützliches Gut gegen nutz- und wertlose, als Geld dienende Objekte? Weil diese – so die Antwort der neueren Geldtheorien – etwas symbolisieren, etwa das durch Nutzen und Knappheit bestimmte Gewicht der Güter im Tausch oder Wert in Form von abstrakter Arbeit. Nach Ganßmann trifft jedoch keine dieser Symbolisierungen zu, sondern Geld ist für ihn vielmehr...

> „ein Symbol in dem Sinne, daß es signalisiert: Hier wird ein bestimmtes »Spiel« gespielt. Mitspielen darf, wer über Geld verfügt. Mit dem Geld darf man bestimmte »Züge« in diesem Spiel machen. Dabei verdankt das Geld seine Bedeutung nicht den Eigenschaften des Objekts, das Träger der Geldfunktionen ist, sondern rein dem System von Regeln, die seinen Gebrauch ermöglichen und vorschreiben. Die Geldbenutzer müssen das Geldobjekt als ein solches Symbol interpretieren können. Nur dann sind sie kompetente Mitspieler" (Ganßmann 1996: 232).

Geld signalisiert die Regeln des Kaufens, Verkaufens, Besitzens, Verdienens, Bezahlens, Borgens und Verleihens (Ganßmann 2002: 26). Wie andere symbolisch generalisierte Medien (etwa Liebe, Recht, Macht etc.) ermöglicht es Handlungskoordination, aber – und hier setzt Ganßmann sich von den neueren Geldtheorien ab – Geld ist einzigartig: Als einziges dieser Medien ist es dinglich präsent und nur einmal verwendbar (Ganßmann 1996: 132). Dadurch gewinnt es auch Charakter als Herrschaftsmittel. Denn in einer modernen Gesellschaft ist die ökonomische Reproduktionsfähigkeit weitgehend von der Teilnahme am Geldspiel abhängig, weswegen Geld ein überaus wirksames und weitreichendes Disziplinierungsmittel ist. Geld kann eine klassische Befehl-Gehorsam-Beziehung schaffen, einfach über die Drohung: ‚Tue dies oder du kriegst kein Geld, d.h. du wirst vom Geldspiel ausgeschlossen'. Dies ist vor allem bei fremdbestimmter Arbeit der Fall (hier greift Ganßmann auf Marx zurück). Der Nicht-Geldbesitzer wird in einen Arbeit-Geld-Konsum-Zyklus eingespannt, der die wiederholte Konsumfähigkeit von der wiederholten Arbeitsleistung abhängig macht. Der Geldbesitzer seinerseits kann diese Disposition über die Arbeit anderer gewinnbringend nutzen und seinen Arbeiter gleichzeitig mit der Androhung eines Ausschlusses vom Geldspiel wirksam disziplinieren (Ganßmann 1996: 252).

Halten wir einige relevante Punkte fest: Geld ist für Ganßmann eine „soziale Konstruktion" (Ganßmann 1996: 25) und wird als solche zu einer „soziale[n] Tatsache" (Ganßmann 1996: 22). Geld ist damit Teil der objektiven Wirklichkeit, das heißt Akteure verhalten sich zu ihm, als sei es eine naturgegebene Tatsache. Dieser Gedanke erinnert an verschiedene theoretische Perspektiven des interpretativen Paradigmas, etwa den symbolischen Interaktionismus. Mit einer solchen theoretischen Brille wird es möglich, die Konstruktion und Wirklichkeitswerdung von

Regionalgeld zu analysieren, wie auch die Symbolisierungen des Geldes, auf die Ganßmann hinweist. Er betont ja, dass Geld nicht nur reinen Tauschnutzen symbolisiert, sondern auf unterschiedliche Handlungsmuster, auf ein „Set elaborierter Regeln" (Ganßmann 2002: 26), aber auch auf Macht und Herrschaft verweist. Ganßmann spricht vom ‚Geldspiel'. Er führt zwar nicht aus, wie die Regeln dieses Spiels konkret zustande gekommen und ausgestaltet sind, dennoch eröffnet sich hier eine interessante Blickrichtung auf das Phänomen Regiogeld: Wie sind die Regeln des Regiogeld-Spiels? Gibt es Unterschiede zu bzw. Gemeinsamkeiten mit dem ‚normalen' Geldspiel? Wie kommen die Regeln zustande, wie gehen die Akteure in ihrem Alltag konkret damit um? Sind Macht- und Herrschaftsaspekte Teil des Regiogeld-Spiels?

5.5.2 Christoph Deutschmann: Der religiöse Charakter des Geldes

Christoph Deutschmann vertritt u.a. in seinem Essay „Die Verheißung des absoluten Reichtums" (1999) die These, dass Geld in unserer Gesellschaft jenen Platz einnimmt, den die Religion in vormodernen Gesellschaften innehatte.

Mit Marx und Simmel zeigt Deutschmann, dass Geld nicht nur Tauschmittel ist, sondern ‚Vermögen', also letztlich ‚Können'. Und dieses mit dem Geld verknüpfte ‚Können' beherrscht unsere Wirklichkeit: Geld kontrolliert die Welt der *Sachen*, die in unserer Gesellschaft fast alle Warencharakter angenommen haben. Mit Geld kann man (fast) alles kaufen, nicht nur materiellen Luxus, sondern auch Schönheit, Gesundheit, Bildung etc. Geld kontrolliert *Arbeit* und *Produktionsmittel* und damit indirekt auch das, was durch deren Einsatz herstellbar ist, also die Welt der erst zu erfindenden, erst zu erzeugenden Güter, das Reich des Imaginären. Geld kontrolliert weiterhin die *soziale Welt*, denn es ist Träger eines universalen Eigentumsrechts und begründet soziale Machtbeziehungen (Wer zahlt, schafft an!). Zu guter Letzt kontrolliert Geld noch *Zeit und Raum*. Zeit ist Geld, und mit Geld kann ich über die Zeit verfügen, indem ich es heute ausgebe, einen Kredit aufnehme oder spare. Schließlich: In einer durch Geld bestimmten Weltgesellschaft sind die Menschen nicht länger von lokalen Ressourcen abhängig. Die ganze Welt steht ihnen als Feld ihrer Operationen und Geschäfte zur Verfügung (Deutschmann 2002c).

Geld besitzt also wegen seiner Vermögenseigenschaft[44] ein *verallgemeinertes soziales Machtpotential* und damit direkt verbunden eine *imaginäre Dimension*: Es beinhaltet

44 Mit seiner Vermögenseigenschaft lässt Geld einen großen Teil unserer auf Distinktion, Ästhetisierung, individuelle Profilierung gerichteten Wünsche und Sehnsüchte erst entstehen. Heutige Konsumkritik (Veblen, Galbraith, Baudrillard, Scherhorn usw.) hat gezeigt, das ein großer Teil des heutigen Konsums den Charakter von ‚demonstrativen' Konsum hat, der in erster Linie den pekuniären Status der Käufer sichtbar machen soll. Die Güter und ihr relati-

die „Verheißung absoluten Reichtums" (Deutschmann 1999: 179), den „Traum individueller Verfügung über die Totalität menschlicher Möglichkeiten" (Deutschmann 1999: 45). Dadurch trete „der Mensch jetzt selbst an die Stelle Gottes" (Deutschmann 1999: 117) und überbiete dessen Allmacht. Unter anderem hierin bestehe die religiöse Natur des Kapitalismus. Deutschmann führt seine Analogie von Religion und Geld weiter aus, wobei er hier sowohl strukturelle Ähnlichkeiten als auch Substituierungen aufzählt: Geld leistet wie die Religion „sinnhafte[ ] Bewältigung des Unbestimmbaren" (Deutschmann 1999: 7) durch eine nicht begründbare Rück- oder Selbstbindung (bei der Religion ist das der „Glauben", beim Geld das „Vertrauen"). Beide sind „unsichtbar und unerforschlich" (Deutschmann 1999: 98), haben imperativen Charakter und benötigen Kommunikatoren (Propheten, Priester vs. Wissenschaftler, Managementgurus), die das Absolute vermitteln (Deutschmann 2002c). Trotz aller Ähnlichkeiten besteht jedoch keine friedliche Koexistenz zwischen Geld und Religion. In der modernen Gesellschaft scheint an die Stelle des religiösen Götzendienstes der ökonomische getreten zu sein (Deutschmann 1999: 65); war früher der Gottesglaube der „Endpunkt, in den alles soziale Handeln zurückläuft" (Deutschmann 1999: 23), so ist dies heute der Gelderwerb.

> „Es [das Geld, d.Verf.] ist wie Gott – mit dem Unterschied, daß es immer nur in *quantitativ fixierter* Form zur Verfügung steht. Dadurch begibt es sich einerseits in die Niederungen des Irdischen und kann individuell »angeeignet« werden, ist sich andererseits aber nie selbst genug und drängt auf seine eigene Verwertung und Vermehrung" (Deutschmann 1999: 108f; Hervorh.i.Orig.).

Im Geldvermögen angelegt ist ein Wachstumsimperativ. Mit anderen Worten: Geld muss ausgeben werden (sonst zerfällt es irgendwann in bloßes Metall, Papier etc.). Es aber (wenn man genug hat) für profane, bloß nützliche Güter auszugeben, hieße Perlen vor die Säue zu werfen, denn seine Vermögenseigenschaft würde ebenfalls vernichtet werden. Geld muss so ausgegeben werden, dass es zurückfließt, und zwar nicht einfach, sondern mit einem Zuwachs. Worauf es in der kapitalistischen Geldwirtschaft also ankommt, ist nicht Reproduktion, sondern Kapitalwachstum durch ständige Umwälzung der Bedürfnisse und der technischen Strukturen. Das Wachstum folgt dabei nicht irdischen Zielen, sondern der im Geldvermögen angelegten Utopie absoluten Reichtums (Deutschmann 2002d).

> „Simmels These von dem im Geldvermögen angelegten »Superadditum« des Reichtums kommt in der gegenwärtigen finanzkapitalistischen Revolution und ihrer Parole des »Shareholder Value« auf einer neuen Ebene zum Tragen: In der immer drückenderen Überlegenheit des weltweit mobilen Finanzinvestors gegenüber dem noch sich in der

ver Nutzen sind insoweit eine abhängige Variable des Geldes, nicht umgekehrt wie Ökonomen unterstellen.

lokalen Welt abmühenden Unternehmer, seinen Führungskräften, Angestellten und Arbeitern, die er durch nicht endende Forderung nach Flexibilisierung, Mobilisierung, weitere Renditesteigerung in eine permanente Defensivposition drängt" (Deutschmann 1999: 164).

Deutschmann stellt also den symbolischen Charakter des Geldes jenseits der ökonomischen Wertrepräsentanz heraus und betont das im Geldvermögen angelegte soziale Machtpotential sowie die imaginäre Dimension des Geldes. Diese bezieht sich auf Dinge, die man kaufen kann. Da nach Deutschmanns Ansicht alles käuflich ist, wird Geld zum ‚absoluten Mittel'. Es stellt sich die Frage, ob Geld zwangsläufig absolutes Mittel sein muss. Kann Geld in seinen verschiedenen Ausprägungen möglicherweise nicht doch eine Begrenzung durch Moral oder Wertbindung erfahren? Deutschmann behauptet, die imaginäre Dimension des Geldes sei die ‚Verheißung absoluten Reichtums'. Gilt dies auch für das Regiogeld oder verweist dieses vielleicht imaginär auf die Utopie einer besseren Welt? Schließlich verkehrt regionales Geld den im Geldvermögen angelegten Wachstumsimperativ in sein Gegenteil, indem es an Wert verliert. Allein die Tatsache, dass sich Menschen finden, die freiwillig auf einen Teil der generalisierten Macht des Geldes verzichten, indem sie es in weniger mächtiges Geld tauschen, ist möglicherweise ein Hinweis daraus, dass Gott Mammon nicht grundsätzlich allmächtig ist.

5.5.3 Pierre Bourdieu: Ökonomisches, kulturelles und soziales Kapital

Das zentrale Thema der sozialkritischen Arbeiten von Pierre Bourdieu ist die gesellschaftliche Produktion und Reproduktion von sozialen Ungleichheiten. Er analysiert die Gesellschaft als ein Geflecht unterschiedlicher Machtbeziehungen (etwa Bourdieu 1987; 1993; 1997), welche im Zusammenspiel von objektiven Gegebenheiten, subjektiven Dispositionen sowie materiellen und symbolischen Dimensionen der sozialen Welt entstehen[45].

In Bourdieus Werk kommt zwar nicht dem Geld, jedoch dem Kapital[46] eine herausragende Bedeutung zu. Dieses definiert er als „akkumulierte Arbeit, entweder

45 Bourdieu versucht in seiner Theorie, die er als strukturalistischen Konstruktivismus" bzw. als „konstruktivistischen Strukturalismus" (Bourdieu 1992c: 135) bezeichnet, den Mikro-Makro-Dualismus zu überwinden. Seine Soziologie ist mehr als nur die Rekonstruktion objektiver Beziehungen, sie richtet sich ebenso auf subjektive Erfahrungen und Orientierungen der Akteure in ihrem Feld. Zentral ist dabei sein Konzept des ‚Habitus' (als gruppenspezifisches Repertoire von Denk- und Verhaltensmustern) sowie die unterschiedliche, relationale Positionierung der verschiedenen Klassen im sozialen Raum (Treibel 2006: 220ff).

46 Bourdieu knüpft mit dem Kapitalbegriff „und mit ihm das Konzept der Kapitalakkumulation mit all seinen Implikationen" (Bourdieu 1997: 217) an Marx an. Er kritisiert die ökonomische Beschränkung, die Reduktion der „Gesamtheit der gesellschaftlichen Austauschverhältnisse

in Form von Materie oder in verinnerlichter, »inkorporierter« Form" (Bourdieu 1997: 217). Bourdieu unterscheidet dabei zwischen drei Kapitalsorten, dem *ökonomischen*, dem *kulturellen* und dem *sozialen* Kapital. Das ökonomische Kapital umfasst alle Formen materiellen Besitzes (und damit auch das Geld). Kulturelles Kapital kann in *objektivierter* Form (z.B. Bücher, Gemälde), in *inkorporierter* Form (als kulturelle Fertigkeiten, Wissen etc.) oder in *institutionalisierter* Form (Bildungsabschlüsse, Titel, Adelsprädikate) auftreten. Soziales Kapital entsteht innerhalb von Beziehungen. Die Kapitalarten sind bedingt ineinander transformierbar, wobei das ökonomische Kapital die Grundlage bildet:

> „Das *ökonomische Kapital* ist unmittelbar und direkt in Geld konvertierbar und eignet sich besonders zur Institutionalisierung in der Form des Eigentumsrechts; das *kulturelle Kapital* ist unter bestimmten Voraussetzungen in ökonomisches Kapital konvertierbar und eignet sich besonders zur Institutionalisierung in Form von schulischen Titeln; das *soziale Kapital*, das Kapital an sozialen Verpflichtungen oder »Beziehungen«, ist unter bestimmten Voraussetzungen ebenfalls in ökonomisches Kapital konvertierbar und eignet sich besonders zur Institutionalisierung in Form von Adelstiteln" (Bourdieu 1997: 218; Hervor.i.Orig.).

Die Verteilungsstruktur der verschiedenen Arten und Unterarten von Kapital entspricht der immanenten Struktur der gesellschaftlichen Welt, d.h. „der Gesamtheit der ihr innewohnenden Zwänge, durch die das dauerhafte Funktionieren der gesellschaftlichen Wirklichkeit bestimmt und über die Erfolgschancen der Praxis entschieden wird" (Bourdieu 1997: 217f). Die Individuen besitzen Potentiale verschiedener Art, die sie im Alltagsleben einsetzen und teilweise umwandeln können. Dabei gilt: „Jeder spielt entsprechend der Höhe seiner Chips" (Bourdieu 1992b: 38). In dem Ausmaß, in welchem Individuen also über Kapitalien verfügen können, spiegeln sich ihre gesellschaftliche Stellung und damit die Gesamtheit ihrer individuellen Lebenschancen wider. Bourdieu konzipiert so eine politische Ökonomie des (immateriellen) Reichtums. Zentral für die „verborgenen Mechanismen der Macht" (Bourdieu 1992a) und die „feinen Unterschiede" (Bourdieu 1987) ist die (klassen- und akteursspezifisch) unterschiedliche Verfügung über die Kapitalsorten, die durch bestimmte Distinktionsmechanismen (Sprache, Kleidung, Stil, Verhalten) zum Ausdruck gebracht wird. Bourdieus ‚Eliten' sind eine Klasse von Kapitalisten, die sich im Besitz von Durchsetzungsmitteln (den Kapitalsorten) befinden, die zur Aneignung des jeweils anfallenden Mehrwerts befähigen. Dieser Mehrwert fällt in Form von Prestige, Renommee, Ruhm, Rang oder Privilegien an (Bourdieu nennt

auf den bloßen Warentausch" (Bourdieu 1997: 217). Gleichzeitig übernimmt er die Marxsche Arbeitswerttheorie mit all ihren Schwierigkeiten. Hat ein Kunstwerk einen höheren Rang, weil mehr Arbeit in ihm steckt? Oder: Wie bemisst sich die Arbeitszeit, die den Wert eines Adelstitels ausmacht?

dies auch das ‚symbolische Kapital') und ist Ausdruck gesellschaftlicher Anerkennung und sozialer Macht. Symbolisches Kapital ist einerseits transformierte Form des ökonomischen Kapitals und andererseits lässt sich das symbolische wieder in ökonomisches Kapital umwandeln.

> „Wenn man weiß, daß symbolisches Kapital Kredit ist, und dies im weitesten Sinne des Worts, d.h. eine Art Vorschuß, Diskont, Akkreditiv, allein vom Glauben der Gruppe jenen eingeräumt, die die meisten materiellen und symbolischen Garantien bieten, wird ersichtlich, daß die (ökonomisch stets aufwendige) Zurschaustellung des symbolischen Kapitals einer der Mechanismen ist, die (sicher überall) dafür sorgen, dass Kapital zu Kapital kommt" (Bourdieu, 1993: 218).

Wichtig im Zusammenhang mit den Reproduktionsstrategien ist auch der Habitus als „Verinnerlichung eines bestimmten Typs von sozialen und ökonomischen Verhältnissen" (Bourdieu/Waquant 1996: 136), der (zumeist unbewusst) die Strategien bestimmt, welche verfolgt werden bzw. überhaupt verfolgt werden können. Im Habitus hebt sich die Zugehörigkeit zu einer bestimmten Gruppe oder Klasse verkörperlicht und zwar in je spezifischen Fähigkeiten, Gewohnheiten, Haltungen, Erscheinungsbildern, Stilen, kulturelle Praktiken etc. Die gesellschaftliche ungleiche Verteilung des ökonomischen Reichtums, des kulturellen Vermögens und der sozialen Beziehungen tendiert dazu, sich zu reproduzieren und dient so auch der Legitimation der Herrschaftsordnung. Ein Beispiel dafür ist der enge Zusammenhang zwischen sozialer Herkunft und Bildungskarrieren.

Bourdieus Geldkonzeption ist ein wertvoller Bestandteil einer Soziologie des Geldes. Er konzipiert kein bloßes ‚Marktgeld', sondern betrachtet das Zusammenspiel verschiedener Kapitalsorten, die strukturprägende Kraft haben und mit symbolischer Macht verbunden sind. Vor allem die kulturellen und symbolischen Kapitalien dienen der Distinktion, der Prestigegenerierung und Herrschaftssicherung und damit der Produktion und Reproduktion der gesellschaftlichen Macht- und Ungleichheitsverhältnisse. Eine wichtige Rolle hierbei spielt auch der symbolische Konsum, d.h. ein Konsum, der nicht allein der Befriedigung ‚natürlicher Bedürfnisse' dient. Die moderne Konsum-, Milieu- und Lebensstilforschung[47] nennt verschiedene Funktionen, die ein solcher Konsum erfüllt: Symbolischer Konsum versinnbildlicht den pekuniären Status des Käufers und signalisiert die Zugehörigkeit zu einer bestimmten Gruppe. Die (durch Werbung) symbolisch aufgeladenen Güter bringen eine bestimmte Identität (nach innen und außen) zum Ausdruck, sie sind Projektionsfläche für unerfüllte Träume und ermöglichen so eine symbolische Selbstergänzung des eigenen Selbstwerts (Reisch 2002: 231ff). Geld ermöglicht nicht nur diesen Güterkonsum, sondern hat selbst ähnliche psycho-

47 Diese knüpft teilweise direkt an Bourdieu an. Für einen Überblick siehe etwa Reisch (2002).

logische Bedeutungen. Diesbezüglich betrachtet Bourdieu Geld zu undifferenziert als ein Medium, in das ökonomisches Kapital transformiert wird. Denn unterschiedliche Geldarten können selbst verschiedene symbolische Bedeutungen haben. Kreditkarten etwa signalisieren die Verbundenheit mit einer Einrichtung wie einem Fußballclub (Affinity-Card) oder aber – fein abgestuft nach Silber-Gold-Platin - den finanziellen Status des Besitzers. Möglicherweise spielen solche symbolischen Bedeutungen auch bei Regionalwährungen eine Rolle. Dient Regiogeld vielleicht der Ästhetisierung des Lebensstils, der Prestigesteigerung, der Distinktion gegenüber anderen Lebensstilen? Weiter ließe sich fragen, ob verschiedene Geldarten (als ökonomisches Kapital) sich in ihrer Transformierbarkeit in andere Kapitalien unterscheiden. Anders formuliert: Führt die Benutzung von Regiogeld zu sozialem oder symbolischem Kapital? Ist ein spezifischer Habitus damit verbunden?

5.6. Geld in Anthropologie, Austauschtheorie und Psychologie

> *„Wir erfanden das Geld und verwenden es, aber wir können seine Gesetze nicht verstehen oder seine Handlungen kontrollieren. Geld besitzt ein Eigenleben“*
>
> – Lionel Trilling

5.6.1 Anthropologie des Geldes

Die ökonomische Anthropologie (oder Wirtschaftsethnologie) untersucht die unterschiedlichen kulturellen und sozialen Gegebenheiten des Wirtschaftens in verschiedenen Gesellschaften (etwa Polanyi 1957, 1971). Dabei thematisiert sie auch den Geld und Geldgebrauch verschiedener Stammeskulturen. Die Forschungen zeigten, dass eine riesige Bandbreite an Objekten als Geld dienen kann: Kaurimuscheln beispielsweise (Westafrika), Schweine (Hebriden) oder bis zu 100 kg schwere Aragonit-Steinscheiben (Mikronesien). Diese ‚primitive monies' erfüllen mal alle, mal nur eine einzige Geldfunktion, ihr Ursprung ist häufig religiöser Natur und ihr Gebrauch mit sozialen Ritualen verwoben (Dalton 1967; Einzig 1966; Polanyi 1979). Diese „enormous cultural variation in the way money is symbolised“ (Bloch/Parry 1989: 1) verweist auf die enge Verflechtung von Geld und Geldgebrauch mit der jeweiligen Kultur. Viele dieser Gelder haben den Charakter einer ‚Gabe' (Mauss 1968). Eine solche Gabe erzeugt durch die ihr innewohnende Verpflichtung des Annehmens und Erwiderns ein soziales ‚Band' zwischen dem Geber und dem Empfänger. Der soziale Austausch in archaischen Gesellschaften ist deswegen ein fundamentales Vergesellschaftungsprinzip, bei dem gleichzeitig religiöse, rechtliche, moralische, politische, ökonomische als auch ästhetische Dimensionen zum Ausdruck kommen. Etliche Autoren betonen, dass das nicht für das moderne Marktgeld gelte; dieses sei unpersönlich, kalkulativ und entfremdend, während die beschränkten und kulturell verflochtenen archaischen Gelder meist persönlich, symbolisch und beziehungsfördernd seien (Blau 1964; Mauss 1968). Entsprechend gibt es zwei idealtypische Ausprägungen des menschlichen Austausches: Zum einen die persönliche, affektive, altruistische Gabe und zum anderen den unpersönlichen, neutralen, egoistischen Äquivalententausch (Baumann 2000: 127ff). Das moderne Geld wäre demnach reiner Äquivalententausch mit vergesellschaftender Wirkung. Gilt dies auch für das Regiogeld oder spielt bei diesem möglicherweise der Aspekt der Gabe eine Rolle? Kann ein solcher Ableger des modernen Marktgelds auch Vergemeinschaftung schaffen? Wie gestaltet sich der regiogeld-vermittelte Austausch?

Verlassen wir an dieser Stelle die Anthropologie und wenden uns einer Theorierichtung zu, die sich intensiv mit dem ‚fait social total' (Mauss 1968) des Austauschs auseinandersetzt.

5.6.2 Austauschtheorien und Geld

Unter dem Label ‚Austauschtheorien'[48] versammeln sich eine Vielzahl unterschiedlicher Ansätze aus Soziologie, Ökonomie und Psychologie. Die gemeinsame Grundidee ist, dass soziale Interaktionen aus dem Austausch individueller Handlungen gegen Belohnungen bzw. Bestrafungen bestehen. Im Zentrum dieser Betrachtung steht hier das *Individuum*, das strategisch und rational handelt, indem es nach Abwägung aller Alternativen diejenige Handlungsoption auswählt, welche, unter Berücksichtigung der aus der Handlung entstehenden *Kosten*, den maximalen individuellen *Nutzen* verspricht (Rational Choice). Subjektive Präferenzen, strukturelle Beschränkungen und kulturelle Einflüsse können diese Nutzenbewertung beeinflussen. Zentral bleibt allerdings das Menschenbild eines rationalen, kostenbewussten und nutzenmaximierenden *homo oeconomicus*.

Vor dem Hintergrund dieser Prämisse hat Geld folgende Rolle im sozialen Austausch. Nach Foa und Foa (1980) besteht soziale Interaktion aus dem Austausch (Geben, Nehmen, Vorenthalten) von Ressourcen, die definiert werden als „any item, concrete or symbolic, which can become the object of exchange among people" (Foa/Foa 1980: 78). Es gibt sechs Ressourcenklassen (Liebe, Status, Information, Geld, Dienste und Güter), die sich danach klassifizieren lassen, ob sie

48 Gemeint ist das Programm des „methodologischen Individualismus" (Treibel 2006: 129ff), die auf einer mikrotheoretischen Ebene das nutzenmaximierende Handeln von Individuum betrachten. Angesichts der Vielfalt der mit diesem Label versehenen theoretischen Ansätze (mit seinen Wurzeln Utilitarismus, Individualismus über behavioristische Lerntheorien bis hin zu Rational Choice in all seinen verschiedenen Spielarten) können hier nicht einmal die Grundannahmen skizziert werden. Es werden nur einige für die vorliegende Fragestellung relevante Aspekte betrachtet.

eher einen konkret fassbaren oder eher einen symbolischen Wert haben und ob ihr Wert eher für alle Personen identisch ist (universell) oder ob ihr Wert sich von Person zu Person unterscheidet (partikularistisch). Die zentrale These ist, dass die Ressourcen nicht beliebig tauschfähig sind, sondern dass es bestimmte Austauschmuster gibt, die bevorzugt werden. Partikularistische Ressourcen etwa werden nur gegen sich selbst oder (begrenzt) gegen andere partikularistische Ressourcen getauscht. Wir lieben, wer uns liebt (Liebe – Liebe) bzw. wir respektieren Menschen, die wir lieben (Status – Liebe). Die Hilfeleistung eines Freundes (Motiv Liebe) mit einer Geld-Zahlung begleichen zu wollen, gilt dagegen im Allgemeinen als unangemessen. Geld als die universellste Ressource überhaupt ist somit ein „limited medium of exchange“ (Lea et al. 1987: 335), zumindest im Hinblick auf seine Austauschfähigkeit mit partikularistischen Ressourcen.

Jedoch – so stellt sich die Frage – kann man nicht doch irgendwie alles kaufen, Status, Informationen, vielleicht sogar Liebe? Die Ressourcentheorie wird der besonderen Stellung des Geldes nicht gerecht. Kritiker fordern deswegen, Geld ins Zentrum dieses Modells zu rücken und mehr oder minder starke Verbindungen zu anderen Austauschressourcen anzunehmen (Wiswede 1995: 161). Ohne dies jetzt weiter auszuführen, bleibt ein fruchtbarer Gedanke der Ressourcentheorie festzuhalten: Nicht nur Geld lässt sich tauschen, sondern die verschiedensten (etwa auch affektive) Ressourcen.

Problematisch bei den Austausch- bzw. Rational Choice Theorien ist jedoch die grundlegende Annahme, dass Individuen immer eigennützig und nutzenmaximierend handeln. Diese Prämisse des homo oeconomicus gilt inzwischen auch empirisch als widerlegt. Zu verdanken ist das u.a. der Wirtschaftspsychologie und der experimentellen Ökonomie, die wirtschaftliches Handeln von Menschen mittels psychologischer, spieltheoretischer und teilweise auch neurowissenschaftlicher Experimente untersuchen. Ein wichtiges Ergebnis ist, dass weder der egoistische homo oeconomicus noch der ausschließlich sozialen Normen folgende homo sociologicus adäquate Erklärungsmodelle für menschliches Handeln sind (Fehr/ Gintis 2007: 44).

Da die hier thematisierten Konzepte wie Altruismus, Fairnessmotive oder Kooperationsbedingungen auch für das Regiogeld relevant sind, werden im Folgenden einige Forschungsergebnisse kurz skizziert:

Beginnen wir mit der Frage, ob Menschen eher egoistisch oder altruistisch handeln[49]. Dazu gibt es ein Experiment, das sogenannte *Ultimatumspiel.* Die Regeln

49 Egoismus ist „ein Verhalten, das ausschließlich oder vorrangig auf die Befriedigung der eigenen Wünsche und Bedürfnisse gerichtet ist und sich wenig um die Wünsche und die Wohlfahrt anderer Menschen kümmert“ (Fuchs-Heinritz et al. 1995: 156). Sein Gegenbegriff, der Altruismus kann definiert werden als ein Verhalten, das „sich vorrangig auf die Wohlfahrt und das Glück anderer [richtet] und [...] die Befriedigung der eigenen Wünsche und Bedürfnisse zugunsten dieses Ziels zurück[stellt]“ (Fuchs-Heinritz et al. 1995: 34). Jedoch kann u.U.

lauten: Der Versuchsleiter gibt einer Person A eine bestimmte Summe, beispielsweise hundert Euro. Person A kann davon beliebig viel an Person B abgeben. Person B kann dieses Angebot entweder annehmen oder ablehnen. Nimmt B das Geld an, dürfen beide ihre jeweiligen Anteile behalten. Lehnt B das Angebot jedoch ab (beispielsweise weil es ihm zu niedrig erscheint), so erhält keiner etwas. Ein streng eigennütziger homo oeconomicus A würde genau einen Euro abgeben, der homo oeconomicus B würde akzeptieren (ein Euro ist besser als gar keiner). In der Realität liegen jedoch zwei Drittel der Vorschläge liegen zwischen vierzig und fünfzig Euro. Nur vier von hundert Personen bieten weniger als zwanzig Euro (Sigmund et al. 2002: 52f)[50]. Es gibt also offenbar ein starkes Fairnessbedürfnis, statt strengem Eigennutz herrscht häufig das Prinzip der Reziprozität (wie du mir, so ich dir). Allerdings – so zeigen andere Experimente – gibt es in der Bevölkerung beides: sowohl reziproke als auch egoistische Individuen (Fehr/Gintis 2007: 46). Unter welchen Bedingungen sich nun welche Verhaltensausrichtung (egoistisch oder altruistisch) durchsetzt, beleuchtet das *Public-Goods-Experiment.* Grundsätzlich geht es hier um die Problematik der Nutzung von Gemeinschaftsgütern: Leistet jeder seinen Beitrag, profitieren alle, denkt jeder nur an sich, hat langfristig keiner etwas davon. In einer Variante des Experiments bilden vier Spieler eine Gruppe (Sigmund et al. 2002: 55f). Der Versuchsleiter gibt jedem zwanzig Euro, und die Teilnehmer müssen jetzt unabhängig voneinander entscheiden, wie viel davon sie in eine Gemeinschaftskasse stecken. Der Versuchsleiter verdoppelt dann das Kapital in der Gemeinschaftskasse und verteilt die Summe zu gleichen Teilen an alle vier Spieler, unabhängig davon, wie viel jeder beigetragen hat. Wenn jeder Spieler seine zwanzig Euro in die Kasse legt, verdoppeln alle ihr Kapital. Kooperation wäre also höchst einträglich. Die Verlockung ist allerdings da, einen Teil des eigenen Betrags zurückzuhalten, denn von jedem investierten Euro erhält man ja nur die Hälfte zurück (das Geld wird vom Versuchsleiter verdoppelt und anschließend durch vier geteilt). Würde jeder Spieler die eigennützige, rationale Strategie verfolgen, würde keiner etwas investieren. In Wirklichkeit investieren die meisten Teilnehmer durchschnittlich die Hälfte ihres Kapitals. Wiederholt man das Spiel nun zehn Runden lang, so zeigt sich, dass in den Schlussrunden die meisten gar nichts mehr investieren. Das Spiel nimmt jedoch eine ganz neue Wendung, wenn die Möglichkeit

egoistisches Verhalten auch altruistisch (reziproker Altruismus) sein und zwar im Sinne von einer Gegenseitigkeitsforderung: „Ich helfe anderen, damit auch mir geholfen wird".

50 Dieses Experiment wurde vielfach überprüft und weltweit durchgeführt (Henrich et al. 2005). Die Ergebnisse zeigen, dass das Verhalten von Spielern nur wenig von Geschlecht, Alter, Ausbildung oder Rechenfertigkeit ab hängt; auch Größe zu verteilenden Betrags hat kaum einen Einfluss. In Indonesien etwa spielten die Teilnehmer um Beträge, die dem Dreifachen des durchschnittlichen Monatseinkommens entsprachen – und dennoch verwarfen manchen von ihnen empört Angebote, die ihnen als unfair erschienen (Sigmund/ Fehr/Nowak 2002: 54).

eingeführt wird, die Mitspieler zu bestrafen. Die Teilnehmer können nun einem Anderen nach jeder Runde eine Geldbuße auferlegen. Diese kassieren aber nicht sie, sondern der Versuchsleiter. Zusätzlich kostet das Bestrafen auch noch etwas (je drei Euro Strafe kosten den Strafenden einen Euro). Vom eigennützigen Standpunkt aus ist das unsinnig, denn man verringert sein Kapital ohne etwas zu gewinnen. Trotzdem sind die meisten Teilnehmer geradezu versessen, Strafen an Mitspieler auszuteilen, die mit ihren Beiträgen nachhinken. Die Folge für das Spiel: die Bereitschaft zu kooperieren nimmt zu, die Beiträge an die Gemeinschaftskasse wachsen stetig an und in den letzten Runden investieren mehr als 80% der Spieler ihr gesamtes Kapital.

Als Fazit bleibt festzuhalten: Es gibt sowohl egoistische als auch reziproke Menschen. Welches Verhaltensmuster sich durchsetzt, bestimmen die Regeln des jeweiligen Spiels. Ohne die Möglichkeit zu strafen, reicht schon ein kleiner Anteil an Egoisten, damit alle sich eigennützig verhalten. Denn Reziproke kooperieren nur dann, wenn die meisten anderen auch kooperieren. Sobald sie eigennützige Gruppenmitglieder (Trittbrettfahrer) wahrnehmen, stellen sie die Kooperation ein und verhalten sich ebenfalls eigennützig (Fehr/Fischbacher 2005: 6). Umgekehrt gilt: Wenn die Möglichkeit des Strafens gegeben ist, dann kann schon ein kleiner Anteil reziprok Handelnder eine dauerhafte Kooperation durchsetzen, die Egoisten werden diszipliniert (Fehr/Gintis 2007: 49f)[51]. Das Strafen ist dabei nicht nur eigennützige Investition in die Erziehung anderer (dies spielt nur eine sekundäre Rolle), sondern letztlich sind es Richtlinien, die einen wesentlichen Teil des Wirtschaftslebens bestimmen (Sigmund et al. 2002: 58). Zudem – und das führt direkt zum nächsten Kapitel – spielen neben solchen individuellen Verhaltensausrichtungen auch Emotionen eine bedeutende Rolle im wirtschaftlichen Handeln. Statusgefühle (als Genuss der eigenen Überlegenheit) oder Neid (als Leiden am Erfolg anderer) etwa haben gravierende Auswirkungen auf die Funktionsweise von Märkten. Statusorientierung bewirkt häufig ineffiziente Konsumstrukturen; Neid auf andere, vergleichbare Arbeitnehmer bedingt eine sinkende Arbeitsmoral (Fehr 1999: 101). Weitere, irrationale Faktoren kommen hinzu, beispielsweise die Verlustaversion, d.h. Menschen empfinden Verluste oft viel stärker als Gewinne (Fehr 2005: 29). Kurzum: Das menschliche Handeln ist gekennzeichnet durch beschränkte Rationalität, eingeschränkte Willenskraft und beschränkten Egoismus (Fehr 2001: 29).

---

51 Altruismus, Reziprozität sind nicht einfach langfristiger, nachhaltiger Egoismus, sondern basieren auf grundsätzlichen, möglicherweise evolutionär entstandenen Motiven von Fairness und Abneigung gegen Ungleichheit. Die jeweiligen gesellschaftlichen und wirtschaftlichen Strukturen bestimmen dabei, in welchem Maße diese Motive zum Tragen kommen (Sigmund et al. 2002: 56f).

5.6.3 Psychologie des Geldes

Die Psychologie befasst sich ebenso wie die Soziologie nur wenig mit Geld. Erst in jüngerer Zeit scheint sich eine Psychologie des Geldes zu entwickeln (Furnham/Argyle 1998; Lea et al. 1987; Lindgren 1999). Häufig gilt aber immer noch: „money remains a taboo topic" (Furnham/Argyle 1998: 3). Die Konsequenz ist, dass die psychologische Theoriebildung zum Phänomen Geld ein uneinheitliches Stückwerk[52] darstellt (Fischer/Wisewede 1997: 44; Keul/Kühberger 2005: 5). Im Folgenden werden einige psychologische Erkenntnisse über Geld streiflichtartig angeführt.

Die Psychologie betont, dass ‚Geld' erlernt wird. Als ursprünglich neutraler Reiz wird Geld durch Koppelung mit einem primären Verstärker (etwa Nahrung) zu einem sekundären Verstärker und wirkt so als Stimulus für ein bestimmtes Verhalten. Da sich mit Geld nicht nur primäre Bedürfnisse (Essen, Kleidung etc.), sondern auch viele sekundäre Bedürfnisse (z.B. Anerkennung und Erfolg) befriedigen lassen, wird Geld als *generalisierter Verstärker* betrachtet (Wiswede 1995: 159). Etwas poetischer ausgedrückt ist Geld „handgreifliche Begierde" (Buchan 1999: 34), es kann potentiell jedes menschliche Ziel verwirklichen, jede irdische Begierde erfüllen und wird so zum absoluten Ziel. Dadurch ist es eine äußerst zuverlässige Quelle von Stimulation und Erregung und kann selbst langweilige Tätigkeiten lohnenswert erscheinen lassen – man denke nur an Roulette (Lindgren 1999: 94). Weil Geld Bedürfnisse befriedigen kann, sich der persönliche Handlungsspielraum erweitert und die Umwelt kontrollierbar erscheint, wird es zum Teil der *Identität*, (Keul/Kühberger 2005: 4). Dadurch erweist es sich...

> „als affektiv besetzte Manifestation der verschiedenen Facetten der persönlichen Identität. Dabei wird es vorrangig in einem gesellschaftlich geförderten Kurzschluss von ökonomischem und psychischem Wertmaßstab symbolisch mit Selbstwert gleichgesetzt" (Haubl 1998: 12).

Deswegen reagieren wir auf Gewinne und Verluste so, als fänden diese Wechsel in uns selbst statt (Lindgren 1999: 119). Hinzu kommt, dass Zeit, Arbeit, Status und Prestige in monetären Kategorien gedacht werden. Beispielsweise rechtfertigen sich Lohnzahlungen nicht durch einen ‚Marktpreis', sondern sind allein in der Statushierarchie angelegt. Je höher der Status, desto höher die Bezahlung.

52 Der lerntheoretische Ansatz konzipiert Geld als sekundären, also gelernten Verstärker (Wiswede 1995: 18), für die psychoanalytische Theorie ist Geld symbolisierter Kot (Lindgren 1999: 231), die Entwicklungspsychologie beschäftigt sich mit dem Erlernen von Geldverständnis und –praxis (Keul/Kühberger 2005: 5) usw.

> „Ich habe Josef Ackermann einmal gefragt [...], warum er als reicher Mann überhaupt 14 Millionen verdienen müsse, warum es nicht auch sieben oder neun Millionen täten. Er brauche das Geld gar nicht, hat er geantwortet, er lebe bescheiden [...], aber die ehrgeizigen jungen Leute in der Bank verlören ihre Motivation und den Respekt vor ihm, wenn er nicht nähme, was möglich sei" (Jörges 2008: 60).

Geld ist allerdings nicht für alle Individuen gleich, sondern der jeweilige Umgang und die jeweiligen Einstellungen dazu hängen von ihrem lebensgeschichtlich erworbenen *Geldstil* ab (Yablonski 1992: 23). Dementsprechend unterscheiden sich verschiedene soziale Gruppen in ihren Einstellungen zu und Umgangsweisen mit Geld[53]. Erwerbstätige etwa haben eine positivere Einstellung zum Geld als Arbeitslose. Die Höhe des Einkommens scheint dagegen keinen Einfluss auf die Einstellung zum Geld zu haben (Yamauchi/Templer 1982: 528). Allerdings verknüpfen Individuen mit höherem Einkommen Geld eher mit Erfolg und persönlicher Anstrengung (Furnham 1984: 505). Männer scheinen vom Geld eher ‚besessen' zu sein als Frauen, weniger gut Ausgebildete eher als gut Ausgebildete, Menschen mit konservativer Einstellung eher als Liberale (Furnham 1984: 505; Furnham/Argyle 1998: 49f). Frauen verbinden mit Geld häufiger negative Gefühle wie Angst, Depression, Ärger und Hilflosigkeit als Männer (Rubinstein 1981: 39), junge Menschen betrachten Geld oft als etwas Übles (Tang 1992: 200).

Man erkennt, dass Geschlecht, Bildung, sozialer Status und Wertorientierung einen Einfluss auf die Einstellung zum Geld haben (Furnham/Argyle 1998: 53). Aus solchen verschiedenen Einstellungen ergeben sich unterschiedliche Umgangsweisen mit Geld, die keineswegs immer rational und objektiv sind. 45% aller Deutschen – so das Ergebnis einer großen empirischen Studie[54] – meiden das Thema Geld, selbst wenn sie dadurch finanzielle Schäden riskieren. Die Gründe dafür sind vielfältig: Geld ist wie schon erwähnt nicht nur Gradmesser für persönlichen Erfolg und sozialen Status, sondern auch Bestandteil des Selbstbildes und damit der Intimsphäre. Zu dieser Tabuisierung des Geldes kommt hinzu, dass eine intensive Beschäftigung mit Geld jemanden schnell als oberflächlich und unmoralisch brandmarkt. Weiterhin sind Geldmärkte bzw. verschiedene Anlageformen hochkomplex und ein rationales, auf die Zukunft gerichtetes Finanzverhalten erfordert eine hohe Abstraktionsfähigkeit. Man denke nur an das Thema private Altersvorsorge, bei dem man angesichts einer ungeheuren Produktvielfalt 40 oder mehr Jahre

53 Für einen Überblick vgl. Furnham/Argyle 1998: 54ff

54 Die von der Commerzbank im Sommer 2003 in Auftrag gegebene Studie (qualitative Vorstudie mit 50 psychologischen Tiefeninterviews; repräsentative quantitative Befragung von 1000 Bundesbürgern) ermittelte die Einstellungs- und Verhaltensmuster von acht verschiedenen Geldtypen – hier aufgelistet entlang der Achse ‚aktive Beschäftigung' – ‚Vermeidungsverhalten': Ambitionierte (7%), Souveräne (11 %), Vorsichtige (11%), Bescheidene (10%), Pragmatiker (16%), Delegierer (10%), Leichtfertige(16%), Überforderte (19%) (commerzbanking.de).

in die Zukunft planen soll. Dies führt schnell zu Überforderung und Verweigerungshaltungen. Die Tradition des (schwindenden) Versorgungsstaates, der eben jene Entscheidungen lange Zeit übernommen hat, trägt ihr Übriges dazu bei.

Es findet sich noch eine Vielzahl anderer empirischer Belege dafür, dass der Umgang mit Geld keineswegs immer rechenhaft, objektiv und rational abläuft. Die Konsumpsychologie etwa zeigt in der Preisbewusstseinsforschung vielfältige Unterschiede im Kaufverhalten auf: Bei verschiedenen Ausgaben (etwa Möbel, Urlaub, Geschenke usw.) agiert ein Konsument oft preisbewusst, bei anderen (Zeitung, Tabak, Babynahrung etc.) eher nicht. Grundsätzlich variiert die Nachfrage nicht kontinuierlich mit dem Preis, sondern es gibt eine Treppenfunktion mit Preisschwellen. Nicht umsonst verwendet der Einzelhandel die sog. ‚gebrochenen' Preise wie 0,99 oder 4,98, die knapp unterhalb einer Preisschwelle liegen. Gleichzeitig wird der Preis nicht nur für eine Kosten-Nutzen-Rechnung herangezogen, sondern hat auch Signalfunktion. In einem Experiment wurden etwa drei identische Biere mit verschiedenen Preisetiketten versehen. Die Probanden bevorzugten größtenteils das teuerste und lehnten das billigste ab (Keul/Kühberger 2005: 6).

Zudem wird nicht jeder Euro gleich bewertet. Aus der ‚Behavioral Finance' (Tversky/ Kahneman 1979) stammt das Konzept der *mentalen Konten*. Es beschreibt, dass wir mit Geld unterschiedlich umgehen, je nachdem wo es herkommt, wo es sich befindet und wie es ausgegeben wird. Zur Veranschaulichung sei das prominente *Theaterkarten-Beispiel* (Steul 2003: 72f) kurz beschrieben:

Situation 1: Sie wollen ins Theater. Der Einritt beträgt zehn Euro. Als Sie zum Theater kommen, merken Sie, dass Sie einen zehn Euro Schein verloren haben. Würden Sie dennoch zehn Euro für den Eintritt ausgeben?

Situation 2: Sie haben eine Theaterkarte für zehn Euro gekauft. Als Sie zum Theater kommen, merken Sie, dass Sie die Karte verloren haben. Würden Sie zehn Euro für eine neue Eintrittskarte ausgeben?

In der ersten Situation würden 88% der Befragten eine neue Karte kaufen, in der zweiten nur noch 46% – obwohl der Verlust in beiden Fällen gleich ist. Der Grund dafür ist, dass im ersten Fall der Bargeldverlust und der Eintrittspreis auf zwei unterschiedlichen mentalen Konten verbucht werden, im zweiten Fall werden Verlust und Eintrittspreis auf ein mentales Konto verbucht und addieren sich somit auf zwanzig Euro Verlust, zu hoch für die meisten, um den Theaterbesuch noch zu rechtfertigen. Mentale Konten sind nicht ohne weiteres substituierbar und bedingen teils ganz unterschiedliche Umgangsweisen mit Geld. Geld auf dem mentalen ‚Urlaubskonto' wird großzügig gehandhabt, Geld auf dem ‚Pensionskonto' hingegen nicht angerührt. Auch die Größe von mentalen Transaktionen beeinflusst den

Umgang mit Geld. So wird zum Beispiel ein Nachlass von zwanzig Euro beim Kauf einer Lampe als viel größer eingestuft, als beim Kauf einer Küche[55].

Geld hat also eine ‚multiple Symbolik', d.h. je nach Herkunft, Form und Verwendung können damit verschiedene Bedeutungen verknüpft sein (Lea et al. 1987). Diese unterscheiden sich zwar von Mensch zu Mensch, allerdings nur innerhalb einer begrenzten Anzahl an Symbolen, die dauerhaft sind und kategorisiert werden können (Doyle 1999; Lane 1992). Ein Beispiel hierfür wäre das ‚heilige' und das ‚profane' Geld (Belk/Wallendorf 1990). Wird Geld beispielsweise guten Zwecken gespendet, ist es ‚heilig' und erlangt dadurch auch nicht-ökonomische Bedeutung. Umgekehrt kann Geld ‚profan' bis ‚böse' sein, wenn es unrechtmäßig erworben wurde. Dies gilt etwa seit Aristoteles oftmals für Geld, das nicht durch Arbeit, sondern mittels Zins und Zinseszins verdient wird.

Die Psychologie des Geldes interessiert sich zumeist für geldbezogene Einstellungen und Verhaltensweisen hinsichtlich Konsumstile, Sparen, Investieren, usw. Obwohl das Vorhandensein von gruppenspezifischen Geldstilen und bestimmten Symbol-Kategorien angeführt wird, wird hauptsächlich die Individualebene betrachtet. Insgesamt geht es hier nicht darum, wie Geld theoretisch gefasst werden kann, sondern wie Menschen *individuell* mit Geld umgehen, welche Einstellung sie dazu haben, wie sie es wahrnehmen und bewerten und wie sie ihre geldbezogenen Einstellungs- und Verhaltensweisen über Sozialisationsprozesse erwerben. Der Versuch, die individuellen symbolischen Bedeutungen des Geldes in einen soziologischen Rahmen einzuordnen, führt zum nächsten Kapitel.

5.7. *Viviana Zelizer: The Social Meaning of Money*

„Gegenstände an sich sind machtlos, doch das wir ihnen Macht zu verleihen pflegen ..."

– Marcel Proust

Viviana A. Zelizer, Wirtschaftssoziologin an der Princeton University, liefert mit ihrem Ansatz eine wesentliche Grundlage für die hier vorliegende Fragestellung. Sie plädiert dafür, Geld als ein soziales und multidimensionales Phänomen zu betrachten:

> „Money multiplies. Despite the commonsense idea that »a dollar is a dollar is a dollar« everywhere we look people are constantly creating different kinds of money" (Zelizer 1994: 1)

55 Die Verhaltensökonomik nennt eine Vielzahl solcher durch Wahrnehmungs-, Verarbeitungs- und Entscheidungsprozesse bedingter Anomalien im wirtschaftlichen Verhalten, v.a. im Bereich Finanzentscheidungen.

Geld ist damit nicht abstraktes Marktgeld, sondern sozial und kulturell geprägt. Es zerfällt in eine Vielzahl an „special monies“ (Zelitzer 1989: 344), die je spezifische Einflüsse auf die Umgangsweise mit Geld, auf soziale Beziehungen sowie kulturelle Werte haben. Zelizer fragt sich, „how does money really work“ (Zelizer 1994: 5) und geht dabei von folgenden Annahmen aus (Zelizer 1994: 18f):

Geld funktioniert zwar als rationales Schlüsselwerkzeug des modernen Wirtschaftslebens, existiert aber gleichzeitig außerhalb der Sphäre des Markts und wird in hohem Maße von kulturellen und sozialen Strukturen beeinflusst. Deshalb gibt es nicht *das* uniforme, generalisierte Geld, sondern viele verschiedene Gelder. Je nachdem mit welcher *Absicht* Geld in welchem *sozialen Kontext* verwendet wird, wird es mit unterschiedlichen *Bedeutungen* versehen (Zelizer nennt das ‚earmarking') und entfaltet so unterschiedliche *Wirkungen.*

Ein Beispiel aus einer Studie des Geldgebrauchs von Prostituierten in Oslo: Diese teilten ihr ‚legales' Einkommen (Sozialhilfe, Nebenjobs etc.) sorgfältig ein und verwendeten es für das ‚straight life' (also Miete, Rechnungen etc.). Das Einkommen aus der Prostitution hingegen wurde für Ausgehen, Drogen, Alkohol und Kleidung verwendet. Paradoxerweise reichte trotz sorgfältigem und sparsamem Umgang das ‚legale' Geld kaum aus, während gleichzeitig Tausende Norwegischer Kronen regelrecht verschleudert wurden (Zelizer 1994: 3). Angesichts solcher Phänomene erweist sich die klassische utilitaristische Definition eines einzigen, für alle Zwecke verwendbaren (Markt-)Geldes als unpassend und zu eng. Gleichzeitig wird die Unterscheidung von Geld und anderen (nicht geldbezogenen) Wertgegenständen brüchig, denn auch Geld kann unter bestimmten Umständen einzigartig und damit nicht austauschbar sein. Man denke nur an die ‚Vergütung' von freundschaftlicher oder nachbarschaftlicher Hilfe – Geld ist hier (meist) nicht angemessen. Geld ist wohl doch nicht so universell verwendbar und wirkmächtig, wie allgemein behauptet wird. Kulturelle und soziale Strukturen weisen das Geld in seine Schranken, indem sie die Umgangsweise und Verfügbarkeit des Geldes tiefgreifend kontrollieren und beschränken.

Diese Annahmen über Geld sind das Resultat von Zelizers' historischer Untersuchung der lebensweltlichen Verhaltensseite von Geld. In ihrer wegweisenden Studie „The social meaning of money“ (1994) arbeitet sie mittels Dokumentenanalyen den Geldgebrauch im öffentlichen und privaten Bereich in den USA zwischen 1870 und 1930 heraus[56]. Sie unterscheidet zunächst ‚market money' und ‚special money' und betrachtet dann letzteres, und zwar konkret die „creation of three changing and contested kinds of monies: domestic, gift, and charitable mo-

56 Zelizer verwendet dazu verschiedenste Materialien der damaligen Zeit angefangen bei Gerichtsprotokollen und Etikettenbüchern über Haushaltsbudgetstudien, Jahresberichte von Wohltätigkeitsvereinen, Novellen und Theaterstücke bis hin zu Zeitungsartikeln, Frauenmagazinen und Werbung.

ney" (Zelizer 1994: 30). Hierbei zeigt sie hinsichtlich des „domestic" und des „gift money", wie die einzelnen Familienmitglieder die verschiedenen Arten des Haushaltseinkommens bzw. Geschenke mit unterschiedlichen Bedeutungen versehen und teils sehr spezifisch verwendet haben. Beim „charity cash" (etwa Essensmarken oder Warencoupons) verdeutlicht sie, wie staatliche Akteure dieses an Bedürftige gewährte Geld mit verschiedenen Zielen, etwa einer vernünftigen Gelderziehung der ‚unwürdigen Armen', verknüpft haben.

Zelizer leistet in ihrer anschaulichen Untersuchung Pionierarbeit, da bisher kaum soziologische Studien darüber existieren, wie die verschiedenen Bedeutungen von ‚different kinds of money' sozial konstruiert werden, wie Handelnde Geld aus unterschiedlichen Quellen spezifische Bedeutung zuschreiben und es je unterschiedlich verwenden. Weiterhin erweitert sie auch die meist auf die Nationalwährung verkürzte Konzeption des Geldes (Zelitzer 2000). Geld differenziert sich aus in viele Gelder. Dies geschieht zum einen auf der Subjektebene, indem Menschen das scheinbar homogene Zahlungsmittel durch ausgeklügelte Geldmarkierungssysteme in unterschiedliche Kategorien teilen. Der äußerlich ununterscheidbare Euro ist dann – abhängig von der Nutzung und dem sozialen Kontext – mal Lohnzahlung oder Altersvorsorge, mal Trinkgeld oder Geschenk, mal finanzielle Unterstützung oder Spende. Zum anderen findet die pekuniäre Differenzierung auf der Ebene der Zahlungsmittel selbst statt. Menschen schufen und schaffen sich neben einer verfügbaren Landeswährung begrenzte und segmentspezifische Geldmedien durch Gutscheine, Coupons, Schuldscheine, Rabattmarken oder eben auch Regionalwährungen. In einigen Fällen vollzieht sich diese Entstehung und Differenzierung von Zahlungsmitteln entlang von Dimensionen wie Ethnizität, Klasse, Geschlecht oder Weltanschauung (Zelitzer 2000: 319). Festzuhalten bleibt, dass Zelizer mit ihrer Konzeption von Geld als einem kulturell differenzierten Medium einen wesentlichen Ansatz für die hier vorliegende Fragestellung bietet.

Einige neuere empirische Studien bestätigen Zelizers These, dass Geld in der sozialen Praxis in viele monetäre Teilwelten zerfällt. Wolfram Backert (2003) zeigte anhand verschuldeter Privathaushalte, wie Geld in unterschiedlichen Schichten je spezifisch codiert wird. Überschuldung zieht kaum eine Veränderung des Habitus nach sich, sondern das fehlende ökonomische Kapital wird – sofern möglich – durch kulturelles und soziales Kapital substituiert (Backert 2003: 201). Christine Wimbauer (2003) untersuchte, wie Doppelverdiener-Paare mit Geld in ihrer Partnerschaft umgehen, welche Bedeutung es hier hat und wie es sich auf die Liebe auswirkt. Im früheren male-breadwinner/female-housekeeper-Modell war das (männliche) Geldeinkommen letztlich Produzent und Reproduzent von Geschlechterungleichheiten. Wie ändert sich das nun mit dem ‚eigenen Geld' der Frauen – wird die Liebe ‚bereinigt' von materiellen Abhängigkeiten oder doch eher einer ‚diabolischen' rationalen Marktlogik unterworfen? Die Auswirkungen und Effekte des Geldes auf die Partnerschaft sind abhängig von den dort jeweils vorherrschenden Beziehungskonzepten (individualistisch bis kollektivistisch). Geld wird im Beziehungsalltag zu einem symbolisch wirksamen ‚Beziehungsgeld' (um)gedeutet, in entsprechenden alltagspraktischen Mustern arrangiert und organisiert und kann je nach dem beides bewirken: Vergemeinschaftung oder Vergesellschaftung (Schneider et al. 2005: 105f). Geld gewinnt also für die Partnerschaft eine symbolische Bedeutung weit über den konkreten Geldwert hinaus. Es ist keineswegs nur das unpersönliche, objektivierende und damit vergesellschaftende Medium des Wirtschaftssystems, sondern wirkt als soziales Beziehungsmittel sich liebender Partner.

Alle diese Studien[57] liefern keine neue soziologische Theorie des Geldes, aber sie zeigen anschaulich, wie Geld in unterschiedlichen Kontexten Unterschiedliches bedeutet. In dem Versuch, diese „Mehrfachcodierungen" (Nassehi 2005: 101) in ihrem praktischen Sinn zu verstehen und empirisch aufzuweisen, leisten mikrosoziologische Studien einen wichtigen Beitrag zum Verständnis des Geldes. Sie versuchen, pauschalisierenden Urteilen (etwa ‚Geld versachlicht und vergesellschaftet') differenziertere und somit auch theoretisch aufschlussreichere Erkenntnisse entgegenzusetzen. Für eine neue und umfassende soziologische Theorie des Geldes muss allerdings noch viel getan werden, von der Berücksichtigung der Verteilungsfrage[58] bis hin zur konstruktiven Überwindung der disziplinären Trennung zwischen Wirtschafts- und Sozialwissenschaften. Nichtsdestotrotz gilt, dass „eine künftige Soziologie des Geldes [...] auch die lebensweltliche Verhaltensseite stärker untersuchen [muss]" (Müller 2000: 432). Was hier jedoch häufig vernachlässigt wird, ist die Vielfalt des Geldes. Zelizer etwa thematisiert zwar die Existenz einer Vielfalt an Geldarten, erfasst diese jedoch erstens nicht systematisch. Zweitens behandelt sie empirisch nur eine Art ausgeweitetes ‚Marktgeld', das von Individuen mit nicht-marktförmigen Bedeutungen versehen wird. Hier setzt die vorliegende Untersuchung an, indem sie untersucht, wie sich eine spezielle Geldart, das Regiogeld, das eben nicht Marktgeld sein will, in der sozialen Praxis verhält. Mit welchen sozialen und symbolischen Bedeutungen wird Regiogeld im Alltag der Menschen versehen? Gibt es ‚different kinds' von Regiogeld? Welche Rolle spielt es in sozialen Beziehungen? Kurzum: Wie wirkt Regionalgeld sich auf das Leben aus?

57 Weitere Beispiele für Studien zur lebensweltlichen Bedeutung von Geld wären Illouz 2003, die sich mit der Kolonialisierung der Liebesbeziehung durch den Markt beschäftigt und der Sammelband von Dackweiler und Hornung 2003, der verschiedene lebensweltliche Aspekte von Geld aus einer feministischen Perspektive behandelt.

58 Die Armuts- und Reichtumsforschung (siehe etwa Bieling 2000; Fuchs 2000; Hacker 1997; Jacobs 2000) thematisiert zwar die ungleiche Verteilung von Geld aus sozialstruktureller Perspektive, müsste aber um eine theoretische Untersuchung soziologischer Charakteristika von Geld als solchem erweitert werden.

6. Theoriegeleitete Präzisierung der Forschungsfragen

Der nun beendete Streifzug durch die Wissenschaft des Geldes hat eine Fülle an theoretischen Perspektiven auf den Forschungsgegenstand ‚Regionalgeld' aufgeworfen. Diese sollen im Folgenden *erstens* kurz rekapituliert und *zweitens* ergänzt werden, um dann daraus *drittens* (methodologisch reflektiert) Forschungsfragen und erkenntnisleitende Heuristiken abzuleiten.

6.1. Theoretische Perspektiven einer Soziologie des Geldes

Geld ist zunächst ein *Medium* des gesellschaftlichen Austauschs. Ob es nun geronnene Arbeitszeit (Marx), Wert-Relativität (Simmel), Tauschnutzen (Parsons) oder einfach die Regeln des ‚Geldspiels' (Ganßmann) symbolisiert, fest steht, Geld beruht auf *sozialer Konvention.* Es ist eine Vereinbarung innerhalb einer Gemeinschaft (von Zweierbeziehungen bis zu Nationalstaaten und darüber hinaus), etwas als *Tauschmittel* zu verwenden. Geld basiert dabei auf dem generalisierten Vertrauen, dass andere es im sozialen Austausch ebenfalls akzeptieren. So gesehen ist es ein *Informationsträger* (Mittermeier 2006), es vermittelt Tauschberechtigungs- wie auch Wertinformationen und ermöglicht dadurch *Handlungskoordinierung* (Kellermann 2006b). Mit anderen Worten: Als symbolisch generalisiertes Kommunikationsmedium (Parsons, Habermas, Luhmann) gewährleistet das Geld einen reibungslosen Ablauf des (wirtschaftlichen) Austauschs. Dementsprechend definiert die Ökonomie Geld nach seinen *Funktionen* als Tausch- bzw. Zahlungsmittel, Recheneinheit und Wertaufbewahrungsmittel. In dieser funktionalistischen Sicht ist Geld ein rationales, eindimensionales und homogenes Medium des wirtschaftlichen Handelns. Durch seine formale Rechenhaftigkeit (Weber) wirkt es rationalisierend, es dringt in alle Bereiche der Lebenswelt ein und unterwirft sie seinem quantifizierenden Kalkül (Habermas). Die Qualitätslosigkeit, Objektivität und Unpersönlichkeit des Geldes kennzeichnet auch die sozialen Beziehungen, die Geld entstehen lässt. Dadurch wird die gesellschaftliche Differenzierung vorangetrieben und eine Individualisierung des Einzelnen ermöglicht (Simmel).

Diese Konzeption von Geld als ein homogenes Marktgeld – einschließlich der damit verbunden sozialen Auswirkungen – greift allerdings zu kurz. Geld ist Tauschmittel, es ist symbolisch generalisiertes Kommunikationsmittel, aber eben noch viel mehr. Zunächst einmal wird beim Geld als der Spezialsprache des Wirtschaftssystems Information nicht *mitgeteilt*, sondern *übertragen.* Der Zahlende muss genau das verlieren, was der Zahlungsempfänger erhält. Geld muss (im Unterschied zu Information) *knapp* gehalten und letztlich trotz seines abstrakten Charakters wie ein *Ding* behandelt werden (Deutschmann 2007: 162). Bei knappen Dingen stellt sich die Frage, wie diese verteilt sind. Die Antwort beim Geld lautet: höchst ungleich. Nach einer Studie der Universität der Vereinten Nationen für Entwicklungsökonomie verfügen die reichsten 10% der Menschheit über 85% des globalen Vermögens, während sich sich 50% der Menschen mit 1% des Wohlstands begnügen müssen (Stand: 2000; wider.uno.edu). Noch deutlicher wird die Verteilungsungerechtigkeit mit Blick auf das reichste Prozent, das 40% des weltweiten Vermögens besitzt. Gleichzeitig leben fast eine Milliarde Menschen von weniger als einem Dollar pro Tag und damit in absoluter Armut (UNO 2007: 6). Die weltweite Einkommens- und Vermögensschere vergrößert sich zunehmend, auch in den wohlhabenden westlichen Industrienationen[59]. Ohne hier weiter auf die Armuts- und Reichtumsforschung[60] eingehen zu können, bleibt eines festzuhalten: Geld hat *Ungleichheitsrelevanz* – und zwar in vielerlei Hinsicht. Mit Geld lassen sich nicht nur Güter und Dienstleistungen erwerben, sondern Geld bzw. Vermögen korreliert auch mit Bildungs- und Erwerbschancen, mit Gesundheit und Lebensdauer, Lebens- und Wohnqualität, mit sozialen Kontakten bzw. Netzwerken sowie mit kultureller und politischer Partizipation. Es bestimmt die ‚Lebenschancen' (Dahrendorf 1979) und die gesellschaftliche Stellung des Einzelnen. Die Verfügung über Geld (und andere Kapitalien) bedingt eine bestimmte gesellschaftliche Struktur und ermöglicht gleichzeitig deren Reproduktion (Bourdieu). Geld besitzt somit ein *verallgemeinertes soziales Machtpotential* (Deutschmann). Grund dafür ist, dass das ‚absolute Mittel' Geld scheinbar alles kontrollieren kann – die Welt der (käuflichen) Sachen, Arbeit und Produktionsmittel, sogar Zeit und Raum. Diese *Vermögenseigenschaft* potenziert sich mit zunehmender Menge des Geldes. Das *Superadditum* großer Geldvermögen befähigt zur Verfügung über die Totalität der menschlichen Möglichkeiten (Simmel). Um diese Vermögenseigenschaft zu erhalten, darf das Geld nicht einfach ausgegeben werden, sondern muss so investiert werden, dass es sich vermehrt. Dadurch wird Geld zum *Kapital* und schafft Strukturen, die dem Geldbesitzer die Aneignung eines Mehrwerts ermöglichen (Marx). Geld wirkt also auch als *Herrschaftsmittel*, das gleichzeitig Herrschafts- und Ausbeutungsverhältnisse durch seinen abstrakten Mittelcharakter verschleiert. All diese Aspekte (soziales Machtpotential, Vermögenseigenschaft, Wachstumsimperativ etc.) machen die *imaginäre Dimension* des Geldes aus, die es zur Religion der Moderne erhebt (Deutschmann). Durch diesen „Moneyismus" (Kellermann 2007b) regiert Geld die Welt – mit teils paradoxen Folgen wie der Zerschlagung von gesunden Unternehmen, weil diese

59 Laut dem 2. Armuts- und Reichtumsbericht der Bundesregierung verfügen in Deutschland 50% der Haushalte über etwas weniger als 4% des gesamten Nettovermögens, während das oberste Zehntel allein knapp 47% des gesamten Nettovermögens auf sich vereint. Dieser Anteil des obersten Zehntels ist von 1998 bis 2002 um gut zwei Prozentpunkte gestiegen (BMAS 2005: 35).

60 Zur Armutsforschung siehe etwa Barlösius/Ludwig-Mayerhofer 2001; Bieling 2000; Jacobs 2000; zur Reichtumsforschung beispielsweise Druyen 2007; Huster/Volz 2002.

nicht genug Gewinn erwirtschaften, Umweltzerstörung und Ausbeutung bis hin zu absurd anmutenden Spekulationen mit der ‚Ware' Geld in virtuellen Finanzmärkten.

Zusammenfassend betrachtet, beinhaltet Geld zwei Aspekte: Als *Medium* setzt es alle Elemente des Lebens in Relation und stellt den Austausch sicher (auch wenn das ungleiche Herrschaftsverhältnisse, Entfremdung und Vergesellschaftung bedingt); als *Symbol* strukturiert es die Intentionen und die innere Welt der Subjekte (auch wenn das bedeutet, dass diese sich den Zwängen des Geldes unterwerfen und ihr ganzes Leben in dessen quantifizierender, zweckrationaler Logik sehen). Beide Aspekte müssen allerdings relativiert und ergänzt werden.

6.2. Mit der Soziologie des Geldes über die Soziologie des Geldes hinaus

Hinsichtlich des *Mediums Geld* gilt es, dessen vielfältige Erscheinungsformen zu beachten. Neben dem Marktgeld im Sinne von Banknoten, Münzen und Giralgeld gibt es eine Vielzahl begrenzter und segmentspezifischer Geldmedien wie Gutscheine, Coupons, Schuldscheine, Rabattmarken, virtuelle Tauschwährungen, E-Money, Loyality-Tokens oder eben Regionalwährungen. Geld ist also keineswegs homogen – nicht einmal das Marktgeld. Mit gutem Grund definiert die Ökonomie verschiedene Geldmengenaggregate[61].

Mit Bankschuldverschreibung oder Festgeldern etwa kann man nicht bezahlen, man kann sie aber in Geld (im Sinne eines Zahlungsmittels) transformieren, indem man sie verkauft oder als Sicherheit für einen Kredit hinterlegt. Gleiches gilt für Immobilien, Schmuck und andere Wertgegenstände, ja sogar für potentielle, immaterielle Gegebenheiten wie eine mögliche Erbschaft oder zukünftige Erwerbschancen. Geld ist somit nicht nur Marktgeld, sondern auch potentielles, virtuelles und immaterielles Geld, welches von den handelnden Individuen neu konstruiert bzw. umdefiniert wird. Für einen solchen, erweiterten Geldbegriff kann man Bourdieus Konzept der Kapitalien heranziehen. Verschiedene, teils immaterielle Ressourcen lassen sich in Geld transformieren: Der Unternehmer erhält von Bekannten einen Auftrag (soziales Kapital), der hoch Angesehene zahlt einfach mit seinem guten Namen (symbolisches Kapital). Dabei betont Bourdieu, dass die unterschiedliche Verfügung über Kapitalien sich im Habitus der jeweiligen Person verkörpert und durch Distinktionsmechanismen zum Ausdruck gebracht wird.

61 Die Deutsche Bundesbank etwa nennt drei Geldmengenaggregate: „M 1 – Bargeldumlauf (ohne Kassenbestände der Monetären Finanzinstitute (MFIs)) plus täglich fällige Einlagen der im Währungsgebiet ansässigen Nicht-MFIs. M 2 = M 1 plus Einlagen mit vereinbarter Laufzeit bis zu zwei Jahren und Einlagen mit vereinbarter Kündigungsfrist bis zu drei Monaten. M 3 = M 2 plus Anteile an Geldmarktfonds, Repoverbindlichkeiten, Geldmarktpapieren und Bankschuldverschreibungen mit einer Laufzeit bis zu zwei Jahren. Dieses Aggregat steht bei der Geldpolitik des Eurosystems im Vordergrund" (bundesbank.de).

Geld bzw. bestimmte Geldarten, das sei hier als Vorgriff auf die symbolische Bedeutung des Geldes erwähnt, kann selbst ein solches Distinktionsmittel sein. In den USA etwa wird hauptsächlich mit Kreditkarten bezahlt. Da arme Menschen diese oftmals nicht erhalten, sind sie gezwungen mit Bargeld zu zahlen und signalisieren damit ihren niedrigen sozioökonomischen Status (Weatherford 1999: 281).

Das Medium Geld ist also ein multidimensionales soziales Phänomen und kann in vielerlei Gestalt auftreten. Da in dieser Untersuchung eine Geldart, das Regiogeld im Fokus des Interesses steht, wird für einen besseren analytischen Zugriff dieser sehr breite Geldbegriff eingeschränkt. Im Folgenden sind nur solche Medien als Geld zu betrachten, die innerhalb einer Gemeinschaft als Tausch- und Zahlungsmittel dienen.

Dabei sind verschiedene Geldarten zu unterscheiden. Diese werden danach klassifiziert, inwiefern sie die Geldfunktionen erfüllen, in welcher Geldform sie existieren, wie sie entstehen (Geldschöpfung) und welche Ziele sie verfolgen. Für jede Geldart kann dann analysiert werden, in welcher Beziehung sie zu anderen Geldarten steht und in welchem Maße sie in diese transformierbar ist. Weiterhin müssen die vielfältigen Auswirkungen auf und Verflechtungen mit anderen ökonomischen sowie den sozialen, kulturellen und symbolischen Kapitalien beachtet werden. Letztlich geht es um die unterschiedlichen Auswirkungen verschiedener Geldarten auf Individuen, auf deren Beziehungen, auf die Art und Weise wie der geldvermittelte soziale Austausch stattfindet. Unter welcher Prämisse (egoistisch oder altruistisch) dieser soziale Austausch stattfindet, ist abhängig vom Kontext, dessen Spielregeln, den Verhaltensausrichtungen der Teilnehmer und der Symbolik der jeweiligen Geldart. Diverse empirische Studien zeigen, wie verschiedene Gelder unterschiedliches Geldhandeln nach sich ziehen. Bei Tauschringwährungen etwa beruhen die Transaktionen nicht auf der (üblichen) Maxime der Profitabilität, sondern zumeist auf einer eher sozialen Komponente des gegenseitigen Helfens (Lee 1998; Meier 2001; Williams 2004). Geld als hochabstrahiertes Kommunikationsmittel ist eben immer auch Träger sozialer Normen und Beziehungen sowie einer bestimmten Handlungsrationalität.

Damit wäre man bei dem zweiten Aspekt des Geldes angelangt – seinem *Symbolcharakter*. Verschiedene Geldarten können unterschiedliche Symboliken haben. Dies bestimmt wiederum deren jeweilige Verwendung und Austauschbarkeit. Einem Freund als ‚Entlohnung' für dessen Hilfe einen zehn Euro-Schein zu geben, gilt als sozial unangemessen, ein Bücher-Gutschein über zehn Euro o.ä. hingegen wäre dagegen in Ordnung. Die verschiedenen Geldarten haben jedoch nicht nur eine je unterschiedliche Symbolik, sondern werden von den Menschen auch mit verschiedenen Bedeutungen versehen. Je nachdem, wo das jeweilige Geld herkommt und mit welcher Absicht es in welchem sozialen Kontext verwendet wird, werden ihm unterschiedliche Bedeutungen zugeschrieben und es entfaltet unterschiedliche Wirkungen (Zelizer). *Ein* Geld zerfällt also im Alltag der Menschen in *viele* Gelder. Es wird symbolisch ‚markiert' und beinhaltet so unterschiedliche Funktionslogiken und Auswirkungen. Der äußerlich ununterscheidbare Euro kann Lohnzahlung oder Zuwendung, Haushalts- oder Urlaubsgeld, Trinkgeld oder Geschenk sein. Es macht einen gravierenden Unterschied, ob Geld hart erarbeitet, gewonnen, geschenkt oder geraubt wurde, ob es für den Haushalt, den Urlaub, die Altersvorsorge oder für Vergnügungen vorgesehen ist. Geld beinhaltet eine Bedeutungsoffenheit für die verschiedensten Symbolisierungsgehalte. Diese sind aber nicht beliebig, sondern werden gerahmt von der jeweiligen Ausprägung des Geldes, seiner Konstruktion, den in ihm angelegten sozialen Machtpotential, seiner Abstraktheit und seinem relationalen Charakter.

6.3. Präzisierung der Forschungsfragen und analytische Heuristiken

Jedes soziale Phänomen – so auch das (Regio-)Geld – kann aus verschiedenen wissenschaftlichen Perspektiven untersucht werden. Volkswirte würden beispielsweise analysieren, wie effizient das Regiogeld für die Verteilung (Allokation) von Ressourcen ist; Politologen wären u.a. daran interessiert, wie die Regionalgeldinitiativen (als zivilgesellschaftliche Akteure) versuchen, auf politische Entscheidungsprozesse einzuwirken; Historiker etwa fragen nach den geschichtlichen Prozessen, die zur Entstehung dieser Idee geführt haben. Je nach zugrunde liegender Theorie fallen die Fragen (und dementsprechend auch die Antworten bzw. das jeweilige Vorgehen) unterschiedlich aus. Deswegen ist es wichtig zu reflektieren, auf welchen theoretischen Vorannahmen die eigenen Forschungsfragen beruhen und welche methodischen Konsequenzen sich daraus ableiten. Weiterhin muss bestimmt werden, aus welcher Perspektive, auf welcher Ebene und mit welcher Schärfentiefe das soziale Geschehen behandelt werden soll, da die Analyse sonst Gefahr läuft, mit einer gewissen Beliebigkeit vorzugehen. Kurzum, der Interpret hat seine Prämissen offenzulegen (Reichertz 1998: 52ff). Die hier maßgeblichen *Prämissen* sind:

Erstens erfordert Regiogeld als neues und kaum beforschtes Phänomen einen Forschungsansatz, der einer Logik der Entdeckung folgt. Es geht darum, die grundlegenden Vorstellungsstrukturen, die die Handlungen der an diesem Phänomen beteiligten Subjekte bestimmen, kennenzulernen und zu beschreiben. Dabei kann das Verstehen einer solchen (Sub-)Kultur oder Lebenswelt nicht per se vorausgesetzt werden – selbst wenn diese sich inmitten der eigenen Gesellschaft befindet, sondern muss mittels eines *explorativ-interpretativen Ansatzes* rekonstruiert werden.

Zweitens muss der Forscher sich dafür möglichst unvoreingenommen und offen dem Gegenstand nähern. Eine völlige Offenheit im Sinne einer ‚unvoreingenommenen' Wahrnehmung kann es jedoch nicht geben. Vorwissen, persönliche Erfahrungen und vor allem theoretische Perspektiven dienen deshalb als sensibilisierende Konzepte zur Steigerung der theoretischen Sensitivität, also dem „Gespür dafür, wie man über Daten in theoretischen Begriffen nachdenkt“ (Strauss 1991: 50). Sie müssen – und das ist zentral – während der gesamten Forschung als vorläufig und hinterfragbar gelten. Die hier verwendete theoretische Perspektive entstammt der *Soziologie des Geldes.*

Vor dem Hintergrund dieser Prämissen wurden die *Forschungsfragen* formuliert und konkretisiert. Die grundlegende Forschungsfrage lautet:

„What the hell is going on here?“

Diese (vom berühmten Ethnologen Clifford Geertz stammende) Frage zielt auf das Verstehen der ‚Sinnwelt' des Regiogeldes. Warum wird in Zeiten einer europäischer Gemeinschaftswährung und einer globalisierten Wirtschaft ein regional beschränktes Geld gedruckt? Welcher Sinn und welche Absicht stecken dahinter? Wer ist daran beteiligt? Welche Handlungsstrukturen prägen dieses Feld? Durch solche und viele weitere Fragen soll das Phänomen Regiogeld in seinen grundlegenden lebensweltlichen Strukturen und Prozessen beschrieben werden.

So interessant der Einblick in eine der vielen Sinnwelten unserer Gesellschaft auch sein mag, sollte dennoch versucht werden, hieraus Ansätze einer (gegenstandsbegründeten) Theoriebildung zu entwickeln. Ein Phänomen wie Regiogeld kann in vielerlei Hinsicht theoretisch relevant sein – als Beispiel für eine Neue Soziale Bewegung etwa oder für (posttraditionale) Vergemeinschaftungsprozesse.
Der hier gewählte Fokus liegt auf dem geldvermittelten Handeln und dessen Auswirkungen. Es geht (entsprechend der Soziologie des Geldes) darum, wie eine spezielle Geldart eine bestimmte ‚Geldkultur' konstituiert, oder anders gefragt:

„Welche Bedeutungen werden dem speziellen Geldmedium Regiogeld zugeschrieben und welche durch dieses Medium vermittelten Handlungen der Subjekte (im Alltag) stehen damit in Zusammenhang?“

Diese Frage berücksichtigt die Bedeutungsoffenheit des Geldes und damit die mannigfaltigen Möglichkeiten, wie Menschen in ihrem Alltag Geld interpretativ mit verschiedenen Bedeutungen füllen. Gleichzeitig wird damit auch der (regio-)geldvermittelte Umgang der Menschen untereinander betrachtet (‚Welche Wirkungen entfaltet es in sozialen Beziehungen?') sowie die Konsequenzen dieser Handlungen (‚Wie wirkt es sich auf das Leben aus?'). Diese Aspekte werden weiterhin in Bezug zum ‚normalen' Geld gesetzt, um so empirisch begründete und theoretisch relevante Erkenntnisse über Geld und seine Wirkungen im Allgemeinen zu erhalten.

Wie lassen sich diese recht offen gehaltenen Fragen mit Hilfe der Soziologie des Geldes präzisieren bzw. welche erkenntnisleitenden *Heuristiken* können hier herangezogen werden?

Erstens: Geld ist kein homogenes Medium, sondern ein vielschichtiges, multidimensionales, sozial konstruiertes und kulturell geprägtes Phänomen. Es tritt im Alltag in Form unterschiedlicher *Geldarten* auf, die sich in ihrer Funktionslogik und ihren Auswirkungen zum Teil stark unterscheiden. Deswegen muss zunächst jede Geldart in ihrer einzigartigen Merkmalsausprägung betrachtet werden, die sie bezüglich der *Merkmale* Geldfunktionen, Geldform, Geldschöpfung, Ziele des Geldes annehmen kann (ein ausdimensionalisiertes Klassifikationsschema findet sich in Anhang 1). Eine solche vergleichende Klassifikation ist wichtig, bleibt jedoch oberflächlich. Will man eine Geldart in ihrer konkreten alltagspraktischen Relevanz untersuchen, kann man sie als eine *Institution* betrachten. Diese Sichtweise findet sich häufig in der Soziologie des Geldes. Simmel etwa bezeichnet Geld als substanzgewordene Relativität und damit „als eine Institution, in die der Einzelne sein Tun oder Haben einmünden lässt" (Simmel 1989: 263), für Ganßmann ist es eine „soziale Konstruktion" (Ganßmann 1996: 25), die zu einer „soziale[n] Tatsache" wird (Ganßmann 1996: 22). Im Folgenden soll unter Institution eine „Sinneinheit von habitualisierten Formen des Handelns und der sozialen Interaktion" (Gukenbiehl 2000: 142) verstanden werden. Malinowski (1975) hat zu ihrer Analyse ein heuristisches Strukturmodell[62] vorgeschlagen, nachdem bei einer Institution vier Arten von Elementen zu unterscheiden sind:

- die *Leitidee* der Institution (‚idée diréctrice'). Sie bezeichnet die Verfassung der Institution, wie sie von den Mitgliedern der jeweiligen Gesellschaft oder Gruppe anerkannt und festgelegt ist. Damit ist sie immer eingebunden in ein Wissenssystem. Deshalb werden wir auch beim Regiogeld dessen ganzes Wissenssystem betrachten und etwa thematisieren, wie die Idee eines regionalen Geldes entstanden ist, wie das ‚Regioeldwissen' sich strukturiert, d.h. welche Relevanzen, Deutungsmuster, Weltanschauungen hineinspielen oder wie verschiedenen Anschauungen gegenüber unterschiedlichen Gruppen legitimiert werden.
- das *Personal*, d.h. die Gruppe Menschen, die die vorgesehenen Rollen spielen. Beim Regiogeld finden sich hier verschiedene Gruppen, idealtypisch lassen sich Aktivsten, Teilnehmer und Geschäftsleute unterscheiden.
- die *Normen* oder Regeln des Umgangs miteinander, denen sich die Mitglieder unterwerfen oder die ihnen auferlegt sind. Dabei geht es um die sozialen Prak-

62 Malinowskis' Strukturmodell wird hier in verkürzter Form ausschließlich als hilfreiche Heuristik verwendet. Es soll also keine institutionentheoretische Analyse (mit all ihren theoretischen und methodischen Implikationen) durchgeführt werden. Da dieses Modell nur als eine Art Gliederung für die Darstellung der empirischen Erkenntnisse dient, brauchen wir uns auch nicht weiter mit Institutionen im Allgemeinen bzw. diesem Strukturmodell im Speziellen (etwa dem zugrundeliegenden Funktionalismus von Malinowski, der alles auf die Befriedigung von Grundbedürfnissen zurückführt) zu befassen.

tiken und Funktionsprinzipien des Regiogelds. Also etwa: Welche Spielregeln gibt es, welche Handlungsmuster lassen sich vorfinden?

- der *materielle Apparat* umfasst alle Gegenstände und Räume, die in die Institution einbezogen sind. Für das Regiogeld besonders wichtig sind die Geldscheine, ihre Gestaltung und die dabei relevanten Rahmenbedingungen.

Mit dem *Institutionenmodell* lässt sich also eine Geldart bzw. ein bestimmtes Währungssystem soziologisch detaillierter betrachten und so die wechselseitige Verflechtung von zugrunde liegenden Wissenssystemen, den Regeln des jeweiligen Geldspiels, den entsprechenden Handlungsmustern und Rollen sowie den dabei wichtigen Gegenständen darstellen. Dadurch lässt sich auch der Vielfalt der Geldarten und deren je eigene Handlungsrelevanz Rechung tragen.

Ein zweiter Aspekt tritt noch hinzu: Jede Geldart spannt einen bestimmten Handlungsrahmen auf, der dann von den einzelnen Akteuren wiederum unterschiedlich interpretiert wird. Anders formuliert: Jede einzelne Geldart zerfällt im Alltag der Menschen durch einen *interpretativen und situativ bedingten Prozess* in viele verschiedene Gelder. Jede Person mit ihren individuellen Präferenzen, kognitiven Verarbeitungsschemata (u.a. mentale Konten) und ihrem lebensgeschichtlich erworbenen Geldstil handelt in verschiedenen Situationen innerhalb dem von der jeweiligen Geldinstitution definierten Handlungsrahmen. Dieser wiederum wird beeinflusst von den gesellschaftlichen Rahmenbedingungen. Innerhalb dieser Rahmungen finden sich in der Alltagspraxis verschiedene symbolische Gelder, die unterschiedliche soziale Auswirkungen haben können. Zu beachten sind dabei immer die diversen Möglichkeiten, die sich mit der Geldverwendung ergeben:

Wird Geld als Tauschmittel genutzt, wird es als Herrschaftsmittel verwendet, dient es distinktiven oder kommunikativen Zwecken oder gar der individuellen Identitäts- und Sinnstiftung?[63] Je nachdem entfaltet Geld unterschiedliche Wirkungen in sozialen Beziehungen, es kann durch seinen abstrakten, objektivierenden

---

63 Die *Konsumforschung* (u.a. Veblen, Baudrillard, Bourdieu) thematisiert den symbolischen Konsum als Zeichensystem und damit als wichtiges Medium der gesellschaftlichen Verständigung. Die unterschiedlichen Funktionen eines solchen symbolischen Konsums lassen sich teilweise auch auf den Geldgebrauch übertragen. Genannt werden (Reisch 2002: 231ff): *Position*, also die Zugehörigkeit zu einer bestimmten Schicht, Gruppe, Subkultur etc., die durch distinktive Mechanismen (u.a. dem Gebrauch best. Geldarten) zum Ausdruck gebracht wird. *Kompetenz* signalisiert jemand, der besondere Geldarten (E-Money, Handypayment) verwendet. *Expression* bezieht sich auf ein bestimmtes Selbstkonzept, auf eine bestimmte Identität, die nach innen oder nach Außen (impression management) zum Ausdruck gebracht werden soll. Die *Hedonismus*-Funktion thematisiert, wie symbolisch aufgeladene Güter (oder Gelder) als Projektionsfläche für unerfüllte Träume dienen können. Die Goldmünzen im Keller eines Durchschnittsverdieners geben diesem möglicherweise das Gefühl des Reichtums. Bei der *Kompensation* geht es um Ausgleich psychischer Defizite, um Bestätigung des Selbstwerts und um symbolische Selbstergänzung. Ein Beispiel hierfür wäre das dicke Banknoten-Bündel mit goldener Geldklammer in der Tasche des kleinen Beamten.

Charakter vergesellschaftend wirken, aber in seinen verschiedenen symbolischen Ausprägungen auch vergemeinschaften. Das mannigfaltige Phänomen Geld kann handlungsermächtigend *und* unterwerfend sein, es kann emanzipieren *und* entfremden, es kann befreien *und* abhängig machen, dissoziieren *und* assoziieren, Gemeinschaften zerstören *und* schaffen. Die konkreten Wirkungen des Geldes bestimmen sich durch seine jeweilige Art, seine institutionelle Ausprägung, die symbolischen Bedeutungen, die ihm zugeschrieben werden und den daraus resultierenden Geldpraktiken. Letztlich gibt es eine Vielzahl an ‚Geldkulturen': eine davon, die Regiogeldkultur, steht im Zentrum dieser Arbeit. Die untersuchungsleitende Heuristik ist in folgender Abbildung noch einmal zusammengefasst:

Abbildung 1: Heuristik: Geld im Alltag

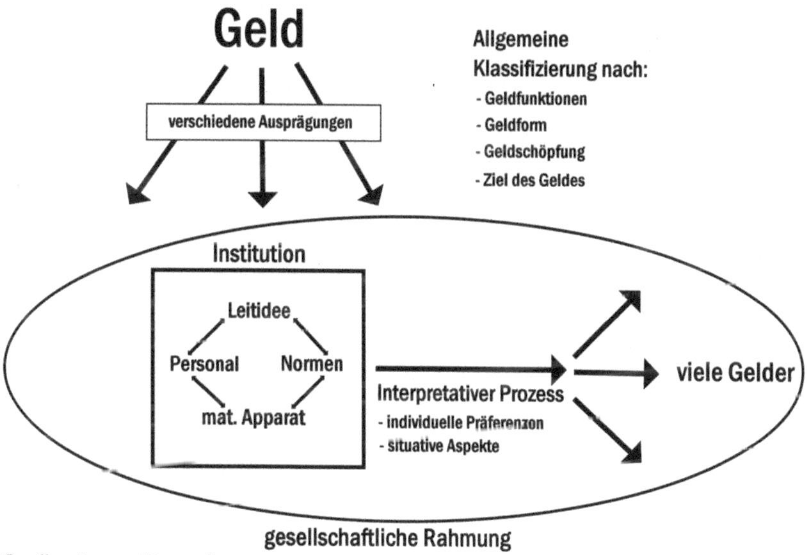

Quelle: eigener Entwuf

Diese Heuristik berücksichtigt die zweifache Differenzierung des Geldes: Einmal auf der Ebene des Mediums Geld selbst, das in vielerlei Formen auftritt und dann auf der Ebene der interpretativen Aneignung durch Subjekte im Alltag. Gleichzeitig wirft sie Fragen theoretischer und zeitdiagnostischer Art auf:

Ist Geld tatsächlich ‚das' rationale, rechenhafte und objektivierende Medium der Moderne, das Menschen mittels formaler Tauschvorgänge vergesellschaftet? Oder aber ist es ein kulturell geprägtes und symbolisch vielschichtiges Medium, das auch vergemeinschaften kann und mit dem verschiedene Zugehörigkeiten und Identität zum Ausdruck gebracht werden können? Sind verschiedene Geldarten der Versuch einer Art ‚Resozialisierung' des Geldes, weil im Verlauf der Modernisierung der Moderne der rationale Umgang mit Geld irrationale Nebenfolgen hervorbringt (Stichwort: Finanzkrise)? Und – kann das gelingen? Ist es ein ‚besseres' Geld möglich? Was sind die gesellschaftlichen Konsequenzen einer Entstehung von verschiedenen (teils voneinander segregierten) Geldkulturen? Da Geld ein wesentliches Strukturelement einer Gesellschaft und gleichzeitig ein Faktor des gesellschaftlichen Wandels ist, geht es in der folgenden Untersuchung der Geldkultur des Regiogeldes nie ‚nur' ums Geld, sondern es schwingt immer die Frage mit, in welcher Gesellschaft wir eigentlich leben.

III. Methodologische Grundlagen und methodisches Vorgehen

Dieses Kapitel gliedert sich in vier Abschnitte: Als erstes wird die Entscheidung für ein qualitatives Vorgehen begründet. Der zweite Abschnitt stellt den methodologischen Rahmen dieser Studie dar, die sich als Ethnographie vor dem Hintergrund einer hermeneutischen Wissenssoziologie versteht. Im dritten Abschnitt werden die hier verwendeten Methoden der Datenerhebung und -auswertung quasi in idealtypischer Form vorgestellt. Abschließend folgt die Darstellung des konkreten Forschungsprozesses mit all seinen methodischen Abweichungen, Modifikationen, Grenzen und Problemen. Dieser vierte Abschnitt beinhaltet auch eine kritische Einschätzung des Vorgehens.

1. Begründung der Entscheidung für ein qualitatives Vorgehen

Zur Erschließung eines Themenbereiches stehen in der empirischen Sozialforschung quantitative und qualitative Methoden zur Verfügung. Die Entscheidung für ein Verfahren ergibt sich letzten Endes aus der Beschaffenheit des Untersuchungsgegenstandes. *Qualitative Sozialforschung* ist prädestiniert, wenn quantitative Verfahren nur ungenügend ‚greifen', wenn es darum geht, relativ neue unerforschte Phänomene zu entdecken und zu erkunden (Hitzler/Honer 1997b: 10). Sie ist in ihren Zugangsweisen zu den untersuchten Phänomenen häufig offener und dadurch ‚näher dran' als andere Forschungsstrategien, die mit großen Zahlen und stark standardisierten, dadurch auch stärker objektivistischen Methoden und normativen Konzepten arbeiten (Flick et al. 2007b: 17). Die Relevanz eines solchen Forschungsansatzes ergibt sich zum einen daraus, dass in Zeiten, in denen sich fest gefügte soziale Lebenswelten und –stile auflösen und sich das soziale Leben aus immer mehr und neuen Lebensformen und -weisen zusammensetzt, genaue und dichte Beschreibungen dieser notwendig sind. Zum anderen will die qualitative Sozialforschung nicht nur ein „Panorama von ‚Sittenbildern' kleiner Lebenswelten" (Flick et al. 2007b: 17) liefern, sondern darüber hinaus eine gegenstandsbegründete Theoriebildung leisten. Diese Zielsetzung entspricht dem hier verfolgten Forschungsinteresse: Das Phänomen ‚Regionalgeld' soll dementsprechend mit qualitativer Methodik erforscht werden, weil es *erstens* neu und kaum erforscht ist, deshalb *zweitens* noch nicht genau gewusst werden kann, wo das eigentlich Interessante darin liegt und *drittens* hier nicht nur die ‚Lebenswelt' der Regiogeldnutzer beschrieben, sondern auch Ansätze einer (geldsoziologischen) Theoriebildung geleistet werden sollen.

Es gibt allerdings nicht ‚die' qualitative Sozialforschung, sondern ein ganzes Kaleidoskop an unterschiedlichen Orientierungen und Verfahren, mit dem jeweils „sehr unterschiedliche theoretische, methodologische und methodische Zugänge zur sozialen Wirklichkeit" (Kardoff 1991: 3) verbunden sind. Der *hier vertretene Ansatz* lässt sich innerhalb der qualitativen Sozialforschung wie folgt verorten: Es handelt sich um eine ethnographische Studie, die – verortet im methodologischen Kontext einer hermeneutischen Wissenssoziologie – eine Beschreibung der sozialen Welt des Regiogeldes liefern will. Diese Absicht entspricht der ersten Forschungsfrage (What the hell is going on here?), die in Kapitel IV bearbeitet wird. Ein besonderes Interesse gilt den (regio-)geldbezogenen Bedeutungen und dem dadurch vermittelten Handeln. Dieser geldsoziologisch inspirierten zweiten Forschungsfrage wird anhand einer Fallstudie nachgegangen, der Kapitel V gewidmet ist. Sie zielt auf eine empirisch begründete Theorie(skizze) (mittlerer Reichweite) über Regiogeld und damit auf mögliche Erkenntnisse für eine Soziologie des Geldes.

An dieser Stelle einige Worte zur Rolle des *Vorwissens* im hier entwickelten qualitativen Forschungsdesign. Die qualitative Forschungslogik will durch ein möglichst offenes und unvoreingenommenes Herangehen, Strukturen und Relevanzen entdecken. Die für die zweite Forschungsfrage entwickelten erkenntnisleitenden Heuristiken widersprechen dem nicht. Die ihnen zugrundeliegenden theoretischen Perspektiven liefern zwar ein gewisses ‚Analyseraster'; sie ermöglichen es also, durch die ‚Linsen' bereits vorhandener Konzepte und theoretischer Kategorien soziologisch relevante Daten zu ‚sehen'. Dies darf aber nicht verwechselt werden mit dem hypothetiko-deduktiven Vorgehen der quantitativen (standardisierten) Sozialforschung. Diese arbeitet mit definitiven Konzepten, also scharf umrissenen, wohldefinierten und präzise operationalisierten Begriffen, bei denen sehr wohl die Gefahr besteht, dass die ‚Relevanzsetzungen' der Befragten überblendet werden. Die hier verwendeten Analysekonzepte sind jedoch viel zu vage und abstrakt dafür; sie konkretisieren sich erst in der konkreten Lebenspraxis und gewinnen dort an Bedeutung. Im Verlauf der Untersuchung werden die ‚sensitizing conzepts' mit empirischen Beobachtungen zunehmend angefüllt (Kelle/ Kluge 1999: 25ff)[64]. Entscheidend für diese heuristischen Konzepte ist, dass sie aus empirisch nicht

64 Grundsätzlich wird das Prinzip der Offenheit in der qualitativen Sozialforschung häufig zu rigoros dargestellt. Der Forscher soll demnach ohne heuristische Werkzeuge (= Vorwissen) an die Daten herangehen, dann werden im Laufe der Analyse schon theoretische Konzepte aus den Daten „emergieren". Erliegt man diesem „induktivistischen Selbstmissverständnis" (Kelle/Kluge 1999: 17), so merkt man, dass die Daten keineswegs einfach zu ‚Sprechen' beginnen, und wenn, doch meist nichts Sinnvolles zu sagen haben.

gehaltvollem Theoriewissen stammen. Empirisch gehaltvolles Theoriewissen muss – will man sich nicht selbst um die Entdeckung von Neuem bringen – zurückgestellt werden. Zudem erfolgte die Erarbeitung der ‚Soziologie des Geldes' erst in einer späten Phase des Forschungsprozesses. Die dabei abgeleiteten Heuristiken konnten dann mit bereits gewonnenen Erkenntnissen über den Forschungsgegenstand in Bezug gesetzt werden. Nicht jedes (empirisch gehaltvolle) Vorwissen ließ sich jedoch so einfach zurückstellen. Schließlich handelt es sich bei dem Forschungsgegenstand im engeren Sinne um ‚Geld', und diesbezüglich verfügt jeder, auch der Forscher, über empirisch gehaltvolles Alltagswissen. Es wurde versucht, dieses so gut als möglich selbstreflexiv (im Forschertagebuch und in Memos) aufzuarbeiten; dies brachte nicht selten Überraschungen darüber, wie vielen (oft unbewussten) Regeln das eigene Geldhandeln folgt.

2. Der methodologische Rahmen: Ethnographie und hermeneutische Wissenssoziologie

Der hier gewählte methodologische Rahmen ist die *hermeneutische Wissenssoziologie* (Hitzler/Honer 1997a; Hitzler et al. 1999; Soeffner 2004; Tänzler 2006). Sie steht in der sozialphänomenologischen Forschungstradition (Schütz, Luckmann) und geht im Wesentlichen auf Hans-Georg Soeffner zurück. In ihrem theoretischen Selbstverständnis ist sie Teil einer Wissenssoziologie und aus methodisch/ methodologischer Sicht Teil einer hermeneutisch die Daten analysierenden, strukturanalytisch modellbildenden qualitativen Sozialforschung (Reichertz 2000c: 519). Die hermeneutische Wissenssoziologie versucht, die alte Diskrepanz bzw. Einseitigkeit vorrangig struktur- bzw. handlungstheoretischer Ansätze zu überwinden: Zum einen behandelt sie die (wissenssoziologische) Großfragestellung „wie Handlungssubjekte – hineingeboren in historisch und sozial entwickelte Orientierungsrahmen – diese einerseits vorfinden und sich aneignen müssen, andererseits diese immer wieder neu ausdeuten und damit auch erfinden müssen" (Schröer 1997: 109). Zum anderen sieht sie ihr Vorgehen auch als strukturanalytisch, da das Verhalten der Individuen erst dann als verstanden gilt, wenn der Interpret in der Lage ist, beobachtbares Verhalten in Relation zu dem vorgegebenen und für den jeweiligen Handlungstypus relevanten Bezugsrahmen und zu den daraus entspringenden strukturell vorgegebenen Handlungsproblemen zu setzen. Im Zentrum steht somit nicht die Rekonstruktion der von den jeweiligen Individuen gewussten singulären Perspektive, sondern die rationale Konstruktion egologischer Perspektiventypen (Reichertz 2000c: 520).

Vor diesem theoretisch-methodologischen Hintergrund soll eine *Ethnographie* des Regionalgeldes durchgeführt werden. Die Ethnographie (so wie sie hier verwendet wird) ist ein explorativ-interpretativer Ansatz, der eine ganz bestimmte

Forschungshaltung impliziert, nämlich das ‚Fremde' in der eigenen Kultur zu entdecken. Wie der Ethnologe versucht auch der soziologische Ethnograph den ‚native's point of view' (Geertz 1984; Hitzler 2000: 18) zu rekonstruieren und dabei Vorstellungsstrukturen aufzudecken, welche die Handlungen der jeweiligen Menschen leiten (Geertz 1987: 39). Dies gelingt nur, wenn man sich im scheinbar ‚vertrauten' Kulturraum mit einem quasi-ethnologischen Blick bewegt und soziale Praktiken in den mannigfaltigen ‚Sinnwelten' moderner Gesellschaften zunächst einmal so betrachtet, als wären es unbekannte und ‚exotische' Sitten, Gebräuche, Rituale und Weltanschauungen (Hitzler/Honer 1997b: 13). Mit anderen Worten: Es geht darum das Fremde wieder zu entdecken, das ‚Abenteuer gleich um die Ecke' zu suchen. Die Ethnographie will analog zur ‚verstehenden Soziologie' statt eines Über-Blicks (über die Köpfe hinweg) einen Durch-Blick (durch die Augen der Akteure) erlangen, wie es auch der Tradition von Alfred Schütz' phänomenologischen Lebensweltanalyse entspricht. (Hitzler 2000: 17). Dieser Nachvollzug der ‚Innensichten' der Teilnehmer an einem gesellschaftlich-kulturellen Geschehen erfolgt im Rahmen der Dateninterpretation durch Techniken der (sozialwissenschaftlichen) Hermeneutik. Nur so gelingt es, psychologisierende ‚Betroffenheitslyrik' vermeiden und (ideale) Typen von Welterfahrung zu verstehen (Honer 2000: 195; Hitzler 2000: 24).

Dieses Vorgehen zielt zum einen darauf, die Lebenswelt des Regionalgeldes zu beschreiben, d.h. ihre Strukturen und Prozesse herauszuarbeiten und in ihren wesentlichen Besonderheiten darzustellen – und dabei auch bislang unbekannte Muster zu entdecken. Zum anderen soll das so gewonnene Verständnis die Beantwortung der spezifisch geldsoziologischen Forschungsfrage ermöglichen (Amann/Hirschauer 1997: 8; Krotz 2005: 254)[65].

Der entsprechende *Forschungsprozess* läuft dabei wie folgt ab: Untersucht werden alle Formen sozialer Interaktion sowie alle Arten von Kulturerzeugnissen. Da hier die Welt (des Regiogeldes) durch subjektive Erfahrungen hindurch rekonstruiert werden soll, müssen die Daten mittels Methoden gewonnen werden, die geeignet sind, die Relevanzen des Anderen aufzuspüren und zu rekonstruieren. Prinzipiell finden alle Methoden in der Ethnographie Verwendung, allerdings sind die nicht-standardisierten zu präferieren, weil sie sich besser für Exploration, Theorieentwicklung und typologische Konstruktionen eignen (Hitzler 2000: 21).

65 Die Ethnographie wird meist als Verfahren verstanden, das Beschreibungen liefert (Geertz 1987; Lamnek 2005) und nicht dezidiert Theorie generiert. Aber, Beschreibung selbst ist nie theorielos, denn auch sie systematisiert und ordnet hinsichtlich einer bestimmten theoretischen Perspektive. In ihrem doppelten Anspruch, Vorstellungsstrukturen aufzudecken, die die Handlungen der Subjekte bestimmen sowie ein analytisches Begriffssystem zu entwickeln, das geeignet ist, die typischen Eigenschaften dieser Strukturen gegenüber anderen Determinanten menschlichen Verhaltens herauszustellen, ist die Ethnographie deswegen grundsätzlich theorielastig und theoriegenerierend (Krotz 2005: 253ff).

Da möglichst viele Äußerungs- und Vollzugsformen einer zu rekonstruierenden (Teil-)Wirklichkeit erfasst werden sollen, ist eine Kombination bzw. Triangulation möglichst vielfältiger Verfahren anzustreben (Honer 1991: 320; Hitzler/Honer 1997b: 14). Die Methoden sind dabei nicht als unhintergehbare Vorschriften für ‚richtiges' Forschungshandeln zu verstehen, sondern „als disziplinäres Know-How, das dazu geeignet ist, nachhaltige wissenschaftliche Überraschungen zu erzeugen" (Amann/Hirschauer 1999: 496). Das Verfahren der *Beobachtung* dient dazu Sinneseindrücke zu gewinnen, Erfahrungen zu machen und Phänomene zu registrieren. Mit *Dokumentenanalysen* bzw. deren hermeneutisch ‚naiver' Kenntnisnahme können weitere forschungsrelevante Informationen gewonnen werden und damit die Einstellung zum Feld und die Orientierung im Feld verbessert werden. *Interviews* eignen sich gut zur Rekonstruktion thematisch aussonderbarer, explizierbarer Wissensbestände, wobei hier so wenig direktiv wie möglich gefragt werden sollte. Allerdings hängt das tatsächliche Maß an Direktivität und Affirmation stark vom jeweiligen Forschungsinteresse ab (Hitzler 2000: 22ff). Datenerhebung und Datenauswertung sind dabei im ethnographischen Forschungsprozess nicht getrennt, sondern zirkulär ineinander verflochten. Das bedeutet, dass das anfänglich sehr offene Sammeln der Daten auf Grundlage der gewonnenen Erkenntnisse zunehmend ‚trichterförmig' systematisiert und präzisiert wird. Der Ethnograph muss also abwechselnd in das Feld ‚eintauchen' (*going native*), d.h. am dortigen Geschehen teilnehmen, um überhaupt Zugang zu den Feldrelevanzen zu erhalten und wieder ‚auftauchen' (*coming home*), also die Daten mit analytischer Distanz interpretieren. Für diese Interpretationen werden die Daten verschriftlicht. Diese Fixierung ermöglicht zusammen mit einer absichtlichen Verfremdung des Verstehens den oberflächlichen Informationsgehalt eines Textes zu durchdringen und tieferliegende Sinn- und Bedeutungsschichten (nachvollziehbar und kontrolliert) aufzufinden. So werden die Texte hinsichtlich einzelner Sinneinheiten durchforstet, diese werden dann zu höher aggregierten Sinneinheiten zusammengefasst. Am Ende steht ein hoch aggregiertes Konzept, eine Sinnfigur, die alle untersuchten Elemente zu einem sinnvollen Ganzen im Rahmen integriert (Reichertz 2000c: 522f). Der Sozialwissenschaftler versucht also aus dem Alltagswissen eine in stärkerem Maße formalisierte und verallgemeinerte „Version der Welt" (Lamnek 2005) zu entwickeln. Dazu überzieht er in den Prozessen des Beschreibens, Erklärens und Verstehens die Alltags-Konstruktionen mit einem Netz von Kategorisierungen, Modellen, Kausalisierungen, Finalisierungen etc. (Soeffner 2006: 55). Bevor nun ausgeführt wird, wie dies hier konkret durchgeführt wurde, sollen zunächst im folgenden Kapitel die ausgewählten Methoden der Fallauswahl, der Datenerhebung und der Datenauswertung idealtpyisch dargestellt werden.

3. Vorstellung der ausgewählten Methoden

3.1. Untersuchungsdesign und Fallauswahl

Nach der Wahl eines Untersuchungsgegenstandes und der Formulierung von Forschungsfragen muss ein geeignetes *Untersuchungsdesign* festgelegt werden. In der konkreten Vorgehensweise folgt diese Arbeit vielfach den Vorgaben der ,Grounded Theory Methodology' (GTM). Diese ist ein qualitativer Forschungsstil, der von Barney Glaser und Anselm Strauss im Rahmen einer Studie zu Tod und Sterben in Hospitälern entwickelt wurde (Glaser/Strauss 1966). In ihrer methodologische Aufbereitung dieser Studie, dem 1967 erschienen Band ,The Discovery of Grounded Theory: Strategies for qualitative Research', wandten sich die beiden gegen das hypothetiko-deduktive Modell und beklagten die Entfremdung zwischen Theorie und empirischer Sozialforschung sowie die ungenügende methodologische und theoretische Elaboration von qualitativer Forschung (Glaser/Strauss 1998: 1). Das Grundanliegen der GTM ist dementsprechend, Theorien nicht abstrakt, sondern in möglichst intensiver Auseinandersetzung mit einem konkreten Gegenstand zu entwickeln. Kennzeichnend dafür ist eine Forschungsarbeit, die in einem ständigen Wechsel zwischen Handeln (Datenerhebung) und Reflexion (Datenanalyse via Kodieren und Theoriebildung) erfolgt und so hinsichtlich seiner Forschungslogik konträr zu der traditionellen Auffassung eines sequentiellen Vorgehens (getrennte Arbeitsphasen der Planung, Datenerhebung, Datenanalyse, Theoriebildung) steht (Mey/Mruck 2007: 12f)[66].

Dieses Vorgehen ist prinzipiell äquivalent zu dem einer hermeneutischen Wissenssoziologie (Schröer 1997: 119) oder einer Ethnographie (Hitzler 2000: 21; Krotz 2005: 266) und bietet ein offenes (Kreativität beinhaltendes) aber auch systematisches und regelgeleitetes „Auswertungsverfahren" (mit vorgegebenen und benennbaren Kodierprozeduren) (Mey/Mruck 2007: 15). Die vorliegende Arbeit folgt dieser elaborierten Forschungssystematik, jedoch ohne die Erarbeitung einer vollständig entwickelten ,gegenstandsbegründeten Theorie' im Sinne von Glaser/Strauss anzustreben: hier geht es um eine ethnographisch begründete Theorieskizze.

Im Kontext dieses Forschungsstils stellt sich nun die Frage, wie sichergestellt werden kann, dass alle für die Untersuchungsfrage und das Untersuchungsfeld relevanten Fälle in die Studie einbezogen werden können. Zentrales Kriterium für

66 Die GTM gibt es eigentlich gar nicht mehr: Glaser und Strauss haben eigene Varianten entwickelt, wobei die von Strauss (und Corbin) ,liberaler' in ihren Vorgaben ist. Strauss benennt als ,Basics' das Theoretical Sampling, die Methode des (permanenten) Vergleichs und das ,theoriegeleitete Kodieren' und betont die Wichtigkeit, die Methodologie an die Fragestellung und die Rahmenbedingungen anzupassen (Strauss 2007: 75). In diesem Sinne wird die GTM hier eher wie ein Werkzeugkasten benutzt, aus dem für diese Forschung passende Teile ausgewählt werden.

eine *Fallauswahl* ist (sowohl in der quantitativen als auch der qualitativen Forschung) das Vermeiden von Verzerrungen bzw. das Einbeziehen der relevanten Fälle. Während die quantitative Sozialforschung die Untersuchungseinheiten nach dem Kriterium der statistischen Repräsentativität (durch Zufallsstichproben) auswählt, geschieht dies im Rahmen dieser Arbeit durch eine bewusste, kriteriengesteuerte Fallauswahl und Fallkontrastierung (theoretisches Sampling). Hauptauswahlkriterium dabei ist, ob die jeweiligen Fälle geeignet sind, das Wissen über den Untersuchungsgegenstand zu erweitern oder nicht. Da anfangs noch wenig Wissen (in Form von empirisch relevanten Konzepten) vorhanden ist, muss die Fallauswahl sukzessiv erfolgen, d.h. Datenerhebung und Datenauswertung sind zirkulär miteinander verwoben.

> „Theoretisches Sampling meint den [...] Prozess der Datenerhebung, währenddessen der Forscher seine Daten parallel erhebt, kodiert und analysiert sowie darüber entscheidet, welche Daten als nächste erhoben werden sollen und wo sie zu finden sind" (Glaser/Strauss 1998:53).

Die Auswahl der ersten zu untersuchenden Fälle (Personen, Situationen, Dokumente ...) zu Beginn des Forschungsprozesses hat Erkundungscharakter. Leitend für diese erste Datenerhebung sind die (anfangs noch sehr offene) Fragestellung und eine gewisse theoretische Sensibilität, die aus dem Vorwissen (heuristische Konzepte, beruflicher oder persönlicher Erfahrung etc.) entspringt. „Theoretische Sensibilität bezieht sich auf die Fähigkeit, Einsichten zu haben, den Daten Bedeutung zu verleihen" (Strauss/Corbin 1996: 25)[67].

Die Entscheidung, wann welche Form des Vorwissens in den Forschungsprozess einbezogen wird, hängt oft von unterschiedlichsten Rahmenbedingungen ab und muss zum einen pragmatisch entschieden und zum anderen selbstreflexiv expliziert werden (Glaser 1992: 31ff, Truschkat et al. 2007: 240). Die anschließende Analyse der ersten erhobenen Daten bzw. die darin gefundenen relevanten Kategorien geben Hinweise über das weitere Sampling im Forschungsprozess. Dabei gibt es unterschiedliche Varianten (die alle in dieser Forschung eine Rolle spielten): Hier wurde anfangs ein zufälliges Sampling durchgeführt, das mit zunehmendem Wissen über das Untersuchungsfeld in ein systematisches Sampling überging (von einer Person beginnend zur nächsten gehend). Am Ende wurden mittels gezieltem

67 Das Vorwissen muss sich allerdings in Auseinandersetzung mit den empirischen Daten ‚beweisen'. Mit den Worten von Kathy Charmaz, einer der neueren Protagonisten der GTM: „In short, sensitizing concepts and disciplinary perspectives provide a place to go, not to end. Grounded theorists use sensitizing concepts as tentative tools for developing their ideas about processes that they define in their data. If particular sensitizing concepts prove to be irrelevant, then we dispense them" (2006:17).

Sampling genau die Daten erhoben, die wichtige Informationen zur Beantwortung der Forschungsfrage enthielten (Strauss/Corbin 1996: 155ff).

Das Sampling generell wird von der Suche nach Vergleichsfällen geleitet bzw. von der Maximierung oder Minimierung der Differenzen zwischen den Vergleichsfällen. Während die Erhebung von Kontrastfällen dazu dient, etwaige neue relevante Konzepte zu entdecken und ihre Ausprägungen auszudifferenzieren, führt die Erhebung von Minimalvergleichen zu einer Konsolidierung des Kategoriensystems (Glaser/Strauss 1998: 63; Kelle/Kluge 1999: 45).

Diese „komparative Analyse“ (Glaser/Strauss 1998), also das permanente Vergleichen, ist grundlegend sowohl für die Datenerhebung als auch für die Datenauswertung. Sie ermöglicht die Entwicklung empirisch relevanter aufeinander bezogener Konzepte (in der Terminologie der GTM ‚Kategorien’) und somit letztlich die Formulierung einer Theorie, die im Forschungsfeld relevante Kausalmechanismen beschreibt. Erhebung und Auswertung werden solange fortgesetzt, bis die (wichtigen Schlüssel-)Kategorien ‚gesättigt’ sind.

> „Sättigung heißt, dass keine zusätzlichen Daten mehr gefunden werden können, mit deren Hilfe der Soziologe weitere Eigenschaften der Kategorie entwickeln kann. Sobald er sieht, dass die Beispiele sich wiederholen, wird er davon ausgehen können, dass eine Kategorie gesättigt ist“ (Glaser/Strauss1998: 69).

Nachdem geklärt wäre, welcher Strategie die Datenauswahl folgte, stellt sich nun die Frage, wie die Daten erhoben wurden.

3.2. Methoden der Datenerhebung

Wer das Handeln von Menschen, ihre Alltagspraxis und Lebenswelten empirisch untersuchen will, hat im Prinzip zwei Möglichkeiten (Lüders 2000: 384f):

- An dieser Alltagspraxis längerfristig teilnehmen und mit ihr vertraut werden, um sie in ihren alltäglichen Vollzügen beobachten zu können (teilnehmende Beobachtung)
- Mit den Betreffenden Gespräche über ihr Handeln führen und entsprechende Dokumente sammeln in der Hoffnung, auf diese Weise gehaltvolle Informationen über die interessierende Praxis zu erhalten (Interviews).

In der vorliegenden Forschung wurden beide Varianten der Datenerhebung angewendet. Im Folgenden sollen diese in ihrer konkreten methodischen Ausprägung dargestellt werden.

3.2.1 (Teilnehmende) Beobachtung

Bevor man sich ‚beobachtend' in ein konkretes Forschungsfeld stürzt, muss geklärt werden, *was* wo, bei wem bzw. in welcher Situation und *wie* beobachtet werden soll. Das *Was* ist der zentrale Ausgangspunkt, aus dem sich die konkrete Beobachtungsmethode ergibt. Hier wurden – entsprechend der ethnographischen Herangehensweise – erst einmal möglichst viele Aspekte des Forschungsfeldes beobachtet (vom einzelnen Zahlungsakt über die konzeptionelle Entwicklung und Etablierung einer Regionalwährung bis hin zu Interaktionen und Gruppenprozessen innerhalb der gesamten Regionalgeldszene etc.). Mit zunehmendem Wissen werden die Beobachtungen selektiver und präziser. Spradley (1980: 34) fasst diesen Prozess in drei Phasen: Die *Deskriptive Beobachtung* dient zu Beginn der Orientierung im Untersuchungsfeld und liefert unspezifische Beschreibungen. Sie wird dazu genutzt, die Komplexität des Feldes möglichst vollständig zu erfassen und dabei konkretere Fragestellungen und Blickrichtungen zu entwickeln. In der *Fokussierten Beobachtung* verengt sich die Perspektive zunehmend auf die für die Fragestellung besonders relevanten Prozesse und Probleme. Zuletzt richtet sich der Blick in der *Selektiven Beobachtung* darauf, weitere Belege und Beispiele für die im zweiten Schritt gefundenen Typen von Verhaltensweisen oder Abläufen zu finden. Eine generelle Schwierigkeit bei einer Beobachtung besteht in der Gefahr, sie durch Wünsche und Vorstellungen des Beobachters zu verfälschen, zu frühe Wertungen, zu rasche Abstraktionen und zu hastige Strukturierungen vorzunehmen (Atteslander 2003: 138; Lamnek 2005: 579). Die Auswahl der Orte, Personen und Situationen folgt also dem Forschungsinteresse; sollen beispielsweise Zahlungsakte beobachtet werden, muss man Orte bzw. Situationen aufsuchen (etwa Geschäfte), wo diese stattfinden; will man etwas über Konflikte innerhalb der ‚Szene' wissen, gilt es entsprechende Veranstaltungen (z.B. das Regionetzwerktreffen) aufzusuchen usw.

Entsprechend ergibt sich das *Wie* der Beobachtung. (Wissenschaftliche) Beobachtungsverfahren allgemein können strukturiert oder unstrukturiert, teilnehmend oder nicht-teilnehmend, offen oder verdeckt sein (Lamnek 2005: 559; Flick 1998: 152ff). In einer qualitativen Forschung (und so auch hier) wird meist unstrukturiert vorgegangen, d.h. es wird von einem System vorab formulierter Beobachtungsschemata abgesehen (Lamnek 2005: 566). Dies bedeutet allerdings nicht, dass hier ein „impressionistisches Herumschauen" (Schöne 2003: [23]) stattfindet, sondern vor dem Betreten des Untersuchungsfeldes müssen konkrete Beobachtungsfragen entwickelt werden. Diese bilden einen ‚Beobachtungsleitfaden', der allerdings – im Gegensatz zu einem Beobachtungsschema – kein den Beobachtungsverlauf strukturierendes oder gar Kategorien zur Klassifikation enthaltendes Instrument darstellt. Erst im Verlauf der Forschung erfährt dieser (anfangs sehr offen gehaltene) ‚Leitfaden' eine zunehmende Konkretisierung und Konzentration auf für die Fragestellung wesentliche Aspekte (Flick 1998: 158; Lamnek 2005: 588).

Hinsichtlich der *Teilnahme* am Feld lassen sich verschiedene Grade der Partizipation unterscheiden: von der ‚vollständigen Teilnahme' über ‚Teilnehmer als Beobachter', ‚Beobachter als Teilnehmer' bis hin zur ‚vollständigen Beobachtung', d.h. ohne Interaktion mit dem Feld (Schwartz/Schwartz 1955). Dabei können unterschiedliche Schwierigkeiten auftreten: von der Gefahr des ‚going native' bei einem vollständigen Aufgehen im Feld bis hin zum Ethnozentrismus bei der Unfähigkeit, sich auf die Feldrelevanzen einzulassen. Grundsätzlich wurde hier versucht, soweit als möglich eine teilnehmende Beobachtung[68] durchzuführen, also durch beobachtende Teilhabe an der natürlichen Lebenswelt der Untersuchenden einen Einblick in situative Praktiken und lokales Wissen zu erlangen. Dies erfolgt in Form eines Prozesses, in dem der Beobachter mehr und mehr zum Teilnehmer wird und Zugang zu Feld und Personen findet (Flick 1998: 158). Hier können (idealtypisch) die Phasen Annäherung, Orientierung, Initiation, Assimilation und Abschluss unterschieden werden, in denen der Forscher auch bestimmte Verhaltensregeln beachten sollte (Lamnek 2005: 592ff). In seiner berühmten Studie ‚Street Corner Society' nennt William Whyte eine solche:

> „Halt dich lieber zurück mit »Wer«, »Was«, »Warum«, »Wann«, »Wo«. [...] Wenn du solche Fragen stellst, sagen die Leute keinen Piep mehr. Wenn dich die Leute akzeptieren, kannst du einfach rumhängen, und am Ende kriegst du die Antworten und musst dazu nicht mal die Fragen stellen" (Whyte 1996: 305).

Die Strukturbedingungen des Untersuchungsfeldes ermöglichten eine Teilnahme in unterschiedlicher Weise: An der Lebenswelt derjenigen, die Regionalgeld ‚machen' (Aktivisten) konnte viel stärker teilgenommen werden, als an der derjenigen, die Regiogeld nur ‚nutzen', da hier kein zeitlich und räumlich fest abgegrenztes Untersuchungsfeld vorliegt.

Mit einer (wie auch immer gearteten) Teilnahme ist eine entsprechende *Rollenwahl* verbunden (auch die ‚graue Maus' in der Ecke ist nicht unsichtbar) (Lamnek 2005: 584). Dabei können Rollenkonflikte entstehen, weil der Forscher zum einen Beobachter, zum anderen Teilnehmer ist – als Beobachter muss er eine gewisse Neutralität wahren, während er als Teilnehmer in einer spezifischen sozialen Rolle eine Gesamtpersönlichkeit darstellen muss, d.h. Meinungen, Gefühle etc. zeigen soll (Lamnek 2005: 579). Dies beinhaltet eine ständige Gradwanderung, schließlich soll der Beobachter das soziale Feld nicht verändern, da seine Daten sonst nur Methoden- bzw. Forscherartefakte darstellen. Auch durch verdeckte Beobachtung (d.h.

68 Die teilnehmende Beobachtung hat ihre Wurzeln zum einen in der Anthropologie und Ethnologie (Malinowskis ‚Eintauchen' in fremde Kulturen) und zum anderen in den klassischen stadtsoziologischen Studien über Obdachlose, Kriminelle, Ghetto, Tanzhallen etc., die in den 1920er und 1930er von der Chicagoer Schule durchgeführt wurden (Lamnek 2005: 547; Legewie 1991:190).

der Forscher gibt sich nicht als solcher zu erkennen) lässt sich dieser Gefahr nicht entgehen; im Übrigen verbietet sich aus forschungsethischen Gründen, den Untersuchten falsche Tatsachen vorzuspiegeln.

Um Beobachtungen in Daten zu ‚transformieren', müssen diese *protokolliert* werden. Dies sollte möglichst zeitnah geschehen und folgt inhaltlich dem Beobachtungsleitfaden.

Bezüglich der *Auswertung* der Beobachtungsprotokolle stellt sich allerdings das Problem, dass diese meist keine wörtlichen Mitschriften sind und somit „Konstruktionen höherer Ordnung [darstellen], deren Perspektivität entweder überhaupt nicht oder nur sehr schwer in den forschungspraktischen Griff zu bekommen ist" (Reichertz 1989: 90). Um dieses Dilemma zu relativieren, werden hier erstens die sukzessiven Auswertungsschritte ausführlich und gemeinsam mit den Protokollen so aufbereitet und präsentiert, dass deren kritischer Nachvollzug durch den Leser möglich wird, wofür zweitens zwischen registrierenden (wörtlichen) und reproduzierenden (sinngemäßen) Daten unterschieden wird und drittens ermöglicht ein hermeneutisch begründetes Auswertungsverfahren das Gewinnen von Erkenntnissen, die über rein anekdotische Erlebnisberichte hinausgehen.

Die Beobachtungsmethode ist allerdings keine universale Forschungstechnik, mit der sich beliebige soziale Zusammenhänge untersuchen lassen. Sie unterliegt verschiedensten räumlichen, zeitlichen und gegenstandsbezogenen Beschränkungen (z.B. kann nur Beobachtbares auch beobachtet werden) (Lamnek 2005: 555). Wenn also etwa persönliche Relevanzen rekonstruiert werden sollen, aufgrund derer Menschen Regiogeld überhaupt verwenden, müssen die zu Untersuchenden danach befragt werden[69].

3.2.2 Befragung

Befragungen zählen zu den wichtigsten sozialwissenschaftlichen Methoden in der Datenerhebung. Während quantitative Forschungen die entsprechenden Gespräche durch eine weitgehende Standardisierung sehr stark vorstrukturieren, sind qualitative Verfahren durch größere Offenheit geprägt (Atteslander 2000: 140ff; Lamnek 2005: 330ff). Generell ist zu beachten, dass jedes Interview eine Kommunikationssi-

69 Die Trennung von (teilnehmender) Beobachtung (als konkrete Methode) und Befragung ist eine rein analytische. Teilnehmende Beobachtung muss als flexible und kontextbezogene Strategie verstanden werden, die ganz unterschiedliche Verfahren beinhalten kann (und muss), schließlich ist „Teilnahme ohne verbalen Austausch [...] ebenso wenig denkbar, wie Gesprächsführung ohne Beobachtung des jeweiligen sozialen Kontextes" (Legewie 1991:189). Dieses Forschungsprogramm wird neuerdings unter dem Einfluss der amerikanischen und englischen Diskussionen als *Ethnographie* bezeichnet (Lüders 2000: 386ff).

tuation abbildet, die nicht nur hochkomplex ist, sondern auch die Subjektivität der Beteiligten mit einbezieht.

> „Jedes Interview ist Kommunikation, und zwar wechselseitige, und daher auch ein Prozess. Jedes Interview ist Interaktion und Kooperation. Das »Interview« als fertiger Text ist gerade das Produkt des »Interviews« als gemeinsamer Interaktionsprozess, von Erzählperson und interviewender Person gemeinsam erzeugt – das gilt für jeden Interviewtypus“ (Helfferich 2004: 10).

Für die vorliegende Fragestellung (bzw. für jeweils unterschiedliche Teilbereiche) wurden aus der ungeheuren Vielfalt möglicher Interviewformen zwei ausgewählt: das *ethnographische Interview* und das *explorative Interview*.

Das ethnographische Interview

Das ethnographische Interview ist ein wenig strukturiertes Verfahren, das in Kombination mit teilnehmender Beobachtung im Feld angewandt wird und im Grunde von dieser nicht zu trennen ist. Es umfasst Alltagsgespräche, Unterhaltungen und Erzählungen im Feld, bei denen sich der Forscher selbst (als Person) einbringt (Flick 2002: 141ff; Girtler 2001: 147ff). Die Fragen des Forschers sind dabei nicht von vornherein festgelegt, sondern ergeben sich aus der jeweiligen Situation. Wichtig ist dabei, dass der Forscher als Lernender (als „inkompetent aber akzeptabel“) auftritt und sich so von seinen Gesprächspartnern leiten lassen kann (Lofland 1979). Solche Interviewsituationen verlangen viel Gespür beim Forscher, um etwa den Gesprächspartner nicht durch vorschnelle Fragen zu verschrecken. In Abgrenzung zu einer freundlichen Unterhaltung beinhaltet ein ethnographisches Interview folgende Bestandteile: den expliziten Zweck des Gesprächs sowie Erklärungen, in denen der Forscher das Projekt darlegt. Ergänzt werden diese durch alltagssprachliche Erklärungen (mit dem Ziel, dass Informanten Zusammenhänge in ihrer Sprache darstellen), Interviewerklärungen (die verdeutlichen, warum diese spezifische Gesprächsform gewählt wird, mit dem Ziel, dass sich der Informant darauf einlässt) und Erklärungen für bestimmte (Arten von) Fragen (Flick 2002: 141f; Spradley 1979; 59f). Girtler (2001: 152) schlägt vor, dies alles in einer einleitenden Erzählung zu verknüpfen, um so Interesse beim Befragten zu wecken, damit dieser schließlich selbst zu erzählen beginnt. Ist das Gespräch einmal initiiert, lassen sich verschiedene ‚ethnographische' Fragen stellen: *beschreibende Fragen* (Befragter soll einen Überblick über das Feld bzw. einzelne Aspekte geben), *strukturelle Fragen* (deren Beantwortung zeigen soll, wie Informanten ihr Wissen über den Gegenstand organisieren) und *kontrastive Fragen* (aus denen Informationen resultieren sollen über Bedeutungsdimensionen, die Informanten verwenden, um Gegenstände und Ereignisse in ihrer Welt zu unterscheiden) (Flick 2002: 142; Spradley 1979: 59f).

Die so gewonnenen Daten sind natürlich stark von der Persönlichkeit des Forschers sowie von der Struktur des jeweiligen Feldes beeinflusst (Aster et al. 1989). Der spezifische Charakter dieser Interviewform macht zudem eine Fixierung der Daten (im Sinne einer Tonbandaufnahme) schwierig. Deswegen wurden die jeweiligen Gesprächsinhalte hier in die Beobachtungsprotokolle aufgenommen und entsprechend methodisch reflektiert ausgewertet.

Das explorative Interview

Als zweite in dieser Forschung verwendete Interviewform wurde das explorative Interview gewählt, das darauf ausgerichtet ist, möglichst weite, unbekannte, auch latente Wissensgebiete der Befragten zu erschließen (Honer 1994). Dieses wurde für die Beantwortung der geldsoziologischen Fragestellung verwendet. Das situativ flexible Interview verläuft fragetechnisch in drei divergenten Phasen:

Quasi-normales Gespräch: In dieser Anfangsphase wird zunächst der gemeinsame thematische Gesprächsrahmen grob umrissen und die Interviewsituation ‚entdramatisiert'. Schließlich soll der Befragte die Kommunikation weitgehend selbst strukturieren und damit die Möglichkeit haben zu dokumentieren, „ob ihn die Fragestellung überhaupt interessiert, ob sie in seiner Lebenswelt – man sagt ja auch: seinem Relevanzsystem – einen Platz hat und wenn ja, unter welchem Aspekt sie für ihn Bedeutung gewinnt" (Bohnsack 1991: 19). Da die meisten sich Interviews typischerweise als einseitiges Frage-Antwort-Verhältnis vorstellen, müssen die Irritationen über diese unerwartete Gesprächsart durch eine ‚Veralltäglichung' abgebaut werden. Konkret bedeutet dies, dass der Forscher sein problemspezifisches Wissen und seine thematischen Interessen so artikuliert, wie es den üblichen Gewohnheiten des Miteinander-Redens entspricht.

> „Dadurch also, dass auch die Interviewerin »etwas zum Besten« gibt, dass sie Fragen, Nachfragen, Be- und Anmerkungen, deutliche Zustimmung, kleine Geschichten, ja sogar gelegentlich einmal verhaltenen Widerspruch formuliert, dass sie ihr sachliches Engagement bekundet und sich als lern- und wissbegierig zeigt, stimuliert sie ihr Gegenüber so gut wie mit keiner anderen Interviewtechnik dazu, »aus sich herauszugehen« und sozusagen »existentielles« Interesse am Thema zu entwickeln und – nicht zuletzt – für weitere Kontakte und »ungewöhnlichere« Arten des Miteinander-Redens aufgeschlossen zu sein" (Honer 1994: 10).

Narrativer Teil: Im zweiten Teil des Interviews, zu dem meist fließend übergeleitet wird, überwiegen narrative Elemente, d.h. mit einigen (wenigen) erzählgenerierenden Fragen soll beim Befragten eine Erzählung evoziert werden[70]. Das ursprünglich von Schütze entwickelte ‚narrative Interview' beruht auf der Prämisse, dass es eine schichtunabhängige und transkulturelle menschliche Fähigkeit gibt dafür, Geschichten zu erzählen, und dass solche Erzählungen vergangene Erlebnisse und Erfahrungen hinlänglich adäquat zu repräsentieren vermögen, weil sie sozusagen ‚selbstverständlichen' Zugzwängen (Kondensierungs-, Detaillierungs-, Gestaltschließungszwang) unterliegen. Diese können so stark sein, dass sie zur (von den Befragten ungewollten) Artikulation „kognitiver komplexer und/oder für den Informanten bei Bekanntwerden riskanter bzw. potentiell entblößender Sachverhalte" führen (Schütze 1977: 51). Meist wird es im Bereich der Biographieforschung verwendet. Da hier aber kein Interesse an der Lebensgeschichte der Befragten besteht, versuchen die entsprechenden Fragen Erzählungen über Regiogeld zu evozieren. Der entsprechende Ablauf folgt dabei folgenden Phasen: 1) Erzählaufforderung, 2) autonom gestaltete Selbstpräsentation und 3) erzählgenerierende Nachfragen (anhand in 2 notierter Stichpunkte sowie externer Fragen (Schütze 1983). In Phase 2 ist der Interviewer nur ‚aktiver Zuhörer'. Sein relatives Schweigen ist aber keineswegs non-direktiv, denn die absichtsvolle Irritierung der für eine kommunikative Situation basalen Handlungsregeln und die gleichzeitigen sprachlichen und nonverbalen Gesprächsstützen des Interviewers haben durchweg taktischen Charakter: „es geht dabei immer um die »Hervorlockung« dessen, was diese »eigentlich nicht« bzw. »nicht so ohne weiteres« von sich geben wollen" (Honer 1994: 13). Konkret umgesetzt wurde das hier – entsprechend des Erkenntnisinteresses – mit einer Reihe offener, erzählgenerierender Fragen, d.h. die narrative Phase wurde in den Interviews mehrfach durchlaufen.

Reflexive Fokussierung: Im abschließenden Teil erfolgt eine nochmalige Zuwendung zum bisherigen Interviewverlauf und seinen vermeintlichen Erträgen. Es wurden also Rückfragen zu besonders interessanten oder unklaren Aussagen formuliert, die während der narrativen Phasen geäußert wurden. Danach bekamen die Befragten einen Kurzfragebogen zum Ausfüllen; dieser enthielt Themen (etwa demographische Daten), die für das Interview weniger relevant waren. Dadurch wurde es möglich, die Anzahl der Fragen zu reduzieren. Im Anschluss an das Interview wurde weiterhin ein Postskriptum ausgefüllt, in dem Eindrücke notiert wurden über die Kommunikation, die Person des Befragten, über mein und sein Verhalten in der

70 Diese Kompromisslösung zwischen leitfadenorientierter und narrativer Gesprächsform, d.h. eine sehr lockere Bindung an einen knappen, der thematischen Orientierung dienenden Leitfaden beim gleichzeitigen Versuch, den Befragten weitgehende Artikulationschancen einzuräumen, entspricht auch dem *Problemzentrierten Interview* (Hopf 1991: 178; Witzel 2000). Der Leitfaden soll zwar dazu beitragen, den vom Befragten selbst entwickelten Erzählstrang zum Tragen kommen zu lassen, ist aber v.a. die Grundlage dafür, bei einem stockenden Gespräch bzw. bei unergiebiger Thematik dem Interview eine neue Wendung zu geben.

Situation, äußere Einflüsse, den Raum, in dem das Interview stattgefunden hat etc. So werden möglicherweise aufschlussreiche Kontextinformationen dokumentiert, die für die spätere Interpretation der Aussagen im Interview hilfreich sein können und den Vergleich verschiedener Interviewsituationen erlauben (Flick 2002: 134ff).

Die explorativen Interviews wurden mit Erlaubnis[71] der Befragten mit einem (digitalen) Diktiergerät aufgenommen. Anschließend wurde die Aufnahme wörtlich *transkribiert*. Das verwendete Transkriptionssystem basiert auf den Regeln von Hoffmann-Riem (nach Kuckartz 2007: 61; siehe Anhang 3). Diese recht einfachen Regeln sind für die Fragestellung und den Untersuchungsgegenstand ausreichend präzise; schließlich soll das Transkript so einfach und lesbar als möglich bleiben (Dittmar 2004: 80f; Flick 1998: 193). Die Transkripte wurden aus Gründen des Datenschutzes anonymisiert, wobei die realen Namen, sowohl von Personen als auch von Orten, Straßen, etc., mittels Kode-Namen maskiert wurden. Bevor nun auf den konkreten Ablauf der Forschung eingegangen werden kann, muss noch eine kurze, allgemeine Darstellung der hier angewandten Datenauswertungsmethoden erfolgen.

3.3. Datenauswertung

Bei der Interpretation der Daten wird die Kreativität des Forschers im Umgang mit dem erstellten Text zur zentralen Erkenntnisressource. Wie oben bereits angeführt, sind Datenauswertung und Datenerhebung in einen zirkulären Prozess eingebunden, d.h. Daten werden erhoben, ausgewertet und aufgrund der Auswertungserkenntnisse neue Daten erhoben, wieder analysiert usw.

Es gibt unterschiedlichste methodische Varianten der Datenauswertung, die verschiedene Umgangsweisen mit den zu untersuchenden Fällen bedingen. Sie unterscheiden sich in der Art, wie Kategorien gebildet werden (von außen oder aus den Daten heraus entwickelt), wie Daten diesen Kategorien zugeordnet werden und was das grundsätzliche Ziel der Interpretation ist (Reduktion oder Kontextualisierung[72]) (Flick 1991: 161). Hier fiel die Entscheidung auf das *Kodierverfahren der GTM*: Erstens weil es ein elaboriertes und nachvollziehbares System bietet, zweitens weil unterschiedlichste Daten(arten) miteinbezogen werden können und drittens es die

---

71 Diese bekamen vor dem Interview eine Datenschutzverpflichtung und willigten schriftlich in die anonymisierte Veröffentlichung ihrer Daten für wissenschaftliche Zwecke ein.

72 Das *Kontextualisieren* der Daten (wie etwa bei der objektiven Hermeneutik) führt in der Regel zu einer Vermehrung des Textmaterials – zu kurzen Passagen des Ursprungstextes werden seitenlange Interpretationen geschrieben. Die andere Strategie (bspw. bei der qualitativen Inhaltsanalyse) zielt auf die *Reduktion* der Ursprungstexte durch Zusammenfassung, Kategorisierung etc. (Flick 1998: 196).

nötige Flexibilität aufweist, um dem hier verfolgten Erkenntnisanspruch von einer Mischung aus Deskription und Theoriebildung gerecht zu werden.

Die Grundidee der GTM besteht darin, dass ausgehend von Daten zu dem interessierenden Phänomen (z.B. Interviewpassagen, Protokolle, Dokumente jeglicher Art, aber – entsprechend Glasers Ausspruch „all is data" – beispielsweise auch Statistiken) den einzelnen ‚Vorfällen' ein Begriff bzw. eine Bezeichnung (Kode) zugewiesen wird. Durch diese Zuweisung werden die Daten zu ‚Indikatoren' für ein dahinter liegendes Konzept, das durch den Kode bezeichnet werden soll. Im Zuge weitere Kodierarbeit und durch permanentes Vergleichen können Kodes dann zu theoretisch relevanten Konzepten (Kategorien) verdichtet werden, wobei am Ende der Kodierschritte eine Kernkategorie herausgebildet wird, die in zu definierenden Beziehungen zu allen anderen herausgearbeiteten Kategorien steht[73]. Das so ausgearbeitete Gefüge bildet die (neue substantive) Theorie (Mey/Mruck 2007: 25).

Kodieren erlaubt den ständigen Vergleich von Fällen, Phänomenen und Konzepten, und so können die Fragen, die an den Text gestellt werden, allmählich verfeinert werden. Dieser Analyseprozess lässt sich in drei Phasen einteilen, die in der konkreten Forschungspraxis allerdings ständig abwechselnd ineinanderfließen[74]:

3.3.1 Offenes Kodieren

Auf der untersten Stufe geht es lediglich darum, Textstellen zu identifizieren, die relevant sind für die bearbeitbare Fragestellung. Durch die Benennung von Dateneinheiten (Textsegmenten, Zitaten) mit Kodes werden diese auf einen Aspekt hin verkürzt und die Komplexität des Textes (vorerst) reduziert. Die Distanz zum Text wird ständig variiert, beispielsweise arbeitet man am Textganzen und erstellt eine Übersichtsgliederung, um unmittelbar darauf den Text Wort für Wort durchzugehen und sich auf die Interpretation einzelner Konversationszüge oder die Bedeutung und Funktion einzelner Partikel zu konzentrieren. Dies entspricht der hermeneutischen Grundeinstellung, dass die Teile die Bedeutung des Ganzen und

---

73 Innerhalb der GTM-Literatur werden einzelne Bezeichnungen nicht immer trennscharf verwendet. Die vorliegende Arbeit versteht unter Kode ein datennahes Schlüsselwort, das an eine Textstelle geknüpft ist. Eine Kategorie hingegen umfasst mehrere Kodes; sie hat ein komplexes ‚Innenleben', d.h. sie setzt sich aus Eigenschaften zusammen, die ihrerseits wiederum unterschiedliche dimensionale Merkmalsausprägungen annehmen können. Die Anreicherung einer Kategorie geschieht durch die Klassifikation von Ähnlichkeiten und Unterschieden (Berg/Milmeister 2007: 187; Strauss/Corbin 1996: 150).

74 Hier verwendet werden die Kodierprozeduren, wie sie von Strauss (1991) bzw. von Strauss und Corbin (1996) ausgearbeitet wurden; die Konzeption von Glaser (1992; 1998) weicht davon ab. Strauss' Variante ist aber nicht nur liberaler, sondern auch besser ausgearbeitet (Strübing 2004).

das Ganze die Bedeutung der Teile mitbestimmt (Berg/Milmeister 2007: 194). Anfangs ist es wichtig eher minutiös zu kodieren, auch wenn später die Zahl der Kodes reduziert und Kodes zu Super-Kodes zusammengefasst werden (Strauss/Corbin 1996). Langsam bilden sich so mögliche Relationen und Entsprechungen heraus, die aber immer als vorläufig betrachtet werden. Generell wird der gesamte Prozess des Kodierens von einem intensiven *Memo*-Schreiben begleitet. Memos sind Anmerkungen zu verschiedensten Aspekten, wie etwa vermutete Zusammenhänge in den Daten, mögliche Herangehensweisen, Begriffsdefinitionen, Geistesblitze usw.

3.3.2 Axiales Kodieren

Während beim offenen Kodieren die Daten ‚aufgebrochen' werden (und einige Kategorien, deren Eigenschaften und dimensionale Ausprägungen identifiziert werden), geht es beim axialen Kodieren darum, die Daten auf neue Weise wieder ‚zusammenzufügen', indem Verbindungen zwischen Kategorien und ihren Subkategorien ermittelt werden. Dazu werden nicht nur explizit Fragen an den Text gestellt (Wer, Wann, Wo, Warum, Womit, Was etc.), sondern auch ein allgemeines Raster – quasi als ‚heuristisches Schmiermittel' – probeweise an den Text gelegt. Dieser ‚Kodierrahmen'[75] versucht eine Kategorie in Bezug auf ihre *Bedingungen*, ihren *Kontext*, ihre Handlungs- und interaktionalen *Strategien* sowie auf ihre *Konsequenzen* zu spezifizieren (Strauss/Corbin 1996: 75ff). Die Hauptfunktion des axialen Kodierens besteht darin, über das empirische Material hinauszukommen. Es gilt zwei Gefahren zu bannen: das Versinken in der Datenflut und das Aufpfropfen datenfremder Kategorien[76].

3.3.3 Selektives Kodieren

Beim selektiven Kodieren wird eine *Kernkategorie* festgelegt und u.a. ihre Eigenschaften und ihre jeweiligen dimensionalen Reichweiten definiert. Die Kern-

75 Dieses Raster von Strauss/Corbin geht von einem interaktionistischen Handlungsmodell aus, das oft auch einschränkend sein kann. Glaser hat deswegen eine ganze Reihe solcher Raster (‚Kodefamilien') entwickelt. Am besten wird der theoretische Kodierrahmen nicht vorgegeben, sondern im Kontext spezifischer Projekte entwickelt (Berg/Milmeister 2007: 202; Tiefel 2005), wie hier mit den geldsoziologisch abgeleiteten Heuristiken geschah.

76 Glaser warnt eindringlich vor „Pet Coding" also dem quasi mechanischen Zurückgreifen auf immer die gleichen, vorgefassten theoretischen Kategorien (siehe Glaser 1998: 166; 2005: 106ff).

kategorie wird dann zu anderen Kategorien in Beziehung gesetzt, die Beziehungen zwischen Kategorien werden validiert und Strukturmuster aufgedeckt. Um Verbindungen zu systematisieren und zu festigen, bewegt man sich dabei immer wieder hin und her zwischen Fragestellen, Hypothesengenerieren und Vergleichen. Die analytisch-interpretative Arbeit wird auf diese Art und Weise integriert und an den Daten validiert, die schlussletztendlich in eine analytische Geschichte übersetzt werden (Berg/Milmeister 2007: 203). Das selektive Kodieren erlaubt, dass die endgültige Interpretation nicht angeheftet wirkt, sondern im ständigen Dialog mit den Daten formuliert wird. Dabei wird keineswegs nur allgemeingültiges und gesetzmäßiges (nomothetisches) Wissen produziert, sondern „vielmehr handelt es sich um einen an Standpunkt und Lebenswelt des/der Theorieproduzent/in gebundene narrativ-deskriptive Annäherung an das zentrale Phänomen der Studie" (Berg/Milmeister 2007: 202).

Das Kodieren wurde in dieser Forschung mit einer speziell dafür entwickelten Software, dem Computerprogramm MAXQDA, durchgeführt[77]. Vorteile eines solchen computergestützten Kodierens sind der erleichterte Umgang mit größeren Mengen an Datenmaterial; das Datenmanagement und das Speichern von Daten gestalten sich müheloser und effizienter. Außerdem wird durch die zahlreichen Funktionen des Text-Retrievals und die jederzeitige Möglichkeit der Re-Kontextualisierung von Datenmaterial eine größere Nähe zu den Daten ermöglicht; Transparenz und Nachvollziehbarkeit – und damit auch die ‚Credibility' - können sich so erhöhen (Grunenberg 2004: 71). Ein möglicher Nachteil ist, dass, wenn Daten nur noch am Computer bearbeitet werden, sich der Forscher zu sehr von den Daten distanziert (Fielding/Lee 1998: 73) und das Kodieren schematisch zu sehr der Logik des Computerprogramms folgt. Schon aus diesem Grunde wurde hier auch zusätzlich mit viel Papier gearbeitet.

4. Durchführung und Diskussion der Untersuchung

Bei einer ethnographischen Studie in einem konkreten Forschungsfeld besteht eine grundsätzliche Schwierigkeit darin, Einblick in die Routinen und Selbstverständlichkeiten zu bekommen, die den Mitgliedern längst vertraut sind. Der Forscher muss als Randseiter, als „experimenteller marginal man" (Lindner 1990: 210) eine Außenseiterperspektive einnehmen, die ihm erlaubt, das scheinbar Selbstverständliche in Zweifel zu ziehen. Gleichzeitig muss er aber auch sukzessive eine Innenperspektive einnehmen, um wenigstens annäherungsweise das jeweilige Geschehen nachvollziehen zu können (Honer 2000: 201f). Dabei ist der Forscher zentrales kommunikatives „Erkenntnisinstrument" und nicht ein „Neutrum" (Flick

77 Zur konkreten Durchführung siehe Kuckartz 2005; 2007

1991: 154). D.h. er bekommt im Feld eine bestimmte Rolle zugewiesen, die letztlich auch bestimmt, zu welchen Informationen er Zugang findet und zu welchem ihm der Zugang verwehrt bleibt. Schon deshalb muss der Forscher seinen konkreten Standpunkt reflektieren und (sich) darüber Rechenschaft ablegen, wie und wo er sich als ‚Beobachter' im Geflecht sozialer Beziehungen verortet (Honer 2000: 199). Dementsprechend soll an dieser Stelle eine kurze Darstellung über die verschiedenen Herangehensweisen an das Feld – und damit auch über die Wege und Irrwege des Forschers – erfolgen. Sie beinhaltet Aspekte einer „confessional tale", wie der Ethnologe van Maanen (1988) jene ethnographischen Erzählungen nennt, die die Subjektivität des Forschers nicht künstlich verbergen.

4.1. *Selbstreflexive Betrachtung des Forschungsprozesses*

Der Forschungsprozess ist eine „Abfolge von Entscheidungen" (Flick 1991) – ausgehend von der Formulierung der Forschungsfragen über die Wahl und Anwendung einer Erhebungsmethode bis hin zur Auswertung der Daten. Alle Entscheidungen sind untrennbar mit der Subjektivität des Forschenden verbunden, weswegen nun versucht wird, diese selbstreflexiv darzustellen und dabei auch ein bisschen ‚vom Forscher selbst' zu sprechen (Mruck/Breuer 2003).

4.1.1 Wie es überhaupt zu dieser Forschung kam

Nach Abschluss meines Studiums machte ich mich auf die Suche nach einem Thema für eine Dissertation. Zufällig fiel mir ein Artikel über Tauschringe in die Hände. Menschen, die untereinander geldlos Güter und Dienstleistungen austauschen und damit gleichzeitig Sozialkapital aufbauen – dies erschien mir als ein sehr spannendes und aktuelles Phänomen. Schließlich verstehen sich diese Grassroot-Bewegungen als Reaktionen auf wahrgenommene gesellschaftliche Probleme wie die Krise des Sozialstaats und die Erosion traditioneller Netzwerke. Entsprechend wurde eine erste Forschungsfrage formuliert: „Sind Tauschringe eine (neue) Form der Vergemeinschaftung?". Ich begann Kontakt zu einem örtlichen Tauschring zu knüpfen und intensiv zu recherchieren. Dabei stellte sich heraus, dass das Phänomen ‚Tauschring' schon seit den 1990ern relativ intensiv beforscht wurde. Gleichzeitig brachte die Recherche weitere interessante Phänomene zutage. In vielen ausführlicheren Schriften über Tauschringe wurde hervorgehoben, dass weltweit ähnliche Systeme existieren. Es war die Rede von ‚Zeitbanken' in Italien, die Solidarität zwischen Männer und Frauen zu fördern versuchen, von ‚Time Banks' im angelsächsischen Bereich, die Freiwilligenarbeit und Ehrenamt belohnen wollen oder von ‚Fureai Kippu', einer Altenpflege-Währung, mittels der Japan versucht, sein durch Überalterung überfordertes Gesundheitssystem zu entlasten. Neben all diesen Systemen, die ohne Geld arbeiten (tatsächlich handelt es sich sehr wohl um Geld, nämlich um ein virtuelle Geldäquivalente), existieren noch verschiedenste Gruppen, die ihr eigenes Geld drucken und neben der jeweiligen Nationalwährung verwenden. Ein weites Feld tat sich auf, in dem anscheinend verschiedene Gruppen auf bestimmte, teils weltweite gesellschaftliche Veränderungen wie Internationalisierung des Kapitals, Wandel der Arbeitsgesellschaft oder globalisierte Ökonomie reagieren, indem sie ihre ideologischen Gegenentwürfe in solche konkreten Projekte ‚übersetzen'.

Nun galt mein (recht vages) Erkenntnisinteresse immer noch den Tauschringen und nicht den Regionalwährungen. Die thematische Verschiebung beruhte auf zwei Schlüsselereignissen: Das *erste* war ein Vortrag zum Thema Globalisierung und Tauschringe, auf den ich bei meinen Recherchen im Internet stieß. Organisiert von einem Sozialforum fand dieser in einem kleinen Raum statt, der bis zum Bersten gefüllt war. Die meisten Besucher waren 40 oder älter und ließen sich schwerlich einem festen Milieu zuordnen. Es waren Selbstständige, Lehrer, kleine und mittelständische Unternehmer und Rentner. Was sie anscheinend einte, war eine (mehr oder weniger konkrete) Abneigung gegenüber der Herrschaft des Geldes in unserer Gesellschaft sowie die Sehnsucht nach einer kleinen, überschaubaren Lebenswelt, in der gemeinschaftliche Beziehungen, Spiritualität und Natur zumindest gleichberechtigt neben dem Profit stehen. Der Vortrag befasste sich auch ausführlich mit dem Phänomen der Regionalwährungen, die in Form von Geldscheinen existieren und nur in einer bestimmten Region gültig sind. Im anschließenden Gespräch verwies mich der Referent auf eine solche Regiogeldinitiative, die er selbst mitgegründet hatte und die gerade an der Konzeption eines solchen Geldes arbeitete. Ich begann Kontakt aufzunehmen und besuchte Anfang 2006 das erste Mal eine der (meist zweiwöchentlich stattfindenden) Sitzungen. Die aus vier bis acht (aktiven) Mitgliedern bestehende Gruppe nahm mich freundlich auf und ich begann an den Planungs- und Konzeptionsarbeiten der Regionalwährung mitzuarbeiten. Die Idee, eigenes Geld zu gestalten und dadurch sozioökonomische Prozesse zu initiieren, die denen des ‚normalen Geldes' zuwiderlaufen, war höchst interessant. Es sollte aber etliche Zeit vergehen, bis mir bewusst wurde, dass dies mein eigentlicher Forschungsgegenstand werden sollte. Ein *zweites* Schlüsselereignis dafür war, dass ich durch meinen Doktorvater von einem Forschungsprojekt erfuhr, das die Bedeutung von Geld in Paarbeziehungen erforscht. Geld, so wurde hier betont, ist keineswegs ein neutrales und objektives Medium, sondern wird tatsächlich im Alltag mit unterschiedlichsten Bedeutungen gefüllt und kann dementsprechend verschiedene Auswirkungen auf die sozialen Beziehungen haben. Das Medium Geld ist zentral für die moderne Gesellschaft, wird jedoch, v.a. hinsichtlich seiner alltagsrelevanten Auswirkungen, kaum erforscht. Geldäquivalente wie Regionalwährungen unterstellen nun dem offiziellen Geld bestimmte negative Auswirkungen und versuchen, diesen durch eine abweichende Konzeption ihres ‚besseren' Geld zu begegnen. Sie wollen also Geld mit (besserem) Geld bekämpfen. Gleichzeitig versuchen sie auch, dort Geld zu schaffen, wo es fehlt – ein Gedanke, der mich in der damaligen Phase, in der ich meine Forschung mit wechselnden (nicht immer angenehmen) Nebenjobs finanzierte, durchaus begeisterte.

So begannen sich erste Konturen des vorliegenden Forschungsprojektes herauszukristallisieren: Zum einen sollten nun nicht mehr Tauschringe, sondern Regionalwährungen untersucht werden – schon allein deshalb, weil letztere ein sehr neues und kaum beforschtes Thema offerieren. Zum zweiten sollte die Wirkung dieses Geldäquivalents auf das Leben der Menschen, auf ihr (regio-)geldvermitteltes Handeln hin untersucht werden. Als ich den Antrag für ein Stipendium im Rahmen des Bayerischen Elitenetzwerks stellte (das im April 2006 dankenswerterweise bewilligt wurde), war mein Forschungsinteresse noch stark auf Vergemeinschaftungsprozesse gerichtet. Im Laufe der Forschung hat sich das als zu eng herausgestellt und wurde entsprechend erweitert auf eine ethnographische Beschreibung der ‚Regiogeld-Lebenswelt'. Eine Ethnographie versucht immer ein Phänomen aus möglichst vielen Perspektiven betrachten. Dementsprechend wurde für die vorliegende Forschung eine Vielzahl an Datenarten erhoben. Die folgende Darstellung versucht, diese verschiedenen Herangehensweisen an das Feld selbstreflexiv und in ungefährer Chronologie wiederzugeben.

4.1.2 Beobachtende Teilnahme (05/2006 – 12/2009)

Meiner Feldforschung ging ein „nosing around" (Lindner 1990: 11) voraus. Der Begriff entstammt dem Reporter-Jargon und bezeichnet ein unspezifisches Umherschauen, ein ‚Herumbummeln' im Feld. Der wichtigste Teil hiervon war die Teilnahme an einem Regionalgeldverein. Da ich anfangs noch nicht recht wusste, was mein Erkenntnisinteresse war, machte ich (im Sinne einer beobachtenden Teilnahme) einfach mit. Dabei durchlief ich auch den Prozess der Mitgliedwerdung vom (unwissenden) Neuling hin zum aktiven Teilnehmer. Die jeweiligen Ereignisse und Erkenntnisse notierte ich in meinem Notizbuch; dies geschah schon deswegen, weil die implizite Voraussetzung für eine Anerkennung als vollwertiges Mitglied das Beherrschen des ‚Regionalgeldwissens' ist. Später sollte sich dieses Notizbuch als (natürlich hochgradig subjektiver) Datenschatz entpuppen. Generell war meine Rolle in diesem Kontext mehr die eines aktiven Mitglieds als die eines Forschers. Selbstverständlich hatte ich erzählt, dass ich über Regionalgeld forsche. Doch blieb mein Verhältnis zu den Gruppenmitgliedern das eines ‚Gleichen unter Gleichen' und beinhaltete keine Forscher-Beforschten-Distanz.

So konnte ich hier wichtige Erkenntnisse sammeln, vor allem was den Aspekt des ‚Geldmachens', d.h. die Konzeption und Umsetzung einer regionalen Währung, angeht. Die Dokumentation der Daten erfolgte in Form eines Forschertagebuchs bzw. Beobachtungsprotokolls, das für die computergestützte Auswertung selektiv transkribiert wurde. Im Auswertungskapitel sind diese Daten mit dem Kürzel ‚BP' für ‚Beobachtungsprotokoll' versehen, um so ihren sinngemäßen, d.h. durch die Subjektivität des Forschers beeinflussten Charakter zu kennzeichnen.

4.1.3 Analyse der Internetseiten (11/2006 – 06/2008)

In der Frühphase der Forschung galt es, sich erst einmal einen Überblick über das Phänomen zu verschaffen. Da heutzutage fast jeder – erst recht Initiativen, die auf Öffentlichkeit zielen – eine Internetseite besitzt, wurde mit einer Analyse der Webauftritte der Regiogelder begonnen. Dabei zeigte sich, dass trotz etlicher Resonanz in den Medien, die über dieses ‚exotischen' Thema mal mehr mal weniger berichteten und der 2003 erfolgten Gründung einer Art ‚Dachverbands' der Regionalgeldinitiativen, die tatsächliche Verbreitung und konkrete Gestaltung sehr undurchsichtig ist. Gründe dafür gibt es einige: Der Dachverband ‚Regiogeld e.V.' versammelt nur jene Initiativen, die (zahlende) Vereinsmitglieder sind und zudem dieselbe konzeptionelle und ideologische Linie vertreten. Die Medienberichterstattung und selbst (die wenigen) wissenschaftlichen Publikationen zu Regionalwährungen zeichnen sich meist durch eine eher ungenügende Recherchearbeit aus, die sich damit begnügt, über prominente Beispiele (Chiemgauer, Sterntaler, etc.) zu berichten und statt eines fundierten Überblicks grobe Schätzungen (schwankend zwischen 20 bis 50 Initiativen) nennen. Deswegen wurde zunächst eine intensive Internetrecherche durchgeführt, in der erst einmal alle Initiativen ermittelt und dann in eine Datenbank aufgenommen wurden, wobei sie nach verschiedenen relevanten Merkmalen klassifiziert wurden[78].

78 *Ausgangspunkt* der Recherche waren die Auflistungen vom Regiogeld e.V. (regiogeld.de) und dem Regiogeldportal (regiogeldportal.de); diese wurden dann ergänzt durch Internetrecherchen (allgemeine und thematische Suchmaschinen) und die sorgfältige Überprüfung von gegenseitigen Links sowie ein-schlägige Foren. Folgende *Dimensionen* konnten dabei erhoben werden: Name des Regiogeldes - Internetadresse der Website - Status des Regiogeldes [aktiv/ in Vorbereitung befindlich/ nicht mehr aktiv/ schon als Idee gescheitert/ keine Regiowährung] - Startbeginn des Regiogeldes - Konzeption des Regiogeldes [Geldmedium (Gutschein/ elektronische Währung); Deckung (Euro/ Leistung/andere); Stückelung; Gültigkeitsdauer der Scheine; Demurrage (pro Gültigkeitszeitraum/ pro Jahr); Art der Demurrage (Marken/ Umtausch/ Tabellen/ andere); Gebühr für den Rücktausch in Euro; Umtauschkurs Regiogeld in Euro] - Größe der Region - Postleitzahl - Kontaktdaten [Anschrift/ Name/ Email/ Telefonnummer] des verantwortlichen Aktivisten - Mitgliedschaft im Regioverein [Ja/ Nein] - Art und Größe der Region - Anzahl der teilnehmenden Unternehmen - Anzahl der Mitglieder - Höhe des Umsatzes – Besonderheiten.

Aufgrund dieser Merkmale wurden einige Initiativen ausgewählt; solche, die sich *maximal* bzw. solche die sich *minimal* unterscheiden. Von diesen wurden die Inhalte der Websites vergleichend analysiert[79]. Ziel dieses ganzen Vorgehens war also nicht ein objektiv-quantifizierender Überblick (der wäre bei der schnellen Entwicklung der Regiogeldszene sowieso in Kürze überholt), sondern eine *empirisch begründete Dimensionalisierung* des Phänomens.

4.1.4 Telefonische Interviews mit Aktivisten (02/2007 – 04/2007)

Nach der Internetrecherche und einigen ethnographischen Interviews mit verschiedenen Aktivisten konnte schon ansatzweise nachgezeichnet werden, welche Aspekte beim ‚Regiogeld-Machen' eine Rolle spielen. Noch offen waren allerdings jene Aspekte, die das Scheitern von Initiativen bedingten. Mithilfe der oben genannten Datenbank wurden deswegen 24 Initiativen ausgewählt, die nicht mehr existent zu sein schienen, weil sich auf ihren Internetseiten lange Zeit nichts getan hat. Dann wurde ein grober Leitfaden entworfen, um etwas über die Gründe des (möglichen) Scheiterns zu erfahren, aber auch über den Akt des ‚Geldmachens' sowie die persönliche Motivation jener (innerhalb der Regioszene nicht so prominenter) Aktivisten. Von drei der 24 ausgewählten Initiativen konnten Telefonnummern von Kontaktpersonen ermittelt werden. Diese wurden einfach angerufen und waren auch alle zu Interviews bereit. Die restlichen 21 wurden per Email angeschrieben. Dabei ergab sich Folgendes: drei Emailadressen waren nicht mehr existent, neun antworteten nicht auf die Anfrage, einer lehnte ab (aus Geheimhaltungsgründen!), acht waren zu Interviews bereit, davon wurden sechs telefonisch interviewt. Bei den restlichen zwei kam es aus Zeitgründen zu keinem Interview. Insgesamt führte ich also neun Interviews mit einer Dauer von 10 bis 30 Minuten. Dies geschah wie folgt: Entsprechend der Terminvereinbarung kontaktierte ich die entsprechenden Personen telefonisch; nach einer kurzen Begrüßung (Vorstellung meiner Person und meines Forschungsinteresses) erfolgte mit der Zusicherung auf Anonymität die Bitte, das Gespräch (mit einem digitalen Tonbandgerät) aufzeichnen zu dürfen. sechs Interviews konnten daraufhin mitgeschnitten und anschließend wörtlich *transkribiert* werden. Nach jedem Interview wurde zudem ein *Interview-Protokoll* mit Informationen über den Verlauf des Interviews, eventuell Störungen, Beschreibung der Person und der jeweiligen Interaktionsbeziehungen etc. angefertigt. Ebenso wurden relativ zeitnah weitere *Kontextinformationen* (über Ort, Initiative, interviewte Person usw.) recherchiert und in Bezug zu den erhobenen Daten gesetzt.

79 Zur Durchführung dieser inhaltsanalytischen Auswertung vgl. Dressing/Kuckartz 2004.

Im anschließenden Auswertungskapitel sind diese Daten mit dem Kürzel ‚TEL' (durchnummeriert mit 01 – 06) für ‚Telefoninterview' gekennzeichnet. Bei den drei telefonischen Interviews, bei denen entweder auf Wunsch der Befragten oder aus technischen Gründen keine Aufzeichnung erfolgte, wurden die Gesprächsinhalte während des Gesprächs so ausführlich wie möglich mitnotiert und sofort danach vervollständigt. Da diese Daten streng genommen keinen registrierenden (wörtlichen) Charakter mehr haben, werden sie in der Auswertung entsprechend ihres reproduzierenden (sinngemäßen) Status mit dem Kürzel ‚GP' (durchnummeriert mit 01 – 03) für ‚Gedächtnisprotokoll' zitiert. Im Rahmen dieser ersten Interviewwelle ergab sich auch der Kontakt zu einem ehemaligen Aktivisten, der mittlerweile der Idee sehr ablehnend gegenübersteht. Diese Person wurde (auf seinen ausdrücklichen Wunsch hin) persönlich interviewt; das entsprechende Transkript ist gekennzeichnet mit dem Kürzel ‚IN' (01) für ‚(persönliches) Interview'.

Die Auswertung der Interviews erfolgte relativ zeitnah im Laufe der nächsten Monate. Die so gewonnenen Erkenntnisse dienten zur Formulierung weiterer Fragen und damit zu Auswahl der nächsten zu erhebenden Daten.

4.1.5 Ethnographische Interviews und teilnehmende Beobachtungen in der ‚Regioszene' und vor Ort bei Initiativen (06/2006 – 10/2008)

Die nächsten Monate galt es für mich, die Regionalgeldszene als Ganzes kennenzulernen. Durch die beobachtende Teilnahme bei ‚meiner' Initiative hatte ich schon eine vage Ahnung, dass hier verschiedene Sozialmilieus mit teils in Konflikt stehenden Ideologien zusammentreffen. Ich musste aber noch herausarbeiten, wie sich dies genau gestaltet. Dazu wurde u.a. ein ca. halbstündiges *Telefoninterview* mit einem Mitarbeiter des Regiogeld e.V. geführt (TEL07). Da diese Person allein durch ihre Stellung in der Organisationsstruktur einen gewissen Überblick über die verschiedenen Initiativen hat, konnte sie mir wichtige Erkenntnisse über Status und Entstehung der Szene nennen. Gleichzeitig kristallisierte sich durch diese wertvollen Hinweise langsam ein Bild der Regionalgeldbewegung in Deutschland mit ihren – teils historischen Ursprüngen geschuldeten – Deutungsmustern heraus. Dieses wurde in den nächsten Monaten durch eine intensive Auseinandersetzung mit der entsprechenden theoretischen und historischen *Literatur* ergänzt. So konnte dann im weiteren Verlauf die Forschung präzisiert und spezifische Bedeutungs- und Handlungsmuster bei unterschiedlichen Gruppen herausarbeitet werden.

Ergänzt wurden die gewonnenen Erkenntnisse durch Analysen verschiedener *Feldmaterialien* (also im weitesten Sinne alles, was ich über Regionalgeld in die Finger bekam, d.h. Zeitungsartikel, Internetseiten, Flyer, Broschüren, Regiogeldscheine usw.). Außerdem besuchte ich in diesem Zeitraum einige große *Veranstaltungen* der

Regioszene: einen (wissenschaftlichen) Regiogeldkongress und drei der sog. ‚Vernetzungstreffen', bei denen sich Aktivisten aus ganz Deutschland zum Kennenlernen und Erfahrungsaustausch zusammenfinden. Beim (öffentlichen) Regiogeldkongress nahm ich meist die Rolle eines Interessierten an, weil für die (oft kurzen) Gesprächssituationen eine Selbstpräsentation als Forscher sozial unangemessen gewesen wäre. Etwas anders gestaltete sich das bei den späteren Verbandstreffen: Schon weil die Teilnahme hier nur in meiner Funktion als Mitglied bei einer Initiative möglich war, trat ich hier in der entsprechenden Rolle als Aktivist auf – was nicht heißen soll, dass ich meine Tätigkeit als Forscher verheimlichte. Im Gegenteil: Bei (längeren) Einzelgesprächen mit Anderen berichtete ich von meiner Forschertätigkeit; dies änderte aber meist nichts an meiner Rolle, denn ich wurde als forschender Aktivist und nicht als teilnehmender Forscher gesehen. Bei all diesen Veranstaltungen beobachtete ich also teilnehmend, führte vielerlei Gespräche und protokollierte das Gesehene und Gehörte aus dem Gedächtnis heraus (sowohl die *Beobachtungen* als auch die *ethnographischen Interviews* tauchen in der Auswertung als ‚BP' für ‚Beobachtungsprotokoll' auf). Schwieriger als dieses ‚going native' gestaltete sich das ‚coming home', bei dem ich nicht selten vor der Aufgabe stand, subjektive, hin und wider auch kryptische Beobachtungs- und Gesprächsprotokolle zu interpretieren. Die erforderliche analytische Distanz versuchte ich dadurch zu erreichen, dass ich einerseits diese Datenformen häufig mit anderen Daten in Bezug setzte und andererseits so oft wie möglich meine Interpretationen mit anderen Forschern wie auch mit Feldakteuren diskutierte.

Weiterhin begann ich verschiedene Orte mit Regiogeldinitiativen zu besuchen, um hier die konkrete Praxis und die Auswirkungen eines Regionalgeldes beobachtend zu studieren. Dabei führte ich auch diverse *ethnographische Interviews* mit Menschen, die als Aktivist, als Nutzer oder als Geschäftsmann mit Regiogeld hantieren und der Idee mal ablehnend, mal unterstützend gegenüberstehen. Dabei kristallisierte sich heraus, dass sich an das Medium Regionalgeld bei den Machern (Aktivisten) andere Bedeutungen und Handlungsmuster knüpfen als etwa bei Geschäftsleuten oder Privatleuten (die *nicht* als Aktivisten tätig sind). Deshalb mussten diese beiden Gruppen noch gezielt untersucht werden.

Bei den *Geschäftsleuten* war dies relativ einfach: Ich hatte ja schon bei meinem Besuchen in diversen Regiogeldortschaften viele ethnographische Interviews mit Geschäftsleuten geführt, sie nach ihren Sichtweisen und Meinungen befragt. Da die teilnehmenden Unternehmen immer im (öffentlich zugänglichen) Verzeichnis des jeweiligen Regiogeldes aufgelistet sind und zudem meist noch ein entsprechendes Schild an der Ladentür hängt, waren diese auch einfach zu finden. Außerdem hatte ich im Rahmen ‚meiner' Initiative häufig an Veranstaltungen teilgenommen, bei denen das Regiogeld den Geschäftsleuten ‚schmackhaft' gemacht werden sollte. Die Positionen, Sichtweisen und Argumente wiederholten sich dabei immer wieder, so dass schon bald eine Sättigung dieser Kategorie eintrat.

4.1.6 Persönliche Interviews von Regiogeldnutzern einer ausgewählten Initiative (10/2007 – 11/2008)

Bei den Privatleuten, also den Regiogeld-*Nutzern*, gestaltete sich der Zugang wesentlich schwieriger. Hier entpuppte sich Regiogeld bzw. Geld allgemein als schwieriger Untersuchungsgegenstand: Geld ist öffentlich und privat zugleich, es ist überall und nirgends, d.h. es tritt im öffentlichen Raum (Geschäfte) auf, jedoch immer nur kurz (Zahlungsakt). Es ist offen und doch verdeckt, denn jeder bezahlt im Geschäft damit, doch gleichzeitig erweckt eine Beobachtung des Zahlungsakts Misstrauen und Ablehnung. Das gleiche gilt, wenn Menschen (spontan) nach ihrem Geld und Geldgebrauch befragt werden – die oft ablehnenden Reaktionen zeigen, wie sehr Geld Bestandteil der Intimsphäre ist.

Die Gruppe der Regiogeldnutzer ist zentral für die Beantwortung der geldsoziologischen Forschungsfrage, die ja darauf zielt, wie sich der regiogeldvermittelte Austausch konkret im Alltag der Menschen gestaltet und welches Geldverständnis dem zugrunde liegt. Solche persönlichen Erfahrungen und Relevanzen können nicht aus Beobachtungssequenzen und kurzen ethnographischen Gesprächen rekonstruiert werden, sondern dafür müssen intensive und offene Befragungen durchgeführt werden. In diesen sollen die Interviewten möglichst viel erzählen, was durch eine sehr offene, erzählgenerierende Fragestellung erreicht wird. Gleichzeitig ist für die vorliegende Fragestellung eine thematische Einschränkung erforderlich – schließlich interessiert hier nicht die ganze Biographie einer Person, sondern ‚nur' deren geld- bzw. regiogeldbezogener Erfahrungsschatz. Konkret umgesetzt wurde das hier in Form von längeren, leitfadengestützten, narrativ geprägten *explorativen Interviews* (siehe Kapitel III.3.2.2). Um aus diesen relevante Muster rekonstruieren zu können, ist es unabdingbar, sie möglichst genau zu verschriftlichen.

Aus Gründen der Forschungsökonomie können dementsprechend nur wenige solcher explorativer Interviews durchgeführt werden. Darum ist die *Auswahl der Fälle* auch sehr wichtig. Diese wurde hier – entsprechend des qualitativen Forschungsdesigns – nicht von dem Kriterium der statistischen Repräsentativität geleitet, sondern von der Suche nach typischen Mustern. Dafür wurden in drei Wellen Interviews durchgeführt, anschließend ausgewertet und auf Grundlage der gewonnenen Erkenntnisse weitere Fälle gesucht, die die ermittelten (theoretisch relevanten) Differenzen entweder maximieren oder minimieren, diese wieder ausgewertet usw.

Die ersten *Auswahl-Kriterien* bezogen sich auf die Personen-Gruppe und den Ort: Als relevante Personen-Gruppe sollten nur Regiogeldnutzer, also reine Verbraucher befragt werden. Ausgeschlossen wurden Vereins-Aktivisten und teilnehmende Geschäftsleute, da diese – so das Ergebnis vieler Beobachtungen – ideologisch vorbelastet sind: Die Aktivisten verwenden das Regiogeld vor dem Hintergrund ihrer Geldkonzeption, die Geschäftsleute meist aus ökonomischem

Kalkül. Hier sollte aber der Fokus auf dem alltäglichen Verständnis von und dem Umgang mit Regiogeld liegen. Als Ort der Untersuchung wurde das Chiemgau ausgewählt. Gründe dafür gab es mehrere: Die dortige Regiowährung, der Chiemgauer, ist das mit Abstand erfolgreichste Regiogeld, d.h. hier ist am meisten im Umlauf. Es hat die höchsten Teilnehmer-Zahlen, ist durch viele Medienberichte sehr bekannt und aus verschiedenen Gründen (ursprüngliches Schülerunternehmen, gutes Marketing, viele Aktivisten etc.) sehr gut in der Region etabliert. Dazu kommt noch, dass der Chiemgauer mit nun fünf Jahren auch eines der ältesten Regiogelder ist. Es kann also davon ausgegangen werden, dass hier grundsätzlich am meisten Erfahrung im Umgang mit dem ‚anderen' Geld vorhanden ist.

Die erste Sampling-Strategie zielte darauf, *zufällig* einige Chiemgauer-Nutzer auszuwählen. Hier ergab sich schon eine erste Schwierigkeit. Bei einigen Aufenthalten in dem – doch recht weitläufigen – Untersuchungsgebiet zeigte sich, dass die Verwendung des Regiogeldes keineswegs so häufig stattfand. Anders gesagt: Trotz stundenlanger Beobachtungen an vielen ‚Umschlagplätzen' (Ausgabestellen, Geschäfte, Cafes etc.) wollten sich keine Chiemgauer-Nutzer zeigen. Da es nicht möglich war, sich tage- und wochenlang auf die Lauer zu legen, wurde eine andere Strategie gewählt. Ich kontaktierte den Initiator des Chiemgauers, der sich bereit erklärte, als Gatekeeper einige Kontakte zu Verbrauchern zu vermitteln. Dadurch konnten die ersten Interviews durchgeführt werden. Jeder der Interviewpartner wurde nach weiteren, ihm bekannten Nutzern gefragt. Interessanterweise war keinem ein weiterer Nutzer bekannt (allenfalls flüchtig), so dass diese Sampling-Strategie ins Lehre lief. Deswegen und weil die Auswahl der Befragten nicht ausschließlich über den Chiemgauer-Initiator erfolgen sollte, wurden in der Folge verschiedene Auswahl- und Suchstrategien angewandt. Diese orientierten sich an einer Erkenntnis, die die Auswertung der ersten Interviews mit sich brachte: Bei den befragten Nutzern war offenbar ein ganz spezifischer (ethisch geprägter) Konsumstil handlungsleitend. Wichtig schienen außerdem grundlegende Wertorientierungen und Alltagseinstellungen. Für weitere Auswahlüberlegungen wurden deswegen lebensweltliche Milieustudien[80] herangezogen. Diese dienten als reine ‚Denkhilfe', mit denen verschiedene, möglichst unterschiedliche Interviewgruppen identifiziert werden konnten. Konkret wurden hier zwei Strategien verfolgt:

Da kein allgemein zugängliches Verzeichnis der Chiemgauer-Nutzer zur Verfügung stand, wurden zunächst die teilnehmenden Geschäfte (telefonisch/ per Email) kontaktiert und erfragt, ob diese Kontakt zu ihren regiogeldnutzenden Kunden vermitteln können. Ich hatte die Hoffnung, auf diese Weise ein Sample von möglichen Interviewpartnern zu bekommen, aus dem ich dann auswählen

80 Unter anderem an den SINUS Milieus des gleichnamigen Marktforschungsinstituts (sinus-sociovision.de).

könnte. Leider erfolglos[81]. Deswegen verlegte ich mich auf eine andere Strategie. Im Chiemgauer-System muss jeder Nutzer bei der Anmeldung einen Verein bzw. ein Projekt angeben, das mit den Abschlägen seines umgetauschten Regiogeldes (also die von den Geschäften zu zahlende Rücktauschgebühr) gefördert wird. Ich begann also die (über 180) Vereine verschiedenen Milieus zuzuordnen[82] und diese dann mit der Bitte nach Vermittlung von Interviewpartnern zu kontaktieren. Endlich mit Erfolg, denn nach einiger Zeit konnte ich so aus einem größeren Sample meine restlichen Interviewpartner nach dem Kriterium der maximalen Differenz auswählen.

Insgesamt wurden so für die Beantwortung der geldsoziologischen Fragestellung sieben Interviews[83] von 35 – 90 Minuten Dauer geführt. Es handelt sich hierbei, wie gesagt, um explorative Interviews. Der entsprechende *Leitfaden*, der nur als Grobgerüst und Gedächtnisstütze für den Forscher diente, wurde mit wachsendem Erkenntnisinteresse von Interview zu Interview erweitert und teilweise umformuliert. Konkret verliefen die Interviews wie folgt: Nach der Kontaktaufnahme und Terminvereinbarung wurden die Interviews persönlich durchgeführt (zumeist im Hause der Befragten, einmal im Büro und zweimal in einem Cafe). Es begann mit einem *quasi-normalen Gespräch*, in dem der Forscher zunächst die Formalia[84] erledigte, dann etwas von sich, dem Forschungsprojekt usw. erzählte und so versuchte, eine entspanntes Gesprächsatmosphäre zu schaffen. Fließend wurde zum *narrativen Teil* übergeleitet, in dem die Befragten von ihren Erfahrungen mit Regio-

---

81 Meist waren die Reaktionen verhalten bis ablehnend. Mir war klar, dass kein Geschäftsmann Name und Anschriften von Kunden am Telefon nennen würde, weswegen ich den etwas Bereitwilligeren eine Art Flyer zum Verteilen zuschickte, auf dem meine Suche nach Interviewpartnern nebst einer kurzen Projektbeschreibung stand. Doch Rückmeldungen kamen keine.

82 Dabei wurden v.a. solche ausgewählt, die besonders passend für ein bestimmtes Milieu schienen, etwa ein Buisness-Club für ‚Moderne Performer', ein Heimatverein für ‚Traditionsverwurzelte', ein Wein-Club für ‚Etablierte' usw. Ebenso versuchte ich, (erfolgreich) jugendliche Regiogeld-Nutzer (Pfadfinder, Jugendorchester etc.) und (erfolgslos) arme Regiogeld-Nutzer (Trostberger Tafel) zu finden.

83 Die soziodemographischen Variablen des Samples verteilen sich wie folgt: *Geschlecht*: vier weibliche, sechs männliche Befragte; *Alter*: 17 bis 78; *Bildung*: Hauptschul- bis Hochschulabschluss; *Berufe*: Schüler, Hausfrau, Selbstständig, Rentner; *Familienstand*: ledig, verheiratet & Kinder, verwitwet & Kinder, verheiratet; *monatliches Einkommen pro Haushalt*: 1500 bis mehr als 7000 Euro.

84 Hier wurde immer ein *Infoblatt* (mit Hinweisen zum Datenschutz, zur Person des Forschers etc.), eine *Projektbeschreibung* und eine *Datenschutzerklärung* überreicht und der Befragte um Unterzeichnung einer *Einwilligungserklärung* (Einverständnis, das Interview zu geben und dass es auf Band aufgenommen, abgetippt, anonymisiert, ausgewertet und für die Forschung verwendet wird) gebeten.

geld erzählten. In der abschließenden *reflexiven Fokussierung* formulierte ich noch mal einige Rückfragen zu besonders interessanten oder unklaren Aussagen. Danach bekamen die Befragten einen *Kurzfragebogen* zum Ausfüllen. Nach der Danksagung und Verabschiedung füllte ich zeitnah noch einen *Protokollbogen* mit einigen Kontextinformationen aus. Die Interviews wurden anschließend wörtlich transkribiert und mithilfe der Kodierverfahren der GTM in dem Computerprogramm MAXQ-DA ausgewertet. Sie werden unter dem Kürzel ‚CG' (für Chiemgauer) unter Angabe der Interviewnummer und den Zeilenangaben im Transkript zitiert. Im Anhang 2 findet sich ein *tabellerarischer Überblick* über alle hier erhobenen Daten nebst Anmerkungen zur jeweiligen Datenqualität (wörtlich, sinngemäß).

An dieser Stelle ein paar zusätzliche Worte zu *forschungsethischen Grundsätzen*: Die Erforschung der Gesellschaft ist keine rein technische Angelegenheit des Gewinnens und Auswertens von Daten. Sozialwissenschaftliche Forschung muss immer auch eine ethische Komponente haben – sowohl den Beforschten als auch der wissenschaftlichen Fachgemeinschaft gegenüber. Oberstes Gebot dabei ist, dass den Menschen, die in eine Untersuchung miteinbezogen werden, kein Schaden daraus entstehen darf. Dies beinhaltet die Erzeugung oder Verstärkung von Stereotypen und Negativ-Images über die untersuchten Bevölkerungsgruppen. Forschungsergebnisse bleiben ja nie auf den ‚wissenschaftlichen Elfenbeinturm' beschränkt, sondern reihen sich in vielerlei Diskurse ein (bzw. können auch dafür instrumentalisiert werden). Deswegen wurden die Untersuchungsergebnisse im Feld kommunikativ validiert, d.h. mit Feldakteuren diskutiert und damit auf ihre Gültigkeit hin überprüft (ohne dabei Gefälligkeitsforschung zu betreiben). Des Weiteren ist es wichtig, den Beforschten immer mit Respekt gegenüberzutreten. Girtler formuliert das im Rahmen seiner ‚10 Gebote der Feldforschung' so:

> „Du sollst niemals abfällig über deine Gastgeber und jene Leute reden und berichten, mit denen du Bier, Wein, Tee oder sonst was getrunken hast" (Girtler 2001: 184).

Aus dem Ethik-Kodex der DGS (Deutschen Gesellschaft für Soziologie) und dem Bundesdatenschutz ergeben sich weitere Prämissen für den Schutz der Rechte der Untersuchten: Das Prinzip der ‚informierten Einwilligung' betont, dass die Teilnahme an einer Untersuchung immer freiwillig und auf der Grundlage der Offenlegung des Forschungsinteresses geschieht. Ein weiteres Prinzip ist das des ‚informationellen Selbstbestimmungsrechts' der Befragten: diese müssen in die Veröffentlichung ihrer Daten einwilligen. Gleichzeitig muss durch eine Anonymisierung gewährleistet werden, dass eine Identifizierung der Befragten unmöglich wird (Gläser/Laudel 2004: 45ff). In der konkreten Forschungspraxis geschah dies folgendermaßen: Bei den persönlichen (und mitgeschnittenen) Interviews bekamen die Befragten eine schriftliche Datenschutz-Selbstverpflichtung (nebst Informationen über das Forschungsprojekt) von mir und willigten schriftlich in die (wissenschaftliche) Verwendung ihrer Daten ein. Bei den telefonischen und (längeren ethnographischen) Interviews erfolgte vorweg eine mündliche Information mit der Bitte um Einwilligung in die Daten. Nur im Rahmen von kurzen Beobachtungen und Gesprächen im Feld (etwa wenn ich einen Zahlungsakt in einem Geschäft beobachtet habe) wurde darauf verzichtet. Dies erscheint mir legitim, da sich solche Daten auf (kurze) Handlungssequenzen und nicht auf Personen beziehen, und diese ‚Datenbruchstücke' nur für Reflexionen über das Forschungsfeld und den Forschungsgegenstand verwendet wurden. Die Regeln für das Verhalten gegenüber Fachkollegen (und im weitesten Sinne der ‚scientific community') sind einfach, geht es doch im Kern darum, ehrlich und nach wissenschaftlichen Gütekriterien zu arbeiten.

4.1.7 Datenauswertung

Die gewonnenen Daten wurden größtenteils mit Hilfe der Kodierverfahren der GTM (siehe Kapitel III.3.3.) ausgewertet. Grundsätzlich verlief diese Auswertung nicht als eine getrennte Phase, sondern in einem zirkulären Wechsel mit der Datenerhebung. Die meisten Daten wurden relativ zeitnah in das Computerprogramm MAXQDA eingespeist und dort kodiert (d.h. mit konzeptionellen Namen versehen). Die Kodes wurden geordnet, in Kategorien zusammengefasst, hinsichtlich ihrer Eigenschaften, Ausprägungen und Beziehung zueinander ausgearbeitet. Durch ständiges Vergleichen und Befragung konnten so Strukturmuster entdeckt und validiert werden.

Es zeigte sich allerdings auch gewisse *Nachteile* des computergestützten Kodierens: Manchmal war der Auswertungsprozess innerhalb des Computerprogramms zu technisiert und abstrahiert. Manche kreative Erkenntnisse (im Sinne einer Abduktion) über mögliche Strukturen entstanden vielleicht deswegen nicht vor dem Computerbildschirm, sondern inmitten eines Berges an Zetteln, Aufzeichnungen, Briefen, Fotos, Flyern, Geldscheinen und anderen Felddokumenten. Im Großen und Ganzen war MAXQDA jedoch ein unverzichtbares Ordnungsintrument – mit einem grundsätzlichen Problem: die aufgezwungene Hierarchisierung der Kodes und Kategorien, die in einem ‚Kodebaum' auf verschiedenen Ebenen angeordnet werden müssen. Dadurch konnten Beziehungen der Kategorien zueinander nur sehr schwer dargestellt und ermittelt werden. Abhilfe schafften Mindmaps und andere (teils papierene) Visualisierungstechniken.

Auch die Auswertungsprozeduren der GTM erwiesen sich manchmal – zumindest in ihrer lehrbuchhaften Form – als zu schematisch und zu sehr auf eine interaktionistische Fragestellung hin ausgerichtet. Angesichts des hier verfolgten Ziels einer geldsoziologisch-ethnographischen Lebensweltanalyse mit dem Ziel, „die Wissensstrukturen, die Deutungsschemata untersuchter Kulturfelder [...] zu entdecken und herauszuarbeiten und somit einen Zugang zur Kultur, zum Wissensvorrat und zu den Habitualitäten der untersuchten Menschen zu gewinnen" (Honer 2007: 196) wurde der üblicherweise verwendete Kodierrahmen mit anderen Heuristiken erweitert (vgl. Kapitel II.6.3 und Kapitel III.3.3). Ansonsten lieferte die GTM mit ihrem induktiven und deduktiven Vorgehen, mit ihren Fragen nach Eigenschaften, Bedingungen, Kontext und Strategien die methodische Strenge, um bei einem solchen nicht-standardisierten Forschungsprozess gültige Erkenntnisse zu produzieren. Welche Gütekriterien noch hinzukommen müssen, behandelt der folgende und dieses Kapitel abschließende Abschnitt.

4.2. *Einschätzung der Gültigkeit des Forschungsprozesses*

Jede ‚Beobachtung', gleich ob alltäglich oder wissenschaftlich, ist theoriehaltig und somit eine Interpretation durch die Brille eines (zu einer Zeit, in einer Disziplin) vorherrschenden „Paradigmas" (Kuhn 1973) bzw. „Denkstils" (Fleck 1980). Da Theorie und Empirie somit untrennbar miteinander verwoben sind, stellt sich die Frage, wann eine Theorie ‚wissenschaftlich' genannt werden kann. Eine grundlegende Voraussetzung für Wissenschaftlichkeit ist, dass der Interpretationsprozess, der zur Entstehung der Theorie geführt hat, intersubjektiv überprüfbar und kontrollierbar sein muss, also die Möglichkeit der Kritik und der Reproduzierbarkeit des Erkenntnisprozesses beinhaltet (Bohnsack 1991: 16f).

In der empirischen Sozialforschung haben sich unterschiedliche Verfahrenstypen herausgebildet, die versuchen, diese Kontrollierbarkeit von Erhebung und Interpretation zu gewährleisten. Der hypothesenprüfende Verfahrenstyp der quantitativen (standardisierten) Sozialforschung versucht dies – analog zu den Naturwissenschaften – mit Techniken wie Hypothesenprüfung, Quantifizierung, Operationalisierung, mathematischer Behandlung von Daten, Kontrolle der Rahmenbedingungen etc. Der rekonstruktive Verfahrenstyp der qualitativen (nicht-standardisierten) Sozialforschung arbeitet mit ‚natürlichen' Daten, um so unterschiedliche ‚Interpretationsrahmen' der Erforschten berücksichtigen zu können und verwendet die Reflexion des Forschers über die Forschung selbst als Teil der Erkenntnis. Gleichzeitig wird hier auch ein Schwerpunkt auf Theoriegenerierung gelegt, da streng genommen eine ungeeignete Theorie nicht durch Falsifikation, sondern nur durch eine alternative, am selben Gegenstand entwickelte Theorie überwunden werden kann (Bohnsack 1991: 28).

Damit eine solche (qualitative) Forschung nun wissenschaftlich ist und nicht nur „alles funktioniert und keiner weiß warum" (Lüders/Reichertz 1986), stellt sich die Frage nach den *Gütekriterien.* Die klassischen Kriterien wie Reliabilität, Validität und Objektivität lassen sich nicht problemlos auf die qualitative Forschung übertragen, da sie im Wesentlichen auf dem Kriterium der Standardisierung, auf das ja die qualitative Sozialforschung explizit verzichtet, beruhen (Flick 2004: 47f). Aufgrund des unterschiedlichen ‚Wirklichkeitsverständnisses' beider Forschungsrichtungen müssen die klassischen Gütekriterien angepasst werden oder gar neue formuliert werden. Die fachliche Diskussion darüber dauert noch an, weswegen hier einige der bisher gemachten Vorschläge aufgegriffen werden – ohne den Anspruch zu erheben, dass dies der Weisheit letzter Schluss sei.

Die *Reliabilität* der Daten soll dadurch erlangt werden, dass ihr Zustandekommen expliziert wird, dass also überprüfbar und nachvollziehbar wird, was noch Aussage des jeweiligen Subjektes ist und wo die Interpretation des Forschers begonnen hat. Dies wird hier geleistet, durch die Kennzeichnung von wörtlich wiedergegebenen Aussagen in Feldnotizen in Abhebung von Zusammenfassungen und Paraphrasen durch den Forscher (durch die jeweiligen Zitationskürzel). Außerdem erfolgte eine ständige reflexive Dokumentation (im Rahmen eines Forschertagebuchs), d.h. es wurde versucht, die mit jeder Datenerhebung einhergehenden ‚Störungen' (Devereux 1992) zu reflektieren.

Validität wird hier verstanden als ein auf Vertrauenswürdigkeit hin ausgerichteter Prozess, d.h. nicht die Validität, sondern die Validierung (als soziale Konstruktion von Wissen) ist das Ziel (Lamnek 2005: 165). Diese prozedurale Validierung ergibt sich durch die Befolgung bestimmter reflexiver (d.h. dem Forschungsgegenstand angepasster) Regeln. Die befolgten Regeln waren: (1) Der Forscher soll im Feld wenig selbst reden und möglichst viel zuhören. Er soll (2) möglichst genaue Aufzeichnungen erstellen und (3) frühzeitig zu schreiben beginnen. Und zwar (4) in einer Form, die es dem Leser seiner Aufzeichnungen und Berichte ermöglicht, selbst zu erkennen. Dafür muss der Forscher soviel an Daten mitliefern, dass Leser ihre eigenen Schlüsse ziehen und die des Forschers nachvollziehen können. Der Bericht sollte (5) vollständig und (6) offen sein. Der Forscher soll im Feld und bei seinen Kollegen (7) Feedback zu seinen Ergebnissen und Darstellungen suchen. Darstellungen sollen durch eine Balance (8) zwischen den verschiedenen Aspekten und (9) Genauigkeit im Schreiben gekennzeichnet sein (Lamnek 2005: 158; Wolcott 1990: 127f).

Neben diesen forschungspraktischen Regeln trägt die *Befolgung bestimmter methodologischer Prinzipien* zur Gültigkeit bei, so etwa die Bevorzugung ‚natürlicher' Daten. Es geht also um solche „Daten, die nicht erzeugt wurden, um von Wissenschaftlern untersucht zu werden, [sowie um ...] deren Erhebung und Fixierung mit Medien, die möglichst viel von der Qualität der Daten und der ihnen inhärenten Zeitstruktur konservieren" (Reichertz 2000b: [70]). Deren inhaltliche Repräsentativität gewährleistet das ‚Theoretical Sampling' (Strauss 1991; Strauss/Corbin 1996; siehe auch Kapitel III.3.1) und die Gültigkeit von Generalisierungen resultiert aus der fortlaufenden Überprüfung der aus den Daten (mittels Abduktion) gewonnenen Hypothesen am weiteren Datenbestand. Die Validität der auf diese Weise erzielten Ergebnisse resultiert somit zum einen aus der Nachvollziehbarkeit der Dateninterpretation, zum anderen aus der methodisch kontrollierten Verbindung von Fragestellung, Fall, Datenerhebung und Datenauswertung (Reichertz 1998: 61).

Weiterhin wurde im Rahmen dieser Arbeit soweit als möglich mit *Triangulation* gearbeitet. Dieser Begriff ist der Trigonometrie entlehnt, bei der eine unbekannte Größe von unterschiedlichen Messpunkten aus betrachtet wird. Dies wurde auf mehreren Ebenen durchgeführt: für die Datentriangulation werden Daten aus unterschiedlichen Quellen (Internet, Dokumente, Beobachtungen, Interviews etc.) verwendet, für die Theorientriangulation wird auf unterschiedliche theoretische Modelle zurückgegriffen und die hier durchgeführte Methodentriangulation kombiniert sowohl verschiedene Methoden (Beobachtungen, Interviews, etc.) als auch Variationen innerhalb einer Methode (unterschiedliche Interviewformen) (Denzin 1989; Flick 2004; Lamnek 2005).

Zuletzt wurden die Interpretationsergebnisse möglichst umfassend *kommunikativ validiert*, d.h. sowohl von Personen des Forschungsfeldes als auch von Mitgliedern der ‚scientifc community' auf ihre Gültigkeit und Stimmigkeit hin überprüft (Flick 2004: 49; Lamnek 2005: 155f). So wichtig jedoch Gütekriterien auch sein mögen, sie sollten nicht zum Selbstzweck werden und eine soziale Wirklichkeit in ein methodisches Korsett zwängen.

> „Nicht rigide ‚Modelle zur Qualitätssicherung' sind primär in den Sozialwissenschaften gefragt, sondern vielmehr eine Öffnung von der „reinen" Wissenschaft in Richtung Ästhetik, Kunst und Medien. [...] Der postmoderne Intellektuelle [übernimmt] die Rolle eines Interpreten. Das heißt, er ist Übersetzer, Dolmetscher, Vermittler, Kommunikator. Seine zwar bescheidene, aber anspruchsvolle Aufgabe besteht darin, Aussagen, die einem bestimmten Sinnzusammenhang entstammen, für Menschen verständlich zu machen, die in anderen Traditionen verwurzelt sind. Dazu verwendet er Strategien wie Witz, Ironie, Parodie und Komik. Da diese Vermittlung hauptsächlich für die Öffentlichkeit gemacht werden sollte – und nicht bloß für einen kleinen Zirkel von Spezialisten der gleichen Professionsgruppe – sind dabei Lesbarkeit- und Unterhaltungskriterien wichtiger als die Einhaltung strenger Validitäts- und Reliabilitätsstandards" (Huber 2001: 1).

IV. Die Welt des ‚besseren' Geldes – Ethnographie der Regionalwährungen

1. Einführung und Begriffsklärung

> „Wir befinden uns im Jahre 2007 nach Christus. Ganz Deutschland ist vom Euro besetzt ... Ganz Deutschland? Nein! Mehrere von unbeugsamen Deutschen bevölkerte Dörfer hören nicht auf, dem Eindringling Widerstand zu leisten" (FAS, 28.01.2007; Nr. 4; S.34).

Seit einigen Jahren wird in den Medien über das Phänomen Regionalwährung berichtet. Meist in den Rubriken ‚Vermischtes' oder ‚Regionales' schreiben Journalisten über „Lokalpatriotisches Geld" (n-tv.de), „Bunte Blüten"[85] oder „Brüder des Euros"[86]. Eigenes Geld zu drucken – das scheint den einen eine kuriose, „seltsam anachronistisch[e]"[87] Idee zu sein, die von „Alternativen", „Globalisierungskritiker[n] und Bürgerinitiativen" (handelsblatt.de) ausgebrütet wurde, um „gegen globale Ängste" (dradio.de) anzutreten. Andere wiederum sehen das Ganze als einen marketingtechnischen Kniff, um „die heimische Wirtschaft zu stärken"[88] und so die „regionale Verödung"[89] zu stoppen. Ob hier nun ‚Weltverbesserer' oder ‚Marketingstrategen' am Werk sind, fest steht, dass das Phänomen Regionalwährung anscheinend im Trend liegt: Seit dem ersten (neueren) regionalen Geld, dem 2001 entstandenen Bremer Roland, haben sich deutschlandweit rasant Initiativen gebildet, von denen über 30 schon ihr eigenes Geld herausgeben[90]. Beginnen wir die

85 SPIEGEL 10/2007

86 Schwäbische Zeitung, 17.03.2007

87 Welt am Sonntag, 03.07.2005

88 Pirmasenser Zeitung, 16.05.2007

89 Barmstedter Zeitung, 07.07.2005

90 Die hier und im Folgenden genannten Zahlen sind immer nur eine Momentaufnahme, weswegen sie teilweise auch voneinander abweichen. Sie sind demnach immer als ungefähre Größenordnung und nicht als quantitative Faktizität zu lesen; letzteres ist weder praktisch möglich (wegen der schnellen Entwicklung) noch methodologisch erforderlich (qualitativer Ansatz).

Annäherung an das Phänomen mit einem Blick auf eine Karte des Leibniz-Instituts für Länderkunde, die den (ungefähren) Entwicklungsstand im Jahr 2008 abbildet:

Abbildung 2: Karte Regiogeld in Deutschland

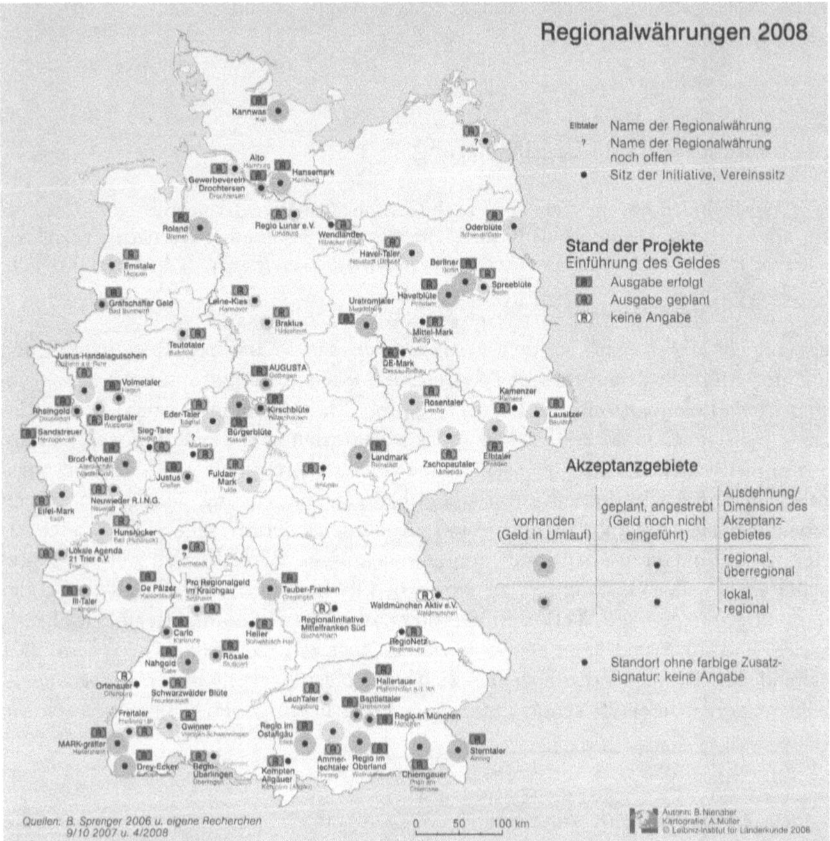

Quelle: Nienaber 2008

Es finden sich in jedem Bundesland Initiativen, in großen Städten (Berlin, Hamburg) wie in kleinen Gemeinden (Finning/Bayern, Witzenhausen/Hessen). Trotz seines expliziten Regionalaspektes weist das Phänomen Regiogeld offenbar kaum Bezug zu regionalspezifischen Besonderheiten auf. Es lassen sich weder politische noch wirtschaftliche, soziale, kulturelle, ökologische oder landschaftliche Strukturen identifizieren, die eine regionale Währung bedingen[91]. Handelt es sich hier also um ein universelles Phänomen, ähnlich den diversen Bonus- und Rabattsystemen, die allerorts in gleicher Form existieren? Nein, denn trotz struktureller Ähnlichkeiten finden sich viele Unterschiede zwischen den Regiogeldern:

Abbildung 3: Chiemgauer

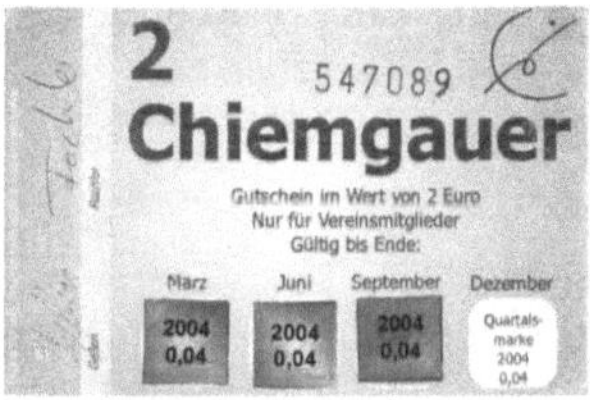

Quelle: eigene Sammlung

Der *Chiemgauer* beispielsweise ist das regionale Geld der gleichnamigen oberbayerischen Gegend rund um den Chiemsee. Wer diesen benutzen will, muss seine Euros in Chiemgauer-Geldscheine eintauschen und kann damit in den über 600 teilnehmenden Geschäften der Region einkaufen. Die Geschäftsleute wiederum verwenden den Chiemgauer weiter oder tauschen ihn gegen einen Abschlag von 5% in Euro zurück – diese sog. ‚Rücktauschgebühr' geht anteilig an gemeinnützige Projekte (Schule, Trachtenverein etc.). Die Entscheidung, welcher Verein das Geld erhält, trifft der Kunde, der seine Euros in Chiemgauer umtauscht. Außerdem ist der Chiemgauer mit einem sog. „Umlauf-Impuls" versehen, denn „Chiemgauer sollen nicht im Geldbeutel versanden, sondern innerhalb von 3 Monaten ausgegeben werden" (chiemgauer.info 01). Konkret muss der Chiemgauer jedes Quartal durch Aufkleben einer „Verlängerungsmarke" (ebd.), die 2% des Nennwertes des Scheins kostet, ‚erneuert' werden. Der Chiemgauer ist die erfolgreichste aller deutschen Regionalwährungen; im Jahre 2007 erzielte er einen Umsatz im Wert von über 2.2 Mio. Euro, von dem mehr als 25.000 Euro als Begünstigungen an Vereine und Projekte flossen (chiemgauer.info 02).

Abbildung 4: Havelblüte

Quelle: eigene Sammlung

Ein ganz anderes System findet sich bei der *Havelblüte* in Potsdam. Dort spielen Euros keine Rolle, denn die teilnehmenden Unternehmen geben die Havelblüten selbst heraus und bürgen für deren Wert mit ihren Gütern und Dienstleistungen. Konkret bedeutet das, dass die Unternehmer sich vertraglich verpflichten die Havelblüte wie Euro (im Kurs 1:1) zu akzeptieren – oder zumindest einen selbst festgelegten Mindestanteil. Dafür bekommen die Geschäfte von der Initiative eine

91 Auffällig ist jedoch, dass die größte Dichte an aktiven Regionalwährungen gerade im strukturstarken Bayern, während in strukturschwächeren Regionen wie Sachsen oder Mecklenburg-Vorpommern wenige bis keine aktiven Regionalgelder existieren.

bestimmte Menge an Scheinen (‚Startkontingent') für 10% des Nennwertes ‚geschenkt'; der Geschäftsmann zahlt also beispielsweise für 500 Havelblüten einen Unkostenbeitrag von 50 Euro und verfügt damit über 450 Havelblüten zusätzliches Geld. Dieses kann er nun für seine Einkäufe bei anderen (teilnehmenden) Geschäften verwenden, seinen Kunden als Rabatt oder seinen Mitarbeitern als Lohngratifikation geben. Auch in diesem Fall ist das Regiogeld durch Marken in Höhe von 2%, die quartalsweise auf den Schein geklebt werden müssen, umlaufgesichert. Bei der Havelblüte nehmen etwa 100 Unternehmen teil, im Umlauf sind derzeit ca. 31.000 Havelblüten (havelblueten.de).

Abbildung 5: Urstromtaler

Quelle: eigene Sammlung

Wieder unterschiedlich ist der *Urstromtaler*, der in ganz Sachsen-Anhalt bei ca. 120 Unternehmen gültig ist. Ebenso wie die Havelblüte ist er in seinem Wert durch die Leistungen der Teilnehmer gedeckt, hier haben aber auch nicht-gewerbliche Teilnehmer, also normale Verbraucher „die Möglichkeit ihre eigenen Leistungen anzubieten, um z.B. wieder durch Arbeit integriert zu werden oder zusätzliche Kaufkraft zu erhalten" (urstromtaler.de 01). Die als Genossenschaft organisierte Initiative bietet neben den ‚Wertgutscheinen' auch Barter-Konten, mit denen bargeldlos Zahlungen geleistet werden können (urstromtaler.de 02). Das Konto kann – je nach Art der angebotenen Leistungen – mit bis zu 1.000 Urstromtalern überzogen werden und kostet monatlich Gebühren in Höhe von 0,2% des aktuellen Guthabens. Die Wertgutscheine, die auch mit Euro gekauft (aber nicht mehr zurückgetauscht) werden können, müssen halbjährlich mit einer Klebemarke (5% des Wertes) erneuert werden.

Die in Niedersachsen ansässige Genossenschaft *SonnenSchein* Mittelweser eG wiederum plant die Herausgabe des ‚SonnenScheins', eines „Kundenbindungs- und Wirtschaftsförderungsinstrument[s] für den regionalen Klein- und Mittelstand" (sonnen-scheine.de). Die Besonderheit hier ist, dass dieses Regiogeld eine Art ‚Anrechtschein' auf die von der Genossenschaft mittels regenerativer Energieträger produzierte Energie darstellt. Konkret bedeutet das: Die Genossenschaft gibt gegen Euro Gutscheine aus, mit denen bei Unternehmen bezahlt werden kann. Zurückgetauscht können diese Gutscheine (mit Abschlag) gegen Energie, Wärme oder Euros (aus dem Verkauf von Strom). Die Einnahmen werden wieder in Investitionen im Energiebereich gesteckt. Ziel des Ganzen ist, „eine florierende Regionalwirtschaft und funktionierende regionale Versorgungsstrukturen aufzubauen oder aufrecht zu erhalten" (ebd.).

Angesichts dieser Vielfalt stellt sich die Frage, was ist konstitutiv für ein Regiogeld? Ist es etwa die regionale Beschränkung? Nicht einmal dies, denn erstens rangieren die Verbreitungsgebiete vom Stadtteil bis zum Bundesland, und zweitens akzeptieren etliche Initiativen auch die Regiogelder anderer Initiativen:

Der Chiemgauer nimmt Sterntaler, der Urstromtaler akzeptiert Landmark sowie De-Mark und mit dem ‚Regio' (der-regio.de) haben sich gleich drei bayerische Initiativen (Oberland, Ostallgäu, München) in einem (über-)regionalen Währungssystem zusammengeschlossen.

Um einer Begriffsklärung näher zu kommen, wird das Gesamtphänomen Regiogeld jetzt kurz mit dem Geld-Klassifikationschema (vgl. Kapitel II.6.3; Anhang 1) betrachtet und in seinen Ausprägungen dimensionalisiert. Regiogeld als eine Geldart erfüllt die *Geldfunktionen* in unterschiedlichem Ausmaß:

- *Zahlungsmittel:* Das jeweilige Regiogeld ist Zahlungsmittel bei den örtlichen Akzeptanzstellen (teilnehmende Geschäfte und teilweise auch Privatpersonen). Der Akzeptantenkreis und das Angebot sind je nach Initiative unterschiedlich. Die Anzahl der teilnehmenden Unternehmen rangiert dabei von 16 bis über 600. Beim Angebot, also den mit dem jeweiligen Regiogeld erwerbbaren Gütern und Dienstleistungen, gibt es bei den leistungsgedeckten Systemen tendenziell mehr Dienstleister, während im Fall der eurogedeckten Regiogeldern auch der klassische Einzelhandel vertreten ist – und damit ein größeres Angebotsspektrum. Eines gilt jedoch für jede Initiative: Das Regiogeld wird verwendet als „wirklicher Bargeldersatz" (Rösl 2005a: 3), es ist kein Gutschein. ‚Echte' Gutscheinsysteme beschränken sich auf eine bilaterale Geschäftsbeziehung zwischen Gutscheinemittent und Gutscheinhalter. Regiogelder hingegen können auch zur Bezahlung von Gütern und Dienstleistungen verwendet werden, die von Dritten angeboten werden. Sie stellen eine übertragbare Forderung dar, die nicht – wie bei echten Gutscheinen – bei der Bezahlung erlischt, sondern erst dann, wenn die Regiogeld-Zentrale sie wieder einzieht (ebd.).
- *Recheneinheit:* Die Regiogelder sind zwar in eigenen regionalen Werteinheiten (z.B. Chiemgauer, Havelblüte) denominiert, im Wert aber an den Euro gekoppelt, meist aus Gründen der Praktikabilität im Kurs 1:1, seltener 2:1. Damit sind Regiogelder streng genommen keine eigenständige Recheneinheit, wenn es auch Tendenzen gibt, sie als solche zu etablieren[92]. Die Stückelung der

92 Meist geschieht dies aus der Annahme heraus, das offizielle Finanzsystem bzw. der Euro würde bald kollabieren (Hyperinflation etc.). Um nicht in den Sog des Euros gerissen zu werden, müssten die Regiogelder als eigenständige Recheneinheit abgekoppelt werden. Eine inzwischen gescheiterte Initiative versuchte sich deshalb mit einem (in der Praxis sehr ungeeigneten) Wechselkurs von 1:1,5, eine andere hält sich angesichts der Finanzkrise die Möglichkeit offen, den festgelegten Wechselkurs tagesaktuell neu festzulegen (urstromtaler.de 03).

Geldscheine ist recht klein (1er, oft auch 2er, 5er, 10er, 20er etc.) und überschreitet wertmäßig nicht 50 Euro. Bezüglich dieser Geldfunktion gilt: Obwohl die Recheneinheit keine eigenständige ist, sondern auf die des Euros verweist, erfüllen die Regiogelder in der Praxis diese Geldfunktion.

- *Wertaufbewahrungsmittel:* So gut wie alle Regiogelder sind mit einem ‚Umlaufimpuls' versehen und somit als ‚Schwundgelder' konzipiert, die im Laufe der Zeit an Wert verlieren[93]. Konkret umgesetzt wird dies mit unterschiedlichen Methoden: Der ‚Klassiker' ist das *Markenkleben*, bei dem in regelmäßigen Abständen (meist 3 Monate) eine ‚Wertmarke' auf den Schein geklebt werden muss (z.B. Alto, Berliner, Chiemgauer, Hallertauer, Tauberfranken, Regio). Die andere Variante ist die *Erneuerung*; hier läuft der Schein nach einer bestimmten Frist (zwischen 3 und 12 Monaten) ab und kann dann gegen Gebühr gegen einen neuen eingetauscht werden. Das *Tabellengeld*, bei dem eine aufgedruckte Tabelle den aktuellen Wert (z.B. Mai 1,00 Euro, Juni 0,98 Euro etc.) wiedergibt, wurde zwar angewandt, hat sich aber in der Praxis nicht durchgesetzt. Rechnet man die Höhe dieses Wertverlustes (auch Demurrage, Wertschwund, Umlaufsicherung, Umlaufimpuls etc. genannt) auf ein Jahr hoch, so pendelt er je nach Initiative zwischen 5% und 12%, wobei die meisten 8% verlangen. Dieser doch recht ansehnliche Wertschwund des Geldes basiert auf der festen Überzeugung der Regiogeldmacher, dass in der Wertaufbewahrungsfunktion bzw. dem Zins ein ‚Konstruktionsfehler' des herrschenden Geldsystems liegt, der Schuld ist an Ungleichverteilung, Verschuldungsproblematiken, regionaler Verarmung und ökologischen Problemen. Dieser Grundgedanke wurzelt in verschiedenen ideologischen Strömungen nebst eigenen sozialen Bewegungen, die in den folgenden Kapiteln noch aufgearbeitet werden. An dieser Stelle wichtig ist nur, dass die Geldfunktion ‚Wertaufbewahrungsmittel' trotz der periodischen Kürzungen im Grunde erfüllt ist, denn die Geldhalter können die erworbenen Regionalgelder auch für zukünftige Käufe einsetzen.

Zusammenfassend ließe sich damit festhalten, dass Regionalgelder die drei Geldfunktionen durchaus erfüllen und damit qua ökonomischer Definition – money is what money does – Geld sind[94].

---

93 Diejenigen Regios, die keine Umlaufsicherung haben, sind entweder marketinglastige Projekte zur Förderung von bestimmten Geschäften im Ortskern oder der Altstadt (Altstadttaler, Baptisttaler, Grafschafter Geld, Illtaler, Zeller) oder Geldmedien innerhalb bestimmter fest abgegrenzter Einrichtungen bzw. Lebensgemeinschaften (Bethel, Cobstädter Blüte). Alle Regiogelder, die dem ‚Dachverband' Regiogeld e.V. zugehörig sind, haben hingegen eine Umlaufsicherung. Dass eine dieser Initiativen in jüngster Zeit ihre Umlaufsicherung zugunsten einer besseren Akzeptanz bei den Unternehmen eingestellt hat, ist nur die Ausnahme, die die Regel bestätigt.

94 Diese Sichtweise vertritt auch der (ehemalige) Bundesbankmitarbeiter Gerhard Rösl, der deswegen auch klar feststellt, dass entsprechend der rechtlichen Lage die Regiogelder nur an-

Als nächstes Klassifikationskriterium ist die *Geldform* zu betrachten: Alle Regiogelder benutzen physisches Geld, also Bargeld, und zwar in Form von Geldscheinen. Einige Initiativen (etwa Chiemgauer, Havelblüte, Landmark) haben in jüngerer Zeit zusätzlich Buchgeld in Form von Konten eingeführt, entweder als elektronische Form des jeweiligen Regiobargelds oder als zusätzliches, nicht transformierbares, tauschringähnliches System.

Die *Geldschöpfung* wird von der jeweiligen Initiative, meist einem ‚Verein für nachhaltiges/ regionales Wirtschaften', vollzogen. Bezüglich der *Deckung* des Geldes ist zwischen Eurodeckung (der Verein ‚verkauft' das jeweilige Regiogeld und deponiert die so erhaltenen Euros auf der Bank) und Leistungsdeckung (die teilnehmenden Unternehmen verpflichten sich, das Regiogeld zu akzeptieren)[95] zu unterscheiden.

Die *Ziele des Regiogeldes* sind vielfältig und jede Initiative setzt hier ihre eigenen Schwerpunkte: In *ökonomischer* Hinsicht soll Regiogeld die Kaufkraft an die Region binden, so die regionalen Unternehmen und Produkte fördern, neue Umsätze ermöglichen, Arbeitsplätze und regionale Wirtschaftskreisläufe schaffen. Regiogeld will Instrument der Regionalförderung sein, den Unternehmern als Marketingwerkzeug zur Kundenbindung und -gewinnung dienen und sie so im Wettbewerb gegen überregionale Konkurrenten stärken. *Soziale* Zielsetzungen des Regiogeldes wären etwa die Schaffung von Netzwerken und letztlich einer kooperativen Zusammenarbeit zugunsten aller Menschen in der Region. Dabei sollen auch sozial Schwache integriert sowie kulturelle und soziale Projekte wie auch Vereine gefördert werden. In *ideeller* Hinsicht will das ‚bessere' Geld ein anderes Geld- und Wirtschaftssystem konstituieren, das dem Menschen dient und ihn nicht beherrscht. Der wirtschaftliche Austausch soll gerechter, menschlicher, kooperativer und ‚lebensdienlicher' werden. Das Regiogeld dient hier auch als praktisches Instrument zur ‚Bewusstseinsbildung', denn indem man ‚besseres' Geld nutzt – so die Hoffnung – werden einem auch die Mängel und Fehler des vorherrschenden Wirtschaftssystems deutlich. Regiogeld beinhaltet außerdem noch eine *ökologische* Komponente, da regionales Wirtschaften die Transportwege verkürze und durch erlebbare Transparenz der Produktion auch die Einhaltung von Umweltstandards befördere.

Um die Regiogelder nun von der Vielzahl anderer Geldarten, offizieller wie komplementärer, zumindest etwas besser abgrenzen zu können, lässt sich an dieser Stelle als *Definition* für Regiogeld festhalten:

---

gesichts ihrer gesamtökonomisch marginalen Rolle ‚geduldet' werden (Rösl 2005a; 2005b; 2007).

95 Es gibt noch weitere Möglichkeiten, die aber eher Einzelfälle darstellen: Die Energiedeckung der Sonnenscheine (s.o.) oder die partielle Deckung durch eine eigene Tauschringwährung, die der Sterntaler praktiziert (hier können die virtuellen Werteinheiten eines Tauschrings anteilig zum Kauf von Regiogeld verwendet bzw. beim Rücktausch erhalten werden).

Regiogeld ist eine in seiner Gültigkeit regional begrenzte und von mehreren Teilnehmern akzeptierte Geldart privater Emittenten in Form von Bargeld, die mit einer negative Verzinsung (oder zumindest Zinslosigkeit) versehen ist und gemeinnützige Ziele verfolgt.

Es bleibt die Frage, wie ein solches Phänomen entstehen konnte bzw. wie und warum es sich so rasant verbreitet hat. Und vor allem – frei nach Clifford Geertz: Was zur Hölle geschieht beim Regiogeld eigentlich genau? Um diese Frage zu klären, wollen die folgenden Kapitel dem Leser die Lebenswelt des Regiogeldes näher bringen. Dabei wird versucht, die Strukturen und Prozesse dieser Lebenswelt herauszuarbeiten, ihre typischen Eigenschaften aufzuzeigen und mit entsprechendem Datenmaterial zu illustrieren. Die Darstellung erfolgt dabei, um eine Metapher von Anselm Strauss zu verwenden, wie das Betrachten eines Hauses durch unterschiedliche Fenster (Strauss/Corbin 1996: 1999). Diese Fenster bzw. Blickwinkel ergeben sich aus der im vorigen Kapitel beschriebenen Heuristik des Geldes als einer *Institution* (vgl. Kapitel II.6.3): Vorab werden die *ideengeschichtlichen Wurzeln und die Entstehung der Regiogeldbewegung* (Kapitel IV.2) dargestellt (quasi als retrospektiver Blick auf den Hausbau). Dann erfolgt der Blick durch das erste Fenster: Kapitel IV.3 stellt die Frage nach dem *System des Wissens* (Idee), das dem Regiogeld zugrunde liegt. Wie strukturiert es sich, was sind die grundlegenden Deutungsmuster und Sinnsetzungen, wie legitimiert dieses Wissen sich, welche Konfliktlinien sind hier vorhanden usw.? Als nächstes werden die *Teilnehmer des Regiogeld-Spiels* (Personal) in Kapitel IV.4 betrachtet, und zwar sämtliche Akteure in ihren Rollen und institutionellen Verflechtungen – vom einzelnen Aktivisten, über die Initiativen bis hin zur gesamten ‚Regiogeldszene'. Unter dem Punkt *‚Das Regelwerk und die moralischen Unternehmer'* (Normen) wird in Kapitel IV.5 abgehandelt, wie die ‚Geldmacher' versuchen Normen und Handlungsmuster zu etablieren und welche Konflikte dabei entstehen. Im Kapitel IV.6 wird die *Materialisation* (materieller Apparat) analysiert, also wie all die Ideen, Regeln und Zielsetzungen in ein konkretes ‚Ding', das Geldmedium übersetzt werden. Das abschließende *Fazit* (Kapitel IV.7) fasst die Erkenntnisse zusammen und befragt sie nach ihrer theoretischen Relevanz.

Bevor nun in medias res gegangen wird, noch ein Wort zum *Standpunkt*, den diese Arbeit einnimmt. Es geht hier an keiner Stelle um eine wertende Beurteilung – weder in ökonomischer noch in sonstiger Hinsicht sollen das Regiogeld oder seine Macher bewertet werden. Im Sinne des „methodologischen Atheismus" (Berger 1973) steht einzig und allein die Frage, welchen Sinn die Handelnden sich aus ihrem Tun machen im Mittelpunkt und nicht die Frage nach dem Richtig oder Falsch ihrer Behauptungen (Knoblauch 1991: 16). Dementsprechend sind Bezeichnungen wie ‚esoterisch' oder ‚ideologisch', in denen alltagssprachlich oft negative Wertungen mitschwingen wortgemäß als Konzepte für bestimmte Systeme von Überzeugungen und Begriffen, die die soziale Wirklichkeit sinnhaft strukturieren, zu verstehen.

2. Ideengeschichtliche Wurzeln und Entstehung der Regiogeldbewegung

Jede soziale Bewegung, jede Ideologie hat ihre Entstehungsgeschichte, in der sich eine Vielzahl geistesgeschichtlicher Strömungen wiederfindet. Die Suche nach den Wurzeln der Regiogeldbewegung führt zurück ins 19. Jahrhundert. Damals setzten sich Industrialisierung und kapitalistische Wirtschaftsweise durch. Ein durch technische Innovationen bewirkter sozialer Wandel veränderte traditionelle Lebens- und Denkweisen. Massen an verarmten Landbewohnern drängten in die Städte und verdingten sich dort zu unmenschlichen Arbeitsbedingungen in neu entstandenen Fabriken. Eisenbahn und Telegrafie ließen die Welt kleiner werden, die globale Geldwirtschaft etablierte sich. Bildungsbürgertum und Arbeiterbewegung wurden politische Kräfte, die vorherrschende Lebens- und Arbeitsweisen infrage stellten und angriffen. Sozialisten, Anarchisten und Lebensreformer[96] kritisierten das Bestehende und entwarfen Utopien einer besseren Gesellschaft. Die Massen begannen sich zu organisieren, Gewerkschaften und Genossenschaften entstanden, um das Leid der Arbeiterklasse zu lindern. Auch das Geldwesen war Ziel von Kritik und Reformvorschlägen – schließlich gab es im ausgehenden 19. Jahrhundert diverse Krisen. Deutschland etwa geriet 1873 in die sog. Gründerkrise, eine wirtschaftliche Depression, die bis zum Ende des Jahrhunderts andauerte (Werner 1989: 6). In dieser Zeit entstand mit der *Freiwirtschaftsbewegung* eine der Grundlagen des Regiogeldes. Doch nicht nur wirtschaftliche und sozialreformerische Ideen und Gruppierungen erschienen als Reaktion auf die Modernisierung, sondern auch eine neue Esoterik bildete sich als Gegenpol zu der massiven Rationalisierung und Säkularisierung der Lebenswelt heraus. In dieser modernen Esoterik, v.a. in einer ihrer Varianten, der *Anthroposophie*, findet sich die zweite Wurzel der regionalen Währungen.

2.1. *Die Freiwirtschaftslehre und ihre Bewegung*

Die Freiwirtschaftslehre geht zurück auf den Kaufmann, Finanztheoretiker und Lebensreformer *Silvio Gesell* (1862-1930). Während seiner Geschäftstätigkeiten in

96 *Lebensreform* ist der Oberbegriff für verschiedene seit Mitte des 19. Jahrhunderts von Deutschland und der Schweiz ausgehende Reformbewegungen, deren gemeinsames Merkmal die Kritik an Industrialisierung und Urbanisierung war – das entsprechende Leitmotto lautete ‚Zurück zur Natur'. Die einzelnen Bewegungen entstanden als Reaktion auf Entwicklungen der Moderne, die sie nicht als Fortschritt, sondern als Verfallserscheinungen ansahen. Vertreter der Lebensreform propagierten eine naturnahe Lebensweise, ökologische Landwirtschaft, Vegetarismus, Reformkleidung, Naturheilverfahren etc. und reagierten damit auf die aus ihrer Sicht negativen Folgen der gesellschaftlichen Veränderungen im 19. Jahrhundert. Auch die Reformhäuser entstanden auf Initiative von Lebensreformern.

Argentinien ab 1887 erlebte er heftige Wirtschaftskrisen, was ihn zum Nachdenken über die strukturelle Problematik des Geldwesens anregte. Er setzte sich mit Gedanken verschiedener Ökonomen und Sozialreformer wie Marx, Smith und Proudhon[97] auseinander und formulierte schließlich eine eigene Wirtschaftstheorie. Diese spiegelt die großen Streitfragen und Probleme seiner Zeit wider und kreist dementsprechend um die Bewältigung der sozialen Frage, d.h. die Beseitigung der Armut und des wirtschaftlichen Elends der Arbeitermassen (Werner 1989: 9). Gesell lebte von der Jahrhundertwende an wieder in der Schweiz und Deutschland und wurde dort zentrale Figur und charismatischer Anführer seiner Freiwirtschaftsbewegung. Im Folgenden wird kurz der ökonomische Ansatz Silvio Gesells wiedergegeben, um anschließend auf die soziale Bewegung einzugehen, die seit über 100 Jahren versucht, ein alternatives Geldsystem zu verwirklichen und aus der letztlich die Regiogeldbewegung entstanden ist.

2.1.1 Die Freiwirtschaftslehre des Silvio Gesell

> „Die Beseitigung des arbeitslosen Einkommens, des sogenannten Mehrwertes, auch Zins und Rente genannt, ist das unmittelbare wirtschaftliche Ziel aller sozialistischen Bestrebungen" (Gesell 1949: 9).

Silvio Gesell war wie Marx Kapitalismuskritiker. Für Gesell war jedoch nicht die Aneignung der Produktionsmittel des Volkes durch die Kapitalisten der Grund sozialen Elends, sondern die Konstruktion des Geldsystems. Als liberaler Sozialist setzte er ganz auf die Initiative des Einzelnen, auf Marktwirtschaft ohne Kapitalismus, Freiheit der Person und der Wirtschaft, vollen Arbeitsertrag für alle Schaffenden sowie Eliminierung von arbeitslosen Einkommen (Zins). In seinem 1916 erschienen Hauptwerk ‚Die natürliche Wirtschaftsordnung durch Freiland und Freigeld' (NWO) formulierte Gesell für seine Vision einer besseren Wirtschaft drei Kernforderungen: Freigeld, Freiland und Festwährung.

Das *Freigeld* soll ein Geld sein, das frei von Zinsen, frei von Herrschaft und Ausbeutung sowie frei von Wirkungen ist, die die Wirtschaft einengen oder stören (Niederegger 1997: 26). Gesell sah die strukturelle Problematik des Geldes in seiner Wertaufbewahrungsfunktion, die Geldbesitzern eine marktmäßige Überlegenheit über die Anbieter von Arbeitskraft und Waren verschafft. Denn: Geld könne

97 In der Gegnerschaft Marx-Proudhon bezog Gesell die Position des letzteren. Er kann wie der Anarchist Proudhon zu den Tauschsozialisten gezählt werden, die die Ursache der Ausbeutung im ungerechten Tauschverhältnis zu erkennen glaubten. Proudhon wollte mithilfe eines zinsfreien Geldes die Entfesselung der Produktion erreichen und propagierte die Einrichtung einer Warentauschzentrale und einer Volksbank (Niederegger 1997: 10; Werner 1989: 10).

prinzipiell ohne Nachteile, ohne Wertverlust vom Wirtschaftskreislauf zurückgehalten („gehortet') werden.

> „[Durch Freigeld; d.Verf.] soll die Übermacht des Geldes gebrochen werden. Diese Übermacht ist restlos darauf zurückzuführen, daß das herkömmliche Geld den Waren gegenüber den Vorzug der Unverwüstlichkeit hat. Während unsere Arbeitserzeugnisse bedeutende Lager- und Wartekosten verursachen, die ihren allmählichen Zerfall nur verlangsamen, aber nicht verhindern können, ist der Besitzer des Geldes durch die Natur des Geldstoffes [...] frei von jedem solchen Verlust. Der Geldbesitzer (Kapitalist) hat darum im Handel immer Zeit; er kann warten, während die Warenbesitzer es immer eilig haben. [...] Diesen Umstand benützt der Kapitalist, um einen Druck auf den Warenbesitzer (Arbeiter) auszuüben, also um diesen zu veranlassen, seine Arbeitserzeugnisse (Arbeitskraft) unter Preis zu verkaufen" (Gesell 1949: 183).

Das Horten von Geld wirkt sich nach Gesell in zweierlei Weise negativ auf Wirtschaft und Gesellschaft aus: Es führt – vorwiegend bei sinkenden Preisen (Deflation) – zu einer sinkenden Nachfrage nach Gütern und Dienstleistungen (Käuferstreik) sowie zu einem sinkenden Angebot von Krediten für Investitionen, wenn den Anlegern die Zinssätze zu niedrig erscheinen (Anlegerstreik). Dadurch kann der Geldkreislauf einer Volkswirtschaft empfindlich gestört werden, denn ein Käufer- oder Anlegerstreik wirkt wie eine Verringerung der Geldmenge oder ein Absinken der Umlaufgeschwindigkeit des Geldes deflationär. Wird nun gehortetes Geld umgekehrt wieder in den Wirtschaftskreislauf eingeschleust, wirkt dies dementsprechend inflationär. Geldhortung ist für die Freiwirtschaft eine der Hauptursachen des Krisenzyklus der Wirtschaft. Grund für die Geldhortung ist die ‚Begehrtheit' des Geldes. Es verliert im Gegensatz zu Waren nicht an Wert und kann im Gegensatz zur Arbeitskraft gespeichert werden (Gesell 1949: 149ff). Dementsprechend fordert Gesell ein Geld, das – wie Waren – an Wert verliert.

> „Freigeld ist ein ungedecktes, gesetzlich mit einem zeitlich befristeten, regelmäßigen Schwund versehenes Papiergeld. Es soll z.B. von Monat zu Monat [...] im ganzen Jahre etwa 5-6 Prozent an Wert abnehmen. [...] Wer das bare Geld an den gesetzlich festgelegten Schwundtagen besitzt, muss den Schwund tragen. Um das Geld wieder vollwertig zu machen, muss der Geldbesitzer sich [...] Marken kaufen und sie aufkleben" (Ude 1934: 26)[98].

98 Neben dem recht aufwendigen Markenkleben gibt es verschiedene andere Methoden, um diesen Wertverfall durchzusetzen. Mal werden die Scheine abgestempelt, mal müssen sie in regelmäßigen Abständen (gegen Gebühr) umgetauscht werden, mal ist auf dem Schein eine Zeit-Tabelle aufgedruckt, die den aktuellen Wert des Scheins nannte. Zu den unterschiedlichen Methoden siehe etwa Walker (1952).

Durch die Wertminderung soll das Geld „wie die Waren verrosten, verschimmeln, verfaulen" (Gesell 1949: 13) und der so ausgelöste ‚Geldumlaufzwang' den Warenabsatz sicherstellen, die Arbeitslosigkeit unterdrücken und sogar Kriege verhindern. Ein weiterer Effekt dieses ‚Schwundgeldes'[99] wäre die faktische Abschaffung des Zinses, da durch die beschleunigte Umlaufgeschwindigkeit des Geldes dieses immer im Überfluss vorhanden sei (Niederegger 1997: 26). Denn Zins ist letztlich „wie ein Lösegeld der Gesellschaft an die Entführer des Geldes, damit sie [...] das Geld wieder freigeben" (Senf 1996: 43). In seiner Kritik eines leistungslosen Einkommens thematisierte Gesell konsequenterweise auch den Privatbesitz von Boden, durch den der jeweilige Eigentümer generell eine Bodenrente erhält. Die zweite Säule seiner Reform ist demnach das *Freiland*: Boden als Produkt der Natur soll allen Bürgern in gleichem Maße zustehen[100]. Die dritte Säule der Freiwirtschaftslehre ist eine *Festwährung*[101], also ein staatlich geregelter, stets konstanter Geldwert, gleichbedeutend mit einer Wirtschaft ohne Inflation[102].

2.1.2 Kritik an der Freiwirtschaft

Die Kritik an der Freiwirtschaft (und damit auch an den Regionalwährungen) verfolgt hauptsächlich zwei Stoßrichtungen – eine ökonomische und eine ideologische.

---

99 Es gibt innerhalb der Literatur unterschiedliche *Bezeichnungen* für ein solches wertgemindertes Geld: Schwundgeld, Schwunggeld, Freigeld, neutrales, dynamisches oder umlaufgesichertes Geld etc. – und entsprechend verschiedene Bezeichnungen für den Akt der Abwertung: Geldschwund, Geldflussmarke, Negativzins, Demurrage, Liegegebühr, Umlaufimpuls, Liquiditätsgebühr usw. Auch das geldrefomerische Gesamtpaket hat verschiedene Namen: Natürliche Wirtschaftsordnung, Freiwirtschaft, Geld- und Bodenreform, Humane Wirtschaft, Gerechte Wirtschaftsordnung, Fairconomy, Sozialökonomie usw. Die Begriffe lassen sich im Grunde synonym verwenden; die Vielfalt spiegelt teilweise verschiedene politische und wissenschaftliche Instrumentalisierungen wider.

100 Konkret heißt das, sämtlicher Boden wird (gegen Entschädigung) ins Kollektiveigentum überführt und gegen Entrichtung einer Nutzungsabgabe verpachtet. Diese ‚Bodennutzungsabgabe' fließt dann auf dem Umweg über die öffentliche Hand der Allgemeinheit (bzw. den Müttern nach Anzahl ihrer Kinder) wieder zu (Gesell 1949: 59f). Die Forderung nach Bodenreform verschaffte der Freiwirtschaftsbewegung vielerorts einen schweren Stand. So fühlte beispielsweise die Bauernschaft sich dadurch bedroht, weswegen die Freiwirte fast nur in den Städten Fuß fassen konnten (Bartsch 1994: 324). Die Bodenreform sollte in der Folge auch in keinem der Freigeld-Experimente mehr eine große Rolle spielen.

101 Gesell führte diese dritte Säule erst recht spät in seine Wirtschaftslehre ein, wohl deswegen, weil er selbst noch die furchtbare Inflation des Jahres 1923 erlebte (Niederegger 1997: 27).

102 Gesell wollte die Geldausgabe an einen Konsumentenpreisindex koppeln und damit den Geldwert über Zeit und Raum absolut stabil zu halten. Dies ist kein Widerspruch zur Wertminderung des Geldes, die ja erst dann beginnt, wenn Geld vom Staat herausgegeben wird.

Die Hauptargumente der *ökonomischen Kritik*[103] lauten: Durch den regelmäßigen gebührenpflichtigen Geldumtausch entstehen hohe Verwaltungskosten (Buiter/ Panigirtzoglou 1999). Grundsätzlich ist der Zins ein effektiver Marktmechanismus; eine Umlaufgebühr übt keinesfalls stimulierende Effekte aus und überhaupt gibt es (in Deutschland) keine geldinduzierte Nachfragelücke (Rösl 2006: 9f; Entgegnung etwa bei Gelleri 2005). Außerdem verliert Geld ja durchaus an Wert, durch Inflation, Wechselkursschwankungen, im Gefolge ökonomischer und politischer Entwicklungen etc. Weiterhin versorgen niedrige Zinsen Investoren mit billigem Geld und verbilligen so kapitalintensive Großtechnologien (Atomkraft, Rüstung, Luft- und Raumfahrt usw.) verhältnismäßig am stärksten (Kaun 1986: 19). Ein Geldverfall wird ärmere Menschen besonders treffen. Sie können nicht wie Wohlhabendere in Geldsubstitute ausweichen und werden durch die Geldentwertung unter Konsumzwang gesetzt – mit der Folge, dass am Monatsende das Geld fehlt (Kaun 1986: 11).

Die *marxistische Kritik* wirft Gesell vor, er behandle das Geld als fixe Größe, nicht als gesellschaftliches Verhältnis (wie etwa Marx): Damit blendet er die Produktion aus und erklärt die einfache Waren-Zirkulation zum Wesen der Ökonomie. Die grundlegenden Kategorien des Kapitalismus (Arbeit, Ware, Wert, Profit, Mehrwert, Akkumulation etc.) bleiben damit unverstanden. Die Freiwirtschaft betreibt demnach „Geldtheorie ohne Gesellschaftstheorie“ (Altvater 2004b: 24). Diese verkürzende, mechanische Sichtweise – man muss nur an der Stellschraube des Zinses ziehen – ist einer der Gründe, warum so viele Naturwissenschaftler auf die Gesellsche Geld- und Zinstheorie „abfahren“ (Altvater 2004b: 20). Weiterhin wird Gesell sein extremer Individualismus, seine Vergötzung von natürlicher Auslese, Wettbewerb und Marktwirtschaft vorgeworfen: Diese (wohl auch der damaligen Zeit geschuldete) sozialdarwinistische Einstellung macht die Freiwirtschaftslehre „anschlussfähig sowohl an antisemitisches und nationalsozialistisches Gedankengut als auch an einen extrem individualistischen Neoliberalismus“ (Altvater 2004b: 2). Von radikal-marxistischer, antinationalistischer Seite verschärft sich dieser Vorwurf noch: Die Freiwirtschaft sei strukturell antisemitisch (Ditfurth 1997: 16); wie andere ökonomische Ansätze, die sich allein auf die Zirkulationssphäre beschränken, werde auch hier der Kapitalismus und die Macht des Geldes implizit mit den Juden personifiziert (Bierl 2004: 11; Entgegnung bei Onken 2004)[104].

---

103 Ohne jetzt in eine ökonomische Diskussion der Freiwirtschaft einzutreten, sei noch angeführt, dass – obwohl Gesells Theorie außerhalb des ökonomischen Mainstreams steht – auch renommierte Ökonomen für eine stärkere Berücksichtigung seiner Gedanken plädierten, so etwa John Maynard Keynes (1994: 298ff) oder Irving Fisher (1933) (weitere etwa bei Wirth 2003).

104 Diese Kritiker scheinen allerdings etwas über das Ziel hinauszuschießen, schon weil sie alle möglichen Neuen Sozialen Bewegungen – von Esoterikern, Umweltaktivisten bis hin zu globalisierungskritischen Vereinigungen wie ATTAC – als Ökofaschisten und Rechtsextreme

2.1.3 Die Freiwirtschaftsbewegung

Nach seiner Rückkehr aus Argentinien ließ sich Silvio Gesell in der von Franz Oppenheimer mitbegründeten lebensreformerischen Obstbaugenossenschaft Eden in Oranienburg nördlich von Berlin nieder (Onken 1997: 3). Von dort aus versuchten er und seine Anhänger das freiwirtschaftliche Gedankengut zu verbreiten. Die neu entstandene soziale Bewegung war jedoch von Anfang an stark differenziert in verschiedene politische Strömungen: von einer individualistisch-anarchistischen, die das Proletariat erreichen wollte, über eine auf den bürgerlichen Mittelschichten aufbauende, bis hin zum rechtem Flügel mit völkischem Gedankengut. Damals wie heute wurde Gesells Idee von den gegensätzlichsten ideologisch-weltanschaulichen Richtungen für sich in Anspruch genommen (Niederegger 1997: 15). Obwohl Gesell eigentlich eine gesamtstaatliche Geldreform propagierte, versuchten sich einige Freiwirte mit Freigeld-Experimenten in kleinerem Rahmen. In der modernen Regiogeldbewegung werden diese historischen Beispiele immer wieder zitiert (und teilweise mystifiziert); sie spielen eine wichtige Rolle innerhalb ihrer Legitimationsstrategien. Betrachten wir deshalb kurz zwei der wichtigsten Freigeld-Experimente.

Die Wära-Tauschgesellschaft

Abbildung 6: Wära-Notgeld

Quelle: complementarycurrency.org 01

Im Oktober 1929 wurde fast zeitgleich mit dem Schwarzen Freitag und der damit zusammenhängenden Weltwirtschaftskrise die ‚Wära-Tauschgesellschaft' gegründet[105]. Durch neu geschaffene ‚Wära-Scheine' sollte der Waren- und Leistungstausch unter den Mitgliedern erleichtert werden. Die Tauschbons konnten an den örtlichen Wechselstellen bei Bedarf in Reichsmark umgewechselt werden. Am Monatsende mussten die Scheine mit Marken in Höhe von 1% beklebt und somit ‚umlaufgesichert' werden (Werner 1989: 41f). Wechselstellen gab es in verschiedenen deutschen Städten, (international) bekannt wurde der Wära jedoch durch Schwanenkirchen. In dem kleinen niederbayrischen Ort wurde das dortige Braunkohlekraftwerk – der

(Ditfurth 1997), als „Obskuranten, Rassisten und Antisemiten" (Bierl 2001) in einen Topf werfen.

105 Das von den zwei Initiatoren, den deutschen Physiokraten Hans Timm und Helmut Rödiger erfundene Kunstwort Wära leitet sich aus den Begriffen ‚Währung' und ‚Währen' (im Sinne von stabil, dauerhaft) ab. Eine Wära entsprach dem Wert einer Reichsmark (Onken 1997: 30ff).

größte Arbeitgeber – stillgelegt. Mittels eines Wära-Kredits der Tauschgesellschaft konnte es wieder in Betrieb genommen werden; die Löhne der Arbeiter wurden teilweise in Wära bezahlt. Als immer mehr Geschäfte das umlaufgesicherte Zahlungsmittel akzeptierten, weitete sich der Wära erfolgreich auf umliegende Dörfer aus. Trotz seines verheißungsvollen Beginns – die Arbeitslosigkeit war deutlich gesunken – musste das Freigeldexperiment Ende 1931 abgebrochen werden: Die Deutsche Reichsbank verbot im Oktober dieses Jahres im Zuge der Brüningschen Notverordnungen die Herstellung, Ausgabe und Benutzung jeglichen Notgeldes (Onken 1997: 30f).

Das Wörgl-Notgeld

Abbildung 7: Wörgl-Notgeld

Quelle: complementarycurrency.org 02

Ein weiteres – und wohl das populärste – Freigeldexperiment wurde von 1932 bis 1933 in der Tiroler Marktgemeinde Wörgl durchgeführt. Dieses als ‚Wunder von Wörgl' mystifizierte Ereignis wird von der Freigeld- und Regiogeldbewegung immer wieder als Beweis für die segensreichen Auswirkungen eines umlaufgesicherten Geldes herangezogen. Die Weltwirtschaftskrise hatte damals die ‚goldenen zwanziger Jahre' jäh beendet. Angesichts Massenarbeitslosigkeit, Deflation und einer katastrophalen kommunalen Finanzlage beschloss der Wörgler Bürgermeister Michael Unterguggenberger der sozialen Not mit einem kommunalen ‚Nothilfe-Programm' entgegenzutreten. Er führte in seiner Gemeinde durch Schilling gedeckte ‚Arbeitswertbescheinigungen' ein, die durch das monatliche Aufkleben einer Marke (in Höhe von 1% des Nennwertes) ihre Gültigkeit behielten und die er als Löhne und Gehälter an öffentlich bedienstete Arbeiter und Angestellte ausbezahlte. Erste Lohnzahlungen kamen bereits nach einigen Tagen als Steuerzahlungen in die Gemeindekasse zurück, und als die Arbeitsbestätigungsscheine auch für die Bezahlung von Waren verwendet wurden, entstand ein eigenständiger Kreislauf des kommunalen Ersatzgeldes. Die Umlaufgeschwindigkeit dieses ‚Notgeldes' beschleunigte sich immens, Rückstände und Steuern wurden beglichen. Dies ermöglichte der Gemeinde ein umfangreiches Arbeitsbeschaffungsprogramm (Straßenrenovierung, Ausbau der Kanalisation, Bau einer Skisprungschanze), mittels dessen die Arbeitslosigkeit drastisch reduziert wurde (Schwarz 1951; Werner 1989: 42f). Während überall in Österreich die Zahl der Arbeitslosen vom August 1932 bis August 1933 um rund 10 Prozent anstieg, konnte sie im Bereich der Gemeinde Wörgl im gleichen Zeitraum um 25 Prozent gesenkt werden (Onken 1997: 36). Das Freigeldexperiment von Wörgl erregte internationales Aufsehen; aus mehreren Ländern kamen Wissenschaftler und Politiker, um es vor Ort zu studieren. Unter anderem der amerikanische Ökonom Irving Fisher untersuchte das Wörgl-Experiment, um es anschließend in den USA als Rezept gegen die Depression zu propagieren (Fisher 1933)[106].

Da Wörgls Geldexperiment Aufsehen erregte, begann die Österreichische Nationalbank angesichts potentieller Nachahmer um ihr Münzmonopol zu fürchten und untersagte die Ausgabe der Arbeitsbestätigungsscheine. So fand das ‚Wunder von Wörgl' im September 1933 ein abruptes Ende (Onken 1997: 37f). Es gab noch einige weitere weniger bedeutende Freigeld-Versuche, auch in anderen Ländern (etwa Frankreich, Spanien etc.). Insgesamt blieb die gesamte Freiwirtschaftsbewegung jedoch hauptsächlich auf den deutschen Sprachraum (v.a. Deutschland und Schweiz) beschränkt (Werner 1989: 102).

In der Zeit des Nationalsozialismus sympathisierten einige Freiwirte aufgrund des Passus zur ‚Brechung der Zinsknechtschaft' im NS-Parteiprogramm mit den Nazis, wurden teilweise als Mitglieder der NSDAP aktiv und versuchten (erfolglos) deren Politik zu beeinflussen. Die Mehrheit der Freiwirte allerdings lehnte den Nationalsozialismus ab und die NWO-Bewegung wurde 1934 verboten (Bartsch 1994: 93ff; Werner 1989: 88f). In den Nachkriegsjahren wurde die neu formierte Freigeldbewegung immer unbedeutender und schreckte mit den dogmatischen und teils rechtsnationalen Argumentationen ihrer Partei FSU (Freisoziale Union)[107] mehr Menschen ab, als sie mobilisierte (Werner 1989: 99). In den 1960er Jahren sollte sich vieles ändern; die Freigeldbewegung verband sich mit Anthroposophie, New Age und der neu entstehenden Umweltbewegung.

> „In diese Szene fuhr wie ein Wirbelsturm die historische Zäsur der Jahre 1967/67. Sie legte die Keime einer ökologischen und zugleich spirituellen Kultur jenseits des bisher

---

106 Die Situation in den USA während der Weltwirtschaftskrise der 1930er Jahre war ebenfalls durch steigende Arbeitslosigkeit geprägt, Banken wurden geschlossen, es kam zur Unterversorgung mit Geld. Beeinflusst durch Irving Fishers Empfehlungen gaben unterschiedliche Institutionen sogenannte ‚Scrips' (Berechtigungsscheine) heraus, die – aus unterschiedlichsten Materialien (Papier, Holz, Metall, Muscheln, sogar Fischhaut) gefertigt – für die verschiedensten Zwecke wie zur Selbsthilfe, für Steuerzahlungen, als umlaufgesichertes Geld, als Verrechnungsscheine etc. verwendet wurden (vgl. Gatch 2004 oder auch die mit Abbildungen der unterschiedlichen Scheine versehene Webseite depressionscrips.com). Jene Stamp Scrips, die nach Gesellschen Maßregeln gestalten waren, wurden meist durch Städte und Gemeinden herausgegeben, die damit Arbeitslose für die Durchführung öffentlicher Aufgaben bezahlten. Sie waren jedoch mit einer immens hohen Umlaufgebühr von 2 % des Nennwerts der betreffenden Scheine pro Woche (!) versehen, was letzten Endes nur den jeweiligen Emittenten eine zusätzliche Geldquelle verschaffte. Entsprechend ihrer Konzipierung als kurzfristig anzuwendendes Mittel zur Krisenüberwindung wurden die Experimente mit dem Markennotgeld nach einem Jahr vom amerikanischen Schatzamt eingestellt (Onken 1997: 38f).

107 Die FSU ging 2001 in der neu gegründeten Humanwirtschaftspartei auf, da sich die damaligen und heutigen Mitglieder von den, wenn auch wenigen, rechtsextremen Funktionären der FSU distanzieren wollten (Werner 1989: 97f).

vorherrschenden Ökonomismus und Materialismus, denen auch die Freiwirtschaft verhaftet war" (Bartsch 1994: 330f).

In die ‚klassische' NWO-Bewegung drang eine Vielzahl von außen kommender Denkformen und Modethemen ein. Aus sozial-liberal wurde öko-sozial, die ursprünglichen Zielsetzungen wurden auf die klassischen Alternativ-Themen (Umwelt, Frauen, Frieden, Dritte Welt) der Neuen Sozialen Bewegungen umgedeutet (Niederegger 1997: 20). Durch die verstärkte Zusammenarbeit mit der Anthroposophie (Dreigliederungs-Bewegung) öffnete sich die Freiwirtschaft zudem esoterischen Denkmustern. Neue Theoretiker griffen die verschiedenen Einflüsse auf und integrierten sie in die Freiwirtschaftslehre. Diese ‚Öffnung' der Bewegung führte einerseits zu einer gewissen Entdogmatisierung und Vernetzung mit anderen gesellschaftskritischen Organisationen. Andererseits schien damit die Freiwirtschaftsbewegung als politisch oder intellektuell einigermaßen bedeutende Kraft zunächst untergegangen zu sein. Sie zersplitterte sich in eine Vielzahl an losen Gruppierungen, Debattierclubs, Bürgerinitiativen usw. (Niederegger 1997: 18f). Und dennoch: Ein beachtliches – wenn auch lose verbundenes – Netzwerk entstand, das eine Grundlage für eine neuerliche Mobilisierung der Bewegung bildete.

2.2. *Die Anthroposophen und ihr Einfluss auf die Regioszene*

Zu den sozialreformerischen Bewegungen gesellten sich ab der Mitte des 19. Jahrhunderts diverse okkultistische und spiritistische Strömungen[108]. Als historische Initialzündung gilt der Klopfgeist von Hydesville, USA. Im Haus des Methodistenpredigers John D. Fox wurden 1848 seltsame Klopfzeichen wahrgenommen, als deren Ursache man schließlich den Geist eines Verstorbenen benannte. Die Familie begann ein System zu dessen Befragung zu entwickeln – die Grundlagen für das später verbreitete ‚Tischerücken' (Pytlik 2005: 37). Eine eigens berufene Untersuchungskommission versuchte das ‚Geisterklopfen' mit kritischer Prüfung rational zu erklären und scheiterte. Schnell sprach sich das Phänomen herum. Als weitere öffentlichkeitswirksame Spukphänomene und diverse Traktate über das Jenseits folgten, formierte sich rasch eine breite Spiritisten-Bewegung, die bereits 1855 allein in Amerika geschätzte zwei Millionen Menschen umfasste und sich bald darauf nach Europa ausbreitete (Hutten 1973: 6f; Schnabel 2007: 38). Anscheinend bestand in der modernisierten Gesellschaft ein dringender Wunsch nach Transzendenz. Der rasante gesellschaftliche und technische Wandel verursachte bei vielen Menschen

108 Der Spiritismus ist eine spiritualistische Lehre, zu deren Grundlagen zählt, dass die Seelen Verstorbener, sogenannte Geister, sich mithilfe eines Mediums unter gewissen Umständen mitteilen können (Pytlik 2005: 35).

Gefühle innerer Heimatlosigkeit, es entstand ein Bedürfnis nach Lebensberatung, religiöser Erfahrung und einer einheitlichen Weltsicht. In diese Lücke stieß der neu entstandene Spiritismus[109], dem schon bald andere Okkultrichtungen zur Seite traten. Eine der wichtigsten war die Theosophie, der Ursprung der heutigen Esoterik (Schnabel 2007: 38). Ihre Geschichte begann in New York mit der Theosophischen Gesellschaft, die 1875 primär von der Deutsch-Russin Helena Petrovna Blavatsky (1831-1891) und dem Amerikaner Oberst Henry Steel Olcott (1840-1921) gegründet wurde. Die aus russischem Adel stammende Blavatsky kam auf ihren Reisen mit verschiedenen esoterischen Lehren in Kontakt und konzeptionierte ihre Theosophie als Mischung okkultistischer Vorstellungen mit Ideen aus Hinduismus, Buddhismus und der Gnosis. Die Theosophie als kosmologische pantheistische Emanationslehre verstand sich als Wurzel aller Religionen und als Synthese von Kunst, Wissenschaft und Religion. Mit der Zeit entstanden weltweit verschiedene Logen bzw. Landesgesellschaften, etwa 1902 in Berlin die ‚Deutsche Sektion der Theosophischen Gesellschaft'. Diese wählte im selben Jahr den Österreicher *Rudolf Steiner* (1861-1925) zum Generalsekretär. In dieser Funktion entwickelte Steiner aus dem Gedankengebäude der Theosophie heraus seine eigene spiritualistische Weltanschauung, die *Anthroposophie* (Paul 1992: 16). Sie sollte eine der einflussreichsten esoterischen Bewegungen werden – und eine der Grundlagen der Regiogeldbewegung.

Die Anthroposophie basiert zu einem großen Teil auf den theosophischen Schriften, die Steiner in seiner Zeit als Generalsekretär verfasste. Allerdings setzte er von Anfang an eigene Akzente. Steiner lehnte die bislang maßgebliche Ausrichtung an der östlichen Spiritualität (Hinduismus, Buddhismus, etc.) ab und schloss eher an westliche Strömungen wie den deutschen Idealismus und v.a. christliche Elemente an (Krämer et al. 1987: 35)[110]. Steiner entwickelte in seiner Lehre auch einen neuen,

---

109 Im Spiritismus wird ein Element deutlich, das für alle Ansätze der modernen Esoterik – die im Übrigen neben der Romantik die zweite große Gegenströmungen zur Aufklärung darstellt – gilt: So sehr sich die esoterischen Ansätze jedoch auch vom aufklärerischen Materialismus abgrenzen, sie sind doch letztlich „aus den Elementen säkularer Denkstrukturen gewoben" (Hutten 1973: 8). Der Spiritismus etwa hat von Anfang an den Anspruch erhoben, eine empirisch-kritische Wissenschaft zu sein, die Material von Paraphänomenen sammelt, prüft und auswertet.

110 Von Kritikerseite werden Steiners Lehre zudem Elemente aus diversen anderen okkulten Vereinigungen zugeschrieben, deren Mitglied er auch teilweise gewesen sein soll: Genannt werden etwa die Rosenkreuzer (eine geheime Gesellschaft aus den Anfängen des 17. Jahrhunderts, deren ‚immerwährende Philosophie' sich aus Alchemie, Hermetik und Kabbalistik speist), der ritual- und sexual-magisch ausgerichtete Ordo Templi Orientis oder die Freimaurer (Grandt/Grandt 1997: 81ff). Außerdem war Steiner großer Goethe-Verehrer und übernahm viele Elemente dessen ganzheitlicher Weltanschauung. Nicht umsonst nannte Steiner seinen 1928 im schweizerischen Dornach errichteten Hauptsitz ‚Goetheanum'. Wenn die Regiogeldbewegung heutzutage ihren Kongress mit dem Faust II - Zitat „Es fehlt an Geld, nun

seiner Ansicht nach zeitgemäßeren und tieferen Zugang zu Christus, namens ‚Christosophie' (Krech/Kleiniger 2006: 605). Dadurch entstanden innerhalb der Anthroposophie – im Gegensatz zu anderen esoterischen Strömungen – christliche Gruppierungen, die bis heute eine wichtige Rolle spielen[111]. Christus war für Steiner Zentrum und einmaliger Mittelpunkt der Menschheitsgeschichte (Krech/Kleininger 2006: 569). Dementsprechend brach er mit der Theosophischen Gesellschaft, als Blavatskys Nachfolgerin Annie Besant (1847-1933) im indischen Adyar (seit 1879 Hauptsitz der Theosophischen Gesellschaft) den vierzehnjährigen Hindujungen Jiddu Krishnamurti zum Weltenlehrer und reinkarnierten Christus ausrief. Fortan benannte Steiner das, was er bisher als Theosophie gelehrt hatte in Anthroposophie um und gründete 1913 zur Verbreitung seiner Lehre die ‚Anthroposophischen Gesellschaft'.

Steiners Anthroposophie (griech. anthropos: Mensch; sophía: Weisheit) versteht sich als ‚Geisteswissenschaft', als eine Wissenschaft vom Übersinnlichen, die Erkenntnisse über den göttlich-geistigen Bereich vermittelt (Becker 1987: 81). Steiner bezeichnet sie als einen Erkenntnisweg, „der das Geistige im Menschenwesen zum Geistigen im Weltenall führen möchte" (Steiner 1926: 5). Diese Forschung im Übersinnlichen soll in methodischer Art und Weise durchgeführt werden[112]. Die Anthroposophie versteht sich dabei als geschlossenes, universal aufgebautes System: Natur- und Geisteswissenschaften, Materie und Geist, Mensch, Erde und Kosmos, Vergangenheit, Gegenwart und Zukunft schließen sich zu einem lückenlosen Ganzen zusammen (Krech/Kleiniger 2006: 605)[113].

---

gut, so schafft es denn" (regiogeldkongress.de) eröffnet, scheint das eine subtile Referenz an ihre anthroposophischen Wurzeln zu sein.

111 Die christlichen Elemente in der Anthroposophie bewirkten – entgegen Steiners Absicht – viele Doppelmitgliedschaften sowie eine eigene ‚Christengemeinschaft', die sich als von der Anthroposophie inspirierte, aber unabhängige Kultusgemeinschaft versteht. Diese Überschneidungen finden sich auch in der heutigen Regiogeldbewegung. Viele Aktivisten entstammen Vereinigungen wie den ‚Christen für gerechte Wirtschaftsordnung' (CGW), die als Quellen ihrer Erkenntnisse nicht nur Bibel und Kirchenväter nennt, sondern auch Steiner und Gesell (cgw.de).

112 Wieder erkennt man einen Gegenentwurf zum Rationalismus, der sich gleichzeitig rationaler Mittel (wissenschaftlich-methodischem Vorgehen) bedient. Der Wissenschaftsanspruch der Anthroposophie wird jedoch zu unrecht vertreten, denn gerade deren zentrale Postulate zeichnen sich dadurch aus, nicht intersubjektiv, nicht falsifizierbar und nicht empirisch überprüfbar zu sein (Badewien 2006: 4f; Becker 1987: 82).

113 Beschreitet man Steiners ‚Erkenntnisweg', lassen sich ihm gemäß immer tiefere Erkenntnisse über sämtliche Sachverhalte gewinnen – von der eigenen Rolle im Weltgeschehen bis zu den Zielen der kosmischen Evolution (Krech/Kleininger 2006: 572ff). Steiner selbst behauptet, auf diesem Wege Einblicke in die ‚Akasha-Chronik', einem immateriellen, allumfassenden Weltgedächtnis erhalten zu haben. Er teilt diese Erkenntnisse mit in seiner Schrift ‚Aus der Akasha-Chronik' (Steiner 1995) – und beansprucht für sie gleich den Rang eines ‚fünften

In seinem über 360 Bände (u.a. Mitschriften von über 6.000 Vorträgen) umfassenden Werk befasst Steiner sich etwa mit Reinkarnation und Karma, der Dreigliedrigkeit von Geist, Seele und Leib, der Unterteilung des Körpers in physischen Leib, Ätherleib, Astralleib, etc. (Zinser 2006: 10f). In Anbetracht der vorliegenden Fragestellung wird hier auf einen tieferen Einstieg verzichtet und nur die Steinersche Geldtheorie in aller Kürze wiedergegeben.

2.2.1 Das anthroposophische Geld: Kaufen-Leihen-Schenken

In seinen Schriften „Die Kernpunkte der Sozialen Frage in den Lebensnotwendigkeiten der Gegenwart und Zukunft" (1919) und „Nationalökonomischer Kurs" (1922) entwickelt Steiner seine sozialreformerischen Gedanken. Er formuliert den gesellschaftspolitischen Entwurf einer ‚Dreigliederung des sozialen Organismus', der eine Alternative zu Kapitalismus und Kommunismus ermöglichen sollte. Steiner beschreibt die Grundstruktur einer Gesellschaft, in der sich drei selbst verwaltete und relativ autonome Subsysteme (Geist, Wirtschaft, Recht) gegenseitig die Waage halten. Den drei Teilen ordnet er unterschiedliche Prinzipien zu: Freiheit für das Geistesleben, Gleichheit für das Rechtsleben und Brüderlichkeit für das Wirtschaftsleben (Krech/Kleiniger 2006: 570; Steiner 1919: 41ff). In seiner Vision einer besseren Wirtschaft ist das Geld gewissermaßen „gezähmt" (Steiner 1922: 141). Die auf den ersten Blick deutlichen Parallelen[114] von Steiners ‚befristetem Geld' mit

Evangeliums'. Demnach vollziehe sich die Entwicklung auf der Erde in sieben Zeitaltern, die jeweils von einer ‚Wurzelrasse' geprägt werden: Es begann mit einer polarischen und hyperboräischen Zeit, es folgten Lemurier und Atlantier, derzeit befinde sich die Menschheit im Abschnitt der fünften, der arischen Wurzelrasse (Badewien 2006: 3). Unter anderem wegen dieser eigenwilligen Version der Weltgeschichte werden immer wieder Rassismus-Vorwürfe gegenüber der Anthroposophie laut. Ein gern zitiertes Beispiel der Kritiker ist etwa folgende Aussage Steiners: „Der Neger hat also ein starkes Triebleben. Und weil er eigentlich das Sonnige, Licht und Wärme, da an der Körperoberfläche in seiner Haut hat, geht sein ganzer Stoffwechsel so vor sich, wie wenn er in seinem Innern von der Sonne selber gekocht würde. Daher kommt sein Triebleben. Im Neger wird das drinnen fortwährend richtig gekocht [...] Wenn die Neger nach dem Westen auswandern, da können sie nicht mehr soviel Licht und Wärme aufnehmen wie in ihrem Afrika. [...] Daher werden sie Kupferrot, werden Indianer. [...] Die Weißen sind eigentlich diejenigen, die das Menschliche in sich entwickeln" (Steiner 1923). Textpassagen wie diese werden auch von Anthroposophen als problematisch und diskriminierend gesehen, allerdings seien sie nur Ausdruck von zeitgenössischen Vorurteilen und prägten nicht den Wert und die Ausrichtung der Anthroposophie (Rüsen 2006). Das Steinersche Rassenkonzept ist eher im Sinne verschiedener Zeitalter und menschlicher Evolutionsstufen zu verstehen, als in ‚völkischen' Kategorien wie ‚Blut, Rasse, Volk' die die Anthroposophie überwinden wollte. Die Nazis bekämpften deswegen die anthroposophische Weltanschauung und verboten die Bewegung 1935 (Werner 1999: 7f).

114 Steiner nimmt explizit Bezug auf Gesell. Er teilt dessen Sichtweise einer problematischen Überlegenheit des Geldes gegenüber den (verfallenden) Waren, verwirft jedoch die Gesellsche

Silvio Gesells ‚rostendem Geld' erklären das häufig einträchtige Miteinander von Freiwirten und Anthroposophen. Auf den zweiten Blick offenbaren sich jedoch deutliche Unterschiede in Steiners Konzeption, von der ganz eigene Impulse für das Regiogeld ausgingen.

Für Steiner ist Geld nicht anderes als eine Buchführung, in welcher die Forderungen der Menschen untereinander dokumentiert sind; beim Bargeld handelt es sich letztlich um eine ‚fliegende Buchführung', die nur für den Augenblick durch die Scheine und Münzen dokumentiert ist (Steiner 1922: 161). Geld ist eine Abstraktion und erleichtert damit den Tausch, führt aber durch seine Wertbeständigkeit zu Krisen im volkswirtschaftlichen Kreislauf. Es wird gehortet, verteilt sich ungerecht und übt als Kapital Macht über die Arbeit aus (Behrens 1995). Deswegen muss es wie die Waren altern. Im Unterschied zu Gesell geht es Steiner aber nicht um die Abschaffung des Zinses, sondern um ein von Brüderlichkeit (im Sinne von Gegenseitigkeit) geprägtes Wirtschaftsleben. Dazu soll befristetes Geld von Zusammenschlüssen aus Wirtschaftssubjekten, sog. wirt-schaftlichen „Assoziationen" (Steiner 1922: 60) herausgegeben werden. Eine solche Assoziation umfasst viele Unternehmen, die miteinander in Geschäftsbeziehung stehen und natürlich auch deren Mitarbeiter. Das Geld der Assoziation dient als allgemeines Zahlungsmittel für die Erzeugnisse der Assoziation (Reeder 2002: 3). Geschöpft wird es von der Bank der Assoziation, gedeckt ist es durch die „wirtschaftlichen Leistungen, die Menschen durch ihre Tüchtigkeit und Initiative füreinander erbringen" (Strawe 1998: 13). Ein Mitarbeiter arbeitet also für die Assoziation und bekommt als Gegenleistung ein zeitlich befristetes Geld, das innerhalb der Gültigkeitsdauer wieder zur Assoziation zurückfließen muss. Die Befristung ist deswegen erforderlich, weil die Produktionsmittel der Assoziation nur begrenzt haltbar sind, sich abnutzen[115]. Die (rechtlichen) Ansprüche auf die Leistungen der Assoziation, die das Geld dokumentiert, müssen demnach auch verjähren – Steiner schlägt vor, dass 25 Jahre nach seiner Entstehung Geld wertlos werde (Steiner 1922: 142). Dadurch gewinnt es verschiedene Qualitäten als Kaufgeld, Leihgeld oder Schenkungsgeld (Steiner 1922: 137ff). Als *Kaufgeld* behält dieses befristete Geld seinen Wert (innerhalb der Gültigkeitsdauer) bei und ermöglicht den Zugriff auf Waren und Dienstleistungen. Es wird *Leihgeld*, wenn es für einen Produktionskredit verliehen wird, wobei hier ‚junges' Geld teurer ist, da für die längere Laufzeit mehr Zins zu zahlen ist, und gleichzeitig wertvoller, weil damit längere Finanzierungen (für den Kreditnehmer) oder Geldanlagen (für den Kreditgeber) bei der Assoziationsbank möglich sind (Reeeder 2002: 4). Zins- und Tilgungszahlungen werden dabei mit dem jeweils ältesten Geld geleistet, das der

Lösung als zu simpel. „Sie kurieren da nur an den Symptomen herum. Dadurch, dass sie dem Gelde einen anderen Wert geben, dadurch schaffen sie nichts Reales" (Steiner 1922: 61).

115 Hier wieder ein Unterschied zu Gesell: Steiner bezieht sich auf das Altern der Produktionsmittel, Gesell auf das der Waren.

Empfänger dann wieder anlegen, konsumieren oder zur Zahlung seiner Schulden verwenden kann. Ganz altes Geld hingegen kann nicht mehr angelegt werden. Es fließt entweder in den Konsum oder wird – wenn der Empfänger nichts mehr benötigt – zum *Schenkungsgeld* (Steiner 1922: 140). Dieses wirkt als Zukunftsgeld, da es Bildung, Forschung, Schule, Musischem, Kulturellem und Sozialem zukommt und so die Gesamtintelligenz und Produktivität einer Gesellschaft (Assoziation) steigert. So werden letztlich auch die Kosten der Wertspeicherfunktion des Geldes finanziert und zudem eine gerechtere Verteilung des Geldes erreicht. Wenn dann noch eine Bodenreform hinzukommt, so dass Geld sich nicht mehr im Boden „stauen" (Steiner 1922: 102) kann, wäre der Kapitalismus überwunden; ein konstanter volkswirtschaftlicher Kreislauf bei „ununterbrochener Dauervollbeschäftigung und Wohlstandsvermehrung" (Behrens 1995: 17) wäre die Folge, die Zinsen würde gegen Null sinken und eine „menschenwürdige[ ] Ordnung des ökonomischen Lebens" (Strawe 1994) wäre etabliert.

Steiner versuchte, seine Idee der Dreigliederung politisch durchzusetzen – jedoch ohne Erfolg. Erst in den 1970er Jahren sollte es konkrete Versuche mit anthroposophischem Geld geben, die ihrerseits nur in Zusammenhang mit der anthroposophischen Bewegung verstanden werden können. Aus Platzgründen[116] beschränken wir uns hier auf den Aspekt der ‚Entwicklung der praktischen Lebensformen'.

2.2.2 Die Anthroposophische Bewegung und die Entwicklung praktischer Lebensformen

Von seinem 1913 im schweizerischen Dornach gebauten Hauptsitz aus organisierte Steiner seine anthroposophische Gesellschaft, der sich die meisten in Deutschland lebenden Theosophen anschlossen. Entsprechend des universalistischen Anspruchs seiner Lehre, äußerte sich Steiner zu so ziemlich allem. Er formulierte eigene Ideen und Ansätze zur Pädagogik, zur Medizin, zu Kunst (Architektur, Bewegungskunst, Sprachgestaltung), für die Landwirtschaft (biologisch-dynamisch) und auch zur Bewältigung der wirtschaftlichen Probleme. Nachdem der Versuch diese Ideen politisch umzusetzen scheiterte, wurde eine andere Strategie öffentlichen Wirkens gewählt: Steiner und seine Anhänger veranstalteten sog. *Hochschulkurse* und gründeten *Musterinstitutionen*, die aufzeigen sollten, dass anthroposophische Sozialideen praktisch verwirklicht werden können. Im Zuge dieser Bemühungen wurde u.a. die

116 Die Literatur zur anthroposophischen Bewegung ist äußerst umfangreich. Allein zur Entwicklung bis 1945 siehe etwa das fast 2000 Seiten starke, zweibändige Werk von Zander (2007).

erste Waldorfschule[117] gegründet (Paul 1992: 52ff). Viele weitere Musterinstitutionen in unterschiedlichsten Bereichen – von Landwirtschaft über die Medizin bis hin zum Finanzwesen – sollten folgen. Sie gaben der Anthroposophie ihre für eine esoterische Lehre einzigartige Struktur und bestehen heutzutage noch. Als Steiner 1925 starb, entstanden diverse innere Kämpfe. Im Dritten Reich wurde die Anthroposophie verboten. Nach 1945 aber erlebte sie einen neuen Aufschwung (Krech/Kleininger 2006: 571). Heute ist die Anthroposophie, organisiert in der ‚Allgemeinen Anthroposophischen Gesellschaft' mit ihren 20.000 Mitgliedern in Deutschland und ca. 60.000 weltweit, eine der wichtigsten und gesellschaftlich am tiefsten verankerten esoterischen Organisationen Deutschlands (Krech/Kleininger 2006: 600). Trotz der relativ kleinen Mitgliederzahl darf der Einflussbereich anthroposophischen Denkens nicht unterschätzt werden. Denn weitaus größer als die Zahl der eingetragenen Mitglieder dürfte der Kreis der Sympathisanten sein, der sich v.a. aus Menschen zusammensetzt, die im sozialen, im medizinischen, pädagogischen, künstlerischen oder landwirtschaftlichen Bereich anthroposophische Lebensformen kennengelernt haben. Die aus der Anthroposophie entstandenen Einrichtungen (Musterinstitutionen) umfassen etwa die Waldorfschulen[118], einige hundert anthroposophisch orientierte Ärzte, etliche Sanatorien und Kliniken, Medikamente und Körperpflege (Weleda, Wala), heilpädagogische Einrichtungen (Camphill[119]), Ausbildungsstätten (für Eurythmisten[120], Kunst- und Musiktherapeuten, Heilpädagogen, etc.), biologisch-dynamischen Landbau (Demeter) mit teils eigenen Vermarktungsgesellschaften (etwa: Naturata-Verein) usw. usf. (Krech/Kleininger 2006: 593ff; Paul 1992: 70ff). Die zweitgrößte Drogeriekette Deutschlands, dm-Drogeriemarkt, ist an anthroposophischen Idealen ausgerichtet. Ihr Gründer, Götz Werner propagiert das bedingungslose Grundeinkommen (auch ein beliebtes anthroposophisches Thema) und an der Universität Kassel gibt es sogar einen eigenen Lehrstuhl für anthroposophische biologisch-dynamische Landwirtschaft (agrar.uni-kassel.de).

117 Der Name leitet sich von der Zigarettenfabrik ‚Waldorf Astoria' in Stuttgart ab, dessen Direktor Steiner 1919 bat, eine Schule für die Kinder seiner Arbeiter zu betreuen.

118 Nach eigenen Angaben gibt es 212 in Deutschland und 965 in weltweit 58 Ländern (Stand April 2008; waldorfschule.info).

119 In den ‚Camphill Communities' erstmalig 1939 in Aberdeen, Schottland gegründet leben Menschen mit schweren geistigen, seelischen und körperlichen Beeinträchtigungen zumeist gemeinsam mit den Familien und ihren Betreuern in dorfähnlichen Gemeinschaften.

120 Die Eurythmie ist eine expressive Bühnenkunst, die geistige Inhalte durch Körperbewegungen und Gesten darstellen soll. In den Waldorfschulen ist sie (teils gehasstes, vgl. Holm 2007: 64) Pflichtfach und wird in Deutschland u.a. an der anthroposophisch ausgerichteten Alanus Hochschule für Kunst und Gesellschaft unterrichtet.

Es ließen sich noch eine Vielzahl weiterer Beispiele nennen – wichtig ist hier aber eines: Die Anthroposophie kennzeichnet eine eigene „spirituelle Alltagskultur" (Paul 1992), die die eigentliche Organisationsstruktur der Bewegung mit einer diffusen Wolke aus informellen Projekten, Umfeldprojekten und internationalen Beziehungen überlagert[121]. Dieser Kontext ist auch für die Regionalgeldbewegung von Bedeutung.

2.3. *Die Entstehung der Regionalgeldbewegung*

Regionalgeld scheint oberflächlich eine moderne Kopie des Wäras oder des Wörgl-Notgeldes zu sein, in seinen Zielsetzungen – wie auch den Motivationen seiner Macher – spiegeln sich vielfältige, teils widersprüchliche und komplexe Einflüsse aus Anthroposophie, Freiwirtschaft und vielen zeitgeschichtlichen Strömungen wider.

Anthroposophie und Freiwirtschaft waren nie strikt voneinander getrennt. Schon durch die partielle Übereinstimmung der Theorien von Gesell und Steiner gab es häufige Doppelmitgliedschaften (Werner 1989: 76). Der Einschlag der *Anthroposophie* in die Freiwirtschaft äußerte sich vor allem in der Ersetzung des Prinzips Eigennutz durch das Prinzip Brüderlichkeit für die Wirtschaft:

> „Die dienende Funktion der Wirtschaft ist das Urelement, das im anthroposophischen Denken verankert ist" (Hagenauer 1998: 24f).

Weiter wurde Gesells Idee eines gesamtstaatlichen Freigeldes relativiert und ergänzt durch Fragen nach dem optimalen Währungsraum, der (zukünftigen) Organisationsform von Unternehmen, dem Akt der Geldschöpfung und v.a. der Demokratisierung des Geldes. Indem die NWO-Bewegung mit der Anthroposophie zusammenarbeitete[122], öffnete sie sich auch stärker der Öffentlichkeit und der Wissenschaft: Gesells Schriften wurden nicht mehr als unfehlbare ‚Bibel' gehandelt,

121 Der Tatbestand, dass es Steiner gelang, eine verbindliche soziale Gemeinschaft und Organisation inkl. interner Normen und Kriterien des Denkens und Verhaltens zu entwickeln, macht die Anthroposophie einzigartig innerhalb der modernen Esoterik. Denn Esoteriker zeichnen sich vielfach durch eine ausgeprägten Individualismus aus, der es i.d.R. nicht zu verbindlichen Organisationen kommen lässt bzw. in diesen rasch zu Spaltungen geführt hat (Zinser 2006: 3f).

122 Beispielsweise gründete sich schon früh (1957) das ‚Seminar für freiheitliche Ordnung' als unabhängige Forschungs- und Bildungseinrichtung zu anthroposophischen und freiwirtschaftlichen Theorien.

sondern sollten sich der öffentlichen Diskussion und der wissenschaftlichen Forschung stellen[123].

Mit der Kulturrevolution von 1968 näherten sich die Konzepte beider Bewegungen in Sachen alternatives Geld noch stärker aneinander an und verbanden sich mit den Denkmustern verschiedenartiger *Neuer Sozialer Bewegungen*[124] . Nach dem Abflauen der Studentenbewegung und der APO formierten sich unterschiedlichste Bewegungen, so etwa Ökologie-, Friedens-, (neue) Frauen-, Anti-AKW-, Alternativ- oder Antiimperialistische Bewegung. Während die 1968er eher abstrakte, politökonomische Zusammenhänge thematisierten, verschob sich die Aufmerksamkeit ab den 1970ern. Wohl auch wegen enttäuschter revolutionärer Hoffnungen wandte man sich eher hin zur Ebene der Subjektivität und des Alltagslebens. Zu den jeweiligen sozialen Problemlagen, die im Kern der einzelnen Initiativen standen, gesellten sich häufig esoterische Strömungen und spirituelle Sinngebungsprozesse[125]. Einer antikapitalistischen Ausbeutungs- und Emanzipationssemantik folgten nun Wachstums-, Technokratie- und Zivilisationskritik. Verschiedene Kritikstränge, etwa Kritik der technokratischen Wachstumsgesellschaft und des industriellen Fortschrittmodells, feministische Patriarchatskritik sowie das Bild eines selbstbestimmten, egalitären Lebens, verknüpften sich zu der Utopie einer neuen Lebensweise (Brand 1998: 34f).

> „Diese sozial-ökologische Utopie verband das Modell eines dezentralisierten, basisdemokratisch organisierten Gemeinwesens mit dem Konzept einer ökologisch verträglichen, bedürfnisorientierten Wirtschaft, die sich einer ‚sanften', den ökologischen und sozialen Zwecken ‚angepassten' Technologie bediente" (Brand 1998: 35).

All dies brachte auch die Gesellsche Sozialutopie bzw. das ihr implizite mechanische Weltbild von Wettbewerb und Auslese ins Schwimmen. Der innere Dogmatismus der Freiwirtschaftsbewegung, die noch in den 1950er Jahren eine öffentlich kaum beachtete, vergreisende Szene war, begann durch die neuen Themen brüchig zu

123 Hierfür bildeten sich eine Vielzahl verschiedener (freiwirtschaftlicher und anderer) Institutionen, etwa die ‚Sozialwissenschaftliche Gesellschaft 1950 e.V.' mit ihrer seit 1964 erscheinenden ‚Zeitschrift für Sozialökonomie' und den seit 1986 veranstalteten ‚Mündener Gesprächen'. Diese führten – entsprechend ihres Leitmotivs ‚Werbung um Sympathie und Vertrauen' - seither eine größere Zahl neuer Interessanten an die Freiwirtschaftslehre heran.

124 Der Begriff ‚Neue Soziale Bewegung' ist eine Sammelbezeichnung für alle sozialen Bewegungen seit den 1970er Jahren.

125 Der Einfluss der Esoterik und mit ihr einhergehender in sich geschlossener Gedankengebäude und Ideologien trug langfristig zu einer gewissen Entpolitisierung und Vereinzelung von Teilen der Neuen Sozialen Bewegungen bei und führte bei vielen ehemals politisch aktiven Menschen zum Rückzug in eine ‚innere Emigration', wie ein Vorwurf der weiterhin politisch Aktiven lautete.

werden. Viele Freiwirte, v.a. aus dem lebensreformerischen Flügel, arbeiteten intensiver mit Anthroposophen zusammen und öffneten sich für New Age und Ökologie (Niederegger 1997:17ff). Innerhalb der Freiwirtschaft entstanden so kleine Gruppen und Bürgerinitiativen, die verschiedene Impulse aus den neuen sozialen Bewegungen, aus Kirche und Anthroposophie aufgriffen und umgekehrt ihre Ideen in diese Bewegungen einbrachten. Oft blieb so von dem Gesellschen Gesamtkonzept nur die Idee der ‚rostenden Banknote' übrig – hinzu kamen dafür andere Zielsetzungen (Bartsch 1994: 278ff).

Das Eintauchen in die *Umweltschutzbewegung*[126] führte dazu, dass ökologische Ethik Eingang in die Freiwirtschaft fand. Die ursprünglichen Zielsetzungen wurden umgedeutet: Umweltzerstörung entsteht etwa durch den ‚Zinses-Zins-Effekt', der ein exponentielles Wachstum der Wirtschaft – und einen dementsprechend rücksichtslosen Umgang mit der Natur – bewirke. Diese gegenüber der klassischen Freiwirtschaftslehre, die den wirtschaftlichen Fortschritt rückhaltlos bejahte, völlig neuartige These spielt seither in fast jeder größeren NWO-Publikation eine entscheidende Rolle (Niederegger 1997: 20).

Auch das Verhältnis *Christentum* und Freiwirtschaft sollte sich mit der Kulturrevolution von 1968 wandeln. Ein neureligiöses Bewusstsein war entstanden, lenkte einerseits die Aufmerksamkeit auf Fragen des Sinns und des Glaubens, andererseits gegen Kirche und Herrschaft von oben. Innerhalb des Christentums traten die Fragen des Glaubens gegenüber dem sozialen Engagement in den Hintergrund. Die christlichen Kirchen wurden offener und liberaler, die Freiwirtschaftsbewegung sozialer und beide näherten sich an[127]. Auf diese Weise fand eine Vielzahl religiöser Inhalte Eingang in die moderne Freiwirtschaftsbewegung; oft gehen sogar die stärksten freiwirtschaftlichen Impulse von diversen christlichen bzw. katholischen Gruppen aus (Niederegger 1997: 22). Eine wichtige Rolle hierbei spielen die Christen für gerechte Wirtschaftsordnung (CGW[128]), die den ‚reinen' freiwirtschaftlichen

---

126 Bereits recht früh arbeiteten lebensreformerisch orientierte Freiwirte in Bürgerinitiativen für den Umweltschutz mit, tauchten so immer stärker in die Grüne Bewegung ein und übernahmen deren Maßstäbe. Als Mitbegründer der GRÜNEN konnten die Freiwirte dort anfangs – zusammen mit dem anthroposophisch orientierten ‚Achberger Kreis' und der ‚Freien Internationalen Universität' (FIU) um den Künstler Joseph Beuys – eine gewisse Bedeutung erlangen (Werner 1989: 100). Diese relativierte sich allerdings schon bald, da die Gesellschen Abhandlungen über ‚Hochzucht' und ‚natürliche Auslese' die ganze Freiwirtschaftsidee als solche diskreditierten. Immerhin: Es gibt mit der ‚Aktion Dritter Weg/Liberalsoziale' immer noch eine freiwirtschaftliche Gruppierung innerhalb der GRÜNEN.

127 Dies wäre in der alten NWO-Bewegung, speziell im linken, physiokratischen Flügel, undenkbar gewesen. Gesell selbst war völlig antiklerikal, sein Materialismus, Liberalismus und Naturalismus stand in erklärtem Gegensatz zu religiösem Empfinden und christlicher Moral (Niederegger 1997: 21).

Ansatz um die Notwenigkeit der wirtschaftlichen Unterstützung sozial schwacher Menschen erweiterten.

Auch verschiedene Spielarten der modernen *Esoterik* (New Age) griffen die Idee der ,rostenden Banknote' auf und deuteten sie um. Entsprechend ihrer grundlegenden Denkmuster galt Freigeld nun nicht mehr als (mechanisches) Mittel ein stabiles Wirtschaftssystem zu konsolidieren, sondern als holistisches Konstrukt, das ökologische, spirituelle und wissenschaftliche Erkenntnisse vereint und die Entwicklung des menschlichen Bewusstseins und der Gesellschaft hin zu einer neuen Stufe befördert. Die unterschiedlichsten esoterischen Denkmuster wurden so auf die Idee des Freigeldes angewandt – bis hin zu Verschwörungstheorien, die ab Mitte der 1990er verstärkt im New-Age-Milieu auftraten (Goodrick-Clarke 2009: 552ff).

Neue Theoretiker griffen all diese unterschiedlichen Einflüsse und Denkmuster auf und integrierten sie in die Freiwirtschaftslehre: Mit dem Japaner Yoshito Otani lockerte sich der freiwirtschaftliche Eurozentrismus, der Jurist Dieter Suhr entwickelte aus Steiner und Gesell heraus zeitgemäße Umsetzungsmöglichkeiten eines ,Neutralen Geldes' und Werner Onken tat sich nicht nur als Freiwirtschafts-Archivar hervor, sondern integrierte auch Zielsetzungen eines ökologischen Humanismus (Bartsch 1994: 288ff). Zwei Autoren sollten eine besonders breite Wirkung entfalten – auf ihre Bücher verweisen so gut wie alle Regiogeldinitiativen: Helmut Creutz, Architekt und Mitbegründer der GRÜNEN, veröffentlichte ab Mitte der 1980er eine Reihe von Schriften, in denen er sehr anschaulich, undogmatisch und mit vielen Berechnungen versehen auf Zins, Ökologie und Freiwirtschaft eingeht. Vor allem sein 1993 erschienenes Buch „Das Geldsyndrom. Wege zu einer krisenfreien Marktwirtschaft" (Creutz 2003) erreichte so viele Menschen wie kaum eine freiwirtschaftliche Publikation zuvor. Margrit Kennedy, ebenfalls Architektin, veröffentlichte 1991 ihr Buch „Geld ohne Zinsen und Inflation" (Kennedy 2006), das inzwischen in der 6. Auflage in 13 Sprachen übersetzt und weltweit verkauft wurde. Sie greift darin Ideen der weiterentwickelten Freiwirtschaftslehre (v.a. von Yoshito Otani, Dieter Suhr, Helmut Creutz) auf, setzt aber eigene (ökologische und feministische) Schwerpunkte und – am wichtigsten – schafft es den trockenen Stoff so aufzubereiten, dass er auch volkswirtschaftliche Laien anspricht. Das Buch begeisterte eine Vielzahl an Menschen und machte Kennedy zu einer gefragten Referentin. Kennedy vertrat darin auch die Idee, alternative Geldexperimente auf regionaler Ebene durchzuführen. Zusammen mit dem belgischen Finanzexperten

128 Die 1989 gegründete CGW ging aus der 1950 entstandenen ,Arbeitsgemeinschaft freiwirtschaftlicher Christen' (AfC) hervor, die an das jahrhundertealte Zinsverbot der katholischen Kirche anknüpfte. Unter ihrem Vorsitzenden Roland Geitmann verstärkte sich die Kooperation mit freiwirtschaftlichen Institutionen wie der INWO, sei es in Form verschiedener Kongressen (etwa die jährlichen CGW/INWO-Tagungen in Birkenwerder bei Berlin, 1995-2008) oder durch die Erstellung gemeinsamer Werbematerialien (in der gemeinsamen ,Arbeitsgruppe gerechte Wirtschaftsordnung').

Bernard Lietaer veröffentlichte sie 2004 das Buch „Regionalwährungen. Wege zu nachhaltigem Wohlstand“ (Kennedy/Lietaer 2004), in dem sie verschiedene komplementäre Geldsysteme weltweit vorstellten und ihre Vision einer nachhaltigen, sozialen und ökologischen Wirtschaft mittels regionaler Geldsysteme beschrieben. Das Buch wurde zum ‚Standardwerk' der Regionalgeldbewegung.

Der Schritt von der Theorie zur Praxis wurde jedoch schon viel früher vollzogen. Erste *praktische Versuche mit alternativem Geld* gab es bereits ab den 1970er Jahren – hier sollte die Anthroposophie eine wichtige Rolle spielen. Diese Ansätze alternativer (anthroposophischer) Geldwirtschaft entstanden u.a. vor dem Hintergrund des Steinerschen Konzepts der *‚Sozialen Dreigliederung'*, das im Zuge der 1968er Bewegung eine Renaissance erlebte. Noch lebende Zeitzeugen und Mitstreiter der ersten Dreigliederungsbewegung nach dem Ersten Weltkrieg schlossen sich mit jungen Menschen zusammen und arbeiteten gemeinsam an der Zielsetzung eines ‚Dritten Weges' zwischen Kapitalismus und Staatssozialismus. Im Internationalen Kulturzentrum Achberg wurde, vor allem von Wilhelm Schmundt, aus den Grundgedanken der Dreigliederung eine alternative Geldordnung erarbeitet. Populär wurden diese Gedanken maßgeblich durch *Joseph Beuys*, der sie im Rahmen eines erweiterten Kunstbegriffs in seine Idee der Sozialen Plastik integrierte[129]. Für Beuys war „jeder Mensch ein Künstler“ (Beuys/Rappmann 1991: 28), wobei sich das künstlerische Gestalten nicht auf die Kunst beschränkt, sondern letztlich auf alles, auch auf die „Gestalt der Gesellschaft“ (Beuys/Rappmann 1991: 29). Entsprechend seiner Kurzformel Kunst = Kreativität = Kapital ging es Beuys darum, das Geld in eine „demokratische Totalität“ (Beuys/Rappmann 1991: 33) zu überführen.

> „Geld ist gar kein KAPITAL. FÄHIGKEIT aber *ist* KAPITAL. Das Geld als Ware hat also im Produktionsprozeß der Gesellschaft (Wirtschaft) nichts zu suchen, sondern muß/darf als universeller RECHTSGEBER für ARBEIT nur aus der Rechtssphäre (demokratisches Bankwesen) wirken“ (Beuys/Rappmann 1991: 31; Hervorh.i.Orig.).

Beuys engagierte sich auch für direkte Demokratie (etwa auf der documenta 5, 1972); er brachte den Begriff ‚Volksabstimmung' in die öffentliche Diskussion ein und erklärte die Gestaltung des Gemeinwesens zur größten Herausforderung der Demokratie (Harlan et al. 1984: 123). Die von ihm gegründete ‚Organisation für direkte Demokratie durch Volksabstimmung' ging 1980 in den GRÜNEN auf, bei denen Beuys anfangs ebenfalls aktiv war. Eine der Nachfolgeorganisationen, die Bürgerinitiative *‚Omnibus für direkte Demokratie gGmbH'*, mitbegründet vom Beuys

---

129 Viele Künstler beschäftigten sich durch Beuys inspiriert mit Geld bzw. Geldkritik, so etwa Michael Ende. Der populäre Autor war bekennender Anhänger der Freiwirtschaftstheorie (angeblich ist sein Märchen Momo eine freiwirtschaftliche Parabel). Die Übersetzung seiner Bücher und Essays ins Japanische (durch seine zweite Frau), trug maßgeblich dazu bei, die Freiwirtschaft in Japan populär zu machen.

Meisterschüler Johannes Stüttgen, sollte eine wichtige Rolle für das Regionalgeld spielen.

Vor diesem theoretischen Hintergrund, sowie angesichts ganz praktischer Finanzierungsprobleme einiger Waldorfschulen, haben sich seit den 1970er Jahren in Bochum die ‚gemeinnützige Kreditgarantiegenossenschaft eG' (1964), die ‚Treu handstelle Bochum' (1961) und daraus die ‚*GLS-Bank*' (1974) entwickelt (Bockemühl/Kerler 1985: 7). Neben der materiellen Sicherung der Bewegung ging es grundsätzlich darum, soziale Formen von Geldwirtschaft zu entwickeln, bei Spendenkultur, Stiftungen, Treuhandverwaltungen und Förderkreise eine Rolle spielen (Paul 1992: 175f). Die GLS-Bank (Gemeinschaftsbank für Leihen und Schenken) arbeitet nach ethisch-ökologischen Grundsätzen und investiert nicht in umweltschädliche oder sozial unverträgliche Vorhaben (ausgeschlossen sind etwa Atomenergie, Embryonenforschung, Gentechnik, Rüstung, Tierversuche; gls.de). Da ein Teil ihrer Geldanleger freiwillig auf Zinsen verzichtet, kann die GLS-Bank sogar Geld verschenken – als Zuwendung für besonders förderungsfähige Projekte. Viele Regiogeldinitiativen sind Kunden der GLS-Bank.

Ende der 1980er Jahre kamen dann die ersten *Tauschringe* auf – und begeisterten nicht nur überzeugte Tauschsozialisten, sondern auch praktisch orientierte Freiwirte. Obwohl weder ökologische Gemeinschaftsbanken noch Tauschringe genuin freiwirtschaftliche Umsetzungen sind, bewirkten sie eine zunehmend stärkere Reaktivierung des freiwirtschaftlichen Gedankengutes. Die sich öffnende NWO-Bewegung verlagerte ihren Schwerpunkt im Laufe der 1980er und 1990er Jahre von der Zielsetzung einer gesamtstaatlichen Geldreform hin zu praktischen Geldexperimenten. Die Arbeiten von Bernard Lietaer und anderen Autoren zeigten die Vielfalt regionaler und komplementärer Geldsysteme weltweit und veranschaulichten deren potentielle Möglichkeiten und Notwendigkeiten – was sich auch gut mit den in den 1990er entstehenden globalisierungskritischen Tendenzen verbinden ließ[130].

Um die Jahrtausendwende entstanden weitere, noch stärker freiwirtschaftlich geprägte Geldexperimente. Warum aus einer eher theoretischen Bewegung ein Netzwerk von aktiven Geldschöpfern entstanden ist, lässt sich schwer sagen. Möglicherweise, weil nach der langen Periode der Wohlstandssteigerung seit den 1980er Jahren die soziale Frage wieder akuter wurde. Vielleicht ist bei den (freiwirtschaftlichen) Geldkritikern eine gewisse Ernüchterung bezüglich ihrer bisherigen Versuche mit Tauschringen eingetreten, so dass sie nach anderen Systemen zu

130 Die bekannteste globalisierungskritische NGO, ATTAC, entstand ursprünglich (1998) aus einem geldsystemkritischen Impuls, der Forderung nach einer Anti-Spekulations-Gebühr (Tobin-Steuer). Seither haben viele globalisierungskritische Themen Eingang gefunden (fairer Handel, sichere Sozialsysteme, Ökologie, Geschlechtergleichheit, Frieden, Demokratie usw.). Aufgrund der gleichen Zielsetzungen sympathisieren viele ATTAC-Aktivisten mit dem Regiogeld – geraten damit aber teilweise ins Kritikfeuer der Freiwirtschaftsgegner.

suchen begannen. Eventuell lag es auch an der Einführung des Euro, der im Gefühl vieler Bürger die politische Entscheidungsebene und persönliche Gestaltbarkeit des eigenen Lebens weiter wegrücken ließ. Das *erste Regiogeld*[131] im Deutschland der Nachkriegszeit war der 1998 gegründete ‚Phö', ein von zwei Tauschringen und einigen Geschäften herausgegebenes lokales Zahlungsmittel in Arnstadt bei Erfurt (thueringer-vereine.de). 2001 folgte der Bremer Roland und 2003 dann jene Regiogeldinitiative, die durch ihre Öffentlichkeitswirksamkeit und ihren Erfolg die massenhafte Verbreitung von Regiogeldern überhaupt erst bewirkte – der *Chiemgauer*. Ihr Initiator, der Wirtschaftslehrer *Christian Gelleri* arbeitete, angeregt durch seine Studien der anthroposophischen und freiwirtschaftlichen Geldkonzepte, bereits seit 1999 zusammen mit Thomas Mayer vom Omnibus für Direkte Demokratie am Konzept eines anthroposophisch-freiwirtschaftlichen Alternativgeldes, des Regiogeldes. Dieses ist ein im klassisch freiwirtschaftlichen Sinne umlaufgesichertes (‚rostendes') Geld, das aber anthroposophische Elemente beinhaltet: Es gilt nur innerhalb von Regionen, was eine zeitgemäße Adaption der anthroposophischen „assoziativen Wirtschaft" (Mayer 1993) und gleichzeitig Referenz auf die Globalisierungskritik ist. Im Sinne des Credos ‚regional statt global' soll ein Regiogeld auch Schutz vor den Unwägbarkeiten der globalen Wirtschaft und des globalen Finanzsystems bieten, in anderen Worten: „Rettungsboote für den Fall, daß die offizielle Währung durch überbordende Geldspekulation und wachsenden Umverteilungsdruck durch Zins und Zinseszins ins Schwanken kommt" (Mayer 2004: 2). Ein solches „regionales Zahlungsnetzwerk" (Gelleri/Mayer 2003: 3), das „die regionale Wirtschaft fördert und die Kaufkraft in der Region hält" (ebd.) will außerdem im Sinne der ‚Brüderlichkeit' eine „auf Kooperation und Verantwortung ausgerichtete[ ] Wirtschaftskultur" (ebd.) bewirken. Hinzu kommt die ökologische Komponente der nachhaltigen Entwicklung und des Umweltschutzes (Gelleri/ Mayer 2003: 4). Außerdem ist eine solche regionale Währung ein „demokratisches Geld, da alle Teilnehmer des Zahlungsnetzwerkes über die Kreditvergabeschwerpunkte und über die Förderung gemeinnütziger Tätigkeiten entscheiden können" (Gelleri/Mayer 2003: 3). Kurz: Regiogeld ist das „Geld der Bürgergesellschaft" (Mayer 2003). Dadurch, dass die (freiwirtschaftliche) Umlaufsicherung anteilig an gemeinnützige Vereine fließt, wird das Regiogeld zum (anthroposophischen) Schenkgeld. Und

131 Zuvor gab es noch einige Kunstaktionen mit ‚rostendem Geld': 1993 kursierte im Berliner Stadtviertel Prenzlauer Berg zwei Monate lang eine Zweitwährung, der ‚Knochen'. Die Scheine wurden von verschiedenen Künstlern gestaltet und vor allem in Kneipen, Cafes und Szeneläden angenommen. Die Knochen verloren jede Woche an Wert, waren aber trotzdem begehrt, da jeder hoffte einen Schein zu ergattern, den ein halbwegs bekannter Künstler gestaltet hatte (taz, 06.11.93). Das Medienecho war ansehnlich, weswegen der Freiwirt Werner Onken feststellte: „Künstlerische Kreativität konnte in diesem Fall mehr Bewußtseinsbildung erreichen als so manche theoretische Abhandlung" (Onken 1994). Ein ähnliches Projekt fand 1995 unter dem Titel ‚Welkende Blüten' in Köln statt.

weiter: Regiogelder sind „Lotsenschiffe [...] denn hier können wir neue Formen ausprobieren" (Mayer 2004: 2). Dies entspricht den anthroposophischen Musterinstitutionen. Es finden sich auch Denkmuster des New Age (vgl. Hanegraaff 1996: 365ff), wenn etwa von der „Evolution des Geldsystems" (Gelleri/Mayer 2003: 2) oder von einem erleuchtungsähnlichen „Ausdruck eines neuen Bewusstseins" (Gelleri/Mayer 2003: 11) gesprochen wird. Entsprechend des esoterischen Holismus gilt das Regiogeld als Lösung für vielerlei Probleme:

> „Neue Energien, intelligente Verkehrssysteme, kreative Kultur, menschengerechte Bildung, gerecht verteiltes Eigentum und viele andere Themen gehören auf der Basis eines neuen Geldwesens bearbeitet" (Gelleri/Mayer 2003: 8).

Letztlich waren hier die meisten Elemente des Regiogeldes konzeptionell schon vorhanden, bis hin zur elektronischen Regiocard und zinslosen Krediten für regionale Unternehmer. Dass die praktische Umsetzung allerdings so erfolgreich sein sollte, ahnte jedoch keiner, als Gelleri nach einer NWO-Tagung in Steyerberg 2002 mit seinen sechs Waldorfschülerinnen das Chiemgauer-Projekt begann. Im Januar 2003 erfolgte die Erstausgabe mit ca. 2.000 Chiemgauern, die sofort vergriffen waren. Das Medienecho war beachtlich, und zu dem nur wenig später stattfindenden 1. Regiogeldkongress mit Vorträgen von Margrit Kennedy und Johannes Stüttgen kamen über 150 Teilnehmer. In der Folge entstanden überall in Deutschland Regiogeldinitiativen.

Zusammenfassend betrachtet, hat das Regiogeld also seine Wurzeln in Freiwirtschaft und Anthroposophie und greift auch heute noch auf deren Denkmuster, Anhängerschaften und Organisationsstrukturen zurück. Mit den Neuen Sozialen Bewegungen seit den 1970er Jahren kamen verschiedenste Impulse und Zielsetzungen hinzu, die alle in das Konzept eines regionalen Geldes integriert wurden. So entstand letztlich eine neue Bewegung, die gleichermaßen praktisch konkret wie ideologisch mannigfaltig ist. Die verschiedenen Wissensfelder sind jedoch nicht zu einer Einheit amalgamiert, sondern bilden teils konträre und widersprüchliche Positionen im Feld des Regiogeldwissens. Dessen genaue Beschaffenheit ist Gegenstand des nächsten Abschnitts.

3. Das System des Regiogeldwissens

> Beobachtungen auf einer Regiogeldtagung:
>
> „Nach den Vorträgen und Workshops verstreuen sich die Teilnehmer rings ums Auditorium. Schätzungsweise 150 bis 200 Personen stehen angeregt diskutierend in kleinen Grüppchen umher. Man hört mancherorts praktische Debatten („Schau, so haben wir die Scheine gestaltet ... Der Bürgermeister hat uns abblitzen lassen ... Ja, den Geschäftsleuten muss man wirklich ständig hinterherlaufen ...") und anderenorts theo-

retische, denen teils schwer zu folgen ist (passive Leitzinsen... implizite Demurrage ... zinsbelasteter Zentralbankgeldschöpfungsprozess ...). Im einen Moment glaube ich auf einem Kongress für Wirtschaftsmathematiker zu sein, im nächsten in einem esoterischen Gesprächskreis („Und wenn das Geld dann fließen kann, kommt die Lebensenergie zurück ..."). Ich setze mich etwas abseits und durchblättere die Teilnehmerliste nach den Organisationen, denen manche Aktivisten angehörten. Da sind Banken und Barter-Unternehmen, ökologische Bau- und Energiefirmen, politische Akteure (GRÜNE, IG Metall etc.) und Wissenschaftler. Es gibt anthroposophische und kirchliche Organisationen, alternative Wohn- und Lebensgemeinschaften, NGOs und Worldchanger-Projekte sowie systemische, philosophische und esoterische Lebenshilfeprojekte. Und alle Gruppen haben irgendwie mit Regiogeld zu tun. Was für ein Durcheinander!" (BP060928).

Betrachtet man ein Phänomen wie das Regiogeld aus der Perspektive einer sozialphänomenologischen Wissenssoziologie, so stellt es sich als vielschichtiges und komplexes Wissenssystem dar. Im Folgenden soll gezeigt werden, wie das Regiogeldwissen sich strukturiert, d.h. welche Wissensbestände, Relevanzen und Deutungsmuster hier relevant sind. Regiogeld ist zwar als freiwirtschaftlich-anthroposophisches Geld entstanden, wird jedoch von verschiedenen anderen Wissenssystemen beeinflusst, umgedeutet oder in Anspruch genommen. Diese Vielfalt gilt es zu beachten, will man verstehen, warum Regiogeld genau so ist wie es ist. Ich fragte einmal eine Mitarbeiterin des Dachverbandes (Regiogeld e.V.), was denn eigentlich die Menschen in der Bewegung verbinde:

„Ich sag mal ein Stück weit eine Gemeinwohlorientierung auf alle Fälle, es sind keine ((lachend)) Gewinnmaximierer jetzt auch so auf ihrer persönlichen Ebene, selbst wenn da Leute dabei sind, die da Karriere machen [...] nichtsdestotrotz ham die alle noch so ((lachend)) ein Stück weit ein visionäres Denken. Aber die DETAILS, also da geht's einfach sehr auseinander und das is auch eine Herausforderung der Bewegung, dass es so breit is und dass man eben trotzdem miteinander eine Sprache findet" (TEL07: 93-101).

Der ‚kleinste gemeinsame Nenner' der Bewegung ist offenbar die Idee eines ‚besseren Geldes'. Darüber entfaltet sich das System des Regiogeldwissens, bei dem verschiedene Aspekte zu unterscheiden sind:

Das *theoretische Regiogeldwissen* beinhaltet verschiedene Diskurse[132], die diese Idee auf der Grundlage ihrer je eigenen Deutungsmuster[133] in unterschiedlicher Art und

132 Unter ‚Diskursen' werden im Sinne Foucaults gesellschaftliche, kollektive Praktiken der Kommunikation verstanden, in denen symbolische Wissensformationen produziert und reproduziert werden. Dieser Ansatz lässt sich durchaus mit der hermeneutischen Wissenssoziologie verbinden (vgl. Keller 2008). Hier soll jedoch keine Diskursanalyse mit all ihren theoretisch-methodologischen Implikationen durchgeführt werden.

Weise zu einem utopistischen Programm[134] verarbeiten. In diesem stecken dann Vorstellungen darüber, was besseres Geld ist, was dieses machen soll und wie es dafür beschaffen sein muss. Aus den vielfältigen Einflüssen mit ihren teils divergierenden Zielsetzungen resultieren jedoch auch Konfliktlinien, die sich in ‚Glaubenskämpfen' niederschlagen können. Grundsätzliche Übereinstimmung herrscht jedoch bezüglich der Leitidee des Regionalgeld, also der Vorstellung, Geld ließe sich auf ein bestimmtes Verhalten hin ‚re-programmieren'. Dies wird in der konkreten Umsetzung mittels diverser Konstruktionsänderungen versucht.

Dafür ist dann das anwendungsorientierte *praktische Regiogeldwissen* erforderlich, das beschreibt, wie ein alternatives Währungssystem eingerichtet werden kann, welche rechtlichen, konzeptionellen und administrativen Schritte dafür vollzogen werden müssen. Verschiedene strukturelle Handlungszwänge beschränken und transformieren hierbei die im theoretischen Wissen angelegten utopistischen Vorstellungen. Dieser Prozess verläuft nicht immer erfolgreich oder konfliktlos, etwa wenn aus dem ‚Bewusstseinsträger' Regiogeld ein schnödes ‚Marketinginstrument' wird. Da Regiogeld nicht Privatgeld einer Weltanschauungsgemeinschaft sein, sondern eine gewisse Breitenwirksamkeit entfalten will, muss es für den Normalbürger bzw. Durchschnittsgeschäftsmann ‚übersetzt' werden. Zu diesem Zweck formulieren die Akteure ihre Absichten entsprechend – oft vor dem Hintergrund eines angenommenen ‚Mainstream-Weltverständnisses' –, woraus sich die Botschaft der Institution Regiogeld ergibt, mit der sie dann den (unbedarften) Nutzern gegenübertritt. Dadurch soll das Regiogeld im Alltag seinen Platz im normalerweise hochgradig routinisierten Geld-Wissen und -Handeln der Menschen finden und sich als eigenständiger Akteur im ‚Geldspiel' etablieren, etwa neben dem Euro oder gegenüber verschiedenen Bonus- und Rabattsystemen. Das für die Umsetzung erforderliche Wissen wird außerdem in einem *Prozess der Konsolidierung* zunehmend verfestigt und präzisiert. Dadurch löst sich das Regiogeldwissen zu einem gewissen Grad von seinen Ursprüngen und beginnt sich als eigenständiges Wissenssystem zu formieren.

---

133 *Deutungsmuster* wiederum werden definiert als „die Annahmen, mit denen Gruppen und Teil- sowie Gesamtgesellschaften ihre Lebenswirklichkeit interpretieren" (Fuchs-Heinritz et al. 1995: 137). Es handelt sich hierbei also um stereotype Interpretationen, um ‚Linsen', durch die Wirklichkeit gesehen wird. Diese geben „Gewißheiten darüber, wie die Welt und das Leben, die Natur und die Gesellschaft zu sehen sind, was richtig und falsch, gut und böse, ‚oben und unten' ist" (Honer 1993: 104). Die Verbindung zum oben genannten Konzept des *Diskurses* ergibt sich, wenn man diesen als diskursspezifische Konstellation an Deutungsmustern beschreibt, die sich zu einer typischen Deutungsfigur zusammensetzen.

134 Eine *Utopie* geht immer von normativen Prinzipien aus. Das Ziel des Utopisten besteht darin, „Formen der gesellschaftlichen Organisation zu entwerfen, die mit seinen Werten übereinstimmen" (Saage 1997: 140f).

3.1. Das theoretische Wissen

Beim theoretischen Wissen, das dem Regiogeld zugrunde liegt, fällt zunächst auf, dass es sich hier nicht um einen kanonisierten und systematisierten Wissensbestand handelt. Es gibt keine anerkannte und präzise Bestimmung dessen, was Regiogeld genau ist, welche Ziele es verfolgt und wie es umgesetzt wird. Im Gegenteil, das Gesamtphänomen wirkt wie ein großes Experimentierfeld, in dem sich unterschiedliche Auffassungen, Zielsetzungen und Konzepte tummeln. Diese diffuse Vielfalt findet ihr Pendant im *Ort des Wissens*: Sieht man von journalistischen Berichten und einigen wenigen wissenschaftlichen Arbeiten ab, so ist Regiogeld primär Thema in Veröffentlichungen und auf Veranstaltungen von spezifischen, aber recht unterschiedlichen Organisationen – von globalisierungskritischen über christliche Gruppen bis hin zu esoterischen Parteien. Im folgenden Schaubild[135] sind die wichtigsten Organisationen aufgeführt, die sich in ihren *Publikationen* und *Veranstaltungen* mit Regiogeld befassen oder eine sonstige wichtige Rolle für dieses spielen. Die Organisationen stehen für bestimmte *Diskurse*, deren Anhänger je ihre eigenen geldtheoretischen Prämissen und normativen Setzungen in das Regiogeldwissen einbringen. Es macht durchaus einen Unterschied, ob ein Freiwirt, ein Esoteriker oder ein Globalisierungskritiker ein Regiogeld konzipiert und konstruiert. Natürlich überschneiden sich in der Realität die verschiedenen Gruppierungen mit ihren unterschiedlichen Weltanschauungen. Zudem produziert jede Initiative ihr eigenes Regiogeldwissen, das nicht selten eine Synthese aus verschiedenen weltanschaulichen Standpunkten ist. Dennoch lassen sich in dieser diffusen Vielfalt idealtypisch drei große Diskursfelder unterscheiden: Erstens die *Geldkritik und Geldreform*, zweitens die *moderne Esoterik* und drittens die *alternative Ökonomie*. Im Folgenden soll betrachtet werden, was diese Diskurse jeweils auszeichnet und wie Regiogeld in ihnen konzipiert und legitimiert wird.

135 Das Schaubild nennt sämtliche Organisationen, Publikationen und Veranstaltungen, auf die ich im Verlauf dieser Forschung gestoßen bin. Hier wird deutlich: Die Regiogeldbewegung resultiert und rekrutiert sich aus der komplexen, institutionell verflochtenen Struktur verschiedener weltanschaulicher Gruppierungen und bedient sich auch deren propagandistischer und organisationeller Möglichkeiten.

Abbildung 8: Regiogeldwissen: Diskursive Akteure

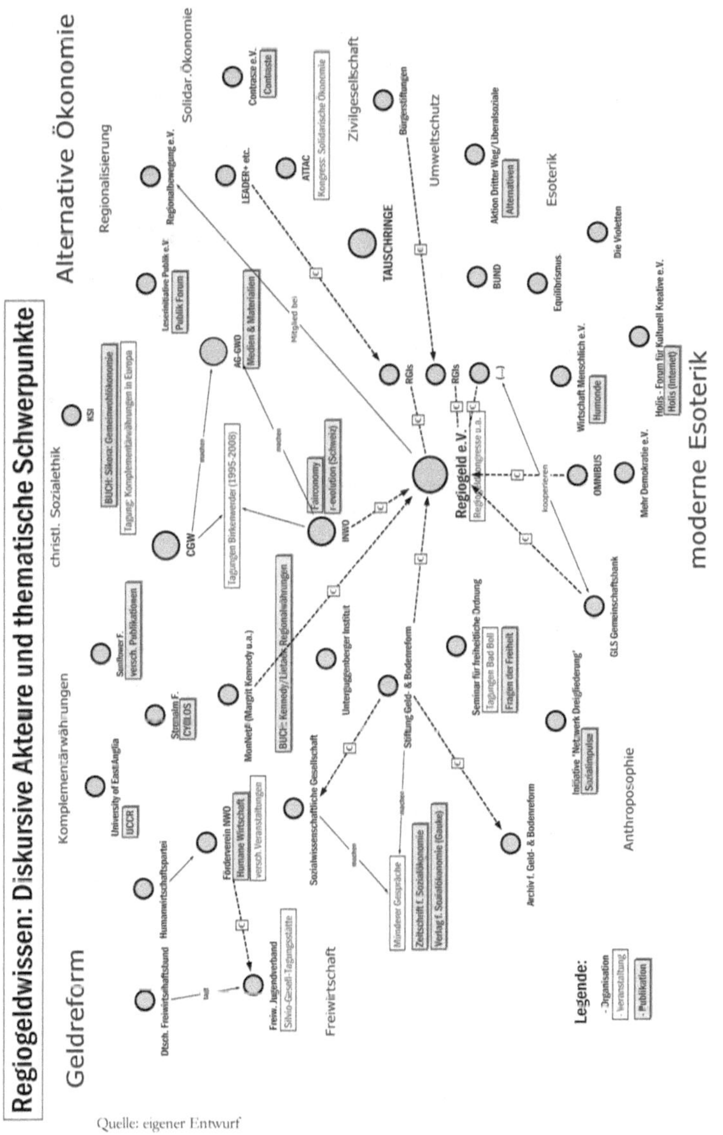

Quelle: eigener Entwurf

Legende zu Abbildung 8

AG-GWO - Arbeitsgruppe gerechte Wirtschaftsordnung
gemeinsame Initiative von INWO und CGW, von *Helmut Creutz* gegründet; publizieren Presse- und Medienmaterial
http://www.ag-gwo.de/

Aktion Dritter Weg/Liberalsoziale
vertritt freiwirtschaftliche Idee innerhalb der GRÜNEN (v.a. *Georg Otto*); Zeitschrift ‚Alternativen'
http://www.alternativen.biz

Archiv für Geld- und Bodenreform
Freiwirtschaft. Literatursammlung; Leiter: *Werner Onken*

ATTAC
Große NGO; sympathisiert mit Regiogeld (RG) u.a. auf Kongress zu ‚Solidarischer Ökonomie' (2006)
http://www.attac.de/

BUND (Bund für Naturschutz und Umwelt e.V.)
Nichtstaatl. Naturschutzorganisation (seit 1975); Kooperationen mit RG angedacht
http://www.bund.net/

Bürgerstiftungen
Finanzierung von RG (konkret: Pälzers durch die Bürgerstiftung Pfalz)
http://www.buergerstiftung-pfalz.de/

CGW - Christen für gerechte Wirtschaftsordnung e.V.
1950 als Arbeitsgemeinschaft freiheitlich-sozialer Christen (AfC) gegründet, 1989 umbenannt; Vorsitzender: *Roland Geitmann*; enge Kooperation mit INWO (u.a. Tagungen)
http://www.cgw.de/

Contraste e.V. - Verein zur Förderung von Ökologie & Selbstverwaltung
veröffentlicht seit 1984 gleichnamige Monatszeitschrift; versteht sich als Sprachrohr von selbstverwalteten Betrieben und alternat. Bewegungen
http://www.contraste.org/

Deutscher Freiwirtschaftsbund e.V.
1924 von *Silvio Gesell* gegründet; Neugründung 2003; sehr dogmatisch, lehnen RG ab
http://www.freiwirte.de

Die Violetten – für spirituelle Politik
2001 gegründete deutsche Kleinpartei; haben RG im Wahlprogramm
http://www.die-violetten.de

Equilibrismus
Verein mit ganzheitlichem, sozio- ökologischen Wirtschaftskonzept; gleichnamiges Buch von *Volker Freystedt* und *Eric Bihl*
http://www.equilibrismus.de/

Förderverein NWO
2006 gegründet, v.a. um Partei finanziell zu entlasten; macht Zeitschrift ‚Humane Wirtschaft' und diverse Veranstaltungen
http://www.foerderverein-nwo.de

Freiwirtschaftl.Jugendverband e.V.
1927 gegründet; Träger der Silvio-Gesell-Tagungsstätte in Wuppertal
http://www.silvio-gesell-tagungsstaette.de

GLS Gemeinschaftsbank eG
anthroposophische Bank mit ethisch-ökologischen Grundsätzen; unterstützt den Regio e.V., kooperiert mit vielen Initiativen
www.gls.de

Holis - Forum für Kulturell Kreative
1997 gründete Internet-Plattform für ganzheitliche Perspektiven; Artikel v.a. von *B.Lietaer*
http://www.holis.org

Humanwirtschaftspartei
freiwirtschaftliche Kleinpartei: gegründet 1946 als' Radikal-Soziale Freiheitspartei' (RSF), ab 1950 ‚Freisozialen Union' (FSU), ab 2001 Humanwirtschaftspartei'.
Hat bis 2006 Zeitschrift ‚Humanwirtschaft' (früher: Der Dritte Weg) herausgegeben, ab 2007 ausgegliedert an Förderverein NWO
http://www.humanwirtschaftspartei.d

INWO - Initiative für Natürliche Wirtschaftsordnung e.V.
aktuell größte freiwirtschaftliche Organisation, Nachfolgeorganisation der 1978 aufgelösten Internationalen Freiwirtschaftliche Union (IFU); Mitglieder-Zeitschrift ‚Fairconomy'; in der Schweiz ‚r-evolution'; propagiert und unterstützt RG
http://www.inwo.de

Initiative „Netzwerk Dreigliederung" / Institut für soziale Gegenwartsfragen e.V. Stuttgart
1991 gegr. zur Förderung der „Dreigliederung des sozialen Organismus"; Infonetzwerk für unterschiedliche Akteure aus Freiwirtschaft, Grundeinkommen, faire Handel, mehr Demokratie...
Zeitschrift ‚Sozialimpulse'; Redaktion: *Christoph Strawe*
http://www.sozialimpulse.de

KSI - Katholisch-Soziales Institut
Bildungseinrichtung der Erzdiözese Köln in Bad Honnef; Fokus ‚Gemeinwohlökonomie durch kompl. Geld" (Joachim Sikora) ; diverse Bücher; Tagung ‚Komplementärwährungen in Europa' (2004) http://tagen.erzbistum-koeln.de/ksi

LEADER +
Strukturförderungsfond der EU; förder einige Initiativen
http://www.leaderplus.de

Leserinitiative Publik e.V.
Seit 1972 2-wöchtl. erscheinende kirchenunabhängige „Zeitung kritischer Christen. Publik Forum"; Chef-Redakteur: *Wolfgang Kessler*
http://www.publik-forum.de

MonNetA, Money Network Alliance
Netzwerk zur Erforschung und Erprobung komplementärer Währungen im Lebensgarten Steyerberg.e.V.
http://www.monneta.org

OMNIBUS für direkte Demokratie
Bürgerinitiative für direkte Demokratie kommunale Volksbegehren und Volksentscheide; fährt seit 1987 mit einem Omnibus durch Deutschland; fördert RG
http://www.omnibus.org

Regiogeld e.V.
‚Dachverband' der Regionalgeld-Initiativen; 2006 aus dem Regionetzwerk hervorgegangen
http://www.regiogeld.de

Regionalbewegung e.V.
Seit 2005 Dachverband verschiedener Regionalinitiativen; aus 1999 gegründetem Aktionsbündnis ‚Tag der Regionen' entstanden; listet RG als ein Projekt
http://www.regionalbewegung.de

RGis = Regionalgeld-Initiativen
...zumeist im Regiogeld e.V. organisiert; zahlen diesem Mitgliedsbeiträge; werden teils von unterschiedlichen Organisationen gefördert

Seminar für freiheitliche Ordnung
gegründet 1957 als Forschungs- und Bildungseinrichtung zur Verbindung anthroposophischer und freiwirtschaftlicher Theorien; Zeitschrift „Fragen der Freiheit"
http://www.sffo.de

Sunflower Fundation
1999 von *Jürg Conzett* gegr. Stiftung mit dem Ziel der Förderung des Wissens über Geld, u.a. im MoneyMuseum; versch. Projekte & Publikationen zu Komplementärgeld
http://sunflower.ch

Sozialwissenschaftliche Gesellschaft 1950 e.V.
1950 gegründet; gibt seit 1964 ‚Zeitschrift für Sozialökonomie' heraus; veranstaltet seit 1986 ‚Mündener Gespräche'; Vorstand: *Dirk Löhr, Jörg Ude*
http://www.sozialwissenschaftliche-gesellschaft.de

Stiftung für Reform der Geld- und Bodenordnung
1973 als ‚Stiftung für persönliche Freiheit und soziale Sicherheit' gegründet, 1997 umbenannt; aktuelle Vorsitzende: *Fritz Andres, Margrit Kennedy*
http://www.stiftung-geld-boden.de

Strohalm Foundation
Organisation für Social Trade; Mitte der 1970er aus Anti-AKW-Bewegung entstanden; seit 15 Jahren Fokus auf weltweiten Komplementärwährungssystemen (u.a. Software CYCLOS)
http://www.strohalm.net

TAUSCHRINGE
... Beziehungen zu RG schwanken zwischen Ablehnung und Befürwortung

University of East Anglia
englische Universität; publiziert im Rahmen ihrer School of Environmental Sciences die Online-Zeitschrift ‚Interna-tional Journal of Community Currency Research' (IJCCR)
http://www.uea.ac.uk

Unterguggenberger Institut Wörgl e.V.
2003 gegründet; Bildungs- und Öffentlichkeitsarbeit zum Wörgler Freigeld-Experiment und zu Komplementärwährungen heute
http://www.unterguggenberger.org

Wirtschaft Menschlich e.V.
Publiziert seit 2004 die Zeitschrift ‚Humonde - Zeitschrift für eine humane Welt und Wirtschaft'; inzwischen nur noch online; Herausgeber: *Thomas Seltmann*, ehemals Redakteur bei Zeitschrift Humanwirtschaft
http://www.humonde.de

3.1.1 Geldkritik und Geldreform: Geld – was es ‚wirklich' ist und wie es sein sollte

> „Geld ist Rechtsmittel" – „Versteh' ich nicht. Geld ist doch Tauschmittel." – „Jede Form von Geld ist ein Kredit, nichts anderes!" – „Geld ist ne Vereinbarung, ne gesellschaftliche Vereinbarung" (BP060930).

Für das Regiogeld grundlegend ist die Freiwirtschaftstheorie. Diese ist eine von vielen alternativen Geldtheorien, die teilweise eigene Impulse auf das Regiogeldwissen ausüben. Diese teils sehr heterogenen Ansätze haben oft nur eines gemeinsam, und zwar, dass sie sich vom ökonomischen Mainstream (neoklassische Theorie) absetzen und eigene theoretische Prämissen und wirtschaftspolitische Schlussfolgerungen formulieren. Die Bandbreite reicht dabei von einer theoretischen Kritik am neoklassischen Geldverständnis[136] über seine wirtschafts- und gesellschaftspolitischen Implikationen bis hin zu einer allgemeinen Kapitalismus- und Gesellschaftskritik. Vor allem aus letzterer heraus entwickelten Vertreter unterschiedlicher liberaler, christlich-sozialer, kleinbürgerlicher oder genossenschaftlicher Geldkonzepte ihre alternativen Ideen zu der kapitalistischen Geldwirtschaft. Ob es darin nun um Freiwirtschaft, geldlose Tauschwirtschaft, inflationsfreies Geld oder um das Zurückdrängen der Macht des Geldes geht – all diese Reformvorschläge zielen letztlich auf eine „aktive Neutralisierung des Geldes" (Schelkle 1995: 22). Wie genau – ob mittels Umlaufsicherung, Golddeckung, staatlichem Vollgeld etc. – da scheiden sich die Geister nicht nur, sondern bekämpfen sich teils auf Schärfste. Bernd Senf, selbst ein prominenter (freiwirtschaftlicher) Geldkritiker, berichtet etwa von einer Konferenz zum ‚Geldpluralismus':

> „Während sich wohl alle TeilnehmerInnen in der grundlegenden Reformbedürftigkeit des bestehenden Geldsystems einig waren, gab es doch erheblich unterschiedliche bis kontroverse Auffassungen darüber, worin eigentlich die wesentlichen Problempunkte des Geldsystems liegen [...] im exponentiellen Wachstum von Geldvermögen und Schulden durch Zinseszins [...] in der Geldschöpfungsmacht der Geschäftsbanken [...] in der Geldschöpfung der Zentralbanken [...] in der Loslösung des Geldes vom Gold und Silber [...]. Die Fronten zwischen den unterschiedlichen Auffassungen [schienen] ziemlich verhärtet [...] angesichts der emotional aufgeheizten Stimmung" (Senf 2004: 50f).

Hinter all diesen unterschiedlichen Geldtheorien steckt folgendes Deutungsmuster: Geld ist ein fantastisches und grundsätzlich positives Instrument, es wirkt momen

136 Angesichts der Erklärungsdefizite der neoklassischen Geldtheorie gibt es eine ganze Reihe an alternativen wissenschaftlichen Gegentheorien, formuliert von marxistischen über keynesianischen Vertretern bis hin zu ökonomischen Außenseitern wie Schumpeter, Tobin oder Heinsohn und Steiger (Busch 2004: 145).

tan nur wegen bestimmter ‚Konstruktionsfehler' oder in bestimmten Ausprägungen negativ. Besonders deutlich zeigt sich dieses Deutungsmuster im Diskurs über Komplementärwährungen, die ‚Werkzeuge' zur Lösung aller möglichen Probleme[137] sein wollen.

> „‚Geld ist das Transportmittel für Information, Energie, Macht und Zugriffsmöglichkeit auf die Ressourcen dieser Welt – materielle und nicht-materielle. Alles, was wir tun müssen ist, dieses wirksame Transportmittel aus seiner ‚Einspurigkeit' zu befreien. Wir müssen ‚nur' einsehen, dass das heutige, auf den Geldgewinn abzielende Geldsystem nicht das einzig mögliche und das für alles verwendbare ist. [...] Dann können wir endlich das ungenutzte Potenzial einer der genialsten Erfindungen der Menschheit – Geld – zur Lösung der schwierigen Konflikte der Gegenwart nutzen" (Kennedy 2005: 27).

Man kann also nicht nur eigenes Geld schaffen, sondern ihm auch mittels unterschiedlicher Konstruktionsarten verschiedene Ziele ‚einprogrammieren' und es so veranlassen, „sozialen Nutzen [zu] stiften" (Kennedy 2005: 20). Das ist „faszinierend für die Leute, ihr eigenes Geld. Und deshalb machen sie da mit" (IN01: 156). Diese Faszination, gepaart mit der fast ressentimenthaften Kritik an bestimmten Formen des Geldes (Zins, Kredit, Geldvermögen, Schulden), provozierte den Finanzwissenschaftler Ulrich Busch zu der Frage,...

> „ob es sich hierbei nicht um eine Projektion des Geldfetischismus der bürgerlichen Gesellschaft handelt, einer spiegelbildlich verkehrten Projektion, die sich in den Köpfen der Geld-Kritiker vollzieht und dabei so etwas wie einen negativen Geldfetischismus hervorbringt?" (Busch 2004: 146)

Regiogeld kann auf jeden Fall ein Träger für verschiedene geldreformerische Ansätze sein: Der Freiwirt findet hier sein umlaufgesichertes Geld, der Free-Banking-Anhänger seine nichtstaatlichen, konkurrierenden Währungen und der Tauschsozialist den ersten Schritt zur Abschaffung des Geldes. Schon deswegen gibt es nicht das Regiogeld, sondern unterschiedliche Konstruktionen mit je eigenen Zielsetzungen. Dazwischen verlaufen verschiedene *Konfliktlinien*, beispielsweise „zwischen leistungsgedeckten und eurogedeckten Systemen" (TEL07: 126-127). Die Eurodeckung lege dem Geld zwar „eine regionale Fußfessel an [...] aber da seh ich kein großes Wachstumspotential drin" (TEL04: 291-294). Bei der Leistungsdeckung hingegen geben die Firmen das Regiogeld „praktisch aus als Warengutscheine und stehen dafür grade" (TEL04: 40ff) und das bringe den Firmen „zusätzliche Liquidi-

137 So zielen *sektorale* Komplementärwährungen auf bestimmte gesellschaftliche Bereiche (Rente, Bildung, Gesundheit etc.) ab, während *regionale* Komplementärwährungen eher ganzheitliche Zielsetzungen (ökonomisch, sozial, ökologisch, ideell) verfolgen, aber eben geographisch beschränkt auf eine Region.

tät“ (ebd.). So schaffe die Leistungsdeckung ‚richtiges', also durch reale Werte gedecktes Geld und damit auch eine Unabhängigkeit von dem als unsicher empfundenen Euro. Alles andere sei „ganz gefährlich und da verraten wir unsere Grundsätze“ (TEL07: 178). Genau diese ‚Grundsätze' sind aber unterschiedlich – je nach Position im geldtheoretischen Diskurs: Die Leistungsdeckung betont die Wichtigkeit eines nicht-staatlichen, durch reale Werte gedeckten Geldes; die Eurodeckung basiert auf der Prämisse, dass ein umlaufgesichertes' Geld automatisch besser ist (und beinhaltet außerdem durch die Spendenfunktion eine stärkere soziale Komponente)[138].

Man sollte übrigens nicht denken, dass Konflikte nur zwischen unterschiedlichen Geldkonzeptionen auftreten. Auch innerhalb der einzelnen Geld(reform)-theorien gibt es „Dogmatiker“ (TEL07: 196), die teilweise Abweichungen von der ‚reinen Lehre' schärfer bekämpfen als diametrale Sichtweisen. Dies gilt insbesondere für die Freiwirtschaftslehre. Obwohl Regiogeld im Grunde ein freiwirtschaftliches Geldexperiment darstellt, ist es für den ‚Freiwirtschafts-Puristen' nur Quatsch und läuft der Gesellschen Vision einer gesamtstaatlichen Geldreform entgegen. Auf einem Vortrag über Regiogeld beobachtete ich einmal einen älteren Herrn mit langem weißen Vollbart, Trachtenjanker und Gehstock. Zum Ende des Vortrags rief er vehement und gehstockschwingend: „Ihr habt Silvio Gesell verraten!'“ (BP070614)[139].

Die Freiwirte in der Regiogeldszene sind weniger dogmatisch, sie sehen im Regiogeld die Möglichkeit „was praktisch anzufangen, auf kleiner Ebene umzusetzen, auch wenn das jetzt nicht der ganze freiwirtschaftliche Gedanken- oder Theoriehintergrund ist“ (TEL07: 13-14). Dies gilt auch für Vertreter anderer alternativer

138 Die Konzepte unterscheiden sich auch in politischer Hinsicht. Ein Aktivist formulierte diesen Aspekt während einer Diskussion über die ‚Systemarchitektur' folgendermaßen: „Wir müssen aber auch bedenken, wohin wir die Geisteskraft lenken wollen. Die eurogedeckte Variante kommt von unten, von der Bevölkerung, und die leistungsgedeckte von oben, den Unternehmen“ (BP060608). Allerdings beinhaltet die Eurodeckung eine unheilvolle Allianz mit dem Euro. Sollte dieser inflationieren, so ginge die Regiowährung mit ihm unter – anders die leistungsgedeckte Variante, die man mittels eines eigenen Kurses abkoppeln könnte. Trotz allem dominiert immer noch die Eurodeckung. Zu der leichteren Umsetzbarkeit kommt die Vorstellung einer ‚geheimen Revolution durch die Hintertüre', im Sinne von: Hat sich das umlaufgesicherte Geld erst einmal in der Praxis bewährt, kann eine entsprechende Reform des staatlichen Geldwesens erfolgen.

139 Auch wenn die Freiwirtschaftsszene im Großen und Ganzen recht liberal ist und Regiogeld propagiert, gibt es in ihr diverse Gruppierungen, die es strikt ablehnen. Der Deutsche Freiwirtschaftsbundes e.V. beschwert sich etwa, dass den „heute existierenden freiwirtschaftlichen Organisationen [...] die wesentlichen Grundlagen der Freiwirtschaftslehre Gesells abhanden gekommen“ (freiwirte.de) seien, denn sie ignorierten die Gesellschen Forderungen nach Verstaatlichung von Geld und Boden, wodurch die „Freiwirtschaftslehre Gesells bis zur Sinnlosigkeit und Wirkungslosigkeit ausgehöhlt worden“ (ebd.) sei.

Geldtheorien, die ihre Forderungen (dezentrale, demokratische Geldschöpfung, Deckung durch reale Werte usw.) mal mehr, mal weniger in das Regiogeldkonzept einbringen.

Um sich nun nicht in Details zu verlieren, beschränken wir uns im Folgenden auf die beim Regiogeld wichtigste Forderung, die *Umlaufsicherung*. Bislang war diese für fast alle Initiativen ein konstitutives Element – besseres Geld muss einfach ‚rosten' (Gesell) bzw. ‚altern' (Steiner). Inzwischen gibt es jedoch Initiativen, die auf die Umlaufsicherung verzichten, sei es „weil es eigentlich keinen Vorteil bringt" (GP01: 98) oder weil „die Einführung eines solchen Systems zunächst mal leichter is bei den Geschäftsleuten" (TEL02: 86-87). Die Frage wird intensiv diskutiert: Einerseits würden Regiogelder ohne Umlaufsicherung möglicherweise „aus ihrer bisherigen Nische geführt werden" (Becker 2006: 35), andererseits könnten sie so ihre „soziale Bedeutung" und ihren „Charakter" (ebd.) verlieren. Derzeit ermöglicht der Dachverband auch Regiogeldinitiativen ohne Umlaufsicherung die Mitgliedschaft, solange diese gemeinwohlorientiert sind und versuchen, „den Zins auf ein verteilungsneutrales Maß zu senken" (regiogeld.de 02). Damit ist gemeint, dass keine positiven Zinsen für das Regiogeld fällig werden – also Nullzins oder am besten negativer Zins. Interessant ist nun die Tatsache, dass trotz der diesbezüglich liberalen Position des Verbands kaum eine Initiative auf die Umlaufsicherung verzichtet[140]. Und das, obwohl gerade dieser Punkt – der Wertverlust des Geldes – in der Praxis am schwierigsten zu vermitteln ist. Möglicherweise liegt das daran, dass für das theoretische Verständnis des zugrunde liegenden Gedankengangs ‚Zins macht Geld schlecht' ein erheblicher gedanklicher Aufwand notwendig ist. Hat man das Erklärungsmuster jedoch erst einmal verstanden, so lassen sich alle möglichen Problemlagen darin einfügen. Für manche ähnelt dies, überspitzt gesagt, einer ‚Erleuchtung', weswegen man auch versucht, anderen dieses Wissen zu vermitteln – häufig ohne Erfolg. Und das, obwohl man doch in einer langen Tradition der Zinskritik steht.

Kleiner Exkurs zur Zinskritik:

Die Kritik am Zins ist fast so alt wie das Geld selbst. Schon in der Antike bezeichnete Aristoteles die ‚Vermehrung' von Geld durch Zins als ‚gegen die

140 Bei den im Regiogeld e.V. versammelten Initiativen nur eine einzige. Offenbar ist die Umlaufsicherung nicht nur ein Konstruktionsmerkmal, sondern für viele Mitglieder das zentrale Element. Die Vehemenz, mit der dieses vertreten wird, zeigt sich in folgendem Beispiel: Bei einer Initiative klinkten sich nach einer großzügigen staatlichen Förderung diverse Personen ein, die schwerpunktmäßig an regionaler Wirtschaftsförderung interessiert waren. Diese sahen wenig Sinn in der Umlaufsicherung, ganz im Gegensatz zu den ursprünglichen Aktivisten. Der Konflikt eskalierte und die Aktivisten waren trotz der wirklich herausragenden finanziellen und personellen Situation eher bereit, das Regiogeld einzustellen als auf die Umlaufsicherung zu verzichten.

Natur'. Judentum, Christentum und Islam verboten die Zinsnahme, zumindest bei Angehörigen der eigenen (Glaubens-)Gemeinschaft (Hanke 2005: 159). Die Begründungen von damals ähneln den heutigen: Der Zins bzw. der Wucher sei Diebstahl, eine Sünde gegen die Gerechtigkeit, denn „Geld kann von sich und durch sich keine Früchte tragen, sondern die Frucht kommt anderswoher" (Bonaventura; zit nach LeGoff 2008: 38). Thomas von Aquin nannte den Zins, durchaus modern, den Preis für die Zeit, die der Verleiher auf sein Geld verzichte. Weil Zeit jedoch ein Geschenk Gottes sei, dürfe sie nicht verkauft werden. Außerdem sei Geld „vornehmlich erfunden, um Tauschhandlungen zu tätigen. [...] Und deshalb ist es an sich unerlaubt, für den Gebrauch des geliehenen Geldes eine Belohnung zu nehmen, die man Zins nennt" (Thomas von Aquin; zit nach LeGoff 2008: 38). Da Geld als Tauschmittel der Erleichterung des Handels diene, drohe denjenigen, „die Gold und Silber horten [...] eine schmerzhafte Strafe" (Koran, Sure 9, Vers 34). Als sich in der westlichen Welt ab dem 13. Jahrhundert zunehmend die Geldwirtschaft durchsetzte, tobten erbitterte Kämpfe zwischen dem strikten Zinsverbot der Kirche und dem zunehmenden Bedarf der Wirtschaft an Krediten. Die Wirtschaft setzte sich durch und im Laufe der Zeit verschwand die Zinskritik größtenteils aus Moraltheologie und Sozialethik.

Im Christentum geschah dies, als die mittelalterliche Scholastik sukzessive zuerst spezielle Formen von Darlehen und Verträgen erlaubte, später in der konkreten Praxis so gut wie alle Kredite mit mäßigem Zinssatz duldete – im 13. Jahrhundert lag der erlaubte Höchstsatz bei jährlich 33% (LeGoff 2008: 100; Weiß 2005: 137ff). Im Islam hingegen ist das Verbot der Zinsnahme (Riba) immer noch wirksam, was in der Praxis diverse Umgehungsgeschäfte nach sich zieht, etwa über unterschiedlich hohe Beträge beim Kaufen und Verkaufen. Die dazu erforderlichen Netzwerke erklären übrigens, warum das islamische Bankwesen so stark auf Vertrauen basiert (Hanke 2005: 166ff).

Obwohl viele Ideologien das Zinsverbot aufgriffen – der Sozialismus etwa lehnte es als arbeitsloses Einkommen ab, die Nationalsozialisten forderten unter der Parole ‚Brechung der Zinsknechtschaft' die Abschaffung des Zinses – verschwand es zunehmend in der westlichen Welt. Eines jedoch bliebt bestehen: das hässliche Bild des Wucherers, dieses „Nosferatu des Vorkapitalismus" (LeGoff 2008: 9). In ihm verschmilzt die sozialethische Verdammung des Zinses mit dem uralten gesellschaftlichen Tabu des Geldes, das wie andere Tabus (Blut, Unreinheit etc.) mit gesellschaftlichem Ausschluss und Verachtung verbunden war. Geschichte und Tradition haben dieses Stigma tragischerweise eng mit den Juden verbunden (LeGoff 2008: 46ff). Dies gipfelte in den Gräueltaten der Nazis, nach denen die Juden das personifizierte ‚raffende Kapital' (im Gegensatz zum ‚schaffenden Kapital') waren. Seither muss sich geld- oder zinsfokussierte Kapitalismuskritik häufig dem Vorwurf des (zumindest strukturellen) Antisemitismus stellen. Und in der Tat: Wie schnell werden hinter ‚Konstruktionsfehlern des

Geldsystems' dunkle Mächte vermutet, gierige Profiteure, die dafür sorgen, dass das System so bleibt wie es ist und sie sich weiter bereichern können. Der Schritt von diesen finsteren ‚Verschwörern' zum ‚internationalen jüdischen Finanzkapital' ist dann nur noch ein kleiner. Schnell kann so das scheinbar moderne Bild der ‚gierigen Banker', ‚Heuschrecken-Investoren' oder ‚Raffke-Manager' alte, diskriminierende Züge annehmen.

Wie *legitimiert* sich die Idee des Regiogeldes nun im und durch den Geldreform-Diskurs? Regiogeld charakterisiert sich ja qua Definition (siehe S.129) durch Zinsneutralität, Gemeinwohlorientierung und regionale Beschränkung. Man könnte nun pauschalisierend die Zinsneutralität dem Geldreform-Diskurs zuordnen, die Gemeinwohlorientierung der modernen Esoterik und die regionale Beschränkung der alternativen Ökonomie. Betrachten wir an dieser Stelle also das Merkmal der Zinsneutralität, konkret umgesetzt als Umlaufsicherung. Wie wird dieses – dem Alltagsverständnis wie auch der herrschenden neoklassischen Geldtheorie widersprechende – Merkmal eines Geldmediums begründet?

Man zieht dazu unterschiedliche theoretische Stützkonzeptionen heran. Diese können auf verschiedenen Ebenen liegen. Kinderlieder ('Taler, Taler, du musst wandern') oder Sprichwörter (‚Der Rubel muss rollen!') sollen verdeutlichen, wie Geld sein sollte – nämlich ein ständig umlaufendes Tauschmittel. Auf dieser Ebene wird an das *Alltagsverständnis* appelliert und auf den scheinbar offensichtlichen, aber unerkannten ‚Konstruktionsfehler Zins' hingewiesen. Nicht selten werden Kerngedanken in Märchen und Geschichten verpackt (siehe Kasten).

Eine Geld-Geschichte (aus: roland-regional.de):

Drei Freunde, der Wirt, der Kürschner und der Anstreicher trafen sich jede Woche am Stammtisch. Eines Tages kam ein Fremder, der den Wirt bat, einen 1.000,- Euro- Schein in Verwahrung zu nehmen, da er nicht auf der Wanderung durch die Dunkelheit mit so viel Geld unterwegs sein wollte. In 5 Wochen würde er zurückkommen und das Geld wieder abholen. Der Wirt war einverstanden. Nun fiel dem Kürschner ein, dass er noch einen sehr schönen Pelz im Sonderangebot hatte. Der würde gerade 1.000,- Euro kosten und gut für die Frau Wirtin passen und er könne doch das Geld des Fremden nehmen. "Aber die tausend Euro gehören mir doch nicht." sagte der Wirt. "In fünf Wochen hast Du das Geld wieder rein". So kaufte der Wirt den Pelzmantel. Jetzt redete der Anstreicher dem Kürschner zu, doch seinen Laden mal wieder anstreichen zu lassen. Er würde ihm für tausend Euro alles wieder fein machen, weil sie ja Kumpel seien. So wechselte das Geld erneut und der Laden strahlte im neuen Glanz. Nun fiel dem Wirt ein, dass der Anstreicher immer mal eine große Feier veranstalten wollte, er wäre bereit so etwas auszurichten für einen schlappen Tausender.

> Darauf hin feierten sie ein rauschendes Fest. Nach Ablauf der fünf Wochen konnte der Wirt dem Fremden seinen Tausender wieder aushändigen. Der bedankte sich artig für den guten Dienst und zerriss den Schein in kleine Schnipsel. Leider, das hätte er in der Zwischenzeit erfahren, wäre der Tausender Falschgeld, es gäbe keine Tausend-Euro-Scheine. Der Wirt hatte einen Pelzmantel, der Kürschner hatte einen frischen Laden, der Anstreicher hatte sein rauschendes Fest, alle waren reicher - wodurch? Der Glaube an den Wert eines Fetzen Papiers, das aussah wie ein Tausender, hatte allen geholfen.

In diesem Beispiel findet sich das klassische Motiv, nach dem Geld keinen Wert hat und nur Medium zum Austausch menschlicher Leistungen ist. Wird es als ein solches Tauschmittel (und nur als Tauschmittel!) verwendet, sind am Ende alle besser gestellt und glücklich[141]. Anders sieht das aus, wenn Zinsen ins Spiel kommen. Auch dazu gibt es diverse Geschichten, die hier nicht explizit aufgeführt werden müssen[142]. Der Ablauf ist immer relativ ähnlich: Geld wird in eine Gemeinschaft eingeführt. Zunächst entfaltet es segensreiche Wirkungen, doch dann sorgt der Zins dafür, dass Wenige reich werden und sich die vielen arm Gewordenen untertan machen.

Diese Ebene der Legitimierung geht fließend über in die nächste, wo immer noch mit Sprichwörtern, Geschichten und Bildern gearbeitet wird, die argumentativen Muster jedoch zunehmend um mathematische Berechnungen, statistische Daten oder logische Ableistungen ergänzt werden. So wird beispielsweise argumentiert: Zins führt zu einer Umverteilung des Wohlstands von Arm zu Reich. Dazu muss man nicht einmal verschuldet sein, denn da Zinseinkommen wie Material- und Personalkosten in die Preise einkalkuliert werden, zahlen alle Haushalte „inzwischen mindestens ein Drittel ihrer Ausgaben direkt und indirekt in den zinsbedingten Umverteilungstopf" (Creutz 2009: 30). Ein Werbe-Bierdeckel der INWO titelt dementsprechend „Dieses Bier hat 30% Zinsanteil". Der Zins bewirkt eine ständige Verschärfung der gesellschaftlichen Ungleichheit; während Arme und Mittelstand unter den teils versteckten Zinslasten leiden, wird eine kleine Minderheit durch ‚leistungsloses Einkommen' immer reicher – einfach indem sie ihr vieles Geld für sich ‚arbeiten' lässt. Da Zins bzw. Zinseszins exponentielle Wachstumsraten

---

141 Die emotionale Geschichte verschweigt allerdings, dass jetzt alle drei Schulden haben, und zwar für die Rohstoffe, die für den jeweiligen Handel benötigt wurden.

142 Etwa ‚Das elfte Lederstück' (futurmoney.de) oder ‚Geldfluch in Schilda' (freigeld.subhash.at). Auch im Film ‚Fabian der Goldschmied' findet sich eine ähnliche argumentative Dramaturgie. Diese Geschichten sind ebenso wie diverse Karikaturen, provokante Bilder oder Allegorien (Heuschrecke und Höckerschwan) für viele Aktivisten ein „unheimlich wichtiges, emotionales Bild" (BP080927).

bedingen, resultiert daraus ein „Wachstum bis zur Selbstzerstörung" (Creutz 1986). Ein gern zitiertes Beispiel dafür ist der ‚Josephs-Pfennig' (siehe Kasten).

Der Josephs-Pfennig (aus: Kennedy 1994: 20ff):

Wenn Joseph zur Zeit der Geburt seines Sohnes Jesus einen Cent mit fünf Prozent Zinsen angelegt hätte, so könnte Jesus heute etwa 24 Sextilliarden Euro abheben, in Gold gerechnet etwa 132 Milliarden Kugeln im Gesamtgewicht unseres Planeten. In diesem Zinsmechanismus liegt eine Hauptursache für den pathologischen Wachstumszwang der Wirtschaft mit all seinen schädlichen Nebenfolgen. Kurz: „Tatsächlich verhält sich der Zins wie Krebs" (Kennedy 1994: 20), durch übermäßiges Wachstum zerfrisst er die soziale Struktur und natürliche Umwelt und führt letztlich zum Tod.

Aktuelle krisenhafte Erscheinungen – seien es leere kommunale Kassen, Werksschließungen oder die aktuelle Finanzkrise[143] – werden häufig auf diese zinsbedingten Wachstumszwänge und Renditeforderungen zurückgeführt.

Abbildung 9: Karikatur als Legitimationsstrategie

Quelle: Humane Wirtschaft 01/2009 (Cover)

Man versucht diese Wirklichkeitsauffassung durchzusetzen, auch indem man sich über jene Protagonisten lustig macht, die dieser widersprechen – allen voran den Mainstream-Ökonomen. Hier finden wir also eine Art Laien-Experten-Konflikt, bei dem die Experten als weltfremde oder parteiische Akteure dargestellt werden, die scheinbar offensichtliche Tatsachen und Fakten ignorieren[144]. Die nebenstehende Karikatur illustriert dieses argumentative Muster.

143 Die aktuelle Finanzkrise wird als zwangsläufige Konsequenz des Überwachstums der Geldvermögen gedeutet: Da diese auf den normalen Märkten nicht mehr unterzubringen waren, flossen sie in immer spekulativere und riskantere Investitionen (Creutz 2009: 32).

144 Zur Laien-Experten-Auseinandersetzung eine kleine Anekdote aus der Feldforschung: Bei einem Kongress fragte der referierende regiogeldkritische Ökonom – süffisant grinsend – was denn eigentlich der Sinn eines Regiogeldes sei. „Sie können doch einfach regional einkaufen und ab und an etwas spenden. Warum also der ganze Aufwand?". Ein Aktivist meldet sich: „Ich war gestern in nem Laden, kauf was mit [Regiogeld], zahl mit nem 10er. Ich krieg drei 1er zurück, bei einem fehlt ne Marke. Ich mache die junge, hübsche Verkäuferin darauf aufmerksam. Sie nimmt ne Marke aus der Kasse, leckt sie ab und klebt sie auf den Schein. Das war sexy. Damit will ich sagen, Regiogeld macht einfach Spaß!" (BP060929).

Gleichzeitig verwendet man wissenschaftliches Renommee als Legitimationsressource. Selten fehlt der Hinweis auf die akademischen Titel der theoretischen Vordenker und Unterstützer (Prof. Dr. ... Berger, Geitmann, Kennedy, Lietaer, Suhr usw.). Auch ökonomisches Wissen und Können wird mit Stolz erwähnt[145], schon um der Allgemeinheit klarzumachen: „Wir sind keine Exotenbewegung!" (BP080706). Dazu wird der Kampf um die Legitimierung des Regiogeldes (bzw. des Zinsverbots) auch jenseits der Ebene des Alltagsverständnisses im Bereich der *Wissenschaft* geführt. Hier findet ein Experten-Experten-Kampf statt und zwar mit wissenschaftlichen Waffen – teils mit Theorien (sowohl alternativen als auch umgedeuteten renommierten), teils mit entsprechenden empirischen Methoden. So hat etwa jüngst ein Wirtschaftsmathematiker mittels einer mathematischen Modellrechnung (dynamische Analyse) aufgezeigt, dass „die Verzinsung von Kapital [...] nur dann langfristig keine destabilisierende ökonomische Wirkung [hat], wenn die Wirtschaft stetig und zeitlich unbeschränkt, d.h. exponentiell wächst" (Kremer 2009: 10). Wegen der Endlichkeit der Ressourcen sei dies nicht möglich. Die zinsbedingte Umverteilung von Netto-Zinszahlern zu den Netto-Zinsempfängern führe letztlich zur Verschuldung und Verarmung Vieler und destabilisiere das gesamte Wirtschaftssystem. Sein Fazit: Dieser zinsbedingte Wachstumszwang der Wirtschaft ist ein fundamentaler Denkfehler der ökonomischen Mainstream-Theorie. Es sollte „keiner Disziplin, die zeitlich unbegrenztes exponentielles Wachstum für realisierbar hält, eine Steuerung unseres Wirtschaftsgeschehens überlassen werden" (Kremer 2009: 4).

Fassen wir zusammen: Die dem Regiogeld zugrunde liegenden alternativen Geldtheorien (v.a. die Freiwirtschaftstheorie) basieren auf dem Deutungsmuster, dass Geld prinzipiell gut ist, aber durch Konstruktionsfehler (v.a. Zins) schlechte Auswirkungen hat. Der Wahrheitsanspruch dieser Annahme wird durch ‚Alltagslogik', Nachrichten, Berechnungen und wissenschaftliche Forschung untermauert. Gleichzeitig wird damit versucht, herrschende wissenschaftliche Paradigmen bzw. Alltagsvorstellungen (‚Zins ist gut/notwendig') zu therapieren, d.h. die eigene abweichende Sicht der Wirklichkeit durchzusetzen.

3.1.2 Die moderne Esoterik: Durch Geld zur Erleuchtung!

> „Mir geht es mehr um die ganzheitliche Seite der Ökonomie, nicht so sehr die rein technische wie sie Gesell vertritt, also dass man den Zinshebel umlegt usw. Wir haben das Wirtschaftssystem, das wir haben wollen. Und wenn wir ein anderes wollen, das

145 Beispielsweise, dass Lietaer Angestellter bei der belgischen Zentralbank, professioneller Währungsspekulant (!) und verantwortlich für die Einführung des ECU (Vorläufer der Euro) war.

> nicht auf Konkurrenz, sondern auch Solidarität, Kooperation etc. gegründet ist, dann ist da auch viel Spiritualität mit dabei“ (GP02: 38-43).

Aufgrund seiner anthroposophischen Wurzeln ist das Regiogeldwissen stark esoterisch geprägt. Diese Prägung muss nicht immer offen im Sinne einer Spiritualität o.ä. auftreten. Sie wirkt auch ganz subtil in Form bestimmter Deutungsmuster, die dem System des Regiogeldwissens zugrunde liegen – und die der modernen Esoterik[146] entstammen.

Seitdem die moderne Esoterik ab den 1970er Jahren als ‚New Age' Popularität erlangte, hat sie einen tief greifenden gesellschaftlichen Einfluss ausgeübt. Egal ob es sich dabei um eine „soziale Bewegung“ (Becker 1987: 61) oder um ein vorwiegend „literarisches Ereignis“ (Knoblauch 1989: 506) handelt, fest steht, dass die Deutungsmuster und Themen der modernen Esoterik in das ‚System' diffundiert sind und sich heute in den unterschiedlichsten Gebieten auffinden lassen – von der ganzheitlichen Medizin über synergetische Management-Konzepte bis hin zu

146 Der Begriff ‚esoterisch' (griech. esōterikós: innerlich) bezeichnete ursprünglich eine geheime Lehre, die nur im engsten Schülerkreis eines Philosophen gelehrt wurde (Schnabel 2007: 21). Als Substantiv tauchte es erst im 19. Jahrhundert auf und bezieht sich auf einen Weg der Erkenntnis, der zu ‚höherem', ‚eigentlichem' bzw. ‚wesentlichem' Wissen führen soll (Faivre 2001: 13). Im heutigen Verständnis ist Esoterik ein (sehr schwammiger) Sammelbegriff für verschiedene okkulte und magische Praktiken und Anschauungen – von Astrologie und Alchemie über Magie und Mantik bis zu Neopaganismus, Rosenkreuzertum und Theosophie. Die moderne Esoterik hat – wie im vorigen Kapitel schon erwähnt – ihren geistigen Ursprung in Theosophie und Anthroposophie und damit in all den Wissenssystemen, die diese mit einbezogen (von der antiken Gnosis und Hermetik über Buddhismus und Hinduismus bis hin zu verschiedenen okkulten Strömungen). In den 1970er und 1980er Jahren erhielt das esoterische Gedankengut größere Popularität unter dem Stichwort *‚New Age'* (Schnabel 2007: 38). Vor dem Hintergrund von Rüstungswettkampf, Umweltkatastrophe und Sinnkrise sollten ungewöhnliche Denkmodelle die Welt wieder ins Lot bringen. Ein Neues Zeitalter (New Age) wurde erwartet, astrologisch bezeichnet als das ‚Zeitalter des Wassermannes'. Dieses sollte das von Christentum und positiver Wissenschaft geprägte Fischezeitalter ablösen. Hinter allen Spielarten des New Age stand ein kulturkritischer Gedanke: Die moderne westliche Gesellschaft sei in einer Krise, an der das durch Christentum und Szientismus geprägte Weltverständnis schuld sei (Hanegraff 1996: 514). Entsprechend des esoterischen Denkmusters einer ‚Ur-Weisheit' wurde ein ‚dritter Weg' neben Wissenschaft und traditioneller Religion angestrebt (Krech/Kleininger 2006: 559). Dieser Denkansatz ist eklektisch und synkretistisch (Beckers 1987: 62), d.h. er bedient sich verschiedenster Wissenssysteme und versucht diese zu integrieren. Die unterschiedlichen Topoi speisen sich so aus den hochgradig spezialisierten Wissensgebieten der Wissenschaft, der Medizin, der Religion, der Technik, aber auch einer modernen ‚rekonstruierten' magischen Tradition, ohne jedoch deren Grenzen zu beachten (Knoblauch 1989: 508). Diese Unspezifität – positiv als ‚Ganzheitlichkeit' aufgefasst – verschmilzt unter dem Begriff ‚Paradigmenwechsel' zu einer Weltanschauung, mittels derer in einer „sanften Verschwörung“ (Ferguson 1982) Wirtschaft und Gesellschaft von Grund auf erneuert werden soll. Dies geschehe vor allem durch ‚innere Arbeit' im Sinne einer Evolution des Bewusstseins. Sobald eine kritische Masse erreicht sei, würde dann eine entsprechende Kettenreaktion ausgelöst und das neue Zeitalter sei erreicht (Hanegraaf 1996: 348ff).

ethisch-ökologischem Konsumverhalten. Dieses „Wiedereindringen[ ] religiöser Gehalte in gesellschaftliche Strukturen“ (Knoblauch 1999: 86) prägt auch das System des Regiogeldwissens. Sie finden sich etwa in den folgenden Worten eines Regiogeldaktivisten:

> „Im Prinzip steckt da auch ein spiritueller Aspekt darin, dass wir eben – ja nach dieser langen Zeit, sag mer mal seit der Aufklärung, des sehr analytischen, des Denkens in getrennten Systemen – auch immer mehr entdecken, dass eben auch alles zusammenhängt und dass Systeme langfristig nur überleben und profitieren, wenn sie sich verändern zum einen und wenn sie Kooperationen bilden zum anderen. Dieser lebendige Organismus – die Natur überhaupt – lebt letztendlich davon und das is das was im Moment noch nicht verstanden wird – dass dieses den anderen runtermachen und ausbooten wollen einem selber auch schadet“ (TEL03: 155-162).

Hier fallen gleich mehrere esoterische Denkmuster auf: Der „spirituelle Aspekt“ verweist explizit auf den esoterischen Synkretismus, der Religion und Wissenschaft vereinen möchte. Weiter wird die kulturkritisch motivierte Erwartung („dass wir ... immer mehr entdecken“) eines ‚Paradigmenwechsels’ ersichtlicht: Die aus der abendländischen Tradition erwachsene ‚kartesianische Wirtschaft’ habe zum Zerwürfnis mit der Natur, dem Geist und der kosmischen Ordnung geführt, weswegen sich die ‚Neue Wissenschaft’ an der Harmonie („überleben und profitieren ... Kooperationen bilden“) zwischen Mensch, Mitmensch und Natur orientiert (Knoblauch 1989: 509). Bezeichnenderweise werden hier systemtheoretische (bzw. kybernetische) Konzepte bemüht, die die zwingende Notwendigkeit dieser Zusammenarbeit verdeutlichen sollen. Ein anderer Aktivist nennt das „für alle Beteiligten eine Win-Win-Situation [...] schaffen“ (GP01: 365-366) und greift damit (unbewusst?) auf ein verhandlungspsychologisches Konzept zurück[147]. Man erkennt hier ein (hochgradig modernes) Merkmal der esoterischen Weltanschauung, die „kulturelle Entdifferenzierung“ (Knoblauch 1989: 508): Bestimmte Prämissen, etwa gemeinschaftliche Zusammenarbeit, gelten als gut – und zur Begründung werden passende Konzepte aus allen möglichen Wissensgebieten herangezogen, seien diese systemtheoretisch, psychologisch oder etwa ökologisch. Schon im nächsten Satz kommt letzteres Konzept zum Vorschein: Der „lebendige Organismus die Natur“ verweist auf die Mitte der 1960er entwickelte Gaia-Hypothese[148] des Biophysikers

147 Die zugrundeliegende Methode des ‚sachgerechten Verhandelns’ (bekannt als ‚Harvard-Konzept’) wurde in den 1980er Jahren im Rahmen einer wissenschaftlichen Untersuchung von Verhandlungsmethoden an der Harvard-Universität entwickelt und seither in vielen Konfliktlösungskonzepten verwendet.

148 Gaia ist in der griechischen Mythologie die Erde in Göttergestalt. Im Zuge der Hippie- und Ökologiebewegung wurde der ‚lebendige’ Organismus häufig in einen ‚beseelten’ Organismus umgedeutet.

James Lovelock, nach der die Erde als lebendiger Organismus (im Sinne eines dynamischen Systems, das sich durch Rückkoppelungsmechanismen stabilisiert) betrachtet werden kann.

Versuchen wir an dieser Stelle einmal das Genannte etwas zu *systematisieren* und zu ergänzen. Für das Regiogeldwissen relevante Grundstrukturen der modernen esoterischen Weltanschauung sind[149]:

1) Die *kulturkritisch motivierte Erwartung eines neuen Zeitalters*, das
2) erreicht werden soll durch einen *pädagogischen Evolutionismus*
3) auf Basis einer *synkretistischen Weltanschauung*.

Beginnen wir mit der *kulturkritisch motivierten Erwartung eines neuen Zeitalters* (Hanegraaff 1996: 365ff; Knoblauch 1999: 91). Dieses für das New Age zentrale Motiv richtet sich gegen die als krisenhaft empfundene moderne westliche Gesellschaft mit ihrem analytischen Denken, ihrer männlichen Kultur und ihrer naturfeindlichen Wissenschaft und Technik, die das eigentliche Wesen jedes Menschen verdecke. Eine wichtige Rolle spielt hier auch die Kritik am materialistischen Geldsystem – „bei diesem ganzen kapitalistischen Wahnsinnsbetrieb muss man ja sagen [...] es geht nur noch um Geld" (TEL04: 323-325) –, seinen strukturellen Handlungszwängen, etwa dass „alles so kurz gedacht [ist]" (TEL04: 262) und seinen entfremdenden Wirkungen. Regiogeld greift diese Kritik auf:

> „Geld regiert die Welt! Die ganze Welt? – NEIN, im Norden Deutschlands gibt es ein Land, das sich damit nicht abfindet" (kannwas.org).

Die Aktivisten sehen sich demgemäß als „Leute, die sehr kritisch aktuelle Politik und Wirtschaft verfolgen" (IN01: 169) und die nach neuen, alternativen Lösungsmöglichkeiten suchen: „Ich hab meine Nase eigentlich immer im Wind und kuck nach was Neuem" (TEL06: 127-128). Das Hauptaugenmerk liegt hierbei auf dem ,alternativ', es geht also darum, Pfade zu beschreiten, die eben nicht dem vorherrschenden Weltverständnis entstammen. Einige Regiogeldinitiativen zitieren dazu Einstein:

---

149 Die folgenden Punkte sind nicht als systematische, religionswissenschaftliche Darstellung der Grundstrukturen der esoterischen Weltanschauung zu verstehen. Angesichts dieses diffusen Phänomens herrscht auch in der entsprechenden Literatur keine Einigkeit. Krech/Kleininger (2006: 563f) nennen etwa drei Grundvoraussetzungen, Hanegraaf (1996: 365ff) spricht von fünf Grundtendenzen, Schnabel (2007: 296ff) formuliert gar zwölf Hauptaussagen eines esoterischen Menschenbildes. Hier werden nur jene esoterischen Deutungsmuster genannt, die sich auch tatsächlich im Laufe der empirischen Forschung offenbart haben. Schließlich ist Regiogeld nicht per se ein religiöses Phänomen, sondern nur von Deutungsmustern der ,unsichtbaren Religion' geprägt.

„Die Probleme, die es in der Welt gibt, sind nicht mit der gleichen Denkweise zu lösen, die sie erzeugt hat" (zit. nach potsdamer-regional.de).

Demgemäß wendet man sich gegen zentralistische, bürokratische Machtmonopole (und damit auch das nationalstaatliche Geld), denen eine selbstzerstörerische Rationalität unterstellt wird und will diese durch dezentrale, basisdemokratische Netzwerke ersetzen (Knoblauch 1989: 510). Überhaupt ist der Gedanke des *selbstorganisierten*[150] *Netzwerkes*, in dem man zum Wohl aller kooperiert, zentral für das Regiogeld:

„[Das Regiogeld] ist ein äußerst erfolgreiches regionales Netzwerk [...]. Ziel ist die Bildung regionaler Wirtschaftskreisläufe und eine stärkere Zusammenarbeit" (chiemgauer.info 07).

Wichtig ist dabei nicht nur, dass Regiogeld vom „Entstehungsprozeß über die Verwaltung bis zu den Geldbewegungen jederzeit transparent ist" (regiogeld.tueb...de), sondern auch dass hier *Mitbestimmung* und Gestaltung möglich sind.

„[Regiogeld] wird von Bürgern für Bürger gemacht und verwaltet und so weiter und hat nen sozialen Aspekt. Und des andere was wichtig sein wird, is darstellen, dass die Bürger ein Stück Selbstbestimmtheit zurückbekommen. Ohnmachtsaspekt, Globalisierung ablösen durch ne Teilhabe am System" (TEL06: 76-80).

Anders formuliert: „Die Menschen können sich selbst bestimmen, gemeinsam ihre Lebensgrundlagen gestalten und zusammenwirken, ohne dass es Verlierer gibt: das ist die Leitidee, von der der Regiogeld-Gedanke genährt wird" (heller-ev.de).

All dies sind Schritte hin zu einer „gerechten, menschlichen Gesellschaft" (dieortenauer.de) und damit zu einem *Neuen Zeitalter*, geprägt durch Harmonie der Geschlechter, der Wirtschaft, der Gesellschaft und mit der Natur (Knoblauch 1999: 91). Diese Harmonie ist dann grundsätzlich gekennzeichnet von einer *Stabilität* und Beständigkeit, gerne auch mit dem Modewort ‚Nachhaltigkeit' bezeichnet. Was führt nun in dieses Neue Zeitalter?

---

150 Das Konzept der Selbstorganisation entstammt ursprünglich den (theoretischen) Naturwissenschaften und kam ab den 1960er Jahren immer mehr in Mode. Einflussreiche Arbeiten dazu kamen von dem Physiker Heinz von Foerster (‚Selbstorganisation'), dem Chemiker Ilya Prigogine (‚dissipative Strukturbildung') oder dem Physiker Hermann Haken (‚Synergetik') (Mayntz 1999). Die Konzepte wurden auf vielerlei andere Bereiche übertragen, etwa die Sozialwissenschaft (auch Luhmann übernahm etwa das Konzept der Autopoiesis vom Neurobiologen Humberto Maturana), fanden aber auch innerhalb des New Age großen Anklang, da hierin der Paradigmenwechsel hin zu einem ganzheitlichen Weltverständnis gesehen wurde.

Antwort: Die Erleuchtung des individuellen Bewusstseins[151], die Transformation des Individuums durch Erziehung. In diesem *pädagogischen Evolutionismus* (Krech/Kleininger 2006: 563f; Schnabel 2007: 298) stecken zwei zentrale Aspekte: Zum einen, dass die Evolution als gerichtet und/oder kreativ gesehen wird (Hanegraaff 1996: 158) – „die Zeit arbeitet letztlich für uns" (TEL 03: 262). Zum anderen, dass Erziehung hier eine entscheidende Rolle spielt. Regiogeld soll demgemäß ‚Bewusstseinsträger' sein und den Normalbürger unaufdringlich zu einem anderen Denken und Handeln veranlassen.

> „[Regiogeld] IST Bewusstseinsbildung durch tägliches Handeln. Des würde, des werd ich nicht in Vordergrund stellen, aber für mich is ganz klar. Nur lesen sozusagen is der geringste Teil – also ich komm aus der Pädagogik bin Lehrer und weiß einfach – nur reden, nur lesen is 10%, wenn ich das ganze in HANDELN umsetze, dann sind's gleich 90. Also da wird sich das Bewusstsein erst richtig verändern, wenn ich damit auch handle" (TEL03: 170-176).

An dieser Stelle sei bemerkt, dass sich ein Gutteil der Motivation vieler Regiogeldaktivisten aus diesem Gedanken heraus speist – im Sinne von: Auch wenn die tatsächlichen ökonomischen Erfolge oft schwindend gering sind, so ist doch schon viel getan, wenn das Bewusstsein einiger Bürger durch das regionale Geld beeinflusst wird. Während der oben zitierte Aktivist diese Zielsetzung eher nicht nach außen trägt, gibt es einige Initiativen, die sich das ganz explizit auf die Fahne schreiben:

> „Der Verein hat das Ziel durch Schaffung regionaler Wirtschaftskreisläufe ein neues Bewusstwerden für ein soziales Miteinander hervorzurufen" (gwinner-ev.de)
>
> „Mit diesem Wertgutschein bewege ich etwas in meinem Leben, um damit auch etwas im Leben anderer Menschen und in der Region zu bewegen. Das ist die Botschaft und die Kraft dieses ‚Geldes'" (das-verbindungsnetzwerk.de).

Vor allem im letzten Zitat tritt das gnostische Motiv der Entsprechung von Mikro- und Makrokosmos zutage: Der menschliche (individuelle) Mikrokosmos ist durch kosmische Kräfte mit dem übersinnlichen (sozialen) Makrokosmos verbunden, wobei die Erkenntnis der verborgenen Harmonie nicht mit rationalen, empirischen

151 Hinter dem Motiv der Evolution des Bewusstseins steckt ein ausgeprägter Individualismus (Knoblauch 1989: 507): Die primäre Erkenntnisgrundlage ist die subjektive Erfahrung, die Erleuchtung ist zugleich Selbst-Erkenntnis und Gott-Erkenntnis (Heelas 1996: 37). Diese für die Gnosis typische Erkenntnis- und Erlösungslehre (‚Erinnere dich, dass du ein Gott bist') findet sich hier als esoterische Umformung moderner Selbstverwirklichungsvorstellungen (Krech/Kleininger 2006: 563f). Es gilt also: „Trotz der gesellschaftspolitischen Dimension des New Age sollte nicht übersehen werden, dass das Selbst im Mittelpunkt dieser Überlegungen steht" (Knoblauch 1999: 91).

und intersubjektiv verifizierbaren Mitteln erreicht wird, sondern eher durch ‚Intuition', ‚synthetisches Denken' oder ‚innere Kraft' (Knoblauch 1989: 507). Hinter solchen Vorstellungen stecken Traditionen der Mystik und der Magie, die in der esoterischen Weltanschauung mit traditioneller Religion und Wissenschaft verschmelzen (Synkretismus[152]).

Diese *Weltanschauung* der modernen Esoterik kennzeichnet sich durch mehrere Deutungsmuster:

Die *Polarität der Wirklichkeit* (Schnabel 2007: 296), nach der alles Existierende in zwei entgegengesetzten Polen auftritt, die beide eine gleiche Existenzberechtigung haben. Dem herrschenden Weltverständnis wird hier eine Einseitigkeit unterstellt, die durch ihren Gegenpol ausgeglichen werden soll. Zu der Globalisierung soll eine Regionalisierung hinzukommen, zum Materialismus ein Spiritualismus, zur Vergesellschaftung eine Vergemeinschaftung und zum globalen, profitorientierten Geld eben ein regionales, gemeinwohlorientiertes Tauschmittel. So gut wie jede Initiative betont, Regiogeld „soll den Euro nicht ersetzen, sondern sinnvoll ergänzen" (eifelmark.de). Der Regio ist demgemäß „von unten kommend, im Prinzip wie es Bernard Lietaer formuliert, das Yin Prinzip, das das Yang Prinzip ergänzt" (TEL03: 257-258). Der hier erwähnte Bernard Lietaer, der in seinen Büchern den Begriff Komplementärwährung (lat. complementum: Erfüllung, Ergänzung) geprägt hat, beschreibt das heutige Geldsystem als Yang-Währung, bei dem Prinzipien wie Wettbewerb, Leistungsorientierung, Rationalität, Technikdominanz, zentrale Autorität und Reduktionismus gültig sind. Komplementäre Währungen hingegen sind Yin-Gelder und symbolisieren etwa Zusammenarbeit, Nachhaltigkeit, Intuition, vertrauensvolle Selbstorganisation und Holismus (Lietaer 2000: 90). Erst wenn beide Prinzipien, das männliche Yang und das weibliche Yin im Ausgleich sind, befinden sich Wirtschaft und Gesellschaft in Harmonie.

Eine Bezeichnung dafür ist auch die „Kreislaufwirtschaft" (TEL03: 103). Hier erkennen wir das typische Deutungsmuster der *Zyklizität*, nach der alle Prozesse zyklisch ablaufen (Schnabel 2007: 296).

> „Das Regiogeld soll letztendlich wie ein Kreislauf oder eine Spirale funktionieren und sich selbst tragen, ohne dass man eingreifen muss" (roessle-regional.de).

Ein weiteres Deutungsmuster ist das *Postulat der Analogie* (Schnabel 2007: 296). Da alles mit allem zusammenhängt, lassen sich in einem Analogieschluss Gesetzmäßig-

152 Synkretismus ist eine religionswissenschaftliche Bezeichnung für „die Vermischung von Elementen aus unterschiedlichen Religionen" (Fuchs-Heinritz et al. 1994: 660) bzw. Glaubenssystemen. Der Begriff geht auf die Kreter (griech.: *syn:* gemeinsam; *Krethi*: Kreter) zurück, die bei einem Angriff von außen ihre Streitereien beendeten und sich dem Feind vereint entgegenstellten.

keiten von einer Ebene auf jede beliebige andere übertragen. Entsprechende Aussagen finden sich bei den meisten Regiogeldinitiativen:

> „Es gibt kein Geld für alle Zwecke, so wie wir auch nicht nur ein Auto für alle Zwecke haben" (augusta-regional.de).
>
> „Mit dem Geld ist es wie mit einem Fluß. Der versorgt eine ganze Landschaft gleichmäßig mit Wasser und mit Leben. Jedenfalls solange niemand Wasser staut und mehr ableitet für sich. Beim Geld passiert aber genau das" (die-ortenauer.de).

Dem Analogiegedanken liegt erneut jener *Synkretismus* des esoterischen Weltverständnisses zugrunde, der unter den Stichworten Holismus, Ganzheitlichkeit, Interdisziplinarität etc. eine ‚Ur-Weisheit' propagiert. Diese wird dem modernen, abstrakten und rationalen Denken entgegensetzt und soll in einem ‚Dritten Weg' Wissenschaft und Religion vereinen. Hier hängt alles zusammen, weswegen die „ganzheitliche Seite der Ökonomie" (GP02: 38) nicht nur Wirtschaftsprozesse optimieren, sondern auch Umweltschutz, Gemeinschaftsbildung und Sinnerfüllung erbringen soll. Interessant ist das zwiespältige Verhältnis zur Wissenschaft, die einerseits als reduktionistisch und rationalistisch abgelehnt, andererseits aber auch als Themengeber und Legitimationsinstanz herhalten muss. Dies funktioniert durch die Proklamation einer ‚Neuen Wissenschaft', die sich aus den verschiedensten Wissenssystemen bedient und damit die engen disziplinären Grenzen der Wissenschaft und die Grenzen zwischen Wissenschaft und anderen Wissenssystemen überwindet (Knoblauch 1989: 509)[153]. Spezialisierte und etablierte Wissenschaftsparadigmen (etwa die neoklassische Sichtweise der Ökonomie) werden abgelehnt, man ist also an „anderen Lösungen als den Standardlösungen interessiert" (TEL03:123). Grundsätzlich versucht man, die eigenen Prämissen in Forschung und Wissenschaft wiederzufinden – egal in welchen Wissensbereichen. So verwendet Bernard Lietaer als *Legitimation* für sein Konzept der Komplementärwährungen historische, soziologische, psychologische, ökonomische und ökologisch-kybernetische Erkenntnissen (Lietaer 2000; 2006b; 2009). Dabei stehen teilweise wissenschaftliche und esoterische Erklärungsmuster einträchtig nebeneinander. So wie Bernard Lietaer Geld mit der Archetypen-Lehre von C.G. Jung erklärt (Lietaer 2000), so zieht Bernd Senf beispielsweise die Lebensenergie-Forschung nach Wilhelm Reich und Viktor Schauberger heran – schließlich sind diese „auf ein fundamentales Prinzip des Natürlichen und Lebendigen gestoßen" (Senf 2007: 33). Die Hortung des Geldes führe genau wie das Verdrängen emotionaler Energie zu Blockierungen, die sich irgendwann destruktiv entladen. Deswegen: „Fließen lassen" (Senf 2007: 33).

153 Dabei werden auch bestimmte Deutungsschemata (Polarität, Transformation, Selbstorganisation, Paradigmenwechsel etc.) aus verschiedenen Wissenschaftsbereichen vereinnahmt und zu wertenden Deutungsbegriffen (Bochinger 1994: 32).

Eine sehr populäre Spielart dieser synkretistischen *Legitimationsstrategien* sind die ‚archaischen Geschichten'. Im Motiv des Neuen Zeitalters steckt häufig ein gewisser Archaismus, nach dem in ‚alten Kulturen' oder bei ‚primitiven Völkern' eine Harmonie bestanden hat, die dann von der Zivilisation verdeckt wurde. Dementsprechend wird die Idee der umlaufgesicherten Währung mit historischen Beispielen legitimiert, vor allem mit den mittelalterlichen Brakteaten[154] und dem ägyptischen Korngiro[155].

Das Geldsystem der Brakteaten

In Mitteleuropa kursierten von der Mitte des 12. bis ins 14. Jahrhundert dünne, nur einseitig geprägte Silbermünzen. Ihr besonderes Kennzeichen war die häufige Umprägung. Durchschnittlich zwei- bis dreimal im Jahr mussten alle Münzen umgetauscht werden, wobei der Münzherr ca. 25% Gebühr (Schlagschatz) verlangte (Fisher 1980: 46f). Deswegen konnte niemand sein Geld horten und jeder versuchte es nur so schnell als möglich auszugeben. So entstand ein beschleunigter und „weitgehend störungsfreier Geldumlauf" (Creutz 2003: 119). Die Folge war eine nie dagewesene Blüte von Kunst und Handwerk, heute noch ersichtlich an den damals gebauten Kathedralen. Als im 15. Jahrhundert der wertbeständige ‚ewige Pfennig' die Brakteaten verdrängte, kam es zu einem wirtschaftlichen und gesellschaftlichen Abschwung. Der Zins lebte wieder auf, Geldverleiher wie Fugger und Welser wurden immer reicher und viele der großen Sakralbauten blieben unvollendet (nach Creutz 2003: 122).

Das ägyptische Korngiro

Im Alten Ägypten konnten Bauern ihre Ernte staatlichen Lagerhäusern zur Aufbewahrung geben. Sie erhielten dafür Gutschriften, mit denen sogar bargeldlose Zahlungen (für Pachtzinsen, Steuern, Güter) geleistet werden konnten.

154 Numismatischer Sammelbegriff (lat. *bractea*: dünnes Blech) für nur einseitig geschlagene Silberpfennige aus dem Mittelalter. Diese Geschichte kursiert schon lange innerhalb der Freiwirtschaft (vgl. etwa Walker 1959), wurde in jüngerer Zeit v.a. von Bernard Lietaer (etwa Lietaer 2000) popularisiert und ist seither eine der Standard-*Legitimiationen* auch des Regiogeldes. Auch wenn die Numismatik die Existenz der Brakteaten belegt, wird der Zusammenhang zwischen der Blütezeit der Gotik und einem umlaufgesicherten Geld von manchen als „Märchen der Freiwirte" (Martin 2000) eingestuft.

155 Zumindest in diese Geschichte wurde ein bisschen zu viel hineingelesen: Lietaer setzt das historische Korngiro-System 1000 Jahre zu früh an und beruft sich den biblischen Joseph als Erfinder dieses Währungssystems. Die großen Pyramiden ihrerseits sind in Wirklichkeit nochmal 1000 Jahre davor gebaut worden. Kurzum: Hier handelt sich um ein „monetäres Märchen" (Godschalk 2006: 31).

Allerdings musste eine Lagergebühr entrichtet werden, was einer negativen Verzinsung gleichkam. Dieses Geldsystem bewirkte eine 1000jährige Hochkonjunktur, in der unter anderem die großen Pyramiden erbaut wurden (nach Lietaer 2000: 216ff).

Bernard Lietaer, der diese beiden Beispiele in jüngerer Zeit popularisiert hat, verknüpft die historischen Perioden der Brakteaten und des Korngiros und proklamiert damit einen Zusammenhang zwischen Archetypen und Währungssystemen (Lietaer 2000: 157). Beide Perioden umlaufgesicherter Währungen (Yin-Währungen) stehen nicht nur für kulturelle Höchstleistungen, sondern auch für einen besonderen Stellenwert des Weiblichen, also den Archetyp der ‚Großen Mutter' – manifestiert im mittelalterlichen Schwarze Madonna-Kult und dem ägyptischen Isis-Kult. Gerade diese These wird in esoterischen Kreisen und bei Befürwortern von Komplementärwährungen gerne und kritiklos kolportiert (Godschalk 2006: 30). Dies zeigt eine gewisse naive Schwärmerei innerhalb der Esoterik-Szene. Man sucht, was zu den eigenen Grundüberzeugungen passt, weswegen man „egal was die anderen sagen weiß, das was man tut, ist RICHTIG" (TEL03: 259-252). Weil das Regiogeld letztlich diese Grundüberzeugungen beinhaltet, sind viele Aktivisten auch „sofort der Überzeugung gewesen, ja is ne tolle Sache, des müss mer mal machen" (TEL06: 129-130).

Durch die strukturelle Ähnlichkeit der Deutungsmuster tauchen ab und an auch verschwörungstheoretische und rechtsesoterische Argumentationen auf[156]. Zinskritik und Verschwörungstheorie erlauben beide, Komplexität drastisch zu reduzieren – im einen Fall ist der Zinsmechanismus des Geldes schuld an allem Übel, im anderen eine mehr oder weniger geheime Gruppe mächtiger Verschwörer (Groh 1996: 15). Dementsprechend erliegen manche Aktivisten rechten Argumentationsmustern, wenn diese sich geschickt unter dem Deckmantel eines (pseudo-)seriösen Enthüllungsjournalismus verbergen. Die meisten jedoch erkennen „verschwörungstheoretische Spinnereien und verkappten Antisemitismus" (BP080817) und distanzieren sich davon.

Bevor der abschließende Exkurs einige solcher verschwörungstheoretischer und rechtsesoterischer Argumentationen an den Rändern des Regiogeldwissens nennt, eine kurze Zusammenfassung: Das Regiogeldwissen ist aufgrund seiner ideengeschichtlichen Wurzeln stark geprägt durch den esoterischen Diskurs. Dieser tritt mal offen in Form esoterischer Konzepte, mal subtil als Einfluss bestimmter Deutungsmuster (Kulturkritik, pädagogischer Evolutionismus, synkretistische Weltanschauung) auf.

156 Seit Mitte der 1990er das Interesse an Verschwörungstheorien aufkam, hat sich das bislang eher links-liberale bzw. unpolitische Esoterik-Milieu für rechtes Gedankengut geöffnet (Goodrick-Clarke 2009: 552ff).

Exkurs zu Verschwörungstheorie und Rechtsesoterik

Der Diskurs zur Zinskritik, in dem das Regiogeld unter anderem angesiedelt ist, hat auch eine verschwörungstheoretische und rechtsesoterische Richtung. Diese findet sich etwa in den Aussagen des Schlagersängers Christian Anders, der als Mitglied der Humanwirtschaftspartei für Regiogeld wirbt. Unter seinem Pseudonym Lanoo veröffentlichte er bereits etliche Bücher zu esoterischen Themen und Verschwörungstheorien, in denen er u.a. spekuliert, dass das Aids-Virus künstlich geschaffen und gezielt auf Homosexuelle und Schwarze angesetzt worden sei. In seinen zinskritischen Liedern rutscht er in klassisch antisemitische Topoi: „Sieben Familien haben das Geld. Ob Rothschild, Cohn oder Donati, man nennt uns auch Illuminati. Mit Aids verseuchen wir die Welt" (christiananders.net). Anders tritt für Freigeld und Regiogeld ein, wobei er teilweise das Gesellsche Konzept als sein eigenes (unter dem Namen Z.U.G. = Zinsfreies Umlaufgesichertes Geld) ausgibt. Die Schützenhilfe eines Künstlers, der wegen Volksverhetzung von diversen Fernsehsendern ausgeladen wurde (spiegel.de 01), schadet der Regiogeldbewegung insgesamt wohl mehr als es ihr nutzt.

Neben solchen Gestalten kursieren auch diverse Filme zum Thema Geldsystem, die teilweise recht kritisch zu sehen sind. Ein Beispiel wäre der 2007 im Internet erschienene und dort recht populäre Film ‚Zeitgeist', der u.a. eine klassische Weltverschwörungstheorie präsentiert, nach der eine Handvoll Großbankiers und korrupter Politiker mit diversen wirtschaftspolitischen Untaten an der Errichtung einer Weltdiktatur arbeiten. Weitere Filme dieser Couleur boomten v.a. mit der Finanzkrise. Meist erschienen sie auf secret.tv, der Website eines berühmt-berüchtigten rechtsesoterischen Autors namens Jan Udo Holey (alias Jan van Helsing), der vom Verfassungsschutz als Rechtsextremer eingestuft wird (Meining 2002). Dieser beruft sich u.a. auf den US-Politsektierer Lyndon LaRouche, der schon seit Jahren den Zusammenbruch des Finanzsystems proklamiert. Die LaRouche-Bewegung in Deutschland organisiert sich in der von LaRouches Ehefrau Helga Zepp-LaRouche geführten Kleinpartei ‚Bürgerrechtsbewegung Solidarität', die als rechtsextreme Politsekte eingestuft wird. Kein Wunder, bei Aussagen wie die Finanzsysteme seien unter dem Einfluss einer „verdeckt operierenden zionistischen Lobby" (Lorscheid/Müller 2006: 34). Van Helsing jedenfalls war auch beteiligt am Trickfilm „Warum überall Geld fehlt. Die Geschichte vom Goldschmied Fabian", der von einigen Regiogeldaktivisten als ‚Basiswissen' über unser Geld- und Zinssystem angepriesen wurde. Der Goldschmied Fabian erfindet darin, dass man Geld aus dem Nichts schöpfen (fraktionales Reservesystem der Geschäftsbanken) und dafür auch noch Zinsen verlangen kann. Zusammen mit einer geheimen Logenbruderschaft der Goldschmiede setzt er diesen großen ‚Schwindel' allgemein durch, bringt dadurch die Menschen in die ewige Versklavung eines zinsbasierten Geldsystems und lenkt seither die Weltgeschicke. Der Fabian-Film kursierte v.a. in der Tauschringszene. Die Macher sind neben dem schon genannten van Helsing der Stuttgarter Esoterik-Autor Michael Hinz (alias Michael Kent). In dessen diversen Internetangeboten finden sich nahezu sämtliche Versatzstücke esoterischer Weltverschwörungsliteratur neben Ufologie, Germanischer Medizin, Pseudowissenschaften und Scientologie (Meining 2002).

Der teils krude Antisemitismus und Antiamerikanismus solcher Geld-Verschwörungstheorien erfreut natürlich die rechte Szene, die sich gerne als Geldreformer und Anti-Kapitalisten präsentieren. ‚Macht die Völker frei – brecht die Zins-Sklaverei' lautet die Parole. Regiogeld als eine „auf Volk und Region bezogene Vision" (npd-mv.de) findet hier wohlwollende Unterstützung: „Regiogeld [...] – NPD sagt ‚Klasse'!" (ebd.).

Der Regiogeldverband ist allerdings sehr bedacht, solche Verbindungen, die an den Rändern des Regiogeldwissens auftreten, zu vermeiden. Kooperationen mit rechtsextremen Institutionen werden abgelehnt und rechten Vereinnahmungen entschieden widersprochen. Sowohl die Regiogeld- als auch die Freiwirtschaftsszene distanziert sich deutlich von rechtsextremen Vereinnahmungsversuchen. Es wird viel geschrieben, um das Theoriegebäude des Regiogeldes bzw. Freigeldes vom Vorwurf eines strukturellen Antisemitismus zu befreien. Der Regiogeldverband versucht zusätzlich über die Definition von Qualitätskriterien und Zielsetzungen das Regiogeld als unpolitischen Akteur zu institutionalisieren.

3.1.3 Alternative Ökonomie: Wirtschaft – aber bitte (irgendwie) anders!

> „Mir ging's zu keinem Zeitpunkt darum, mit dem Regio jetzt große Dinge zu bewegen, sondern mir geht's hier wirklich darum was für das Gewerbe und die Einwohner zu tun" (BP080818).

Die Geschichte der alternativen Ökonomie reicht weit zurück: Von den Frühsozialisten Anfang des 19. Jahrhunderts über die Genossenschaftsbewegung[157] ab

157 In Deutschland ging diese v.a. auf Friedrich W. Raiffeisen und Hermann Schulze-Delitzsch zurück. Beide versuchten – Raiffeisen vor dem Hintergrund der christlichen Sozialethik, Schulze-Delitzsch als sozial engagierter Liberaler – mittels organisatorisch verankerter Selbsthilfe, Selbstverantwortung und Selbstverwaltung die sozialen Probleme zu lösen. So gut wie alle Wirtschaftszweige griffen in der Folge die neuen genossenschaftlichen Formen organisatorischer Selbsthilfe auf: Landwirtschaft (Raiffeisen-Genossenschaften), Handwerk und Einzelhandel (Kreditgenossenschaften, Einkaufsgenossenschaften), Wohnungsmarkt (Wohnungsbaugenossenschaften), Arbeiterschaft (als Verbraucher: Konsumgenossenschaften; zur beruflichen Selbstorganisation: Bauhütten) sowie das Finanzwesen (Spar- und Kreditvereine, etwa die heute noch existenten Volksbanken und Raiffeisenbanken).

Mitte des 19. Jahrhunderts bis hin zu unterschiedlichsten Ansätzen und Projekten, die ab den 1970er Jahren im Umfeld der Alternativbewegung entstanden und sich in den letzten Jahren unter dem Einfluss der Globalisierung(skritik) als „Solidarische Ökonomie" (Giegold/Embshoff 2007) neu formieren und vitalisieren. Im Grunde geht es dabei immer um Wirtschaft, die ‚anders' ist, die sich nicht an Profitmaximierung orientiert, sondern an Prinzipien wie Demokratie, Selbstbestimmung, Selbstverwaltung, Aufhebung des Privateigentums, Geschlechtergerechtigkeit, Empowerment sozial Benachteiligter, Internationale Solidarität, Ökologie und Kultur. Entsprechend viele verschiedene Initiativen, Projekte und Organisationen gibt es; Themenfelder sind u.a. genossenschaftliche Energieversorgung (z.B. Greenpeace-Energie), solidargemeinschaftliche Gesundheitseinrichtungen (z.B. Artabana), alternative Wohn- und Bauprojekte, Kommunen (z.B. Ökodorf 7 Linden), Internationale Solidarität (z.B. Fairer Handel, Weltladen), Bildung und Wissen (z.B. taz, Netzwerk Freies Wissen), Lebensmittel (z.B. Bioläden, Reformhäuser, coop eG, Café Libertad eG), Finanzen (z.B. Tauschringe, GLS, Peer-to-peer-Kredite[158], JAK-Bank[159]) oder Regionalentwicklung (Regionalmärkte, Gemeinschaftshof, Regiogeld).

Viele Regiogeldinitiativen stehen nicht nur in der Tradition dieser alternativen Ökonomie – nicht wenige fühlen sich vom „Geiste Raiffeisens" (BP060930) geprägt –, sondern sind häufig im Rahmen entsprechender *Projekte und Organisationen* entstanden und teilen deren Zielsetzungen. In dem Sammelbecken der alternativen Ökonomie sind idealtypisch v.a. drei Schwerpunktsetzungen für das Regiogeld von Bedeutung: Nachhaltigkeit – Regionalisierung – Ethik.

Nachhaltigkeit: Beständigkeit statt Wachstum

Spätestens mit der Aufsehen erregenden Studie ‚Die Grenzen des Wachstums' (Meadows et al.) von 1972 wurde die Kritik am Wachstum zum zentralen Punkt in alternativökonomischen Ansätzen. Die im Auftrag des Club of Rome erstellte Systemanalyse prognostizierte, dass die ständige Zunahme der Weltbevölkerung, der Industrialisierung, der Umweltverschmutzung, der Nahrungsmittelproduktion und der Ausbeutung von natürlichen Rohstoffen, die absoluten Wachstumsgrenzen der

158 *Peer-to-peer-Kredite* (oder ‚private lending') bezeichnen Kredite, die sich Privatleute untereinander direkt, also ohne Vermittlung einer Bank o.ä., gewähren. Verschiedene Internet-Plattformen vermitteln seit ein paar Jahren solche Privatkredite, in Deutschland etwa smava.de. Eine Spielart davon ist das ‚social lending', bei dem etwa Klein- oder Mikrokredite an Unternehmer in der Dritten Welt verliehen werden können (etwa: kiva.org).

159 Die *JAK-Bank* (schwed. Abkürzung für Jord, Arbeite, Kapital: Land, Arbeit, Kapital) ist eine schwedische Bank, die für ihre Mitglieder ein zinsloses Banksystem realisiert. Sie wurde 1965 als genossenschaftlicher Spar- und Darlehensverein gegründet und erhielt im Dezember 1997 den offiziellen Status einer Bank.

Erde überziehe und in einem Zusammenbruch enden würde. Der einzige Ausweg: eine Beschränkung, eine Rückkehr zu einem menschlichen und naturverträglichen Maß. Nur ein Jahr später formulierte der britische Ökonom E.F. Schumacher in seinem gleichnamigen Buch das passende Motto dazu – „Small is beautiful" (Schumacher 1977)[160]. Die dort verwendeten Begriffe wie ‚natürliche Ressourcen' oder ‚nachhaltige Entwicklung' wurden ebenso wie seine Lösungsvorschläge – Dezentralisierung, Partizipation etc. – auf der UNCED (Konferenz der Vereinten Nationen über Umwelt und Entwicklung) 1992 in Rio de Janeiro aufgegriffen. Ein Ergebnis dieser einflussreichen Konferenz war die Entstehung von kommunalen Nachhaltigkeitsinitiativen (*Lokale Agenda 21*[161]). Inzwischen ist ‚Nachhaltigkeit' nicht nur ein Modewort, sondern eine regelrechte Modeerscheinung, weswegen Regiogeld gezielt versucht sich „in die Nachhaltigkeitsdiskussion einzuklinken" (BP080928). Eine diesbezügliche Variante stellt die Präsentation von Regiogeld als „Baustein einer Postwachstumsökonomie" (Paech 2008) dar. Dabei wird argumentiert, im herrschenden Paradigma (mit seinem Wachstumszwang) sei Regiogeld unsinnig, da es die Vorteile des überregionalen Güteraustausches unterbinde. Doch wenn keine Zuwächse mehr zu verteilen sind, bedarf es anderer Allokationsmechanismen, insbesondere ‚deglobalisierter' Versorgungsstrukturen, um eine bescheidenere Ressourcenbeanspruchung mit sozialer Stabilität vereinen zu können (Paech 2008: 10). Im Grunde geht es darum, dass „endlich mal ein System kreiert wird, was zum Beispiel mal aufzeigt, wie ein Wirtschaften ohne Wirtschaftswachstum möglich ist" (TEL05: 57-59). Die hier implizite Aufforderung zu einer neuen Bescheidenheit steht jedoch teilweise in Widerspruch zu den unterschiedlichen Ansätzen einer regionalen Wirtschaftsförderung bzw. eines „gesunden Wachstums" (TEL05: 90).

Regionalisierung: Denke global – handle lokal[162]

Dieser Aufruf, sich konkret vor Ort einzusetzen, fand einen breiten Konsens – auch im politischen Bereich. Das (politische) Konzept der ‚endogenen Regional-

160 Dieses Buch formulierte die Grundlagen einer ‚buddhistischen Ökonomie' und wurde zu einem der Standardwerke des New Age. Man erkennt, wie sehr die hier getrennt präsentierten Diskurse sich in der Realität durchdringen und beeinflussen.

161 Die Lokale Agenda 21 ist ein auf Nachhaltigkeit zielendes Handlungsprogramm. Vorbild ist das entwicklungs- und umweltpolitische Leitpapier ‚Agenda 21', das aus der UNCED-Konferenz 1992 hervorgegangen ist. Seither haben viele Kommunen entsprechende Gemeinderatsbeschlüsse gefasst, in deren Rahmen häufig auch entsprechende zivilgesellschaftliche Initiativen gefördert werden.

162 Die Aussage ‚Denke global und handle lokal' ist der Kernsatz der ‚Bibel' des New Age, Fritjof Capras „Wendezeit" (Capra 1999). Auch hier wieder eine deutliche Verbindung zur Esoterik.

entwicklung' versucht im Sinne von Subsidiarität, Dezentralität und Partizipation das soziokulturelle und ökonomische Potential von Regionen zu aktivieren und dadurch deren Entwicklung voranzutreiben. In diesem Zusammenhang spielt die Rückbesinnung auf die Region als identitätsstiftender Heimat- und Wirkungsraum (Hahne 1987: 465) eine wichtige Rolle. Besonders die strukturschwachen ländlichen Räume gelten als „Sorgenkinder in der Peripherie" (Bode 2005: 3). Faktoren wie hohe Arbeitslosigkeit, wenige qualifizierte Arbeitsplätze, Abwanderung der qualifizierten Jugend, niedrige Geburtenrate, niedrige Einkommens- und Vermögenswerte, geringer finanzieller Spielraum der Kommunen, schlechte Infrastruktur usw. bedingen einander und führen zu einer zunehmenden Verschlechterung. Diesen Problemen wird mit verschiedenen politischen Instrumenten (etwa dem EU-Regionalentwicklungsfond *LEADER+*) begegnet. Außerdem kommt eine wachsende Bedeutung dem Engagement unterschiedliche zivilgesellschaftlicher Akteure zu, seien dies nun Ehrenämtler, Bürgerinitiativen oder die seit einigen Jahren aufkommenden *Bürgerstiftungen*[163]. Hier legitimiert sich Regiogeld als ein Lösungsmuster, das auf bürgerlichem Engagement beruht und so als eine zivilgesellschaftliche Antwort auf Markt-, Staats-, und Politikversagen zu werten ist (Hubert 2008: 24)[164]. Da dieses Engagement auf die Verbesserung des eigenen Lebensumfelds zielt, werten manche es als bürgerlichen Egoismus[165].

---

163 Bürgerstiftungen verwenden ihr von mehreren Bürgern gespendetes Kapital für das lokale Gemeinwohl. Nachdem es seit der Gründung der ersten Bürgerstiftung in Deutschland 1996 bereits über 150 Stiftungen mit über 100 Mio. € Stiftungskapital gibt, wird vermutet, dass die Bürgerstiftungen – ähnlich wie in den USA – zu einem entscheidenden Akteur im Gemeinwesen der Städte und Kommunen werden könnten (Reinfrank 2007).

164 Es sieht sich damit als ganzheitlicher Ansatz neben eher thematisch angelegten Nicht-Regierungs-Organisationen wie ATTAC, Transparency International, Business Crime Control, Greenpeace oder Naturschutzverbänden. Regiogelder wollen so erstens die zunehmend wichtiger werdende Bewegung hin zu aufgeklärtem, umweltschonenden Konsum unterstützen; sie wollen zweitens dem Staat als Teil des zivilgesellschaftlichen Sektors helfend zur Seite treten und drittes kleine und mittlere Unternehmen im Markt stärken (Hubert 2008: 27f).

165 Der Vorwurf ist nicht ganz von der Hand zu weisen. Schließlich entstand mit Einführung des Euros als Buchgeld 1999 die erste Regionalwährung (Phoe), mit der Einführung als Bargeld 2002 begann der Boom der Regiogelder. Für viele Menschen war die neue Währung ein einschneidendes Erlebnis – im negativen Sinne. Die DM, assoziert mit Wirtschaftswunder und Stabilität, musste einem Geld weichen, das viel größer, viel fremdbestimmter und irgendwie unsicherer wirkte. Gleichzeitig herrschte allgemein das Gefühl, die Preise seien sprunghaft angestiegen. ‚Teuro' wurde zum Wort des Jahres 2002 gewählt. Die amtliche Statistik hielt entgegen: Der Verbraucherpreisindex sei absolut normal. Doch die Inflationswahrnehmung blieb. Der eigentliche Grund dafür war, dass bei manchen Gütern tatsächlich überdurchschnittlich große Preiserhöhungen vorgenommen wurden. Gerade diese Güter sind durch eine überdurchschnittlich hohe Kaufhäufigkeit gekennzeichnet (Brachinger 2005: 1012). Dieses Gefühl – alles wurde teurer, weil uns ein anderes Geld aufgezwungen wurde – mag zusam-

Unabhängig davon hat sich das Regiogeld als „alternative Finanzierungsstrategie" (Wude 2008: 25) und als „Beitrag zur Regionalentwicklung" (Spehl 2008: 20) innerhalb des Regionalisierungsdiskurses etabliert. Das Argumentationsmuster ist folgendes:

Geld fließt v.a. aus strukturschwachen Regionen ab, und zwar zum einen aufgrund des zunehmend überregionalen Charakters von Handel und Gewerbe[166], zum anderen wegen des Renditezwangs des Geldes. Dieses wird nicht vor Ort investiert, sondern in lukrativeren Stadtregionen und Agglomerationszentren, häufig sogar im Ausland (Bode 2005: 4). Durch Regiogeld werden nun die Kaufkraft und die Wertschöpfung an die Region gebunden, kleinere und mittlere Unternehmen gefördert und dadurch vereinheitlichenden Markttendenzen (Stichwort: Filialisierung) entgegengewirkt. Weitere Konsequenzen sind Importsubstitutionen und eine stärkere kooperative Verflechtung regionaler Unternehmen bis hin zur Entstehung von autarken Versorgungskreisläufen (u.a. dezentrale Energieversorgung). Nicht zuletzt resultieren daraus Umweltschutz (durch geringere Transportwege, transparente regionale Produktion etc.) und eine regionale Identität. Diese Zielsetzungen teilt Regiogeld mit den verschiedenen *Regionalisierungsinitiativen*[167]. Während die Zielsetzungen des Regiogeldes bei der Geldkritik/Geldreform revolutionär und in der Esoterik spirituell klingen, hört man in diesem Bereich eher nüchterne betriebswirtschaftliche Schlagworte wie Bonus- und Rabattsystem, Umsatzsicherung, Marketing, Kundenbindung oder Standortförderung. Gleichzeit geht es jedoch auch um Heimat und Gemeinschaft, um das unbestimmte Gefühl der Vertrautheit und Gestaltbarkeit.

men mit dem bürgerlichen Wunsch nach Sicherheit und Stabilität zum Entstehen der Regiogelder beigetragen haben.

166 Auch wenn die Ökonomie zumeist die ‚komparativen Vorteile der überregionalen Arbeitsteilung' (Rösl 2005: 186) betont, gibt es inzwischen diverse empirische Ergebnisse, die diese Behauptung zumindest relativieren. Eine Studie über die Effekte von Wal-Mart auf die Region kam zu der Schlussfolgerung, dass die Ansiedelung solcher überregionaler Ketten zumindest wohl abgewägt werden sollte (Goetz/Swaminathan 2006). Denn den geringeren Lebenshaltungskosten durch niedrigere Preise steht ein überdurchschnittlicher Zuwachs bei der Armutsrate gegenüber. Grund ist, dass Wal-Mart kleine Läden verdränge und im Gegenzug nur schlecht bezahlte Arbeitsplätze schaffe. Zudem würden von den kleinen Unternehmen in Anspruch genommene Dienstleistungen (Großhändler, Transportunternehmen, Logistik, Buchhalter, Rechtsanwälte etc.) nun zentral – und damit außerhalb der Region – abgewickelt (Goetz/Swaminathan 2006: 213).

167 So ist der Regiogeld e.V. etwa auch Mitglied im Bundesverband der Regionalbewegungen e.V. (regionalbewegung.de), der 2005 aus der 1999 gestarteten Initiative ‚Tag der Regionen' hervorgegangen ist.

„Ich plädiere für [...] eine Wirtschaft, in der sich alle Bürger beteiligen können und ja eben dieses Gefühl, es is unsere Sache, ich identifizier mich mit der Region, des is etwas Unbestimmtes, des man aufgreifen und verstärken und sichern muss“ (TEL06: 82-88).

Ethik: Ökonomie mit Gewissen

Der grundlegende Tenor der Ansätze der alternativen Ökonomie ist, dass die herrschende Ökonomie eine Ergänzung benötigt – sei es innerlich eine andere Einstellung oder äußerlich diverse Regelwerke. Die unterschiedlichsten weltanschaulichen Gruppierungen haben hier verschiedene Vorschläge. Kirchliche Akteure formulieren in der *christlichen Sozialethik* ihre grundlegenden Prinzipien der Solidarität, des Gemeinwohls und der Subsidiarität[168]. Neben der allgemeinen Frage, wie Geld und seine Wirkungen vor dem Hintergrund einer christlichen Gesellschaftslehre konzipiert werden kann, geht es auch um ganz konkrete Probleme der großen Volkskirchen wie sinkende Mitgliederzahlen und schrumpfendes Kirchensteueraufkommen[169]. Von kirchlichen Akteuren gingen deshalb starke Impulse bezüglich regionaler bzw. komplementärer Gelder aus. Der erste Tauschring Deutschlands etwa wurde von einem evangelischen Pfarrer gegründet[170] und auch heutzutage stehen etliche kirchliche Institutionen dem Regionalgeld zumindest nahe.

Wirtschaftsethiker versuchen auf ähnliche Weise „das buchstäblich fragwürdig gewordene Verhältnis zwischen ökonomischer Sachlogik und ethischer Vernunft von Grund auf zu klären“ (Ulrich 2008: 12) und so eine „lebensdienliche Ökonomie“ (Ulrich 2008) zu konzipieren. Andere wiederum fordern aufgrund der Ent-

168 Ein solches Konzept wäre etwa die *Gemeinwohl-Ökonomie*, die sich gegen monetaristische und marktfundamentalistische Tendenzen (Rationalisierung, Flexibilisierung, Privatisierung etc.) wendet und eine solidarische, nachhaltige Wirtschaftsordnung mittels komplementärer Regio- und/oder Zeit-Währungen und eigenem Finanzierungs- und Banksystem entwirft (Sikora/Hofmann 2001).

169 Daraus entstanden Überlegungen, ob durch eigenes Geld nicht eine ‚Gemeinde-Ökonomie' konstituiert werden könnte. Zumindest ein paar Kommunitäten haben dies schon im Programm. Das Vorbild hierfür ist der *Bethel-Euro*, das Geld der diakonischen Einrichtung ‚Bodelschwinghsche Anstalten Bethel'. Er kursiert seit 1908 (vor 2002 als Bethel-Mark) als eigene Währung in den anstaltseigenen Geschäften, ist unbegrenzt gültig und kann von den Bewohnern und Mitarbeitern mit 5% Bonus gekauft werden. Der Bethel-Euro war ursprünglich Teil des Asylierungs- und Abtrennungskonzepts der Anstalten, die eine kleine protestantische Gegenwelt der Erlösung sein wollten. Nachdem sich das Konzept gewandelt hat, d.h. die Anstalten sich inzwischen nach außen geöffnet haben, ist das Bethel-Geld nur noch Mittel der Öffentlichkeitsarbeit und historische Reminiszenz.

170 Pfarrer Helmut Becker gründete 1992 ersten Tauschring in Döhlau (döMAK), anfangs um ehrenamtliche Arbeit in seiner Jugendbildungsstätte zu honorieren.

grenzung und Entbettung der kapitalistischen Ökonomie eine „Rückbettung ökonomischer Handlungsvollzüge in die sozialkulturellen Zusammenhänge lokaler Gemeinwesen" (Elsen 1998). Die „Gemeinwesenökonomie" (ebd.) soll – auch als Konzept innerhalb der Sozialen Arbeit – eine solidarische, demokratische, gemeinwohlorientierte „Économie Sociale" (ebd.) konstituieren.

Dann wären da noch die verschiedenen Vertreter einer *ökotopianischen* Gesellschaft[171], in der die Rücksicht auf die Natur zur Basisprämisse des wirtschaftlichen Handelns wird. Oder etwa die *Fairhandels*-Bewegung, die sich bereits Ende der 1960er Jahre gebildet hat und (über FairTrade-Siegel und Weltläden) versucht, einen gerechteren wirtschaftlichen Austausch mit der Dritten Welt zu verwirklichen.

Im Diskurs über alternative Ökonomie finden sich also vielfältige thematische und intentionale Schwerpunkte. Gemeinsames Deutungsmuster ist, um eine Alternative zur jetzigen, als negativ (ungerecht, umweltzerstörerisch, unchristlich etc.) empfundenen Wirtschaftsweise geht[172]. Ein wichtiger Schwerpunkt hierbei liegt auf der Ebene der persönlichen Gestaltbarkeit. Anders formuliert: Viele Aktivisten wollen nicht protestieren, sondern selbst agieren. Dafür braucht es Bereiche, zu denen eine direkte persönliche und emotionale Beziehung besteht und die so gestaltbar sind (wie etwa die eigene Region) bzw. deren ethische Komponente zumindest transparent und überschaubar ist[173].

Im Rückblick auf diesen Abschnitt erkennt man, wie das Regiogeld durch Bezugnahme auf das schillernde Feld der alternativen Ökonomie zwar einerseits eine

171 Strukturmerkmale einer ökotopianischen Gesellschaft sind: Erstens weniger, aber gerechter verteilte Arbeit und Abkehr von der calvinistischen Arbeitsmoral (ein Gedanke, der auch hinter der Forderung nach einem ‚Bedingungslosen Grundeinkommen' steht). Zweitens das Leben in überschaubaren und beeinflussbaren Räumen, daraus abgeleitet eine Dezentralisierung von Verkehr, Energie und Landwirtschaft. Drittens die ökologische Verträglichkeit, gemessen am Kriterium der Rückschleußbarkeit in den natürlichen Kreislauf. Viertens die Berücksichtigung natürlicher Ressourcen in volks- und betriebswirtschaftlichen Kalkulationen (Saage 1997: 136). Eine neuere Spielart davon wäre die *ökosoziale Marktwirtschaft*, ein ordoliberales Konzept, das mit diversen Steuerungsinstrumenten die ökologischen Kosten ins ökonomische Handeln mit einbeziehen will. Eine Initiative, die dieses Konzept (u.a.mittels Tobin-Steuer) weltweit umsetzen will, ist die auf Al Gore zurückgehende *Global Marshal Plan Initiative.*

172 Gerade weil die neoliberalen Protagonisten der Globalisierung ihr Credo ‚TINA – There is no alternative' in die Welt schrieen, belebte sich die Bewegung für eine alternative Ökonomie neu.

173 Viele Vertreter der solidarischen Ökonomie sind recht reserviert gegenüber dem Regiogeld. Grund ist, dass ihrer Ansicht nach hier jene ethische bzw. soziale Komponente fehlt – es ist also zu materialistisch, zu sehr Geld. Deswegen gehen einige Initiativen den Weg, dass sie versuchen, etwa Leitlinien des Fairen Handels oder nachhaltigen Konsums in ihr Regiogeld zu implementieren. Auch innerhalb des Verbands wird im Rahmen einer Leitbild-Diskussion eine Angleichung an die soziale Bewegung der solidarischen Ökonomie versucht.

‚zeitgemäße' Ausrichtung bekommt, andererseits dadurch aber viele diskursive Akteure teilweise konfliktträchtig nebeneinander stehen – von Umweltaktivisten über konservative Regionalisierungsinitiativen bis hin zu kirchlichen Gruppierungen.

Insgesamt ist das System des Regiogeldwissens durch viele und verschiedene Diskursfelder gekennzeichnet. Je nach Verortung ergeben sich unterschiedliche Zielsetzungen, auf die das ‚bessere' Geld hin programmiert werden soll. Nur sehr pauschalisierend lässt sich behaupten, die Geldreform ziele auf eine bessere Funktionalität (höherer Geldumlauf etc.), die moderne Esoterik auf mehr Spiritualität (geistige Weiterentwicklung) und die alternative Ökonomie auf eine größere Solidarität (mit der Region, der Umwelt, der dritten Welt). In der Realität finden sich mannigfaltige Mischungen der hier nur idealtypisch unterschiedenen Diskursfelder. Diese existieren in ihrer oft diffusen Ausprägung meist einträchtig nebeneinander; nur in den ab und zu aufblitzenden Konflikten treten sie zutage. Meist geschieht dies, wenn es an die konkrete Umsetzung geht, denn in der Theorie ist vieles einfacher.

3.2. Das praktische Wissen

Dem theoretischen Regiogeldwissen steht ein anwendungsorientiertes Praxiswissen gegenüber, denn schließlich ist Regiogeld „halt auch ein ganz praktisches DING" (TEL07: 29). Dieses Praxiswissen beinhaltet die konkreten Funktionsprinzipien der Praxis, die auf Grundlage der genannten Weltanschauung(en) in Auseinandersetzung mit pragmatischen Erfordernissen und strukturellen Handlungszwängen entwickelt werden. Sie können als eine spezielle Form der Aneignung und Interpretation der Regeln des ‚Geldspiels' rekonstruiert werden. Es lassen sich hier idealtypisch verschiedene Funktionskomplexe unterscheiden: Innerhalb der ‚Banken-Sphäre' muss das Geld verwaltet, gesteuert und kontrolliert werden (Fälschungssicherheit, Verhindern von Missbrauch, transparente und kontrollierte Emission der Währung etc.); in der ‚Marketing-Sphäre' sind sowohl organisatorische Aufgaben wie auch Betreuung und Akquise von Geschäftsleuten angesiedelt; im Rahmen der ‚Öffentlichkeits-Sphäre' wird Überzeugungsarbeit gegenüber Konsumenten geleistet und die Idee durch ihre Präsentation in Medien, Politik und Wissenschaft publik gemacht (und damit auch legitimiert). Was die Regiogeldmacher nun genau tun, ist Thema eines eigenen Abschnitts (Kapitel IV.4). Hier interessieren zunächst nur die Unterschiede zwischen den beiden Wissensarten.

Die Begründungen für das Regiogeldes entstammen dem theoretischen Wissen: „Theoretisch könnte es ja ganz Klasse laufen. Es ist ja alles durchdacht" (TEL04: 149-150). Kurzum: „Das is ein tolles Instrument, das macht Sinn" (TEL06: 31-32). Aus den genannten Diskursen ergeben sich die konkreten Zielsetzungen. Man will etwa „einen zweiten Wirtschaftskreislauf, der entspannter funktioniert, Richtung, sag mer mal, Subsistenzwirtschaft" (TEL04: 129-130). Hier soll nicht „diese Raffmentalität, diese Habenmentalität" (TEL03: 138) regieren, sondern ein gemeinschaftliches Kooperieren:

> „Das ist EIN Schritt wieder zurück, wieder dieses Wir Gefühl zu [schaffen] und zu stärken, dass wir alle voneinander profitieren, wenn wir bereit sind was zu geben" (TEL03: 135-137).

Oder man möchte nicht nur ein „gerechtes Wirtschaftssystem" (TEL04: 71), sondern wenn die „Finanzknappheit immer größer und damit die Spannungen immer größer werden [...] auch einen gewissen Rettungsanker" (TEL03: 139-145). Die folgende tabellarische Abbildung liefert einen Überblick über die verschiedenen *konkreten Zielsetzungen*, wie sie von den meisten Initiativen genannt werden:

Abbildung 10: Tabellarische Darstellung der Ziele der Regiogelder

Ökonomische Ziele	**Ideelle Ziele**
▪ Kaufkraft regional binden (Wertschöpfung in der Region halten) ▪ Förderung regionaler (kleiner und mittlerer) Unternehmen (Kundenbindung, Umsatzsteigerung, zusätzliche Liquidität etc.) ▪ Anregen von regionalen Wirtschaftskreisläufen, Entwicklung regionaler Märkte und Produktion (Ideal: autarke regionale Wirtschaft) ▪ Regionale Arbeitsplätze schaffen und sichern ▪ Schutz vor globaler Konkurrenz und internationalen Finanzmärkten	▪ Etablierung von Wertvorstellungen: Gerechtigkeit, Menschlichkeit, Harmonie, Miteinander ▪ Veränderung des ökonomischen Denkens und Handelns: gemeinwohlorientierte Kooperation statt egoistischer Konkurrenz; bewusster, verantwortungsvoller Konsum ▪ Erziehung hin zu einem tieferen Verständnis von Geld und seinen Auswirkungen ▪ Praktisches Aufzeigen eines ‚besseren' Geldsystems ohne Wachstumszwang, Verschuldungsproblematik, Arm-Reich-Schere usw.
Soziale Ziele	**Ökologische Ziele**
▪ dezentrale, transparente, selbstverwaltete Wirtschaftsstruktur, dadurch mehr Demokratie und Selbstbestimmung ▪ Finanzierung gemeinnütziger sozialer und kultureller Aktivitäten (v.a. bei Eurodeckung) ▪ Verbesserung der Lebensqualität ▪ Schaffung einer regionalen Identität ▪ Vergemeinschaftung: engere Verbindungen zwischen Konsumenten und Produzenten sowie innerhalb der Bevölkerung ▪ Einbinden von sozial Benachteiligten	▪ nachhaltiges Wirtschaften im Sinne der Lokalen Agenda: kurze Transportwege, langlebige Produkte ▪ ökologische und regionale Produktion von Gütern, insbesondere Nahrungsmitteln

Quelle: nach Bode 2004: 96; eigene Ergänzungen und Umarbeitungen

Je nach dem aus welchem Bereich die Aktivisten stammen, werden mal die einen, mal die anderen Schwerpunkte gesetzt, meist aber der ökonomische Aspekt in den Vordergrund gestellt. Wie strukturiert sich aber das Praxiswissen nun?

3.2.1 Die Struktur des praktischen Regiogeldwissens

Da sich dem theoretischen Regiogeldwissen wenig konkrete Hinweise zur Umsetzung entnehmen lassen, orientiert man sich meist an anderen Initiativen, die schon „auf dem Markt" (TEL01: 41-42) sind. Was hier zählt, ist zum einen der Erfolg der jeweiligen Initiativen: „Der Chiemgauer war ja unser großes Vorbild" (TEL01: 11); zum anderen diverse innovative und originelle Ansätze: „der Volmetaler macht's ja ganz gut mit seinen Marketinggeschichten" (TEL06: 58-59). Da noch keinem Regiogeld ein wirklicher Marktdurchbruch gelungen ist, gilt das Praxiswissen immer noch als vorläufig und experimentoffen. Dementsprechend entwickeln viele Initiativen eigene Ideen, seien das elektronische Kontensysteme, Debitkarten, Sammlermünzen, Tauschring-Einbindung, Bürgerbeteiligungsvereine oder die Kombination von Euro- und Leistungsdeckung. Dieser Ideen-Fundus wird vom Regiogelddachverband gesammelt und (teils nur intern) veröffentlicht, wodurch ein immer fundierteres und systematisierteres Praxiswissen entsteht. Einen wichtigen Beitrag hierzu liefern auch die zweimal im Jahr stattfindenden Vernetzungstreffen, bei denen Aktivisten aus dem ganzen Bundesgebiet zusammenkommen und gemeinsam in Workshops an der Erweiterung des Praxiswissens arbeiten. Letztlich erfährt dieses Praxiswissen mehr Anerkennung als das Theoriewissen. Die Praxis hat schon öfters Konfliktlinien aufgelöst: Der Konflikt Euro- vs. Leistungsdeckung etwa verlor viel an Schärfe, als eine Initiative beide Systeme erfolgreich kombinierte. Dieses *Primat der Praxis* kennzeichnet das gesamte System des Regiogeldwissens.

> „Es sind natürlich viele Leute dabei die sehr stark von der intellektuellen Seite kommen, von der theoretischen Kritik an dem Ganzen, aber des waren noch nie diejenigen, die erfolgreiche Unternehmer wurden, und letztlich müssen wir uns klar sein, DASS ist [...] an was wir gemessen werden" (TEL03: 221-227).

Die ‚Praktiker' kritisieren dementsprechend an den Theoretikern, dass „nur gelabert und gelabert" (IN01: 8) wird, mit der Konsequenz: das Regiogeld „bleibt vielerorts Theorie" (TEL02: 124-125). Ich habe öfters auf Kongressen oder Vernetzungstreffen Aktivisten getroffen, die klar sagten „Des theoretische Zeugs interessiert mich überhaupt net" (BP060930) oder „ne professionelle Umsetzung hat nix mit dem Freigeld-Zeugs zu tun" (ebd.). Diesen eher pragmatischen Praktikern fällt es leichter, das Regiogeld in einem technisch-kühlen Marketing anzupreisen bzw. generell die Ziele eines Regiogeldes nicht zu hoch zu stecken.

> „Also ich neige nicht dazu, da zuviel Philosophie hineinzutragen. Ich seh das im Vordergrund einfach als Gag" (TEL02: 167-169).

Was hier zählt, auch für die *Legitimation* des Regiogeldes (nach innen und außen), sind ‚Hard-Facts', also konkrete Erfolge in der Praxis – Umsatzzahlen, Anzahl der teilnehmenden Unternehmen, messbare Auswirkungen[174]. Denn: „In der Theorie kann man sich alles schönreden, erst in der Praxis beweisen sich dann die Dinge" (BP071023). Und so wird aus der Praxis berichtet: von dem Millionen-Umsatz des Chiemgauers, den Milliarden-Umsätzen des WIR-Frankens, der 100-jährigen Geschichte des Bethel-Euros oder den sozialen und wirtschaftlichen Segnungen, die historische Geldexperimente wie Wära und Wörgl gebracht haben.

Vor dem Hintergrund des jeweiligen theoretischen und praktischen Wissens wird dann ein konkretes Umsetzungskonzept entworfen. Den maßgeblichen Rahmen hierfür bilden die tatsächliche Machbarkeit (Ressourcen etc.) und die erwünschte Breitenwirksamkeit. Häufig entpuppt sich das Ganze dann...

> „als ein großes Projekt mit auch vielen Unsicherheitsfaktoren, sprich Organisation, sprich die ganzen Scheine, die ganze Abrechnung, die Sicherheitsstandards und und puhh, ach je" (TEL04: 104-106).

Ein wichtiger Bestandteil dieses Projektes ist die Herausarbeitung der *‚Botschaft'* des eigenen Geldes. Damit gemeint ist, dass das Konzept und die Zielsetzungen des Regiogeldes so ‚übersetzt' werden müssen, dass sie möglichst viele Menschen ansprechen. Dabei geht man meist von einem ‚Otto Normalverbraucher bzw. -unternehmer' aus, der uninformiert, bequem und egoistisch ist. Dementsprechend ‚einfach' hält man die Erklärung und Begründung des regionalen Geldes, man versucht die Abläufe so unkompliziert wie möglich zu konstruieren und ‚lockt' v.a. Geschäftsleute mit konkreten (teils kommerziellen) Vorteilen wie Umsatzsteigerungen und Marketingvorteilen bis hin zu Preisnachlässen und Bonuszahlungen. Die Diskrepanz zwischen dieser teils egoistischen Ausrichtung und der eher altruistischen Motivation vieler Aktivisten wird dadurch überbrückt, dass es häufig zwei *Ebenen der Zielsetzung* gibt – eine nach außen hin kommunizierte und eine (mehr oder weniger geheim) nach innen verfolgte.

---

174 Dazu wurden auch diverse Gutachten (etwa das Komplementärwährungsgutachten der Sparkasse Delitzsch-Eilenburg; swschwedt.de 01) oder Machbarkeitsstudien (etwa über Regio-Initiative Barnim-Uckermark, in Auftrag gegeben von der Kommunität Grimnitz; swschwedt.de 02) angefertigt. Der Verband fördert zudem wissenschaftliche Begleitforschung, etwa in Form von Uni-Projekten, Abschlussar-beiten etc. Diese sollen letztlich v.a. eine wissenschaftlich fundierte Evaluation der Praxis leisten.

> „Im Blick auf die Unternehmer ist es klar, dass man denen die Vorteile sagen muss, die klassischerweise auch immer genannt werden: die Kundenbindung, die Umsatzsicherung oder auch -steigerung, überhaupt Marketing, sich zu positionieren über den größeren Ketten usw. Für mich im Hintergrund steht natürlich ein anderes Geldsystem" (TEL03: 97-102).

Etliche Regiogelder präsentieren sich als originelle, aber auch seriöse Gemeinwohlprojekte, andere betonen eher die Wirtschaftsförderung, für etliche steht der soziale Aspekt im Vordergrund und für einige die demokratisch-künstlerische Selbstbestimmung. Mal wird das sehr professionell umgesetzt, mal nicht so sehr, doch grundsätzlich ähneln sich die jeweils kommunizierten Botschaften recht stark. Ein Grund dafür ist die zunehmende Konsolidierung des Regiogeldwissens.

3.2.2 Regiogeld im Spannungsfeld verschiedener diskursiver Felder: Konflikte und Konsolidierung

> „Ich will einfach ein marktwirtschaftlicheres Geldsystem. Das Problem ist, dass die Zentralbank ihre ‚Kredite' mit mindestens 0% verzinst und nicht auch negative Verzinsungen macht, um so etwa auf ein im Verhältnis zur Geldmenge gestiegenes Leistungsangebot eingehen zu können. Ich will einfach, dass auch beim Geld marktadäquate Spielregeln herrschen" (BP061214).
>
> „Die wirtschaftliche Effizienz ist mir wurscht! Gute Ideen setzen sich eh erst in der nächsten Generation durch. Mir geht es darum, dass Regiogeld Bewusstsein transportiert – das Bewusstsein, dass Geld auch anders sein kann" (BP060608).
>
> „Wir dürfen nicht vergessen, warum wir das tun. Es geht um Identität, um Miteinander, um regionalen Bezug. Mich kotzen Begriffe wie Qualitätsmanagement an" (BP071026).

Durch die ihm impliziten unterschiedlichen Diskurse birgt das Regiogeldwissen einiges an *Konfliktstoff*. Im (abstrakten) Bereich des theoretischen Regiogeldwissens tritt dieser oft nicht zutage, aber spätestens wenn es an die konkrete Umsetzung geht, können sich verschiedene Konflikte manifestieren. Schon innerhalb der Felder gibt es unterschiedliche Positionen und Grabenkämpfe, v.a. über das richtige ‚(Regiogeld-)System'. Zwischen ihnen liegen erst recht bestimmte strukturelle Konfliktlinien. Das Regiogeld ist für manche Geldreformer zu simpel, für manche Esoteriker zu kompliziert und zu profan, für manche Vertreter einer solidarischen Ökonomie zu wenig sozial. Je nach dem, wie heterogen die Aktivisten in einer Initiative aufgestellt sind, kommt es hier häufiger oder seltener zu Konflikten.

Eine mögliche Konfliktlinie, die zwischen Geldreform und alternativer Ökonomie liegt, ist ‚*Regionalität vs. Geldreform*'. Die Anhänger der Regionalität wollen konkret ihre Gegend fördern, etwas für lokales Gewerbe und Einwohner tun, sich so „von der globalen Wirtschaftslage unabhängig" (TEL01: 30-31) machen und eine

„regionale Kultur und Identität" (TEL05: 80-81) aufbauen. Die Gefahr liegt hier in einer möglichen Kleinstaaterei, wenn „da zuviel Regionalismus reinkommt [...]. Also wenn wir unsere Initiative Oberland-Geld nennen, dass dann wir also Oberländler irgendwann dann die Nase ein bisschen höher tragen als die Unterländler" (TEL05: 74-77). Den Geldreformern geht es hingegen um den „Grundgedanken des fairen Leistungsaustausches" (BP071027), der durch die spezielle Konstruktionsweise des Regiogeldes umgesetzt wird und langfristig durch seinen Vorbildcharakter zu einer allgemeinen Geldreform führen soll. „Dazu müssen wir uns eventuell auch vom Gedanken der Regionalität lösen und einfach größer denken" (ebd.). Für etliche Aktivisten ist das ein Problem, denn Größe steht der teilweise angestrebten Regiogeldgemeinschaft entgegen.

> „Für diese Vereinmeier da war's VIEL zu VIEL, VIEL zu GROß. Die wollten da wie der [Regiowährung] mit 60 Leuten arbeiten [...]. Ich wollte mit diesem Projekt was bewegen" (IN01: 49-52).

Eine weitere, potentielle Konfliktlinie ist etwa *‚Idealismus vs. Marketing'*. Sie bezeichnet die Diskrepanz zwischen dem (bei Esoteriken häufigen) idealistischen Wunsch, ein besseres, soziales und spirituelles Geld zu schaffen und der (von den Geldreformern oft proklamierten) Notwendigkeit, dies mittels eines profanen Marketings zu ‚verkaufen'. Betriebswirtschaftliche Begriffe wie Marketing, Werbung, Prozessoptimierung etc. wirken für manche (v.a. spirituelle) Menschen nicht nur kalt und mechanisch, sondern manchmal auch wie ein rotes Tuch. So etwa für eine (ehemalige) Aktivistin, die in ihrer Email schrieb:

> „Ich möchte mich in keiner Weise mit Marketing beschäftigen, denn ich möchte keinem was verkaufen, was er nicht haben möchte. Auch halte ich nichts von Qualitätsmanagement. Deswegen [...] möchte mich auch gleichzeitig wieder zurückziehen von der Regio-Gruppe" (Email einer Regiogeldaktivistin).

So unterscheiden sich auch die Herangehensweisen an die Konzeption und Umsetzung des Regiogeldes. Während die einen ein „Projektmanagement" (BP080620) nebst „knallhartem Marketing-Konzept und absolut sicherer Verwaltung" (ebd.) fordern, sehen andere das in anderen Kategorien:

> „Das is ne schlechte Denke. Das alte System beruht auf Misstrauen, das Neue soll auf Vertrauen basieren. Wir müssen einfach loslegen und an die Menschen glauben. Dann kommt das Geben und Nehmen wieder in Fluss" (ebd.).

Man kann sich vorstellen, dass es angesichts der vielfältigen Wurzeln des Regiogeldes noch eine ganze Reihe weiterer Konfliktlinien gibt. Weitere, im Prozess der Umsetzung auszuhandelnde Probleme sind etwa das *Aldi-Dilemma* (siehe in Kapitel

IV.5.1) oder der (dem Idealismus/Marketing-Dilemma ähnliche) Konflikt *‚Kunst vs. Corporate Design'* (siehe in Kapitel IV.6.2).

Hinzu kommen Konflikte, die durch von Kritikern *von außen* herangetragen werden. Das Regiogeld kann durch jedes seiner grundlegenden Diskurse ins Kreuzfeuer geraten, am häufigsten jedoch durch die Geldreform bzw. die Freiwirtschaft, der ‚Sozialdarwinismus' und ‚struktureller Antisemitismus' vorgeworfen wird[175]. Auch die Nähe zur modernen Esoterik wird häufig moniert: Regiogeld sei eine weltfremde Schwärmerei aus „dieser esoterischen Birkenstockecke" (GP01: 397). Selbst an der eher bürgerlich-pragmatischen Variante der Alternativen Ökonomie, der Forderung nach Regionalisierung wird vielfach Kritik geübt: Geldpolitik sei kein Instrument der Regionalpolitik; Regionalgeld verhindere die so wichtige überregionale Arbeitsteilung. Außerdem – so tönt es von marxistischer Seite – seien Regionalwährungen nicht anderes als ‚Armutsselbstverwaltung' in wirtschaftlich prekären Zeiten, die zur Entprofessionalisierung sozialer Arbeit aufriefen.

Natürlich müssen solche Vorwürfe wie auch die Konflikte konkret innerhalb jeder Initiative bearbeitet werden. Gleichzeitig sind aber all die Initiativen nichts anderes als (mehr oder weniger verschiedene) Ausprägungen der Idee Regiogeld, die sie gemeinsam gestalten. Und zu dieser gemeinsamen Gestaltung gehört eben auch der Versuch, Konfliktlinien aufzuheben, Kritiken zu entkräften und angesichts der vielen kommerziellen Barterclubs, Tauschringe, Bonus- und Rabattsystemen überhaupt einmal klarzustellen...

> „wer gehört noch ZUR Bewegung und wer dann nich mehr. Und im Endeffekt hat der Verband das nun ein Stück weit über die Ziele – was will man denn erreichen – definiert und gar nicht ganz so konkret über irgendwelche Systemarchitekturen" (TEL07: 219-222).

Die Bestimmung, was Regiogeld ist und was nicht, wird im Dachverband Regiogeld e.V. geleistet. Entstanden ist dieser schon wenige Monate nach Gründung des Chiemgauers. Auf Initiative von Margrit Kennedy gründeten Aktivisten aus ganz Deutschland das Regionetzwerk (chiemgauer.info 03). Eine zentrale Aufgabe seither ist die Beratung von Regiogeldinitiativen, sowie die Vernetzung und Erfahrungsaustausch von Aktivisten. Hierfür werden u.a. zweimal jährlich sog. ‚Vernetzungstreffen' abgehalten, bei denen Aktivisten aus ganz Deutschland zusammentreffen.

175 Vor allem verschiedene studentische Gewerkschafts- und Antifagruppen monieren die Verwendung von antisemitistischen Stereotypien: Die ‚ausblutende Peripherie gegenüber den Metropolen' sei eine *Ablehnung der Urbanisierung*, die ‚einfache Regionalwährung gegen das komplizierte Geld' ein *Antiintellektualismus*, die ‚arbeitenden' Unternehmen gegen die internationalen Konzerne und Banken entspräche dem *‚schaffenden' und ‚raffenden' Kapital* und das Geld, das *‚keinerlei Sozialbindung und Moral'* kenne, sei letztlich der *‚wurzellose, ewige Jude'* (BP080304).

2006 ging aus dem Regionetzwerk der Regiogeld e.V. hervor. Ermöglicht wurde dies alles nur durch großes ehrenamtliches Engagement vieler Aktivisten sowie die tatkräftige ideelle wie finanzielle Unterstützung von Margrit Kennedy und dem Omnibus für direkte Demokratie. Der Dachverband sammelt und systematisiert nicht nur Informationen über das Regiogeld, er arbeitet auch daran, die Idee zu legitimieren (u.a. durch wissenschaftliche Arbeiten) und zu propagieren. Dazu werden u.a. wissenschaftliche Studien betreut, mit Universitäten und Hochschulen kooperiert, Gespräche mit Politikern geführt sowie eine gemeinsame Informations- und Öffentlichkeitsarbeit gemacht (regiogeld.de 01). Ein wichtiger Aspekt der Verbandsarbeit ist die Formulierung von Qualitätskriterien als Definitionskern von Regiogeld:

1. Ein Gewinn für die Gemeinschaft.
2. Kreisläufe bildend.
3. Ein nachhaltiges Finanzsystem fördernd.
4. Transparent für die Nutzenden.
5. Demokratisch.
6. Professionell umgesetzt.
7. Eigenständig finanziert und gemeinwohlorientiert
8. Zusammenarbeit.

Quelle: regiogeld.de 03

Das ist schon deswegen wichtig, weil sich Regiogelder rechtlich immer noch in einer Grauzone bewegen. Gleichzeitig ist dies auch der Versuch ein so vielschichtiges wie vages Phänomen in irgendeiner Form greifbar zu machen und dadurch auch als eigenständigen Akteur im ‚Geldspiel' zu etablieren[176]. Nach der anfänglichen Phase des kreativen Experimentierens soll nun eine *Konsolidierung* eintreten, in der „unser gemeinsamer Wiedererkennungswert wichtiger wird als eigene Kreativität" (BP). So kann der Verband das Regiogeld als ein Konzept im Rahmen seiner Öffentlichkeitsarbeit präsentieren und sich von Projekten abgrenzen, die zwar die konzeptionelle Struktur einer regionalen Währung übernehmen, aber nicht deren Zielsetzungen (Becker 2006). Regiogeld soll so zu einer Marke werden[177].

176 Obwohl aus den Wertestandards noch keine klar überprüfbaren Kriterien abgeleitet wurden, dienen sie als Leitlinie, um Konflikte zwischen Initiativen zu lösen oder Versuche der Vereinahmung zu unterbinden – etwa durch eine Arbeitsgruppe zu Antisemitismus.

177 Öffentlichkeitsarbeit: beispielsweise durch Auftritte auf Kirchentagen oder auf der Regionalentwickler-Messe Euregia 2008.

4. Die Teilnehmer des Geldspiels

Um nun ein besseres Geld zu realisieren, ist ein bestimmtes Ensemble von Positionen und Rollen erforderlich: Zunächst wären da die Geldmacher, also die *Aktivisten*, die sich in *Initiativen* organisieren. Hinzu kommen verschiedene *Unterstützer und Konkurrenten*, die den Erfolg oder Misserfolg eines jeweiligen Regiogeldes bedingen. Und natürlich jene, die das Geld verwenden (sollen), nämlich die *Verbraucher und Geschäftsleute*. Alle Initiativen zusammengenommen bilden dann eine Art *Regiogeld-‚Szene'*.

4.1. Die Aktivisten

In den Medien werden die Regiogeldaktivisten meist als eine Gruppe von „Lokalpatrioten" (NTV, 23.05.2007) oder „Globalisierungs-Verweigerern" dargestellt (SZ, 19.12.2006). Angesichts der Heterogenität der Gruppe der Aktivisten ist diese Etikettierung jedoch zu pauschal. Hier finden sich pensionierte Handwerker neben arbeitslosen Endzwanzigern, (Öko-)Landwirte und Professoren. Diese Vielfalt spiegelt sich auch bei den Befragten des Telefoninterview-Samples wider:

Die ca. 70-jährige Frau Thurn ist selbstständige Übersetzerin. Sie hat lange Zeit im Ausland gelebt, engagiert sich politisch und ist Mitglied in einer freimaurerähnlichen esoterischen Gesellschaft. Für sie ist Geld „ein Lebensthema" (TEL01: 74). Seit fast 50 Jahren befasst sie sich mit „Silvio Gesell und alle diesen Sachen" (TEL01: 72).

Herr Konrad ist Apotheker. Auch er engagiert sich, v.a. im kirchlichen Bereich. Auf das Thema kam er eher zufällig und hat daraufhin „einen Kontakt angeworfen übers Internet, ganz einfach und hab dann die Regiogeldgemeinschaft kennen gelernt" (TEL02:108-110).

Der Schullehrer Herr Müller wiederum „kannte die Thematik mit der Geldproblematik mit der Zinsproblematik schon lange, schon zwanzig Jahre schon" (TEL03: 108-109). Vom Regiogeld konkret hat er durch eine „Zeitschrift kritischer Christen" (TEL03: 112) erfahren.

Der Mittvierziger Herr Wolters ist Kunsthandwerker mit eigenem Laden. Schon seit seiner Zeit in der „Alternativbewegung, 80er Jahre halt" (TEL04: 54-55) versucht er sich mit „Ökonomie auseinanderzusetzen und [...] andere Wege einzuschlagen, andere Formen der Organisation" (TEL04: 56-57). So hat er sich „ mit Genossenschaften beschäftigt und eben auch mit Silvio Gesell, der taucht dann eben auch früher oder später irgendwo [auf]" (TEL04: 58).

Ebenfalls um die Vierzig ist Herr Friedrichs, ein Informatiker und Wirtschaftswissenschaftler. Sein Weg zum Regiogeld führte über die Schriften eines der Theoretiker der neueren Freigeld-Bewegung (Helmut Creutz). „Dann bin ich vor zirka zwölf Jahren auf eine der ersten Ausgaben des Geldsyndroms gestoßen. Das hab ich mir dann so mehr oder weniger im Selbststudium mal durchgearbeitet" (TEL05: 40-42).

Herr Lippert, Wirtschaftsingenieur und Marketingfachmann, hat das Thema erst kürzlich „bei der Bildungsbewegung von ATTAC aufgeschnappt" (TEL06: 128-129).

In diesen unterschiedlichen *Wegen zum Regionalgeld* finden sich die vorher dargestellten Diskursfelder. Ein erneuter Blick auf das Schaubild (S.161) zeigt die verschiedenen Organisationen, die mit je eigenen Schwerpunkten das Regiogeld thematisieren. Letztlich stammen alle Aktivisten aus einer dieser Organisationen oder haben über diese von dem Thema erfahren. Dabei sprechen verschiedene Organisationen wie die INWO, die Demokratiebewegung, Tauschringe oder die Lokale Agenda 21 je unterschiedliche Akteurs-Typen an. Die Tatsache, dass diese verschiedene Zielsetzungen und Motivationsmuster haben – von geldreformerisch-technischen über esoterisch-künstlerische bis hin zu alternativ-wirtschaftlichen – geht aus dem vorigen Abschnitt hervor und muss nicht extra ausgeführt werden.

Lässt sich trotz der Vielfalt der Aktivisten ein – zumindest grobes – *Profil* herausarbeiten? Betrachtet man das Alter, sind die meisten ‚Geldmacher' zwischen 40 und 70, es gibt jedoch auch einige Jüngere (Mitte Zwanzig bis Mitte Dreißig). Der Anteil Frauen liegt geschätzt bei max. einem Viertel, eher weniger[178]. Weiterhin stammen die Aktivisten tendenziell eher aus der Mittelschicht und sind berufstätig (oft Lehrer oder selbstständige Klein- und Mittelständler). Manche bezeichnen das Regiogeld deswegen als bürgerliches Phänomen. Ein Beobachter der Szene bemerkte mir gegenüber auf einem Kongress etwas polemisch:

> „Die Regiogeldszene ist hauptsächlich aus dem mittelständischen Bildungsbürgertum. Die merken, die Globalisierung betrifft auch sie und suchen zuerst ein Rettungsboot für sich. [...] Wirkliche soziale Randgruppen können am System kaum teilnehmen. Sie kommen auch in den Konzepten kaum vor. [... Es gibt auch] kaum Jugendliche in der Bewegung" (BP060929)[179].

Der Vorwurf ist nicht ganz von der Hand zu weisen, denn „ein Schwerpunkt sind diese kleinen und mittelständischen Unternehmer [...], weil die vielleicht auch am stärksten merken, wo sie einfach Schwierigkeiten haben mit der Art von Globalisie-

178 Liegt das am teils recht technisch-abstrakten Charakter des Regiogeldmachens? Interessanterweise ist das Verhältnis bei den Regiogeld*nutzern* umgekehrt – hier sind überwiegend Frauen die Aktiven.

179 Etliche sehen dies anders: „Die RG-Szene ist für mich der einzig legitime Nachfolger der Anarchisten" (BP060929). Schließlich geht es darum, die ‚vierte Gewalt' des Geldes besser zu berücksichtigen und der Herrschaft des Staates über das Geld etwas entgegenzusetzen.

rung, wie sie läuft" (TEL07: 87-91). Auch der Hinweis auf das ‚Bildungsbürgertum' trifft durchaus zu. Viele Aktivisten sind überdurchschnittlich gebildet und haben studiert. Allerdings gibt es auch genug Gegenbeispiele – vom tatkräftigen Handwerker bis hin zum engagierten, aber ungelernten Arbeitslosen. Deswegen gilt bezüglich der Aktivisten, „es is überhaupt kein einheitliches Bild" (TEL07: 81).

> „Es is eben NICH ein Schlag von Leuten, sondern ganz ganz unterschiedliche Leute. Also wir haben, ich sag mal ne, Globalisierungskritiker und Ökos dabei und es gibt Banker und [solche], die sag ich mal politisch unterschiedlichste Couleur zuzuordnen sind" (TEL07: 82-86).

Dennoch geschieht es, schon aufgrund des gemeinsam geteilten Glaubens an ein ‚besseres' Geld, dass man „auf so nem Vortrag ein paar andere Leute kennengelernt hat und mit diesen diese Initiative da so ja ins Leben gerufen hat" (TEL 05: 45-47). Vor allem im anthroposophischen und im alternativen Milieu mit seiner hohen generalisierten Unterstützungsbereitschaft finden sich schnell Gleichgesinnte. Man trifft sich, diskutiert und tauscht sich aus, und irgendwann fällt der Entschluss, ein eigenes Regionalgeld zu machen. Eine neue Initiative ist entstanden.

4.2. *Die Regiogeldinitiativen*

Haben sich ein paar Überzeugte gefunden, so wird zunächst meist versucht, weitere ‚Mitstreiter' zu mobilisieren. Man organisiert Veranstaltungen[180], initiiert Presseartikel (Schlagzeile: ‚Stadt XY soll Regionalgeld bekommen'), kurz, man macht Öffentlichkeitsarbeit. Meist gewinnt die Initiative dadurch schnell an Zulauf. Doch vielen ist der Aufwand, der hinter der Umsetzung eines solchen Projektes steckt, auf Dauer zu hoch. So bildet sich über die Zeit meist eine (Kern-)Gruppe von drei bis zehn Leuten heraus.

Der neu gegründeten Regionalgeldinitiative wird dann relativ schnell bewusst, dass das Projekt ‚eigene Regionalwährung' nicht nur viel Arbeit, Geld, Zeit und Engagement erfordert, sondern sich grundlegend von den bislang verfolgten Tätigkeiten wie der Teilnahme an Vorträgen, dem Lesen einschlägiger Artikel oder dem Verfassen von Leserbriefen unterscheidet. Das neu zu schaffende Geld muss konzipiert, organisiert und etabliert werden. Wie genau das vor sich geht, ist Thema des nächsten Kapitels. An dieser Stelle wird nur illustriert, wie die dafür erforderliche Struktur entsteht und wie diese beschaffen ist.

---

180 Gern geladene Referenten zum Thema Regiogeld/Geldreform sind etwa Prof. Dr. Wolfgang Berger (INWO), Prof. Dr. Margrit Kennedy (MonNetA), Prof. Dr. Roland Geitman (CGW), früher auch Thomas Mayer (Omnibus) oder Klaus Popp (Fairconomy).

Die regelmäßigen Treffen, meist in halböffentlichen Räumen[181], bewirken durch den regelmäßigen Austausch über das gemeinsame Ziel gewisse Gruppenbildungsprozesse. Der Grad der Vergemeinschaftung bleibt jedoch eher niedrig, etwa vergleichbar mit einem Verein. Die *innere Struktur* der Initiativen ist dabei meist basisdemokratisch geprägt. Man sieht sich als gleichberechtigte „Mitstreiter" (TEL04: 49). Allerdings gibt es durchaus feine Status- und Positionsabstufungen, die sich vor allem aus dem Beherrschen des Geld-(Sonder-)Wissens[182] und aus dem Grad des Engagements ergeben. Die zentralen Aktivisten sind „die Haupttriebfeder des Ganzen und auch am meisten in der Materie drin" (TEL03: 10-11). Erfolgreiche Initiativen haben meist einen solchen ‚Macher', der das Projekt über die Monate und Jahre (von der Konzeption bis zur Umsetzung) vorantreibt.

Schon wegen der rechtlichen Anforderungen, die ein regionales Geld mit sich bringt, ist irgendwann die Schaffung einer *äußeren Struktur*, einer Organisationsstruktur notwendig. Die überwältigende Mehrzahl der Regiogelder ist dabei als eingetragener Verein (e.V.) organisiert[183], meist unter dem Namen des Regiogeldes (Ammerlechtaler, Chiemgauer, Elbtaler,...) und oft mit dem Zusatz: „Verein für gerechteres/ nachhaltiges/ regionales/ solidarisches Wirtschaften". Übrigens bekommen diese Vereine nur selten einen gemeinnützigen Status. Wer Geld macht, so argumentiert das Finanzamt, muss wirtschaftlich sein. Mit diesem Schritt gewinnt der bislang informelle Austausch eine andere Qualität. Man trifft sich nicht mehr einfach so, sondern definiert sich als institutioneller Akteur.

> „Wir haben jetzt den Verein gerade gegründet, vor drei, vier Wochen und sind gerade am Eintragen beim Notar, warten jetzt auf die Bestätigung vom Vereinsregister. Das is

181 Ein häufiger Ausgangspunkt für Regiogelder sind Arbeitskreise und Projektgruppen, die im Kontext verschiedener Organisationen (Schulen, Anthroposophische Gesellschaft, Sozialforen, Agenda, Altstadtvereine, Bürgerinitiativen, etc.) entstehen. Die Initiativen nutzen häufig deren Räumlichkeiten.

182 Dieses besteht aus der Kenntnis des Geldsystems (bzw. seiner Fehler), der relevanten Literatur (von Gesell bis Kennedy) sowie aus dem Regiogeld-Praxiswissen, der Kenntnis der Szene und der anderen Initiativen.

183 Weitere organisationsstrukturelle Möglichkeiten sind *Genossenschaften* (Chiemgauer, Regio München, Urstromtaler). Obwohl aufgrund der genossenschaftlichen Organisationsprinzipien (Mitgliederförderung, Selbsthilfe, Selbstverantwortung, Selbstverwaltung, Identität) die Genossenschaft von vielen Aktivisten als die eigentliche, dem Regiogeld entsprechende Organisationsform gesehen wird, gibt es bislang nur vereinzelte Versuche – wohl wegen des damit verbundenen hohen Aufwands (Gründung, Prüfung etc.). Weitere ebenfalls selten verwendete Rechtsformen sind die *Interessensgemeinschaft* (also eine Unternehmerverbindung) und die *Stiftung* (Bethel). Einmal ist eine *Gemeinde* bzw. der dort angegliederte Bürger- und Energieservice beteiligt (Illtaler), in zwei Fällen lief das Regiogeld über ein *Gewerbe* (Münsterländer, Baptisttaler), ein weiteres über eine *GbR* (Roland, Coinstatt) und eine – eher marketingtechnisch ausgerichtete – Regionalwährung ist als *GmbH* organisiert (Zeller).

> jetzt so mal die äußere Form und ansonsten bestehen wir aus zehn Mitgliedern des Vereins einerseits, und die stellen auch im Moment die Initiative eben dar und jetzt eben mit dem Vollzug dieses äußeren Rahmens werden wir jetzt sehr konkret rangehen" (TEL03: 4-9).

Im Zitat klingt an, dass die Initiative durch diese rechtliche Organisation ein ‚Eigenleben' bekommt, sie existiert fortan (bedingt) unabhängig von konkreten Personen. Gleichzeitig schafft sie einen Rahmen für das Handeln, eine Ermöglichung des eigentlichen Tuns. In diesem Rahmen weist sie den Aktivisten (zumindest formal) gewisse Rollen (Aufgaben) zu, seien dies Vorstand, Protokollführer oder Kassenwart. In der Praxis werden diese zumeist eher leger gehandhabt, so dass – zumindest bei den gleich aktiven Mitgliedern – weiterhin eine gewisse Basisdemokratie praktiziert wird. Nicht selten führt dies jedoch zu recht langwierigen und ineffizienten Entscheidungsstrukturen, weswegen jene Initiativen erfolgreicher sind, die klare Aufgaben wie Organisation, Marketing, Öffentlichkeitsarbeit oder Akquise (und damit Entscheidungskompetenzen) festlegen. In dieser (meist mehrjährigen) Phase der Schaffung einer Organisationsstruktur *scheitern* viele Initiativen.

> „Wir haben auch viel Zeit und Energie mit der ‚Vereinsgründung' verbraucht, und so ging der anfängliche allgemeine Enthusiasmus verloren und immer weniger Leute kamen zu den Treffen" (BP070503).

Oft stellt sich heraus, dass die konkrete Umsetzung die Macher überfordert. Die erforderlichen Kosten und der Arbeitsaufwand erweisen sich als zu hoch. Viele sind angesichts ihrer Berufstätigkeit und anderer Engagements schlichtweg „nicht bereit, meine ganze Freizeit dafür zu opfern" (BP060929). Zu diesem ehrenamtlichen Engagement kommen noch weitere Faktoren, die Erfolg oder Scheitern einer Initiative bedingen:

Ein zentraler Aspekt sind die *akteursspezifischen Ressourcen* der Aktivisten, die diese einbringen können: Manche haben unternehmerisches Know-How, andere entsprechendes Prestige, einige bringen (politischen) Einfluss mit und wieder andere die passenden Netzwerke.

Ebenso wichtig ist der *Entstehungskontext* eines Regiogeldes. Je nachdem, ob es als Schulprojekt (Chiemgauer) oder als Wirtschaftsring (Landmark) entsteht, ob es an die anthroposophische Gesellschaft (Bürgerblüte) angegliedert ist oder aus einer Bürgerstiftung (Pälzer) hervorgeht, ob es eine Kommunität (Cobstädter Blüte) oder Bio-Bauernhöfe (Tauber-Franken) hinter sich weiß, ergeben sich spezifische Möglichkeiten und Beschränkungen.

Weiterhin muss sich Regiogeld als Phänomen, das auf Breitenwirksamkeit zielt, im regionalen (oft konkurrierenden) Geflecht politischer, wirtschaftlicher und sozialer Strukturen verorten. Der Erfolg bestimmt sich auch immer aus der Kooperation mit und in Konkurrenz zu anderen institutionalisierten Akteuren. Häufig sitzt das ‚soziale' Geld dabei zwischen allen Stühlen: Für Wirtschaftsakteure (etwa Unternehmernetzwerke) ist es meist zu sozial bzw. alternativ, für soziale Einrichtungen (Kirche) zu wirtschaftlich. Kurzum: Die Unterstützung oder gar finanzielle Förderung für Regionalgelder ist deswegen häufig eher spärlich gesät.

4.3. Unterstützer und Konkurrenten

Jedes Regiogeld versucht in unterschiedlichem Maße mit anderen institutionalisierten Akteuren zu kooperieren, schon angesichts der personellen und finanziellen Anforderungen.

Der Versuch der Einbindung anderer *ehrenamtlicher Organisationen* (etwa Freiwilligenzentrum, Bildungswerk) verläuft oft erfolglos und gelingt am ehesten noch bei Umwelt- und Regionalinitiativen. Meist ist das Thema für solche Organisationen jedoch zu ökonomisch und ‚unternehmerlastig'.

Erwünscht, aber selten erreicht sind Kooperationen mit *Wirtschafts- und Finanzorganisationen* (Banken, Gewerbeverbände etc.); für diese ist Regiogeld häufig zu ‚alternativ'.

Einfacher gestaltet sich die Zusammenarbeit mit globalisierungskritischen Organisationen, da es hier viele thematische Ähnlichkeiten gibt. Mit *ATTAC* etwa, das ja auch aus einer finanzwirtschaftlichen Zielsetzung (Tobin-Steuer) heraus entstanden ist, gibt es häufige Kooperationen. Allerdings befürchten manche ATTACies, dass sie mit dem Regiogeld in die massiv kritisierte ‚Freiwirtschaftsecke' (siehe S.138) geraten, umgekehrt sind auch viele Regiogeldaktivisten zurückhaltend, denn ATTAC, „des kriegst net zum normalen Bürger verkauft, des is scho problematisch" (TEL06: 131-132).

Selbst mit der *Tauschring*-Szene, aus der ja viele Aktivisten stammen, wird nicht zwangsläufig zusammengearbeitet. Trotz der gemeinsamen Intention ein ‚besseres' Geld zu schaffen, gibt es hier diverse Konfliktlinien. Erstens basieren Tauschringwährung und Regiogeld auf unterschiedlichen Zielsetzungen: die einen wollen Vergemeinschaftung, die anderen Regionalförderung. Viele Tauschringe sind „ein megakleiner Kreis von Leuten, die sich halt wohlfühlen, dass sie Kontakt miteinander haben" (TEL06: 107-108), die „in ihrem Klüngel bleiben [wollen]" (TEL03: 192), weswegen „da größtenteils keine Bereitschaft ist zur Kooperation" (TEL03: 193). Zweitens ist eine Regionalwährung für sehr ideologische Tauschringaktivisten keineswegs ‚besseres' Geld, sondern nur eine mittelstandslastige Spielerei, von der (gierige) Unternehmer profitieren, die aber nichts an den herrschenden geldbedingten Ausbeutungs- und Ungleichheitsstrukturen ändert. Für diese ist ein Regiogeld nichts anderes als...

„ein Schmalspur-Porno des Kapitalismus, ins Leben gerufen von Menschen, die die Welt verbessern wollen, in Wahrheit aber die Dominas sind, die den Kunden im sadomasochistischen Regio-Markt solange foltern, bis er auch noch Euros für die Lebensmittelgutscheine des neuen Jahrtausends hergibt" (Email eines Tauschringsmitglieds).

Ein drittes Problem ist die Einbindung eines Tauschrings in eine Regiowährung. Es stellt sich hier die Frage, wie die ‚Talente' eines Tauschrings (meist Zeitgutschriften für ausgetauschte Leistungen) so in ein Regiogeld umgewechselt werden können, dass bei diesem die ‚Bilanz' stimmt, also das Geld weiterhin ‚gedeckt' ist[184].

Obwohl die Regiogeldbewegung sich als unpolitisch bzw. überparteilich sieht, versucht man *politische Unterstützer* zu finden. Etlichen Initiativen ist dies gelungen. Die Regiowährung „Berliner" konnte etwa Wolfgang Thierse als Schirmherr für einen (einmaligen) Auftritt gewinnen. In Hagen standen zeitweise fast alle politischen Parteien wie auch verschiedene Landräte hinter dem dortigen Volmetaler (Bangemann 2006: 36).

Eine Regionalgeldinitiative braucht jedoch nicht nur ideelle und personelle Unterstützung, sie benötigt ebenso Finanzmittel. All dies kann von *Nachhaltigkeitsinitiativen* kommen, etwa der ‚Lokalen Agenda 21' (LA21), die von vielen Kommunen (auch finanziell) gefördert wird. Regiogelder könnten durchaus „ideale Projekte für die regionale Agenda 21" (Herrmann: 2006: 16) sein, weil ihnen eine Einbeziehung der Unternehmen gelingt. Diese fehlen häufig bei Nachhaltigkeitsinitiativen. Doch obwohl die Zielsetzungen der Regiogelder denen der LA21 entsprechen, hat es Regiogeld hier nicht immer leicht. Ich versuche dies einmal durch eigene Beobachtungen zu veranschaulichen:

„In einem größeren städtischen Versammlungssaal trifft sich die bunt gemischte LA21-Truppe. Wie jedes Jahr sollen die Gelder aus dem staatlichen Fördertopf unter den verschiedenen Projekten verteilt werden. Verschiedene ‚Fachforen' präsentieren hierzu ihre Ideen und deren Kosten: Die einen wollen Druckkosten für den Katalog ‚familienfreundliche Stadt', die nächsten möchten im Rahmen des ‚Global Marshall Plan' eine Armutskonferenz organisieren, wieder andere Veranstaltungen zum Thema Energie und Wassersparen durchführen oder Mentorenprogramme für Hauptschüler initiieren. Dann wird das Regiogeld vorgestellt – und stößt auf etliche Widerstände. Einige lehnen es komplett ab: „Das ist ein merkantiles Thema, das nichts mit anderen Agenda-Projekten zu tun hat". „Wir brauchen nicht noch ein Rabattsystem". Etliche sind skeptisch: „Also ich bin misstrauisch, wenn irgendwo Geld geduckt wird. Was ist wenn's gefälscht wird?". Andere wiederum fragen nach den Kriterien: „Darf Karstadt oder Edeka mitmachen? Also wenn McDonalds dabei ist, mache ich nicht mit". Es

184 Der Sterntaler, neben dem Urstromtaler eine der wenigen Initiativen, die einen Tauschring eingebunden haben, ermöglichte anfangs seine Regiowährung zu 20% mit Tauschring-Talenten zu zahlen; der Rest musste in Euro gegeben werden (siehe auch Herrmann 2005: 31f)

scheint, dass Regiogeld hier als rein wirtschaftlich wahrgenommen wird und so nicht zur Logik des ehrenamtlichen Engagements für Umwelt und Soziales passt" (BP070119).

Nicht überall läuft dies so ab. Etliche Regiogeldinitiativen sind gar aus entsprechenden Arbeits- und Projektgruppen der LA21 hervorgegangen oder in diese eingegliedert (etwa Chiemgauer, Emstaler, Justus, Lechtaler, Leine Kies, Oderblüte, REGIO Oberland); teilweise ist dies auch mit finanzieller Förderung verbunden.

Eine weitere Möglichkeit der finanziellen Förderung ist, sich um verschiedene *Fördertöpfe* zu bemühen, die v.a. von politischen Akteuren für Projekte in Sachen Nachhaltigkeit, Regionalentwicklung und Soziales zur Verfügung gestellt werden. Einige Initiativen haben dies bereits erfolgreich vorgeführt[185].

Ein Regionalgeld muss sich nicht nur gegenüber anderen ehrenamtlichen, sozialen und ökologischen Initiativen verorten, sondern auch als eigenständiger Akteur im ‚Geldspiel'. Dadurch tritt es zum einen in *Konkurrenz* zum Euro, zum anderen und vor allem rivalisiert es jedoch mit den (meist kommerziellen) Anbietern von Bonus- und Rabattsystemen. Diese haben in den letzten Jahren den Markt regelrecht überflutet, weswegen Verbraucher wie Geschäftsleute beim Regiogeld oft genervt aufstöhnen: ‚Nicht noch so eines!'. Gleichzeitig können die kommerziellen Anbieter durch ihre ungleich größeren Ressourcen und Marktmacht viele Verbraucher gewinnen und dadurch das Gros der Geschäftsleute zur Teilnahme zwingen. Ein erfolgreiches Bonus- und Rabattsystem hat in diversen Fällen schon das Ende einer Regionalwährung bedeutet[186].

> „Die örtliche Zeitung hier [...], die haben so ein unseliges, so eine unselige Rabattkarte eingeführt und [...] die hat uns im Verein doch einen Strich durch die Rechnung gemacht, definitiv. Denn plötzlich hatte man die Situation, dass sich fast alle Geschäftsleute in [Ortschaft] bemüßigt fühlten, diese Karte zu akzeptieren" (TEL02: 37-42).

Doch nicht nur von solchen Konkurrenten, auch von den Unterstützern kann manchmal Gefahr ausgehen. Beispielsweise hat eine Initiative von einem Ministerium äußerst umfangreiche personelle und finanzielle Mittel erhalten (Becker 2006: 35). Mit dem Geld kamen jedoch auch ‚Experten', die dafür plädierten, die Umlauf-

185 Beispiele für Förderprogramme sind der EU-Regionalentwicklungsfond LEADER+ (Förderung mehrerer RGIs), die Programme ‚Lokales Kapital für soziale Zwecke' vom Bundesministerium für Familie, Senioren, Frauen und Jugend (Förderung des Zschopautalers) oder ‚Regionen aktiv' vom Bundesministerium für Ernährung, Landwirtschaft und Verbraucherschutz (Förderung des Wirtschaftsrings Barum, jetzt: Oderblüte).

186 Manche Initiativen denken über eine Kooperation mit solchen Bonuscard-Betreibern nach (Becker 2006: 35). Es stellt sich aber die Frage, ob ein einträchtiges Miteinander von gemeinwohlorientiertem Regiogelder und gewinnorientierter Bonuscard möglich ist.

sicherung abzuschaffen – für die Aktivisten undenkbar. Der Konflikt führte zur Einstellung der Initiative (inzwischen wieder neu entstanden). Es muss nicht immer so dramatisch sein. Aber was ist etwa, wenn die LA21-Vertreter plötzlich nur noch Biobauern als Geschäftsleute dabei haben wollen? Was soll eine Initiative tun, wenn ATTAC oder die regionale INWO-Gruppe Interesse anmelden, man aber gegen über der Öffentlichkeit nicht in die Globalisierungskritiker- oder Freiwirtschaftsecke rücken will? Solche Überlegungen sind wichtig, denn schließlich dreht sich beim Regiogeld viel darum, einen möglichst guten Eindruck bei den Verbrauchern und Geschäftsleuten zu hinterlassen.

4.4. *Verbraucher und Geschäftsleute*

Die *Verbraucher bzw. Nutzer* sind insofern zentral, als dass sie durch ihre Teilnahme den Erfolg einer regionalen Währung bestimmen. Nur wenn viele Menschen mit Regiogeld einkaufen, kann das ‚bessere' Geld seine Wirkung entfalten. Gleichzeitig sind sie die am schwersten zu erreichende bzw. einzubindende Gruppe. Man versucht sie zu mobilisieren, indem man verschiedene Netzwerke aktiviert (etwa Anthroposophie, Schulen, Vereine, regionale Vermarktungsstrukturen) oder indem man via Massenmedien (vgl. S. 215) die Regiogeldidee kommuniziert. Die breite Masse konnte jedoch noch keine Regionalwährung erreichen.

> „Bisher haben wir ne Nische und diese Nische ist besetzt mit kritischen Verbrauchern. Die kaufen sowieso schon regional ein und könnten das mit dem Euro auch machen, aber die finden die Idee natürlich klasse aus Hintergründen, die auch mit dem Geld zu tun haben und seinen falschen Spielregeln, sag mers mal so banal. Und da weiterzuentwickeln, Richtung Otto Normalverbraucher zu kommen, das erscheint mir die eigentliche Hürde" (TEL06: 8-13)

Das Bild des „Normalverbrauchers" (TEL06: 40) ist dabei nicht das positivste. Dieser wird als egoistisch gesehen, als jemand der immer fragt „was hab ich denn davon" (TEL06: 15). Darüber hinaus gelten Normalverbraucher als uninformierte und ängstliche Menschen.

> „Die sind eh schon durch den Verlust ihrer D-Mark verunsichert [...] haben das Problem, dass sie in das Instrument Geld immer noch was Falsches reininterpretieren, Staatsknete so ne. Is des dann noch sicher, könne mer uns da überhaupt noch drauf verlassen?" (TEL06: 35-39).

Die *Geschäftsleute* sind insofern wichtig, als dass sie durch ihre Teilnahme das System überhaupt erst ermöglichen. Sie werden dementsprechend umworben und persönlich ‚akquiriert'. Dabei steht das Regiogeld vor dem Henne-Ei-Problem: Ein Geschäftsmann wird tendenziell eine alternative Währung nur akzeptieren, wenn viele Nutzer damit einkaufen. Die Nutzer wiederum werden nur damit einkaufen, wenn möglichst viele Geschäfte es akzeptieren. Dennoch gelingt es den Regiogeldinitiativen Geschäftsleute zur Teilnahme zu bewegen. Meist sind diese selbst idealistisch der Idee des Regiogeldes verbunden, manche sehen es auch als gewinnorientiertes Marketing. Letztere „kriegt man durch ihren Profit schon rein, die ham ja was davon ganz konkret" (TEL06: 14-15).

Die Initiativen sind dabei unterschiedlich erfolgreich. Eine eigene Auswertung (Stand Juni 2008) ergab, dass die Zahl der teilnehmenden Geschäfte zwischen 16 (Bord€inheit) und über 600 (Chiemgauer) schwankt, der Durchschnitt liegt bei etwa 90 (Medien zwischen 56 und 58; arithmetische Mittel 97,25). Die erfolgreichsten mit jeweils über 200 Unternehmen sind (primär) eurogedeckte Systeme wie Chiemgauer, KannWas, Sterntaler oder Volmetaler. Anscheinend sind die Geschäftsleute leichter zur Teilnahme zu bewegen, wenn sie das Regiogeld in Euro zurücktauschen können. Auffällig ist auch, dass bei den leistungsgedeckten Systemen überdurchschnittlich viele Dienstleister (Yoga, Innenarchitektur, Nachhilfe etc.) vorhanden sind.

4.5. *Die Regiogeldszene*

Die einzelnen Regionalgeldinitiativen stehen nicht unverbunden nebeneinander. Letztlich sind sie ja alle Versuche, eine gemeinsame Vision zu verwirklichen. Trotz einiger erfolgreicher Initiativen gibt es dafür kein fertiges Patentrezept. Dementsprechend groß ist auch der Austauschbedarf, aus dem schon in der Anfangszeit das *Regionetzwerk* und später der Dachverband *Regiogeld e.V.* hervorging. Dieser organisiert und initiiert einen Gutteil des Austauschs zwischen den Initiativen und trägt so zu einer Konsolidierung des Regiogeldwissens bei. Für die Regiogeldbewegung ist dies von zentraler Bedeutung, schon weil Regiogeld dadurch zunehmend ein spezifisches Profil als institutionalisierter Akteur erlangt, auf das jede einzelne Initiative wiederum zurückgreift.

4.5.1 Die Entstehung des Regiogeldverbands

Die Gründung des Chiemgauers 2003 war die Initialzündung für die Entstehung der Regiogeldbewegung. Während die bisherigen Regionalwährungen kaum beachtet wurden, brach hier eine regelrechter „Mediensturm" (CG07: 158) los. Eine Vielzahl an Menschen meldete sich und wollte Information, wie sie ihre eigene Regiowährung machen können. Daraus entstand der Gedanke, ...

> „wir machen oder wir versuchen ein Netzwerk zu gründen, wo alle, DIE sich mit diesem Themenbereich sag ich mal, diesem Ansatz beschäftigen wollen, sich miteinander vernetzen, dann auch gegenseitig sich unterstützen können, so dass ähnliche Sachen woanders starten" (TEL07: 162-166).

Die (meist halbjährlichen) ‚Vernetzungstreffen' dienten dem Erfahrungsaustausch und der gegenseitigen Bestätigung. Als 2005 einer Initiative in Medienberichten eine Nähe zur NPD unterstellt wurde, kam es...

> „innerhalb des Regionetzwerks zu heftigen internen Auseinandersetzungen um die Frage, wie das Netzwerk mit solchen Vorwürfen gegen einzelnen Mitgliedsinitiativen umgehen und wie es darauf nach innen und außen reagieren könnte. Dabei trat ein Mangel an demokratischen Entscheidungsstrukturen zu Tage, der Anlass zu Bestrebungen gab, das Netzwerk in einen Verband zu überführen" (Becker 2006: 36).

Anfang 2006 wurde dieser Verband, der Regiogeld e.V., gegründet. Aktivisten verschiedener Initiativen (derzeit fünf Vorsitzende, eine Mitarbeiterin und mehrere Berater) kümmern sich seither um die verschiedenen Aufgaben des Verbands. Diese lassen sich, grob gesagt, zwei großen Zielsetzungen zuordnen: Nach innen hin soll eine *Vernetzung der Initiativen* bewirkt werden, nach außen eine *Propagierung und Legitimierung* des Regiogeldes.

4.5.2 Die Vernetzung der Initiativen

Der Verband sammelt viele Informationen über Regiogeld, ob Zeitungsartikel oder Umsatzzahlen der Initiativen, und veröffentlicht diese (teilweise nur intern für Mitglieder) auf der Homepage. Hier gibt es weiterhin eine Anleitung zum Regiogeldmachen, bestehend aus der gebündelten Praxiserfahrung der bisherigen Initiativen. Außerdem stehen Newsletter und Diskussionsforen für den Erfahrungsaustausch zur Verfügung (werden aber nur von einigen genutzt).

Eine der wichtigsten Tätigkeiten des Verbands ist allerdings die Organisation der *Vernetzungstreffen*, bei denen Aktivisten aus dem ganzen Bundesland zusammenkommen. Erst dadurch konstituiert sich die Regiogeldszene. Man kann sich diese (mehrtägigen) Treffen wie eine eher informelle Tagung vorstellen. Sie finden jedes Mal an wechselnden Orten (Gastgeber ist immer eine Initiative) statt, meist in Tagungszentren oder Bildungsstätten mit angeschlossener Jugendherberge. Hier versammelt sich eine recht bunte Gruppe. Etliche der Anwesenden kennen sich schon länger, die anderen kommen – verbunden durch die gemeinsame Sache – schnell in Kontakt. Nach Begrüßung und Eröffnungsvortrag folgt häufig eine Vorstellungsrunde, in der die versammelten Initiativen von ihren Ansätzen, Erfolgen und Misserfolgen berichten.

> „Es besteht eben in der Bewegung ganz viel Interesse eben auch an den praktischen Erfahrungen, wie macht man's denn jetzt und was muss ich denn tun" (TEL 07: 209-211)

Dann wird die meiste Zeit in locker strukturierten und teils parallel stattfindenden ‚Workshops' verbracht, bei denen alle möglichen Themen behandelt werden: Finanzierung von Regiogeld, verschiedene Deckungs- und Abrechnungsverfahren, Akquise von Geschäftsleuten, Regiogeld und Finanzkrise, Kooperation mit Kommunen, usw. usf. Als Aktivist holt man sich hier Anregungen und Impulse, aber auch Motivation und Bestätigung für das eigene Tun.

Ohne dass dies explizit deutlich wird, bewegen sich die Aktivisten innerhalb der Szene in verschiedenen Rollen (die sich teils auch überschneiden): Zunächst einmal gibt es die *Ideologen.* Diese Personen verorten die Idee ‚Regiogeld' in unterschiedlichen Wissenssystemen (Esoterik, Ökonomie, Ökologie, etc.) und fungieren damit auch als Legitimationsinstanzen (nach innen und außen). Eine „Leitfigur" (TEL07: 4) und „Herz der Bewegung" (BP080105) ist dabei Margrit Kennedy, die letztlich die Bewegung mitbewirkt hat und sie seither tatkräftig unterstützt. Daneben stehen die Praktiker, und zwar einerseits die *Vorzeige-Adepten*[187], also die Initiatoren erfolgreicher Projekte, die in irgendeiner Hinsicht Vorbildcharakter genießen. Solche erfolgreichen und innovativen Aktivisten, die „des Ding einfach komplett ausm Boden gestampft" (TEL02: 126) haben, findet man dann „schon bewundernswert" (TEL02: 128). Eine „zentrale Figur" (TEL07: 179) ist hier der Chiemgauer-Initiator Christian Gelleri, aber auch andere haben durch innovative Marketing-Konzepte, technische Finessen oder neue Systeme Anerkennung gewonnen. Andererseits gibt es die *Nachwuchs-Aktivisten*, also solche, deren Initiative erst am Anfang bzw. in Planung ist, die sich aber nichtsdestotrotz mit eigenen Ansätzen hervortun wollen.

> „Und da is natürlich auch ein gesteigertes Selbstbewusstsein bei denen, wir haben jetzt selber das Projekt na und kennen auch die Notwendigkeiten vor Ort besser" (TEL07: 204-205).

Ein wichtiger Teil der Vernetzungstreffen ist die Mitgliederversammlung. Hier wird diskutiert, was Regiogeld ist und was es sein soll. Die entsprechenden Entscheidungen werden basisdemokratisch gefällt. Ein thematischer Dauerbrenner sind dabei die Wertstandards bzw. deren Formulierung und konkrete Überprüfungskriterien. Schon weil sich Regiogeld rechtlich in einer Grauzone bewegt, soll ein klares Profil herausgearbeitet werden. Initiativen, die diese Standards nicht erfüllen, werden aus dem Verband entlassen – „die sind halt dann Nebengeld, kein Regiogeld"

187 Der Begriff ‚Adept' (lat. adeptio: Erlangung, Erwerbung) bezeichnet im esoterischen Sprachgebrauch jemanden, der in eine geheime Wissenschaft eingeweiht ist. In der Alchemie steht es synonym für einen Geld- bzw. Goldmacher.

(BP080105)[188]. Außerdem werden Kooperationen von Initiativen (etwa Chiemgauer und Sterntaler, Havelblüte und Oderblüte) initiiert und bei Konflikten zwischen Initiativen vermittelt. Zudem versucht man sich an einer Weiterentwicklung des Regiogeldes (etwa Investitions- und Kreditmöglichkeiten). All dies macht viel Arbeit und bringt die wenigen (ehrenamtlichen) Verbandsmitarbeiter an ihre Grenzen. Ein Problem ist auch, dass sich ‚der Verband' in der Wahrnehmung der Aktivisten schon so sehr als institutionalisierter Akteur herausgebildet hat, dass vergessen wird, dass er eigentlich nichts anderes als eine Plattform für kollektives Bemühen darstellen soll.

4.5.3 Legitimierung und Propagierung

Eine weitere wichtige Tätigkeit des Verbands zielt jedenfalls darauf, dem Regiogeld gesellschaftliche Anerkennung zu verschaffen. Dazu werden nicht nur Testimonials (neudeutsch: Fürsprachen) aus Wirtschaft, Politik und Wissenschaft gesammelt, sondern vor allem eine Produktion von Wissen angeregt und koordiniert. Während das praktisch-technische Handlungswissen eher intern kommuniziert wird, dient das theoretisch-ideologische zur *Legitimation* der Idee nach außen. Darunter fallen nicht nur diverse Fach-, Diplom- und Doktorarbeiten, sondern auch die Schriften der (oben erwähnten und im Fachbereich des Verbands versammelten) ‚Ideologen', die von verschiedenen Organen publiziert werden. Das Thema Regiogeld soll so als ‚wissenschaftlich geprüft' aus seiner bisherigen Nische geführt werden[189]. Der Verband versucht, die Idee in der Öffentlichkeit, in der Politik oder bei anderen gesellschaftlichen Institutionen zu *propagieren*. Beispielsweise wurden beim Evangelischen Kirchentag 2005 etliche Workshops abgehalten (Bangemann 2006: 36). Nicht immer erfolgreich, wie mir ein Aktivist erzählte: „Ich war mal auf nem Kirchtag, da sagt einer: Es gibt kein ‚besseres' Geld, das is immer schlecht" (BP080818). Angesichts dieser weitverbreiteten Meinung ist es ein Kernpunkt beim Regiogeld, entsprechende Regeln für ein besseres Geld zu formulieren.

188 Es gibt durchaus etliche private bzw. kommerzielle Initiativen (etwa Dessau AG), die auf die Vorarbeiten der Regiogeld-Initiativen zurückgreifen, ohne deren Qualitätskriterien (v.a. die Gemeinwohlorientierung) zu übernehmen. Zudem versuchen einige kommerzielle Barter-Unternehmen sich die non-profit-Regiogelder einzuverleiben (Becker 2006: 34f).

189 Schon in der Frühphase der Bewegung wurden etliche Studien in Auftrag gegeben, 2004 etwa von der Sparkasse Delitzsch-Eilenburg ein Rechtsgutachten (Hardraht/Godschalk 2004) und von der Kommunität Grimnitz eine Machbarkeitsstudie (Karkuschke/Fischer 2005).

5. Das Regelwerk und die „moralischen Unternehmer"

Entsprechend der Leitidee des Regiogeldes, der möglichen Programmierbarkeit des Geldes, zielt die Tätigkeit der Geldmacher darauf, via Regiogeld bei anderen Menschen ein bestimmtes Verhalten durchzusetzen. Als „moralische Unternehmer" (Becker 1973: 133) stellen sie bestimmte Regeln (etwa: du sollst regional, ökologisch einkaufen!) auf und versuchen diese in das Regiogeld ‚einzuprogrammieren'. So entstehen jene Regeln und Normen, die innerhalb der Institution Regiogeld den Umgang der beteiligten Personen steuern.

Man kann in diesem Prozess verschiedene Phasen unterscheiden: Zunächst werden die Regeln gesetzt, also das Regiogeld *konzipiert*. Hierfür müssen die Aktivisten ‚ihr' Geldsystem entwickeln und gleichzeitig die zur Umsetzung erforderliche rechtliche und organisatorische Struktur schaffen. In der zweiten Phase werden die Regelsetzer zu Regeldurchsetzern. Sie versuchen das neu geschaffene Regiogeld zu *etablieren*, sprich bekannt zu machen, Vertrauen zu schaffen und möglichst viele Menschen (Geschäftsleute wie Verbraucher) einzubinden. In der dritten Phase ‚Regiogeld *verwalten*' muss das regionale Geldsystem emittiert, ausgebaut und verwaltet werden – und dabei natürlich die Regelbefolgung überwacht werden.

5.1. Regiogeld konzipieren

Beseelt von der Vorstellung, was Regiogeld bewirken könnte, beginnen die Initiativen mit „viel Begeisterung und Elan" (TEL04: 202-203). Als erstes muss die große Vision in ein detailliertes Konzept ‚übersetzt' werden, wobei eine Vielzahl an Fragen zu klären ist. Natürlich orientiert sich jede Initiative an schon bestehenden Konzepten, und als Verbandsmitglied bekommt man diesbezüglich detaillierte Informationen. Trotzdem muss Detail für Detail besprochen und ausgehandelt werden. Da jede Region und jede Initiative (in ihrer Besetzung und Ausgangssituation) anders ist, entstehen so die unterschiedlichsten Konzepte – gewollt übrigens, denn Regiogeld wird von den Geldmachern als Experimentierfeld gesehen.

Jeder Aspekt in einem Konzeptionsprozess ist potentiell konfliktträchtig. Dies beginnt schon bei der Festlegung, wie das eigene Regiogeld die Geldfunktionen erfüllen soll. Es soll *Zahlungsmittel* sein, aber wo, bei welchen Geschäften? Ermöglicht man allen Geschäftsleuten die Teilnahme oder schließt man von vornherein bestimmte Anbieter aus, etwa Franchise-Unternehmen oder große Ketten? Dieses auszuhandelnde Problem könnte man als *‚Aldi-Dilemma'* bezeichnen. Für viele Aktivisten steht ‚Aldi' exemplarisch für all jene Großkonzerne und Discounter, die mit Geiz-ist-geil, Preisdumping, Billigprodukten, Ausbeutung von Mitarbeitern und Produzenten den Part der ‚Bösen' innehaben. Dementsprechend heißt es: „Aldi? Ne, auf keinen Fall darf der da mitmachen. Der verkörpert doch all des, was die

Regiogelder anders machen wollen“ (BP070922). Andere wiederum (meist die ‚Geldreformer‘) sind sich sicher, dass allein die Konstruktionsweise des Regiogeldes (regionale Beschränkung, Umlaufsicherung) es per se zu einem besseren Geld macht. Deshalb: „Das sollte man nicht festlegen, das Geld selbst soll das festlegen. Außerdem is es kein Problem wenn Aldi mitmacht. Wichtig ist doch nur die regio nale Wertschöpfung“ (BP070614). Außerdem ließen sich nur schwer Kriterien festlegen, welche Unternehmer ‚gut‘ seien und welche nicht. Wählt man nach Produkten oder Geschäften aus? Bio- und FairTrade-Produkte sind ‚gut‘ – stehen aber inzwischen auch in den Regalen der Discounter. Weltläden sind ‚gut‘ – verkaufen aber Dinge, die nicht in der Region produziert, sondern aus aller Herren Länder importiert wurden. Der kleine Fahrradhändler klagt: „Ich hätte ja gern regionale Produkte, die gibt’s aber net. Das Zeug im normalen Preissegment kommt alles aus Fernost“ (BP070614). In der Praxis wird dieses Dilemma häufig stillschweigend übergangen[190], schon weil hauptsächlich jene Unternehmer zur Teilnahme bereit sind, die mehr oder weniger den impliziten Standards entsprechen. Solange die symbolträchtigen ‚bösen‘ Unternehmen wie Aldi, MacDonalds usw. nicht mitmachen, bleibt der Nimbus des ‚guten‘ Geldes erhalten. Schwieriger wird es werden, wenn sie Interesse signalisieren.

Des Weiteren muss hinsichtlich der Geldfunktion *Recheneinheit* verhandelt werden, welchen Kurs zum Euro man bestimmt. Da etliche Aktivisten von einem baldigen Crash des Euros ausgehen, würden sie ihre Regiowährung am liebsten zu einer eigenen Recheneinheit machen. Entsprechende Versuche mit tagesaktuell variablen Umrechnungskursen erwiesen sich allerdings als ebenso wenig praktikabel wie ‚krumme‘ Wechselkurse (1:1,5). Selbst ein (in Erinnerung an die DM) feststehender Kurs (1:2) war fürs Bezahlung und Buchführen zu aufwendig, weswegen inzwischen fast alle Initiativen 1:1 zum Euro rechnen. Die Praxis hat hier dem Versuch, ein eigenständiges Geld zu schaffen, einen Strich durch die Rechnung gemacht.

Bei einem der zentralen Charakteristika eines Regiogeldes, der Umlaufsicherung (Geldfunktion: *Wertaufbewahrungsmittel*), sind sich die meisten Aktivisten im Verband einig: Eine negative Verzinsung muss sein, dem Geld nur eine „regionale Fußfessel“ (TEL04: 292) anzulegen reicht nicht. Geklärt werden muss nur, wie diese Umlaufsicherung konkret auszusehen hat (Höhe, Zeitintervall, praktische

190 Auch wenn die meisten Initiativen gegenüber allen Unternehmen offen sind, gibt es auch einige, die sehr rigoros auswählen und hauptsächlich Biohöfe, Bioläden und einige Dienstleister einbeziehen. Der Sterntaler etwa lässt nur Unternehmen zu, die ihren Firmenhauptsitz in der Region haben. Vor allem für Akteure aus dem Bereich der alternativen Ökonomie (ATTAC, LA21) reicht die Konstruktionsweise der Regionalwährung nicht aus, um sie zu einem ‚besseren‘ Geld zu machen. Mit den Worten eines ATTAC-Aktivisten: „*Da gibt’s ja keine sozialen, ökologischen oder andere Standards. So unterstützt der [Regiogeld] ja auch Aldi, MacDonalds usw.*“ (BP070614).

Umsetzung; vgl. S. 127ff). So wenig Diskussionen es darüber intern auch gibt, so schwierig ist es eben dieses Merkmal gegenüber Außenstehenden (Verbrauchern, Geschäftsleuten) zu begründen.

Bezüglich der *Geldform* wählen (bislang) die meisten Initiativen die unkomplizierteste und günstigste Variante – das Bargeld in Form von Scheinen. Münzen sind von den Herstellungskosten zu teuer und in ihrer Handhabung zu umständlich; Giralgeld ist zwar praktisch und modern, aber hinsichtlich Sicherheit und Verwaltung recht aufwendig[191]. Jener Aspekt, über den innerhalb und zwischen den Initiativen am heftigsten diskutiert wird, ist die Frage der *Geldschöpfung*. Es gibt hier verschiedene Möglichkeiten: Erstens die Eurodeckung, d.h. das Regiogeld wird gegen Euros verkauft bzw. eingetauscht (und kann auch meist wieder zurückgetauscht werden)[192]. Zweitens die Leistungsdeckung. Hier entsteht der Wert durch das Versprechen der teilnehmenden Unternehmen, es zu akzeptieren – das Regiogeld ist also durch ein Leistungsversprechen gedeckt. Dementsprechend ist ein Umtausch in Euro nicht möglich[193]. Nicht wenige Aktivisten sind der Meinung, „die eurogedeckten Systeme bringen doch nix" (TEL07: 130), weil „des is halt mehr in dem Bereich Werbung angesiedelt und wir tun was für die Region" (TEL04: 289-290), aber...

> „da seh ich kein großes Wachstumspotential drin, ne. Denn auf der anderen Seite, dem normalen Konsum müssen ja Euros entzogen werden und dann findet da eher eine Verlagerung statt hin zu regionalen Produkten, aber jetzt nicht in dem Sinne, dass zum

191 Bei den eurogedeckten Systemen hat bislang nur der Chiemgauer ein Giralgeld, denn die dafür erforderlichen (Euro-)Konten müssen (mangels Banklizenz) von einer kooperierenden Bank verwaltet werden. Die leistungsgedeckten Initiativen haben teilweise – neben ihrem Bargeld – Kontensysteme und damit auch Giralregios (etwa Havelblüte, Urstromtaler). Sie wickeln dies mittels Verrechnungs-software ab (selbst entwickelt oder die open-source-software Cyclos). Wichtig ist hier, dass eine Art ‚Dezentralbank' geschaffen ist, die die Preisstabilität des Regiogeldes sichert.

192 *Vorteile* hier sind: Es ist einfach zu vermitteln. Durch die Möglichkeit des Rücktauschs in Euro muss keiner Angst haben, auf dem Regiogeld ‚sitzen zu bleiben'. *Nachteile* sind: Die Teilnahme am System kostet Euro (mittelstandslastig). Es schafft keine zusätzliche Liquidität und scheint vielen wegen des Aufwands (Umtausch etc.) erst einmal relativ sinnlos. *Beispiele* für Initiativen sind: Chiemgauer, Kann-Was, MARKgräfler, Kirschblüte, Hallertauer, Carlo, Regio im Oberland, Berliner.

193 *Vorteile* sind: Zusätzliche Liquidität für teilnehmende Unternehmen, denn diese bekommen das Regiogeld (gegen eine Gebühr) quasi umsonst zur Verfügung gestellt. *Nachteile* sind: Es ist sehr unternehmerlastig, Verbraucher lassen sich schwerer gewinnen. Die Vermittlung, der Glaube an den Wert des Geldes und die Herstellung von Vertrauen ist schwierig. Manche Kritiker behaupten gar, dass die eurogedeckten Regiogelder das herrschende Geldsystem noch unterstützen. Schließlich würden die eingenommen Euros zinsbringend (!) auf normalen Bankkonten angelegt. *Beispiele* sind: Urstromtaler, Hansemark, Havelblüte, Oderblüte, Lechtaler.

> Beispiel Firmen wie wir, die Liquiditätsprobleme haben ((lacht auf)), für die ist das, kann das ansatzweise was bringen, aber nicht ne Dynamik entwickeln. Beziehungsweise wenn das für mich was bringt, über die Schiene, nimmt das dem anderen was weg“ (TEL04: 292-301).

Selbst die hier eingebaute Spendenfunktion für soziale Vereine sei sinnlos, da könnte man „anstatt dessen besser mit einer Sparbüchse durch die Stadt laufen, das wäre wohl effektiver“ (BP060514). Umgekehrt, so argumentieren die Anhänger des eurogedeckten Regiogeldes, sei das leistungsgedeckte ungleich komplizierter, schwerer vermittelbar und aufwendiger. Die Gefahr des Missbrauch sei größer, etwa wenn ein Unternehmer mit der Regiogeld-‚Finanzspritze' „seine Insolvenz verschleppen will“ (BP060608). Und schließlich: „Die eurogedeckte Variante kommt von unten, von der Bevölkerung und die leistungsgedeckte von oben, von den Unternehmen“ (BP060608). Aufgrund der verschiedenen Vor- und Nachteile haben einige Initiativen Mischformen entwickelt, bei denen beide Varianten kombiniert wurden. Dadurch hat sich der bislang schwelende Konflikt zwischen den beiden Systemen ein Stück weit aufgelöst.

Aus dem gewählten System und den jeweiligen Überzeugungen der Aktivisten ergeben sich die konkreten *Zielsetzungen des Geldes*, von denen manche eher intern kommuniziert werden (etwa Bewusstseinsbildung, neues Geldsystem), während man sich andere nach außen hin auf die Fahne schreibt. Letztlich sind sie die als Ziele formulierten Regeln und Normen des Regiogeldes. Die Einhaltung dieser Regeln und Normen soll letztlich durch dessen spezifische Konstruktion quasi automatisiert werden.

Dabei ist zu beachten, dass diese in die Konstruktion eingeschriebenen Regeln und Normen nicht frei festgelegt werden können. Die Geldmacher müssen bestimmte *rechtliche Vorgaben* beachten, die ihre Regelsetzung einerseits beschränken, andererseits aber erst ermöglichen. Zum einen sind dies die währungsrechtlichen Vorgaben, mit denen der Staat sein institutionalisiertes Geldmonopol schützt. Ein maßgeblicher Gesetzestext dazu lautet:

> „Mit Freiheitsstrafe bis zu fünf Jahren oder mit Geldstrafe wird bestraft, 1) wer unbefugt Geldzeichen (Marken, Münzen, Scheine oder andere Urkunden, die geeignet sind, im Zahlungsverkehr an Stelle der gesetzlich zugelassenen Münzen oder Banknoten verwendet zu werden) oder unverzinsliche Inhaberschuldverschreibungen ausgibt, auch wenn ihre Wertbezeichnung nicht auf Euro lautet; 2) wer unbefugt ausgegebene Gegenstände der in Nummer 1 genannten Art zu Zahlungen verwendet“ (BBankG, §35, Abs.1).

Das Regiogeld muss demnach den Anschein vermeiden, es wolle das gesetzliche Bargeld substituieren, dafür muss es als ausschließlich vereinsinternes und freiwilliges Zahlungsmittel konzipiert sein. Für einen solchen Gutschein gelten wiederum eine Fülle (anderer) Rechtsvorschriften (Hardraht/Godschalk 2004)[194]. Noch komplizierter wird es bei der Einführung von Konten. Hier ist die Rechtslage noch relativ unklar, erfordert aber von den jeweiligen Initiativen ein sehr vorsichtiges Vorgehen, da – vor allem bei eurogedeckten Konten – unter Umständen eine (teure und aufwendige) E-Geld-Lizenz entsprechend des Kreditwesengesetzes (KWG) fällig wird[195].

Eng mit der ganzen Konzeption verwoben ist die Schaffung einer entsprechenden *Organisationsstruktur*. Wie schon angesprochen (siehe Kapitel IV.4.2), benötigt ein Regiogeld einen rechtlichen Träger (Verein usw.), schon „damit wir dann auch die weiteren Aktionen auf ne rechtlich abgesicherte Basis stellen können" (TEL05: 10-11)[196].

Wenn die Aktivisten ihr Geldsystem „letztendlich auch mal umzusetzen, also die ganze Infrastruktur zu planen und so weiter" (TEL05: 8-9) ist ein zentraler „Knackpunkt" (TEL05: 32) die *Finanzierung*. Diese muss letztlich in den Regeln des ‚besseren' Geldes mitbedacht werden. Schon vor dem eigentlichen Start stehen die Kosten für Gutscheinproduktion, Öffentlichkeitsarbeit und Verwaltung an, die sich schnell auf etliche tausend Euro belaufen. Diese müssen ebenso finanziert werden wie die laufenden Kosten, die nach der Emittierung anfallen. Die Initiativen versuchen meist sich selbst zu finanzieren, auch um sich vor externer Einflussnahme zu schützen. Es gibt hier verschiedene Möglichkeiten: Der Umlaufimpuls und – bei eurogedeckten Systemen – die Rücktauschgebühr bringen Einnahmen, die jedoch eher gering und zudem schwankend sind. Viele Initiativen erheben deswegen eine

194 Beispielsweise müssen *Gutscheine* sich deutlich von der offiziellen Währung unterscheiden, ihre Gültigkeit muss auf drei Jahre beschränkt sein und (Euro-Eintausch vorausgesetzt) der Rücktausch in Euro jederzeit in voller Höhe gewährleistet werden (Hardraht/Godschalk 2004: 27). Gleichzeitig gilt ein (eurogedecktes) Regiogeld als Urkunde, die einen Anspruch des Inhabers auf eine Leistung dokumentiert. Somit ist es ein *echtes Wertpapier* (i.S.d. §807 BGB) und unterliegt den wertpapierrechtlichen Regeln des BGB gelten und damit der Aufsicht der Bundesanstalt für Finanzdienstleistungen (Bafin). Bislang werden die Regiogelder wegen ihres geringen Umsatzes geduldet. Doch mit zunehmendem Umsatz drohen immer mehr staatliche Regeln und Kontrollen, beispielsweise muss ab einer jährlichen Umlaufmenge von 100.000 Euro ein Prospekt über die Wertpapiere veröffentlicht werden (§8f VerkProspG; §3, Abs.2, Nr. 5 WpPG).

195 Generell gilt: Die Bundesbank, die BaFin und andere staatliche Geldakteure ‚dulden' das Regiogeld zunächst – schon wegen der geringen Umsätze. Sollten diese allerdings einmal eine gewisse Höhe erreichen, gilt es die bislang unklare Rechtslage neu zu prüfen.

196 Dieser muss (als juristische Person) diverse rechtliche Pflichten erfüllen, so etwa Erklärungen gegenüber dem Finanzamt, Verträge mit Unternehmen etc. Die Gebühren des Regiogeldes sind als Einnahmen aus wirtschaftlicher Tätigkeit zu werten. Meldet man sich als Verein an, muss ein Gewinn bis 3.500 Euro nicht versteuert werden. Umsatzsteuerlich gelten die Regeln für Kleingewerbetreibende.

Teilnehmer-Gebühr (für Unternehmen)[197]. Damit verändert sich tendenziell der Charakter des regionalen Geldes. Denn die (gegenüber Geschäftsleuten) verlangte Gebühr muss durch irgendeine Leistung begründet sein. Der gemeinwohlorientierten Logik tritt eine egoistische Motivation an die Seite: Der Unternehmer tut es jetzt nicht mehr nur für die Region, sondern er bekommt konkret etwas für sein Geld – ein Marketinginstrument, ein Werbemittel, eine stärkere Kundenbindung oder höheren Umsatz. Und weiter: Wegen der diversen Gebühren ist Regiogeld in den Augen seiner Kritiker eine...

> „Luxuswährung. Mit der Aufladegebühr, der Rücktauschabgabe und den Inflationskosten zahlen die Nutzer auf jeden Chiemgauer 15 Prozent drauf – risikolose Bruttoeinkünfte für Gelleris Vereinsbank“ (SPIEGEL 10/2007: 84).

In Wirklichkeit fällt die Bilanz der Regiogelder nicht annähernd so großzügig aus, wie Kritiker bisweilen behaupten. Meinem Wissen nach erwirtschaften die meisten Initiativen allenfalls leichte Überschüsse, was angesichts der Menge an ehrenamtlicher Arbeit, die in diesen Projekten steckt, kaum verwundert. Je größer solche Projekte werden, umso höher natürlich auch die Kosten: Löhne und Gehälter für Mitarbeiter, Büros, EDV, Druckkosten, Büromaterial, Porto und Telefon, Gutscheinproduktion und Werbung, Steuerberater usw. usf.

Schon deswegen suchen viele nach Möglichkeiten der Fremdfinanzierung, etwa durch Förderanträge bei der EU, Bund und Ländern, vor allem aus den Bereichen Regionalentwicklung, Nachhaltigkeit und Umwelt – mit all den damit verbundenen Risiken der Einflussnahme.

Weitere mögliche Konflikte, die – wie in allen Organisationen – aus unklaren Zuständigkeiten und Entscheidungskompetenzen, mangelnden Absprachen oder persönlichen Differenzen hervorgehen können, brauchen hier nicht weiter erwähnt werden.

5.2. *Regiogeld etablieren*

Sind die Regeln des besseren Geldes einmal konzipiert, gilt es sie durchzusetzen. Man kann natürlich niemanden zwingen, das Regiogeld anzunehmen (und sich so dessen speziellen Regeln zu unterwerfen). Deswegen muss man die Menschen dazu bringen, dies freiwillig zu tun. Ein erster Schritt dazu ist, das *Regiogeld bekannt zu machen*. Die Aktivisten erstellen dafür PR-Materialien, d.h. Informationsbroschüren,

197 Mitgliedsgebühren für Unternehmen liegen zwischen 10 und 100 Euro im Jahr, manche Initiativen verlangen auch Aufnahmegebühren oder Kontoführungsgebühren; teilweise bieten sie auch Werbe-Dienstleistungen gegen Geld an, so etwa Mini-Webseiten, Eintrag in regelmäßig erscheinende Akzeptanzstellen-Listen oder Werbung auf der Rückseite der Scheine.

Flyer, Internetseiten, Newsletter und Rundbriefe. Um künftige Mitglieder auch formal und rechtlich einzubinden bzw. auf das Regiogeld zu verpflichten, werden weiterhin Mitgliedschaftserklärungen, Teilnahmebedingungen und Vereinsordnungen verfasst. Man macht Infostände auf diversen (thematisch verbundenen) Veranstaltungen – beispielsweise von ATTAC und der LA21 – oder organisiert Vorträge, bei denen prominente oder wissenschaftlich dekorierte Unterstützer der Idee Seriosität verleihen sollen. Da man auf eine möglichst breite Öffentlichkeit zielt, führt kein Weg vorbei an den *Massenmedien.* Man lanciert Pressemeldungen, nutzt persönliche Kontakte oder inszeniert eigens dafür Ereignisse. Doch wie berichten die Medien eigentlich über die Regionalgelder?[198] Oder präziser gefragt: Welchen typischen Aspekten folgt die Berichterstattung, welchen ‚Nachrichtenwert'[199] hat ein Regionalgeld?

Zunächst einmal finden sich in der Presseberichterstattung zwei grobe Stoßrichtungen: Das Gros der Artikel entfällt auf regionale Zeitungen. Diese berichten unterschiedlich häufig über konkrete Regionalwährungen vor Ort. Nachrichtenfaktoren wären hier etwa die *räumliche Nähe* (regionaler Bezug), *Neuigkeits- und Informationswerte* (bspw. wenn Annahmestellen oder Erweiterungen wie elektronische Zahlung hinzukommen), *Kontinuität* und *Erfolg* (regelmäßige Berichte über Umsatzzahlen und Spenden) sowie seltener *Prominenz* (wenn berühmte Personen sich zum Regiogeld äußern). Häufig ist hier die Grenze zur PR fließend. Die zweite Stoßrichtung wären Berichte zum Regionalgeld im Allgemeinen, die häufig auch in überregionalen Zeitungen und Zeitschriften erscheinen. Doch warum wird das Thema überhaupt zur Nachricht? Es ist weder konfliktträchtig noch von existentieller Bedeutung, es ist zu theoretisch für Feuilleton- oder Human-Interest-Rubriken und zu alternativ für den Politik- oder Wirtschaftsteil. Der zentrale Nachrichtenwert ist die Überraschung bzw. *Kuriosität.* Das Wesen eines Kuriosums besteht grundsätzlich in der ungewohnten Abweichung von üblichen Normen und Deutungsmustern. Im Falle des Regiogeldes ist das der Bruch mit der Alltagsvorstellung, nach der Geld

198 Die meiste Berichterstattung entfällt auf das ‚Medien-Zugpferd' der Regionalgeldbewegung, den Chiemgauer. Dieser wird in fast jedem Zeitungsartikel als Referenzbeispiel angeführt. Während die verschiedenen Initiativen in der Anfangszeit der Regionalgeldbewegung bestenfalls in der Rubrik Skurriles eine kleine Schlagzeile produzierten, sorgte der Chiemgauer für eine enorme Resonanz und erreichte im Laufe der Jahre eine ansehnliche Verbreitung. Zur Verdeutlichung: Von den für diese Arbeit ab Anfang 2006 gesammelten und recherchierten 191 Zeitungsberichten referierten 80 ausschließlich auf den Chiemgauer – und das bei über 90 verschiedenen Initiativen.

199 Das Konzept des Nachrichtenwerts stammt aus der Kommunikationswissenschaft und versucht journalistische Selektionsentscheidungen mittels bestimmter Faktoren zu erklären, die zum einen Ereignismerkmale und zum anderen Strukturen der Medienrealität widerspiegeln (etwa Kepplinger 2000; Schulz 1976). Dieses Konzept wird hier für eine ‚heuristisch geleitete Impression' herangezogen, bei der knapp 80 recherchierte und gesammelte Zeitungsartikel betrachten wurden.

ein staatlich verwaltetes ‚Ding' ist. Die Idee eigenes Geld zu ‚machen' muss sich aber rechtfertigen. Dies gelingt nur, indem deutlich gemacht wird, dass Geld hier nicht Geld, sondern nur ein Träger für bestimmte moralische Maximen ist[200]. Dementsprechend beschäftigt sich eine negativ-kritische Berichterstattung mit Regional*geld*, eine positiv-würdigende mit *Regional*geld.

Eine (positive) Medienberichterstattung dient der Legitimierung der Idee. Sie ist deswegen so zentral, „weil die Leute dann Vertrauen gewinnen und Vertrauen is das A und O bei diesem ungewöhnlichen Ding“ (TEL06: 33-35)[201]. Gerade weil die medial erzeugte Aufmerksamkeit „natürlich sehr schnell auch wieder aus den Köpfen“ (TEL03: 49) verschwindet, gilt, dass man immer wieder „richtig wirbeln muss, ja und gucken muss, dass das dann sehr breit gestreut wird“ (TEL03: 50-51).

Des Weiteren kann man *Vertrauen* schaffen, indem man Regiogeld in einen Entwicklungsverbund mit anderen regionalen Akteuren (etwa Gewerbeverbänden, Selbstvermarktern, Arbeitskreisen, Vereinen) stellt oder prominente, einflussreiche und seriöse Unterstützer gewinnt,...

> „ob das jetzt Abgeordnete sind, ob des jetzt der Landrat ist, ob des jetzt Bürgermeister sind, ob des jetzt Sportler sind, Unternehmer, Kirchenleute, Dekane, WAS auch immer, wenn man's schafft, viele wichtige Leute mit rein zu bringen, sie überzeugen kann von diesem Konzept und vor den Karren zu spannen, dann kann man einen großen Schlag landen“ (TEL06: 25-30).

Hierfür muss man jedoch aufs intensivste „Klinken putzen“ (TEL06: 67). Dies gilt nicht nur für örtliche Honoratioren, sondern für jeden einzelnen Unternehmer. Und dabei merken die Geldmacher schnell, dass die Idee ihres regionalen, umlaufgesicherten Geldes nicht unbedingt Begeisterungsstürme entfesselt. Deswegen müssen sie jede ‚Zielgruppe' unterschiedlich ansprechen und nicht selten die eigenen Grundlagen und Zielsetzungen abwandeln:

---

200 Dadurch verschwindet auch der sozialrevolutionäre Aspekt eines ‚anderen Geldes'. Denn moralische Empörung über ein ‚gewissenloses' Geld etwa formuliert ein punktuelles Unrechtsempfinden, es stellt jedoch kein System infrage. Mit den Worten von Dirk Baecker: „Wer moralisiert blendet strutkurelle Zusammenhänge aus und sucht in der Person, in deren Motiven oder gar in deren schlechtem Charakter eine Erklärung“ (zit. nach Hartmann/Schrenk 2008: 34).

201 Wie sehr Vertrauen durch medial vermittelte Bekanntheit entsteht, verdeutlich folgende Anekdote: Ein Aktivist berichtete mir von seinen Erfahrungen mit Geschäftsleuten, die er bei monatelanger Akquise sammeln konnte. „Die erste und wichtigste Frage bei den Unternehmern war die nach der Sicherheit. Aber sobald wir durch die Medien ein bisschen bekannter waren, kam die Frage nicht mehr. Is eigentlich paradox, weil je größer, desto unsicherer ist die Geschichte eigentlich“ (BP080818).

> „Also die Botschaft muss natürlich in der Summe so einfach sein, dass jeder es relativ schnell verstehen kann. Da müssen wir uns immer wieder, ich sag mal bremsen, ja. Thema Zins eigentlich völlig untern Tisch fallen lassen, mir rutscht des dann auch immer wieder raus, aber des interessiert die nicht" (TEL03: 212-215).

Besonders gilt dies für die Umlaufgebühr. Dieser Aspekt des Regiogeldes, der sich verringernde Wert, ist schwer zu vermitteln. Einige versuchen dieses ‚alternde Geld' mit der Gesellschen Theorie zu erklären – und stellen sich damit in eine Ecke, in der ein ideologisches Kreuzfeuer tobt. Andere hingegen verzichten auf den Namen ‚Gesell' und reden von den ungerechten Folgen des Liquiditätsnutzens des Geldes, von erhöhten Umlaufgeschwindigkeiten, von Fehlallokationen durch Zinsen – und überfordern mit dieser ökonomietheoretischen Breitseite die meisten Menschen. Die erfolgreichsten Argumentationen vermeiden tunlichst Begriffe wie ‚Freiwirtschaft' oder ‚Zins' und argumentieren auf der Ebene des Alltagsverstandes: Hier ist die Umlaufsicherung ein kleiner Anreiz das Geld schneller auszugeben, der zudem sozialen Zwecken zufließt.

Je nachdem, in welcher Rolle (Geschäftsmann, Verbraucher, Aktivist) ein potentieller Teilnehmer mitmachen soll, werden unterschiedliche Kommunikationsinhalte und -kanäle gewählt.

Die *Geschäftsleute* werden meist persönlich angesprochen, d.h. entweder man besucht sie im Laden oder lädt zu entsprechenden Veranstaltungen ein. Dabei betont man ihnen gegenüber vor allem die konkreten Vorteile, die das Regiogeld bietet[202]. Wichtig ist hierbei das jeweilige Auftreten.

> „Des Problem haben natürlich viele, dass sie nicht entsprechende Leute haben, sondern dass halt irgendein Bartträger daherkommt, ein Altachtundsechziger und ihnen was erzählen will. Die winken schon von weitem ab. Also da müssen wir einfach modern und professionell auftreten" (TEL06: 121-125).

Um nun zu vermitteln, „dass das seriös ist, nicht dass da irgendwelche Spinner sich da was ausgedacht haben, sondern dass das Hand und Fuß hat" (TEL04: 185-186)

---

202 Regiogeld fördere die Kundenbindung, es diene zur Aktivierung neuer Kunden, generiere zusätzlichen Umsatz und biete einen Konkurrenzvorteil gegenüber globalen Unternehmen. Regiogeld sei ein kostengünstiges Werbeinstrument, es steigere die Bekanntheit des Unternehmens (eventuell Internet-Präsentation, Marktzeitung, Schild, etc.), es generiere eine positive Imagewirkung (durch Regional-Idee und eventuell durch Unterstützung von gemeinnützigen, ökologischen oder sozialen Projekten), biete die Möglichkeit der Vernetzung der teilnehmenden Mitgliedsunternehmen, ist einfach und rechtlich abgesichert (alle Kosten sind steuerlich absetzbar, Einnahmen werden wie Euro verbucht), sei keine Rabattmarke, schaffe die Möglichkeit freie Ressourcen, Sonderangebote etc. gezielt über Regiogeld zu verkaufen, sichere die Angebotsvielfalt in der Region, damit auch langfristig Arbeitsplätze, führe wegen des Umlaufimpulses zur zügigen Begleichung von Rechungen, bietet günstige Werbefläche auf der Rückseite der Gutscheine, die ein Jahr durch viele Hände gehen usw. usf.

ist eben auch ökonomisches Wissen und unternehmerischer Sachverstand gefragt. Die Pfarrer und Lehrer unter den Aktivisten, die haben „keine Ahnung von, also vom ökonomischen. Die sprechen auch ne ganz andere Sprache. Das bringen die auch nicht rüber, also das denke ich, das ist schon wichtig, wenn man Unternehmer ansprechen will“ (TEL04: 162-164).

Doch selbst wenn Auftreten und Ansprache gelingen, ist die Akquise von Geschäftsleuten eine mühsame und langwierige Tätigkeit. Denn auch wenn sie „grundsätzlich interessiert sind [...], insbesondere die Innenstadtunternehmer“ (TEL03: 35-36), ringen sich nur wenige zur Teilnahme durch. Selbst Interessenten sehen viele Probleme, etwa folgende, die ich auf einer Unternehmer-Werbeveranstaltung eines Regiogeldes gehört habe:

> „Also am wichtigsten – was hab ich denn davon?“ – „Was ist mit der Sicherheit? Ich hab da mal von dem Sowiesotaler gehört. Da ist doch Falschgeld aufgetaucht!“ – „Der darf aber nur hier bei uns in [Kleinstadt] gelten. Wenn man mit dem in [Großstadt] auch bezahlen kann, dann fahren ja wieder alle dahin zum Einkaufen!“ – „Wenn jetzt alle bei mir im Gemüseladen damit einkaufen, was mach ich dann mit dem ganzen Geld? Da bin ich ja der Depp!“ – „Wenn wir da alle mitmachen, bringt's ja nix. Dann gehen die Kunden ja wieder dahin, wo sie wollen!“ – „Wie läuft das buchhalterisch, auch mit der Lohnsteuer etc.?“ – „Warum soll ich ein Geld eintauschen, bei dem ich nur bei 30 Geschäften einkaufen kann? Wo ist mein Anreiz?“ – „Was passiert wenn es baden geht? Es gibt keine Sicherung?“ (BP070226).

Bei den *Verbrauchern* wiederum gilt eine andere Kommunikationsstrategie. Es gibt „kritische Leute, die dem Thema aufgeschlossen sind“ (TEL06: 47-48) und gegenüber denen die zugrunde liegenden Ideologien angesprochen werden können.

> „Aber Otto Normalverbraucher, vergiss es, da musst positiv argumentieren und sagen, was is dein Profit. Und wie man den Profit ansiedelt - die eine Schiene is klar, des is der soziale Aspekt, deswegen auch die Umlaufsicherungsgebühr als Sozialbeitrag verkaufen oder als Regionalförderbeitrag verkaufen, dann funktioniert's. Zum anderen kann man irgendeinen Einstiegsbonus geben, ok, die ersten drei Monate kriegt ihr's billiger des Geld, was auch immer“ (TEL06: 47-54).

Gegenüber dem ‚Normalverbraucher' wird vor allem das Regionalitätsprinzip betont.[203] Gleichzeitig versucht man ihn auch mit diversen *‚Marketing-*

---

203 Aspekte, mit denen der Verbraucher angesprochen wird, sind: Das Regiogeld unterstützt regionale Produkte und Dienstleistungen sowie kleine und mittelständische Unternehmen, es fördere soziale Projekte, sei demokratischer und transparenter, setze ein Zeichen für sozial-ökologisches Engagement bei jedem Einkauf usw. usf.

Maßnahmen'[204] zu ködern, also zum Beispiel „im Radiosender sprechen und sagen, hey Leute, wir ham hier ne Nummer auf dem Geldschein, lasst uns doch ne Verlosung machen" (TEL06: 55-56). Etliche Aktivisten haben ihre Schwierigkeiten mit solch profanen Marketingaktionen, müssen sich aber für einen Erfolg ihres Regiogeldes darauf einlassen.

> „Weil alles andere, elitäre Aktionen und abgehobene Diskussionen und so weiter, die bringen nicht viel. Es muss einfach für die Leute einen sofort erfahrbaren Nutzen haben, so ein Regiogeld. Die Leute da muss man- mit drei Sätzen müssen die irgendwie sehen, aha, klar, gut, des is prima für uns, ne. Und nicht erst zehn Bücher lesen um die Materie zu durchdringen usw. usw. und dann mach ich beim Regiogeld mit. Das muss eben auf ner anderen Ebene ganz schnell präsent sein. Und wenn man dann von Zins anfängt, dann hat man schon verloren" (TEL04: 304-318).

Doch selbst wenn die Vermittlung der Idee einfach und anschaulich erfolgt, stoßen die Aktivisten auf vielerlei Widerstände. Zur Veranschaulichung einige Meinung, die Bürger anlässlich der Einführung einer regionalen Währung im Internet-Forum der Lokalzeitung äußerten (BP091001):

> „Nach Kundenkarten, Rabattheften, Sonderangebotsschlachten nun also noch eine Kunstwährung. Wenn man auf der Homepage der Protagonisten anschaut, wie klein die Anzahl der mitmachenden Firmen ist, wird die Lächerlichkeit des Projektes deutlich."
>
> „Der Rückfall in die Steinzeit (Tauschhandel) soll also modern sein. Viel interessanter wäre zu erfahren, wem dieses System nutzt, denn der Kunde ist es nicht. Mir fallen bei dem System eher die Begriffe Schwarzarbeit und Steuerhinterziehung ein."
>
> „Dieser komisch anmutende Erziehungs- und Aufklärungsversuch wirkt auf mich lächerlich und albern. Wer autorisiert Sie dazu?"
>
> „Diese angeblich "heile Welt" ist doch eine Farce. Jeder Händler und Hersteller ist doch letztlich auf Gewinnmaximierung aus, sind wir uns doch mal ehrlich."
>
> „Wer im Import-Export Nepalshop einkauft, kauft regional?"
>
> „Also, wenn ich solche Argumente höre "Um die Region zu stärken", wird mir jedes Mal etwas übel. Die Region stärkt man nicht, indem man sich abschottet und einen monitären [sic!] Gartenzaun baut, sprich eine Regionalwährung bereitstellt. Das Konzept ist nicht zeitgemäss und hat gegenüber anderen Rabattsystemen keinerlei Vorteil."
>
> „Also mit knappen Worten; Leute gebt euer Geld schnellstmöglich aus...und überlegt auch nicht lang? Denn "Zwang" oder den "strengen Hinweis", MEIN Geld schnellstmöglichst aus zu geben (in bestimmten Läden!!), bzw. die dahinterstehende I-dee, einfach nur krass. Unglaublich, mit welchem Selbstverständis [sic!] das Volk hier wieder mal bevormundet werden soll"

204 Ein Beispiel für Marketing-Maßnahmen wären die ‚Parkengel'. Mitglieder einer Initiative suchen im Innenstadtbereich nach abgelaufenen Parktickets, verlängern diese – quasi als ‚Anti-Politessen' – und hinterlassen einen Werbeflyer.

Wohl auch angesichts solcher Aussagen beurteilen viele Aktivisten den durchschnittlichen Verbraucher nicht unbedingt sehr positiv. Ein Beispiel hierfür sind die verschiedenen ‚Denkcharaktere', in die ein Aktivist aufgrund seiner jahrelangen ‚Aufklärungsversuche' die Menschen einteilt (cashkurs.com): Über die Hälfte hätten einen tiefen Glauben und ein kaum zu erschütterndes Vertrauen in das bestehende Geldsystem, ohne dessen Funktionsweise auch nur annähernd zu verstehen. Wer solchen „*Realitäts-Atheisten*“ erzählt, dass der Euro nicht mehr mit Gold gedeckt sei, gilt schnell als Verschwörungstheoretiker. Diskussionen mit solchen Menschen seien sinnlos. Die „*zweifelnden Dualisten*“ hingegen seien zwar durch die aktuellen Krisen verunsichert und deswegen offener für andere Denkweisen, sie wollten aber vor allem Sicherheit und kein Risiko eingehen. Die „*Zukunftsagnostiker*“ wiederum leben unbekümmert vor sich hin und seien deswegen beratungsresistent. Nur die Gruppe der „*freien Radikale*“, ihr Anteil liege bei „maximal 0,1 bis 0,5 Prozent“, hätten die Fähigkeit und den Willen zu hinterfragen, (auch gegen Widerstände) abweichende Meinungen einzunehmen und entsprechende Konsequenzen zu ziehen – diese ‚kritischen Verbraucher' erreicht letztlich das Regiogeld.

5.3. Regiogeld verwalten

Auch wenn viele Initiativen an die Phase der Etablierung „mit viel Begeisterung und Elan rangegangen“ (TEL04: 202) sind, kommt spätestens vor der Herausgabe des Geldes ein Punkt, an dem nicht wenige scheitern bzw. in eine Art „Warteschleife“ (TEL04: 23) übergehen. Meistens konnte man nicht „in die Breite durchbrechen“ (TEL06: 7-8) und genug Unternehmer gewinnen. Oft scheitert es auch an der „Zeitfrage“ (TEL01: 9) bzw. an den Finanzmitteln, oder die Aktivisten merken schlicht, dass man für so ein „Riesen-Projekt [...], da muss man auch der Typ dafür sein“ (TEL04: 198-200).

Bei jenen, die es schaffen, wird das Regiogeld nun „installiert“ (TEL02: 34) und in weiteren Schritten konsolidiert bzw. ausgebaut. Es wird also das Geld gedruckt und in Umlauf gebracht. Der konstante Eintausch, Rücktausch und die Abwertung muss organisiert werden und das gesamte Währungssystem mit all seinen Teilnehmern gründlich verwaltet werden. Während dies anfangs mit einfachen Mitteln möglich ist, sind bei größeren Kundenzahlen professionelle Software (für Verrechnung, Buchhaltung) und Personal erforderlich. Bislang wurde keine Regiowährung zum ‚Selbstläufer' – nicht nur, dass ständig am Konzept gefeilt und weitere Teilnehmer, Befürworter und Finanziers gewonnen werden müssen, auch die schon geschaffenen Strukturen müssen immer wieder aufs Neue bekräftigt werden[205]. Nicht umsonst ist der Initiator der erfolgreichsten Regiowährung mittlerweile hauptberuflich für diese tätig. Es ist mit Sicherheit entscheidend für die Regiogeldinitiativen, ob es ihnen gelingt, mit Eigen- oder Fremdfinanzierung ihre Organisation auf eine dauerhafte Basis zu stellen. Solange ihre Existenz auf Mengen an ehrenamtlicher Arbeit und privaten Geldmitteln beruht, ist ihr Fortbestehen ungewiss.

6. Die Materialisation der Idee

Ein wichtiger Bestandteil jeder Institution sind die Gegenstände, die zur Realisierung der Leitidee eingesetzt werden. Eine Regiogeldinitiative benötigt zunächst einmal *Räumlichkeiten*, anfangs nur einen Ort für ihre regelmäßigen Treffen. Meist sind dies dann halböffentliche Räume, die an verschiedene Organisationen angegliedert sind (man trifft sich etwa in Anthroposophischen Gesellschaften, Bürgerhäusern, beim BUND). Spätestens mit der Herausgabe des Geldes wird ein Büro erforderlich, in dem die verschiedenen Verwaltungsarbeiten erledigt werden. Auch dies gehört häufig thematisch verbundenen Organisationen bzw. Personen oder wird angemietet. Das Gleiche gilt für offizielle Geschäftsräume, die zur Betreuung der Teilnehmer dienen und die ab einer bestimmten Größe wichtig werden. Für die Verbraucher und Unternehmer allerdings spielen diese Räume kaum eine Rolle, denn – solange das Regiogeld funktioniert – interessiert es kaum, was hinter den Kulissen stattfindet.

Das wichtigste Element des materiellen Apparats ist dementsprechend das *Geldmedium*. Es ist quasi der verdinglichte Ausdruck der Handlungsintentionen der Aktivisten, gibt also den zugrundeliegenden Inhalten eine spezifische Form. Alle Initiativen investieren hier viel Arbeit, wobei im Gestaltungsprozess verschiedene Konfliktlinien zutage treten können. Ähnlich, wenn auch abgeschwächt gilt dies auch für die unterschiedlichen Werbe-Materialien – von Flyern über Mitgliedschaftserklärungen bis hin zum Pressespiegel (die deswegen nicht separat behandelt werden).

Der entsprechende Gestaltungsprozess ist ein wichtiger Schritt in den einzelnen Initiativen, bei dem bestimmte Rahmenvorgaben erst einmal diskursiv bearbeitet werden müssen. So gibt es etwa einen *rechtlichen Rahmen*, also bestimmte Richtlinien, die zu beachten sind, um nicht in Konflikt mit dem staatlichen Geldmonopol zu geraten[206].

205 Eine Umfrage bei Unternehmern zweier Regiowährungen etwa ergab: Je intensiver Unternehmer von Aktivisten betreut werden, desto eher führen sie anscheinend ökonomische Verbesserungen auf den Einfluss der Regiowährung zurück (Herrmann 2005: 70ff).

206 Die Bundesbank gibt auf Anfrage verschiedene unverbindliche Empfehlungen, wie Gutscheine gestaltet werden können, um nicht gegen den § 35 BBankG (Gesetz über die ‚Unbefugte

Hinzu kommt der *gestalterisch-assoziative Rahmen*, d.h. das jeweilige Regiogeld soll als Geld erkennbar sein, ‚wertvoll' aussehen. Man bedient sich dazu der Gestaltungsvorgaben des ‚normalen' Geldes, wie Größe und Format, planimetrische Anordnung, Farbgebung und Symbolik.

Eng damit zusammen hängt der *sicherheitsrelevante Rahmen*. Geld darf nicht von jedem reproduzierbar sein. In der heutigen Zeit mit Scannern und Farbkopieren muss dafür ein erheblicher Aufwand geleistet werden. Die Initiativen verwenden unterschiedlichste Sicherheitsmerkmale auf ihren Gutscheinen, etwa spezielles Sicherheits-Papier (teils inkl. Wasserzeichen, UV-Schnipsel), Prägungen/ Perforationen, Schwarzlicht-Aufdrucke (nur unter Schwarzlicht sichtbar), Holographien oder schwer kopierbare Spezialfarbe (etwa Silber, Gold)[207].

Ganz praktische Aspekte rund um die Produktion der Gutscheine beeinflussen weiterhin die gestalterische Freiheit. Es gilt herauszufinden, wo Papier und Marken-Aufkleber bezogen werden können, welche Druckerei die Produktion übernehmen und wie der gutscheinbezogene Arbeitsaufwand (Stempeln, Stanzen, Unterschreiben, Aufdrucken von Werbung oder Seriennummern) organisiert und bewältigt werden kann – und das immer vor dem Hintergrund der Sicherheit des Regiogeldes und den finanziellen Kosten. Der Teufel steckt hier im Detail.

Trotz allem soll der Schein eine Botschaft vermitteln. Dieser je nach Aktivistentyp unterschiedliche *ideologische Rahmen* gibt bestimmte Inhalte vor, die mit dem Schein transportiert werden sollen. Diese symbolische Kommunikation beginnt schon bei der Wahl des Namens.

Ausgabe und Verwendung von Geldzeichen") zu verstoßen. Diese lauten u.a.: Die Gutscheine sollen äußerlich keine Elemente aufweisen, die banknoteneigentümlich sind (z.B. Design einfarbig und ohne Guillochen, andere Größe, andere Papierart). Es soll groß der Aufdruck „Wertgutschein", „Gutschein" oder „Warengutschein" angebracht werden. Die Dienstleistungen und Waren, zu deren Bezug der Gutschein berechtigt, sollten konkret im Einzelnen auf dem Gutschein aufgeführt werden. Ein Umtausch in Bargeld sollte damit unzulässig sein. (Schreiben der Deutschen Bundesbank 2003; zit. nach Hardraht/Godschalk 2004).

207 Der ganze Herstellungsprozess der Gutscheine muss unter Sicherheitsaspekten durchgeplant werden. Gleichzeitig gilt es die Kosten zu beachten, denn allein für ein vernünftiges Banknoten-Papier sind einige hundert Euro zu zahlen. Wenn jetzt noch holographische Aufkleber, Prägestempel oder mehrere Druck-vorgänge (bspw. erst der Schein, dann die Seriennummer, dann die Werbung) hinzukommen, explodieren die Kosten. Der Chiemgauer bezieht ‚sein' Spezialpapier in günstigeren Großmengen und gibt es an ver-schiedene Initiativen weiter. Dieses Format (100x65mm) ist deswegen das meistverbreitetste (u.a. Sterntaler, Pälzer, Lechtaler).

6.1. *Die Benennung des Regiogeldes*[208]

Diese nehmen – wie sollte es beim einem *regionalen* Geld auch anders sein – meist auf den *Ort* Bezug, am häufigsten dabei auf die Region (etwa Chiemgauer, Hallertauer), die Stadt (Berliner, Bützower) oder den Fluss (Havelblüte, Lechtaler). Auch geschichtlich-kulturelle (‚Rössle' für Stuttgart, ‚Augusta' für Göttingen) oder naturräumliche Gegebenheiten (Hunsrücker, Urstromtaler) werden gerne verwendet. Bei den Namen mit Stadtbezug fällt auf, dass diese meist Initiativen betreffen, die noch keinen ‚richtigen Namen' gefunden haben und sich vorerst nur ‚Regiogeldprojekt/ Regio Stadt XY' nennen. Bei den endgültigen Regiogeldnamen werden also vorwiegend kulturräumliche und keine politisch-territorialen Ortsbezüge bevorzugt.

Auch die nächste große Bezeichnungskategorie liegt auf der Hand – *Geld* bzw. verwandte Begriffe. Als eine der häufigsten Nennungen überhaupt firmiert der ‚Taler' (Elbtaler, Freitaler). Ironischerweise war der Taler historisch gesehen so gar nicht regional. Als eine der bedeutendsten europäischen Großsilbermünzen ist er Zeichen einer frühen Globalisierung und beginnenden Nationalstaatenbildung[209].

208 Es wurden die Namen von 96 aufgefundenen Initiativen (Stand: Juni 2008) analysiert. Ein Drittel (30) der Namen bestehen aus Einzelbegriffen (z.B. Allgäuer, Pauer), der Rest aus zwei oder mehr zusammengesetzten Begriffen (Regio Oberland, Stern-taler, Land-mark). Jedem Begriff wurde ein Kode zugewiesen (insgesamt über 160), der dann verschiedenen Kategorien (Ortsbezug, Geldbezug, Natur etc.) zugeordnet wurde. Die genaue Verteilung dabei war: Kategorie *Ortsbezug* 77 Nennungen (dabei entfielen 25 auf Region, 23 auf Stadt, 16 auf Fluss, 9 auf Geschichte, 4 auf Landschaft); *Geldbezug* 40 Nennungen (davon 21 auf Taler, 6 auf Blüte, 5 auf Mark, 2 auf Gold, 2 auf (Regional-)Geld, jeweils 1 auf Franken, Heller, Kies, €); *Kunstnamen* 16 Nennungen (3 Kürzel, 5 Fantasie-Namen, 8 Moral&Gemeinschaft); *Naturbezug* 3 Nennungen (würde man die bei Geld angeführten ‚Blüten' noch hinzunehmen, käme man auf 9); *Vereinsbezug* 16 Nennungen (meist bei neu entstandenen Initiativen ohne Namen: 11x Regio(nal) in Kombination mit Ort/Region, 5x eine spezifische Organisation wie Lokale Agenda, Gewerbeverband).

209 Der Name Taler kam auf, als Anfang des 16. Jahrhunderts der böhmische Graf von Schlick sog. ‚Guldengroschen' prägen lies. Da das Silber den dortigen Vorkommen im Joachimsthal entstammte, setzte sich umgangssprachlich die Bezeichnung Joachimsthaler und später einfach Thaler bzw. Taler durch (Weatherford 1999: 146). Als ‚Reichstaler' (ca. 1 Unze Feinsilber) wurde er bald zur amtlichen ‚Rechnungsmünze' (d.h. er wurde kaum tatsächlich zu Zahlungen benutzt) des Heiligen Römischen Reiches. 1750 wurde der Taler (als Konventionstaler in Österreich und Süddeutschland; als Reichstaler in Preußen) mit der Reform von Friedrich dem Großen wieder zur realen Währung. Der Taler lief im gesamten Deutschen Reich und Österreich bis 1909 um und beeinflusste viele andere Geldstücke, unter anderem den ‚Dollar', dessen Name sich aus der Verschmelzung von ‚Taler' und der spanischen Silbermünze ‚Duro' zu ‚Dolera' ableitet (Sedillot 1992: 133). Vor allem der ab 1741 in Österreich geprägte Maria-Theresien-Taler sollte weltweite Karriere machen. Diese Münze war zwar nur bis Mitte des 19. Jahrhunderts Zahlungsmittel in Österreich, wurde aber bis weit ins 20. Jahrhundert als Handelsmünze in großen Teilen Afrikas, Asiens und im indischen Raum verwendet. Die Münze wird bis heute geprägt; mittlerweile ist von weit über 300 Millionen Stück auszugehen.

Wahrscheinlich fungiert der ‚Taler' hier als Symbol einer idealisierten Mittelalter-Idylle, in der der Mensch in einem harmonischen und überschaubaren Kosmos von Handwerk, Natur und Gemeinschaft lebte und mit ‚ehrlichen', ‚harten' und wertbeständigen Geldmünzen bezahlte. Der ebenfalls häufig genannte Begriff ‚Blüte' (Bürgerblüte, Oderblüte) hingegen betont eher das Spielerische und auch das Subversive, Anarchische einer Regionalwährung (umgangssprachlich für Falschgeld). Gleichzeitig wird auch eine Analogie zur Natur hergestellt (es blüht, wächst langsam, etwas entfaltet sich, befruchtet etwas ...). Die ‚Mark' (Eifel-Mark, Landmark) hingegen referiert ganz klar auf die ehemalige D-Mark, die als Symbol für den Wiederaufbau nach dem Zweiten Weltkrieg und als Garant für Stabilität und Kaufkraft hochgradig emotional besetzt ist. Weitere verwendete, geldähnliche Bezeichnungen sind etwa ‚Gold' (Nahgold), ‚Scheine' (Sonnenscheine) oder der ebenfalls umgangssprachlich verwendete ‚Kies' (Leine-Kies)[210].

Andere Möglichkeiten (17 Nennungen) sind *Fantasienamen* (Braktus; Sterntaler), *Kürzel* (Eco, Gelre) oder Namen, die auf *Moral oder Gemeinschaft* verweisen (Kann-Was, Gwinner, Justus, Pauer, Bürgerblüte). Aus den in den Namen enthaltenen Begriffen und ihren Kombinationen[211] lassen sich bestimmte Aussagen herauslesen:

Die Namen sollen emotional ansprechen. Wenn die Region als Begriff vorkommt, dann nicht als politisch-abstrakte Einheit wie ein Landkreis, sondern als landschaftlich/historisch-konkreter Kulturraum (dies kann auch eine Stadt sein). Meist wird jener Aspekt hervorgehoben, der den jeweiligen Raum (in der Wahrnehmung der Menschen) am besten kennzeichnet, sei es ein Fluss, ein Tal oder eine Landschaft. Auch ‚Geld' wird nicht als sachlich-funktionaler Begriff benutzt, sondern in teils antiquierten, teils wortspielerischen Formen, die einen positiven und emotionalen Bezug herstellen sollen. Ähnliches gilt auch für die Gestaltung der Regiogeldscheine[212]. Hier muss man sich allerdings, viel mehr als beim Namen, an den ‚offiziellen' Währungen orientieren – schließlich soll der eigene Schein nach

210 Die Begriffe ‚Euro' oder ‚Geld' fallen nur in Ausnahmefällen: Der Bethel-Euro ist im Grunde keine Regionalwährung, die Brod€inheit benutzt nur das Euro-Symbol und ist eigentlich eine Art Tauschring. Der Begriff ‚Geld' taucht eigentlich nur als ‚Regionalgeld' auf.

211 Die häufigsten *Kombinationen* sind Taler – Fluss (9x), Taler – Region (4x), Taler – Stadt (3x), Blüte – Fluss 3x, Regio/Regional – Ort (7x).

212 Etliche Initiativen machen sich zusätzlich zum Namen Gedanken über ihr *Währungszeichen* (quasi als Äquivalent zu €, $ und £). Ein solches ist in graphischer Hinsicht, was der Währungsname in sprachlicher Hinsicht ist: die Identifikation der spezifischen Währung. Ein gutes Währungszeichen muss (von jedem) schreibbar sein und gleichzeitig typographierbar (also in Satzschriften übertragbar). Dafür müssen die entscheidenden Merkmale des Zeichens am Graphen und nicht an Ausprägungsdetails (Strichstärken, Serifen, Neigung etc.) realisiert sein. Überzeugende Beispiele hier sind das Signet des Waldviertlers, ein geschwungenes W mit zwei horizontalen Strichen auf der Mittellinie, und der * des Regios (übrigens schon von den Römern als Kürzel für den denarius verwendet) (signographie.de).

‚Geld' aussehen. Deswegen wirft der folgende Exkurs einen kurzen Blick auf die Gestaltung des Geldes.

Exkurs: Die Gestaltung des Geldes

Die Gestaltung eines Geldscheines, ob offizielle oder komplementäre Währung, ist vor allem durch Fragen der politischen Ikonographie und der Alltagsästhetik bestimmt. Die Ausgabe von Banknoten ist meist ein hoheitlicher Akt, womit die Geldscheine ‚Visitenkarten' des Staates (oder im Falle des Regiogeldes des Vereins) sind. Als massenhaft verbreitete Gegenstände unserer Alltagserfahrung unterliegen sie gleichzeitig ästhetischen Wertungen (Gabriel 2008: 1).

Eigentlich müsste beim Geld alles möglich sein, denn seine Gestalt ist unabhängig vom Zweck. Bei vielen Gebrauchsgegenständen muss die Gestaltung bzw. das Design dem Zweck folgen. Ein Stuhl ist nur dann *schön*, wenn er *als Stuhl* schön ist, man also darauf sitzen kann (Gabriel 2008: 4). Bei der Banknote ist es prinzipiell egal, welches Motiv auf ihr abgebildet ist, denn ihre Funktion als Zahlungsmittel erfüllt sie unabhängig davon. Ein Blick auf die verschiedenen Währungen der Welt verdeutlicht einerseits diese Zweckfreiheit, andererseits – trotz der Vielfalt der abgebildeten Motive (Tiere, Menschen, Bauwerke, Sagenfiguren etc.) – gibt es erstaunliche Ähnlichkeiten[213]:

Alle Geldscheine sind in einem mittelgroßen Rechtecksformat, die Art der Gestaltung und Farbgebung ist ähnlich, (fast) überall sind Unterschriften (Signaturen) auf den Geldscheinen und die Zahlenwerte sind meist mehrfach, unterschiedlich groß und an den Rändern aufgedruckt. Letztlich gehen diese Ähnlichkeiten soweit, dass fast jeder egal in welchem Land sofort erkennt, ob ein buntes Stück Papier (oder Kunststoff) ‚Geld' ist oder nicht – auch wenn er die jeweilige Währung noch nie in der Hand hatte.

Diese – im Grunde erstaunliche – weltweite Ähnlichkeit hat sich nicht einfach zufällig herausgebildet, sondern beruht auf bestimmten Sachzwängen. Mit der Kolonialisierung verbreitete sich von Europa ausgehend das Papiergeld in der Welt. Von Anfang an musste Papiergeld gewissen Kriterien genügen: Es muss praktikabel sein, also gut transportabel, dabei nicht zu klein und vor allem robust (weswegen Geldpapier häufig aus Baumwolle, neuerdings auch aus Polymer ist). Außerdem muss es sicher sein, also schwer zu fälschen. Dies wurde früher vor allem über einen aufwendigen Druckprozess gewährleistet, etwa durch

213 Viele Abbildungen von Banknoten aus aller Welt finden sich bei moneypedia.de. Obwohl Geld, wie hier deutlich wird, „Kunst in Milliardenauflage" (Gabriel 2002: 15) ist, gibt es kaum Untersuchungen zu den ästhetischen Eigenschaften des konkreten Geldes, nicht einmal in der Numismatik (Gabriel 2002: 32ff).

die Verwendung von *Guillochen*[214]. Anfang des 19. Jahrhunderts setzten sich der Kupfertiefdruck und später der Stahlstich durch. Die damit verbundenen Gestaltungsvorgaben wirken bis heute nach. Beispielsweise werden bei vielen Geldscheinen Farbverläufe immer noch mittels Linienmustern umgesetzt, obwohl die moderne Rastertechnik (Offset-Druck) problemlos fließende Farbübergänge ermöglicht.

Die meisten Gestaltungselemente sind so im Laufe der Zeit entstanden: Ein sehr altes, inzwischen rein symbolträchtiges Gestaltungs- und Sicherheitsmerkmal ist die *Signatur*, beim Euro etwa die Unterschrift des EZB-Präsidenten. Diese geht auf die Zeit zurück, als Banknoten nicht anderes als Quittungen für (deponiertes) Wertmetall waren. Dementsprechend schlicht sehen auch die ersten Geldscheine aus – es sind rein urkundliche Textversionen, nur ab und zu mit *Verzierungen* oder dem Adelswappen der ausgebenden Fürsten versehen (Priddat 2003: 21f). Mit der im 18. Jahrhundert einsetzenden Industrialisierung änderte sich die Ornamentik. Nun prangten *allegorische Göttergestalten* der Antike auf den Scheinen: Fortuna (mit dem Füllhorn) als Zeichen der Fruchtbarkeit, Hermes als Gott des Handels und Demeter als Patronin des Ackerbaus. Möglicherweise wurden diese Götter aus dem bildungsbürgerlichen, antiken Geistesschatz ‚beschworen', um die schwindende (Edelmetall-)Deckung des Papiergeldes zu kompensieren. Vielleicht waren diese „Schutzgeister der beginnenden Industrialisierung" (Priddat 2003: 20), verkleidet als vertraute Antikenfiguren, auch Ausdruck eines neuen Zeitgeists, indem sie signalisierten, „mit diesem Schein hast du bereits Anrecht auf einen Teil des Füllhorns" (Priddat 2003: 31). Im Lauf der Zeit wandelten sich die Götter zu *symbolischen Verkörperungen des Reiches* bzw. der Nation (Germania), und immer stärker besetzten moderne technische Symbole wie Dampfschiffe, Kanonen und Zahnräder die vormals antike Idylle. So entstanden beispielsweise Geldscheine, auf denen ein nur mit Helm und Schuhen bekleideter Hermes auf einem Elektromotor sitzt (Priddat 2003: Abbildung 19a). Gegen Anfang des 20. Jahrhunderts wiederum kamen – neben den immer schon parallel beliebten Herrscherinsignien und -bildern – *historisch berühmte Personen* hinzu. „An Stelle der allegorischen Religion tritt das kollektive Gedächtnis der Gesellschaften" (Priddat 2003: 29). Es dauerte allerdings, bis die antike Allegorie ganz verschwand – in Deutschland beispielsweise erst 1960 mit der ersten eigenen[215] Banknoten-Serie der Deutschen Bundesbank (Gabriel 2002: 33). Nun

214 Dies sind spezielle Muster, meist aus ineinander verwickelten und überlappenden Linienzügen, die elliptisch oder kreisförmig verlaufen. Sie sind schwer zu reproduzieren, schon weil für ihre Herstellung teure ‚Guillochiermaschinen' (eine Art Drehbank) erforderlich sind.

215 Entspricht der Serie drei der D-Mark. Serie eins und zwei wurden nach dem Zweiten Weltkrieg gemeinsam mit den Alliierten herausgegeben und bedienten sich noch der antikisierten Ikonographie.

schmückten Portraits berühmter Gemälde (Dürer u.a.) sowie rückseitig bekannte Bauwerke (Holstentor, Burg Eltz) und Symbole (Eichenlaub, Bundesadler) die Scheine. Die nächste (vierte und letzte) Serie der D-Mark zeigte dann gemalte Berühmtheiten, also im Gegensatz zur vorigen Serie *reale und bekannte Personen* (Clara Schuhmann, Carl Friedrich Gauß, Gebrüder Grimm usw.) und diesen zugeordnete Gegenstände. Man sieht, die einstmals magische Symbolik wich zunehmend dem Versuch, die jeweilige Nation in ihrer kulturellen Eigenart darzustellen. Anders beim Euro – diesen schmücken bewusst keine wirklichen historischen Bauwerke, sondern nur noch *fiktive Motive* der europäischen Architektur, jeweils aus verschiedenen kunstgeschichtlichen Epochen (Gabriel 2002: 34). Die vorderseitig abgebildeten Fenster und Tore sowie die Brücken auf der Rückseite sollen Offenheit und Verbindendes symbolisieren. Wenden wir uns mit diesen Informationen im Hinterkopf den verschiedenen Regiogeldern zu und betrachten sie unter ästhetischen Aspekten.

6.2. Die Gestaltung der Regiogelder[216]

Auf den ersten Blick ergeben die verschiedenen Regionalgeldscheine ein sehr buntes Bild. Die vergleichende Betrachtung von 35 gesammelten Regiowährungen[217] zeigt jedoch gewisse Muster:

Im *Format* sind alle Scheine rechteckig (Seitenverhältnis zwischen 1:1,5 und 1:2,1) und imitieren damit das gewohnte Geldscheinformat – auch wenn ein Teil (9 von 35, beispielsweise Lausitzer, Nahgold, Berliner, Regio) der Scheine im Hochformat gestaltet ist. Die Breitenabmessungen liegen zumeist im Bereich von 70mm (min. 54mm; max. 80mm), die Längen schwanken hingegen stark (von 85mm bis 160mm)[218]. Der wahrscheinliche (pragmatische) Grund dafür ist die Abmessung der

216 Aus Platzgründen kann hier keine methodisch fundierte und ausführliche Bildanalyse erfolgen, sondern nur ein illustrierende Beschreibung. Diese orientiert sich an den analytischen Fragen der dokumentarischen Bildanalyse (vor-ikonografische – ikonographische – ikonologische – ikonische Interpretation; vgl. Bohnsack 2008; 2009), ohne eine solche dezidiert durchzuführen. Stattdessen wurden die im Laufe der Feldforschung gesammelten Scheine unter Berücksichtigung dieser Fragen vergleichend betrachtet und mit Erkenntnissen aus Beobachtungen und Recherchen in Bezug gesetzt.

217 Entspricht zum damaligen Stand einer Vollerhebung. Der interessierte Leser findet Abbildungen verschiedener Regionalgelder unter regiogeld.de 04.

218 Damit liegen sie überwiegend im *Bereich regulärer Geldscheine*. Der 5 Euro-Schein etwa hat die Abmessungen 120mm x 65mm, der 50er die Maße 140mm x 70mm. Der Standardtyp bei den Regiogeld-scheinen ist 100mm x 65mm (Chiemgauer, Sterntaler, Landmark etc.). Nur selten werden – wie beim ‚normalen' Geld – unterschiedliche Geldscheingrößen für verschiedene Werte verwendet.

normalen Geldbeutel. Diese limitiert die mögliche Breite stärker als die Länge (Geldschein kann über die Falz gehen oder nur auf einer Seite sein).

Weitere Gestaltungselemente sind primär *Sicherheitsmerkmale*. Gedruckt wird meist auf speziellem Sicherheitspapier, manche auch in der Polymer-Variante (Alto, Amper-Taler, Havelblüte, Oderblüte, Landmark). Hinzu kommen diverse Merkmale, die so vielfältig wie das ganze Design sind: Es gibt Seriennummern, Goldprägung, Druckfarben, Prägedruck (erhoben), holographische Marken, Perforation usw.

Der *kompositorische Aufbau* orientiert sich am normalen Geld. Entweder umgibt (wie beim Dollar) ein dünner ‚Rahmen' das eigentliche Bild und/oder ein ‚Streifen' (wie einst bei der D-Mark) ist neben dem Bild angeordnet. Selten sind ganzflächige Motive (Landmark, Sterntaler). Die *Farbgebung* ist meist durch kräftige und leuchtende Farben gekennzeichnet. Alle Scheine sind in irgendeiner Form *beschriftet*, d.h. neben der jeweiligen Wertziffer stehen Bezeichnungen wie ‚Wertgutschein', oft Anschrift und Internetadresse des Vereins, nicht selten sogar mehr oder weniger kurze Informationen zum Sinn und der Funktionsweise – der ‚Regio München' etwa hat seine komplette Rückseite zweispaltig mit einer ‚Anleitung' bedruckt. Ein wichtiger Grund hierfür liegt in der rechtlichen Absicherung; will man nicht gegen das Gesetz verstoßen, müssen die Regiogelder klar als Gutscheine gekennzeichnet sein. Zudem besteht auch ein Erklärungsbedarf gegenüber unbedarften Nutzern – diese sollen den Schein als wertvoll und nicht als einen Werbezettel wahrnehmen.

Die *bildliche Gestaltung* bewegt sich im Spannungsfeld zwischen ‚Geldoptik' und regionalem Bezug. Die abgebildeten Motive sind sehr vielfältig: von abstrakter (Alto) über abbildende Kunst (Chiemgauer) bis hin zu den häufig verwendeten (meist kolorierten und verfremdeten) Fotografien von Gebäuden. Daneben finden sich auch rein auf Farbe, Schrift und Logo reduzierte Designs (Landmark, Regio). Grob lassen sich zwei Gruppen unterscheiden: Scheine, die regionale Motive verwenden und solche, die es nicht tun. Im ersten Fall sind Fotos der Region (Sterntaler) oder regionaler Produkte (Pälzer) abgebildet, oft unterschiedlich stark verfremdete und stilisierte Bauwerke (Zschopautaler), selten auch regional bedeutsame Personen (Nahgold: Hermann Hesse, Paracelsus; Rheingold: Heinrich Heine, Gustaf Gründgens). Die grafische Verfremdung, etwa durch Einfärben oder zeichnerisches Abstrahieren dient dazu, den Schein ‚geldmäßiger' aussehen zu lassen. Dieses Hervorheben des ‚Geldcharakters' distanziert wiederum etwas von der Region. Noch deutlicher wird dies bei der Gruppe der Scheine (ca. ein Drittel), die in ihrer Motivgebung kaum mehr Bezug zur Region haben. Hier stehen entweder grafische (Regio) oder künstlerische Konzepte im Vordergrund, meist in Form von Bildern auf der Rückseite, die von lokalen Künstlern gestaltet wurden. Wenn man etwa einen Schein wie die Havelblüte betrachtet, so findet sich abgesehen vom Namen so gut wie kein regionaler Bezug, denn die abgebildeten Blüten (Kartoffel, Gurke) finden sich auch anderswo. In diesem Fall scheint durch, dass die Hauptintention der Geldmacher nicht auf der Region, sondern auf dem (besseren) Geld liegt.

Bis ein endgültiges Geldscheindesign gefunden wurde, ist es jedoch ein langer *Prozess der Gestaltung* für die Initiativen. Dieser verläuft nicht immer konfliktlos, schließlich sind die Gutscheine das wichtigste Aushängeschild der Initiative. Sie sollen nicht nur eine bestimmte ‚corporate identity' vermitteln, sondern auch Bezug zur Region haben und wertvoll aussehen. Wer die konkrete Gestaltung ausführt, ist von Fall zu Fall unterschiedlich: mal sind es die Aktivisten selbst, mal befreundete Künstler, mal professionelle Grafiker oder auch Design-Studenten im Rahmen eines Wettbewerbs.

Im gesamten Prozess können allerdings diverse Konflikte auftreten. Ein solcher ist die Konfliktlinie *Kunst vs. Corporate Design.* Die Verfechter der ‚Kunst' betonen die „ehrliche Einfachheit" (BP080818), die Scheine ausstrahlen, die ‚mit Herzblut' von ortsansässigen Künstlern, den Aktivisten selbst oder sogar Kindern gestaltet wurden. Die Anhänger des ‚Corporate Design' hingegen möchten „absolut professionell gestaltetes Material, [...denn] es geht um Kommunikation, Markenzeichen, wiedererkennbare Symbole" (BP080818). Ein solcher Konflikt kann nicht nur innerhalb einer Initiative schwelen, sondern auch zwischen den Initiativen. Nach über fünf Jahren ist die Regioszene der Meinung einiger zufolge an dem Punkt, an dem man die „Marke schützen muss. Also klarmachen, wer sind wir und was bekommt einer, wenn er Mitglied unserer Gemeinschaft wird, welche Inhalte" (BP080913).

> „Bisher hieß es einfach los, aber jetzt kommt die Phase wo unser gemeinsamer Wiedererkennungswert wichtiger wird als eigene Kreativität" (BP080913).

Es gibt erste Ansätze, sogar die Gestaltung von Regiogeldern zu vereinheitlichen – quasi wie ein Franchise-Konzept. Allerdings stoßen diese auf großen Widerstand, denn viele sind umgekehrt der Meinung: „Ich will keine Dogmatik. Ich bin für Vielfalt, für deutliche Unterschiede auch in der Optik" (BP080818).

Eine weitere Konfliktlinie ist *Werbung vs. Wert.* Viele Aktivisten möchten die Rückseiten der Regiogeldscheine mit Werbung von teilnehmenden Unternehmen bedrucken. Dadurch, so die Hoffnung, könnten sich diese leichter überzeugen und vielleicht sogar noch zu zusätzlichen Beiträgen animieren lassen. Manche Initiativen bedrucken die ganze Rückseite mit Werbung, andere nur eine kleinen Teil[219]. Die Gegner der Werbung kritisieren jedoch, dass der Schein dadurch vom Wertpapier zum Handzettel würde. Angesichts der heutigen Werbeflut verschlechtere eine solche Gestaltung die Akzeptanz und den Glauben an den Wert des Regiogeldes,

219 Regiogelder mit Werbung sind u.a. Sterntaler, Rheingold, Urstromtaler, Bürgerblüte, Augusta, Erzregio, Friedenthaler

denn „Geld ist kein Flyer oder eine Briefpostsendung“ (BP080702). Weiterhin vermittle dies einen falschen Eindruck, denn durch individuelle Werbung „entsteht kein Zusammengehörigkeitsgefühl, sondern nur Konkurrenz“ (BP080818).

7. Zusammenfassung und Fazit

What the hell is going on here? Diese Frage stand am Anfang einer Forschung über das soziale Phänomen Regiogeld. Mit dem Blickwinkel der hermeneutischen Wissenssoziologie und den Methoden der qualitativen Sozialforschung wurde versucht, die typischen Strukturen und Prozesse dieses Phänomens herauszuarbeiten und quasi durch die Augen der Akteure einen Blick auf die Lebenswelt des Regiogeldes zu werfen. Die Grundlage dieser Rekonstruktion bildet eine Vielzahl an Daten, von Internetrecherchen über teilnehmende Beobachtungen bis hin zu Interviews. Abschließend sollen die bislang skizzierten Erkenntnisse nochmals kurz zusammengefasst und diskutiert werden.

Regionalgeld gibt es erst seit wenigen Jahren. Die Entstehung des Chiemgauers 2003 löste einen regelrechten Trend aus. Deutschlandweit formierten sich Initiativen, die versuchten, in ihrer Region bunte Scheine als zusätzliches Zahlungsmittel einzuführen. Manche waren dabei recht erfolgreich, einige dümpeln von der Öffentlichkeit unbeachtet mit wenigen Teilnehmern vor sich hin, andere scheiterten und verschwanden wieder. Nach mittlerweile über fünf Jahren scheint sich der Entstehungsboom etwas abzuschwächen. Auch die bislang gehegten Hoffnungen über einen breiten Durchbruch haben durch das Scheitern etlicher – auch prominenter – Initiativen einen Dämpfer bekommen.

Was wollen die Regiogelder? Sie wollen, bei aller Unterschiedlichkeit, ein eigenes und vor allem ‚besseres' Geld machen. Dazu versuchen sie aus einer geldkritischen Haltung heraus bestimmte normative Setzungen in ein Geldmedium ‚einzuschreiben' und so gesellschaftlich durchzusetzen. Letztlich ist das ein „Prozess des Protestes gegen bestehende soziale Verhältnisse, bewusst getragen von einer an Mitgliedern wachsenden Gruppierung“ (Fuchs-Heinritz et al. 1995: 97), weswegen man die Regiogeldinitiativen durchaus als ‚*soziale Bewegung*' verstehen kann.

Entstanden ist diese Bewegung durch die Verschmelzung verschiedener Weltanschauungen und derer Gruppierungen, vornehmlich der Freiwirtschaftsbewegung, der Anthroposophie und diversen ab den 1960er Jahren entstehenden Protestbewegungen. In ihrer heutigen Form lässt sie sich im Hinblick auf eine Reihe zentraler Dimensionen (nach Rucht 1994: 84f) folgendermaßen beschreiben:

Im *Wissensfeld* der Regiogeldbewegung finden sich heterogene Wissensvorräte (Geldreform, moderne Esoterik, Alternative Ökonomie), aus denen ein spannungsreicher Deutungsrahmen (*frame*) konstruiert wird, der die Legitimation ihres Handelns leistet. Unterscheiden lassen sich hier (vgl. Hellmann 1998: 21; Kliment 1998: 71f):

- der *diagnostic frame*, der eine überzeugende Problemkonstruktion anbietet, die nicht nur plausible Relevanz und hinreichende Allgemeinheit beanspruchen kann, sondern auch konkrete Angriffspunkte und verpflichtungsfähige Instanzen identifiziert. Im Falle des Regiogeldes werden verschiedenste ökonomische (Fehl-)Entwicklungen, etwa Arbeitslosigkeit, Ungleichheit, Finanzkrise, Umweltzerstörung und Entfremdung einem fehlerhaften Geldsystem (Zinsmechanismus) zugeschrieben. Konkreter Angriffspunkt beim Regiogeld ist in erster Linie ein ‚Konstruktionsfehler' des Systems und erst in zweiter Linie jene Institutionen und Akteure, die von ihm ‚profitieren' (Banken, Spekulanten, multinationale Konzerne). Dieses Fehlen eines klaren ‚Gegners' ist nicht unproblematisch für die Bewegung, denn „dort, wo sich Ursachen hinter einer Vielzahl von Beteiligten, ohne genau zurechenbare Verantwortung verbergen, steht Mobilisierung vor größeren Schwierigkeiten" (Kliment 1998: 71).
- der *prognostic frame* nennt als Lösungsmöglichkeit für die Problemlagen ein alternatives und ‚besseres' Geldsystem, das – so die *Leitidee* – ermöglich wird durch die entsprechende ‚Re-Konstruktion' des Geldes. Konkret wird das umgesetzt durch negative Verzinsung, regional eingeschränkte Gültigkeit und gemeinnützige Ausrichtung. Die dahinter stehende Utopie zeichnet das Bild einer in sozialer, ökologischer und kosmischer Harmonie bestehenden Ewigkeitsgesellschaft.
- der *motivational frame* versucht Engagement und Mobilisierungsbereitschaft bei den Teilnehmern zu motivieren. Regiogeld basiert auf einem spezifischen Sinn für geldvermittelte Wir-Zusammenhänge. Geld ist in dieser Sichtweise das zentrale Medium, das alles verbindet und beeinflusst. ‚Besseres' Geld führt demnach zu einer besseren Gesellschaft, zu einem besseren Miteinander, zu einer besseren Harmonie zwischen Mensch und Natur. Verschiedene Akteure eignen sich dieses Denkmuster vor dem Hintergrund ihrer biographisch bestimmten Motive an und finden im Regiogeld eine zu ihrer gewünschten Lebenspraxis passende Form von bürgerschaftlichem Engagement (vgl. Corsten/Kauppert 2007). Befördert wird dieser Prozess durch die *kollektive Identität* der Bewegung, die soziale Einheit stiftet, in Wir/Die unterscheidet, die Gruppengrenzen (etwa zu kommerziellen Ausprägungen des Regiogeldes) definiert und so Zusammenhalt bewirkt (vgl. Coser 1972; Hellmann 1998).

Die *Struktur der Anhängerschaft* der Regiogeldbewegung ist eher lose. Kern sind die aus wenigen Ehrenamtlichen bestehenden Initiativen. Diese stammen aus unterschiedlichen Milieus, wobei Schwerpunkte in der bildungsbürgerlichen und alternativen, postmateriell orientierten Mittelschicht liegen. Der Dachverband schafft hier eine eher ideelle Verbindung.

Auch der *Organisations*grad der Bewegung ist schwach und eher horizontal ausgeprägt. Die Initiativen sind zwar als juristische Personen institutionalisiert, intern allerdings kaum differenziert und haben zudem nur wenige Ressourcen zur Verfügung. Allenfalls gibt es Verbindungen zu ideologisch nahe stehenden Organisationen und Institutionen.

Die *Strategien* und das *Aktionsrepertoire* zielen auf der Ebene der Initiativen auf die Konstruktion, Etablierung und Verwaltung eines eigenen Geldsystems, mit dem eine bestimmte Verhaltensbindung bei den Teilnehmern (Verbraucher, Geschäftsleute) bewirkt werden soll. Auf der Ebene des Verbandes geht es um die Propagierung, Legitimierung und mittlerweile auch Konsolidierung der Idee ‚regionales Geld'. Je nach Zielgruppe wird eine spezifische *‚Botschaft'* des Regiogeldes kommuniziert.

Hinsichtlich ihrer *Entwicklungsdynamik* ist festzustellen, dass zwar bundesweit Initiativen entstanden sind, diese aber teils nur wenig öffentlichkeitswirksam waren und in ihren gesamtökonomischen Auswirkungen vernachlässigbar sind. Schätzungen sprechen von Regios im Wert von insgesamt 600.000 bis 700.000 Euro (Bickelmann 2009: 64). Im Vergleich dazu beträgt die umlaufende Bargeldmenge etwa 180 Milliarden Euro (Rösl 2008: 4). Zudem entfallen 61% der insgesamt umlaufenden Regiogeldmenge auf den Chiemgauer (Bickelmann 2009: 64). Auch das Scheitern etlicher Initiativen schürt Zweifel an den Wirkungen der Regionalwährungen: Es scheint, als ob Initiativen in den Städten, trotz manchmal gelungener und aufwendiger Marketingarbeit nur sehr schwer Akzeptanz (und damit eine ausreichende Verbreitung) erreichen. Auch in strukturschwachen Räumen sind trotz entsprechend konstruierter Regiogeldsysteme (Leistungsdeckung; Tauschring-einbeziehung) nur geringe Umsätze zu verzeichnen. Möglicherweise funktioniert Regiogeld nur auf der Grundlage bereits bestehender (wirtschaftlicher und sozialer) Netzwerke; es kann sich in diese (etwa Schulen, Gewerbeverbände) ‚einklinken' und dann eine gewisse Verbreitung erreichen, tut sich aber sehr schwer, selbst eigene Strukturen zu schaffen. Hinzu kommt die Problematik, dass es sich beim Regiogeld um ein höchst kosten- und arbeitsintensives Projekt handelt, das zumeist nur ehrenamtlich bewerkstelligt werden soll. Es ist denkbar, dass Regiogeld im Laufe der nächsten Jahre sich neu erfinden muss; dass ‚reine' Regiogelder über kurz oder lang wohl nur in sehr kleinem Ausmaß weiter bestehen können. Potentialträchtig erscheinen aber jene Initiativen, bei denen Regiogeld eines von mehreren Instrumenten einer meist genossenschaftlich organisierten, selbst produzierenden Regionalwirtschaft ist.

Auch wenn die Regiogeldbewegung momentan vielleicht in ihrer ökonomischen Bedeutung kaum ins Gewicht fällt, so ist sie dennoch gesellschaftstheoretisch relevant – und zwar als *Protestbewegung*. Sie ordnet sich ein in die Vielfalt der Protestbewegungen ab den 1960er Jahren, denen trotz aller Unterschiede eines gemeinsam ist: Die ‚Träger' der neuen sozialen Bewegungen sind im wesentlichen Intellektuelle der bürgerlichen Mittelschicht. Sie verbindet ein bestimmtes ‚postmaterialistisches' Muster ‚kollektiver Mentalität', nämlich Werte wie Selbstverwirklichung, Selbstbestimmung, soziale Gerechtigkeit, sinnerfüllte Arbeit, friedliche, kommunikative Konfliktlösungen, Mitmenschlichkeit etc. Der Wunsch nach ‚Versöhnung' von Natur und Kultur, von Individuum und Gesellschaft in einer ‚humanen' (Gemeinschafts-)Welt verbindet die unterschiedlichen Gruppen und erklärt auch deren hohe generalisierte Unterstützungsbereitschaft (Brand 1998: 38; Soeffner 2000: 240). Dieser Typus ‚neuer sozialer Bewegungen' begleitet die ganze Geschichte von Industrialisierung und Modernisierung. Bestimmte (durch Modernisierungsschübe entstandene) gesellschaftliche Strukturen sind also Anlass für Protest und soziale Bewegung. Soziale Akteure, die sich an solchen Strukturen ‚reiben', versuchen dementsprechend mit eigenen Ordnungsvorstellungen das gesellschaftliche und politische Koordinatensystem zu verschieben (Eder 2000: 13; Hellmann 1998; Rucht 1994; Leggewie 1998)[220].

Sozialhistorisch lassen sich für sämtliche Modernisierungsschübe ‚korrespondierende' soziale Bewegungen feststellen. Mechanisierung der Textilindustrie, Eroberung der Fabriken und der Verkehrsnetze durch die Dampfmaschine, Elektrifizierung und Auf- bzw. Ausbau der chemischen Industrie, Motorisierung, Kernkraft, Elektronik, etc. – auf all diese technisch-ökonomischen Entwicklungen ‚antworteten' entsprechende soziale Bewegungen wie Romantik, Boheme, Dandyismus, Wandervogel usw. (Soeffner 2000: 242f; Rucht 1994). So gesehen haben viele der heutigen sozialen Bewegungen historische Vorläufer. Alternative Lebens- und Arbeitsformen etwa, die auch in Tauschring- und Regiogeldkreisen thematisiert werden, sind nur eine Etappe in der langen und facettenreichen Geschichte von Lebensreformbewegungen, von religiösen, frühsozialistischen, anarchistischen oder agrarromantischen Kommunegründungen und genossenschaftlichen Zusammenschlüssen im Produktions- und Konsumbereich (Brand 1998: 49f). All diese Bewegungen reagierten auf Widersprüche, auf Entfremdungserfahrungen und andere Folgeprobleme des Modernisierungsprozesses. Sie empfinden bestimmte Entwicklungen als Bruch gegenüber Tradition und Kontinuität und definieren sie als historische ‚Problemsituation'. Die neuen sozialen Bewegungen waren und sind somit selbst nicht das ‚Neue', sondern Reaktionen auf Neues. Somit initiieren sie

220 Die Bewegungsforschung fasst dies unter den Begriff der *Structural Strains* (vgl. Hellmann 1998; Koopmans 1998). Touraine hat diese Perspektive vielleicht am radikalsten vertreten: Moderne Gesellschaften sind historische Aktionssysteme, in denen ‚historische Akteure' – also soziale Gruppen, die versuchen auf die Richtung des gesellschaftlichen Entwicklungsprozesses Einfluss zu nehmen – handeln (Touraine 1983; 1985). Allerdings gilt es hier zu unterscheiden zwischen einer sozial*politischen* und einer sozial*kulturellen* Stoßrichtung zu unterscheiden. Das Ziel sozial*kulturell* ausgerichteter Bewegungen ist nicht mehr die Eroberung wirtschaftlicher und politischer Macht, sondern die Veränderung der Lebensweise, die Reorganisierung kultureller Lebensmuster und Alltagspraktiken. (Brand 1998: 39f).

keine gesellschaftlichen Veränderungen, sondern geben ihr (bestenfalls) eine bestimmte Richtung. Bezüglich dessen, wie einflussreich sie dabei sind, scheiden sich die Geister. Für die einen sind soziale Bewegungen „Produkt und Produzent der Moderne“ (Raschke 1985:11) und somit konstitutiv für sozialen Wandel, andere sehen in ihnen einen „Ort gesellschaftlicher Lernprozesse“ (Eder 2000), in dem die nationale Identität relativiert wird, und für wieder andere sind sie zwar Wahrnehmungs- und Warninstanz, aber letztlich wirkungslos (Soeffner 2000: 250f). Und dennoch: Selbst wenn sie machtlos (im Hinblick auf wirtschaftliche und politische Entscheidungsgewalt) sind, so sind sie immer noch als *Deutungsinstanz* einflussreich.

> „Sie überlagern die Ereignisse mit kollektiven Deutungsangeboten, besetzen Handlungen, Personen und Gegenstände mit Wertungen, überziehen die öffentliche Welt mit Weltanschauungen. Sie sind weniger die Lehrer als vielmehr die Deuter und Propheten ihrer Gesellschaft“ (Soeffner 2000: 253).

Angesichts gegenwärtiger Krisenerscheinungen, seien diese finanzsystemtechnischer, globalwirtschaftlicher oder gesellschaftlicher Art, könnte die Regiogeldbewegung durchaus einflussreicher werden – vielleicht nicht mit ihrem Geld, aber möglicherweise mit ihrer Idee. Mit den Worten von Dirk Baecker:

> „Die Bedeutung einer alternativen Währung liegt nicht in den Umsätzen, die sie erreicht, sondern darin, dass es sie gibt“ (Baecker 2003: 10).

Nun wurde viel von der sozialen Bewegung des Regiogeldes gesprochen, doch nur wenig von seiner tatsächlichen Wirkung. Kann es gelingen, dem Geld eine bestimmte Handlungslogik einzuprogrammieren? Und wenn ja, welche Bedeutungen und damit Handlungsmuster verknüpfen sich damit? Die Fallstudie im nächsten Kapitel greift dieses Fragen auf.

V. „Ein bisserl ein moralischeres Geld“ – Eine Fallstudie zum Chiemgauer

Regionalgeld irritiert. Man fragt sich, warum Menschen so etwas überhaupt benutzen. Gut, für die Aktivisten ist es eine Umsetzung ihrer Geld- und Gesellschaftsutopie, für die Geschäftsleute kann es eine Marketingmaßnahme sein. Aber warum sollte ein normaler Konsument zu den bunten Gutscheinen greifen? Schließlich kann er doch alles (und noch viel mehr) mit seinen Euros erledigen – auch jene Dinge, die das Regionalgeld sich auf die Fahne schreibt, seien es der Einkauf beim regionalen Produzenten oder Spenden an soziale Projekte. Welchen Sinn sehen die teilnehmenden Konsumenten also darin? Und weiter: Welche Bedeutung hat es für sie – ist es tatsächlich ein ‚besseres' Geld oder ist es einfach nur ein ‚anderes' Geld? Wie handeln sie *konkret* damit? Welche Auswirkungen hat es für sie selbst und auf ihre Beziehungen zu anderen Menschen?

Dieses Kapitel versucht eine empirisch begründete Antwort auf diese Fragen zu geben. Es greift damit die zweite Forschungsfrage auf, in der nach den unterschiedlichen Bedeutungszuschreibungen eines Geldmediums und den durch dieses Medium vermittelten Handlungen der Subjekte im Alltag gefragt wurde. Dieses (geldsoziologisch inspirierte) fokussierte Erkenntnisinteresse richtet sich auf die Rolle von Geld bzw. einer konkreten Geldart im Alltag. Da hier das geldvermittelte Handeln zentral ist und nicht irgendwelche Geldideologien oder Marketingstrategien, geht es ausschließlich um die Konsumenten (im Folgenden auch Nutzer oder Verbraucher genannt). Methodisch basiert dieses Kapitel auf intensiven teilnehmenden Beobachtungen sowie sieben explorativen Interviews mit Nutzern der Regionalwährung ‚Chiemgauer'[221].

Die zentrale Erkenntnis aus der rekonstruktiven Analyse dieser Daten ist, dass es sich beim Chiemgauer um eine Geldart handelt, die in ihren Bedeutungen, Handlungen und Auswirkungen durch institutionell konstruierte und interpretativ

221 Eine kurze Rekapitulation des methodischen Vorgehens (ausführlich siehe Kapitel III.4.1.6): Die diesem Kapitel zugrunde liegende qualitative, explorative Studie wurde am Beispiel des Chiemgauers durchgeführt. Dieser ist eines der ältesten Regiogeld-Systeme und macht mit Abstand den größten Umsatz. Laut aktuellen Schätzungen entfallen allein auf den Chiemgauer 61% des Gesamtumsatzes aller Regionalgeldsysteme (Bickelmann 2009: 64f). Die Interviewpartner wurden theoretisch geleitet ausgewählt und in narrativ ausgerichteten, leitfadengestützten Interviews nach ihren Erfahrungen mit dem Chiemgauer befragt.

zugeschriebene *moralische Maximen* geprägt ist. Deswegen ist der Chiemgauer aber lange nicht moralisch im Sinne von ‚sittlich' oder ‚gut', sondern er ist einfach *moralisiert*. Dies bedeutet, dass beim Chiemgauer die dem ‚normalen' Geld inhärente Symbolik und Handlungsrationalität durch moralische Maximen erweitert und überformt wird. Damit bleibt der Chiemgauer immer noch Geld – aber eben ein *moralisiertes Geld*.

Was dies genau bedeutet, ist Gegenstand dieses Kapitels, das einleitend zunächst die Institution Chiemgauer näher vorstellt. Anschließend wird der Kontext des Phänomens ‚Chiemgauer-Verwendung' diskutiert. Der nächste Abschnitt behandelt die Frage, wie Menschen überhaupt zu Chiemgauer-Nutzern werden (Laufbahn). Es folgt die Darstellung des spezifischen Leitprinzips, das den Chiemgauer zu einem ‚anderen' Geld macht, nebst einer entsprechenden theoretischen Vertiefung. Je nachdem, in welcher Absicht und in welchem sozialen Kontext der Chiemgauer verwendet wird, ergeben sich unterschiedliche Bedeutungs- und Handlungsmuster mit unterschiedlichen Auswirkungen. Das abschließende Fazit fasst die gewonnenen Erkenntnisse zusammen, diskutiert sie in theoretischer und methodischer Hinsicht und zeigt darüber hinaus auf, welche Erkenntnisse sich aus dieser Studie hinsichtlich des ‚normalen' Geldes ableiten lassen. Die folgende Abbildung zeigt als ‚visuelle Gliederung' nochmals diese Aspekte, die in den einzelnen Abschnitten dann differenzierter ausgeführt werden.

Abbildung 11: Chiemgauer im Alltag

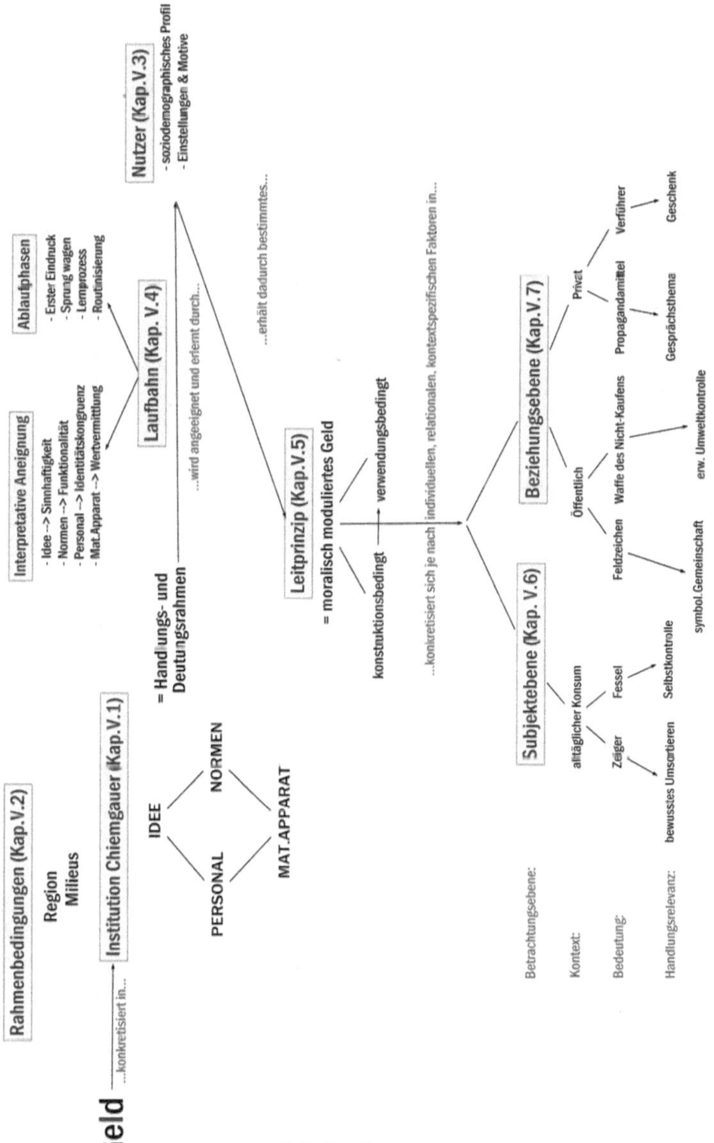

Quelle: Eigener Entwurf

1. Die Institution Chiemgauer – Eine Annäherung

Vorbei an München geht es auf der A8 ostwärts, Richtung Salzburg. Spätestens nach dem Irschenberg fühlt man sich wie in einer bayerischen Postkartenidylle. Zu beiden Seiten der Autobahn erstrecken sich sanfte Hügel mit Feldern und Forsten, dazwischen kleine Dörfer und einige Einödhöfe. Im Süden ragen, wie in einem entfernten Halbkreis, die Chiemgauer Alpen empor. Bei Rosenheim überquert die Autobahn den Inn und schlängelt sich einige Kilometer weiter am Südufer des Chiemsees entlang, dem Zentrum der alten Kulturlandschaft ‚Chiemgau'. Hier, genauer gesagt in einem 50-Kilometer-Umkreis um den See gibt es das Regiogeld ‚Chiemgauer' – von Feldkirchen-Westerham (Westen) über Wasserburg (Norden) und Waging am See (Osten) bis nach Reit im Winkl (Süden).

Innerhalb dieser Fläche (über 650 km^2) liegen die ca. 600 teilnehmenden Unternehmen: Sie finden sich sowohl in der 60.000 Einwohner umfassenden Kreisstadt Rosenheim als auch in kleinen Ortschaften wie dem 1.300 Seelen zählenden Gstadt am Ufer des Chiemsees.

Doch was ist der Chiemgauer eigentlich genau? Der Chiemgauer[222] ist ein eurogedecktes Regionalwährungssystem, das seit 2003 in der Region rund um den Chiemsee (Landkreise Rosenheim und Traunstein) ein umlaufgesichertes Geldsurrogat emittiert. Der Chiemgauer existiert dabei als geldähnlicher Gutschein sowie als elektronisches Giralgeld. Er wird gegen € zum Kurs von 1:1 erworben und kann in den teilnehmenden Geschäften der Region wieder ausgegeben werden. Bevor diese erste knappe Beschreibung entlang der Institutionen-Heuristik vervollständigt wird, werfen wir noch einen kurzen Blick auf die *Geschichte* des Chiemgauers[223].

Der Initiator *Christian Gelleri* studierte Wirtschaftslehre und Wirtschaftsinformatik an der Ludwig-Maximilians-Universität München. Er beschäftigte sich nach eigenen Angaben schon als Jugendlicher mit Wirtschaftshistorie und stieß dabei auf Theoretiker wie Silvio Gesell, Rudolf Steiner oder Dieter Suhr. Es folgten die Teilnahme an freiwirtschaftlichen und anthroposophischen Veranstaltungen und der Austausch mit den dortigen Akteuren. Bereits 1999 begann Gelleri auf Anregung von Thomas Mayer (damals Geschäftsführer des Omnibusses für Direkte Demokratie) mit der Entwicklung eines konkreten Modells zur Umsetzung eines Regiogeldes in einer Region um München oder Berlin (Gelleri 2006: 2). Dieses Modell wurde bei diversen Treffen mit verschiedenen Protagonisten der modernen

222 Die Bezeichnung ‚Chiemgauer' wird für die Institution als Ganzes benutzt; die Abkürzung CH für das physische Geldmedium ‚Chiemgauer'. Das Chiemgauer-Giralgeld wird mit eCH (für elektronischer Chiemgauer) abgekürzt.

223 Quelle für die folgende Darstellung ist – soweit nicht anders angegeben – immer die Chiemgauer Homepage http://www.chiemgauer.info [Stand: Oktober 2008]. Nur bei direkten und indirekten Zitaten wird die jeweilige Internetadresse genannt.

Freiwirtschaftsbewegung (u.a. Bernard Lietaer, Margrit Kennedy und Johannes Stüttgen) diskutiert und ausgearbeitet. Nach einigen Jahren ergab sich die Gelegenheit zur praktischen Umsetzung. Gelleri, damals Wirtschaftslehrer an der *Waldorfschule Prien*, beschloss nach einer INWO-Tagung in Steyerberg 2002 mit sechs seiner Schülerinnen ein Regionalgeld im Chiemgau umzusetzen. Ende September 2002 startete das Projekt ‚Chiemgauer regional – Verein für nachhaltiges Wirtschaften'. Am 30. Januar 2003 erfolgte die Erstausgabe mit etwa 2.000 CH, die – dank tatkräftiger Unterstützung durch die Eltern – schon bei der ersten Informationsveranstaltung vergriffen waren. 20 Geschäfte akzeptierten damals das Regiogeld. Am 2. Juni 2003 gründeten Schüler, Eltern und Lehrer den ‚*Chiemgauer regional e.V.*'.

Im Juni 2004 gewann das Projekt den vom Freistaat Bayern im Rahmen der Kommunalen Agenda 21 ausgeschriebenen und mit 5.000 € dotierten Wettbewerb ‚Nachbarschaft gewinnt – Miteinander die Zukunft gestalten' in der Kategorie ‚Wirtschaft & Arbeit' (chiemgau-online.de)[224].

Das Projekt wurde weiterhin von wechselnden Schülergenerationen verwaltet. Aufgrund des dynamischen Wachstums mit mittlerweile über 200 teilnehmenden Unternehmen begann jedoch im Dezember 2004 ein Strategie- und Leitbild-Prozess, aufgrund dessen sich der Chiemgauer im Sommer 2005 als *eigenständiges Projekt* von der Waldorfschule Prien löste (die Schülermitarbeit wird allerdings dort und in anderen Schulen in Projektform weitergeführt). Im Sommer 2006 startete der *elektronische Chiemgauer* in Wasserburg am Inn. Im Juli 2007 wurde die Sozialgenossenschaft *Regios eG* gegründet und das Jahr 2008 stand im Zeichen des fünfjährigen Jubiläums. Seit seiner Entstehung ist der Chiemgauer konstant gewachsen: Momentan (Stand: Oktober 2009) befinden sich um die 430.000 CH im Umlauf und es nehmen 612 Unternehmen, 196 Vereine und ca. 1.700 Verbraucher teil.

1.1. Die Idee des Chiemgauers – ‚Geld mit Inhalten'

> „Was nützt das neue Geld, wenn es nicht mit Inhalten gefüllt wird. Neue Energien, intelligente Verkehrssysteme, kreative Kultur, menschengerechte Bildung, gerecht verteiltes Eigentum und viele andere Themen gehören auf der Basis eines neuen Geldwesens bearbeitet. Mit einer florierenden regionalen Wirtschaft muss die nachhaltige Nutzung

224 Die Begründung der Jury lautete damals: „Das Projekt geht über die mittlerweile schon klassische Regionalvermarktung hinaus. In Anlehnung an regionale Kundenkarten werden weite Teile des Dienstleistungsbereichs miteinbezogen. Es ist einfach zugänglich, z.B. auch für Urlauber. Es ist etwas Greifbares [...]. Die Entscheidung war nicht unumstritten, da Schattenwirtschaft und regionale Abschottung als Gefahren gesehen wurden. Doch durch dieses Projekt erfährt nach Ansicht der Jury die Stärkung des regionalen Bewusstseins einen neuen Schub" (LfU 2004: 38).

der Ressourcen verbunden sein. Boden, Wasser und Luft müssen so geschützt werden, dass sie nicht Mittel der Spekulation werden“ (Gelleri/Mayer 2003: 8).

Wie im vorigen Kapitel (Kapitel IV.3) herausgearbeitet wurde, stecken hinter der Idee eines regionalen Geldes – und so auch des Chiemgauers – vielfältige Grundlagen und Zielsetzungen. Um unnötige Wiederholungen zu vermeiden, wird hier nur betrachtet, wie der Chiemgauer diese gewichtet und nach außen hin (etwa gegenüber potentiellen Verbrauchern) präsentiert.

Auf den *Geldreform*-Diskurs bezieht sich der Chiemgauer nur ansatzweise und sehr vorsichtig – Zinskritik, Freigeld, Bodenreform oder ähnliches sind kaum ein Thema[225]. Die grundlegenden Deutungsmuster des *Esoterik*-Diskurses finden sich auch beim Chiemgauer, allerdings in einer neutralen, dekontextualisierten Form, etwa wenn in der Vereinssatzung die Rede von „Bewusstseinsbildung“ (chiemgauer.info 06) ist. Trotz seines Ursprungs, der Waldorfschule, präsentiert sich der Chiemgauer also nicht als esoterisches oder spirituelles Geld. Der Diskurs zur *Alternativen Ökonomie* hingegen ist maßgeblich – die entsprechenden Schlagworte wie Nachhaltigkeit, Regionalisierung oder ethisches Wirtschaften bilden den grundlegenden Definitionskern der Chiemgauer-Idee. Sie werden als zeitgemäße Antworten auf die Herausforderung „einer Welt der Globalisierung“ (chiemgauer.info 07) dargestellt.

Zur Veranschaulichung, wie sich die Idee als Ganzes den Nutzern gegenüber darstellt, wird nun ein kurzer Filmbeitrag aus dem BR3-Magazin ‚Alpen-Donau-Adria‘ betrachtet. Er ist auf der Chiemgauer-Homepage zu finden (chiemgauer.info 01) und wird dort neuen Nutzern als Einstieg empfohlen. Der Film beginnt mit der Anmoderation des Reporters, im Hintergrund ein alpenländisches Wirtshaus:

> „Hier gibt es etwas, was es in vielen anderen Geschäften und Unternehmungen im Chiemgau gibt – nämlich den CHIEMGAUER, eine Regionalwährung. Ursprünglich war das eine Idee von Schülern der Waldorfschule Prien. Die haben den Chiemgauer eingeführt, um eine ((schmunzelnd)) Regional-, eine Lokalwährung für ihren Pausenkiosk zu haben. Und daraus wurde eine überaus erfolgreiche Idee. Im vergangenen Jahr sind im gesamten Chiemgau bereits über eine Million Euro in Chiemgauer umgewechselt worden. Mit diesem Chiemgauer kann man bezahlen, ein Chiemgauer ist genau einen Euro wert“.

Als erstes fällt der Gründungsmythos ins Auge. Kein Wort von der 100jährigen Freiwirtschaftsbewegung, auf deren Gedankengut das Regiogeld letztlich basiert. Stattdessen ist nur die Rede vom Schülerprojekt. Es macht natürlich einen Unter-

225 Allenfalls wird von der im Vergleich zum Euro ‚höheren Umlaufgeschwindigkeit‘ (Chiemgauer-Broschüre 2007) gesprochen; dementsprechend findet sich kein Silvio Gesell unter der Homepage-Rubrik ‚Leseempfehlungen‘.

schied, ob eine Idee das Produkt einer (umstrittenen) sozialreformerischen Bewegung oder kreativer Schulmädchen ist. Letztere verleihen dem Ganzen eine kindlich-unbekümmerte Harmlosigkeit und bewirken entsprechende Sympathien. Es geht weiter: Die Idee ist nicht nur kreativ-harmlos, sondern auch und vor allem eines – „erfolgreich". Erst dieser Erfolg, ausgedrückt in harten und hohen Zahlen („über eine Million") verleiht dem Chiemgauer Sinn. Nun kann der eigentliche Wesenskern des Chiemgauers genannt werden – er erfüllt Zahlungsfunktionen, ist also Geld, wobei seine Wertigkeit an den Euro gekoppelt ist. Weiter im Film fragt der Reporter den schnauzbärtigen Bürgermeister einer Chiemgauer Gemeinde „Was bringt's der Wirtschaft wirklich?"[226]. Antwort des Bürgermeisters:

> „Es bringt der Wirtschaft sehr viel, weil es san sehr viel heimische Betriebe dabei und des Geld bleibt in der Region. Ma gibt des Geld net irgendwo nach auswärts, des Geld bleibt in der Region und wirkt eigentlich zweifach, mecht I sagen, weil's ja de Vereine im Ort auch zugute kommt".

Hier finden sich die zwei Aspekte, die für die meisten Nutzer ausschlaggebend sind: Förderung der Region und Spende an die Vereine. Zwei ganz konkrete, ja fast schon egoistische Ziele. Die eigene Region ist für viele Menschen nicht nur Lebensumfeld, sondern auch Ausdruck ihrer selbst. Der filmische Einblick in die Praxis des Chiemgauers unterstreicht dies mit seiner heimatlich-heimeligen Symbolik: Eine gepflegte, gut bürgerliche Dame macht sich auf zum Einkauf. Sie geht in einen kleinen Lebensmittelladen. Die Inhaberin dort...

> „freut sich, wenn Stammkunden [...] ihre Lebensmittel bei ihr vor Ort einkaufen, statt extra zum Großsupermarkt [...] zu fahren. Das Geschäft läuft gut. Der Grundgedanke der Chiemgauer Währung: Die Infrastruktur der Region soll unterstützt werden. Besonders der Einzelhandel, der unter der Konkurrenz der Billigdiscounter leidet".

Es folgt, wie man den Chiemgauer überhaupt erhält und was ihn zu einem besonderen Geld macht:

> „Im Prinzip verpflichtet man sich die Summe bei Händlern und Handwerkern in der Region auszugeben, denn nur einheimische Unternehmer akzeptieren ja den Chiemgauer. [...] Sie muss das Geld schnell wieder ausgeben. Alle 3 Monate verliert es an Wert und zwar minus 2%. Notfalls kann es mit Wertmarken verlängert werden. Der Hintergrund ist [...] dass er nicht im Geldbeutel stecken bleibt. [...] Das Design – garantiert fälschungssicher. Von heimischen Künstlern gestaltet".

226 Warum gerade ‚Wirtschaft'?. Der Reporter hätte ja auch nach den Menschen, der Region oder der Umwelt fragen können. Kommt hier die Luhmannsche Logik des Geldes zum Tragen, nach der Geld alles in Wirtschaft verwandelt?

Doch damit nicht genug. Der Chiemgauer will als Zahlungsmittel auch eigene Wirtschaftskreisläufe initiieren. Die Unternehmer zahlen ihre Waren untereinander ebenfalls mit CH, schon um den 5% Abschlag zu verhindern, der bei einem Rücktausch in € fällig wäre. Für die Nutzer noch wichtiger, weil konkreter, ist das „soziale Plus", weil...

> „3% des Umsatzes gehen an örtliche Vereine. [...] Wenn Einheimische mit dem Chiemgauer einkaufen, dann sorgen sie also gleichzeitig dafür, dass soziale Strukturen vor Ort [...] erhalten bleiben".

Damit wären die wesentlichen Kerngedanken des Chiemgauers umrissen. Insgesamt präsentiert sich die Idee Chiemgauer als kreativ-harmlos und doch professionell-erfolgreich, als pragmatisch-idealistisches, bürgerliches (nicht sozialrevolutionäres) Konzept. Kurzum: Ein modernes, innovatives und originelles Projekt zum Wohle aller.

1.2. Die Normen des Chiemgauers – Spielregeln eines ‚besseren' Geldes

Dieses eben angesprochene ‚Handeln zum Wohle aller' – sich selbst, Anderen, der Region, der Umwelt gegenüber – versucht der Chiemgauer mittels bestimmter Spielregeln zu erreichen. Ein solches kooperatives Handeln gelingt nicht immer.

Insbesondere aus der experimentellen Erforschung sog. ‚Gemeinwohl-Spiele' (vgl. auch Kapitel II.6.5) weiß man, dass die meisten Menschen aufgrund tief (auch emotional) verankerter Fairness- und Gerechtigkeitsnormen durchaus bereit sind, zu kooperieren (Fehr/Gintis 2007: 45). Ob diese Kooperation jedoch von Dauer ist, entscheiden die Regeln des Spiels, im Wesentlichen die Möglichkeit des Strafens. Ist diese nicht gegeben, so reichen einige wenige egoistisch eingestellte Mitspieler, um die kooperativen (reziproken) Mitspieler zu ‚vergraulen'. Angesichts der ‚Trittbrettfahrer', die profitieren, ohne selbst etwas beizutragen, wird die Kooperation im Laufe der Zeit ganz eingestellt. Anders, wenn die Möglichkeit des Strafens besteht. Dann können und werden egoistisch Handelnde diszipliniert und dadurch zu kooperativem Handeln veranlasst – selbst wenn das mit Kosten verbunden ist (Sigmund et al. 2002: 52ff). Je mehr Akteure allerdings an einem Handlungssystem beteiligt sind, desto weniger besteht für den Einzelnen die Möglichkeit, andere zu kontrollieren. Die Sanktionierung normabweichenden (also nicht kooperativen) Handelns muss also institutionalisiert werden.

Der Chiemgauer versucht das, indem in der Konstruktion des Geldes bestimmte Einschränkungen (und damit Handlungszwänge) festgeschrieben werden. Die entsprechenden Prämissen der Kooperationsnorm beim Chiemgauer lauten: Gib erstens das Geld regional aus, gib es zweitens so schnell als möglich aus (‚horte' es nicht), verwende drittens einen Teil davon für gute Zwecke! Der erste Punkt wird über die *räumliche Einschränkung* des Chiemgauers erreicht: Er gilt nur innerhalb der Region und dort auch nur in bestimmten, meist regional verwurzelten Geschäften. Sollte der CH in € zurückgetauscht werden, so ist eine ‚Strafe' in Höhe von 5-10% der jeweiligen Summe fällig (‚Regionalbeitrag'). Punkt zwei wird mittels der *zeitlichen Einschränkung* des Chiemgauers umgesetzt: Die CH sind mit einem ‚Umlaufimpuls' versehen, d.h. jeder Schein muss quartalsweise durch Aufkleben einer Marke, die 2% des jeweiligen Nennwertes kostet, ‚erneuert' werden. Für einen 1-Chiemgauer-Schein sind dementsprechend pro Quartal 2 Cent zu zahlen, für einen 5-Chiemgauer-Schein dann 10 Cent, usw. Punkt drei wiederum wird mittels dieser ‚Strafgebühren' finanziert, die Vereinen sowie sozialen und ökologischen Projekten in der Region zugute kommen[227].

An dieser Stelle noch ein paar Worte zur Umsetzung des Chiemgauers: *Organisiert* ist der Chiemgauer als eingetragener Verein (e.V.) mit Sitz in Prien am Chiemsee. Der Verein hat den Status der Gemeinnützigkeit[228]. Zweck des Vereins ist „die Erforschung von nachhaltigen und regionalen Wirtschaftsformen durch Schüler, Studenten und Experten und darauf aufbauend die Bewusstseinsbildung in Schulen, Wissenschaft und Öffentlichkeit" (chiemgauer.info 04). Rechtlich spielt der Chiemgauer dabei die Rolle einer „vereinsinternen Verrechnungseinheit (...), [die] zur Verrechnung von Leistungen des Vereins und den teilnehmenden Vereinsmitgliedern genutzt wird" (ebd.). Die teilnehmenden Verbraucher und Unternehmer sind fördernde (und nicht stimmberechtigte) Mitglieder[229].

227 Die Verteilung läuft dabei wie folgt ab: Jeder Verbraucher darf ein Wunschprojekt bestimmen; 3% des von ihm eingetauschten Geldes kommen diesem zugute. Diese 3% zahlt jedoch der Geschäftsmann über den Regionalbeitrag (die Kosten des Rücktausches in €). Die Einnahmen aus dem Umlauf-Impuls wiederum fließen an das ‚Chiemgauer Spendenparlament', das demokratisch über die jeweilige gemeinnützige Verwendung entscheidet. Mitglieder des Spendenparlaments sind alle Verbraucher, die bei ihrem Eintausch in Chiemgauer das Spendenparlament begünstigt haben. (chiemgauer.info 08).

228 Der Chiemgauer ist eine der wenigen Regiogeld-Initiativen, die den Gemeinnützigkeitsstatus vom zuständigen Finanzamt anerkannt bekamen. Normalerweise wird dieser verweigert mit der Begründung, Geld im Allgemeinen bzw. regionale Wirtschaftsförderung im Speziellen sei kein gemeinnütziger Zweck. Der Chiemgauer allerdings war und ist formal immer noch ein Schülerunternehmen mit dem Ziel der Förderung von Bildung und Forschung und als solches eine gemeinnützige Körperschaft. Vorteile davon sind u.a. die Befreiung von der Körperschafts- und Gewerbesteuer sowie die Berechtigung, Zuwendungsbestätigungen für Spenden auszustellen.

229 Ohne auf weitere Feinheiten der Satzung bzw. der Organisationsstruktur einzugehen, sei noch eines erwähnt: Der Chiemgauer wickelt seit 2007 das Finanzielle über die *Regios eG* ab, die als Rechnungszentrale fungiert. Die Regios eG (mit Sitz in Rosenheim) wurde am 7. Juli 2007 in Prien am Chiemsee von 24 Gründungsmitgliedern gegründet und ist (unter der Genossenschaftsnummer 269) im Genossenschaftsregister Traunstein eingetragen. Gegenstand des Unternehmens sind Dienstleistungen, Projekte und Produkte zur Initiierung und Unter-

1.3. Das Personal – Dabei sein in verschiedenen Rollen

Die Institution Chiemgauer definiert vor dem Hintergrund der genannten ‚Spielregeln' bestimmte Rollen mit je eigenen Handlungsmustern und –zwängen. Man kann am Chiemgauer als Aktivist, als Geschäftsmann, als Nutzer (Verbraucher) oder als Verein partizipieren.

Die *Aktivisten* sind formal ordentliche, also stimmberechtigte Vereinsmitglieder. Voraussetzung für diesen Status ist, dass aktive Leistungen (Richtwert: eine Ehrenamtsstunde pro Monat) belegt werden (chiemgauer.info 05). Den Aktivisten obliegt es also den Chiemgauer auszugestalten und zu verwalten, wobei sich aus ihren jeweiligen (jährlich neu zu bestimmenden) Positionen in der Organisationsstruktur verschiedene Aufgaben ergeben[230]. Neben der Zentrale gibt es noch vier ‚Regionalbüros', die Verbraucher, Anbieter, Vereine und Kommunen betreuen. Kurzum: Es handelt sich hier um eine kleinere Gruppe überzeugter Ehrenamtlicher, die gemeinsam an der Etablierung eines regionalen Geldes arbeiten.

Die *Geschäftsleute* haben sich mit ihrer Anmeldung beim Chiemgauer verpflichtet, diesen (im Wert 1:1 zum Euro) zu akzeptieren. Sie können als einzige die eingenommenen CH gegen € zurücktauschen[231]. Zu den damit verbundenen Kosten (Regionalbeitrag von 5-10%) kommt die Umlaufgebühr hinzu, die Unternehmer natürlich viel häufiger trifft als Verbraucher. Weiterhin wird ein jährlicher Mitgliedsbeitrag[232] fällig. Diese Gebühren werden innerhalb des Chiemgauers

stützung von Prozessen der Regionalentwicklung. Momentan meint das konkret die wirtschaftliche Abwicklung des Zahlungsmittels Chiemgauer, zukünftig ev. auch Abrechnungs-Dienstleistungen für andere Regiogeld-Initiativen (chiemgauer.info 06).

230 Hier gibt es den *geschäftsführenden Vorstand* (nebst drei Stellvertretern), der von der *Vereinsversammlung* (65 Mitglieder) jährlich neu bestimmt wird, die *Revision* (zwei Kassenprüfer), verschiedene *zentrale Ressorts* (Schriftführung. Schatzmeister, Technik, Bildung, Strategie, Nachhaltigkeit & Touris-mus) sowie mehrere *Regionalgruppen* (Achental, Chiemsee, Rosenheim, Traunstein, Wasserburg), denen wiederum mehrere (sechs) *Ortsbeauftragte* zugeordnet sind.

231 Der Unternehmer erhält dazu zwei Regiocards: eine orange zum Eintauschen von € in CH und eine blaue zum Zurückgeben von CH. Um zurückzutauschen, geht der Unternehmer mit seiner blauen Karte zu einer Ausgabestelle. Diese prüft die Gültigkeit der Gutscheine und bestätigt den Betrag, der ca. drei Tage später unter Abzug des Regionalbeitrages auf dem Geschäftskonto gutgeschrieben wird. Nach Angaben des Vereins werden von je 100 CH Umsatz ca. 70% weitergegeben und 30% zurückgetauscht. Über mehrere Vorgänge kumuliert sich der Rücktausch auf nahezu 100%.

232 Derzeit gibt es drei verschiedene Tarife: einen *Standardtarif* (100 € Jahresbeitrag; 5% Rücktausch-gebühr), einen *Aktivtarif* (60 € Jahresbeitrag; 10% Rücktauschgebühr) und eine *Nulltarifoption* (wenn der Unternehmer als Verbraucher selbst jährlich mind. 1.200 € zugunsten des Chiemgauer e.V. abhebt). Zudem wird generell eine einmalige Einrichtungsgebühr von 100 € berechnet. Mit der Anmeldung akzeptiert der Unternehmer die Abwicklung über die Regios eG und den Lastschrifteinzug der Beiträge – die übrigens alle auch in CH erbracht werden können – von seinem Konto (chiemgauer.info 09).

jedoch nicht (nur) als altruistische Geste aufgefasst, vielmehr soll ein egoistischer, primär wirtschaftlicher Vorteil aus ihnen resultieren. Der Unternehmer hat dadurch Anspruch auf gewisse Leistungen: Er wird im Chiemgauer-Jahresverzeichnis wie auch auf der Homepage (dort sogar mit eigener Miniwebsite) mit Angaben zu Sortiment, Branche, Anschrift und ggf. aktivem Link veröffentlicht. Als Vorteile dieser ‚Marketing-Maßnahme' werden genannt: Kundenbindung, Neukundengewinnung, Umsatzsteigerung und generell die Mitgliedschaft in einem „äußerst erfolgreichen regionalen Netzwerk" (chiemgauer.info 07). Zudem werden regelmäßig weitere Instrumente entwickelt, um die Nützlichkeit des Chiemgauers zu steigern – etwa Chiemgauer-Konten[233] oder verschiedene Spar-, Investitions- und Kreditformen[234]. Angesichts der zunehmenden Popularität des Chiemgauers und des überschaubaren Mehraufwands (Kosten können als Marketingausgaben verbucht werden, Buchführung rechnet CH wie €) haben sich immer mehr Unternehmer dem Chiemgauer angeschlossen – mittlerweile sind es über 600 quer durch alle Branchen.

Bei diesen können die *Verbraucher* mit Chiemgauern Güter und Dienstleistungen erwerben. Zuvor müssen sie sich allerdings als beitragsfreies (und nicht stimmberechtigtes) Fördermitglied beim Trägerverein ‚Chiemgauer e.V.' anmelden. Dabei wählen sie auch ein Wunschprojekt (Verein), das jedes Mal, wenn sie CH erwerben, mit 3% der eingetauschten Summe bedacht wird. Mit der Anmeldung erhält der Verbraucher seine persönliche ‚Regiocard', eine ec-Karten-ähnliche

233 Das *Chiemgauer-Konto* ist im Grunde ein herkömmliches Euro-Bankkonto bei einer Kooperationsbank (GLS-Bank, VR-Banken, Sparkassen) mit einer Zusatzvereinbarung, die den Chiemgauer e.V. zum Buchungs- und Saldenabruf berechtigt, um so die Quartalsabrechung mit Ausweisung der Gebühren (Regionalbeitrag, Umlauf-Impuls, Buchungsgebühren) zu erstellen. Das Konto ermöglicht verschiedene Optionen wie Lastschrift, Überweisung, Daueraufträge, Rücktauschbuchung auf Eurokonten, Schnittstelle zu Zahlungsverkehrsprogrammen, Gutschein-Einzahlung und -Auszahlung usw. Die Umlaufgebühr für die ‚Giral-Chiemgauer' (eCH) wird nicht mehr quartalsweise erhoben, stattdessen wird für Guthaben, die mehr als 30 Tage auf dem Konto verbleiben, ein Abschlag von 0,022% pro Tag fällig. Deswegen fällt bei einer Überweisung zwischen zwei Chiemgauer-Konten oder bei der Einzahlung von Gutscheinen auf das Chiemgauer-Konto auch kein Regionalbeitrag an. An Kontokosten fallen nur die pro Buchungsposten 35 Cent zzgl. USt. betragenden Gebühren an. (chiemgauer.info 10). Dadurch eröffnet sich auch die zeitge-mäße Möglichkeit der bargeldlosen Zahlung mittels eines Kartenlesesystems. Ein solches kostet derzeit 10 CH pro Monat und 14 Cent zzgl. Umsatzsteuer für jede Transaktion über 5€ (chiemgauer.info 11).

234 Diese sind Großteils nur angedacht, sollen aber in Zukunft verstärkt ausgebaut werden. Bislang gibt es etwa die Möglichkeit, dem Umlauf-Impuls zu entgehen, indem Chiemgauer ‚geparkt' werden, d.h. etwa indem man Genossenschaftsanteile der Regios eG oder der Priener Solargesellschaft (ebenfalls ein ehemaliges Schülerunternehmen) erwirbt oder in andere Initiativen von Chiemgauer-Mitgliedern, die Formen des Sparens, Leihens oder Investieren anbieten (z.B. die Smava-Regiogeld-Gruppe) investiert. Bislang werden diese Möglichkeiten allerdings kaum genutzt.

Plastikkarte. Damit kann er an allen Ausgabestellen[235] CH abheben. Dies funktioniert ähnlich wie eine bargeldlose Zahlung mit der ec-Karte: Man steckt die Karte in ein Lesegerät und der gewünschte Betrag wird in € vom eigenen Konto abgebucht. Dann erhält man die verlangte Summe in Chiemgauer-Scheinen ausbezahlt[236]. Mit den so erworbenen CH kann der Verbraucher nun bei den teilnehmenden Geschäften einkaufen. Diese erkennt man entweder über ein Schild (‚Wir nehmen Chiemgauer') im Ladenfenster oder man sucht sich bewusst bestimmte Anbieter über die Chiemgauer-Homepage bzw. im ‚Chiemgauer-Verzeichnis', einer jährlich zugesandten Broschüre. Beim Einkauf sollte zudem möglichst passend gezahlt werden; Cent-Beträge werden in €-Cent dazu- oder herausgegeben.

Die *Vereine* als Adressaten der Förderung sind die nächste wichtige Gruppe. Auch wenn hier und in der Folge von Vereinen die Rede ist, gemeint sind soziale und gemeinnützige Projekte sämtlicher Couleur – von Sport- und Trachtenvereinen über Kirchengemeinden und Kindergärten bis hin zum Chiemgauer selbst. Wenn nun ein solches Projekt in den Genuss einer Förderung gelangen will, meldet es sich beim Chiemgauer e.V. als gefördertes Projekt an. Der Verein erhält dann 3% aus dem Umsatz der auf ihn registrierten Regiocards (s.o. Wunschprojekt). Die Mitgliedschaft ist kostenlos und die Fördersumme wird vierteljährlich auf das (verpflichtend einzurichtende) Chiemgauer-Konto überwiesen, natürlich in CH (ein Rücktausch in € ist nicht möglich) (chiemgauer.info 12). Mittlerweile sind so schon über 110.000 CH an diverse Projekte ausgezahlt worden – übrigens fast 20% der Summe an die Waldorfschule bzw. für deren Turnhalle.

Eines darf hier nicht unerwähnt bleiben – die wichtige Rolle der *Unterstützer* bzw. Partner, allen voran die Banken. Vor etlichen Jahren entschloss sich die Volks- und Raiffeisenbank, in einigen regionale Filialen Chiemgauer-Ausgabestellen einzurichten und dort kommissarisch CH zu verkaufen. Dies erforderte weder Investitionen noch Risiko vonseiten der Bank, dem Chiemgauer jedoch brachte es einen immensen ideellen Nutzen in Form von institutionellem Vertrauen. Es ermöglichte zudem die Einrichtung der Chiemgauer-Konten, die mittlerweile von allen Genossenschaftsbanken und Sparkassen der Region angeboten werden. Ähnlich wichtig ist die Zusammenarbeit mit der Chiemseeagenda, einem Agenda-21-Arbeitskreis, bei dem der Chiemgauer von 2003 bis 2006 ein Schwerpunktthema war und mit dem immer noch intensiv zusammengearbeitet wird. Dadurch konnte sich der

235 Als Ausgabestellen – derzeit gibt es 43 – fungieren verschiedene Geschäfte, aber auch zehn Filialen der Volksbank/Raiffeisenbank. Die Regiocard selbst gibt es seit Mitte 2005, davor wurde der Umtausch bar oder durch monatliche CH-Abonnements abgewickelt.

236 Teilweise ist auch eine *bargeldlose Zahlung* möglich: Bislang haben 72 Unternehmen ein Chiemgauer-Konto, auf das man Rechnungen überweisen kann, 17 sind mit entsprechenden Kartelesegeräten ausgestattet, die direkt ein elektronisches Lastschriftverfahren via Einzugsermächtigung ermöglichen.

Chiemgauer gut innerhalb der verschiedenen regional, sozial ökologisch-nachhaltig ausgerichteten Gruppierungen etablieren (chiemgauer.info 14). Auch die (meist ideelle) Unterstützung durch Kommunen bzw. kommunale Entscheidungsträger sowie die wohlwollende Haltung der lokalen Presse verschaffte dem Chiemgauer ein positives Bild in der Öffentlichkeit.

1.4. *Der materielle Apparat – Schöne Scheine*

Hinsichtlich der materiellen Ausstattung des Chiemgauers kommen einem – abgesehen von den Geschäften und Ausgabestellen – zunächst die Büro- und Verwaltungsräume in den Sinn. Sie spielen allerdings für die Nutzer kaum eine Rolle, allenfalls gehen diese einmal in eines der vier Regionalbüros, um sich bei den dortigen Ansprechpartnern zu informieren. Ungleich wichtiger, weil präsenter, sind die Geldmedien, also die Scheine und die Regiocard.

Abbildung 12: Chiemgauer – Geldmedien

Quelle: chiemgauer.info 17

Die *Scheine* (siehe Abbildung) sind in ihren Ausmaßen (ca. 10 cm Länge auf 6,5 cm Höhe) zwar kleiner als der Euro, jedoch in dem für Geldscheine typischen Rechtecksformat[237] gehalten. Sie sind in verschiedene Werteinheiten gestückelt, wobei die Größe immer die gleiche bleibt und nur die Farbgebung und das rückseitige Motiv sich ändert. Es gibt 1er (grün), 2er (orange), 5er (gelb), 10er (rot), 20er (blau) und 30er[238] (lila). Die Rückseite zieren von Jahr zu Jahr wechselnde Motive, meist Zeichnungen und Grafiken von Ortsansichten, Flora und Fauna, die getreu dem Motto ‚Aus der

237 Das Format ist übrigens in einer Größe, die es erlaubt sie in normalen Geldbeuteln auf einer Seite, also nicht über die Falz hinausgehend, aufzubewahren. Ihr Nachteil: Durch das relativ dicke Papier und die kleinen Werteinheiten wird der Geldbeutel mit CH schnell sehr dick.

238 Der 30er CH wurde übrigens Anfang 2008 durch den 50er Schein ersetzt; möglicherweise ein Hinweis darauf, wie routinisiert das konventionelle Geldhandeln ist und wie sehr Abweichungen davon für Verwirrung sorgen.

Region - für die Region' von Schülern oder ortsansässigen Künstlern gestaltet werden[239].
Diese kurze ikonographische Betrachtung zeigt, wie die Gestaltung hier versucht die Assoziation zu erwecken – das ist Geld! Trotz bunter Farben, trotz Kinderbilder, trotz niedriger Werteinheiten versucht der Chiemgauer im Rahmen des Möglichen (u.a. Vorgaben der Bundesbank) eine gewisse Werthaftigkeit zu symbolisieren. Dabei orientiert er sich an der Gestaltung des ‚normalen' Geldes. Man erkennt dies an der Anordnung der Werteinheiten (einmal groß, einmal klein in der linken unteren Ecke) und am gesamten grafischen Arrangement (Seitenstreifen etc.). Auch das dicke Spezialpapier sowie die aufgebrachten Sicherheitsmerkmale[240] – unter anderem fühlbare Prägung, Silberaufschrift, Wasserzeichen, schwer kopierbare Farben und Guillochen (feine Linien) – verstärken die Assoziation der Werthaltigkeit. Alles in allem wirkt der Schein rein optisch und haptisch nicht ganz so edel wie der natürlich ungleich aufwendigere Euro mit seinem Sicherheitspapier im Stichtiefdruck, aber durchaus wertvoll. Er hebt sich dadurch deutlich von einem schnöden Werbezettel ab.

Ähnliches gilt für die Regiocard. Sie ist weit mehr als ein bloßer Vereinsausweis. In Aussehen und Funktion ähnelt sie einer ec-Karte[241]. Wie diese ermög-

---

239 Wie viel man sich teilweise bei der Gestaltung gedacht hat, zeigt allein das Chiemgauer-Logo rechts oben auf der Vorderseite der Scheine. Es ist nicht nur eine prägnante Kurzformel – das orange C für Chiemgauer, das stilisierte blaue r für regional – sondern viel mehr. Der Bogen des C's „steht für die Gemeinschaft der Menschen, die sich zur Teilnahme am Chiemgauer-Projekt entschließen" (chiemgauer.info 15), die nach oben windende Schleife für „das Prinzip der arbeitsteiligen Zusammenarbeit und der sich daraus entfaltenden Dynamik in der Region [...]. Doch in der Schlinge durchläuft sie auch eine Abwärtsbewegung, taucht ein in das Materielle, in die Ökonomie, entwickelt sich in dieser Bewegung aber wieder nach oben und nimmt die ursprüngliche Richtung wieder auf" (ebd.). Der Punkt schließlich symbolisiert neben Bogen (Gemeinschaft) und Schleife (Wirtschaft) das „impulsierende kreative Dritte" (ebd.). Soweit die durchaus esoterisch angehauchte Eigeninterpretation der Chiemgauer-Aktivisten.

240 Weitere Sicherheitsmerkmale (für Unternehmer bzw. Herausgeber) sind Partikel und Schriftzüge die auf UV-Licht reagieren, Spezialpapier, Barcode, eindeutige Seriennummern etc. (chiemgauer.info 13). Generell wird der Aspekt der Fälschungssicherheit sehr stark betont – schließlich ist dies essentiell für das Vertrauen in die Währung

241 Die Regiocard ermöglicht wie die ec-Karte ein elektronisches Lastschriftverfahren, allerdings nur mittels einer Einzugsermächtigung per Unterschrift, nicht mittels eines Abbuchungsauftrags per PIN. Dies liegt daran, dass die für letztere erforderliche Chip-Technologie für den Chiemgauer schlichtweg zu teuer ist. Selbst das einfachere Einzugsermächtigungsverfahren wurde nur möglich, weil von einer Bank alte Terminals zur Verfügung gestellt wurden. Nebenbei bemerkt, zum Zeitpunkt der Niederschrift dieser Zeilen (2008) feiert der Geldautomat seinen 40. Geburtstag. 1968 stellte die Kreissparkasse Tübingen den ersten Geldautomat auf, ein tresorartiges Ungetüm, für das man Doppelbartschlüssel und Lochkarten benötigte. Nie werde so etwas die freundliche Dame hinter dem Schalter ersetzen – so tönte es überall. Weit

licht die Regiocard Geld abzuheben und sogar Zahlungen auf elektronischem Wege zu tätigen. Dadurch hat sich die Handhabung des Chiemgauers, vor allem bei größeren Beträgen, deutlich erleichtert.

2. Diskussion des Kontextes

Jedes soziale Phänomen ist in einen bestimmten Kontext eingebettet, der für ein tieferes Verständnis beachtet werden muss. Welche Rahmenbedingungen könnten beim Chiemgauer eine Rolle spielen? Nähern wir uns dieser Frage durch einige *Impressionen* (BP070922), die sich bei Beobachtungen vor Ort ergeben haben:
Nach einer Fahrt durchs herbstliche Oberbayern erreiche ich Prien am Chiemsee. Hier hat Anfang 2003 der Chiemgauer seinen Anfang genommen. Ich blicke mich um: Prien ist ein kleines Städtchen (ca. 10.000 Einwohner auf 20 km²) am Westufer des Chiemsees. Große Häuser im alpenländischen Stil, teils mit gewaltigen, von Geranien überbordenden Balkonen. Alles in diesem Luft- und Kneippkurort wirkt sauber, aufgeräumt, fast schon kitschig. Ausgehend vom Marktplatz beginne ich meine Suche nach dem Chiemgauer. Welche Geschäfte könnten Chiemgauer nehmen? Ein Eine-Welt-Laden, das würde doch passen. Doch Fehlanzeige, hier werden keine Chiemgauer akzeptiert. Dafür im Naturtextilienladen nebenan. Die freundliche Verkäuferin ist zwar bemüht, doch sie weiß nur wenig zum Chiemgauer zu sagen: „Bei mir zahlt kaum einer mit Chiemgauern". Immerhin – sie kennt ein weiteres Geschäft, einen Gemüseladen. Der bärtige Inhaber, ein Akzeptant der ersten Stunde, weiß zu berichten. „Ich hab schon etliche Kunden, meist Ältere, die kommen einmal pro Woche, tauschen 30 Euro um und geben's dann gleich wieder aus. Aber insgesamt is des eher so ein Nischenprodukt". Ich ziehe weiter und verfeinere meine Suche, indem ich nach den Chiemgauer-Schildern an den Ladentüren Ausschau halte. Das ist etwas mühselig, da diese neben all den ec-, Visa- und sonstigen Aufklebern leicht untergehen. Ich greife deshalb auf die Liste der teilnehmenden Unternehmen zurück, die ich mir vortags von der Chiemgauer-Homepage ausgedruckt habe und beginne sie ‚abzuarbeiten'. So ziehe ich von Ort zu Ort, von Geschäft zu Geschäft, in der Hoffnung, einen Chiemgauer-Verbraucher beim Zahlen beobachten zu können. Erfolglos, doch immerhin ergeben sich in den Gesprächen mit Geschäftsinhabern bzw. Verkäufern einige interessante Hinweise. Eine ältere Verkäuferin ist überzeugt: „Mei, wissen's des is halt die Region. Wir ham scho immer viel Engagement gehabt, viele Vereine und so. Und außerdem passt des zu uns, zu unserer Lebensart". Die junge Bedienung im Straßencafe sieht das eingeschränkter. „Ja, des sind halt so die Waldorf-Mamis und

gefehlt. Bereits 1983 gab es 1.000 Automaten. Die heutzutage weit über 50.000 Automaten bundesweit sind aus dem Leben nicht mehr wegzudenken.

ein paar Ökos, die immer mit dem Chiemgauer ankommen“. Ich erzähle dies einem Optiker, der überzeugter Chiemgauer-Teilnehmer ist. „Nein“, widerspricht er entschieden, „das kann man nicht so sagen. Das kommt ganz darauf an. Für die Trachtler is das so ne Regionalnummer, die jungen Eltern wollen Geld für die Schulen und Kindergärten, die Globalisierungskritischen ne bessere Welt und so weiter“.

Diese verschiedenen Aussagen eröffnen bestimmte Fragen hinsichtlich der Rahmenbedingungen, in denen sich die Chiemgauer-Verwendung abspielt. Welche Rolle spielt die Region tatsächlich und ist der Chiemgauer typisch für einen bestimmten ‚Menschenschlag' bzw. ein bestimmtes Milieu?

2.1. Der Einfluss der Region

Jeder der Befragten hob auf die eine oder andere Weise hervor, wie besonders (in landschaftlicher oder kultureller Hinsicht, hinsichtlich Lebensart oder sozialem Engagement usw. usf.) das Chiemgau sei. Was zeichnet also diese Gegend aus?

Das Chiemgauer, eine historisch-kulturelle Landschaft in Südost-Oberbayern umfasst Gebiete des Landkreises Traunstein und des Landkreises Rosenheim und dehnt sich jeweils etwa 50 Kilometer in Nord-Süd- sowie in West-Ost-Richtung um den Chiemsee aus.

Landschaftlich gilt diese Gegend als eine der schönsten und abwechslungsreichsten in Deutschland. Sie erstreckt sich von den Chiemgauer Alpen über die Ebene des Rosenheimer Beckens und die Seenplatte vor den Bergen bis zu den Moränenhügeln von Wasserburg. Im Westen gelangt man durch die zwischen Mangfall und Inn gelegenen Moore (Hochrunst- und Kollerfilz, Kolbermoor bei Bad Aibling) ins Inntal. Der Inn durchzieht das Gebiet von Süden nach Norden; er bildet die natürliche Verkehrsachse, auf der die einstigen Hauptverkehrswege von Italien über den Brenner und das Inntal verliefen. Im Süden umschließen die Chiemgauer Alpen mit bekannten Erhebungen wie Kampenwand, Hochgern oder Hochfelln das Gebiet. Im Osten bildet Inzell das ‚Tor' des Chiemgaus zum Berchtesgadener Land und der Rupertiwinkel die Grenze zu Österreich. In Richtung Norden erstreckt sich der Chiemgau bis zur Gemeinde Schnaitsee in das Voralpenland hinein. Ungefähr im Zentrum liegt der Chiemsee, der als größter bayerischer und drittgrößter deutscher See bisweilen mit leichter Selbstironie das ‚Bayerische Meer' genannt wird. Das Verbreitungsgebiet des Chiemgauers umfasst nun neben dem Chiemgau auch Teile des Bayerischen Inntals mit den beiderseits des Flusses liegenden Ortschaften zwischen Kiefersfelden und Rosenheim[242].

242 Im Chiemgauer-Währungsraum werden folgende Gebiete unterschieden: Achental (südlich des Chiemsees bis Reit im Winkl; 41 Anbieter) – Chiemsee (westlich des Chiemsees bis Bad Endorf, Frasdorf; 116 Anbieter) – Mangfalltal (Feldkirchen-Westerham bis Kolbermoor; 46

Die *historische Entwicklung* hat diese beiden Regionen unterschiedlich geprägt: Das Inntal war bereits in der Römerzeit aufgrund seiner Lage ein wichtiger Handelsweg von Augsburg über Rosenheim in Richtung Brenner und Italien. Die zahlreichen Schlösser und Ruinen, die den Eingang in die Alpen säumen, zeugen noch heute davon. Das Chiemgau hingegen war seit jeher stärker vom südöstlich gelegenen Berchtesgadener Land und Salzburg beeinflusst – und damit vom Salz. Dieses wurde schon in der Frühgeschichte gefördert und verkauft (salzhaltige Quellen am Gruttenstein, in Bad Reichenhall), was jahrhundertelang nicht nur die Entwicklung der Region um Bad Reichenhall, sondern in ganz Oberbayern nachhaltig beeinflusst hat. Die Salzstraßen führten über Prag nach Polen, in die Schweiz und nach Ungarn. Trotz der historisch unterschiedlichen Entwicklung haben das Bayerische Inntal und der Chiemgau viele Gemeinsamkeiten, etwa die Volksmusik, das bodenständige Dorftheater, die Haus- und Hofformen, das Brauchtum und natürlich den Fremdenverkehr. Landschaft und kulturelle Sehenswürdigkeiten machen die Gegend seit über 100 Jahren zu einem beliebten Ausflugsziel[243]. So gibt es neben altgedienten Fremdenverkehrsschwerpunkten in der Region auch diverse Kurorte und Heilbäder (z.B. Bad Aibling) sowie viele und große Einrichtungen des Gesundheitswesens.

Zu dem Tourismus gesellt sich eine recht starke *Wirtschaftsstruktur*. Hier bildet die kreisfreie Stadt Rosenheim das sog. Oberzentrum, in dem neben mittelständischer Wirtschaft auch einige international agierende holzverarbeitende Unternehmen ihren Sitz haben. Im Inn- und Mangfalltal sowie in der Gegend um Trostberg konzentrieren sich weitere bedeutende Groß- und Mittelbetriebe. Trostberg etwa bildet die südliche Spitze des Bayerischen Chemiedreiecks und beherbergt in seinem Chemiepark international tätige Industrieunternehmen wie die Degussa GmbH.

Kurzum: die Region ist wirtschaftlich stark[244] was sich auch in der Arbeitslosenquote[245] widerspiegelt; der Bezirk Rosenheim gehört zu den Agenturbezirken mit der niedrigsten Arbeitslosigkeit in Deutschland (arbeitsagentur.de 01).

Anbieter) – Rosenheim (und umliegende Dörfer; 129 Anbieter) – Traunstein (und Großteil des gleichnamigen Landkreises; 172 Anbieter) – Trostberg (nördlich des Chiemsees; 38 Anbieter) – Wasserburg (70 Anbieter) (Stand Juli 2009; chiemgauer.info)

243 Klassische Ausflugsziele sind etwa Reit im Winkl, Ruhpolding, Marquartstein, Prien, Chieming, oder Traunstein; bekannte kulturelle Sehenswürdigkeiten wären das Prunkschloss von Ludwig II auf Herrenchiemsee, das Kloster Frauenchiemsee, die Benediktiner-Abtei Secon oder die Schlösser Hohena-schau und Wildenwart.

244 Es gibt hauptsächlich kleinere und mittlere Betriebe. Fast 84% der Betriebe haben weniger als zehn sozialversicherungspflichtig Beschäftigte (arbeitsagentur.de 01).

245 So betrug die Arbeitslosenquote im September 2008 5,5% für die Stadt Rosenheim und 2,9% für den Landkreis Rosenheim (arbeitsagentur.de 02). Damit liegt die Arbeitslosigkeit im Landkreis Rosenheim insgesamt deutlich (rund ein Drittel) niedriger als im bayerischen Lan-

Auch hinsichtlich weiterer Faktoren (Geburtenzahlen, Verhältnis Frauen-Männer, Schulabgänger, Besiedelungsdichte usw.) wird der Region ein gutes Zeugnis ausgestellt (Kröhnert et al. 2006). Die Gegend ist und bleibt Wachstums- und Zuzugsregion, was teilweise auch an der Ausstrahlung der bedeutendsten Wachstumsregion Deutschlands, der Metropolregion München, liegt.

Betrachtet man die *Sozialstruktur* der Region etwas differenzierter, so finden sich zwar deutliche regionale Unterschiede[246], allerdings alle auf einem insgesamt recht hohen Niveau. Das mittlere monatliche Haushaltsnettoeinkommen liegt jedoch mit 1.814 € um gut 13% unter dem bayerischen Vergleichswert[247]. Gleichzeitig ist die mittlere Haushaltsgröße mit 2,49 Personen je Haushalt um 10,8% höher als der bayerische Durchschnitt (2,25 Personen) (SAGS 2003: 65). Hinzu kommt, dass der Anteil der Haushalte mit einem monatlichen Nettoeinkommen unter 1.500 € im Jahr 2005 im Landkreis Rosenheim bei 49,4% lag, verglichen mit 36,6% in Bayern. Gründe dafür sind u.a. der hohe Anteil kleinerer landwirtschaftlicher Betriebe, die niedrigen Grundvergütungen in der Tourismusbranche, die vielen Beschäftigten im Pflege-, Kur- und Rehabereich (niedrige Lohngruppen) und die Vielzahl an Einrichtungen, in denen Senioren mit geringeren Einkünften leben. Gleichzeitig lässt das recht hohe durchschnittliche Primäreinkommen (also die gesamten Einkommen aus Erwerbstätigkeit, Geld- und Sachvermögen) der Region vermuten, dass teilweise recht ansehnliche Vermögensgüter[248] den geringeren Löhnen gegenüberstehen.

---

desdurchschnitt (SAGS 2003: 58; 2006: 68ff), selbst wenn auch hier der Anteil v.a. bei Jugendlichen in den letzten Jahren gestiegen ist (SAGS 2007: 12f). Im Landkreis Rosenheim etwa haben die sozialversicherungspflichtigen Arbeitnehmer ihren Arbeitsplatz zu 26,3% am Wohnort, 32,0% pendeln in andere Gemeinde des Landkreises, 17,6% pendeln in die Stadt Rosenheim und 9,2% pendeln in die Stadt München bzw. 4,2% in den Landkreis München (SAGS 2003: 101).

246 Einige Studien im Auftrag des Landkreises Rosenheim (SAGS 2003; 2006; 2007) ergaben, dass v.a. westlich und östlich der Stadt Rosenheim eine Konzentration höherer Arbeitslosenzahlen vorliegt. Die höchsten Werte sind dabei in der Gemeinde Kolbermoor und in Wasserburg zu verzeichnen. Es gilt die Faustregel: Je verstädterter die Gemeinde, desto höher die Arbeitslosigkeit, je ländlicher die Gemeinde, desto geringer die Arbeitslosigkeit (SAGS 2006: 73).

247 Die *höchsten* mittleren monatlichen Nettoeinkommen sind dabei mit 2.295 € in Prien, sowie mit 2.253 € in der nahe München gelegenen Gemeinde Feldkirchen-Westerham zu verzeichnen. Generell sind die Einkommenswerte im mittleren Landkreis höher. Besonders *geringe* Durchschnittswerte finden sich im nordöstlichen Landkreis (SAGS 2003: 65ff).

248 Wie diese genau verteilt sind, konnte nicht ermittelt werden. Insgesamt liegt das durchschnittliche monatliche Primäreinkommen der privaten Haushalte (Rosenheim Landkreis 24.415 €; Rosenheim Stadt 26.929 €; Traunstein 22.228 €) trotz der niedrigen Löhne auf Bayern-Niveau (24.252 €), also überdurchschnittlich in Deutschland (21.410 € – zum Vergleich in Sachsen-Anhalt nur 14.385 €) (AK VGR 2008: Tabelle 1.4).

Was lässt sich daraus folgern? Das Wichtigste vorweg – der Chiemgau ist keine Krisenregion. Es gibt hier weder hohe Arbeitslosigkeit noch verödete Landschaften. Im Gegenteil. Die herrliche Voralpen-Landschaft ist ein Fremdenverkehrsmagnet, hinzu kommt eine gute Infrastruktur mit funktionierendem Mittelstand sowie einer starken Großindustrie. Die Arbeitslosigkeit ist gering, auch wenn das Einkommen tendenziell etwas niedriger ist. Damit soll nun nicht in Abrede gestellt werden, dass auch im Chiemgau die regionale Wirtschaft angesichts globaler Konkurrenz einen schweren Stand hat und regionale Einzelhändler durch große Konzernketten verdrängt werden. Es stellt sich jedoch die Frage, wie wichtig funktionierende Strukturen (in sozialer wie auch in regional-ökonomischer Hinsicht) für ein regionales Geld sind[249]. Nutzt es nur bestehende Strukturen oder baut es neue auf, ist es aus dem Luxus oder der Not heraus geboren? Möglicherweise trug die gute Wirtschaftstruktur im Chiemgau dazu bei, den Chiemgauer zum erfolgreichsten Regiogeld zu machen. Ähnlich wichtig scheinen die vielen sozialen und kulturellen Projekte und Vereine, die in dieser ländlich-traditionellen Gegend noch vergleichsweise gut aufgestellt sind. Zuletzt könnte man noch spekulieren, dass grundsätzlich die bayerische Mentalität der Idee eines regionalen Geldes entgegen kommt: der Stolz auf Heimat und Tradition, die ‚Mia-san-mia'-Einstellung und eine gewisse Respektlosigkeit gegenüber der Obrigkeit[250].

So wichtig die genannten Rahmenbedingungen auch sein mögen, sie spielen allenfalls eine fördernde, jedoch keine bedingende Rolle. Sonst würden von den über 300.000 Menschen in der Region wohl mehr als 2.300 (Geschäftsleute und Verbraucher zusammengenommen) den Chiemgauer nutzen. Was kennzeichnet also den typischen Chiemgauer-Nutzer?

249 Es wurden die regionalen Unterschiede zwischen einzelnen Gemeinden, etwa in der Einkommens- oder Beschäftigungssituation, bereits angesprochen. Man könnte nun auf die Idee kommen, hier durch eine statistische Analyse *Korrelationen* zwischen *ökonomischer Lage* (Variablen: Einkommenshöhe, Beschäftigungssituation usw.) und *Chiemgauer-Nutzung* (Variablen: Anzahl der teilnehmenden Ge-schäfte, Umsatz etc.) zu suchen. Das Problem dabei ist, dass erstens die Datenbasis zu schwach ist (Umsatzzahlen sind nicht bekannt; Haushaltseinkommen nur in aggregierter Form); zweitens müssten einige Variablen aufwendig gewichtet werden (die reine Häufigkeit an teilnehmenden Geschäften ist irreführend; wichtig ist etwa auch das jeweilige Einzugsgebiet, das natürlich bei einem Ballonfahrt-Unternehmen größer ist als bei einer Apotheke; das Ganze müsste dann noch in Bezug zur jeweiligen Größe der Region gesetzt werden). Betrachtet man dennoch die Daten vor dem Hintergrund möglicher Korrelationen offenbaren sich zumindest bei diesem Durchsehen keine deutlichen Muster: Es gibt sowohl wohlhabendere Gemeinden mit wenig Geschäften als auch nicht so wohlhabende mit mehr Geschäften. Wahrscheinlich spielen hier Drittvariablen wie regional besonders engagierte Aktivisten, Geschäftsleute oder Vereine eine wichtige Rolle.

250 Diese zeigt sich beispielsweise in der fast traditionellen Verehrung diverser Räuber und Wilderer (Hiasl, Kneißl, Jennerwein). Ein weiterer Aspekt könnte der ‚genussfreudige Katholizimus' sein, der u.a. dazu führt, dass Bio-Lebensmittel mit Abstand am häufigsten im Süden Deutschlands konsumiert werden (Spiller 2006: 14).

2.2. *Der Chiemgauer als milieuspezifisches Geld?*

In vielen Befragungen der Geschäftsleute kam immer wieder die Aussage, Chiemgauer-Nutzer, die seien schon ‚irgendwie' sozial, ökologisch oder regional engagiert. Ist der Chiemgauer somit Ausdruck von grundlegenden Wertorientierungen und Alltagseinstellungen und damit einem spezifischen Milieu[251] zuzuordnen?
Die Suche nach Interviewpartnern, die entlang des Kriteriums der Milieuzugehörigkeit (operationalisiert durch bestimmte Vereinsmitgliedschaften; vgl. S. 118ff) durchgeführt wurde, führte jedoch zu der Vermutung, dass der Chiemgauer eben *nicht* in einem bestimmten Milieu zu verorten ist.

Abbildung 13: Sinus-Milieus

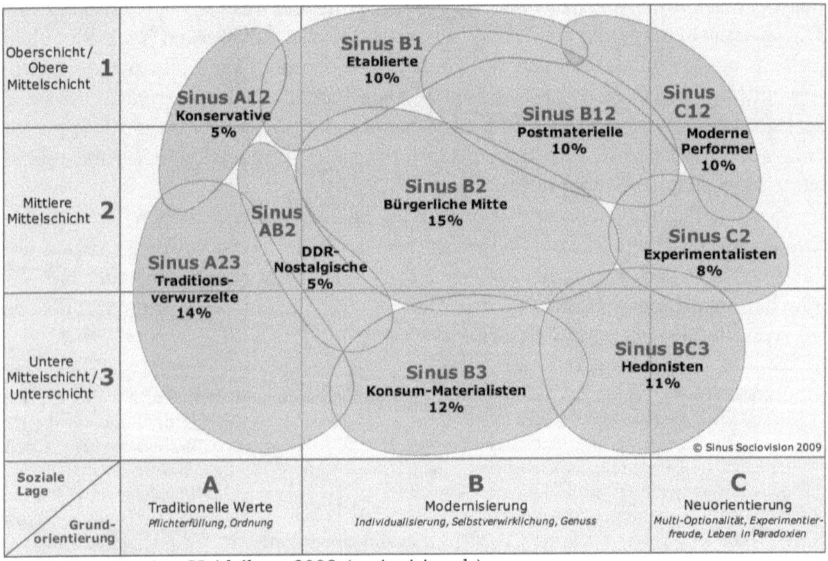

Quelle: Sinus Institut Heidelberg 2009 (sociovision.de)

---

251 Der Milieu-Begriff meint hier *nicht* die (v.a. aus der Wahlforschung stammenden) sozialmoralischen Milieus, also die Verdichtung großer gesellschaftlicher Konfliktlinien in gesellschaftlich-politischen Lagern. Gemeint hier ist der neuere Milieubegriff aus der Lebensstilforschung, nach dem ein Milieu grundsätzlich aus Menschen mit ähnlichen Wertorientierungen, Lebenszielen, Lebensweisen, auch Konsummustern besteht. Nach diesem Konzept sind Milieus „weder materialistisch noch voluntaristisch zu erklären, sondern nur aus sich selbst: als sich selbst reproduzierende und auch selbst verändernde Beziehungszusammenhänge, die sich als Teile größerer Milieukonstellationen verhalten, die sich historisch immer wieder auf neue ökonomisch-politische Bedingungen umstellen müssen" (Vester 2001: 146).

Zunächst aber lässt ein Blick auf die Abbildung verschiedener Milieus[252] vermuten, dass der Chiemgauer das ‚Geld' des *postmateriellen Milieus* sein könnte. Schließlich sind die Zielsetzungen des Regiogeldes den Werten dieses Milieus recht ähnlich. Hier wie dort werden materialistischer Konsum und kruder Hedonismus hinterfragt, geht es um ganzheitliche Visionen eines guten Lebens für sich und die Gesellschaft, sind Leitmotive wie Bewusstheit, Gerechtigkeit und Ökologie maßgeblich. Zudem – und das könnte auch den Erfolg des Chiemgauers erklären – gibt es im ‚Chiemgauer-Land' (Landkreise Rosenheim und Traunstein) überdurchschnittlich viele Postmaterialisten. Ein Indikator dafür ist das politische Wahlverhalten: Die in diesem Milieu bevorzugte Partei, die GRÜNEN, sind hier relativ stark[253].

Zudem ist es typisch, dass Menschen dieses Milieus in Landesteilen mit hoher Kaufkraft vertreten sind. Ihr hoher Bildungsgrad ermöglicht ihnen ein gutes Auskommen und so rücken, nachdem materiell-ökonomische Bedürfnisse weitestgehend gesättigt sind, andere Ziele (Umweltschutz, Frieden,...) für sie in den

---

252 Konkret verwendet wurden hier die *Sinus-Milieus*, die seit 1982 vom Marktforschungsinstitut Sinus Sociovision bestimmt werden. Die Sinus-Milieus gruppieren Menschen, die sich in ihrer Lebensauffassung und Lebensweise ähneln. Grundlegende Wertorientierungen gehen dabei ebenso in die Analyse ein wie Alltagseinstellungen zur Arbeit, zur Familie, zur Freizeit, zu Geld und zu Konsum. Da sie hier nur als heuristisches Konzept verwendet werden, muss nicht dezidiert auf sie eingegangen werden. Dennoch ein paar kritische Anmerkungen: Obwohl es sich dabei um die Ergebnisse empirischer Forschung handelt, sind die im Begriff der Milieus zusammengefassten kulturellen Wertlagerungen gleichwohl abstrakt konstruiert. Und dieser abstrakte kulturelle Milieu-Begriff zielt nur auf grundlegende Wertorientierungen und Alltagseinstellungen. ‚Milieu' hat hier also weder eine räumliche Komponente (etwa Stadtteil-Milieu), noch zielt es auf einen kollektiven Akteur; es blendet sämtliches Interaktions-, Gruppen-, Gemeinschafts- oder Organisationsgeschehen aus. Weiterhin fällt auf, dass einige Sinus-Milieus durch gemeinsame Klas-sen- und Generationslagen bestimmt sind, andere nicht. Derselbe Begriff bezeichnet sowohl Milieulagerungen, Milieuzusammenhänge und Milieueinheiten.

253 In der Landtagswahl 2008 etwa dominierte in den Landkreisen Rosenheim und Traunstein zwar (wie üblich in Bayern) die CSU, aber auch die GRÜNEN waren relativ stark (Lkr. Rosenheim 13,9%; rosenheim.de). Für ländliche Regionen ist dies eher unüblich; normalerweise sind die GRÜNEN in Bayern stärker in urbanen Regionen, weil viele ihrer Themen (Integration von ausländischen Mitbürgern, Ausbau des öffentlichen Nahverkehrs, die Studiengebührenfrage oder Lesben- und Schwulenpolitik etc.) zwar virulent in städtischen Zentren, jedoch eher weniger bedeutend in ländlichen Regionen sind. Dass es sich im Chiemgau nicht ‚nur' um Grünwähler, sondern auch wirklich um Postmaterialisten handelt, bestätigen weitere Studien, etwa eine gemeindebezogene Milieustrukturanalyse des Statistischen Amts der Stadt München (Huch 2008). Demnach hat die Region generell einen hohen Anteil Postmaterieller, auch wenn hinsichtlich der genauen Verteilung differenziert werden muss: In Rosenheim finden sich besonders viele Postmaterialisten (ebenso moderne Performer, Experimentalisten, eher weniger Konservative und Traditionsverwurzelte). Ähnlich, wenn auch abgeschwächt, ist dies rings um Rosenheim und südlich des Chiemsees. Im Norden, ganz im Osten und ganz im Süden der beiden Landkreise dominieren eher die bürgerliche Mitte und das hedonistische Milieu, teilweise auch die Traditionsverwurzelten (Huch 2008).

Vordergrund (Vester 2001: 143). So bildet sich eine typische Wertorientierung heraus, die geprägt ist von Individualismus, Weltoffenheit und Toleranz. Man sieht sich gerne als Kritiker sowie als intellektuelles, kulturelles und ökologisches Vorbild der Gesellschaft (sociovision.de).

So sehr dieses Profil auf viele Chiemgauer-Nutzer zutrifft, so sehr trifft es jedoch auch *nicht* zu. Viele Nutzer lassen sich einfach nicht zutreffend in die Kategorie ‚Postmaterielle' einordnen – sowohl hinsichtlich der sozialen Lage als auch hinsichtlich der Werteinstellungen gibt es zu häufige Abweichungen. Die engagierte Rentnerin etwa passt weder hinsichtlich ihres Alters noch ihres Einkommens in das Milieu, in ihren Werteinstellungen ist sie zudem eher konservativ. Die ‚Trachtler' wiederum sind weit davon entfernt, jene für Postmaterielle typische liberale Grundhaltung zu vertreten – trotzdem nutzen etliche von ihnen den Chiemgauer. Ein Großteil der Chiemgauer-Nutzer scheint sogar aus dem Milieu der bürgerlichen Mitte zu stammen. Wenn also Menschen aus mehreren sozialen Milieus den Chiemgauer nutzen, so ist zu vermuten, dass je nach unterschiedlicher milieuspezifischer Werteinstellung verschiedene Motive zum selben Phänomen (Chiemgauer-Nutzung) führen.

In dieser Hinsicht ähneln die Chiemgauer-Nutzer interessanterweise einer Gruppierung, die seit einigen Jahren durch Marketing und Medien geistert – den *Lohas*. Der Begriff steht für ‚Lifestyle of Health and Sustainability'[254] und bezeichnet Menschen die durch ihr Konsumverhalten gezielt Gesundheit und Nachhaltigkeit fördern wollen. Von einigen Trendforschern und Marktforschungsinstituten wird diese so genannte „Neo-Ökologie" (Wenzel et al. 2009: 13f) zum neuen Mega-Trend hochstilisiert, dem bereits geschätzte 20% der Bevölkerung – Tendenz steigend – folgen (Sinus 2008; 2009). Was kennzeichnet diese Lohas? Sie sind „ein altersindifferentes, schichtenübergreifendes und einkommensunabhängiges Phänomen" (Wenzel et al. 2009: 15)[255].

Sie können keinem der klassischen Milieus zugeordnet werden, sondern stammen vielmehr aus verschiedenen Milieus, entwickeln aber scheinbar plötzlich am Supermarktregal nahezu gleiche Bedürfnisse. Diese beziehen sich auf Produkte, die moralischen, sozialen und ökologischen Werten entsprechen. Beim Einkauf orien-

254 Der Begriff bezeichnete ursprünglich verschiedene Grassroot-Bewegungen, die in den USA in Folge der Anti-Ökologie-Politik der Bush-Administration entstanden.

255 Die Marktforscher haben allerdings durchaus ein – wenn auch vages – soziodemographisches Profil entworfen: Der Loha hat überdurchschnittliche formale Bildung und ein überdurchschnittliches Haus-haltseinkommen (aber nicht persönlich). Zu zwei Drittel ist er weiblich, tendenziell eher verheiratet, mit Partner, mit Kind, leichter Altersschwerpunkt zwischen 30/40 und 60 Jahren; über 65 Jahre ist er unterrepräsentiert (Sinus 2008; 2009). Generell sind Lohas wie Chiemgauer-Nutzer wohl tendenziell eher in den stärkeren sozialen Schichten anzusiedeln. Studien bezüglich Bio-Lebensmittel spiegeln dies wider – diesbezüglich sind die schwächeren sozialen Schichten kaum zu erreichen oder sogar ablehnend (Spiller 2006: 6f).

tiert man sich an ‚Etiketten' wie ‚aus der Region', ‚aus dem Kloster' oder ‚aus biologischem Anbau'. Die entsprechenden handlungsleitenden Motive sind dabei durchaus unterschiedlich. Am Beispiel ‚Bio' könnte man pauschalisierend behaupten: Für das postmaterielle Milieu ist der Motiv der Nachhaltigkeit zentral; man handelt im verantwortungsethischen Sinne aus tief empfundenen Gerechtigkeitsvorstellungen (gegenüber der Natur, den Nachkommen usw.). In der bürgerlichen Mitte dominiert jedoch das Thema Gesundheit; pragmatisch geht man davon aus, dass Bio gesünder sei. Etablierte Konsumenten wiederum kaufen Bio aus Lifestyle-Gründen, des ‚Green Glamours' und des Wellness-Hedonismus wegen. In der sozialen Realität verbinden sich (natürlich unterschiedlich gewichtet) diese einzelnen Leitmotive und bilden eine Handlungstendenz, die – zumindest Marktforschern zufolge – einen neuen „Lebensstil des Sowohl-als-auch" (Wenzel et al. 2009: 18) begründet. Dieser ‚moralische Hedonismus' hat zur Folge, dass der Konsum zunehmend „unter völlig veränderten Prämissen von ethisch-ökologischen Kriterien und Nachhaltigkeit statt[findet]" (Wenzel et al. 2009: 35). An verschiedenen Entwicklungen der jüngsten Zeit lässt sich dies ablesen – am offensichtlichsten am Boom der Bio-Lebensmittel. Auch wenn der Marktanteil des Bio-Segments immer noch recht klein ist, sind seit Jahren Steigerungsraten von jährlich 15% und mehr zu verzeichnen (Spiller 2006: 1). Bio hat sich inzwischen stärker auf verschiedene Milieus verteilt als noch vor wenigen Jahren, der grüne Lebensstil ist auf dem Weg in die gesellschaftliche Mitte; inzwischen haben selbst die Discounter Bioprodukte in ihren Regalen. Das Bild hat sich gewandelt – Bio und Öko sind nicht mehr mit einer ideologischen Absage an Konsumgesellschaft und Kapitalismus verbunden, sondern mit Hedonismus und Pragmatismus[256]. So vollzieht sich mit Bio und Fairtrade über ‚grüne Geldanlagen' (neudeutsch: ethical banking) und ‚Öko-Ablass'[257] bis hin zum ‚Umwelt- und Nachhaltigkeits-Anstrich' ein vom Soziologen Nico Stehr als „Moralisierung der Märkte" (Stehr 2007) bezeichneter Prozess, bei dem das Marktgeschehen zunehmend von unterschiedlichen moralischen Maximen beeinflusst wird.

256 Bildhaft-spöttisch gesprochen: Die grimmig dreinblickenden Weltverbesserer der 1970er und 1980er Jahre, die ‚Müslis' in Kratzepullovern und Birkenstock, wurden abgelöst durch genussfreudige Wellness-Anhänger im schicken Eco-Fashion-Dress, die bionadeschlürfend die Welt retten – wenn's Spaß macht. Kritiker bezeichnen die LOHAS deshalb als egoistisch, konservativ, individualistisch und unpolitisch. Indem sie verzichtlos ‚Wellness fürs gute Gewissen' kosumieren, tragen sie dazu bei, das notwendige politische Reformen unterbleiben. Stattdessen helfen sie noch den Unternehmen, indem sie deren ‚ökokorrekte' Feigenblätter (Greenwashing) abkaufen (Hartmann 2009).

257 Gemeint sind die immer häufiger aufzufindenden Versuche, Produkte oder Dienstleistungen klimaneutral umzusetzen. Dabei werden die klimaschädlichen Emissionen berechnet und gegen Zahlung eines entsprechenden Geldbetrags Emissionsminderungszertifikate aus Klimaschutzprojekten gekauft. Beispiele hierfür sind die Initiative für klimaneutrales Fliegen, atmosfair, oder die go green – Produktpalette der Post.

Das Regionalgeld reiht sich in diesen Trend ein. Auch der Chiemgauer wird von Menschen mit unterschiedlichen Werteinstellungen aufgrund verschiedener Motive benutzt[258]. Wie genau diese beschaffen sind, ist Gegenstand des nächsten Abschnitts.

3. Die Chiemgauer-Nutzer und ihre Einstellungen und Motive

Bevor die Frage bearbeitet wird, aufgrund welcher Einstellungen Menschen überhaupt Chiemgauer verwenden und was sie damit erreichen wollen[259], ein paar Worte zur *sozialstrukturellen Lage* des typischen Nutzers. Hier lassen sich nur Vermutungen[260] anstellen, für alles andere ist die Datenbasis zu schwach. Hinsichtlich der Altersstruktur gibt es so gut wie keine Verbraucher unter zwanzig; die Gruppe der Zwanzig- bis Vierzigjährigen macht etwa ein Fünftel aus. Mehr als zwei Drittel der Chiemgauer-Nutzer sind zwischen vierzig und sechzig Jahre alt, etwa ein Zehntel über sechzig. Tendenziell sind die Chiemgauer-Nutzer überdurchschnittlich gebildet (die Hälfte bis zwei Drittel haben einen akademischen Grad) und gut verdienend.

Das Sample der hier befragten Nutzer bildet dies relativ gut ab. Vier der sieben Befragten (Gerda [CG01], Marion [CG03], Paul [CG05], Nils [CG06]) – nennen wir sie die *mittelständischen Eltern* – sind zwischen Ende 30 und Anfang 40. Sie leben im klassischen Kleinfamilienmodell mit zwei bis drei Kindern im Alter von vier bis

258 Für den Chiemgauer-Nutzer gilt vermutlich ähnlich wie für die Lohas, dass er zwar einerseits milieu-übergreifend benutzt wird, andererseits in bestimmten Milieus stärker vertreten ist als in anderen. Chiem-gauer-affine Milieus sind wahrscheinlich Postmaterielle, die bürgerliche Mitte, in etwas geringerem Maße Konservative, Etablierte, moderne Performer und Experimentalisten. Kaum vertreten ist der Chiemgauer bei Konsummaterialisten, Hedonisten oder DDR-Nostalgikern.

259 Die Frage basiert auf Schütz, der zwischen zwei Arten von Motiven unterscheidet (Schütz 2004: 195ff): Ein *Um-Zu-Motiv* bezieht sich auf das Handlungsziel; es ist damit zukunftsorientiert aus Sicht des Handelnden (subjektiv gemeinter Sinn). Das *Weil-Motiv* bezeichnet die Gründe für die Entstehung des Handlungsentwurfs; es ist vergangenheitsorientiert aus Sicht eines Beobachters (objektiv gemeinter Sinn). Weil-Motive müssen dem Handelnden nicht bewusst sein, sie vermischen sich zudem mit Wissensvorräten und Emotionen und bündeln sich so zu bestimmten *Einstellungen*. Diese kommen einer Bereitschaft gleich, unter typischen Umständen typische Verhaltensweisen und somit auch typische Um-zu-Motivationsketten in Gang zu setzen. Sie sind deshalb Ursachen des Handelns – wenn auch nicht im strengen kausalen Sinn, da sie weder beobachtbar noch in ihre Einzelelemente zerlegbar sind.

260 Diese Vermutungen basieren auf der Befragung von Geschäftsleuten, Aktivisten und Verbrauchern und werden durch verschiedene empirische (allerdings nicht immer repräsentative) Studien im Rahmen von Diplomarbeiten untermauert (Meßenzehl 2006: 73; Ziegler 2009: 48f).

zwölf, sind gebildet (Meisterschule, Abitur, zweimal Studium) und finanziell mit einem monatlichen Haushaltseinkommen[261] von meist 3.000 € gut gestellt.

Zwei der Befragten (Hilde [CG02], Judith [CG04]) – die *engagierten Pensionäre* – sind im Alter von Anfang bis Ende 70. Beide leben alleine; die Kinder sind aus dem Haus, teilweise aber noch in der Region ansässig. Beide Rentnerinnen engagieren sich stark in sozialen Projekten. Auch ihnen steht ein gutes Einkommen[262] zur Verfügung, ihr Bildungsgrad ist ebenfalls hoch (Abitur, Studium).

Der letzte Befragte (Martin [CG07]) ist kein typischer Chiemgauer-Nutzer. Es handelt sich um einen nicht volljährigen Jugendlichen, der noch die Schule besucht. Ohne eigenes Einkommen bekommt er die Chiemgauer von seinen Eltern als Taschengeld. Wir wollen ihn aus später noch zu klärenden Gründen den *verführten Nutzer* nennen.

Nach dieser kurzen Vorstellung der Befragten wird nun versucht, ihre typischen Einstellungen und Motive zu rekonstruieren und – vorwiegend in ihren eigenen Worten – darzustellen.

Den Hinweis, dass die Chiemgauer-Verwendung vor dem Hintergrund bestimmter *Einstellungen* (Weil-Motive) stattfindet, geben die Befragten selbst.

> „Wenn I halt mit Chiemgauer zahl, dann hab I von Haus aus irgendeine ANDERE Einstellung zu verschiedene Sachen, als wenn I normal zahl und des drück I damit aus" (CG03: 335-337).

Diese ‚andere Einstellung' ist je nach Person unterschiedlich, die grundlegende Gemeinsamkeit ist jedoch ihre moralische Ausrichtung. Gerda etwa ist es, „wirklich WICHTIG, einigermaßen sinnvoll mit dem [...] also im Vergleich zum Rest der Welt exorbitant vielen Geld, des wir haben [umzugehen]" (CG01: 789-792). Gerdas Einstellung zielt auf ein moralisches, also sozial und ökologisch ‚gutes' Verhalten, wobei dies in ihrem Fall eine recht *globalisierungskritische* Ausprägung annimmt. Schuld am Übel der Welt sind in ihrer Sicht vorwiegend globalökonomische Fehlentwicklungen, personifiziert in unverantwortlich agierenden transnationalen Konzernen. Eine etwas andere moralische Ausrichtung findet sich beispielsweise bei Marion, deren Relevanzen sich darauf richten, ...

> „dass mir unsere Region wichtig is, dass mir verschiedene Herstellungsweisen wichtig sind, einfach von Haus aus des Regionale [...] Ich möchte was einkaufen, das bei uns

261 Differenziert betrachtet liegt das monatliche Einkommen der jungen Familien zwischen 2.000 bis 7.000 € (entspricht pro Verbrauchseinheit 925 bis 2.500 €) und schwankt damit zwischen leicht unter-durchschnittlich bis deutlich überdurchschnittlich. Zwei Haushalte verdienen zwischen 2.000 und 3.000 €, jeweils einer zwischen 3.000 und 4.000 €, 4.000 und 5.000€ und mehr als 7.000 €.

262 Das monatliche Einkommen liegt zwischen 1.500 und 3.000 €.

> hergstellt wird und net irgendwo und hundertmal umeinander gefahren wird zum Beispiel. Dass mir des einfach wichtig is, wie des Zeig hergstellt is [...]. Ob des jetzt eine Henn' is, die draußen umeinander rennt oder is des eine die im Käfig hockt. Lauter solche Sachen“ (CG 03: 342-347).

Hier zeigt sich unter anderem die ausgeprägte *regionale Verbundenheit*, die bei vielen Chiemgauer-Nutzern festzustellen ist. Man kennt und schätzt die Gegend, manche sind „hier in der Region aufgewachsen“ (CG05: 359), andere zwar zugezogen, betonen aber „ich leb sehr gern hier“ (CG02: 84). Bei einer solch positiven Beziehung zum Wohnort wird dieser zur Heimat und damit zum einem Teil des Selbst. Man engagiert sich demnach gerne dafür, konsumiert etwa „vorrangig aus regionalem Bezug“ (CG04: 183). Der Chiemgauer wird so zum Ausdruck des Selbstbildes.

> „Ich mein das Wort allein - Chiemgauer - is ja scho. Des passt einfach zu uns. Wir sind auch Chiemgauer“ (CG03: 41-42)

Auch das *Umweltbewusstsein* ist recht ausgeprägt. Man kauft gerne und häufig Bioprodukte, manchmal entsprechend der moralischen Maxime der „Bewahrung der Schöpfung“ (CG04: 198), manchmal aus Gründen der gesunden Ernährung.

> „Und dann bin ich also ich würd sagen kein Öko-FREAK. Ich kauf gern ökologisch was sinnvoll ist, aber dass ich jetzt da nach Mittenstadt runter fahr und mir da-, des mach ich nicht. [...]. Wichtig ist, dass meine Kinder und meine Enkel [... sich] gut ernähren“ (CG02: 195-203).

Ähnlich wie bei den Lohas finden sich in solchen Relevanzen auch hedonistische Aspekte, wenn man etwa ökologisch korrekt und gleichzeitig genussvoll eine „sehr schöne Rinderlende von einer ((lachend)) definitiv glücklichen Kuh“ (CG01: 323-324) verspeist. Ein weiteres grundlegendes Einstellungsmuster zielt auf *Wohltätigkeit*. Etliche Chiemgauer-Nutzer stellen in den Vordergrund, dass sie „immer sozial engagiert waren“ (CG02: 4) und den Chiemgauer auch vorwiegend in dieser Absicht verwenden.

All diese verschiedenen und doch ähnlichen (weil moralischen) Relevanzen prägen das alltägliche Handeln. Hinsichtlich des Konsums bildet sich ein Einstellungsmuster heraus, bei dem Geschäfte aufgrund bestimmter, moralischen Werten entsprechenden Eigenschaften beurteilt werden. Dabei werden Eigenschaften wie regional, klein, natürlich, traditionell etc. als ‚gut' und umgekehrt Eigenschaften wie groß, anonym, gewinnorientiert, neumodisch usw. als ‚schlecht' gedeutet. Dementsprechend gibt es eine Rangfolge bei den Geschäften. Am besten ist hier der „Bauernmarkt“ (CG01: 485), gut sind auch kleine Lebensmittelgeschäfte oder der Bio-Supermarkt. Bei den ‚normalen' Lebensmittelgeschäften wird differenziert:

> „Es gibt verschiedene Sachen, die ich hier nicht mit Chiemgauer bekomme und die kaufe ich dann beim Tengelmann. Weil da denk ich, des is auch noch so ein bisschen regional" (CG04: 179-181).

Edeka als genossenschaftlicher Einzelhandelsverbund beispielsweise wäre auch noch in Ordnung, wobei „des auch schon so ein großer Konzern ist" (CG04: 182). Abgelehnt werden aber zumeist die „Billigmärkte" (CG04: 211), allen voran die Discounter.

> „Und außerdem HASS ich diese Läden wie Aldi und Lidl. Die sind mir also ((lachend)) körperlich allein schon unangenehm" (CG02: 144-146).

Natürlich unterscheiden sich solche handlungsleitenden Zuschreibungen von Individuum zu Individuum. Zudem relativieren sie sich in der sozialen Praxis – manchmal siegt eben die Bequemlichkeit über die Moral. „Meine Güte I fahr dann auch mal schnell wieder zum Supermarkt und RAFF alles was I mein" (CG01: 179-180).

Festzuhalten bleibt dennoch, dass bestimmte, moralisch geprägte Einstellungen grundlegend für die Verwendung des Chiemgauers sind. Aus diesen resultieren wiederum die konkreten *Motive*, aufgrund derer das Regionalgeld genutzt wird. Diese können egoistische und altruistische[263] Ausprägungen annehmen.

Ein für viele Chiemgauer-Nutzer maßgebliches Motiv ist das Gefühl, etwas Gutes zu tun. Dahinter verbergen sich verschiedene Aspekte: Zum einen die Aufwertung des Alltagsverhaltens, sprich:

> „warum NICHT die Dinge des täglichen Bedarfs, die man so und so kaufen muss, dann net noch mal mit so ner sozialen Komponente aufwerten. Sag mer's mal so. Oder

263 An dieser Stelle eine Begriffklärung: *Altruismus* – als Gegenpart des Egoismus – wird hier verstanden als eine Handlung, die für eine Person Kosten hat und einer anderen Person einen Vorteil bringt (Fehr 2004: 2). Diese eher biologische Auffassung von Altruismus vermeidet die Fallstricke der psychologischen Definition, nach der auch die Motive und subjektiven Nutzenkonsequenzen altruistisch sein müssen (jeder altruistischen Handlung ließe sich demnach ein psychologischer Vorteil unterstellen – ich helfe, weil es mich glücklich macht). Altruismus ist allerdings nicht deckungsgleich mit Moral – wenn ich jemandem Geld stehle und es verschenke, handle ich vielleicht altruistisch, aber nicht moralisch. Moral lässt sich nicht, wie Altruismus, auf biologische Konstitution (beobachtbares Verhalten) reduzieren, sondern steht davon abgelöst als implizite verallgemeinerte Verhaltenserwartungen zwischen den Individuen. Allerdings gibt es in der Ethik durchaus Auffassungen, nach denen gewisse zentrale Grundsätze der Moral „ihrerseits einer elementaren Aufforderung zum Altruismus entspringen" (Nagel 1998: 11). In welchem Verhältnis Moral nun zu Altruismus steht, kann hier nicht behandelt werden. Ebenso außen vor bleiben ethisch-philosophische Differenzierungen, nach denen etwa moralische Motive weder egoistisch noch altruistisch erklärt werden können, sondern in eine eigene Kategorie der ‚sachbezogenen Motive' eingeordnet werden müssen (Birnbacher 2007: 316f).

> mit Geld ausgeben die eine gute Tat des Tages dann scho erledigt ((lacht))“ (CG01: 32-37).

Ganz altruistisch ist dieses Handlungsmotiv jedoch nicht, denn man profitiert zum einen indirekt durch Förderung der Region und zum zweiten direkt, da der eigene Verein Spenden bekommt.

> „Mit Chiemgauer wirtschafte ich halt net in meine Tasche, sondern in die Tasche von irgendnem Verein. Und wenn der Verein mir nahe steht oder ich den Verein BRAUCH, wirtschaft I im Endeffekt auch wieder in mei eigene Tasche“ (CG01: 840-843).

Nicht umsonst sind beim Chiemgauer überdurchschnittlich viele Mütter von Kindern dabei, die Kindergärten und Schulen fördern wollen. Dabei geht es ihnen – mit Blick auf die Zukunft ihrer Sprösslinge – auch um die Unterstützung der Region.

Dies ist generell ein zentrales Motiv[264]. Der Chiemgauer basiert auf dem Gefühl der Verbundenheit, der Solidarität mit der Region. Man fühlt sich hier zuhause und möchte dementsprechend seinen Beitrag leisten – etwa indem man regionalwirtschaftliche Strukturen fördert. Auch dieses Motiv kann eine egoistische Ausprägung annehmen, beispielsweise wenn es darum geht, für einen persönlich wichtige Geschäfte zu erhalten.

> „Grad bei unserem Super-Markt in [Rechtsdorf ...] der is für uns UNHEIMLICH wichtig. [...] Wir sind ne ehemalige Flüchtlingssiedlung, wir sind alle hier alt geworden, haben kleine Renten und sind nicht MOBIL. Sind einfach drauf angewiesen, dass se da ihre Milch holen können“ (CG02: 149-156).

Ein weiteres Motiv, den Chiemgauer zu nutzen, ist dessen kommunikative Symbolik. Man kennzeichnet sich selbst als jemand Besonderen, Engagierten, teils auch Wohlhabenden und grenzt sich somit auch von „Otto Normalverbraucher“ (CG05: 615) ab.

> „Wie gesagt ich muss nicht SO sparen dass ich also deswegen zum Aldi fahr“ (CG02: 177-178).

264 Laut verschiedener empirischer Studien ist die Förderung der regionalen Wirtschaft (Unterstützung des Einzelhandels, Stärkung und Bindung der Kaufkraft an die Region) das wichtigste Teilnahmemotiv. Ähnlich wichtig sind die Förderung regionaler Vereine und gemeinnütziger Einrichtungen sowie der Umweltschutz. Kaum relevant sind Aspekte wie die Teilnahme von Bekannten/Verwandten oder geldreformerische Ambitionen (Meßenzehl 2006: 75; Ziegler 2009: 50).

Weder die genannten Einstellungen noch die Motive erklären allerdings, warum der Chiemgauer immer noch ein ‚Nischenprodukt' ist. Viele Menschen haben soziale, ökologische oder humanitäre Relevanzen, viele engagieren sich, spenden, arbeiten ehrenamtlich usw. – und würden trotzdem nie auf die Idee kommen, den Chiemgauer zu benutzen. Nicht selten lehnen Engagierte das Regionalgeld sogar als *zu* wirtschaftlich ab. Der Schlüssel zum Verständnis, warum der eine den Chiemgauer nutzt und der andere nicht, liegt also offenbar nicht in der generellen Einstellung, sondern in der konkreten, einstellungsbasierten Beurteilung und Aneignung des Regionalgeldes. Einfacher formuliert: Man muss verschiedene Stationen der Chiemgauer-Laufbahn erfolgreich absolvieren.

4. Die Chiemgauer-Laufbahn – Interpretation und Aneignung

Zum Chiemgauer-Nutzer muss man werden. Schon deswegen begannen meine Interviews mit der Frage „Wie sind Sie eigentlich dazu gekommen, Chiemgauer zu verwenden?". In der Frage steckt der Aspekt, dass das erste Erlebnis mit dem Chiemgauer und der Weg dahin viel mehr sind als nur der Anfangspunkt einer neuen Gewohnheit. Hier offenbaren sich grundsätzliche Einstellungen und Sichtweisen, die in den späteren, gewohnheitsmäßigen Verwendungen nicht mehr (bewusst) reflektiert werden. Gleichzeitig verändert sich dadurch das Individuum – es wird Mitglied einer (symbolischen) Gemeinschaft und ist von da an ein ‚Chiemgauer-Nutzer'. Dieser Vorgang kann als eine Initiation gesehen werden, also als eine „Neuaufnahme in eine soziale Gruppe" (Fuchs-Heinritz 1993: 299), die meist durch „Einweisung, Prüfung und Riten" (ebd.) geregelt ist. Dabei konstituiert eine Initiation nicht nur eine neue Rolle innerhalb der jeweiligen Gruppe, sondern auch eine neue Identität. Natürlich ist dieser Prozess beim Chiemgauer bei weitem nicht so ritualisiert, formalisiert und individuell bedeutsam wie die mit dem Begriff Initiation häufig gemeinten Einweihungsrituale in Stammesgesellschaften oder in religiöse Gemeinschaften. Deswegen soll im Folgenden von einer ‚*Laufbahn*' gesprochen werden.

Bei dieser können zwei Aspekte unterschieden werden: Erstens der Aspekt der Interpretation, genauer gesagt der interpretativen Aneignung des Chiemgauers. In anderen Worten geht es darum, wie die Nutzer den institutionellen Handlungsrahmen vor dem Hintergrund ihrer Einstellungen und Motive beurteilen. Eine positive Beurteilung ist maßgeblich dafür, dass es überhaupt zu einer Nutzung kommt – auch der überzeugteste ‚Regional-Öko' wird den Chiemgauer nicht nutzen, wenn dieser (bzgl. der zugeschriebenen Sinnhaftigkeit, Funktionalität etc.) nicht zu ihm und seinen Überzeugungen ‚passt'. Zweitens muss der Chiemgauer ‚erlernt' werden, wobei sich dieser Prozess in einem typischen Ablaufmuster vollzieht.

4.1. *Interpretative Aneignung – Der Chiemgauer muss ‚passen'*

Eine positive Beurteilung ist maßgeblich dafür, dass es überhaupt zu einer Nutzung des Chiemgauers kommt. Nun lässt sich aus den Daten nicht rekonstruieren, wie die Befragten bei ihrer ersten Begegnung mit dem Chiemgauer diesen tatsächlich wahrgenommen und beurteilt haben. Die Erinnerung an den ‚ersten Eindruck' ist möglicherweise stark durch die vielen mittlerweile gesammelten Erfahrungen (mindestens ein Jahr) überformt. Herausarbeiten lässt sich also nur, wie sich die Verwendung des Chiemgauers als institutioneller Handlungsrahmen im Alltag darstellt. Da hier allerdings durchweg typische Beurteilungsdimensionen auftauchten, ist zu vermuten, dass diese auch beim Erstkontakt mit dem Chiemgauer maßgeblich waren. Diese Beurteilungsdimensionen beziehen sich jeweils auf unterschiedliche Aspekte der Institution Chiemgauer.

4.1.1 Die Idee und ihre Sinnhaftigkeit

Die grundsätzliche Idee des Chiemgauers ist, dem Geld bestimmte Verwendungsarten und Wirkungen ‚einzuprogrammieren'. Die Menschen im Alltag beurteilen diese Idee hinsichtlich ihrer *Sinnhaftigkeit.* Damit das Regionalgeld nun für ein Individuum Sinn macht, muss es erstens die Zielsetzungen (Regionalität, Ökologie usw.) des Chiemgauers als sinnvoll erachten und zweitens mit deren Umsetzung mittels eines anderen Geldes einverstanden sein. Vor allem der zweite Punkt bereitet in der Realität die meisten Schwierigkeiten. Geld scheint für viele eine so unhinterfragbare Selbstverständlichkeit zu sein, dass es nur in der gewohnten Form als staatlich institutionalisiertes Medium denkbar ist. Einfach Geld zu ‚machen', das ist ein Tabubruch und wird bestenfalls als harmlose Spielerei abgetan. In diesem Fall ist der Chiemgauer also *nicht Geld genug* (hinsichtlich seiner Glaubwürdigkeit, Funktionalität usw.). In anderen Fällen wiederum ist der Chiemgauer *zu sehr Geld*, nämlich wenn ihm geldtypische materialistische, quantifizierende und rationalisierende Konnotationen zugeschrieben werden, die den idealistisch-moralischen Zielsetzungen scheinbar entgegenstehen. Auch in den Inhalten, mit denen das Chiemgauer-Geld gefüllt wird, sind mehrdeutige Paradoxien angelegt: Der Chiemgauer will wirtschaftlich und sozial zugleich sein, funktional und moralisch, pragmatisch und idealistisch, eigennutz- und gemeinwohlorientiert, neutral und wertend, marktwirtschaftlich und protektionistisch, realistisch und utopisch. Diese Deutungsoffenheit bewirkt allerdings keine Massenattraktion, im Sinne von: Beim Chiemgauer findet jeder etwas, was ihm gefällt. Eher ist es so, dass (fast) jeder etwas findet, was ihm missfällt. Deswegen ist der Chiemgauer für manche zu wirtschaftlich, für andere zu sozial, für einige zu pragmatisch, für etliche zu idealistisch.

Diejenigen, die sich für die Chiemgauer-Nutzung entscheiden, sehen weniger die möglichen Widersprüchlichkeiten, als vielmehr die simple *praxisrelevante Zielsetzung*, nämlich: „Zum einen bleibt des Geld in der Region und dann die Förderung der sozialen Projekte. Des is mei Motivation“ (CG06: 36-37). Hier finden sich zwei Aspekte; zum einen die automatische Spende an die Vereine:

> „Des san ja ANREIZE, wenn I sag, schau her, dei Kind geht in d'Musikschul und du kannst damit die Musikschul unterstützen und wenn man dann mal alle Zeit lang wieder liest bei uns im Gemeindeblattl, wie viel, wie viel die Vereine profitieren davon, des is doch bärig“ (CG03: 536-539).

Zum anderen die regionale Bindung des Geldes bzw. das dahinter stehende Prinzip der „Regionalität“ (CG06: 184), also „dass des Chiemgau halt gefördert wird mit dem Chiemgauer“ (CG07: 218-219). Die Idee, diese Zielsetzungen durch ein anderes Geld zu verwirklichen, hat den Befragten schlicht und einfach „eingeleuchtet“ (CG02: 331).

Die entsprechenden *geldtheoretischen Grundlagen* (z.B. Demurrage führe zu einer höheren Umlaufgeschwindigkeit und zu Verminderung des Renditedrucks) sind den Interviewten unbekannt oder egal. Sogar die einst als Aktivistin tätige Judith antwortet auf meine Frage nach der Umlaufsicherung:

> „Wie des alles volkswirtschaftlich abgesichert ist, da hab ich mich voll rausgehalten. Da glaub ich einfach, dass des geht. Da glaub ich den Beteuerungen und auch-. Also ich hab mir des schon angeschaut und so ne. Und mit dem Markenkleben, des is so für mich MIT ein SINN dieses Geldes, dass man's wirklich ausgibt“ (CG04: 327-330).

Eine ähnliche Haltung findet sich bei vielen Chiemgauer-Nutzern. Warum die Umlaufsicherung – trotz mangelhafter Kenntnis ihrer theoretischen Begründung – von den meisten Nutzern für sinnvoll erachtet wird, könnte daran liegen, dass damit eine wichtige Differenz zum ‚normalen' Geld konstituiert wird[265].

Dies ist schon deswegen von Bedeutung, weil sich ja der Chiemgauer gegenüber dem Euro positionieren muss. Übrigens auch gegenüber den verschiedenen Bonus- und Rabattsystemen. Schließlich ist der Chiemgauer selbst „a bisserl a Bonussystem“ (CG01: 837). Deswegen sind die massenhaft verbreiteten Bonussys-

265 Befragungen beim Chiemgauer spiegeln dies wider: Die Frage, ob die Umlaufsicherung abgeschafft werden sollte, beantworteten 10% mit Ja, 25% mit Nein. Der Rest verteilte sich auf eher nicht (30%) und eher schon (16%) und ein ansehnlicher Teil (19%) gab überhaupt keine Antwort (Meßenzehl 2006: 84). Diese eher undifferenzierte Haltung lässt vermuten, dass – trotz einer tendenziellen Befürwortung – die Umlaufsicherung wenig Relevanz für die Nutzer hat.

teme für den Chiemgauer eine „große Konkurrenz“ (CG05: 344). Vor allem Geschäftsleute lehnen den Chiemgauer häufig als ‚nicht-noch-so-eines’ ab.

> „Bei uns waren die meisten Geschäftsinhaber noch geschockt von so einem Rabattsystem, des der Gewerbeverband mal aufgezogen hatte. Des war der Flussgroschen, des waren halt so Punkte zum Kleben und des war im Nachhinein für alle a ziemlicher Quatsch und deswegen haben die alle keine Lust gehabt, sich auf Chiemgauer einzustellen“ (CG06: 28-32).

Die Befragten stehen solchen (kommerziellen) Bonuskarten und Rabattsystemen zwiespältig gegenüber. Rabattaktionen wie Treuherzen nutzt nur ein Befragter, Payback- und Kundenkarten werden von drei der sieben Personen verwendet. Ein Ablehnungsgrund ist etwa, weil...

> „I werd da durchleuchtet durch mein Kaufverhalten [...] nur dass I dann irgendwann die dritte Kaffeemaschine krieg mit Punkten, is mir net wert“ (CG05: 348-355).

Der Chiemgauer hingegen bringt zwar keine persönlichen Vorteile, hat dafür aber den gemeinnützigen Charakter. „Des kommt jetzt MIR net zugute, sondern I tu mei gute Tat mit der Spende an den Kinderhort, [aber] im Prinzip is desselbe“ (CG01: 837-839). Insgesamt gilt also: Wenn schon anderes Geld, dann ‚gemeinnütziges’ Geld bzw. wenn schon ein weiteres Bonussystem, dann ein ‚uneigennütziges’ Bonussystem.

4.1.2 Die Normen und ihre Funktionalität

Seine Ziele versucht der Chiemgauer über die Setzung bestimmter Spielregeln bzw. mittels bestimmter Handlungszwänge (zeitliche und räumliche Einschränkungen) zu erreichen. Die (potentiellen) Nutzer beurteilen diese Spielregeln nun hinsichtlich ihrer Funktionalität, also inwieweit sie die individuellen Intentionen ermöglichen oder beschränken. Wichtig ist hierbei, dass „ich durch den Chiemgauer keinen MEHRAUFWAND habe, überhaupts net“ (CG05: 308-309) und dass es „mich nix kost“ (CG03: 540). Wie gelingt dies angesichts der Einschränkungen?

Die *zeitliche Einschränkung* ergibt sich aus der sog. Umlaufsicherung, also aus der negativen Verzinsung. Diese stellt den größten Bruch mit der Alltagsvorstellung von Geld dar, denn sie berührt direkt den Wesenskern des Geldes, seine Wertsymbolik. Ein Geld, dessen Wert zusehends dahinschwindet, verliert im psychologischen Sinne eben nicht nur *an* Wert, sondern es verliert den Wert *an sich*. Dementsprechend ist eine Umwandlung von (wertvollen) € in solche (wertlose) CH theoretisch mit hohen Kosten verbunden. In der Chiemgauer-Alltagspraxis jedoch relativieren sich diese aufgrund der ‚Freiwilligkeit’ der Geldtransformation – „man braucht ja bloß net unendlich viel eintauschen am Quartalsanfang" (CG03: 119). In anderen Worten, „man wechselt jetzt des um was ma ungefähr umsetzten MÖCHTE" (CG05: 513-514), holt sich also in regelmäßigen Abständen eine überschaubare Summe an neuen CH. Entsprechend bereitwillig wird die Umlaufsicherung als Charakteristikum des Chiemgauers akzeptiert.

> „Ah ja, des find I völlig in Ordnung, weil damit wird einfach bezweckt, dass des Geld läuft. Dass [es] nicht im Geldbeutel drin bleibt, sondern dass läuft" (CG03: 350-351).

Letztlich ‚entmachten' die Nutzer dadurch das regionale Geld – schließlich sollte die Umlaufsicherung die Menschen ja regelrecht zum Ausgeben zwingen.

> *Interviewer*:„Und funktioniert des für Sie?"
> *Marion*: „Na net wirklich, weil I einfach zu knickert bin ((lacht)). Weil I schau halt einfach, dass I nur des ausgeben muss, was I wirklich ausgeben MUSS" (CG03: 351-353).

Allerdings erfordert die Umlaufsicherung etwas Mühe, d.h. „da muss man ein bisschen aufpassen" (CG02: 542) und seine Scheine regelmäßig kontrollieren, „sind sie wirklich alle aktiv oder is wieder einer abgelaufen" (CG01: 74-75). Dabei kommt es vor, dass „da einer mal durchrutscht und dann muss man die halt wieder aufwerten" (CG01: 81-83). Als schlimm empfindet das niemand; „des ärgert mich überhaupt net" (CG03: 355-356), denn es „geht ja net so groß ins Geld. Des is ja a Pippifax" (CG03: 358) und außerdem „zahl I gern drauf, weil erstens kommt's wieder uns zugute, den Vereinen" (CG03: 118-119). Allerhöchstens ist es ein bisschen umständlich bzw. ...

> „unpraktisch. Stehst im Geschäft, hast vielleicht nur noch Chiemgauer im Hosensack oder so und sind die gar nix mehr wert ((lacht))" (CG06. 102-103).

Kurzum: Die zeitliche Einschränkung des Chiemgauers, also der konstante Wertverlust durch die quartalsweise Abwertung, hat kaum Auswirkungen auf die Chiemgauer-Nutzer. Sie richten ihren CH-Umtausch am eigenen Bedarf innerhalb der Gültigkeitsintervalle[266] aus und reduzieren so den Druck, CH auszugeben, auf ein Minimum. Dementsprechend verursacht die zeitliche Einschränkung des Chiemgauers nur wenig bis gar keine Kosten und Mühen.

Die zweite Restriktion, die *räumliche Einschränkung*, bezieht sich nicht nur auf die regional beschränkte Gültigkeit des Chiemgauers, sondern auch und vor allem darauf, dass er nur in bestimmten, teilnehmenden Geschäften verwendet werden kann. Der Chiemgauer offeriert also nur einen begrenzten Grad an Möglichkeiten.

266 Hinzu kommt, dass die meisten Unternehmer auch abgelaufene CH kulanzmäßig akzeptieren.

Natürlich gibt es über 600 teilnehmende Geschäfte. Diese sind allerdings räumlich keineswegs gleich verteilt. Die Chiemgauer-Akzeptanten in manchen Gemeinden, „die kann ich an zwei Händen abzählen“ (CG06: 33), in anderen hingegen gibt es „schon narrisch viel Geschäfte wo man damit einkaufen kann“ (CG03: 8). Dabei ist jedoch Geschäft nicht gleich Geschäft.

> „Der Bodenleger nimmt's an, aber wann lässt man sich den Boden legen? Ein Schuhgeschäft nimmt's an, aber der ist am Berg oben, da fahr ich net nauf ((lacht))“ (CG06: 77-79).

Das zentrale Kriterium hier ist, inwieweit der Chiemgauer mit den individuellen Einkaufspräferenzen übereinstimmt. Wenn man „nahezu alles mit Chiemgauern hier [kaufen kann], was ich in meinem Alter noch brauch“ (CG 02: 6-8), dann ist es ideal. Umgekehrt, wenn die Geschäfte nicht die gewünschten Güter und Dienstleistungen anbieten oder der Konsum mit hohen Aufwendungen und Kosten verbunden ist, macht der Chiemgauer keinen Sinn. Wichtig ist also eine – zumindest graduelle – Übereinstimmung des Chiemgauers mit den eigenen Einkaufspräferenzen. Aus dieser Funktionalitätslogik heraus resultiert auch eine Art ‚Wachstumsprämisse' – der Chiemgauer solle sich immer mehr durchsetzen, denn „je größer des Netz der Händler und Akzeptanzen da is, um so besser is natürlich“ (CG03: 566-567)[267]. Die räumliche Einschränkung ist in ihren Konsequenzen weitreichender als die leicht zu umgehende zeitliche Einschränkung. Dennoch relativiert auch sie sich in der sozialen Praxis, unter der Voraussetzung, dass die individuellen Einkaufspräferenzen zumindest graduell mittels Chiemgauern verwirklicht werden können.

Bei der Benutzung des Chiemgauers muss man also das Gefühl haben „des war auch wieder a Erlebnis, des funktioniert hat“ (CG01: 136-137). Diese wahrgenommene Funktionalität gilt nicht für einen persönlich, sondern auch für die altruistische (Spenden-)Komponente. Diese wird erst ab einem gewissen Umfang als sinnvoll wahrgenommen, sprich es muss Orte geben „wo man natürlich intensiv in Anführungsstrichen Geld lassen konnte“ (CG05: 22-24), damit man sagen kann „des rentiert sich einfach“ (CH02: 219).

4.1.3 Das Personal und seine Identitätskongruenz

Ein Nutzer beurteilt die am Chiemgauer beteiligten Akteure in ihren verschiedenen Rollen, unter dem Aspekt, inwieweit sie zum individuellen Selbstbild ‚passen'.

267 Laut einiger Studien wünschen über 80% der Verbraucher eine Ausweitung der Angebote (Meßenzehl 2006: 80; Ziegler 2009: 59), vor allem hinsichtlich des Alltagsgüterbereichs (Supermärkte etc.).

Jemand wie Hilde beispielsweise, die sich als gutbürgerlichen und sozial engagierten Menschen sieht, schätzt an den Chiemgauer-Aktivisten vor allem deren ehrenamtliches Engagement. Würde sie diese hingegen als sozialrevolutionäre Finanztechniker wahrnehmen, wäre ihre Teilnahme wohl nicht mehr so gewiss. Ähnliches gilt für die Art und Weise, wie sie die Geschäftsleute, die anderen Nutzer oder die Vereine wahrnimmt. Welche typischen Einschätzungen finden sich also bei den Befragten?

Die *Aktivisten* werden durchweg als sehr engagiert und gemeinwohlorientiert wahrgenommen, was den Nutzern „irgendwo total imponiert" (CG03: 11). Je nach Grad des persönlichen Kennens ist diese Einschätzung mal stärker, mal schwächer ausgeprägt. Natürlich ist den meisten Chiemgauer-Nutzern ‚der Gelleri' bekannt, schon deswegen, weil er als Initiator und Hauptverantwortlicher in jedem zweiten Zeitungsartikel genannt wird. Ihn und die anderen Macher wirklich kennen jedoch nur Judith und Paul aufgrund ihres (zeitweiligen) Engagements im Verein[268]. Beide haben dementsprechend Einblick in die organisatorischen Prozesse und Probleme. Judith etwa bewundert, welche „ENERGIE dahinter steckt, was da die Leute hauptsächlich ehrenamtlich da reinstecken" (CG04: 384-385). Sie sieht aber auch, dass mancher Aktivist „sich da auch ziemlich verausgabt hat" (CG04: 390-391), teils sogar zum eigenen Schaden.

> „Mit seiner Firma ((lacht auf)) [...] da haben die Leute auch schon gesagt, des wär manchmal besser, er würd sich mehr um die Firma kümmern. ((Lachend)) Die Revolution frisst ihre Kinder" (CG04: 394-397).

Auch Paul sieht das Problem, dass der Chiemgauer immer noch hauptsächlich auf der ehrenamtlichen Tätigkeit weniger Personen basiert und hofft auf eine Verselbstständigung.

> „Irgendwann is des dann wie bei einem tollen Sportverein, der an tollen Vorstand hat, aber der Vorstand, wenn der mal krank ist oder nimmer mag, dann bricht der ganze Verein zsam ja. Und des is halt a Medium wo I sag, wenn des mal etabliert ist und jeder den Vorteil erkennt von diesem Ding, dann brauch I net immer den Gelleri. Des braucht ma vielleicht am Anfang, aber dann dann soll sich des Ganze von sich aus tragen" (CG05: 601-606)

Andere Befragten wiederum kennen zwar nicht die ‚Macher' im Hintergrund, aber sie kennen sehr wohl Aktivisten, die sich konkret vor Ort engagieren. Bei Hilde

268 Judith hat sich (bis zu ihrem Umzug vor einigen Jahren) von Anfang an für den Chiemgauer engagiert und Paul als Banker hat die Mitarbeit seiner Bank beim Chiemgauer stark vorangetrieben. Da dieses Engagement jedoch erstens nur kurzfristig und zweitens eher unideologisch motiviert war, können die beiden immer noch als Nutzer – und nicht als Aktivisten – betrachtet werden.

etwa ist das „der Geschäftsführer von unserem Sozialwerk [...], der propagiert des also ungeheuer“ (CG02: 301-303), bei Marion die „rührige Frau bei uns in der Gemeinde, die mit dem Herrn Gelleri zusammenarbeitet“ (CG03: 5-6). Für wieder andere hat der Chiemgauer gar kein (personalisiertes) Gesicht; die Aktivisten bleiben unbekannte Gestalten im Hintergrund – Gerda beispielsweise spricht kafkaesk von „den Herrn“ (CG01: 8). Dass es hier dennoch zu einer positiven Einschätzung kommt, liegt am moralisierenden Deutungsrahmen des Chiemgauers bzw. an seiner wahrgenommenen Gestalt (Schulprojekt, kommunale Unterstützung usw.).

Den *Geschäftsleuten* hingegen wird gewollt ein Eigeninteresse unterstellt. Der Chiemgauer soll ja Geld sein und dementsprechend eine Marktbeziehung zwischen Kunde und Geschäftsmann konstituieren, die neutral und funktional ist. Deswegen gilt für den Geschäftsmann: Idealismus gut, aber nicht zum eigenen Nachteil! Mit dem Aufwand und den Kosten, die der Chiemgauer den Geschäftsleuten verursacht, muss ein Nutzen (Werbung, Kundenbindung etc.) verbunden sein. Aus Sicht der Befragten darf es nicht sein, dass der Geschäftsmann „quasi die draufzahlende Einheit“ (CG05: 248-249) ist und ihm irgendwann die Kosten des Chiemgauers „über den Kopf gewachsen“ (CG:04: 173) sind. Deswegen wird betont:

> „Der Unternehmer hat die Möglichkeit, des marketingmäßig zu verkaufen oder hier seine Vorteile zu sehen: Regiogeld genommen und wo bisher nur 5% gekauft haben, kommen jetzt 20%, die bei mir kaufen“ (CG05: 612-615).

Was hier letztlich (in Bezug zur Identität) beurteilt wird sind nicht die Geschäfte an sich, sondern es ist die Art der durch den Chiemgauer vermittelten Beziehung zu den Geschäftsleuten. Die Geschäfte, „wo man TAGTÄGLICH sein Chiemgauer“ (CG05: 119) nutzt, entsprechen sowieso den individuellen Präferenzen – schließlich hat man sie sich ja selbst ausgesucht. Wichtiger ist, dass die Art und Weise des Austauschs den Fairnesspräferenzen der Befragten entspricht. Man sieht sich selbst als gerechten Menschen, weswegen es auch nicht sein darf, dass der Geschäftsmann rein „aus ideeller Sicht“ (CG04: 118) zum eigenen Nachteil handelt. Was allerdings auch nicht geht, sind rein egoistische Maßnahmen, etwa wenn der Chiemgauer nur ein „kostengünstiger Werbegag“ (CG01: 201) oder eine „Marketingstrategie“ (CG05: 175) ist. Ein bisschen Idealismus sollte schon sein, und sei es nur die altruistische Variante der ‚gemeinsamen Förderung der Region'. Hierin liegt allerdings eine strukturelle Widersprüchlichkeit: Während die ‚Förderung der Region' eine möglichst weite Verbreitung des Chiemgauers erfordert (was ja auch der Wunsch der Verbraucher ist), folgt die ‚Marketingstrategie' der Logik der Exklusivität. Denn einen Marktvorteil hat ein Unternehmer nur solange, wie seine Konkurrenten nicht teilnehmen. „Wenn des dann irgendwann mal jeder hat, dann sag mer mal is dieser Vorteil auch wieder verpufft“ (CG05: 176-177).

Bei der Einschätzung der anderen Chiemgauer-*Nutzer* ist zu beachten, dass die Befragten wenig andere (Chiemgauer-)Verbraucher kennen. Ihre Einschätzungen über andere Nutzer geben deswegen eher Auskunft über ihre Selbstbilder als über die tatsächliche Gruppe. Dennoch finden sich auch hier gewisse typische Gemeinsamkeiten. Die ‚symbolische Gemeinschaft' der Chiemgauer-Nutzer zeichnet sich grundsätzlich durch eine moralische Haltung aus:

> „Der Gros der Nutzer is sicherlich jemand, der sich über des Gedanken macht, [über...] Ökologie, Karitatives. Denke ich. Sicherlich schon. Es ist nicht jemand, der sagt was kostet die Welt. Is mir wurscht. Also würd mich sehr wundern. Es is SCHO jemand, der sich a bisserl für, jetzt mal ganz weit gefasst, für Gesellschaft interessiert oder auch eben sagt, im weitesten Sinne, lokal handeln, global denken" (CG01: 586-594)[269].

Eine sehr zentrale Ausprägung davon ist die regionale Verbundenheit; diese zielt darauf, „für MEINE Region, wo ich auch aufgewachsen bin, wo ich auch liebe, einen passiven Beitrag zu machen" (CG05: 467-469). Der typische Chiemgauer-Nutzer wird somit als moralisch-engagierter Mensch angesehen. Er „will halt einfach irgendwas Gutes tun" (CG07: 205) und vor allem – er tut auch etwas (und sei dies nur einen ‚passiven' Beitrag zu leisten). Soweit das recht vage Profil, in dem die Befragten übereinstimmen. Bei ihren weiteren Ausführungen zeigen sich kleine aber feine Unterschiede, die daraus resultieren, dass der Chiemgauer zum Symbol für das individuelle Selbstbild wird. Dadurch sind Chiemgauer-Nutzer für den ruhigen Nils etwa „Intellektuelle meistens. Ja und etwas engagiertere Leute, also regional engagierte Leute. Wie ich zum Beispiel" (CG06: 161-162). Für die alte Gesellschaftsaktivistin Judith wiederum bilden die Chiemgauer-Nutzer eine kleine, exklusive Gruppe.

> „Die gehören wenn's hochgeht zu den 5%, die BEWUSST, [...] NACHHALTIG mit den Ressourcen umgehen. Also ich denke mal, da es ja keinen NUTZEN gibt in DEM Sinn, is es für Otto Normalbürger und -bürgerin völlig belanglos" (CG04: 275-279).

Ganz anders bei der jovialen Trachtlerin Marion. Ihr zufolge sind die Menschen in der Region „eigentlich durch die Bank weg interessiert" (CG03: 400). Der typische Nutzer ist dementsprechend „bodenständig" (CG03: 518) wie sie, gleichzeitig aber auch...

269 Die vielen relativierenden Einschübe in Gerdas Aussagen sind nicht unbedingt ein Hinweis auf Unsi-cherheit bzw. Nicht-Wissen, sondern geben m.E. nach eine recht realistische Einschätzung wider. Denn letztlich funktioniert der Chiemgauer nur als sehr allgemeine und offene Klammer, die vieles einschließt – aber eben immer nur ein ‚bisserl' (also unverbindlich).

„a bisserl anders. Ähm, ja Querulant mecht I jetzt grad net sagen, aber [...] einfach net so stromlinienförmig. Mitschwimmerisch is ma irgendwo net. Scho irgendwie anders, extrig. Anders einfach" (CG03: 525-528).

Auch in diesen individuell unterschiedlichen Ausführungen bleibt der Chiemgauer-Nutzer merkwürdig vage. Vielleicht wird sein Bild schärfer, wenn wir nach seinem Antipoden, dem ‚Nicht-Nutzer' fragen. Also, wer verweigert sich aus Sicht der Befragten dem Chiemgauer?

„Also mir is noch KEIN bekennender BÖRSENmakler, Immobilien- oder wie nennt sich des so schön Firmenberater, Consulter untergekommen" (CG01: 256-259).

Auch ein „alteingesessener Bauer" (CG05: 483) würde kaum mit Regionalgeld zahlen. Warum? „Des ganze Lebensgfühl, die ganze Lebenseinstellung" (CG03: 553) passen hier nicht mit dem Chiemgauer zusammen. Zwei Dinge fehlen konkret, nämlich „einmal die Mühe und zum anderen [...] die Überzeugung" (CG04: 73). Wer der Überzeugung ist, „Halligalli, is mir egal was nach mir kommt" (CG04: 337-338), ist wohl kein Chiemgauer-Aspirant. Solche offensiv ‚Asozialen' sind jedoch eher die Ausnahme. Häufiger ist es die fehlende Mühe, d.h. der Chiemgauer wird abgelehnt von Menschen, „die sich mit der Materie net befasst haben. Die von Haus aus sagen, Schmarrn, aber die im Prinzip gar net wissen, wie und warum" (CG03: 531-533). Etlichen ist es zu kompliziert, zu „aufwendig, zwei Währungen im Geldfach zu haben" (CG06: 73). Andere scheinen Angst vor Verlust zu haben – „die können nicht glauben, dass des umsonst is" (CG04: 69). Die meisten Menschen „sind nicht abweisend, aber die meisten – ach, hab eh schon so viel am Hals" (CG04: 308-309). Für Judith sind diese Einwände nur eines, „ein VORWAND" (CG04: 314)[270].

Wovon ist das abhängig, ob sich jemand Mühe macht oder nicht? Etliche Befragte nennen hier das Alter. Für die Jungen ist das „einfach zuviel AUFWAND, Zeit oder Überlegung oder was weiß ich" (CG02: 284-285). Und die Senioren, also „der Otto Normalverbraucher ab 50" (CG05: 477), die wollen „so was Neues einfach nimmer so akzeptieren" (CG03: 254). Die fast 80-jährige Hilde bringt das auf den Punkt: „Die Älteren, die sind immer misstrauisch" (CG02: 285-286). Dieses

270 Außerdem scheint es, dass je mehr eine gewisse Einstellung (Engagement) vorhanden ist, desto weniger zählt die Ausrede der ‚Mühe'. In anderen Worten: Wenn „man sich schon sozial engagiert" (CG04: 338), dann sollte man offen gegenüber dem Chiemgauer sein. Judith berichtet dementsprechend entrüstet von einer ehrenamtlich Tätigen, die sich dem Chiemgauer verweigert – mit fadenscheinigen Argumenten wie „also ich hab selten Bargeld dabei und dann kauf ich mit Karte ein [...], ich hab ne Familie, ich MUSS bei Aldi einkaufen" (CG04: 319-322). Judith kann das „irgendwo nicht nachvollziehen, weil es ja auch darum geht, dem VEREIN da nen Betrag zur Verfügung zu stellen. [...] Wo ich dann seh, was die alles sich besorgen, was nicht lebensnotwendig ist" (CG04: 320-323).

Misstrauen der ‚Alten', so die Vermutung einiger Befragter, entstammt u.a. den biographischen Erfahrungen mit Geldentwertung und Währungsreformen.

Nun zur nächsten Gruppe, den *Vereinen*. Deren Hauptfunktion innerhalb der Institution ist, als Adressaten der Förderung dem Chiemgauer Sinn zu verleihen und ihn als ‚soziales' Geld zu legitimieren. Gleichzeitig konkretisieren sie die Chiemgauer-Verwendung in Hinblick auf die eigene Identität, denn jeder kann ‚sein' Wunschprojekt unterstützen. Dies ist für viele Befragte ausschlaggebend. Zudem darf man eines nicht vergessen: Die ‚Gebühren' auf den Chiemgauer basieren auf komplexen geldpolitischen Forderungen. Indem die Gebühren nun sozialen Projekten zufließen, ist es gar nicht mehr nötig komplizierte Geldideologien zu erklären, sondern man deklariert sie als Spende, bei der der eigene Verein „dann immer 3% kriegt und so, wenn wir mit dem bezahlen" (CG07: 11). So einfach ist das. Interessanterweise resultiert für den Verein kaum eine Verpflichtung aus der erhaltenen Förderung. Obwohl sie eindeutig die „Nutznießer" (CG05: 616) sind, ist es eher die Ausnahme als die Regel, dass die Mitglieder (erfolgreich) aufgerufen werden, „wenn's irgendwie geht, kauft mit dem Chiemgauer ein, weil des kommt uns zugute" (CG05: 486-487). Nach Angaben des Initiators engagieren sich ca. ein Viertel der begünstigten Vereine tatsächlich auch für den Chiemgauer.

4.1.4 Der materielle Apparat und die Wertvermittlung

Die Nutzer beurteilen die Geldmedien des Chiemgauers hinsichtlich ihrer Eignung zur Wertvermittlung. Dabei sind eine praktische und eine symbolische Komponente zu unterscheiden:

Die *praktische Wertvermittlung* fragt danach, wie geeignet der Chiemgauer ist, einen gewissen Tauschwert tatsächlich räumlich zu transportieren. Das Chiemgauer-Bargeld ist hierfür recht gut geeignet, da es ausschließlich in der Form leicht transportabler Scheine vorliegt – „es waren eben nur Scheine, kein Kleingeld wo I sag, ok des muss I mitschleppen" (CG05: 36-37). Bei größeren Summen wird es allerdings durch die niedrige Stückelung (höchster Schein 50er) unpraktisch. Hier kommt die Regiocard ins Spiel, die nicht nur den Umtausch von € in CH deutlicht erleichtert, sondern auch (teilweise) bargeldloses Zahlen ermöglicht. In der Anfangsphase des Chiemgauers waren größere Anschaffungen dementsprechend schwierig, weil...

> „man da ganz viel abheben muss und damals war des noch so- war des auch noch nicht elektronisch. Man musste also erst einmal Euro holen und dann des umtauschen und dann da hinbringen. Und das war natürlich schon ne Aktion. Ich konnte nicht einfach ne Karte abgeben und damit bezahlen" (CG04: 53-57).

Der Chiemgauer in seiner physischen Gestalt muss nicht nur eine praktische, sondern auch eine *symbolischen Wertvermittlung* leisten, also glaubwürdig einen gewissen Wert symbolisieren. Obwohl sich die Chiemgauer-Scheine in ihrer Gestaltung an das ‚normale' Geld anlehnen, werden sie nur von Kundigen als Geld erkannt.

> „Des is wie a bunts Papierl, aber was des jetzt WERT ist-. Wenn I jetzt an Euroschein in d'Hand krieg, dann weiß I sofort, was der wert ist. Des is im Grunde genommen auch bloß ein buntes Papierl, aber es is GELD. Und man muss ihnen des scho irgendwo verklickern, da schau her, des wären jetzt zehn Euro. Des Trumm hat den Gegenwert von zehn Euro. Also eine Freundin von mir war Schifahren, steht am Lift an, liegt ein Papierl am Boden, ein buntes mit der Rückseiten-. Mir als alte Chiemgauer -Zahler kennen des natürlich. Sie hebt's auf, war's ein zehn Euro Chiemgauer-Schein. [...] Hat kein MENSCH aufgehoben, weil jeder des nicht checked hat, dass da 10 Euro liegen ((lacht)). Nur die CG Zahler, die hams halt kennt. Zack. Her damit. ((lacht)) So kanns auch gehen“ (CG03: 404-414).

Für die Chiemgauer-Geldmedien gilt: Allein an ihrem Aussehen erkennt man nicht, dass es Geld ist. Das heißt aber nicht, dass das Aussehen beliebig sein kann. Denn würde der Chiemgauer in anderen Formen (etwa Glasperlen, Stoffstücke,...) als der gewohnten (Papierscheine mit entsprechenden Sicherheitsmerkmalen, Plastikkarte mit Magnetstreifen) auftreten, wäre es fast unmöglich, die anfänglich notwenige Glaubwürdigkeit zu erzeugen. Sobald diese vorhanden ist, spielt die Gestaltung keine große Rolle mehr. Ab und an wird zwar mal eine „angeregte Diskussion übers DESIGN“ (CG01: 576) geführt, hauptsächlich jedoch gilt – „meistens schau ich mir die nicht so genau an“ (CG07: 283). Wie wichtig diese assoziative Gestaltung ist, zeigt sich vor allem bei der Regiocard. Mit ihrer Einführung gewann der Chiemgauer deutlich an Seriosität. In anderen Worten: „Des is dann praktisch die Aufwertung, jetzt wird's bankig. JA ((Lacht)) oder seriös ja“ (CG01: 96-97). Diese orangefarbene Plastikkarte mit dem Magnetstreifen auf der Rückseite bewirkte in der Wahrnehmung, dass jetzt „der Chiemgauer gleichwertig is mit der ec-Karten in der Taschen oder mit den [Euro] Scheinen“ (CG05: 490-491).

Zusammenfassend lässt sich feststellen: Voraussetzung für die Verwendung ist eine positive Beurteilung der Institution Chiemgauer in jeder ihrer institutionellen Dimensionen. Ein Individuum muss also überzeugt sein, die Idee macht Sinn, die Spielregeln funktionieren, die anderen Teilnehmer passen zu mir und das Geld ist werthaltig. Eine solche Beurteilung ist nicht nur zentral für den Weg zum Chiemgauer-Nutzer, sondern auch für die Aufrechterhaltung der Chiemgauer-Verwendung. Eines liegt sämtlichen Beurteilungsdimensionen zugrunde – das Subjekt muss Vertrauen in den Chiemgauer ‚als Geld' haben.

4.1.5 Einige Anmerkungen zum Vertrauen in den Chiemgauer

Vertrauen ist letztlich das, worauf unser modernes Geld beruht. Geld wiederum ersetzt Vertrauen. Denn: Vertrauen ist im Grunde eine auf zukünftige Ereignisse gerichtete Erwartung, dass sich andere Personen in einer bestimmten Art und Weise verhalten. Damit ist es ein mittlerer Zustand zwischen Wissen und Nicht-Wissen und beinhaltet entsprechende Risiken (Simmel 1983). Geld transzendiert dieses Wissen, denn das Vertrauen in symbolische Zeichen und Expertensysteme „beruht auf dem Glauben an die Richtigkeit von Grundsätzen, die man selbst nicht kennt" (Giddens 1995: 83). Der Normalbürger weiß weder über die Feinheiten der Geldschöpfung Bescheid, noch kann er diese Prozesse aktiv beeinflussen. Man vertraut also nicht den Menschen, sondern der Ordnung, in der sie sich eingerichtet haben – Luhmann nennt das „Systemvertrauen" (Luhmann 2005: 60). Aufgrund dieses gleichsam automatisch gelernten Geldvertrauens wird Geld zum „Gewissheitsäquivalent" (Luhmann 2005: 64). „Wer Geld besitzt, verfügt über ein generelles Problemlösungsmittel und kann innerhalb dessen Reichweite deshalb auf Voraussicht spezifischer Problemsituationen verzichten" (Luhmann 2005: 64). Nun muss Geld, wie gesagt, selbst Vertrauen genießen; der Einzelne muss davon ausgehen können, dass er mit dem Geldsymbol auch wirklich die Möglichkeiten in der Hand hat, die es verspricht (Luhmann 2005: 63). Wie erzeugt der Chiemgauer ein solches Vertrauen?

Er tut dies auf unterschiedlichen Ebenen. Die *erste* Ebene ist die des generalisierten, versachlichten Vertrauens. Mittels vertraglicher Festlegung wird der Chiemgauer äquivalent zum Euro und profitiert damit vom allgemeinen Geld-Systemvertrauen. Die Details dazu, etwa die Verpflichtungen den Chiemgauer zu akzeptieren, zurückzutauschen und nicht zu fälschen, sind durch (straf- und vertrags-)rechtliche Normen abgesichert. Die *zweite* Ebene, die des persönlichen Vertrauens, ist ähnlich wichtig, schließlich wird er nicht von solch mächtigen Institutionen abgesichert wie der Euro. Wer also die Aktivisten, die Geschäftsleute, andere Nutzer kennt, kann dem Chiemgauer leichter vertrauen. Deren Handlungen sind gut einschätzbar, und zur Not gibt es Vergeltungsmöglichkeiten. Hier gilt das ‚Gesetz des Wiedersehens'. Eine *dritte* Ebene ist noch hinzuzufügen – die des symbolischen Vertrauens. Hierunter fallen ‚Vertrauen durch Moralität' im Sinne von: Nachdem der Chiemgauer fair, verantwortungsbewusst und gemeinwohlorientiert sein will, kann er nur ‚gut' sein. Wichtig ist auch ‚Vertrauen durch Bekanntheit', hier spielen v.a. die Medien eine wichtige Rolle. Jeder der Befragten hat schon durch Zeitung, Fernsehen oder Radio von der Regionalgeld-Idee gehört. Zugleich wurde der Chiemgauer durch die zumeist positive Berichterstattung von der ‚objektiven' Instanz der Medien als vertrauenswürdig geadelt. In eine ähnliche Richtung wirkt das ‚Vertrauen durch Prominenz'. Bekannte und glaubwürdige Personen und Organisationen stehen hinter dem Chiemgauer, seien dies nun kommunale Entscheidungsträger, Wirtschafts- und Umweltverbände, Vereine und Schulen oder Honoratioren aus Wirtschaft und Wissenschaft. Noch ein Faktor verdient eine eigenständige Erwähnung – das ‚Vertrauen durch Banken'. Die Banken, namentlich die Volks- und Raiffeisenbank, später auch die Sparkassen, haben sich vor einigen Jahren entschlossen beim Chiemgauer mitzumachen. Obwohl die Banken sich anfangs nur als Ausgabestelle beteiligten, war der Zugewinn an symbolischem Vertrauen immens.

> „Des gibt dem Ganzen halt den offiziellen Touch. Obwohl eigentlich die Bank nix anderes macht als diese Chiemgauer kommissarisch zu verwalten. Genau wie des jetzt a Poststelle machen würde oder a Unternehmer, is ja auch nix anderes. /I: Na ja, aber es wirkt anders?/ Ja genau. Weil da gehört eigentlich Geld zusammen, da kommt Geld her und sonst was. Da kann man davon ausgehen, wenn die Bank des macht ist des seriös" (CG05: 646-650).

Doch warum hat überhaupt eine Bank sich am Chiemgauer beteiligt? Paul, der als Bankkaufmann selbst maßgeblich daran beteiligt war, dass ‚seine' Bank beim Chiemgauer ‚mitspielte', berichtet von der immensen Skepsis bei den Vorständen, die vor allem darin beruhte, „dass da a BANK sein Namen hergibt und für'n Chiemgauer einsteht" (CG05: 96-97)[271]. Allerdings wollte die Bank einen möglichen „Zug nicht [zu] verpassen" (CG05: 86), denn...

> „wenn jetzt a Ortschaft wie Oberdorf, die so WEIT fortgeschritten ist mit dem Chiemgauer, wo die Unternehmer auch schon so weit waren und auch die Bürger sag mer mal schon damit kaufen, und die wollten natürlich auch ihr Geld irgendwo ((denglisch)) gehandled wissen" (CG05: 62-65).

Dieses ‚handlen' des Geldes verweist darauf, dass ein so sehr auf Vertrauen basierendes Konstrukt wie Geld offenbar institutioneller Einbindung bedarf. Genauer gesagt: Jede ernstzunehmende Geldart benötigt irgendwann den Segen der ‚Gralshüter des Geldes', der Banken. Die VR-Bank, um diese Geschichte zu beenden, hat sich nach anfänglicher Zurückhaltung entschieden, in einigen Filialen als „Paradebeispiel" (CG05: 88) eine Ausgabestelle zu etablieren. Später kamen weitere Aspekte wie die Teilnahme des bankeigenen Lagerhauses sowie die Einrichtung von Chiemgauer-Konten und eines elektronischen Bezahlsystems hinzu.

---

271 Neben diesem ideellen Aspekt spielten in dem Prozess vor allem rechtliche und technisch-organisatorische Faktoren eine maßgebliche Rolle (von Haftungs- und Versicherungsfragen bis hin zum Arbeitsaufwand). Hierzu mussten etliche Aspekte und Abläufe beim Chiemgauer neu geregelt und optimiert werden. „I glaub auch der Herr Gelleri hat da bestimmte Sachen verfeinern müssen oder konkretisieren müssen, weil doch einige Fragen offen waren. Das is halt weil a Bank des ganz anders hinterfragt als a Unternehmer, der sagt, ok ich akzeptier des" (CG05: 106-109).

4.2. *Ablauf der Aneignung des Chiemgauers*

Eine positive Einschätzung des Chiemgauers ist zwar Voraussetzung dafür, dass eine Person zum Chiemgauer-Nutzer wird, erklärt aber noch nicht, wie genau dies abläuft. Wie also sind die Befragten überhaupt dazu gekommen, Chiemgauer zu benutzen?

> *Gerda*: „Über die Kinderarche, des is die Nachmittagsbetreuung von unserer Grundschule und die ham sich praktisch als förderungsfähiges Mitglied bei den Chiemgauern registrieren lassen und dann war an nem Elternabend einfach mal einer von den Herrn [...] und hat AM Elternabend wirklich Mitgliederwerbung gemacht UND des is ja un kompliziert, leichter wie's beantragen irgendner Scheckkarte UND JA dann hab I's erst mal gemacht" (CG01: 4-13).
> *Hilde*: „Des hängt bestimmt damit zusammen, dass ich immer sozial engagiert war. Ein Leben lang eigentlich. Und mir diese Sache dann sehr eingeleuchtet hat und man sagen muss, Heimatdorf is ideal" (CG02: 3-6).
> *Marion*: „Wir ham a ganz a rührige Frau bei uns in der Gemeinde, die mit dem Herrn Gelleri zusammenarbeitet, die Resi Brunnhuber und die bringt den bei uns im Dorf ganz schön in Schwung [....] und des hat mir irgendwo total imponiert" (CG03: 5-11).
> *Judith*: „Ja da bin ich wahrscheinlich ein Sonderfall. Ich beschäftige mich schon lange mit regional, alternativ und bin dann, wo auch der Christian Gelleri war zu Margrit Kennedy nach [...] Steyerberg gefahren und da war so ein Seminar" (CG04: 3-6).
> *Paul*: „Ja eigentlich hat des schon mit meinem Beruf was zu tun gehabt, weil wir waren ja als Kundenbank haben wir eine Ortschaft gehabt, des war Oberdorf, wo dieser Chiemgauer immer mehr im Auftrieb war. [...] Und ma hat sie des halt mal so angeschaut, was is des eigentlich genau und ma hat dann die Praxistauglichkeit mal testen möchten. UND da war I natürlich a SO, dass ich sag OK, da mach I einfach mal die Sache mit" (CG05: 5-15).
> *Nils*: „Also aufmerksam bin I geworden über die Presse und so weiter, ganz viel über die Siglinde Huber, die des ja ganz stark propagiert im Bekanntenkreis. [...] Die hat mich halt einfach, mei man hat sich halt getroffen und dann hat die des so verteilt, des Infomaterial" (CG06: 5-12).
> *Martin*: „Ich bekomm von meinem Vater jede Woche einen Chiemgauer zum Taschengeld dazu und dann wenn I halt irgendwo - in der Stadt gibt's halt ein paar Geschäfte die ihn halt nehmen, also net alle - und wenn ich mir da was kauf, dann geb, dann zahl ich halt gezielt mit denen und des is halt einfach so dazu" (CG07: 6-10)

Auf den ersten Blick klingen diese Aussagen recht unterschiedlich, auf den zweiten finden sich gewisse Ähnlichkeiten: Nils und Marion sprechen beispielsweise von ihren Bekannten, von denen sie ‚geworben' wurden. Hilde und Judith betonen, dies geschah aufgrund ihres sozialen Engagements heraus. In der vergleichenden Betrachtung zeigt sich, dass dies charakteristische Muster innerhalb der *Laufbahn* sind. Grundsätzlich verläuft diese in folgenden Phasen: Erster Eindruck – Sprung wagen – Lernprozess – Routine.

Am Anfang steht der *erste Eindruck*. Ein potentieller Nutzer muss zunächst erfahren, dass so etwas wie der Chiemgauer überhaupt existiert. Welche Möglichkeiten gibt es hier? Die Idee kann direkt in persönlichen Gesprächen mit Aktivisten, Geschäftsleuten oder Bekannten – im privaten wie auch im öffentlichen Bereich – kommuniziert werden oder indirekt über PR-Materialien (Infobroschüre, Flyer etc.) oder massenmediale Berichterstattung. Man könnte nun annehmen, dass den Medien hier schon aufgrund ihrer Reichweite die größte Bedeutung zukommt. Interessanterweise führt die Medienberichterstattung jedoch nur selten direkt zu einer Chiemgauer-Nutzung. Viele Befragte geben an, schon lange vor ihrer ‚Aktivwerdung' von der Idee gewusst zu haben – „die Idee kenn i scho seit Ewigkeiten“ (CG01:40) – und zwar meist durch Berichte „im Fernsehen und im Radio“ (CG03: 33). Und da man sich teilweise „von Haus aus einfach für solche alternativen Sachen irgendwo und egal in welche Richtung“ (CG03: 13-14) interessiert, hat „diese Sache dann sehr eingeleuchtet“ (CG02: 5). Zum eigentlichen Ausprobieren kam es allerdings häufig erst aufgrund persönlicher Gespräche mit Aktivisten oder Bekannten, „die des ja ganz stark propagier[en]“ (CG06: 6). Dies soll nun nicht heißen, dass persönliche Kontakte zwingend notwendig wären. Manche erfahren auch durch Prospekte oder Medien vom Chiemgauer und probieren ihn einfach aus. Die grundlegende Gemeinsamkeit ist, dass alle sich dazu ‚durchringen' mussten. Hilde formuliert das mit Blick auf die vielen Nicht-Nutzer so: „Irgendwie hab ich des Gefühl, diesen Sprung zu wagen und des dann wirklich zu machen, des tun's dann net“ (CG02: 288-290).

Warum ist es so schwierig *‚den Sprung zu wagen'*? Möglicherweise, weil der Chiemgauer einen Bruch mit Alltagsroutinen, mit dem selbstverständlichen und unterhinterfragten Geldhandeln, bedeutet. Ein anderes Geld ist für viele ein „relatives Neuland“ (CG05: 9), man geht also „am Anfang mit ner gewissen Skepsis“ (CG05: 10) an die Sache. Natürlich macht diese Geldverfremdung auch neugierig, trotzdem muss man sich erst einmal überwinden und sagen „OK, da mach I einfach mal die Sache mit“ (CG05: 15). Konkrete Anlässe dafür gibt es viele. Einige wollten die „Praxistauglichkeit mal testen“ (CG05: 14), andere sind „wie's unser Dorf betroffen hat [...] hellhöriger geworden. Interessierter. Weil ma ja dann was anfangen kann“ (CG03: 30-38). Manchmal hat ein befreundeter Nutzer „des ja ganz stark propagiert im Bekanntenkreis“ (CG06:6-7) oder der eigene Verein wurde Mitglied beim Chiemgauer. Auf jeden Fall ist die erste Nutzung des Chiemgauers wie ein Sprung ins Unbekannte: „Man zieht los und man muss sie erst mal informieren, wo KRIEG ich denn DIESES GELD“ (CG01: 51-52). Der konkrete Ablauf sei am Beispiel des ersten Erlebnisses von Paul verdeutlicht:

Interviewer: „Wissen Sie noch ihr ALLERerstes Erlebnis? Wann Sie also das allererste Mal so nen Chiemgauer in der Hand hatten?“

> *Paul*: „Natürlich. Des ers-, des allererste Mal war ja, wo man sagt, man kriegt ja zuerst mal seine Karte zugeschickt, man is neugierig, sucht sich erst mal- [...] bin ich dann nach Linksdorf gefahren in ein Kulturzentrum, wie des auch immer geheißen hat, wollt meine ersten Chiemgauer abholen und die hatten so beschiss- ähm ungünstige Öffnungszeiten ((lacht)). War also vor verschlossenen Toren gestanden und dann übers Internet mal nachgeschaut, wo GIBT'S denn so Ausgabestellen. Irgendwann war man dann stolz, dass man wirklich mal 50 Euro hat wechseln können. Ja. Dann war natürlich die Problematik, man hat jetzt die ersten 50 Chiemgauer - WO gibt man sie jetzt aus? Wo kommt ma hin- wie auch immer. Man wollt sie ja relativ zeitnah wieder ausgeben. JA des war eigentlich, ja wenn man die ersten Chiemgauer mal in der Hand gehabt hat, des war irgendwie lustig ja. Hat man gesagt ok, jetzt hab I da was, was macht man eigentlich damit" (CG05: 44-58).

Paul hat sich also entschlossen, den Chiemgauer auszuprobieren. Der Antrag ist ausgefüllt, doch noch ist nichts passiert. Nun kommt per Post die Regiocard, ähnlich einer ec Karte und damit vertraut und doch fremd. Diese verfremdete Vertrautheit macht neugierig – man kann hier etwas, was man aus dem Effeff kennt (das Einkaufen mit Geld) neu erleben, man fragt sich, was ist hier jetzt anders. Zunächst muss man den Chiemgauer überhaupt erst bekommen. Paul fährt dafür zum einzigen Ort, den er kennt – ein Fehlschlag. Daraufhin beginnt er sich zu informieren und kann dann stolz (!) sein ‚profanes' (Euro-)Geld in ‚besondere' Chiemgauer transformieren. Mit den Chiemgauer unterwirft er sich den besonderen Regeln des Regiogeldspiels: Er will/muss ihn schnell wieder loswerden, weiß aber anfangs nicht genau wie und wo. Dieses Agieren im Ungewissen macht den Anfangsreiz des Chiemgauers aus. Paul fängt an sich zu informieren (via Internet) *wie* es geht und *wo* es den Chiemgauer gibt. An seinem Wohnort akzeptieren drei Geschäfte das Regiogeld. Paul besucht eines davon und war...

> „dann so angenehm überrascht, weil, [...] ein Geschäft, der Getränkemarkt, der hat zugleich auch die Chiemgauer ausgegeben und für mi war des dann die optimale Anlaufstelle Chiemgauer zu erhalten und dann auch wieder loszuwerden. Zum Beispiel beim Metzger oder auch beim Schreibwarengeschäft [...]. Und SO hat sich des schön langsam entwickelt, dass I hier PRAKTISCHE Erfahrung eigentlich gesammelt hab und sag OK, für mich war des kei Mehrbelastung" (CG05: 30-36).

Die ‚Mehrbelastung' scheint für Paul der entscheidende Punkt zu sein. Der gewisse Kitzel am Anfang scheint schnell zu verfliegen, wichtig wird dann die Frage, „wie viel Aufwand macht der Chiemgauer" (CG05: 28-29). Dies entscheidet sich in der anschließenden Phase des Erlernens.

Im *Lernprozess* versucht man, sich den Chiemgauer anzueignen. Die Folge der limitierten Verwendbarkeit des Chiemgauers ist ein Informationszwang. Will man also den Chiemgauer verwenden, muss man sich zuerst informieren „WER nimmt ihn" (CG03: 133-134). Dazu studiert man die Chiemgauer-Broschüre (alternativ auch die Homepage), in der alle teilnehmenden Unternehmen aufgelistet sind. Dieser anfängliche Suchprozess flaut schnell ab – bald schon kennt der Chiemgauer-Nutzer die für seine Bedürfnisse wichtigsten Geschäfte – ist deswegen aber nicht zu Ende. Unter bestimmten Bedingungen informiert man sich aufs Neue: Da der Chiemgauer in steter Veränderung ist, informieren die meisten Befragten sich schon aus grundsätzlichem Interesse mehr oder weniger fortwährend. Man hält sich auf dem Laufenden, „weil’s wichtig is und interessant is“ (CG03: 290) und erfährt so via Chiemgauer-Broschüre, Gemeindeblatt oder Gespräche mit anderen Nutzern von neuen Geschäften bzw. ruft die anderen sich wieder ins Gedächtnis. Will man gar in anderen Orten einkaufen oder spezielle Güter/Dienstleistungen erwerben, so informiert man sich vorab selektiv oder achtet beim Einkauf aufmerksam auf entsprechende Signale wie das Chiemgauer-Schild im Ladenfenster. Der Einsatz hierbei ist relativ gering. Dies zeigt sich daran, dass die Nutzer einerseits gerne noch mehr Geschäfte dabei hätten (v.a. Tankstellen, Baumärkte etc.), andererseits nur unvollständig über die tatsächlichen Verwendungsmöglichkeiten des Chiemgauers informiert sind[272]. Wichtig im Lernprozess ist nur, soviel Übereinstimmung zwischen den eigenen Wünschen und den Möglichkeiten des Chiemgauers zu finden, dass man damit „was anfangen kann“ (CG03: 38).

Sollte der Chiemgauer sich bei diesem Aneignungsprozess als zu aufwendig oder sonst irgendwie unpassend erweisen, kommt es zum *Abbruch*. Bei Hilde war dies der Fall: Sie kam erst wieder erneut hinzu, als der Chiemgauer bei ihr vor Ort und vor allem in ihrem Verein stark propagiert wurde.

> „Des erste Mal des war etwas schwierig. Ich hab in [Unterdorf] bei einem Ökoschreiner ein neues Bett geleistet [...] da hab ich dann in [Unterdorf] MÜHSAM versucht dieses Geld zusammenzubringen. Weil des war ja ne größere Summe. Des war also ganz schwierig. Da war's also nicht SEHR verbreitet. Und dann hab ich mich also nicht mehr sonderlich drum rumgetan [...] da hat mich niemand richtig informiert wie ma des machen muss, dass ma- wen ma da damit beglücken will. [...] Und da hab ich dann nix mehr gemacht muss ich gestehen“ (CG02: 104-120).

Hildes Hauptproblem war das mühsame Agieren im Ungewissen. Inzwischen haben sich die Angebote und Abläufe deutlich verbessert. Den Neulingen stehen mehr und bessere Informationen zur Verfügung.

Wenn die im Lernprozess entdeckten Möglichkeiten sich als „unproblematisch“ (CG04: 49) herausstellen, man bisweilen sogar „angenehm überrascht“ (CG05: 31) ist, etwa weil „die nächste Ausgabestelle also für mich günstig gelegen

272 Befragungen zufolge unterschätzt ein Großteil der Verbraucher deutlich die Anzahl der teilnehmenden Geschäfte (Meßenzehl 2006: 79). Grund dafür ist, dass man sich schlicht nicht genug informiert. Die sehr professionell umgesetzte und tagesaktuelle Homepage beispielsweise kennen nicht einmal ein Drittel der Nutzer (Meßenzehl 2006: 83).

is“ (CG01: 52), wird die Chiemgauer-Verwendung zur *Routine*. Ist ein Nutzer erst einmal soweit, bleibt er im Regelfall auch dabei. Der zentrale Punkt hierbei ist, den Chiemgauer in den Alltag zu implementieren. Wichtig ist, dass dies reibungslos funktioniert, denn auch kleine Zusatzarbeiten – „man möcht’s net glauben, wie hinderlich des is“ (CG05: 303-304).

> „Ja des Entscheidende is wirklich, dass jeder, dass du dein tägliches Brot, deinen täglichen Rhythmus umgestaltest, ohne dass du dich verbiegen musst. Sobald du ein Mehraufwand für dieses Produkt [aufwenden] müsstest, weil ich extra nach Buxtehude fahren muss für den Chiemgauer oder nach Halleluja fahren muss, damit ich einkaufen kann mit dem, ja dann wird des exotisch bleiben. Kann I allerdings, I steig vom Auto aus, und ob I jetzt zu dem Bäcker oder zu dem Bäcker geh, des is eigentlich egal, und wenn die Qualität bei dem no passt und ich muss mich nicht verbiegen dann, dann funktioniert des“ (CG05: 435-441).

Wenn der Chiemgauer erst Teil des Alltags geworden ist, sind die mit ihm verbundenen Abläufe prinzipiell ebenso Normalität wie der Umgang mit dem Euro.

> „Ich hab mir vielleicht am Anfang Gedanken gemacht wen ich da auswähle, weil ich des a gute Sache find, aber in meinen ALLTAGS-problemen interessierts mich eigentlich gar net“ (CG05: 319-321).

Hieraus darf nun nicht gefolgert werden, dass der Chiemgauer genau wie der Euro verwendet wird. Die nächsten Abschnitte werden dies aufzeigen.

5. Das Leitprinzip des Chiemgauers

Geld wird von den Menschen im Alltag mit verschiedenen Bedeutungen versehen – so auch der Chiemgauer. Der Chiemgauer ist jedoch nicht einfach ‚Geld’, sondern er ist ein besonderes Geld, ein *moralisiertes* Geld. Durch die Erweiterung der ‚Geldlogik’ um moralische Maximen entsteht ein spezifisches ‚Leitprinzip’ des Chiemgauers. Dieses ist die Grundlage für verschiedene Bedeutungs- und damit verbundene Handlungsmuster, die im Alltag aufgrund unterschiedlicher individueller, relationaler und kontextspezifischer Variablen entstehen (siehe Kapitel V.6). In diesem Abschnitt ist zunächst das Leitprinzip des Chiemgauers theoretisch zu klären und in seiner alltagspraktischen Auslegung darzustellen.

5.1. Theoretische Vertiefung und Begriffsklärungen

Für eine theoretische Einordnung des Chiemgauers als ‚moralisiertem Geld’ lässt sich das Konzept des ‚Rahmens’ heranziehen. *Rahmen* sind nach Goffman „kulturell vermittelte Interpretationsmuster, mit deren Hilfe Akteure Gegenständen, Ereignissen, Handlungen und Situationen Sinn verleihen“ (Lüders 1994: 108). Die Rahmung einer Situation bedeutet dementsprechend, „dass man diese Situation sowie die dazu gehörigen Handlungen und Menschen in einer bestimmten Weise erfasst, interpretiert und versteht“ (Münch 2002: 284). Goffman unterscheidet bei den Rahmen zwischen ‚natürlich' (etwa Naturereignisse) und ‚sozial' im Sinne „gemeinsam geteilte[n] Orientierungsmuster, denen ein Definitionsvorgang von Menschen zugrunde liegt“ (Hettlage 2003: 195). Diese primären Rahmen können verändert werden – Goffman nennt dies *‚Modulation'* – und werden zu sekundären Rahmen[273]. Dabei handelt es sich um die grundlegende Art der Transformation eines Stückes Handlung, die in allen Einzelheiten als Muster für etwas anderes dient. In der modulierten ‚Kopie' ist der primäre Rahmen noch vorhanden, in seiner Funktion als gültige ‚Definitionsgestalt' (Meyrowitz 1990: 74) jedoch abgewandelt[274]. Dadurch werden entsprechende Handlungssituationen grundlegend neu bestimmt, es ergibt sich ein anderer Sinn als im primären Rahmen. Den Beteiligten ist bewusst, dass hier nur ‚gespielt' wird, sie spielen aber als sei es wirklich. Hieraus darf kein Struktur-Determinismus abgeleitet werden: Rahmen setzen zwar kulturell geteilte Deutungsmuster voraus, bedürfen aber darüber hinaus der anwendungsbezogenen Interpretation durch die Interaktionsteilnehmer. Rahmen leiten Handlungen, aber Handlungen können auch Rahmen durchbrechen.

Was hat dies nun alles mit Geld bzw. Regionalgeld zu tun? Klammern wir zunächst alle individuellen, relationalen und kontextspezifischen (etwa Herkunft und geplante Verwendung des Geldes) Variablen aus, mit denen Geld im Alltag verschiedene Bedeutungsfacetten erhält. Nun zeigt sich *idealtypisch*, dass Geld prinzipiell ein objektivierendes, quantifizierendes und abstrahierendes Medium ist. Es beziffert alle Werte und reduziert sie so zum abstrakten Geldwert. Sein generalisiertes soziales Machtpotential (Vermögenseigenschaft) ermöglicht den Zugriff auf scheinbar alles, weswegen Geld auch Herrschaftsmittel sein kann. Daraus ergibt sich ein spezifisch abstrakter Modus der Vergesellschaftung, der geprägt ist vom Basisprinzip des zweckrationalen und nutzen- sowie gewinnmaximierenden Austauschs. Das ist der Rahmen, den Geld eröffnet, wenn Individuen es benutzen. Das ‚Chiemgauer-Geld' nimmt diesen Rahmen auf und erweitert ihn um eine *moralische* Komponente.

Hier ist eine Begriffsklärung vonnöten, denn nur wenige Begriffe sind so schwierig und strittig wie *‚Moral'*. Eine mögliche Definition fasst Moral als „Inbe-

273 Eine andere Variante zur Veränderung primärer Rahmen ist die ‚Täuschung', bei der im Gegensatz zur Modulation nicht allen Beteiligten klar ist, dass hier ‚nur etwas gespielt wird'.

274 Goffman benennt fünf Formen der Modulation: „So-tun-als-ob“, „Wettkampf“, „Zeremonie“, „Sonderaufführungen“ und „In-anderen-Zusammenhang-Stellen“ (Goffman 1980: 31ff).

griff moralischer Normen, Werturteile und Institutionen. [...] In Form eines Katalogs materialer Norm- und Wertvorstellungen regelt sie die Bedürfnisbefriedigung einer menschlichen Gemeinschaft und bestimmt deren Pflichten“ (Prechtl/ Burkhard 2008: 390). Es handelt sich hierbei also um kollektiv geteilte, teils individuelle und gruppenspezifisch ausdifferenzierte Überzeugungen über ‚richtiges' Handeln und ihnen entsprechende Forderungen (Birnbacher 2007: 7). Dabei wird Moral nicht normativ im Sinne von ‚gut' oder ‚sittlich' verstanden[274], sondern rein deskriptiv. Im Mittelpunkt stehen also Urteile, durch die ein menschliches Handeln positiv oder negativ bewertet, gebilligt oder missbilligt wird. In Luhmanns Worten: „Eine Kommunikation nimmt moralische Qualität an, wenn und soweit sie menschliche Achtung oder Missachtung zum Ausdruck bringt“ (1993: 360f). Dabei sind moralische Urteile kategorisch, d.h. sie bewerten Handlungen unabhängig davon, inwieweit diese den Zwecken oder Interessen des Akteurs entsprechen (Birnacher 2007: 13)[275].

Welche moralischen Maximen kommen beim Chiemgauer nun hinzu? Dies liegt im Auge des Betrachters, denn sein institutionell konstituierter Deutungsrahmen referiert eher vage auf Begriffe wie ‚regional', ‚sozial' oder ‚ökologisch'. Je nach individueller interpretativer Aneignung kann der Chiemgauer dann auf Gemeinschaftlichkeit, Mitgefühl, Fairness, Nachhaltigkeit, Selbstlosigkeit, Exklusivität, Originalität und viele andere moralische Maximen verweisen. Ein Schwerpunkt liegt hierbei sicherlich auf einer ‚regionalen Solidarität', konkretisiert in der ‚Förderung der regionalen Wirtschaft und der Vereine'.

Damit lässt sich beim Chiemgauer von einer *‚moralisierenden Modulation'* sprechen. Der primäre Rahmen des Geldes wird durch moralische Maximen erweitert, d.h. in einen anderen Zusammenhang gestellt. Das heißt nun nicht, dass beim Chiemgauer moralisch ‚höhere', ‚zivilere' oder sogar eindeutig ‚nachhaltigere' Normen plötzlich das Geschehen insgesamt dominieren. Der Chiemgauer bleibt immer noch Geld (im oben beschriebenen, idealtypischen Sinne). Deswegen finden sich

274 Die Frage, ob Handlungen im Kontext des Chiemgauers ‚gut' oder ‚richtig' sind, führt für die vorliegende Forschungsarbeit zu weit. Dies gilt schon deswegen, weil es sich hier um keine soziologische Frage handelt, sondern vielmehr um eine ethisch-philosophische.

275 Die ‚experimentelle Philosophie' hat diesbezüglich einige interessante Erkenntnisse formuliert: Die moralische Qualität einer Handlung scheint einen starken Einfluss auf die Urteile über die Intentionalität der Handlung auszuüben (‚Knobe-Effect'; vgl. Knobe 2003). Im zugehörigen Experiment sollten Versuchspersonen folgende Situationen beurteilen: Ein Manager geht zu seinem Chef und sagt, er könne die Gewinne der Firma steigern. In Variante 1 würde dies allerdings der Umwelt *schaden*. In Variante 2 würde es der Umwelt *nutzen*. In beiden Fällen sagt der Chef, es sei ihm egal (ob es schade bzw. nutze) – Hauptsache der Gewinn stimmt. Die Frage an die Versuchspersonen war nun, inwieweit der Chef der Umwelt absichtlich geschadet bzw. genutzt habe. 83% waren der Meinung, der Chef habe der Umwelt absichtlich geschadet, aber nur 23% meinten, der Chef habe der Umwelt absichtlich genutzt.

hier – im Sinne einer Gleichzeitigkeit des Ungleichzeitigen – amoralische und moralische, egoistische und altruistische, eigennutz- und gemeinwohlorientierte, materielle und immaterielle Dimensionen.

Spätestens hier kommen nun die vorher ausgeklammerten individuellen, relationalen und kontextspezifischen Einflüsse wieder hinzu. Durch diese gewinnt Geld, und so auch der Chiemgauer, seine vielfältige Symbolik, aus der sich unterschiedlichste Verwendungsarten ergeben.

5.2. *Alltagspraktische Auslegung des moralisierten Geldes*

Der Chiemgauer ist für die Befragten zunächst einmal „wirklich NUR Geld" (CG01: 784), trotz seiner abweichenden Konstruktions- und Erscheinungsweise.

> „Auch wenn I jetzt vorher gesagt hab es schaut a bisserl monopolymäßig aus, im Endeffekt is es GELD. Es is ja völlig egal ob ma jetzt mit Muschel rumschmeißen oder-, es is ja a gewisse MACHT oder Tauschkraft, wie immer man's nennen will, is ja mit dem auch verbunden" (CG01: 218-233).

Damit ist das Regionalgeld – ebenso wie der Euro – ein reines Werkzeug, das ohne Einschränkungen als amoralisches „Macht- und Zweckmittel" (CG01: 421) benutzt wird. Anders gesagt, es gibt für die Befragten nichts, was man mit dem Chiemgauer nicht machen darf, abgesehen vielleicht vom „wegwerfen" (CG05: 252) – man würde auch „Rattengift" (CG01: 381) damit kaufen. Das Tauschmittel Chiemgauer hat gegenüber dem Euro keine „weiteren positiven Eigenschaften" (CG03: 237), es „kriegt genauso Füße wie der Euro" (CG03: 236). Dementsprechend wird der alltägliche Umgang damit schnell zur „VÖLLIGE[N] Normalität" (CG03: 180). Noch eines ist hier wichtig: Die Befragten haben grundsätzlich ein positives Bild vom Geld. Der Euro etwa gilt als praktische und neutrale Alltäglichkeit, als ein unverzichtbares und sinnvolles Werkzeug[277].

---

277 In einem (das Interview abschließenden) Fragebogen wurde abgefragt, wie der Euro bzw. der Chiemgauer auf die Befragten wirken. Dazu sollten jeweils bis zu drei Adjektive angegeben werden. Die Auswertung zeigt, dass die Befragten Geld in drei Dimensionen beurteilen: hinsichtlich seiner *Wirkungen* (Wirkungsraum und Konsequenzen), seiner *Inhalte* (verschiedene kognitive und emotionale Konnotationen) und seiner *Handhabung* (der konkrete Umgang damit). Beim *Chiemgauer* ergab sich folgendes Bild: Der ihm zugeschriebene Wirkungsraum ist ‚regional' (3x genannt), die Konsequenzen seiner Nutzung sind ‚sozial/verbindend' (5x). Inhaltlich hat er eine positive emotionale (erfreulich, warm, besser, positiv) sowie eine positive kognitive Bedeutung (zukunftsweisend, gute Idee, kritisch, anders, exklusiv). Hinsichtlich seiner Handhabung gab es nur eine Nennung – ‚gut zu handhaben'. Den *Euro* wiederum beurteilten die Befragten folgendermaßen: In seiner Wirkung ist er ‚global' (2x) sowie ‚gut' (2x) bzw. neutral. Seine inhaltlichen Konnotationen spiegeln seine Allgegenwart wider (normal, Allerweltsgeld, berühmt, wertvoll), nur bei einem Befragten waren damit negative emotionale

Als ein solches wird auch der Chiemgauer gesehen; dementsprechend muss er bestimmten zweckrationalen Kriterien genügen. Hinsichtlich seines generalisierten Machtpotentials ist der Chiemgauer aber im Vergleich zum Euro eingeschränkt. Diese Einschränkung, diesen Verzicht auf ein ‚absolutes' Mittel muss man sich zuerst einmal leisten können (und wollen):

> „Ich seh natürlich ein, dass mit nem Drei-Kinder-Haushalt, dass die ihre Grundnahrungsmittel halt doch beim Aldi kaufen, weil die da sparen. Für mich is des nicht mehr notwendig" (CG02: 139-141).

Obwohl andere betonen, sie würden den Chiemgauer auch als Hartz 4 Empfänger verwenden, weil „ich zahl keine Gebühren" (CG05: 611), ist wahrscheinlich, dass die betroffene Person den Chiemgauer in einer ökonomisch schwierigen Situation wegen seiner höheren Transaktionskosten sowie seiner eingeschränkten Gültigkeit nicht verwenden würde. Ein bisschen ‚Luxusgeld' ist das Regionalgeld schon auch.

Bislang wäre der Chiemgauer also nur ein etwas aufwendigeres Zweckmittel, tatsächlich hat er aber auch eine moralisierte Komponente. Diese entsteht durch zwei Aspekte: erstens aus der Konstruktion des Chiemgauers heraus (konstruktionsbedingte Moral) und zweitens als ein Resultat seiner Verwendung innerhalb individueller wertebasierter Handlungen (verwendungsbedingte Moral).

Beginnen wir mit der *konstruktionsbedingten Moral.* Im Gegensatz zum Euro hat der Chiemgauer ja „dieses nette kleine Ding" (CG01: 699-700), also „diese direkte Verbindung WENN DU KAUFST, dann gleichzeitig SPENDE" (CG01: 702-703). Zu diesem ‚Spenden-Automatismus' gesellt sich die Regionalitätskomponente; aufgrund seiner Konstruktion kann der Chiemgauer nur im Chiemgau eingesetzt werden. Außerdem verhindern die konstruktionsbedingten Einschränkungen amoralische Handlungen wie „Schwarzgeld" (CG01: 708) oder „Steuerhinterziehung" (CG01: 521). Dadurch ist er „a bisserl a moralischeres Geld als der Euro" (CG01: 424-425).

Zentral ist hier jedoch der Aspekt des symbolischen Opfers. Den Chiemgauer gibt es nicht umsonst. Wer hier mitmachen will, muss seine universell einsetzbaren und zeitlich unbegrenzt gültigen Euros in räumlich und zeitlich eingeschränkte Chiemgauer transformieren. Und damit nicht genug: Man muss konstant Arbeit in das Regionalgeld investieren – sei es durch Umtausch, sei es durch weitere Wege zu entsprechenden Geschäften, sei es durch Recherche, wo man etwas damit erwerben kann. Kurz gesagt:

Konnotationen verbunden (kalt, unpersönlich). Bei der Handhabung gab es wie beim Chiemgauer nur eine Nennung, und zwar ‚praktisch (Ausland)'. Interessant war auch, dass den Befragten beim Euro wesentlich weniger Assoziationen (nur 13 von 21 möglichen) einfielen als beim Chiemgauer (18 von 21 möglichen).

> „Um den Chiemgauer muss ich mich BEMÜHEN. Also ich muss des wirklich, ja eine gewisse Arbeitsleistung rein setzen“ (CG01: 724-726).

Dies macht allerdings nur Sinn, wenn der Chiemgauer tatsächlich moralischer ist. Hier wird ein strukturelles Problem sichtbar: Wenn der Chiemgauer tatsächlich ‚gutes Geld' sein will, darf er dann in sog. ‚bösen' Geschäften verwendet werden? Was geschieht, wenn das Regionalgeld, das ja ökologisch, gemeinschaftlich, nicht gewinnorientiert, sozial etc. wirken will, in Geschäften verwendet werden kann, die genau das Gegenteil verkörpern? Diese Dissonanz lässt sich als Aldi-Dilemma bezeichnen. Aldi[278] steht hier stellvertretend für jene Geschäfte, die vorwiegend eine ‚Geiz-ist-geil'-Mentalität verkörpern, zu Lasten sozialer, ökologischer und gesundheitlicher Kriterien. Sie werden verantwortlich gemacht für die Verödung der Innenstädte, für Verdrängung von Einzelhandelsgeschäften mit guter persönlicher Beratung sowie für den zunehmenden Preisdruck auf regionale Erzeuger (z.B. Milchpreis). Hinzu kommen diverse Skandale in den letzten Jahren, so etwa Mobbing und Bespitzelung von Mitarbeitern (u.a. Lidl), Entlassungen und Wiederanstellungen ohne Tarifvertrag (u.a. Schlecker), Sabotage gewerkschaftlicher Organisierung (u.a. Aldi), menschenunwürdige und umweltschädliche Produktionsbedingungen in den Erzeugerländern (u.a. kik) usw. usf. Trotz zunehmender gesellschaftlicher Akzeptanz[279] sind die Discounter deswegen in bestimmten gesellschaftlichen Milieus immer noch verpönt, auch wenn inzwischen Bio- und Fairtradeprodukte in ihren Regalen stehen. Ein schönes Beispiel hierfür ist der 2007 versuchte Einstieg der Schwarz-Gruppe (Lidl) bei der Biosupermarktkette Basic. Dieser scheiterte aufgrund massiver Proteste von Konsumenten und Lieferanten. Angesichts dessen wurde die (fiktive) Frage an die Interviewten gestellt: Was wäre, wenn Aldi beim Chiemgauer mitmachen würde?

---

278 Aldi (Kurzname von Albrecht-Discount) wurde nach dem 2. Weltkrieg von den Albrecht-Brüdern zu einem weltweit operierenden deutschen Handelsunternehmen aufgebaut. Ihr Geschäftsmodell beinhaltete konsequente Kostenminimierung (keine aufwändige Deko und Ladenausstattung, keine teure Reklame, wenig kostenintensive Frischwaren etc.) und dadurch sehr niedrige Preise.

279 Diese zeigt sich nicht nur am wachsenden Marktanteil der Discounter – Studien beziffern inzwischen einen Anteil von mehr als 40% beim Lebensmitteleinzelhandel (sueddeutsche.de) – sondern auch daran, dass der Einkauf beim Discounter zunehmend gesellschaftlicher Mainstream wird. Alle gesellschaftlichen Schichten kaufen inzwischen bei Aldi. Marktforscher sprechen hier von ‚*hybriden Konsumenten*' (‚Aldi et Audi'), die bei wichtigen (meist teuren) Produkten auf Qualität, Marke und gute Beratung achten, bei den Produkten des täglichen Bedarfs (v.a. Lebensmittel, teilweise auch Bekleidung, Schuhe, Drogerieartikel, Möbel, Mode) aber hauptsächlich auf den günstigen Preis. Diese selektiv zunehmende Preisorientierung – Stichwort „Aldisierung“ (Wort des Jahres 2005 in der Schweiz; focus.de 02) – spiegelt sich wieder in der Umschichtung der Ausgabenstruktur privater Haushalte zu Lasten der Nahrungs- und Genussmittel (Fritz 2003).

Die meisten Interviewten sind nicht unbedingt Freunde der Discounter, dieser „ausbeuterischen Billigdinger“ (CG03: 417). Dementsprechend beurteilen sie einen eventuellen Einstieg der Discounter in das Regionalgeldsystem als „schlecht“ (CG05: 400), da es von der „Gesamtkonzeption von dene Dinger“ (CG03: 435) bis zu deren „ganzer Ideologie“ (CG03: 436) einfach „net passt“ (CG03: 438). Manche betrachten die Discounter sogar als gefährliche Konkurrenten:

> „Wenn man dene die Möglichkeit gibt, hier mit'm Chiemgauer zu zahlen, I glaub eher des macht des System kaputt, als dass des für die Region hilfreich ist“ (CG05: 409-410).
>
> Denn die Discounter, „die würden ja auch nur mitspielen, damit sie des, was hier aufgebaut wurde, mittelfristig ad absurdum führen. Wo hätten die denn da Vorteil. Des einzige is ja, dass die REGIONALEN sich so zusammentun als Einheit und PAROLE bieten gegen die ALLMACHT dieser Großkonzerne“ (CG05: 416-420).

Das hieße dann, „wenn man des bewertet, ja wenn man sagt des is gutes Geld, Euro is schlechtes Geld, dann würd's ihm natürlich schaden. Sehr!“ (CG01: 425-427). Wenn den Befragten also so wichtig ist, dass bestimmte Geschäfte nicht teilnehmen, wie lösen sie das Problem einer (möglichen) Teilnahme? Einerseits durch ein gewisses ‚Systemvertrauen', d.h. durch den festen Glauben daran, dass die Institution Chiemgauer und die Discounter prinzipiell unvereinbar sind: „Des geht bestimmt nicht“ (CG02: 479-480), „also des glaub ich würden die nie machen“ (CG04: 171), „des wird NIEMALS der Fall sein“ (CG05: 408)[280].

Andererseits – und das führt direkt zur *verwendungsbedingten Moral*[281] – ist der Chiemgauer für die Befragten ein (quasi-neutrales) Medium für ihre persönlichen Handlungspräferenzen. Es ist letztlich egal, wer mitmacht und wer nicht, denn schließlich: „ich hab meine eigenen Qualitäts[kriterien]“ (CG01: 429). Auch wenn der Chiemgauer bei Discounter gelten würde, „würd ich dann auch nicht bei Lidl kaufen oder bei Aldi oder ich weiß nicht wo. Weil des ja ne REGIONAL-Sache ist“ (CG04: 177-179). Kurz gesagt: „I muss ja net bei eam einkaufen“ (CG03: 431-432). In der Sicht der Befragten nutzen sie den Chiemgauer und werden nicht von ihm benutzt, d.h. seine (moralische) Wirkung entfaltet er nur als Träger ihrer Überzeugungen.

280 Manche Befragte vertrauen der Konstruktionsweise des Chiemgauers sogar soweit, dass auch eine Teilnahme der Discounter möglich erscheint: „Wenn ich bei Aldi und Lidl einkaufen würde, würd ich dann lieber mit Chiemgauer zahlen als mit Euro, weil I dann weiß dann bleibt wenigsten a Teil des Geldes hier“ (CG06: 111-113). Denn, „wenn das Regelwerk passt, dann kann des von mir aus jeder nutzen“ (CG06: 174).

281 Die von den Geldmachern bewirkte *konstruktionsbedingte* Moral kann als Modulation 1. Ordnung gesehen werden, die durch die individuelle interpretative Aneignung eine Modulation 2. Ordnung erfährt, woraus subjektspezifische *verwendungsbedingte* Moralen resultieren.

Dadurch gewinnt das Regiogeld einen *normativen Charakter*. So empfindet es Gerda etwa als „unanständig“ (CG01: 364), ihrem „unseligen Faible für Teakholz“ (CG01: 360) mit Chiemgauern zu frönen. Indem das Regionalgeld als Träger für die eigenen moralischen Überzeugungen benutzt wird und nicht selbst moralisch wirkt, kann man auch den moralischen Gewinn für sich alleine beanspruchen.

Es bleibt festzuhalten: Aufgrund seiner Konstruktionsweise gewinnt der Chiemgauer eine moralische Symbolik – aber nur ein bisschen. Mehr sollte es nach Meinung der Befragten auch gar nicht sein, denn „es is GENUG moralische Komponente auf dem Geld drauf. MEHR, des wär' ja dann schier unerträglich“ (CG01: 721-7213). Dementsprechend finden die Befragten auch „das Positive am Chiemgauer, dass er NICHT moralisch wertet“ (CG01: 369-370) hinsichtlich dem „wer darf mitmachen“ (CG01: 370). Diese prinzipielle Offenheit bezieht sich jedoch nur auf die Konstruktion des Chiemgauers; bei seiner Verwendung legen individuelle moralische Überzeugungen den Rahmen fest. Aus diesem Zusammenspiel von institutionellen und individuellen Faktoren ergibt sich die moralische Modulation des Geldes. Diese rahmt fortan die Beziehungen zu Menschen und Dingen in einer bestimmten Art und Weise, sie bewirkt einen spezifischen *Verweisungszusammenhang*. Geld prinzipiell stiftet ja rechenhafte, abstrahierende und indifferente Beziehungen zu Menschen und Dingen. Der Chiemgauer hingegen verleiht Menschen und Dingen eine andere Bedeutung. Man kann hier nicht wirklich von einer De-Abstrahierung sprechen, weil die Geldlogik immer noch vorhanden ist. Doch wird diese zumindest ergänzt von einer moralischen Komponente, die immer mitschwingt, sobald der Chiemgauer verwendet wird. Dieser Verweisungszusammenhang wirkt überall, wo der Chiemgauer verwendet wird, und bildet die Grundlage für die unterschiedlichen Bedeutungen, die das Regionalgeld in konkreten Alltagssituationen gewinnt.

6. Der Chiemgauer aus subjektzentrierter Sicht

Wie gehen Menschen im Alltag mit einem in Richtung Moral erweiterten Geld um? Wie konkretisiert sich diese grundsätzliche Symbolik innerhalb spezifischer Handlungssituationen, d.h. in welchen alltagspraktischen Konkretionen tritt der Chiemgauer auf? In der Auswertung der Interviews wurden einige typische Bedeutungsausprägungen des Chiemgauers identifiziert, die in je unterschiedlicher Art und Weise Handlungsrelevanz besitzen. Sie können verschiedenen Betrachtungsebenen (Individuum – Beziehung) und Kontexten (Beziehung: öffentlich – privat) zugeordnet werden.

6.1. *Die Verwendung als ‚Geld für den täglichen Bedarf'*

Wie genau läuft es eigentlich ab, wenn ein Individuum „zwei Währungen im Geldbeutel hat" (CG04: 72)? Zunächst muss der Chiemgauer überhaupt erst einmal ins Leben des Nutzers eintreten. Dies geschicht beim *Umtausch*. Hier fungieren bestimmte Läden sowie einige Bankfilialen als Ausgabestellen. Bei diesen erhält man nach Vorlage seiner Regiocard den gewünschten Betrag in CH ausgezahlt; die entsprechende Summe an € wird dann per Lastschriftverfahren vom Konto abgebucht. Die Befragten machen dies ein bis vier Mal im Monat (meistens im zweiwöchentlichen Turnus) und tauschen bei jedem Vorgang zwischen 100 bis maximal 300 € in CH um[282].

Die eingetauschten Beträge können leicht schwanken, entweder durch besondere Ausgaben, etwa „wenn ich in die Apotheke geh, hol ich mir mehr" (CG02: 528-529), oder angesichts der Umlaufsicherung:

> „Ich pass ein bisschen auf wenn's ums QUARTALSende geht, dass ich dann nicht unbedingt noch Geld in der Tasche hab" (CG04: 331-333).

Der Akt des Umwechselns selbst ist unkompliziert und (mittlerweile) durch relativ viele (42; chiemgauer.info) Ausgabestellen auch ohne großen Aufwand zu bewerkstelligen.

> „Mei, des macht man halt, wenn man sowieso hingeht. Bei uns im Buchladen, der die Wechselstation is" (CG06: 56-547).

Dadurch, dass man „net extra irgendwo reinfahren muss" (CG05: 518-519) ist es auch „überhaupt kein Problem [...], ständig Nachschub zu holen" (CG03: 241-242). Das so transformierte Geld ist für eine unbestimmt spezifische Verwendung vorgesehen, d.h. es dient hauptsächlich zur Deckung des „täglichen Bedarfs" (CG02: 394-394), ohne dass dieser schon bis ins Detail feststeht.

---

282 Sie haben damit meist 100-200 CH „im Hosensack" (CG06: 103). Diese Summe entspricht ungefähr dem durchschnittlichen mitgeführten Bargeldbestand (‚Transaktionskasse') eines Bundesbürgers (arithmetisches Mittel 118 €, Median rund 90 €, wobei höhere Beträgen hauptsächlich bei Männern, Menschen mit Migrationshintergrund, Westdeutschen, Angehörigen höherer Einkommensklassen und bei Personen zwischen 55 und 64 aufzufinden sind) (Deutsche Bundesbank 2009: 40ff). Da Bargeld v.a. für kleinere und mittlere Beträge bis 50 € und hier v.a. an den Zahlungsorten ‚Cafe, Kneipe, Imbiss, Schnellrestaurant' (zu 96% Bargeldzahlung) sowie ‚Einzelhandel für den täglichen Bedarf' (zu 69% Bargeldzahlung) verwendet wird, ist zu vermuten, dass zumindest in diesen Bereichen die Befragten ihr Eurobargeld durch Chiemgauer teilweise substituieren (Deutsche Bundesbank 2009: 61ff).

> „Es ist net gezielt. I geh ganz normal zu unserem Bäcker, kauf mein Brot, geh zum Metzger, kauf meine Wurst und mein Fleisch. Gezielt nicht. Höchstens I weiß, I brauch jetzt vom Elektrogeschäft was Größeres, dass I dann von Haus aus scho mehr hol, aber im Normalfall hol I einfach an Batzen und wenn er weg is hol I wieder neu" (CG03: 328-331).

Die monatlich umgesetzte Menge an CH liegt bei allen Befragten zwischen 300 und 400[283]. Was genau wird nun damit gemacht?

Folgende typische *Verwendungsmuster* waren aufzufinden: Der Chiemgauer wird meist „ganz konsequent" (CG02: 220) im Rahmen des *habitualisierten alltäglichen Einkaufsverhaltens* benutzt. Also „immer wenn I einkaufen geh" (CG03: 248), und zwar diesen „klassisch tägliche[n] Bedarf, was man so und so kaufen würd" (CG01: 336-337), wird mit Regionalgeld bezahlt. Die jeweiligen Geschäfte sind individuell verschieden; genannt wurden u.a. Bäcker, Metzger, Getränkehandel, Markt, Gemüsehändler, (Bio-)Supermarkt, Teegeschäft, Buchhandel, Schreibwarenladen und Eine-Welt-Laden. Der Schwerpunkt liegt eindeutig auf täglichen Verbrauchsgütern, v.a. Lebensmitteln. Wie häufig diese erworben werden, ist ebenfalls individuell unterschiedlich. Die Frequenz schwankt zwischen täglich und zweimal die Woche. Dementsprechend schätzten die Befragten auch ihre Chiemgauer-Zahlvorgänge auf acht bis zwanzig pro Monat. Obwohl der Gros der Chiemgauer-Verwendung auf das „Standardzeug" (CG03: 179) entfällt, kommt es ab und an vor, dass *besondere Anschaffungen* damit getätigt werden. Die Bereitschaft dazu ist individuell verschieden. Manche Nutzer nehmen für größere Ausgaben bewusst einen Mehraufwand auf sich, um mit Chiemgauer bezahlen zu können, beispielsweise „wenn ich viel Bio brauch, dann fahr ich da hin" (CG04: 119) oder für „größere Sachen, für ne Brille fahr ich halt nach Linksdorf" (CG04: 112). Andere hingegen finden es zwar toll, dass der Chiemgauer die Möglichkeit bietet, ihn „auch mal [für] größere Sachen, nicht bloß mal 20 Euro" (CG04: 17) auszugeben, nutzen sie selbst aber kaum. Dies liegt möglicherweise daran, dass ein solcher Einkauf einen Mehraufwand bedeutet, d.h. in solchen Situationen treten die Einschränkungen des Chiemgauers deutlich zu Tage. Es stellen sich Fragen wie: Wer bietet die gewünschten Güter/ Dienstleistungen an, ist möglicherweise eine weite Anfahrt nötig, wird dieser Unternehmer die ganze Summe in Chiemgauern akzeptieren? Selbst wenn man weiß, dass „zum Beispiel der Optiker Osram, der nimmt auch den ganzen Preis [...] oder mehr noch der Computer Carlo, [...] der nimmt dann die 800, 900 Euro, die 1000 Euro in Chiemgauer" (CG04: 17-19), ist doch zu vermuten, dass bei größeren Anschaffungen andere Motivkonstellationen handlungsleitend sind, die teilweise

283 Damit liegen sie im Vergleich zu anderen Chiemgauer-Nutzern im oberen Bereich. Laut empirischer Studien schwanken die monatlichen Ausgaben pro Haushalt zwischen 20 und 450 CH, durchschnittlich 150 CH (Meßenzehl 2006: 86). 40% der Nutzer geben dabei monatlich weniger als 100 CH aus, nur 2% mehr als 500 CH (Ziegler 2009: 58).

den chiemgauerbedingten Einschränkungen entgegenstehen. So konnten etwa im Bereich der „Alltagsgüter“ (CG05: 385) Kriterien wie Vertrauen, Erreichbarkeit, Regionalität und Umweltverträglichkeit maßgeblich sein, während bei teuren Anschaffungen eher Preis, Angebotsvielfalt und Service wichtiger werden. Letztere sind nicht unbedingt mit dem Chiemgauer kongruent – wer beispielsweise einen Computer kauft, möchte dies vielleicht nicht ausschließlich bei ‚Computer Carlo' tun müssen, sondern lieber in einem der vielen Elektronik-Großmärkte oder gar in einem günstigen Online-Shop. Insgesamt substituieren die Befragten aber für bis zu „70 Prozent der täglichen Einkäufe“ (CG01: 138-139) den Euro mit Chiemgauern[284].

Die konkrete *Handhabung* des Regionalgeldes ist der des Eurogeldes sehr ähnlich: Man hat die Scheine „ganz normal im Geldbeutel“ (CG03: 245), manchmal in einem separaten Fach oder auf einer bestimmten Seite, selten in einem extra Geldbeutel. Auch der konkrete Zahlungsakt verläuft wie gewohnt.

> „Des is a VÖLLIG normales Zahlungsmittel bei uns, da wird auch net hingeredet. I gib mein 10 Chiemgauer-Schein hin und krieg mei Restgeld in Chiemgauer-Scheinen zurück und den Rest in Cent“ (CG03: 186-188).

Die Spezifika der Regionalwährung führen allerdings manchmal zu Brüchen im sonst so routinierten Geldhandeln: Man muss in regelmäßigen Abstand das Ablaufdatum der Scheine kontrollieren und das Fehlen größerer Werteinheiten (wie 100er

284 Als Vergleichsmaßstab für diese Einschätzung lassen sich offizielle Statistiken heranziehen. In Deutschland gibt ein Haushalt durchschnittlich pro Monat für Konsumausgaben 2.177 € aus (Stand 2008; statistik.bayern.de). Angesichts dessen scheinen die monatlich 300 bis 400 Chiemgauer eher wenig zu sein. Doch gilt es zu bedenken, dass ein Gutteil dieser Ausgaben in Bereiche fällt, die der Chiemgauer kaum oder gar nicht im Sortiment hat, beispielsweise Wohnungs- und Energiekosten, Verkehr und Nachrichtungsübermittlung oder Freizeit- und Kulturangebote. Betrachtet man die Verteilung der Konsumausgaben, so ergibt sich folgendes Bild: Nahrungsmittel, Getränke und Tabak (14,6%), Bekleidung und Schuhe (5,3%), Wohnung und Energie (24,3%), Einrichtung und Haushaltsgegenstände (6,8%), Verkehr und Nachrichtenübermittelung (16,6%) Freizeit und Unterhaltung (9,4%), Gastronomie und Beherber-gung (5,7%), Übrige (17,3%) (Statistisches Bundesamt, 2009: Tabelle 1.3). Das hieße, der durchschnittliche Haushalt gibt für den Bereich Lebensmittel ungefähr 320 € aus. Nimmt man weitere, für die Chiemgauer-Verwendung relevante Bereiche wie Bekleidung, Haushaltsgegenstände und Gastronomie hinzu, so kommt man auf ca. 680 €. Verrechnet mit den oben geschätzten 70% ergeben sich 224 bis 476 € - was annähernd den angegebenen 300 bis 400 Chiemgauern entspricht. Kurzum: Es scheint, dass die Nutzer innerhalb dessen, was mit Chiemgauer möglich ist, durchaus bis zu drei Viertel ihrer (alltäglichen) Konsumausgaben über das Regionalgeld abwickeln. Wieso geben aber die beiden alleinlebenden Rentnerinnen (Hilde, Judith) genau soviel aus wie die jungen Familien (2-3 Kinder im Alter von 1-12 Jahren)? Im einen Fall (Hilde) kommt dies durch hohe Ausgaben in der Apotheke zustande, im anderen Fall (Judith) durch eine selbstständige Nebentätigkeit, die diverse Geschäftsausgaben erfordert.

etc.) macht den Bezahlvorgang oft etwas „kompliziert“ (CG01: 57). Die Befragten empfinden das generell aber nicht als belastend, sondern dies trägt (wie das bunte Design mit Kinderbildern auf der Rückseite) dazu bei, dem Umgang mit Chiemgauern einen unterhaltsamen ‚Monopoly-Charakter’ zu verleihen. Trotz Spaßfaktor ist und bleibt das Regionalgeld aber ein Werkzeug. Der Chiemgauer ist also „vom Ausschauen und vom Handling her Monopoly aber ansonsten is es GELD [...]. Ein 1A Macht- und Zweckmittel. Und als solches muss man es benutzen“ (CG01: 420-422). Eher selten geschieht es, dass die Möglichkeit der bargeldlosen Chiemgauer-Zahlung[285] genutzt wird. Auch in dieser Hinsicht gleichen sich das ‚normale’ und das chiemgauervermittelte Einkaufsverhalten. In Deutschland wird laut einer aktuellen Studie mit Abstand am häufigsten bar bezahlt – 82,5% aller Kauftransaktionen werden mit Münzen und Scheinen beglichen (Deutsche Bundesbank 2009: 47)[286]. Jeder Fünfte (21%) zahlt sogar ausschließlich bar, jeder zweite (50%) macht die Wahl des Zahlungsmittels von der mitgeführten Bargeldmenge abhängig (Deutsche Bundesbank 2009: 37ff). Auch die Höhe des zu zahlenden Betrags ist für viele (46%) wichtig – kleinere Beträge bis 20 € etwa werden fast ausschließlich bar bezahlt. Erst bei Einkäufen über 50 € sinkt der Barzahleranteil signifikant (59%), und wenn mehr als 100 € fällig sind, kommt vorzugsweise die Giro- und Kreditkarte zum Einsatz (nur noch 31% Barzahler bei über 100 €, lediglich 17% bei über 500 €) (Deutsche Bundesbank 2009: 46ff)[287]. Solch höhere Beträge sind beim Chiemgauer eher die Seltenheit, meist werden zehn bis zwanzig Chiemgauer pro Bezahlvorgang ausgegeben. Und solche Summen zahlt man eben meist in bar.

---

285 96 Anbieter haben Regiokonten, auf die beispielsweise Rechnungen überwiesen werden können. 22 Unternehmer sind mit Lesegeräten, die eine sofortige Kartenzahlung ermöglichen, ausgestattet (chiemgauer.info; Stand: 10/2009). Allerdings liegt der Anteil von ‚eChiemgauern’ am Gesamtumsatz nach Angaben des Vereins bei etwa einem Drittel, und das obwohl nur 5% der Unternehmen ein Kartenlesegerät haben.

286 Die Studie fokussierte dabei ausschließlich das Bezahlverhalten am Erfüllungsort (Point-of-Sale), nicht regelmäßig wiederkehrende Zahlungen (z.B. Miete, Telefonrechnungen), die meist unbar beglichen werden. Betrachtet man die Verteilung nicht nach Transaktionszahl sondern nach Umsatz, so liegt das Bargeld bei 57,9%, gefolgt von der girocard mit 25,5% und der Kreditkarte mit 3,6% (Deutsche Bundesbank 2009: 47).

287 Die oben angeführte Studie untersuchte zusätzlich die Frage, nach welchen Kriterien der Verbraucher Zahlungsmittel beurteilt und dementsprechend auswählt. Die wichtigsten Kriterien sind Sicherheit vor finanziellem Verlust, Akzeptanz, Kosten, Bequemlichkeit, Anonymität, Ausgabenüberblick und Ver-trautheit. Weniger wichtig bis unwichtig waren der Auslandseinsatz, Erhalt von Vergünstigungen und Interneteinsatz. Bei nahezu allen Kriterien lag das (Euro-)Bargeld vorn (Deutsche Bundesbank 2009: 9ff). Der Chiemgauer würde bei fast allen Kriterien schlecht abschneiden. Dass er dennoch benutzt wird verdeutlicht nochmals, dass erstens noch weitere Kriterien handlungsleitend sind und zweitens, dass die Nutzer den Chiemgauer offenbar innerhalb bestimmter Routinen benutzen, in denen sich die Bedeutsamkeit der oben genannten Kriterien relativiert.

Der Chiemgauer wird also vorwiegend als Geld für die Güter des täglichen Bedarfs verwendet, wobei er hier prinzipiell genauso wie das ‚normale' Geld gehandhabt wird. Werfen wir nun einen genaueren Blick auf die alltagspraktischen Konkretionen, die das Regiogeld annimmt.

6.2. Der Chiemgauer als Zeiger und Fessel

Wie dargestellt findet der Chiemgauer hauptsächlich beim Kauf von Gütern des täglichen Bedarfs Verwendung. Obwohl er „halt doch net die Währung [ist], die man dann zum größten Teil in der Hand hat" (CG01: 70-71), wird er doch schnell in den eigenen Alltag implementiert und funktioniert darin relativ automatisch.

> „Dann sind vielleicht die ersten drei Einkäufe wo ma noch überlegt und dann is des eher eine Routine" (CG05: 442-443).

Routine bedeutet hier aber nicht Gleichgültigkeit – die Befragten wollen den Chiemgauer nutzen, und wenn dies aus Vergesslichkeit oder mangelnder Aufmerksamkeit mal nicht klappte, dann „hab ich mich richtig geärgert" (CG02: 225).

> „Man hat einfach seine Geschäfte, da weiß man es einfach ganz genau und dann kommt wieder jemand dazu und des man im Hirn nicht so abgespeichert hat, weil man bei dem einfach normal NET so einkauft oder was-. Also wir haben an Fotograf bei uns im Dorf, bei dem bin I normal nicht. Jetzt hab I dann letztes Mal doch was gekauft, weil der halt des Bild gehabt hat. Hab I in Euro gezahlt, weil I's halt nicht gemerkt hab, dass er Chiemgauer nimmt. Und danach, wo I dann raus gegangen bin, sagt mei Bua, da schau, der nimmt Chiemgauer. Denk I mir – aha, blöd ((lacht)). Des ärgert mich dann" (CG03: 279-286).

Diese Emotionalität, die sich mit dem Chiemgauer verbindet, beruht aber nicht auf dem Regionalgeld als solchem, sondern darauf, dass seine Nutzer es als Medium zur Verwirklichung ihrer individuellen Ansprüche sehen. Man verordnet sich selbst ein bestimmtes (Einkaufs-)Verhalten auf Grundlage unterschiedlicher moralischer Maximen und benutzt dazu den Chiemgauer.

Wie genau funktioniert das? Hier lassen sich idealtypisch zwei unterschiedliche Ausprägungen feststellen: Als Kommunikationsmittel stellt der Chiemgauer einen spezifischen Verweisungszusammenhang her. Er lenkt und erweitert das Bewusstsein, fließt in Entscheidungsprozesse ein, stellt bestimmte Sinnzusammenhänge her, kurzum, er wirkt als ein ‚Zeiger'. Als Machtmittel ist der Chiemgauer ein selbst auferlegter Handlungszwang oder – poetischer formuliert – eine ‚Fessel'.

6.2.1 Der Chiemgauer als Zeiger

Geld im Allgemeinen verschleiert Handlungsketten. Wer weiß schon, ob das Produkt, das man gerade gekauft hat, unter unmenschlichen Produktsbedingungen entstanden ist oder die Umwelt verschmutzt hat. Die Komplexität der globalen Wirtschaft macht es schwierig Entscheidungen zu treffen, die individuellen moralischen Überzeugungen entsprechen. Hier kommt der Chiemgauer als „Zeiger“ (CG01: 275) ins Spiel. Er erleichtert (Konsum-)Entscheidungen, indem er Produkten und Geschäften eine moralische Qualität zuschreibt bzw. indem er auf diese aufmerksam macht.

Dies sei am Beispiel von Gerda veranschaulicht. Für sie ist der Chiemgauer eine symbolische Abgrenzung von der Globalisierung (ein „sichtbares Zeichen des ist jetzt hier kein globalisierungs-, kein globales“ CG01: 279-280). Gerda versucht ethisch korrekt zu leben und auch so zu konsumieren. Ihre Handlungsrationalität zielt auf ein sozial und ökologisch ‚gutes' Verhalten. In ihren Worten: „Ich würd versuchen (...) mit dem was ich an Kaufkraft [habe ...], net unbedingt irgendwo hier die große Kinderarbeit zahlen oder in China Kohle bestellen“ (CG01: 595-601). Sie versucht also „BEWUSST zu sein was man kauft, was man tut, wie man mit der Umwelt, mit anderen [umgeht]“ (CG01: 684-685). Ihre Richtlinien und Kriterien für dieses Verhaltensmuster sind dabei teils vage, teil recht konkret. Sie empfindet bestimmte Produkte als ‚schlecht' (Teakholz, chinesischen Granit) wie auch bestimmte Produzenten bzw. Dienstleister, „deren Geschäftsgebaren mir nicht gefällt“ (CG01: 409), weil diese etwa Angestellte schlecht behandeln, andere ausnutzen oder keine Lehrlinge haben. Explizit nennt sie EADS („Splitterbomben“ CG01: 858), „Unilever“ (CG01: 232) oder „Monsanto“ (CG01: 232). Gerade Monsanto[288] ist ein gutes Beispiel für die (von Gerda latent empfundene) Schwierigkeit, sich moralisch korrekt zu verhalten. Gerda will Monsanto durch Konsumboykott strafen, steht aber vor dem Problem, dass der Konzern nicht direkt Konsumgüter produziert, sondern nur Ausgangsstoffe (Saatgut u.ä.) liefert. Sie könnte sich natürlich informieren, welcher Nahrungsmittelproduzent bei Monsanto kauft, dies ist jedoch mit einem immensen Aufwand verbunden. Abgeschwächt gilt dies auch für andere Konzerne wie etwa Unilever[289] (u.a. wg. Kinderarbeit und Regenwaldabholzung in

288 Monsanto, ist ein US-Konzern, der v.a Pflanzenschutzmittel und genmanipuliertes Saatgut herstellt (sowie den Süßstoff Saccharin). Es hat in den 1960er/70er Jahren das ‚Agent Orange' für den Vietnamkrieg geliefert, kauft seit 1999 weltweit Saatgutfirmen auf und erwirbt Patente auf gentechnische Methoden und sogar Gene (Biopiraterie). Kurzum: In der über 100 Jahre langen Firmengeschichte hat Monsanto eindrucksvoll sein konstant verantwortungsloses Handeln ohne Rücksicht auf Mensch und Natur bewiesen.

289 Markenprodukte des britisch-niederländischen Konzerns sind beispielsweise Bertolli, Becel, Lipton, Mondamin, Du darfst, Rama, Lätta, Knorr, Langnese, Iglo, axe, Dove, Rexona, Signal, Skip, Omo, Coral, Kuschelweich uvm.

der Kritik): Bei dem weltweit drittgrößten Hersteller von Nahrungsmitteln, Haushalts- und Textilpflegeprodukten müsste sich Gerda erst einmal die beinahe unüberschaubare Produktpalette merken, um sie dann bei ihren Einkäufen meiden zu können. Hier hofft sie auf den Chiemgauer, der diese Komplexität für sie reduzieren soll.

> „Es macht's einem a bisserl leichter verantwortungsvoll mit Geld umzugehen, denk ich. Also die Wahrscheinlichkeit, dass ich etwas von Monsanto kauf mit Chiemgauer, is wesentlich geringer" (CG01: 228-231).

Wie begründet Gerda das? Zum einen dadurch, dass der Chiemgauer ein „bisserl transparenter als der Euro" (CG01: 609) ist, allein schon deswegen, weil die regionale Gültigkeit seine Wirkmöglichkeiten beschränkt. Zum anderen dadurch, dass man „davon ausgehen [kann], dass ein Denkprozess bei den Leuten, die ihn annehmen, dass der stattgefunden hat" (CG01: 730-732). Wer also Chiemgauer nutzt, hat demnach eine ganz spezifische Weltanschauung: „der schaut a bisserl nach links, nach rechts" (CG01: 198), d.h. macht sich Gedanken über Geld- bzw. Warenströme, interessiert sich für Gesellschaft, Karitatives, Ökologie etc. Anders gesagt: „Es ist nicht jemand der sagt was kostet die Welt. Is mir wurscht" (CG01: 589-590). Dadurch beinhaltet das regionale Geld für sie eine „andere Vertrauensbasis" (CG01: 616) – sie kann annehmen, dass die anderen ihre moralischen Einstellungen teilen. So wird der Chiemgauer ein „Entscheidungskriterium" (CG01: 189). Dabei wirkt er keinesfalls absolut, fließt jedoch als „zweites Qualitätskriterium" (CG01: 728) in die Entscheidungsprozesse ein.

> „Es is immer die Frage, ja fahr ich jetzt mit'm Auto zu irgendnem billigen Supermarkt ODER, wenn ich eh schon auf'm Weg zur Oma bin, fahr ich an dem bisserl teureren Biomarkt vorbei und kauf da so ziemlich alles. A kommt's dem Kinderhort zugute, B fahr ich nur einmal Auto und net dreimal. I hab's no net wirklich genau ausgerechnet. Interessiert mich eigentlich auch net so. I denk, es is aber fast des KOSTENGÜNSTIGERE zu sagen, OK ich nehm jetzt hier an einem Platz auf einer Fahrt so gut wie möglich alles mit. [...] Und wenn man dann ganz ehrlich rechnet, wenn man sagt ok, wie is es produziert, wer hat's produziert, wo is es produziert, is man wahrscheinlich mit den Sachen immer am volkswirtschaftlich günstigsten unterwegs" (CG01: 341-356).

Schon der erste Teil verweist auf ein konstantes Entscheidungsdilemma, in dem Gerda sich befindet. Es resultiert daraus, dass sie ihre Kaufentscheidungen im Spannungsfeld unterschiedlicher Motive (Preis, Zeitaufwand, ethischer Anspruch,...) treffen muss. Eines der wichtigsten (und anerkanntesten) Entscheidungskriterien für den Ort (und die Art) des Einkaufs ist der Preis, dem Gerda (teilweise) bewusst zuwiderhandelt. Um nun eine kognitive Dissonanz zu vermeiden, muss Gerda die Sinnhaftigkeit ihres Verhaltens durch andere Motive herstellen. Dazu nennt sie als erstes die Spende, die der Chiemgauer mit sich bringt und die einem Verein (Nachmittagsbetreuung von Kindern) zugute kommt, auf den sie selbst angewiesen ist. Sie hilft sich damit indirekt selbst, d.h. handelt aus einem rationalen Altruismus heraus. Als zweites nennt sie ein prinzipiell egoistisches Motiv (Zeitersparnis), das sie aber sogleich wieder relativiert. Sie vermutet aber, dass ihr durch den Chiemgauer zumindest nur wenig Mehrausgaben entstehen, ja dass dieses aufgezwungene Konsumverhalten für sie vielleicht sogar vorteilhaft sei. Abschließend argumentiert sie mit dem Wohle aller, jedoch auf eine schon fast utilitaristische Art und Weise. All diese Motive, mit denen sie argumentiert, werden ihr durch den Chiemgauer zur Verfügung gestellt. Dadurch kann er ihrem Handeln eine gewisse Richtung ‚aufzeigen'.

Ein Aspekt davon ist, dass der Chiemgauer das *Bewusstsein* auf bestimmte Orte lenkt. Es war schon die Rede davon, dass ein gewisser „Denkaufwand“ (CG03: 276) Voraussetzung der Chiemgauer-Nutzung ist. Man kann nicht „irgendwo reinspazier[en] und einfach irgendwas kaufe[n]. Also ich muss BEWUSSTER einkaufen“ (CG04: 144-145).

> „Also I wenn einkaufen geh, I überleg immer vorher, WER nimmt den Chiemgauer. Mit der Zeit hat man natürlich seine Geschäfte, aber wenn I nach Linksdorf fahr, dann überleg I auch, wo kauf I des Trumm, wer nimmt Chiemgauer. Dann nimm I immer des Verzeichnis her, blätters noch mal durch - ach der nimmt auch, also geh I zu dem. Also I befass mich BEWUSST vorher. [...] Sonst geht's net“ (CG03: 491-495).

Eine Konsequenz dieser fortwährenden Beschäftigung mit dem Chiemgauer ist, „man lernt schon andere Geschäfte kennen“ (CG03: 130-131) bzw. trifft bei mehreren Alternativen häufig seine Auswahlentscheidung zugunsten der Chiemgauer-Teilnehmer[290].

> „Man sagt sich OK, geh ich zum Obi mir ein neues Bügelbrett kaufen oder geh ich zum Eisenwaren Huber in die Innenstadt und zahl da vielleicht auch 5 Euro mehr“ (CG01: 153-156).

In diesem Beispiel hat der Chiemgauer Gerdas' Aufmerksamkeit überhaupt erst auf ‚Eisenwaren Huber' gelenkt[291]. In ihren Worten:

---

290 Dabei darf nicht vergessen werden, dass diese ‚fortwährende Beschäftigung' bei vielen Nutzern nicht sonderlich intensiv ist, d.h. Internet und Chiemgauer-Branchenbuch werden sporadisch bis gar nicht verwendet (Ziegler 2009: 54).

291 In der Begrifflichkeit der Kaufverhaltensforschung gesprochen hat der Chiemgauer in diesem Fall das ‚*Berücksichtigungsfeld*' (engl. evoked set) des Verbrauchers erweitert. Der Terminus bezeichnet die Tatsache, dass Kaufentscheidungen innerhalb eines limitierten Rahmens gefällt werden. Ein Subjekt nimmt also nicht alle möglichen Alternativen wahr, sondern meist nur einen Teil davon (Naraya-na/Markin 1975).

> „Vielleicht war der Chiemgauer jetzt der Trigger, dass man sagt, MENSCH zum Eisenwaren Huber könnt man auch jetzt wieder gehen" (CG01: 166-168).

Der Chiemgauer bewirkt also eine Art „Umsortieren [...] im Sinne von WO geh ich hin" (CG01: 141-143). Diese Handlungseinschränkung wird als positiv wahrgenommen wird, wohl schon deswegen, weil sie selbst gewählt ist. Man empfindet es als „Bereicherung" (CG03: 80). Gerda war regelrecht begeistert über das „kleine Einkaufsparadies" (CG01: 172-173), das sie dank dem Chiemgauer (wieder)entdeckt hat. Es stellt sich sogar als „GÜNSTIGER als beim Obi" (CG01: 157) heraus, trotz des kleinen Nachteils, dass „ich halt dann mit nem Bügelbrett unterm Arm übern Stadtplatz gelaufen bin ((schmunzelt)), was also meine Kinder TOTAL Vergnügen bereitet hat" (CG01: 158-160). Der Chiemgauer kann sogar zur Überwindung individueller Vorurteile beitragen und so das Einkaufsverhalten (auch hinsichtlich von Motiven wie Preis, Zeit, Bequemlichkeit, Auswahl etc.) optimieren.

> „Man meint, man hätte es bequemer und praktischer, wenn man zum großen Supermarkt mit dem Auto direkt vor die Tür. Man probiert des andere gar nicht und es stellt sich überraschenderweise – ((leise)) net in allen Dingen, meine Güte, I fahr dann auch mal schnell wieder zum Supermarkt und RAFF alles, was I mein. ABER es stellt sich als einfacher und entspannter heraus, wie wenn man immer meint" (CG01: 175-182).

Weiterhin verweist der Chiemgauer nicht nur auf Einkaufsmöglichkeiten, er führt nicht nur zu einem Reflektieren des eigenen Handelns, sondern er macht durch seinen Verweisungszusammenhang insgesamt „EMPFÄNGLICHER" (CG05: 259) für bestimmte Inhalte. Denn...

> „sobald ich mich mit dem Chiemgauer beschäftige, beschäftige ich mich ja nicht nur mit meinem täglichen Zahlungsverhalten, sondern was bewirkt des auch" (CG05: 158-159).

Am Ende solcher ‚Beschäftigungen' steht meist die Utopie einer besseren Welt. Gerdas persönliches Arkadien[292] ist ihre „Chiemgauer-Welt" (CG01: 224), eine „schöne kleine heile ÜBERSICHTLICHE [Welt], ich weiß was ich kauf, bei wem ich's kauf" (CG01: 286-289)[293]. Eine Konkretion dieser *Chiemgauer-Welt* ist für

292 Arkadien, eine griechische Präfektur in der Mitte der Peloponnes, wurde schon in der Antike zum Ort des Goldenen Zeitalters verklärt, wo die Menschen glücklich und zufrieden in einer idyllischen Natur leben.

293 Gerda beurteilt das durchaus kritisch. Sie sieht die Gefahr einer illusionären und irrealen Abschottung, d.h. obwohl man sich nicht aus globalen Wirtschafts- und Geldkreisläufen herauszulösen kann, gibt man sich der Illusion hin, man könne sich fern der weltweiten Probleme und Zwänge „in WOHLGEFALLEN zu wiegen" (CG01: 296-297). Dennoch: Sie weiß

Gerda ihr „Bauernmarkt“ (CG01: 307). Dieser ist für sie geprägt von Prinzipien wie gegenseitigem Kennen und Vertrauen, Transparenz und Übersichtlichkeit. Die dort vertretenen Schäfer, Fischer, Käser, Gemüsebauern und Bäcker verkörpern für Gerda ein handwerkliches Ethos, bei dem der (noch nicht von seinem Produkt entfremdete) Produzent mit Stolz und Können hohe Qualität produziert.

Die anderen Befragten konkretisieren den Verweisungszusammenhang ähnlich, aber mit eigenen Schwerpunkten. Marion etwa, als „total bodenständiger Mensch, altmodisch, auch traditionell“ (CG03: 22-23), sieht den Chiemgauer als konkretes Symbol für die regionale Identität und Gemeinschaft, Judith als Ausdruck einer sozial-ökologischen, globalen Verantwortung und Hilde als Zeichen von sozialem Engagement. So konstruiert ein jeder sich seine eigene ‚Chiemgauer-Welt'.

Durch seinen Verweisungszusammenhang wird der Chiemgauer zu einer Art „Plattform“ (CG01: 780), bei der nicht nur über Utopien, sondern „auch mal über Geld geredet [wird]“ (CG01: 868).

> „Und im Endeffekt, muss man NUR über Geld reden. Man braucht überhaupt nicht über soziale MISSSTÄNDE reden, man muss immer nur über Geld reden. Also letzten Endes, wie verdiene ich mein Geld, was mach ich damit, wer hat keins und wer hat's. ALLES andere is Augenwischerei. Die Befreiung der Armen, der Frau, völlig, alles, Religion. Man kommt immer wieder auf's Geld, egal zu welchen Missstand, welchem Unglück“ (CG01: 880-887).

Insgesamt darf diese moralische Zuschreibung nicht überbewertet werden. Der Chiemgauer ist und bleibt für die Befragten ein Steinchen in einem großen Mosaik moralisch-korrekten Lebens.

> „Da kann I alles mit Chiemgauer zahlen und dann hol ich mir das schönste AKTIEN-Fond-Geschäft und bin- Schluss. Am allerfeinsten bei EADS oder so und dann kann I mi no zehnmal auf die Straße stellen und sagen, I bin gegen Splitterbomben und hab se grad bezahlt. Wasch ich meine Hände in Unschuld. I glaub net, dass man damit wirklich DURCHKOMMT. Da helft der Chiemgauer au nix. Durch's Nadelöhr bringt er uns net“ (CG01: 854-861).

Der Chiemgauer als moralisch moduliertes Geld kommuniziert also nicht nur (eingeschränkt) generalisierte Tauschkraft, sondern auch eine wertbasierte Handlungsrationalität. Indem er Geschäfte und Produkte qua Zuschreibung moralisch ‚adelt', erleichtert er das konsumbezogene Entscheiden – und funktioniert damit ähnlich wie die „Marke BIO“ (CG05: 177). Er fließt in Form verschiedener Hand-

um die Attraktivität dieser Illusion: „Des is sicherlich des Verführerische auch am Chiemgauer [...], dass er einem so vorspiegelt, wir sind hier no [...]Erzbistum Salzburg und es is noch alles einfach“ (CG01: 289-292).

lungsmotive (Spende an Verein, Unterstützung Region etc.) in Entscheidungsprozesse ein und verweist darüber hinaus auf allgemeine moralische Sachverhalte und Utopien.

6.2.2 Der Chiemgauer als Fessel

Geld ist nicht nur ein symbolisch generalisiertes Kommunikationsmedium, es ist ebenso Machtmittel. Dieser Doppelcharakter des Geldes findet sich auch beim Chiemgauer. Das Regionalgeld lässt ja qua Konstruktion nur bestimmte Geldhandlungen zu und wirkt dadurch als selbst auferlegter Handlungszwang. Es wird also Macht ausgeübt, in diesem Fall nur sich selbst gegenüber. Doch auch wenn man sich diese Fessel selbst angelegt hat, so bindet sie trotzdem, indem sie bestimmte Handlungen fördert und andere verhindert. So lässt sich etwa der eigenen Bequemlichkeit und Nachlässigkeit vorbeugen.

> „Also zum Beispiel hab ich früher, des lag am Weg [...], wenn ich da rauf bin, dann beim Schlecker vorbei gefahren bin und mir gedacht hab, ja nimmst noch ein Waschpulver mit [...]. Des mach ich nicht mehr. Da denk ich mir, ne, ich hol's bei uns drüben" (CG02: 574-579).

Besonders wichtig ist dabei die im Chiemgauer eingebaute ‚Spenden-Funktion'. Diese ermöglicht es, altruistische Ambitionen automatisch und quasi zum Nulltarif auszuleben.

> „So is für mich eigentlich scho a toller Vorteil, meines Erachtens ANGENEHMER Vorteil, ohne dass ich ja wirklich spende, ich spend ja in dem Sinn net. I hab ja, wissen's ohne dass I eine Spende mach, hab ich ja was Gutes gemacht ja. Des is ja nur MEIN Engagement, dass ich sag ok, ich hol mir Chiemgauer statt Euro. Des is des Einzige wo I entscheiden muss" (CG05: 361-366).

Doch warum erachten das die Befragten für notwendig? Schließlich sind sie ja alle mehr oder weniger moralisch engagiert und interessiert. Die Antwort ist recht pragmatisch: Moralisches Handeln wie bewusstes Konsumieren, soziales Engagement oder Spenden ist mit Kosten und Mühen verbunden. Und die Bequemlichkeit siegt eben manchmal über die Moral.

> *Interviewer*: „Man könnt doch jetzt sagen, des is ja alles schön und gut, des regionale Einkaufen und die Spenden und so, ABER des könnt ma doch mit dem Euro genauso machen?" –
>
> *Paul*: „Können Sie machen. Wie is die Realität? Man macht's nicht! Man macht's schon nicht deswegen, weil I muss an Überweisungsbeleg ausfüllen oder oder, des mach I später einmal, dann lässt man's" (CG05: 299-303).

So gesehen ist der Chiemgauer eine Verhaltenserleichterung, ein Mittel der Selbstkontrolle. Man muss nichts weiter tun, als die eigenen Einkaufsroutinen mit Chiemgauern abzuwickeln und bekommt soziales Engagement (in Form von Spenden) und moralisch korrekten Konsum automatisch dazu[294].

> „I glaub des is der Vorteil, wenn des mal rund läuft, gegenüber einer Spende oder gegenüber dass I mich aktiv [engagiere]. Also ein Mensch geht immer den kleinsten Widerstand. Des is da beim Chiemgauer genauso" (CG05: 325-327).

In der Realität vermischen sich die Funktionen Zeiger und Fessel, auch die daraus resultierenden Auswirkungen sind prinzipiell ähnlich. Die Unterscheidung ist dennoch wichtig, da die beiden Typen einer unterschiedlichen Logik folgen. Im Falle des *Zeigers* findet eine sinnhafte *Erweiterung* des geldvermittelten Handelns statt. Die moralische Komponente des Chiemgauers fließt als zusätzliches Kriterium in Bewertungs- und Entscheidungsprozesse ein und bewirkt zudem eine selbstreflexive Betrachtung des eigenen Geldumgangs und –bildes. Im Falle der *Fessel* geht es um eine sinnhafte *Beschränkung* des geldvermittelten Handelns. Man macht sich weniger Gedanken über moralisch korrekten Konsum, über soziales Engagement und verantwortungsbewusstes Handeln, sondern überlässt das dem Chiemgauer.

6.3. Die Auswirkungen der Chiemgauer-Verwendung

Die Befragten stimmen einhellig überein, dass sich durch den Chiemgauer ihr Umgang mit Geld nicht geändert hat, sie geben deswegen weder mehr noch weniger Geld aus. In einer Hinsicht zeigt der Chiemgauer jedoch Wirkung – „das Einkaufsverhalten hat sich geändert" (CG03: 77). Alle behaupten, dass sie „viel stärker zu den Geschäften [gehen], die Chiemgauer annehmen" (CG06: 39). Das heißt allerdings nicht, dass ein vollkommen neuartiges Einkaufsverhalten entstanden ist. Eher könnte man von graduellen Verlagerungen sprechen, denn die Chiemgauer-

294 In dieser Hinsicht ist der Chiemgauer eine Art ‚Nudge' (engl. to nudge: sanft schubsen). So nennen Thaler und Sunstein (2008) Arrangements, die Menschen zu bestimmten Entscheidungen ermuntern. Ihre aus der neueren Entscheidungspsychologie abgeleitete Grundthese ist, dass Menschen sich häufig nicht rational verhalten. Im Gegenteil, ihre Handlungen sind geprägt durch systematische Fehleinschätzungen (Bevorzugung des Status Quo, Verlustaversion, Gruppenzwang etc.) sowie Bequemlichkeit und mangelnde Selbstkontrolle. Durch geschickte ‚Entscheidungsarchitekturen' lässt sich das Handeln der Menschen verändern, ohne diese zu bevormunden. So kann man etwa die Verschmutzung auf öffentlichen Herrentoiletten drastisch reduzieren, indem eine Fliege (und damit ein Ziel) in den Urinalen abgebildet wird. Eine gesündere Ernährung in Cafeterien und Mensen wird durch geschicktes Anordnen der Speisen befördert und eine ausreichende private Altersvorsorge kann dadurch bewirkt werden, dass die Beiträge sich beispielsweise automatisch mit Lohnerhöhungen steigern.

Geschäfte „waren also meistens die Geschäfte, wo ich sowieso hingegangen bin" (CG06: 40-41)[295]. Trotz der normalerweise „festen Einkaufsgewohnheit" (CG03: 108) kann jeder von kleineren Veränderungen berichten, die der Chiemgauer mit sich gebracht hat. Der eine hat das Schreibwarengeschäft gewechselt, der zweite ist in Sachen Getränkekauf kein „Schnäppchenjäger" (CG05: 171) mehr, sondern seinem Chiemgauer-Laden treu, und die dritte kauft nicht mehr bei beiden ortsansässigen Metzgern, sondern nur noch bei dem einen, der Chiemgauer akzeptiert. Das Regionalgeld wird allerdings nicht zum alleinigen Kriterium für das Einkaufsverhalten, sondern gesellt sich zu anderen Motiven (Preis, Qualität, Aufwand, etc.) hinzu.

> „Wenn I sag der hat des bessere Brot, na dann geh I halt zu dem, der's NICHT akzeptiert, weil er halt des bessere Brot HAT. Aber, wenn's jetzt von der Qualität her wurscht is oder relativ wurscht is, dann geh I natürlich zu dem, der den Chiemgauer nimmt. Des gibt dann den Ausschlag" (CG03: 81-84).

Noch eine subjektive Auswirkung muss erwähnt werden, schon deswegen, weil sie nicht unerheblich für die konstante Nutzung ist. Es geht um die *Sakralisierung des Alltags*. Damit gemeint ist die ‚Aufwertung' einer alltäglichen Notwendigkeit – des Einkaufens bzw. Bezahlens. Dies resultiert zum einen aus der moralischen Symbolik des Chiemgauers, der einen immer wieder daran erinnert, gerade etwas Gutes getan zu haben. Die meisten nennen hier das Gefühl etwas Positives für die Region zu tun bzw. sich mit dieser tiefer verbunden zu fühlen, und sei es nur durch den Kauf regionaler Produkte (vgl. auch Ziegler 2009: 77f). Nicht unwichtig ist auch der Stolz auf das eigene Tun, der etwa dann ins Bewusstsein rückt, wenn der eigene Verein Spenden bekommt. Zum anderen liegt es an der positiv empfundenen Abweichung von einer hochgradig routinisierten Alltagsnormalität, dem Bezahlvorgang. Durch sein buntes Erscheinungsbild, ist man beim Chiemgauer „immer a bisserl an Monopoly erinnert" (CG01: 66-67). Dadurch ist das Zahlen „witzig" (CG01: 66), „irgendwie schöner. Weil's anders is" (CG03: 333), es macht „mehr SPASS" (CG03: 337), man geht „freudiger" (CG04: 219) damit um. Wahrscheinlich tritt auch hier irgendwann ein Gewöhnungseffekt ein, jedoch ist zu vermuten, dass angesichts der selbstverständlichen Dominanz des Euro-Bar- und Giralgeldes das Bezahlen mit Chiemgauern selbst für den regelmäßigen Nutzer lange Zeit eine Besonderheit bleibt.

---

295 Dementsprechend verändern sich auch die monatlichen Ausgaben bei einem Großteil (laut Studie über 70%) der Verbraucher nicht (Meßenzehl 2006: 86).

7. Der Chiemgauer in sozialen Beziehungen

Bisher wurde die Chiemgauer-Verwendung hinsichtlich ihrer Wirkungen auf das Individuum betrachtet. Wenn jetzt der Blick auf die Beziehungsebene gerichtet wird, finden sich andere Alltagskonkretionen des Regionalgeldes. Diese sind den genannten prinzipiell zwar recht ähnlich, aber nicht gleich. In der idealtypisierenden Ausarbeitung zeigen sich die unterschiedlichen Prinzipien, auf denen sie beruhen. Zunächst allerdings muss die *Art* der Interaktion beachtet werden. Dazu wird hier grob zwischen *öffentlichen* Beziehungen (etwa zu Geschäftsleuten und anderen Nutzern im Rahmen des Konsumverhaltens) und *privaten* Beziehungen (zu Familie und Freunden) unterschieden. Diese Unterscheidung ist schon deswegen wichtig, weil in diesen Bereichen unterschiedliche Logiken gelten. Der öffentliche Bereich (hier im Wesentlichen der Konsumbereich) ist als eine ‚Marktgemeinschaft' rein zweckrational ausgerichtet; persönliche, kognitive oder emotional begründete Bindungen spielen keine Rolle. Das Geld mit seiner spezifischen instrumentellen Rationalität stiftet hier die entsprechenden unpersönlichen, kalkulativen, abstrahierenden Beziehungen. Ganz anders im privaten Bereich – hier steht die versachlichende, entfremdende Wirkung des Geldes der Logik der Nähe und Intimität entgegen.

7.1. Der Chiemgauer in öffentlichen Sphären

Prinzipiell sollte der Chiemgauer im öffentlichen Bereich wie Geld funktionieren. Wie oben gezeigt tut er das, wenn auch – aufgrund seiner moralischen Modulation – in einer charakteristischen Art und Weise. Wenn jetzt der Akt des Einkaufens nicht wie oben als individueller Vorgang, sondern als Interaktion zwischen Verbraucher und Geschäftsmann betrachtet wird, finden sich erneut typische Bedeutungen des Chiemgauers, die unterschiedliche Handlungsrelevanz (in dieser Interaktionssituation) haben. Wiederum lassen sich diese idealtypischen Unterscheidungen den theoretischen Konzepten Kommunikationsmittel und Machtmittel zuordnen. Im ersten Fall hat der Chiemgauer die Bedeutung eines ‚Feldzeichens'. Eigentlich bezieht sich der Begriff auf militärische Abzeichen in Form von Standarten, Fahnen oder figurgeschmückten Stangen, die Truppen zur Orientierung und Befehlsgebung im Krieg dienten. Dabei waren sie – und das macht den Begriff hier anschlussfähig – Symbol der Gemeinschaft und bestimmter, dieser zugeordneter, moralischer Werte. Als ein solches Feldzeichen rahmt der Chiemgauer die entsprechenden Interaktionen. Im zweiten Fall, als Machtmittel, ist der Chiemgauer eine ‚Waffe', genauer gesagt die ‚Waffe des Nicht-Kaufens'. Er fungiert so, vor allem gegenüber nicht-teilnehmenden Geschäftsleuten, als ein Zwangsmittel, das sie zur Teilnahme ‚nötigen' soll.

7.1.1 Der Chiemgauer als Feldzeichen

Zunächst stellt sich die Frage, wie Chiemgauer eigentlich im öffentlichen Raum benutzt werden. Im Allgemeinen kennzeichnet sich die Verwendung von Geld ja dadurch, dass es zwar fast ausschließlich im öffentlichen Raum benutzt wird, aber gleichzeitig in hohem Maße Bestandteil der Privatsphäre ist. Niemand lässt sich gern beim Zahlen über die Schulter schauen, gleichzeitig findet es in aller Öffentlichkeit statt. Was geschieht nun, wenn der routinisierte Zahlungsakt plötzlich mittels einer vielen Mitmenschen unbekannten Geldart durchgeführt wird?

> „Da geht man in nen Laden, zahlt mit Chiemgauer, da wird man immer noch komisch angeschaut von den Leuten, die drin rumstehen" (CG06: 67-69).

Bei den Unkundigen sorgt der Chiemgauer für Verwirrung – sie kennen das Feldzeichen nicht und nehmen es als Bruch mit der Normalität wahr (nur wenige trauen sich übrigens, die Situation zu klären und nachzufragen.). Die Chiemgauer-Nutzer erleben diese Alltagsverfremdung unterschiedlich. Manche haben am Anfang „a bisserl a komisches Gefühl" (CG06: 23), für andere sind es eher „lustige Erlebnisse, wenn man dann da an der Kasse steht und seine 30 Chiemgauer und alle zählen und ok gut" (CG01: 60-62). Dieses ‚abweichende Verhalten' konstituiert so für den jeweiligen Nutzer eine bestimmte *Identität* in der Öffentlichkeit. Je nach persönlicher Auffassung unerstreichen manche damit die eigene Exklusivität: „Ma is scho ein Exot. Aber des gefällt mir auch. I bin gern ein Exot ((lacht))" (CG03: 53-54). Man ist eben kein „Otto Normalbürger" (CG04: 278), sondern gehört „zu den 5%, die BEWUSST, wie sagt man, NACHHALTIG mit den Ressourcen umgehen" (CG04: 276-277). Solche Bedeutungszuschreibungen richten sich nicht nur auf die eigene Person, sondern rahmen auch soziale Interaktionen, in denen Chiemgauer eine Rolle spielen. Man geht einfach davon aus, dass „wenn ich heut mit Chiemgauer zahl, oder mich mit Chiemgauer bezahlen lasse, dann HAB I einfach irgendwo dieses Anspruchsdenken" (CG05: 418-419). Das Feldzeichen Chiemgauer kommuniziert so ein „Wir-Gefühl einerseits und andererseits ja weg von dem Geiz-ist-geil" (CG06: 191-192) und auch eine neue Verantwortlichkeit, die den individuellen Egoismus relativiert.

> „Also jeder will seine Kinder hier irgendwo mal in die Lehre schicken, aber kauft bei Geschäften ein, die hier net aktiv san. Also übers Internet oder sonst wie. Aber jeder will hier arbeiten. Des is die Denke einfach" (CG06: 193-196).

Dadurch entsteht eine Art *symbolische Gemeinschaft*. Symbolisch ist sie deswegen, weil sie kaum auf persönlicher Kommunikation beruht. „Man redet da nicht viel über den Chiemgauer. Des is wie beim Geld, darüber redet man auch nicht" (CG02: 658-659). Auch haben die Befragten so gut wie keine direkten Kontakte zu anderen

Nutzern. Etliche haben „noch nie jemand erlebt an der Kasse, der mit Chiemgauer gezahlt hat“ (CG02: 274-275). Selbst wenn andere Nutzer bekannt sind, bedeutet das nicht, dass man sonderlich viel miteinander zu tun hat. In fast allen Fällen waren die entsprechenden Kandidaten „so Leute, die ich so und so schon kannte“ (CG02: 646-647). Der Chiemgauer bewirkt (bislang) also keine richtige Vergemeinschaftung. Vielmehr ist er ein „Zeichen“ (CG01: 633) einer bereits bestehenden symbolischen Gemeinschaft, die auf der gegenseitigen Zuschreibung moralischer Einstellungen beruht.

> „Des is so, wie manche Schleifchen tragen. Ja wer sich, wer des für gut heißt und wer sich damit befasst hat, hat irgendwie ne, sag mer mal nicht 100 Prozent, aber denk ich mal sicher mindestens 95 Prozent der Leute, die eben ne umweltbewusste oder ne-, ich nenn's immer Bewahrung der Schöpfung, also ne zukunftsweisende Denke haben. Also die sagen, wenn wir so weitermachen wie jetzt des meiste, dann kann des nix werden. Und da is jetzt der Chiemgauer also für MICH auch EIN Mosaikstein von den ganzen Sachen. Also Chiemgauer, Weltladen, Marktsachen, auch mal zu überlegen, wenn's mal geht, ein bisschen mehr auszugeben und eben regional zu kaufen. Also des gehört irgendwie zusammen. Und insofern sind die Leute-, also man redet darüber, man kommt ins Gespräch, man findet das für gut und für wichtig. Das is eher wie so ne Familie“ (CG04: 196-206).

Innerhalb dieser Familie, meist „Leute mit denen man eh scho vorher so einigermaßen auf einer Linie [war]“ (CG01: 244-246) und die man kannte, fungiert der Chiemgauer als eine Art Erkennungszeichen. „Es macht manchmal so a bisserl ACH du AUCH“ (CG01: 242-243). Dementsprechend tauscht man sich – sofern man sich denn einmal trifft – aus. Die Gespräche drehen sich dabei meist um „dieselben Banalitäten“ (CG01: 573), denn schließlich ist „unter den Chiemgauer-NUTZERN selber [...] der Diskussionsbedarf gar net so groß, weil jeder hat eigentlich des System verstanden“ (CG05: 427-428). Man fragt also beispielsweise nach dem jeweiligen Verein, der unterstützt wird, führt eine „angeregte Diskussion übers DESIGN“ (CG01: 576) oder gibt sich gegenseitig Einkaufstipps.

> „Die anderen, die fahren teilweise- es gibt in [Linksdorf] EINEN Edeka der ihn nimmt. Des is a ganz a kleiner, ganz a kleiner Edeka, ganz versteckt, den weiß bei uns kein Mensch. Den weiß man wahrscheinlich nur, wenn man in dem Teil wohnt und der nimmt den. Da wird dann öfters mal eingekauft, hab I auch selber schon gemacht“ (CG03: 150-154).

Aufgrund solcher ‚Geheimtipps', kann die Beziehung zu den jeweiligen (überwiegend engagierten) Händlern eine andere Qualität gewinnen.

> „Die freut sich dann immer TOTAL, wenn man mit Chiemgauern zahlt und dann fragt's, wo bist denn her - ja von [Oberdorf], ja Wahnsinn so weit ((lacht))" (CG03: 154-156).

Dies gilt allerdings nur eingeschränkt, denn obwohl die *Geschäftsleute* auch Teil dieser symbolischen Gemeinschaft sind, fließt in die jeweilige Interaktion viel stärker die Geldlogik ein. Anders formuliert: Wo sich die Nutzer gegenseitig ein altruistisches Handeln auf Grund moralischer Einstellungen zuschreiben, wird dem Geschäftsmann zusätzlich ein egoistisches, weil auf Gewinnabsichten basierendes Motiv unterstellt. Der Grund dafür ist das Opfer, das dieser erbringen muss und das ungleich größer als das des Nutzers ist. Denn der Geschäftsmann – und das ist den Befragten durchaus bewusst – kann den Einschränkungen des Chiemgauers nicht so einfach entgehen wie der Nutzer, der nur soviel umtauscht, wie er ausgeben will. Schließlich hat man sich zur Akzeptanz des Chiemgauers verpflichtet. Das bedeutet, „die Geschäftsleute AN SICH müssen dann natürlich schauen, dass sie ihn dann weiterbringen" (CG03: 157-158). Ein Rücktausch in Euro ist zwar möglich, allerdings nur mit 5% Abschlag. Angesichts der im Vergleich zum Konsumenten ungleich größeren Regiogeldmenge, die Händlern teilweise haben, fällt auch die quartalsweise Abwertung von 2% viel stärker ins Gewicht.

> „Wenn I jetzt ein Händler wär und hätt an Haufen eingenommen und muss was damit machen, dann is natürlich scho so, dass I überleg, kauf I des Kopierpapier die Woche no oder in drei Wochen. Ah, da mach I's halt noch die Woche, weil's no ins Quartal reinpasst. Des zählt dann natürlich scho irgendwo. Aber bei mir als Endverbraucher, des is ja so gering, des ärgert mi net" (CG03: 358-363).

Der Chiemgauer übt also einen ungleich stärkeren Handlungsdruck auf die Geschäftsleute aus. Als (vom Chiemgauer gewollte) Konsequenz müssen diese versuchen, die drohenden Kosten soweit als möglich zu relativieren, beispielsweise indem man entsprechende Lieferanten findet. Die Befragten sind grundsätzlich interessiert daran, wie die Geschäftsleute mit diesen Handlungszwängen umgehen.

> „Also auch in meinem Getränkemarkt [frag ich], was tust denn, wo kaufst du ein und so was. Und da sagt der auch, GANZ unterschiedliche Modelle, also freiwillig Lohnauszahlung von 2% an Mitarbeiter [...]. Also es gibt verschiedene Modelle, wie des wieder an den Mann gebracht werden kann. Find I toll, also die Kreativität, was da bei manchen Leuten" (CG05: 218-224).

Die Nutzer sehen diese Handlungszwänge einerseits als positiv und beabsichtigt, schließlich sollen ja regionale Wirtschaftskreisläufe aufgebaut oder soziale Projekte gefördert werden. Andererseits erkennen sie auch die daraus resultierenden Mühen und Kosten – der Geschäftsmann, „der zahlt ja im Endeffekt DRAUF" (CG03:

302). Deswegen muss der Chiemgauer auch für ihn konkrete Vorteile bieten. Und das tut er auch, denn er....

> „is ein Werbeträger. Schlicht und einfach, es is Werbung. Ich bin beim Chiemgauer dabei. Ja. Man steht in der Liste, man steht in einem Branchenbuch" (CG01: 693-696).

Zumindest bei den Befragten kann man mit einer solchen „Marketingstrategie" (CG05: 175), genau wie bei der „Marke BIO" (CG05: 177), schlichtweg „punkten" (CG05: 178). Der Umgang mit den Unternehmern nimmt aber manchmal, eben weil diese auch Teil der symbolischen Gemeinschaft sind, eine andere, persönlichere Qualität an[296].

> „Insofern kann ich nicht sagen, dass ich jedes Mal singe, wenn ich das Geld ausgebe, aber allein schon den Leuten, denen ich's gebe, die schauen mich an, ja also kennen mich inzwischen auch alle. Des is so, also des is jetzt- wenn ich anonymen Zwanziger Euroschein rüber geb, is was anders, als wenn ich nen Zwanzig Chiemgauerschein da rüber geb. Der Person, die ich's gebe, man versteht sich, aha die is da auch für die Region, für verantwortungsvolleres Umgehen mit den Ressourcen und so weiter" (CG04: 232-238).

7.1.2 Der Chiemgauer als Waffe des Nicht-Kaufens

Der Chiemgauer kann für die Geschäftsleute beides sein – Moral und Geld. Dementsprechend finden sich unter ihnen sowohl (idealistische) Überzeugte wie auch (vorteilsbedachte) Gezwungene. Der Großteil ist wohl überzeugt und „sagt, jawoll, is a gute Sach, da mach I mit" (CG03: 306-307). Für andere hingegen ist das „a Schmarrn" (CG03: 49), sprich zu umständlich, teuer oder schlicht sinnlos[297].

Was tut aber ein Chiemgauer-Nutzer, wenn er bei einem ablehnenden Geschäftsmann einkaufen möchte? Es kommt auf den Nutzer an. Das Spektrum reicht hier vom passiven Nutzer, der seine gewohnten Chiemgauer-Läden hat und sonst nichts weiter will, bis hin zum aktiven Nutzer, der gezielt Unternehmer überzeugen will. Ein solcher fragt zunächst einmal bei dem entsprechenden Geschäftsmann an.

> „Man fragt halt immer mal wieder in nem Laden nach, der halt keine Chiemgauer nimmt, ob's net Lust haben, Chiemgauer anzunehmen" (CG06: 26-28).

---

296 Studien scheinen das zu belegen. Demnach sind die Reaktionen der Geschäftsleute zu ca. 70% normal. Nur ein kleiner Teil reagiert erfreut oder aber genervt/überrascht (Meßenzehl 2006: 84).

297 Nach Sicht der Befragten liegt dies aber meist an Vorurteilen bzw. Nicht-Wissen – „gut sie wissens auch net, dass net so dramatisch is von der Handhabung her" (CG03: 50).

Paul beispielsweise erzählt vom Bauernmarkt, da „geh I hin, frag I, akzeptieren sie Chiemgauer – na noch nicht – und dann bin I gegangen" (CG05: 142-143). Marion macht dies noch ein bisschen vehementer. Sie hat da eine gewisse „Penetranz" (CG03: 443), mit der sie auch „zum zehnten Mal zum Metzger rein geh und sag KANN I jetzt endlich mit CG zahlen" (CG03: 443-444). Sie sagt von sich, „da kann I dann scho auch lästig sein" (CG03: 96).

> „I bin ja provokant, I geh auch grad extrig, wenn I weiß, dass er's nicht hat, geh I grad extrig ((lacht)), bis er's dann mal nimmt" (CG03: 184-186).

Mit ihrer offensiven Art setzt sie die Händler regelrecht unter Druck und wirft dabei zusätzlich noch ihr soziales Kapital – „wissen's I kenn ja die alle, des is ja des Schöne am Dorf" (CG03: 100) – in die Waagschale. Das beste Argument ist dabei jedoch, gezielt die eigene Kaufkraft als Machtmittel einzusetzen. Im Grunde handelt es sich dabei um die Drohung: ‚Mach mit oder du kriegst kein Geld'. Aufgrund dieser vorgehaltenen Waffe des Nicht-Kaufens haben sich tatsächlich etliche der ablehnend eingestellten Geschäftsleute ‚gezwungen' gefühlt, am Chiemgauer zu partizipieren. Ein Beispiel wäre Marions Schuhhändler:

> „Es is natürlich auch interessant bei de Gschäftsleut. Sie san scho teilweise in Zugzwang, gell ((lacht)). Also wir ham a paar Kilometer weiter a Schuhgschäft, des von Haus aus recht gut geht und der hat den Chiemgauer scho ziemlich lang. Und in [Oberdorf] gibt's auch a Schuhgschäft und dann geht man natürlich zum ANDEREN. MAN fahrt- also hifahren tu I jetzt net, aber wenn I halt in die Richtung komm, dann kauf I halt bei dem anderen die Schuh. Jetzt hat der unsere des dann doch irgendwann gespannt und hat dann nachgezogen, schweren Herzens. Der is ÜBERHAUPT net davon überzeugt, aber er hat nachgezogen ((lacht herzlich))" (CG03: 85-93).

Einige dieser ‚Gezwungenen' reagieren mit subtiler Sabotage auf den Zwang, etwa indem sie Chiemgauer nur zeitweise bzw. begrenzt akzeptieren.

> „So einer, der war nie richtig offiziell dabei, der hat's zeitweise angenommen, dann hat er's nimmer angenommen. Des war immer so ein hin und her, da wusste man immer nicht" (CG06: 46-49).

Ein anderer hat beispielsweise „NIE Chiemgauer als Wechselgeld in seiner Kasse" (CG03: 95). Hilde berichtet von ihrer Stammapothekerin, die, seit sie mit Chiemgauern zahlt, ihr keine der sonst immer üblichen Geschenke (Probeartikel, Taschentücher etc.) mehr in die Tüte packt. Sie ist sich sicher, dass die Apothekerin berechend denkt, „ich zahl ja 3% für dieses Ding [...] und damit hab ich des ja so ungefähr abgegolten" (CG02: 373-375). Die Reaktionen der Befragten auf solche subtilen Sabotage-Akte sind meist sehr ähnlich: Sie zahlen weiter beharrlich mit Chiemgauern[298].

Eine interessante Einschränkung gibt es hier allerdings. In Geschäften, ob ablehnend oder nicht, ist der Chiemgauer normales Zahlungsmittel – jedoch nur im Bereich der Kleinbeträge, die etwa für den alltäglichen Lebensmittelbedarf ausgeben werden. Bei *größeren Summen* wird der Chiemgauer immer unverbindlicher. Es gibt etliche Geschäfte, bei denen es ohne weiteres möglich ist, mehrere hundert Chiemgauer beispielsweise für eine Matratze, eine Brille, einen Computer oder diverse Dienstleistungen auszugeben. Und obwohl diese Unternehmer sich verpflichtet haben den Chiemgauer unbeschränkt zu akzeptieren, berichten die Befragten davon, dass hier ab und an informelle Obergrenzen gelten[299]. Zusätzlich sehen die Nutzer selbst die Akzeptanz hoher Beträge nicht als Selbstverständlichkeit.

> „Bei de Kleinbeträge is ja sowieso gar kein, gar kein Thema net, aber was dann mal über nen Tausender geht, dann fragt ma halt, wie viel nimmst" (CG03: 197-199).

Das soll jedoch nicht heißen, dass der Chiemgauer aus Sicht der Befragten nur „für Kleinigkeiten gedacht" (CG07: 249) ist. Im Gegenteil, er gewinnt für sie erst durch die Möglichkeit große Summen zu zahlen an Seriosität. Es scheint aber, dass in dieser Hinsicht der Chiemgauer noch nicht vollständig als Zahlungsmittel etabliert ist.

In der Öffentlichkeit wirkt der Chiemgauer also als Feldzeichen einer symbolischen Gemeinschaft. Er dient damit einer gewissen Ästhetisierung des Lebensstils, indem er quasi zu einer materiellen Externalisierung der eigenen Identität wird. Diese Identität im Sinne bestimmter moralischer Einstellungen signalisiert der Chiemgauer gegenüber den anderen Nutzern und Geschäftsleuten (der ‚in-group') und rahmt dadurch die Interaktionen in einer bestimmten Art und Weise. Damit verbunden ist auch eine symbolische Distinktion von den Nicht-Teilnehmenden (der ‚out-group'). Zur Waffe des Nichtkaufens wird der Chiemgauer, wenn er bzw. die durch ihn symbolisierte Tauschkraft gezielt (durch Vorenthalten) als Machtmittel eingesetzt wird, um Geschäftsleute zur Teilnahme zu bewegen. Warum ist es vielen Nutzern so wichtig, Geschäftsleute zur Teilnahme zu bewegen? Ein Grund dafür ist sicherlich der Wunsch nach einem noch breiteren und besseren Angebot.

---

298 In Ausnahmefällen allerdings kann dieses Geschäft auch gemieden werden. Hilde etwa berichtet von einer Bäckerei, in der die Verkäuferinnen „ausgesprochen unfreundlich" (CG02: 510) waren und ihr nicht in Chiemgauer herausgeben wollten. Die Folge: Sie kauft dort nicht mehr, denn „wenn man so blöd angeredet wird, dann lässt man's bleiben" (CG02: 513-514).

299 Häufig sind jedoch auch die größeren Zahlungen anstandslos möglich. Die höchste Summe, die jemals mit Chiemgauer bezahlt wurde, betrug übrigens 60.000 CH.

Ein anderer, mindestens ebenso wichtiger Grund ist, dass der Chiemgauer etwas ist, „was in der Region bleibt, wo ich also mehr oder weniger BESTIMMEN kann, wo mein Geld hingeht“ (CG04: 361-362). Hier geht es um eine erweiterte Umweltkontrolle, um einen Einfluss auf die eigene Lebenswelt. Sobald der eigene Euro ausgeben ist, hat man keinen Einfluss mehr darauf, wie und wo er verwendet wird. Der Chiemgauer hingegen muss in der Region bleiben oder zumindest gegen eine Spende umgetauscht werden. Deswegen kann ich mit dem Chiemgauer bestimmen, wie er wirkt, und das selbst wenn ich ihn gar nicht mehr besitze. Diese moralische Zweckbindung legitimiert dabei den Einsatz des Chiemgauers als Zwangsmittel.

7.2. Der Chiemgauer im privaten Bereich

Die Verwendung von Geld ist nicht nur aufs Einkaufen beschränkt, sondern Geld kann und wird auf vielerlei Arten in einer Vielzahl von Situationen eingesetzt. Der Chiemgauer eignet sich konstruktionsbedingt für viele Verwendungsarten nicht, etwa als „Geldanlage“ (CG06: 106). Es sind jedoch diverse Einsatzmöglichkeiten denkbar, die über das reine Bezahlen beim Einkaufen hinausgehen, beispielsweise innerhalb privater Beziehungen. Wie sieht es also mit der Funktion des Chiemgauers als Haushaltsgeld, Taschengeld oder Geschenkgeld? Und weiter gefragt: Welche Rolle spielt das Regionalgeld überhaupt in Partnerschaft, Familie und Freundschaft?

Betrachten wir zunächst die Chiemgauer in der *Partnerschaft*. Fünf der Befragten sind verheiratet und jeder der jeweiligen Lebenspartner nutzt ebenfalls das Regionalgeld – zumindest mehr oder weniger. Ein näherer Blick offenbart unterschiedliche Geldarrangements innerhalb der Beziehungen. Bei Paul beispielsweise besorgt seine Frau als „Hauptbrötchenverdienerin“ (CG06: 145) die Chiemgauer. Diese haben dann die Bedeutung eines gemeinsamen Reproduktionsgeldes: Es „gibt so an Platz daheim, wo die dann liegen und dann nimmt jeder was er braucht“ (CG06: 146-147) und zwar für die Haushaltseinkäufe, die abwechselnd gemacht werden. Bei Gerda hingegen gibt es „kein typisches Haushaltsgeld“ (CG01: 550), denn „des Geld hab alles ich in der Hand ((lacht))“ (CG01: 548-549). Da sie also zu großen Teilen das Geld innerhalb der Partnerschaft verwaltet, steht es ihr anscheinend frei, das (eigene und gemeinsame) Geld nach eigenem Ermessen in Regiogeld zu ‚transformieren'. Sie verwendet es dann allerdings hauptsächlich als ‚Reproduktionsgeld', also innerhalb der Sphäre der Haushaltsführung und kaum für andere Zwecke. Dies gilt auch für Marion, die ‚ihr Haushaltsgeld' überwiegend in Chiemgauer umwandelt.

Wie gehen nun die jeweiligen Partner mit dem Regionalgeld um? Hier zeichnen sich bestimmte *Geschlechterdifferenzen* ab – es scheint, dass Frauen die besseren Nutzer sind. Während die befragten Männer (Paul, Nils) angeben, dass ihre Ehefrauen ebenfalls konsequente Nutzer seien, ist dies bei den interviewten Frauen

(Gerda, Marion) anders. Deren Ehemänner nutzen den Chiemgauer nur wenig, obwohl auch sie von der Idee überzeugt sind. Marions' Mann etwa verwendet es...

> „eingeschränkt [...]. Bei bestimmte Geschäfte schon, weil er's einfach WEIß. Aber er is eher oberflächlich damit. Mei, wie die Männer halt so sind. Sie können sich mit so was natürlich nicht belasten. Weil sie müssen ja eh soviel denken ((lacht)). Also merkt er sich natürlich auch nicht jedes Geschäft wo's geht, er hat a paar und da kauft er auch mit Chiemgauern ein. Aber im Normalfall macht er des eher lax“ (CG03: 482-486).

Auch Gerdas Mann hat – schon weil er auswärts arbeitet – nur einige ‚Standardgeschäfte', etwa den „Radlladen“ (CG01: 528). Angesichts dieser nachlässigen Nutzung üben die Frauen teilweise einen sanften Druck aus.

> „Meistens gib I ihm scho a paar Chiemgauer mit. Wenn er samstags beim Bäcker was holt, gib I ihm schon extrig an Chiemgauer mit. Sag da – ah ja freilich. [Aber sonst] is eher dem Zufall überlassen“ (CG03: 487-489).

Selbst bei Judiths' Mann, einem überzeugten Nutzer, war eine gewisse, erzieherische Beeinflussung notwendig.

> „Er hält die Idee für sehr gut [...], er denkt bloß nicht so dran. [...Deswegen] musst ich ihm erst sagen, also immer wieder erst erinnern [...], hier kannste doch mit Chiemgauer zahlen. Ja mach des doch da und so“ (CG04: 256-260).

Inzwischen kann Judith feststellen, „den, würd ich sagen, hab ich da ERZOGEN“ (CG04: 255-256) und nicht ohne Stolz berichten, „mein Mann und ich, wir sind schon die stärksten Nutzer hier“ (CG04: 88-89).

Woran liegt es nun, dass Frauen – so auch das Ergebnis von Beobachtungen und Befragungen im Feld – den Chiemgauer häufiger und konsequenter nutzen? Eine mögliche Erklärung wäre das unterschiedliche Einkaufsverhalten von Frauen und Männer. Frauen obliegt (immer noch) schwerpunktmäßig das Einkaufen des täglichen Bedarfs. Auch haben sie, Marktforschungsstudien zufolge, bei Kaufentscheidungen hinsichtlich der Lebensmittel und (antialkoholischen) Getränke, Möbel und Wohnaccessoires sowie Haushaltsgeräte das Sagen[300]. Genau innerhalb dieses Bereichs des habitualisierten Einkaufens von Produkten des täglichen Bedarfs wird der Chiemgauer hauptsächlich verwendet. Wenn Männer Besorgungen dieser Art nicht oder nur unregelmäßig tätigen, so fehlt ihnen einfach die „PRAKTISCHE Erfahrung“ (CG05: 35) und damit die erforderliche ‚Bewusstheit'. Die Folge: Man(n) denkt einfach nicht daran.

300 Männer geben hingegen bei der Anschaffung von EDV, Computern, TV, Video und Hifi, beim Autokauf, bei Sportgeräten, aber auch beim Kauf alkoholischer Getränke den Ton an (cash.at).

Der Chiemgauer-Nutzer will aber, dass möglichst viele andere ihn auch nutzen. Dies gilt im Übrigen auch für die *Familie.* Mehrere Befragte berichten bedauernd über Familienmitglieder, die man einfach „nicht dazu überzeugen" (CG02: 22-23) konnte. Bei Paul ist es die Schwester, die aus purer „Faulheit" (CG05: 554) nicht mitmacht, bei Judith die Tochter, die sich dem Chiemgauer verweigert – „wahrscheinlich immer noch so Protest" (CG04: 264), bei Hilde ihre Kinder, denen es angesichts Kindern und Beruf „einfach zuviel" (CG02: 59) ist und bei Marion die Oma, die dem Regionalgeld mit ablehnender Skepsis gegenübersteht. Letztere mag es nicht,...

> „weil sie sich net befasst damit und, ja mei, alte Leut, die mögen einfach nimmer so viel Umstellungzeug. Denen hat der Euro jetzt scho gelangt und dann war des ganze Bankengschmarrezeug, man kann nimmer an Kasse gehen und kann sich a Geld holen. Überall braucht man eine Karte. Des is einfach für alte Leut- ah des steht dene a. Da wollen die sich net befassen damit" (CG003: 260-264).

Manche Befragten vollziehen deswegen eine ‚stellvertretende Verwendung', d.h. sie bezahlen stellvertretend für das jeweilige Familienmitglied mit Chiemgauern. Hilde etwa kauft häufig für die zwei Familienhaushalte ihrer Kinder ein und „dann zahl ich mit meinem Chiemgauer. Und kassiers dann wieder in ((lachend)) Euro" (CG02: 209-210). Ähnlich ist es bei Marion, deren Oma meist die Lebensmitteleinkäufe übernimmt:

> „Wir fahren ja miteinander zum Einkaufen und wenn wir dann beim Metzger sind, dann zahl I ihrs und krieg's dann daheim zurück ((lacht)). Oder wenn der Eierhändler kommt, der nimmt auch Chiemgauer, dann zahl's I und sie gibt's [in Euro zurück]. Sie schimpft zwar jedes Mal, aber des is ja wurscht ((lacht)). Du immer mit deim Geld, sagts" (CG03: 255-259).

Auch den *Kindern* (vier der Befragten haben Kinder im Alter von vier bis zwölf) ist der Chiemgauer „ein BEGRIFF" (CG01: 538). In deren Leben spielt er jedoch meist keine Rolle, denn die meisten Befragten geben ihren Kindern das Taschengeld nicht in Chiemgauern. Der Grund ist einfach – die teilnehmenden Läden bieten meist nichts Interessantes[301].

301 Taschengeld ist ja pädagogisches Geld, das der Gelderziehung der Kinder dienen soll und somit immer auch individualisierendes Geld. Der durch dieses Geld eröffnete Möglichkeitsraum gibt Kindern die Gelegenheit zur Entfaltung *eigener* Wünsche. Die begrenzte Verwendbarkeit des Chiemgauers steht dem entgegen. Allerdings sind in manchen Gebieten durchaus viele Geschäfte ansässig, die auch für Kinder relevant wären, wie Bäcker, Mode, Bücher, EDV, Cafes, Supermärkte, Schreibwaren und sogar (drei) Spielwarenläden. Möglicherweise ist das den Befragten gar nicht so bewusst, weil sich für sie die Chiemgauer-Verwendung v.a. im Bereich der alltäglichen Haushaltsführung abspielt.

> „Hier am Kirchberg [sind] auch zu wenig Läden, die's nehmen. Des sind ja nur die Apotheken witzigerweise und ein kleiner Gemüseladen. Also für die Kinder is es auch kein Angebot“ (CG01: 531-534).

Dementsprechend würde man durchaus das Taschengeld in Chiemgauern geben, „wenn's jetzt da die Geschäfte gibt, wo sie sagt, ok da kann sie dann für die Schule oder des und des auch mal [einkaufen]“ (CG05: 562-564). Manche haben schon (zaghafte) Versuche in diese Richtung unternommen. Nils hat seinen Kindern (elf und zwölf) „schon ein paar mal so Chiemgauer gegeben“ (CG06: 133), für den Pausenverkauf in der Schule, bei dem das Regionalgeld akzeptiert wird. So recht wollten sie aber nicht - „da sind's noch etwas vorsichtig“ (CG06: 132). Er vermutet „des is ihnen ein bisschen unheimlich, scheint's ((lacht)), ungewohnt“ (CG06: 136). Möglicherweise fürchteten sie auch einfach, dadurch einen gewissen Exotenstatus zu erlangen. Dies ist bei Marions Kindern (acht und elf) anders; diese bekommen teilweise auf eigenen Wunsch ihr Taschengeld in Chiemgauern.

> „Also meine Kinder zahlen ja auch gern mit Chiemgauer. Teilweise mei Bua mags Taschengeld in Chiemgauer ((lacht)), da besteht er drauf, damit er dann zum Bäcker gehen und seine TicTac mit Chiemgauer zahlen kann.“ – *Interviewer*: „Und was gefällt ihm dann besser daran?“ – *Marion*: „Ja, wahrscheinlich des Gleiche wie bei mir. Einfach anders sein“ (CG03: 383-386).

Diese ‚bewusste' Chiemgauer-Verwendung der Kinder ist wohl v.a. dem gemeinschaftlichen Einkaufsverhalten zuzuschreiben. Die Kinder begleiten ihre Mutter häufig beim Einkaufen, bei dem der Chiemgauer durch ihre teils offensive Nutzung eine wichtige Rolle spielt.

> „Die kriegen's ja auch mit, wenn I zum zehnten Mal zum Metzger rein geh und sag, KANN I jetzt endlich mit Chiemgauern zahlen ((lacht))? Da lachen se dann scho alleweil. Oh Mama! Und ja, es wird auch geredet darüber einfach. Man redet übern Chiemgauer“ (CG03: 443-446).

Deswegen helfen Marions Kinder ihr auch aktiv bei der Suche nach Chiemgauer-Akzeptanten, so dass es für sie alle „a bisserl ein SPORT auch [ist]“ (CG03: 457).

Bei *Freunden und Bekannten* wiederum ist der Chiemgauer häufig ein „Gesprächsthema“ (CG01: 112). Ob das nun bei Freunden am Stammtisch oder bei (flüchtig) Bekannten auf der Straße ist, viele Befragte geben an, dass sie den Chiemgauer teils stark „propagieren“ (CG02: 172), ja manchmal sogar zu „missionieren“ (CG03: 369). Je nach individuellem Typ beschränkt sich der eine dabei auf nahe Bekannte, der andere wiederum...

> „frag[t] halt jeden auch ‚Nimmst du den Chiemgauer?' – ‚NA, was is den des? Kenn I net?' Und dann erklär ich's denen" (CG03: 46-48).

Für ihre Überzeugungsversuche haben die entsprechenden Befragten neben ihren Argumenten teilweise „selber auch noch so Broschüren dabeigehabt und die verteilt" (CG06: 155-156). Manchmal wurden sogar Chiemgauer verschenkt, mit dem Hintergedanken, dass wenn der Beschenkte sie erst einmal benutzt, ist er auch schon dabei.

Insgesamt spielen die Chiemgauer in der Partnerschaft eine eher geringfügige Rolle. Trotz unterschiedlicher Beziehungskonzepte und Geldarrangements findet sich ein ähnliches Muster: Meist wird ein bestimmter, für die Reproduktion vorgesehener Geldbetrag in Chiemgauer transformiert und so zum ‚Haushalts-Spielgeld' für einen oder beide Partner. Aufgrund dieser Zweckbindung und der weitgehenden Kongruenz mit den Einkaufsroutinen bleibt der Chiemgauer prinzipiell kollektivistisches Geld. Zudem wird manchmal versucht, den ‚nachlässigen' Partner zu einer stärkeren Verwendung anzuhalten. Dies gilt auch für weitere Familienmitglieder mit Ausnahme der Kinder, denen Chiemgauer allenfalls im Kontext gemeinschaftlicher Unternehmungen gegeben werden. Bei Freunden und Bekannten wiederum wird der Chiemgauer immer mal wieder thematisiert, um diese für den Chiemgauer zu gewinnen.

Ein möglicher Grund dafür ist, dass der Chiemgauer als Symbol und Medium für kollektives gemeinwohlorientiertes Handeln gesehen wird. Ein solches, tendenziell altruistisches Handeln wird häufig begleitet vom Versuch, nicht-handelnde Individuen ebenfalls zur Teilnahme zu bewegen. Man möchte ja nicht der Einzige sein, der Gutes tut – dies widerspricht tief verankerten Gerechtigkeits- und Reziprozitätsnormen[302]. Da der Chiemgauer keine große Selbstaufopferung, sondern allenfalls kleine Mühen erfordert, sind diese Überzeugungsversuche nicht sonderlich intensiv, aber dennoch vorhanden. Daraus ergeben sich zwei weitere Konkretionen des Chiemgauers, die wiederum idealtypisch den Funktionen als Kommunikationsmittel und Machtmittel zugeordnet werden. So gibt es erstens den Chiemgauer als Propagandamittel, der in argumentativer Art und Weise die Teilnahme der anderen am Chiemgauer-Spiel (und damit am kollektiven gemeinwohlorientierten Handeln) bewirken soll. Das gleiche Ziel steckt hinter dem Einsatz des Chiemgauers als Machtmittel. Der Weg ist allerdings ein anderer. Statt vieler Worte setzt man hier auf die implizite Tauschkraft des Chiemgauers. Dadurch soll er als ein Verführer wirken und so zum gewünschten Verhalten ‚führen'.

302 Zentral ist hier die Teilnahme weiterer *Nutzer*, nicht etwa die Teilnahme von Freunden und Bekannten. Letztere spielt kaum eine Rolle, auch für die eigene Teilnahme nicht (vgl. Ziegler 2009: 50).

7.2.1 Der Chiemgauer als Propaganda-Mittel

Der Begriff ‚Propaganda' hat ebenso wie ‚Missionierung' negative Konnotationen: sie klingen nach Manipulation, Zwang und diktatorischer Herrschaftssicherung[303]. Die Begriffe stammen allerdings von den Befragten selbst. Sie berichten von fremder Einflussnahme – „die [hat] des ja ganz stark propagiert“ (CG06: 6) – und von eigener Einflussnahme – „dann hab I's scho erst missionieren müssen“ (CG03: 372). Gleichzeitig wird der Aspekt der Einflussnahme scheinbar verneint – „I würd auch niemanden dazu bekehren“ (CG01: 659).

Dieser (scheinbare) Widerspruch erklärt sich durch einen Blick in die Praxis. Je nach Typ des Nutzers spricht dieser mehr oder weniger Freunde und Bekannte an. Bei entsprechender Gelegenheit erzählt man vom Chiemgauer. Dabei ist die Reaktion meist dieselbe – „hundertprozentig gleich beim ersten Mal, wenn die des hören - ein Chiemgauer - Ablehnung pur“ (CG05: 179-180). Diese Widerstände beruhen vermutlich auf dem Geldtabu, nachdem Geld nur in der alltäglich vertrauten Form vorstellbar ist. Deswegen muss man hervorheben, dass der Chiemgauer ein Regionalgeld ist, d.h. es bedarf einer Argumentation, in deren Verlauf „man dann weniger auf den Chiemgauer eingeht, sondern das Regionalprinzip mehr erklärt“ (CG05: 185). Wenn man also „Regionalität und die Förderung der hauptsächlich sozialen Projekte oder Vereine“ (CG06: 184-185) betont und hervorhebt, wie unkompliziert und kostenfrei das Ganze ist, hat man gewisse Chancen „die Hemmschwelle“ (CG05: 636) zu überwinden. Selbst dann bleiben die potentiellen „Newcomer“ (CG05: 429) meist sehr skeptisch. Hauptgründe für diese Reserviertheit sind das „Unbekannte, es is keine offizielle Währung“ (CG05: 197) sowie die scheinbare Skurrilität eines regionalen Geldes – „Man tut des noch ein wenig als Spielgeld ab“ (CG05: 198).

Ein solcher Überzeugungsprozess ist meist richtig (Beziehungs-)Arbeit. Widerstände und Hemmschwellen müssen überwunden werden, das Prinzip und die Funktionsweise des Chiemgauers müssen wieder und wieder erklärt werden. Trotz dieses Aufwands, den die meisten Befragten schon mehrfach geleistet haben, heißt es: „Da fehlt's mir völlig am missionarischen Eifer“ (CG01: 658).

> „Also I hab scho mit einigen - ob's jetzt Unternehmer oder Otto Normalverbraucher - geredet. I hab kein Anliegen, dass I dem irgendwas AUFDRÄNGE. Als ob I den Chiemgauer irgendwie VERKAUFEN möchte, im Gegenteil“ (CG05: 261-264).

303 *Propagieren* (lat. propagare: fortpflanzen, erweitern, ausdehnen) bezeichnet die systematische Verbreitung von bestimmten Lehren, Ideen, Meinungen. *Missionieren* (lat. mittere: entsenden, schicken, werfen) meint die Verbreitung einer religiösen Lehre unter Andersgläubigen (dwds.de). Ersteres zielt somit mehr auf ‚jemand etwas lehren', zweiteres auf ‚bekehren'.

Man sieht sich also eher in der Rolle des Aufklärers als des Bekehrers. Man informiert gerne, aber „wenn einer sagt, NA, ich mach's net, dann lass ich's bleiben“ (CG02: 292-293). Schließlich ist man kein „Mensch der also jemanden zu seinem Glück zwingen will“ (CG02: 29-30). Es heißt sogar, „die Leute zu missionieren. Des geht einfach nicht“ (CG04: 340). Viel wichtiger ist, mit dem Chiemgauer und den damit verbundenen moralischen und utopischen Aspekten ein *Gesprächsthema* zu haben.

7.2.2 Der Chiemgauer als Verführer

Es kommt gelegentlich vor, dass, wenn das Argument scheitert oder nicht anwendbar ist, das (Regio-)Geld selbst überzeugen soll. Der Chiemgauer kann so den Charakter eines praktischen ‚Verführers' annehmen, der Andere zur Teilnahme und damit zu dem entsprechenden Denken und Handeln bewegen soll. Dazu wird der Chiemgauer verschenkt. Vorab ein paar Gedanken zum *Geldgeschenk* an sich.

Geld gilt im Allgemeinen als unangemessenes Geschenk innerhalb sozialer Beziehungen. Ausnahmen sind Geldgeschenke von Statushöheren an Statusniedrigere innerhalb der Familie, also beispielsweise von Eltern oder Großeltern an Kinder und Enkel (Burgoyne/Routh 1991: 54; 60). Unter gleichrangigen Personen ist jedoch Geld kein akzeptables Geschenk; dies gilt umso mehr, je näher beide sich stehen (Pieters/Robben 1999: 196). Eigentlich verwunderlich, schließlich könnte der Beschenkte angesichts der universellen Verwendbarkeit des Geldes am ehesten das erhalten, was seinen persönlichen Präferenzen entspricht, einfach indem er es sich selber kauft. Doch genau diese Universalität des Geldes steht der Konkretheit der Beziehung entgegen. Ein Geschenk ist ja letztlich ein kommunikativer Akt, es soll ein Signal senden, beispielsweise Zuneigung und Respekt ausdrücken (Burgoyne/Routh 1991: 65f). Geld ist hier wegen seiner multiplen Symbolik ungeeignet – es ist einerseits in seiner Universalität zu unpersönlich für Gemeinschaftsbeziehungen und steht andererseits durch seine kommerziellen Konnotationen (Rechenhaftigkeit, Profitorientierung, Egoismus etc.) der Logik von sozialen Nahbeziehungen (Liebe, Vertrauen, Intimität) entgegen[304]. Wenn schon Geld geschenkt wird, so muss zumindest die Botschaft vermittelt werden, dass dieses Geld etwas Besonderes ist (Pieters/Robben 1999: 192). Nicht umsonst gibt es stapelweise Bücher, wie sich Geld originell als Geschenk verpacken lässt. Häufiger jedoch wird in der sozialen

304 Geldgeschenke signalisieren eine gewisse Unfähigkeit auf die Bedürfnisse des Beschenkten einzugehen. Sie gelten weiterhin als zu ‚billig', weil sie nur finanzielle Kosten verursachen, keine physischen, mentalen oder Zeitkosten. Unter Umständen kann dieser Mangel an Zeit und Mühe durch einen höheren Geldbetrag ausgeglichen werden. Studien sprechen davon, dass ein angemessenes Geldgeschenk durchschnittlich doppelt so teuer sein muss wie ein Naturalgeschenk; häufig ist es jedoch nie angemessen (Meier 2001: 139).

Praxis Geld (Euros) in eine andere Geldart (Gutscheine) transformiert. Je konkreter, also zweckgebundener diese ist, um so eher wird sie als angemessenes Geschenk akzeptiert (Webley/Wilson 1989: 89). Nun ist der Chiemgauer (sowohl praktisch als auch symbolisch) eine etwas konkretere Geldart als der Euro. Eignet er sich damit besser für Austauschhandlungen innerhalb persönlicher Beziehungen, etwa als Geschenk?

Die meisten Befragten haben „noch nicht darüber nachgedacht" (CG04: 290). Auf die explizite Nachfrage kam häufig die Antwort „des is natürlich immer noch ein Geldgeschenk. Aber eher Chiemgauer als Euro" (CG02: 471-472). Andere Befragte hingegen haben bereits Chiemgauer verschenkt bzw. tun dies immer noch gerne. Gerda beispielsweise schenkte einmal ihrem Nachbarn, „unserem lieben pensionierten Bankdirektor" (CG01: 554) zum Geburtstag 100 CH. Hierbei handelte es sich jedoch nicht um ein klassisches Geldgeschenk. Die Vorgeschichte ist wichtig: Im Freundeskreis wurden lange Diskussionen über Regionalgeld geführt. Der anwesende Bankdirekter war dabei „Kraft seines Berufes [...] SEHR skeptisch" (CG01: 563-564) und hat die Idee als „SPLEENIGE Spielerei" (CG01: 651) abgetan. Das Geldgeschenk ist somit symbolisierter Ausdruck des gegenseitigen Kennens (die gemeinsame Diskussion) und gleichzeitig ein liebevolles ‚Dratzn' (Gerda nimmt ihn mit dem Geschenk auf den Arm, weil sie seine Skepsis kennt). Paul wiederum verschenkt häufig Chiemgauer an Freunde und Arbeitskollegen.

> „Wenn einer Geburtstag hat kriegt er's mit darauf oder wenn er Namenstag hat oder wenn er zum Essen eingeladen hat, gibt's a Flaschen Wein und an Chiemgauer dazu" (CG05: 542-544).

Allerdings liegt auch hier kein klassisches Geldgeschenk vor, „des is net mei Ansinnen" (CG05: 546). Einerseits bezieht sich der Chiemgauer wiederum auf gemeinschaftliches Erleben, denn „ob des jetzt am Stammtisch oder bei Freunden wenn man eingeladen ist [...], irgendwann fangen wir dann ne Diskussion an übern Chiemgauer" (CG05: 180-182). Andererseits verbindet sich für Paul damit auch eine Art ‚missionarische Absicht':

> „Für mich ein Ansinnen [ist], dass I mein Chiemgauer herschenk, mal einen oder zwei Chiemgauer oder was weiß I, dass die's mal in der Hand gehabt haben. Und auch die Broschüre in die Hand und wenn sie's vergessen und weglegen dann is ja auch ok. Aber wenn von diese zehn Personen irgendwann mittelfristig zwo übersteigen dann is des scho was" (CG05: 546-550).

Wird der Chiemgauer also verschenkt, dann indem er „als GAG" (CG04: 290) auf gemeinsame Gespräche über Regionalgeld verweist sowie „unter dem Aspekt, dass man des dann eben-, das DIE Leute dann dazu GEBRACHT werden des auszugeben" (CG04: 296-298). Das soziale Tabu, Geld in persönlichen Beziehungen zu verwenden, gilt zwar für den Chiemgauer „abgeschwächt“ (CG03: 476), aber es gilt – in der Hinsicht ist er dann „einfach Geld“ (CG06: 128).

Dadurch kann der Chiemgauer auch als *Verführer* wirken. Verführung ist und bleibt allerdings, trotz des sanften und gewaltlosen Ablaufs, ein Akt der Handlungsbeeinflussung und damit eine Form von Machtausübung. Die im Chiemgauer-Schein materialisierte Tauschkraft gibt den machtvollen Befehl, sie bei den Chiemgauer-Geschäften einzusetzen. Sich dem Befehl verweigern, hieße sich selbst zu schaden. Also muss der Chiemgauer ausgegeben werden. Wie, das legt häufig der Schenkende fest, indem er das verschenkte Geld mit einer impliziten Zweckbindung versieht, d.h. dem Beschenkten wird meist mitgeteilt, wo er dies auszugeben habe. Gerda's oben erwähnter Bankdirektor ist dementsprechend „tapfer zum Bauernmarkt gegangen und hat sie wieder ausgegeben“ (CG01: 556-557).

Diese Verwendungsart des Chiemgauers beschränkt sich nicht auf Geschenke an Freunde. Marion beispielsweise hat bei ihrem Hausbau „durch die Bank weg ALLE Handwerker das Trinkgeld in Chiemgauer gegeben“ (CG03: 367-368) und sie dabei gleich aufgeklärt, wie sie diese verwenden können:

> „Sag I, na des is a Chiemgauer. Des is unser Regionalgeld. - Aha. Und was tue I mit dem? – Ja, sag I, da gehst jetzt zum Metzger runter und kaufst dir a Leberkassemmel. Da kannst mit Chiemgauer zahlen. - Ah so. Aha. Ja guat. ((lacht))“ (CG03: 373-375).

Sie fand das „scho gscheit witzig ((lacht)), weil I die alle erst missionieren ham müssen, weil des die wenigsten kennt haben“ (CG03: 368-369). Auch hier ist der Grundgedanke: wer erst einmal den Chiemgauer hat, muss ihn verwenden, merkt damit wie unkompliziert es ist und macht selbst mit. Deswegen verwendet Marion das Regiogeld mit einer gewissen provokanten Freude dort, wo es nicht üblich ist – „Des seh I also ganz gern, dass I mit Chiemgauer zahl, wo's eigentlich net die Regel is“ (CG03: 375-376). Hauptsächlich macht sie das aber bei Zahlungen, die sich durch eine gewisse Freiwilligkeit auszuzeichnen, beispielsweise als Trinkgeld oder aber für den „Klingelbeutel“ in der Kirche (CG03: 477). Wo es um verbindliche Zahlungen geht, lässt sie ihrem Gegenpart die Wahl. So etwa als sie ihre Kindern den Lehrer fragen ließ, ob der Schulausflug nicht auch mit CH (statt €) bezahlt werden könne.

> „Naja und dann hab I's halt in Schul geschickt mit den Chiemgauern und gesagt, probiert es einmal. I hab ihnen Euro auch no mitgeben. Wenn's net geht- gut“ (CG03: 386-388).

Im Übrigen ging Marions Missionierung in diesem Fall gut aus.

> „Dann hat er zuerst überlegt, dann hat er's ihr wieder mitgeben und gesagt – na, geht net. Dann is halt wieder abmarschiert, hat ihren Euroschein geholt und dann hat er ge-

> sagt – ah, hat er gesagt, schmarrn, gib her, des geht scho ((lacht)). Und dann hat er'n halt genommen, hat ihn bei sich in Geldbeutel rein und [...] und hat halt des dann PRIVAT ausgeben. Geht auch. Man muss de Leut einfach wirklich oft nur draufstoßen“ (CG03: 389-395)

Kurzum, was Marion macht ist „so PROVOKANT irgendwo dann auch mal an Chiemgauer reinschmeißen, des find I schon interessant. Tu I auch gern“ (CG03: 479-480). Wenn dies auch bei ihr recht ausgeprägt ist, finden sich abgeschwächt ähnliche Handlungen bei anderen Nutzern, man denke nur an Paul, der seinen Geschenken immer Chiemgauer beilegt.

Das Regiogeld soll – und das ist die dahinterstehende Intention – als Verführer wirken. Während also ‚normale' Geldgeschenke häufig für nicht-alltägliche Güter verwendet werden, die den Präferenzen des Beschenkten entsprechen, ist dies bei Chiemgauer-Geschenken wohl anders – sie werden für alltägliche Güter ausgegeben, die teilweise sogar an Orten erworben werden, die der Beschenkte normalerweise nicht aufsucht.

Wenn mit geschenkten Chiemgauer nun anders umgegangen wird als mit umgetauschten, so ist zu vermuten, dass für den Chiemgauer eine ähnliche Bedeutungsoffenheit gilt wie für das ‚normale' Geld. Demnach müssten dem Chiemgauer je nach Verwendungskontext, aber auch je nach Art des Erwerbs spezifische Bedeutungen zugeschrieben werden (‚earmarking'), aus denen sich unterschiedliche Umgangsweisen und dementsprechend auch Auswirkungen ergeben. Allerdings ist beim Chiemgauer die bisher herausgearbeiteten Muster vorherrschend – was nicht heißen soll, dass keine anderen Bedeutungen und Handlungen auftreten können. Einige dieser sollen im folgenden Abschnitt betrachtet werden.

7.3. Der Chiemgauer in tausend Gestalten

Wie eben gezeigt, ist die Quelle der Chiemgauer entscheidend für deren Bedeutungen. Marion beispielsweise, die für ihre Aushilfstätigkeiten teilweise in Chiemgauer entlohnt wird, betont, dass ihr eingetauschte Chiemgauer lieber sind als erarbeitete. Zwar muss sie bei den erarbeiteten „weniger selber umtauschen“ (CG03: 221-222), aber sie sind nicht mehr so ‚wirkmächtig' für sie: „I tausch halt lieber ein [...] wegen de 3% ((lacht)).“ (CG03: 223-224).

Wieder eine andere Quelle und damit unterschiedliche Bedeutungs- und Handlungsmuster finden sich beim *‚verführten Nutzer'* Martin. Der 17-jährige erhält Chiemgauer als Taschengeld. Eines vorweg: Taschengeld ist nicht dasselbe wie geschenktes Geld. Es hat eher den Charakter eines regelmäßigen Einkommens. Martin bekommt also seit zwei bis drei Jahren „von meinem Vater jede Woche einen Chiemgauer zum Taschengeld dazu" (CG07: 6-7)[305]. Das ‚dazu' ist wichtig – über CH statt € wäre er nicht so glücklich. Ihm stehen also durchschnittlich vier CH im Monat zur Verfügung, oft etwas mehr, denn „es kommt schon vor, dass mein Vater des vergisst, des Taschengeld und dann krieg ich irgendwie 10 oder 20 auf einmal oder im Voraus für andere Monate" (CG07: 118-119). Meist hat er also zwischen fünf und zwanzig CH im Geldbeutel. Was macht er nun damit? Er erwirbt „damit immer nur so Kleinigkeiten" (CG07: 244), im EDV-Geschäft etwa kleinere Elektroartikel und Computerspiele oder in dem kleinen Warenhaus „kauf ich mir eben meistens Süßigkeiten oder Getränke oder ein Deo eben" (CG07: 94). Bezüglich des Umgangs mit Chiemgauern sieht er keine großen Unterschiede zum Euro:

> „Es is – die sagen den Preis halt, du legst des hin und dann sagen sie meistens, ah Chiemgauer oder so, und dann, wenn du mit nem Großen zahlst, kriegst die halt noch raus, aber Kleingeld krieg ich halt in Euro raus, so Cent oder so" (CG07: 51-53).

Während die anderen Befragten ihre Chiemgauer jedoch recht schnell wieder ausgeben, ist dies bei Martin anders - „meistens sammeln sie sich an" (CG07: 113). Dies liegt nur teilweise daran, dass seine präferierten Geschäfte nicht alle den Chiemgauer akzeptieren bzw. manche der Chiemgauer-Geschäfte etwas weiter entfernt liegen. Der Chiemgauer ist vielmehr eine Art zusätzlicher *‚Notgroschen'* für ihn – solange er Euros besitzt, gibt er diese aus und erst wenn sie zur Neige gehen, wird auf das Regionalgeld zurückgegriffen. Dementsprechend positiv sieht er sie, denn „wenn ich jetzt so nicht genug Geld hab, dann sag ich, gehn wir in des speziel-le Geschäft, weil ich dann noch Chiemgauer dafür hab" (CG07: 140-141). Auch wenn ab und an die Umlaufsicherungsgebühr droht, greift Martin auf seine Chiemgauer zurück und leistet sich bisweilen Dinge, die er sich sonst wahrscheinlich nicht geleistet hätte.

> „Also ich sag mal, wenn wir jetzt die Mittagspause als Beispiel nehmen, dass meine Freunde dann-, dass ich sag, ja, ich gib dir was aus. Weil ich eben noch die Chiemgauer hab und die muss ich eh loswerden, weil [die] sonst im Januar nimmer gelten, dass ich ihnen dann was ausgeb" (CG07: 189-192).

Das soll nun nicht heißen, dass Chiemgauer für Martin nichts wert wären, denn sie sind „halt immerhin GELD" (CG07: 140). Auch die Idee eines regionalen Geldes leuchtet ihm ein und er findet es schon „ganz cool" (CG07: 212), „eben so alte Geschäfte, so speziell traditionelle Geschäfte zu unterstützen. Dass des Chiemgau

305 Der Hintergrund ist folgender: Martin engagiert sich wie sein Vater bei einer örtlichen Pfadfindergruppe. Um die Gruppe zu unterstützen, hat dieser ein Chiemgauer-Abo abgeschlossen. Bei diesem (2008 eingestellten) Service wurde monatlich eine gewünschte Summe an CH zugeschickt.

halt gefördert wird mit dem Chiemgauer" (CG07: 217-219). Allerdings gewinnen sie vor allem deswegen an Bedeutung für ihn, weil er ohne sie schlicht „weniger Geld" (CG07: 262) hätte[306].

Ein weiterer interessanter Fall, bei dem die Quelle der Chiemgauer deren Verwendung bedingt, findet sich bei Martins Familie. Dort hat der Vater ein ‚Abo' abgeschlossen, d.h. er bekommt jeden Monat 50 Chiemgauer zugeschickt. Es ist zu vermuten, dass er die dafür aufgewandten Euros mental quasi als ‚Spende' für seinen Verein verbucht hat. Dadurch gewinnen die Chiemgauer für ihn eine andere Bedeutung als für die übrigen Befragten, die sie ja bewusst und regelmäßig für ihre Haushaltseinkäufe umwechseln. Der Vater verteilt zunächst die Chiemgauer an die Familie.

> „Ja wir kriegen eben des Taschengeld und die Mama kriegt dann immer, wenn sie sagt sie braucht 20 oder so, kriegt sie auch was ab" (CG07: 167-170).

Die Eltern versuchen teilweise Haushaltseinkäufe mit dem Regionalgeld abzuwickeln, mal in der Apotheke oder im Baumarkt. Doch generell ‚passt' der Chiemgauer nicht wirklich zu ihrem Einkaufsverhalten, denn „„„da gehen wir eher in so Großmärkte halt und die nehmen keine Chiemgauer" (CG07: 184-185). Was machen die Eltern nun mit den angesammelten Chiemgauern (denen ja Wertverlust droht)?

> „Also wenn wir oft essen gehen nach [Oberdorf] in [Luigis Pizzeria], die nehmen des halt. Da zahlen wir komplett mit Chiemgauer" (CG07: 182-183).

Somit ist „der größte Betrag, den wir ausgeben is eigentlich immer nur beim Essen gehen" (CG07: 254-255). Dies ist eines der wenigen Beispiele, bei denen die Umlaufsicherung des Chiemgauers tatsächlich einen zusätzlichen Konsum zu generieren scheint.

Insgesamt zeigt sich, dass der Vorgang des earmarkings auch beim Chiemgauer eine Rolle spielt. Je nach vorgesehener Verwendung, aber auch nach Art des Erwerbs gewinnt er unterschiedliche Bedeutungen (special purpose monies) – meist als Haushalts(spiel)geld, aber auch als lockerer Notgroschen oder als Luxusgeld, das man als Familie gemeinsam auf den Kopf haut[307].

306 Dementsprechend pragmatisch beurteilt er auch die Gesamtinstitution Chiemgauer: Wegen ihm könnten ruhig mehr Geschäfte „wo ich halt häufig bin" (CG07: 160) mitmachen, selbst Aldi – „wär schon cool, wenn die halt Chiemgauer nehmen würden" (CG07: 160-161). Den ‚tieferen Sinn' eines Regionalgeldes überlässt er auch gerne „irgendwelchen [...] Geldspezialisten" (CG07: 265).

307 Auch bei Marion, die für ihre Nebentätigkeit teilweise in Chiemgauer entlohnt wird, finden sich Hinweise auf unterschiedliche Bedeutungszuschreibungen, denn bei erarbeiteten Chiem-

8. Zusammenfassung und Fazit

Mit diesem Fazit beschließen wir einen empirisch-systematischen Blick auf die Geldkultur des Regiogeldes. Es konnte für die Gruppe der am Regiogeld Chiemgauer teilnehmenden Verbraucher gezeigt werden, dass diese im Alltag der regionalen Währung unterschiedliche Bedeutungen zuschreiben, aus denen sich verschiedene Handlungen ergeben. Dies geschieht nicht zufällig, sondern wird gerahmt durch die moralisierende Modulation des Geldmediums Chiemgauer. Dieses moralisierte Geld gewinnt je nach individuellen, interaktionellen und kontextspezifischen Variablen verschiedene interpretative Konkretionen und kann so mal individuelle Fessel, öffentliches Feldzeichen, privater Verführer und vieles mehr sein. Hier zeigen sich unterschiedliche Arten, wie Menschen sich mittels eines Geldes vergemeinschaften und vergesellschaften, wie sie bestimmte Handlungsintentionen, verschiedene Zugehörigkeiten und Identitäten mittels Geld zum Ausdruck bringen.

Beginnen wir unsere zusammenfassende Diskussion mit dem Chiemgauer als *Institution*. Wie andere Institutionen ist auch der Chiemgauer ein Sachverhalt der Sozialwelt, der dauerhaft (Permanenz) sowie unabhängig von sozialen Akteuren besteht (Externalität und Objektivität), bestimmte gesellschaftliche Leitideen repräsentiert (Sinnbezug) und darüber hinaus Einfluss auf das soziale Handeln nimmt (Regulation) (Koch 2009: 22). Aus den ihm zugrunde liegenden diskursiven Feldern und in Auseinandersetzung mit der Notwendigkeit, eine möglichst breite Öffentlichkeit für sich einzunehmen, formuliert der Chiemgauer seine Leitidee eines ‚besseren' Geldes. Dieses soll durch die in seiner Konstruktion angelegten (räumlichen und zeitlichen) Beschränkungen dem geldvermittelten Handeln bestimmte Regeln auferlegen (kaufe regional, horte nicht, spende!). Konkretisiert wird die Institution Regiogeld durch die Akteure in ihren verschiedenen Rollen als Verbraucher, Geschäftsleute, Aktivisten und/oder Unterstützer. Umgesetzt wird sie mittels ihrer Geldmedien Karte und Schein.

Im Grunde ist der Chiemgauer nur eine Ausprägung der Institution Geld. Er ist nichts eigenständiges, nichts paralleles oder komplementäres, sondern einfach nur eine von vielen Erscheinungsformen des Geldes, die beständig ineinander umgewandelt werden. Nur als eine solche ist er denkbar. Deswegen ist er mit Euro gedeckt, deswegen braucht er offizielle Banken als Seriositätsspender.

Als institutionelle Ausprägung des Geldes lässt sich der Chiemgauer folgendermaßen charakterisieren (hier entlang der neo-institutionalistischen Systematisierung von Scott 2001: 47ff): Institutionen bringen regelhafte Handlungen hervor, indem sie sich bestimmter Wirk- und Durchsetzungsmechanismus bedienen. Der

gauern, „da fallt natürlich wieder die 3% für die Vereine weg" (CG03: 221), wodurch das Regionalgeld für sie nicht mehr ganz soviel ‚wert' ist. „Also I tausch halt lieber ein als dass I's krieg wegen den 3% ((lacht))" (CG03: 223-225).

regulative Wirkmechanismus unterbindet durch währungs- und vertragsrechtliche Gesetze und Vorschriften bestimmte Handlungen – wie der Euro darf der Chiemgauer nicht gefälscht, geraubt oder für illegale Tätigkeiten verwendet werden. Gleichzeitig ist die Verwendung des Chiemgauers nicht (wie beim Euro) verpflichtend werden – er muss freiwillig bleiben. Seine tatsächliche Benutzung beruht demnach auf *normativen* Mechanismen, d.h. man verpflichtet sich selbst aus (moralischen) Werten heraus zur Verwendung. Dies findet statt vor dem Hintergrund des *kognitiv-kulturellen* Wirkmechanismus des Chiemgauer, der durch eine moralische Modulation das Regiogeld symbolisch so auflädt, dass es als Träger für tiefsitzende Annahmen über sinnvolles und angemessenes (konkret: gemeinwohlorientiert, regional, ökologisch) Handeln gesehen wird. Nachdem der Chiemgauer Geld und Moral vereinen will, ist er auch lose gekoppelt mit anderen Institutionen und Organisationen aus beiden Bereichen. Dies bewirkt eine strukturelle Annäherung (Isomorphie), die teils zu Paradoxien führt: Als Geld muss der Chiemgauer zunehmend seine Transaktionskosten senken, also einfacher, bequemer, günstiger und praktischer werden – ähnlich wie konkurrierende andere Geldarten und Bonussysteme. Als Moral muss er gewissen Erwartungen gerecht werden, die teils einer effizienten Funktionalität entgegenstehen.

Dies führt dazu, dass der Chiemgauer nur bestimmte Typen Mensch anspricht, nämlich solche, die im Rahmen ihrer *Laufbahn* zum Chiemgauer-Nutzer gelernt haben, ihn – auch in seinen Mehrdeutigkeiten – als zu den eigenen Relevanzen und Motiven passend zu interpretieren. Dass es dem Chiemgauer gelang, eine (im Vergleich zu anderen Regiowährungen) breiter gestreute und nicht auf ein Milieu beschränkte Masse an Teilnehmern zu mobilisieren, ist wohl vor allem den *Rahmenbedingungen* geschuldet. Einerseits gibt es hier einen sehr engagierten und auch unternehmerisch begabten Initiator mit vielen Helfern und einer durch die Chiemgauer-Keimzelle Waldorfschule bedingte große Unterstützerschar, andererseits ist die Region wirtschaftlich stark und hat traditionell und kulturräumlich bedingt viele gemeinschaftliche Netzwerke.

Durch seine spezifische Konstruktion und Symbolik erhält der Chiemgauer sein *Leitprinzip* als moralisiertes Geld. Diese modulierte Rahmung bewirkt, dass er nicht komplett bedeutungsoffen ist – der Chiemgauer kann kein ‚großes', ‚mächtiges' oder ‚weltmännisches' Geld sein. Demgemäß wird er hauptsächlich für das Einkaufen des täglichen Bedarfs verwendet. Obwohl dieses prinzipiell sehr ähnlich dem normalisierten Geldhandeln abläuft, bewirkt der Chiemgauer eine subtile und graduelle De-Naturalisierung und so eine Abwandlung der (Geld-)Spielregeln. Die Verbraucher nutzen dies für sich als Selbsttechniken, etwa im Sinne einer verregelmäßigten Spendenpraxis oder als konstanter Reflexionsanlass. Gleichzeitig eröffnet sich hier auch die Möglichkeit, andere ebenso durch den Chiemgauer zur einem bestimmten Verhalten zu veranlassen. Diese Möglichkeit der Gestaltbarkeit des Sozialen, wird angesichts der Freiwilligkeit des Chiemgauers eher subtil und nur graduell genutzt. Für die alltägliche Nutzung relevanter ist die Wirkung des Chiemgauers als symbolisch *differenziertes* Kommunikationsmittel, das eben nicht nur Kaufkraft, sondern auch ethisch-moralische (Konsum-)Haltungen vermittelt. Die moralisierte Symbolik des Chiemgauers macht diesen zum Ausdruck der Identität und damit auch zum Distinktionsmittel von ‚Otto Normalverbraucher'.

Betrachtet man nun neben dieser individuellen Ebene die *soziale Ebene*, so zeigt sich, wie das Regiogeld-System seinen Teilnehmern ermöglicht, sich ohne große Verhaltensänderung geldvermittelt weiter zu vergesellschaften (also am Warenkreislauf teilzunehmen) und gleichzeitig regional zu vergemeinschaften. Die Regionalwährung vermittelt also nicht nur eine moralisch begründetes Abgrenzung vom kapitalistischen System, sondern auch die Zugehörigkeit zu einer regionalen Gemeinschaft. Dies ist allerdings keine ‚echte' Gemeinschaft, da das soziale Handeln hier nur sehr bedingt auf „subjektiv gefühlter (affektueller oder traditionaler) Zusammengehörigkeit der Beteiligten beruht" (Weber 2001: 29.) und keineswegs von „dauernde[m] und echte[m] Zusammenleben" (Tönnies 2005: 4) gesprochen werden kann. Vielmehr ist es eine symbolische bzw. eine „vorgestellte [...] Gemeinschaft" (Anderson 1996: 15). Denn viele Chiemgauer-Nutzer kennen sich gar nicht, werden sich auch wahrscheinlich nie begegnen, dennoch existiert eine Vorstellung einer Gemeinschaft bzw. eines gemeinschaftlichen Wertekanons im Kopf eines jeden. Eine wirkliche Gruppe oder auch nur ein konkretes Wir-Bewusstsein entsteht jedoch kaum. Denn die sehr unverbindliche „Wahlvergemeinschaftung" (Lau 1988: 222), die man qua Chiemgauer eingeht, richtet sich nicht auf konkrete Andere, sondern auf das Abstraktum ‚Region'. Dennoch: Ein bisschen fühlt man sich als Gemeinschaft, verbunden durch geteiltes Engagement.

Ist das alles – so fragt man sich. Eine Art Fähnchen des moralischen Konsums, „a bisserl was" (CG06: 65) für soziale Projekte und ein etwas regionaleres Einkaufsverhalten? Und das, obwohl Regiogelder nicht weniger als eine neue und vor allem bessere Form des Wirtschaftens und Zusammenlebens hervorbringen wollen. Natürlich gäbe es ohne die im Chiemgauer steckende „UTOPIE vom guten Geld" (CG01: 776) für viele Beteiligte wohl „ne Hoffnung weniger" (CG04: 375). Doch ist diese Hoffnung auch nur annähernd berechtigt? Wie soll der Chiemgauer einen ‚besseren' Umgang mit Geld bewirken, wenn jeder nach Belieben nur soviel eintauscht wie er braucht (bzw. als Geschäftsmann einfach in Euro zurücktauschen kann)? Wie soll der Chiemgauer eine Alternative zum normalen, als krisenhaft und problematisch empfundenen Geldsystem darstellen, wenn es doch auf diesem basiert – auf dem Euro als Wert, auf den Banken als Vertrauensgeber. Ist es nicht widersinnig, wenn die beim Chiemgauereintausch eingenommenen Euros auf einem verzinsten (!) Tagesgeldkonto einer normalen Bank landen? Heißt das frei nach Adorno – es gibt kein richtiges Geld im falschen Geldsystem?

Einerseits ja, denn der Chiemgauer wird wohl nichts grundlegend an den Strukturen ändern, die er kritisiert. Andererseits hingegen – was helfen radikale

Lösungen, die sich nicht durchsetzen lassen. Sollte man sich nicht besser an der Gestaltbarkeit der konkreten Wirklichkeit versuchen? Der Chiemgauer bewirkt immerhin ‚ein bisserl' und auch wenn er dadurch die herrschenden Verhältnisse nicht ändert, bietet er doch zumindest die Möglichkeit einer zwar nur minimalen, aber wenigstens praktischen Revolte gegen ein als absurd empfundenes (Geld-)System. Mit Camus (2004: 159f) gesprochen:

> „Darin besteht die verborgene Freude des Sisyphos. Sein Schicksal gehört ihm. Sein Fels ist seine Sache. [...] Der Kampf gegen Gipfel vermag ein Menschenherz auszufüllen. Wir müssen uns Sisyphos als einen glücklichen Menschen vorstellen".

VI. Rückblick und Ausblick

1. Zusammenfassung

In der vorliegenden Arbeit wurde das vor wenigen Jahren entstandene Regionalgeld erforscht. Dieses bislang kaum untersuchte Phänomen stellt die häufig implizite Annahme infrage, es gäbe nur *ein* Geld im Sinne eines rein neutralen, einheitlichen Mediums, das dementsprechend auch ausschließlich spezifische (versachlichende, objektivierende, vergesellschaftende) Wirkungen habe. Mit seinem Anspruch, ein sozialeres, gemeinschaftlicheres Geld zu sein, wirft es verschiedene Fragen nach den grundlegenden Wirkungen von Geld im Alltagshandeln der Menschen und in sozialen Beziehungen auf.

Das mit Hilfe der Soziologie des Geldes präzisierte Erkenntnisinteresse zielte erstens auf die Beschreibung des Gesamtphänomens Regionalgeld als Institution (‚Ethnographie'). Dabei wurde zweitens der alltagsweltlichen Ebene eines Regiogeldes aus einer mikrosoziologisch-sozialkonstruktivistischen Perspektive eine besondere Beachtung gewidmet (‚Fallstudie').

Die methodische Umsetzung erfolgte mittels eines qualitativen Forschungsdesigns. Vor dem methodologischen Hintergrund einer hermeneutischen Wissenssoziologie und mittels einer ethnographischen Forschungsperspektive wurde theoretisch geleitet eine Vielzahl an Daten (u.a. durch teilnehmende Beobachtung, explorative Interviews) gewonnen und mit Hilfe der Kodierprozeduren der GTM ausgewertet. Dabei gewonnene Erkenntnisse waren unter anderem:

Die *Ethnographie* des Regiogeldes zeigte, wie in einigen sozialen Bewegungen (Freiwirtschaft, Anthroposophie) durch das Verschmelzen verschiedener modernisierungskritischer Wissensfelder (Geldreform, Esoterik, alternative Ökonomie) ein praktisch-konkretes Konzept entstand – das ‚Regiogeld'. Im Kern beinhaltet es das Versprechen, das von den Aktivisten als problematisch empfundene Geld durch einige Konstruktionsänderungen (regionale Gültigkeit, negativer Zins etc.) zu ‚reprogrammieren'. Die konkreten (teils in Konflikt stehenden) Zielsetzungen und Umsetzungen ergeben sich dabei aus unterschiedlichen Utopien. Weiterhin wurde nachgezeichnet, wie die – meist aus der bürgerlichen Mittelschicht stammenden – Aktivisten sich als kollektiver Akteur organisieren und als ‚moralische Unternehmer' handeln.

Die *Fallstudie* zu den konkreten Bedeutungen und Handlungen eines Regionalgeldes im Alltag der Verbraucher betrachtete zunächst die Rahmenbedingungen (institutionelle Ausprägung des Regiogeldes, regionale und milieuspezifische Strukturen, Motive und Einstellungen der Nutzer). Dann wurde rekonstruiert, wie nach einer erfolgreichen interpretativen Aneignung (‚Laufbahn') das Regiogeld eine bestimmte Rolle im alltäglichen Leben einnimmt: Regiogeld als moralisch moduliertes Geld (‚Leitprinzip') gewinnt im individuellen und sozialen Bereich verschiedene Bedeutungs- und Handlungsausprägungen – es ist Hinweisgeber und Selbsttechnik, Gemeinschaftssymbol und Zwangsmittel, Gesprächsthema und Manipulationsinstrument. Es wirkt so als moralische Selbstbestätigung, kommunikatives Zugehörigkeitssymbol und Machtmittel.

2. Diskussion der Ergebnisse

Aus der *theoretischen Perspektive* einer Soziologie des Geldes betrachtet, wird am Phänomen Regionalgeld deutlich, dass die Transsubstantiation (lat.: Wesensverwandlung) von Warenwert zu Geldwert (Marx) bzw. von individuellem zu übersubjektiven Wert (Simmel) zu kurz greift. Es müsste eher von einer *doppelten* Transsubstantiation ausgegangen werden: Waren- bzw. Tauschwert verwandelt sich in (das Prinzip) Geld und dieses wiederum in eine von vielen möglichen Geldarten. Die jeweilige Form ‚rahmt' dabei die jeweilige (durch individuelle, relationale und kontextspezifische Faktoren beeinflusste) interpretative Ausdeutung des Geldes.

Offenbar entstehen so beim hier untersuchten Regiogeld ‚Chiemgauer' vielfältige und doch spezifische Bedeutungen und entsprechende Handlungen. In seiner imaginären Dimension ist der Chiemgauer keineswegs ‚sichtbare Gottheit' und beinhaltet damit (mit Marx gesprochen) auch nicht das Motiv der maßlosen Bereicherung. Stattdessen signalisiert er eine bestimmte (regional, sozial, ökologisch ausgerichtete) Werthaltung. Der Chiemgauer lässt sich damit (im Sinne Parsons, Habermas, Luhmanns) als ein symbolisch generalisiertes Kommunikationsmittel betrachten; er kommuniziert aber keine reine, generalisierte, sondern nur eine eingeschränkte, dafür aber moralisierte Tauschkraft. Diese Zuschreibungen begründen sich v.a. im symbolischen Opfer des generalisierten Machtpotentials (Simmel). Für diese Einbuße des ‚absoluten Mittelcharakters' erhält man einen verlängerten Einfluss durch das Regiogeld, der aus der konstruktionsbedingten Verwendungseinschränkung resultiert. Diese geldvermittelte Erweiterung der Gestaltbarkeit des Sozialen bildet zusammen mit der moralischen Symbolik des Regiogeldes dessen empirisch aufgefundenen *Doppelcharakter* – der Chiemgauer ist sowohl Machtmittel als auch Kommunikationsmittel. Dabei ist der Doppelcharakter (in unterschiedlicher Gewichtung) sowohl intra- als auch interindividuell festzustellen und gewinnt je nach Kontext (privat – öffentlich) verschiedene Ausprägungen.

Hinsichtlich der sozialen Auswirkungen dieses ‚anderen' Geldes lassen sich mit den hier erhobenen Daten diverse Überlegungen anstellen. Eine oft konstatierte

Wirkung des Geldes, etwa von Seiten der ‚Klassiker' Marx, Weber und Simmel, ist dessen vergesellschaftende und gleichzeitig gemeinschaftszersetzende Wirkung. Die moderne Geldwirtschaft befreite den Einzelnen aus personalen Herrschaftsverhältnissen und traditionalen Gemeinschaften. Die einstmals wenigen persönlichen, affektualen und verbindlichen Beziehungen wurden ersetzt durch eine Vielzahl unpersönlicher, objektivierter und unverbindlicher Bindungen (Simmel). Ferdinand Tönnies (2005) bezeichnet diese unterschiedlichen Sozialformen idealtypisch als ganzheitliche, organische Gemeinschaft bzw. partikulare, mechanische Gesellschaft. Letztere zeichnet sich durch ein rationales und kalkuliertes Zusammenleben aus – ein Tatbestand, an dem nach Max Weber das Geld maßgebliche Verantwortung trägt. Denn als Maximum der formalen Rechenhaftigkeit ist es Triebfeder für Rationalisierung, Bürokratisierung und Vergesellschaftung; es dominiert alle Lebensbereiche mit seiner abstrakten und abstrahierenden, objektiven und objektivierenden, rationalen und rationalisierenden Logik. Der Chiemgauer jedoch scheint mit seiner regional-moralisch aufgeladenen Symbolik in gewisser Hinsicht eine *vergemeinschaftende Wirkung* auszuüben. Er erzeugt zwar nicht Sozialbeziehungen im Sinne eines „dauernde[n] und echte[n] Zusammenleben[s]" (Tönnies 2005: 4); die in dieser Untersuchung vorgefundenen Bekanntschaften waren zumeist davor schon existent und sind anderen Gemeinschaftsformierungen (Musikverein, Schule etc.) zuzuschreiben. Die verschiedenen Vergemeinschaftungsaspekte (zugeschriebene gemeinsame Werthaltung, Gruppenidentität, Lebensstil) sind eher vage, diffus und unverbindlich ausgeprägt. Gleichwohl scheinen viele Chiemgauernutzer einen ähnlichen Wertkanon zu teilen. Sie fühlen sich „durch ihren Willen miteinander verbunden" (Tönnies 2005: 12), weswegen es bei Begegnungen ab und an zu einer Art „subjektiv gefühlter [...] Zusammengehörigkeit der Beteiligten" (Weber 1964: 29) kommen kann. So bildet der Chiemgauer möglicherweise als symbolisches Objekt[308] den Fokus zur Formierung einer kollektiven Identität. Er scheint eine Art „vorgestellte Gemeinschaft" (Anderson 1996: 16) zu konstituieren, in der sich die meisten zwar nicht kennen, jedoch als Mitglieder einer bestimmten (regional und moralisch ausgerichteten) Weltanschauungsgemeinschaft zu kennen glauben.

Ein weiterer Aspekt dieser geldvermittelten „Wahlvergemeinschaftung" (Lau 1988: 222) könnte theoretisch bedeutsam sein. Jenes kollektive Handeln, das der Chiemgauer initiieren will, zielt letztlich auf ‚Gemeingüter'[309] wie eine vielfältige und gesunde regionale Wirtschaft, ein reges Vereinsleben, gegenseitiges Kennen, Förde-

308 Da Symbole grundsätzlich vielschichtig und deutungsoffen sind, beruht die durch sie gestiftete Ge-meinsamkeit eher auf einer Konsensfiktion als auf einem tatsächlichen Konsens (Star/Griesemer 1989).

309 Der Begriff umfasst sowohl materielle wie immaterielle Ressourcen, die gemeinschaftlich genutzt werden. Darunter fallen auch „Biodiversität, Land, Wasser, Handlungswissen, (Transport-)Netzwerke, Sprache oder kulturelle Rituale" (Helfrich 2009: 24).

rung von Kunst und Kultur oder eine gesunde Umwelt. Die grundsätzliche Problematik hierbei ist, dass jeder diese Güter nutzt, gleichzeitig aber die Versuchung nahe liegt, sie zwar zu nutzen, selbst aber nichts zu deren Erhalt und Reproduktion beizutragen. Der Chiemgauer könnte nun als institutionalisierter Versuch zur (nachhaltigen) Verwaltung solcher Gemeingüter gesehen werden. Ob und wenn ja wie gut das gelingen kann, müssen weitere Forschungen feststellen[310].

Der Versuch, qua Geldmedium solche auch lebensweltlich relevanten Intentionen zu verfolgen, ist geldsoziologisch betrachtet nicht uninteressant. Bricht hier die Schnittstelle zwischen Ökonomie und Sozialem auf? Kolonisiert beim Regiogeld die Lebenswelt das System, indem sozialintegrativ ausgerichtete Normen die instrumentelle Rationalität von wirtschaftlichen (Geld-)Handlungen zumindest relativieren? So scheint auch das Verhältnis zwischen *Individuum und Kollektiv* brüchig zu werden. Ein Quantum Geld beinhaltete bislang ein rein individuelles, generalisiertes Machtpotential, aber eben nur bis zum Zeitpunkt seiner Verwendung. Beim Chiemgauer hingegen hat das besitzende Individuum auf einen Teil dieses Machtpotentials verzichtet; dafür ‚zwingt' das Regiogeld auch den nachfolgenden Besitzern diese Einschränkungen und damit ein bestimmtes Verhalten auf. Dieser verlängerte Zugriff des individuellen Willens auf das Geld gelingt jedoch nur innerhalb eines kollektiven Willens – was ich will, funktioniert nur, weil andere es auch wollen. Dadurch ordnen sich beim Regiogeld das, was Geld bewirkt und wie man damit umzugehen hat neu – und zwar vor dem Hintergrund einer kollektiven Intentionalität, die sich auf das Abstraktum Region/Heimat richtet. Diese beim Regiogeld feststellbare und – im Vergleich zum ‚normalen Geld' – andere Verpflichtungsqualität von Individuum und Kollektiv wirft die Frage nach den *strukturellen Voraussetzungen* auf. Schließlich beruht der Chiemgauer darauf, dass man einer Gemeinschaft etwas gibt (indem man sein Geldhandeln Einschränkungen unterwirft) und dafür etwas zurück bekommt (im Falle des Chiemgauers das kollektive Bemühen um den Erhalt einer lebenswerten Region). Da bei der Entstehung des Chiemgauer vorhandene, teils recht gut ausgeprägte Netzwerke eine wichtige Rolle spielten, ist zu vermuten, dass gewisse wirtschaftliche und soziale Strukturen für ein funktionierendes Regiogeld vorhanden sein müssen. Weitere Forschungen müssen sich dem widmen, ebenso wie der Frage nach der (sozialen bzw. ökonomischen) Wirksamkeit von Regionalgeldern.

310 Einerseits ermöglicht der Chiemgauer den Bürgern (quasi automatisch) beim Einkaufen einen Beitrag für verschiedene Gemeingüter zu leisten. Diese Einbindung der Bürger ist nicht unwichtig, da die Gemeingutforschung immer wieder feststellt: „Ein Schlüssel zu erfolgreichen Verwaltungskonzepten liegt in der Beziehung zwischen den Akteuren, die ein Interesse am erfolgreichen Ressourcenmanagement haben – und zwar nicht nur auf der Verwaltungsebene" (Ostrom 2009: 227f). Andererseits beschränkt die begrenzte Verbreitung des Chiemgauers zusammen mit seiner Unverbindlichkeit und dem Fehlen von Sanktionsmöglichkeiten seine Wirksamkeit.

Denn diese *Wirksamkeit* aufgrund der speziellen Verpflichtungsqualität relativiert sich in der Praxis durch die geringen Umsätze. Sein ‚Superadditum' (Simmel) einer strukturprägenden Wirkung kann das Regiogeld so nicht entfalten – es bleibt Utopie. Wobei diese Utopie an und an wie der konservativ-kulturkritischen Reflex einer sich bedroht fühlenden Mittelschicht wirkt, die im freiwilligen Zusatzgeld eine protektionistische Hoffnung sieht.

Damit wäre schon die *zeitdiagnostische Frage* aufgeworfen, welche gesellschaftliche Entwicklungstendenzen in diesem Phänomen deutlich werden. So gibt Regiogeld gibt beispielsweise einen Hinweis auf ein typisches Problem moderner, ‚offener' Gesellschaften: das Individuum hat zwar aufgrund gewachsenen Wohlstands und Wissens ein historisch einmalig hohes Maß an individueller Wahlfreiheit und Handlungsfähigkeit hat, es muss jedoch die Bedingungen der ‚Multioptionalität' (Gross 1994) bewältigen. Um auf die damit verbundene Unsicherheit und teilweise Überforderung zu reagieren, schaffen Menschen sich Selektionsmechanismen, die Entscheidungen auch dann möglich machen, wenn die Handlungssituation es erschwert, Bedeutungen abzugeben und Erwartungen zu formulieren. Das Regionalgeld kann als eine solche Maßnahme gesehen werden, als ein „Selbstbindungsmechanismus" (Böhle/Weinrich 2009: 12). Weiterhin scheint es einer gewissen „Selbstemblematisierung" (Soeffner 1997: 341) von bestimmten regionalorientierten Einstellungen zu dienen. Damit reiht es sich in die Regionalisierungstendenz ein, die als Gegenströmung zu Individualisierung und Globalisierung auf die Bildung übersichtlicher, geschlossener Einheiten abzielt. Die Grenzziehung, die das Regionalgeld versucht, deutet darauf, dass andere, alte Grenzen brüchig werden. Nach der Theorie der Reflexiven Moderne (etwa Beck et al. 2001)[311] verändert ein radikalisierter Modernisierungsprozess die Grundlagen der Moderne selbst – damit auch das (bisherige) Geld(system)?

311 In der von Ulrich Beck proklamierten ‚Zweiten Moderne' werden die alten Grenzen zunehmend durch neue, pluralisierte und optionale ersetzt (Beck et al. 2001: 39). Ein radikalisierter Modernisierungsprozess stellt zunehmend die Grundlagen der Moderne selbst infrage. In der Folge lösen sich ihre Basisprinzipien, Grundunterscheidungen und Schlüsselinstitutionen auf (Beck et al. 2001: 11). Zu den Grundlagen der Ersten Moderne gehören u.a. die Überzeugung der Naturbeherrschung und der sozialen Differenzierung, die damit verbundenen Konzepte des technischen und gesellschaftlichen Fortschritts, die Fixierung der Gesellschaft im ‚Container' des Nationalstaats, ihre Konzeption als Vollbeschäftigungsgesellschaft, bei der die Teilnahme am Arbeitsleben konstitutiv ist für Status, Konsummöglichkeiten und soziale Absicherung. Die Entweder-Oder-Klarheiten (Natur-Gesellschaft, Krieg-Frieden, Öffentlich-Privat, etc.) der Ersten Moderne lösen sich auf, weil die Nebenfolgen der Modernisierung auf die Moderne selbst zurückwirken. Das Zeitalter von Tschernobyl und BSE, Klimakatastrophen und Finanzkrisen hat das Rationalitätskonzept der Ersten Moderne an seine Grenzen gebracht, mit der Folge, dass nicht mehr die Zweckrationalität, sondern die Nebenfolge (Risiken, Gefahren, Individualisierung, Globalisierung) als Motor des Gesellschaftswandels gelten (Beck 1996: 40; Hervor.i.Orig.).

Möglicherweise verliert tatsächlich eine der Basisinstitutionen der Ersten Moderne, das nationalstaatliche Geld, an Bedeutung. Geld entzieht sich in der globalen Finanzwirtschaft in vielerlei Hinsicht der nationalstaatlichen Kontrolle: Elektronisch vermittelt wird es in rasanter Geschwindigkeit weltweit hin und her geschoben, es versteckt sich vor dem Zugriff des Staates in Steueroasen und komplizierten Finanzkonstrukten. Zunehmend verwalten private Organisationen Geld oder schaffen alternative Währungsnetzwerke. Gleichzeitig wird das entsprechende Basisprinzip, der rationale und rechenhafte Umgang mit Geld brüchig, indem dessen Nebenfolgen immer deutlicher ins Bewusstsein treten. Beispielsweise scheint es, dass jener Umgang mit Geld, der zur aktuellen Finanzkrise geführt hat, innerhalb der Paradigmen des Systems absolut rational war. Die Verlagerung des Geldes in einen globalen und virtuellen Raum und der schwindende Einfluss der nationalstaatlichen Kontrolle führten folgerichtig und im Sinne der handlungsleitenden Maxime der höchsten Profitabilität zu den spekulativen Praktiken, die die Krise auslösten. Ein rationales Verhalten zog so gravierende Nebenfolgen nach sich. Die „institutionalisierten Antworten der Ersten Moderne“ (Beck et al. 2001: 24) auf solche selbsterzeugten Probleme – mehr Technik, mehr Wachstum, mehr funktionale Differenzierung – greifen dabei nicht mehr. Wirksamere Antworten müssen erst gefunden werden. Das Regiogeld stellt dahingehend einen zivilgesellschaftlichen Versuch dar.

3. Fazit und Forschungsdesiderata

Die vorliegende Studie war als Exploration eines neuen, erst wenige Jahre alten Phänomens angelegt. Dementsprechend ist vieles nur angedacht und muss in weiteren Studien untersucht werden. So sollten etwa verschiedene Regionalgeldsysteme (Leistungs- oder Eurodeckung) vergleichend erforscht werden. Auch eine Detailbetrachtung der einzelnen Phasen der Schaffung eines regionalen Währungssystems (etwa die Etablierung in der Bevölkerung) verspricht interessante Erkenntnisse über alltägliche Vorstellungen, was Geld ist und wie es sein sollte. Ebenso muss den alltäglichen regiogeldrelevanten Sinnstrukturen und Handlungsmustern eine vertiefte Aufmerksamkeit zukommen. Weitere Forschungen sollten hier umfassender vorgehen (u.a. größere Fallzahlen) und eventuell auch vertiefte Analyseverfahren (etwa Sequenzanalysen) hinzuziehen.

Angesichts dieser Forschungsdesiderata liegt auf der Hand, dass die dargelegten Ergebnisse mitnichten als soziologische Theorie des Regiogeldes bezeichnet werden können, eher als mikrosoziologische, empirisch fundierte gesellschaftliche Diagnose. Der theoretische Impetus dieser Forschung ist jedoch größer, als man bei einem solchen, vermeintlich randständigen Phänomen glauben mag.

Regiogeld irritiert. Seine Erforschung macht die Formulierung einer ganzen Reihe wichtiger Fragen möglich:

In welchen symbolisch-materialen Konkretionen taucht Geld auf und wie ‚rahmen' diese jeweils geldbezogene Bedeutungen und Handlungen? Regiogeld ist ja nur eine vieler möglicher Geldarten und Zahlungsverfahren, seien es Kreditkarten, elektronisches Geld, Handypayment oder Bonusmeilen. Bei vielen dieser in Konstruktion und Symbolik unterschiedlichen Gelder scheinen unterschiedliche Handlungsrationalitäten wirksam zu sein. Schon Simmel betonte die „Versuchung zum Leichtsinn" (Simmel 1989: 667) bei kreditbasierten, unbaren Zahlungsweisen. Empirische Studien belegen dies und unterstreichen etwa bei der Kreditkarte deren Rolle in der zunehmenden Verschuldung (Ritzer 1995). Beim Regiogeld wurde ein durch Konstruktion und Symbolik bestimmtes ‚Leitprinzip' identifiziert – es wäre nun zu überprüfen, inwiefern vielleicht jeder Geldart über ein solches und je spezifisches verfügt. Neben den handlungstheoretischen Implikationen wäre dies auch gesellschaftlich relevant. So geht mit der Verbreitung spezifischer Geldarten etwa die Gefahr einher, Menschen dadurch aus (Teilen) der Geldgesellschaft auszuschließen bzw. in segregierte Randzonen abzudrängen.

Jede Geldart wird im Alltag interpretativ ausgedeutet. Dieser, hier am Regiogeld erforschte Prozess, führt zu der Forderung nach einer Revision der soziologischen Geldkonzeption. Die hochabstrahierten Geldtheorien müssten um die Nuance eines sozialkonstruktivistischen Geldes erweitert werden. Weitere empirische Forschungen sollten dann auch den genauen Einfluss institutioneller Rahmenbedingungen sowie unterschiedlicher soziokultureller Gegebenheiten auf die interpretative ‚Aneignung' und damit auf das (geldrelevante) Handeln der Individuen untersuchen. Wie am Regiogeld deutlich wurde, gibt es verschiedene ‚Geldkulturen' zu entdecken. Es wäre zu wünschen, wenn eine künftige Soziologie des Geldes sich diesen näher zuwendet, um so der Antwort auf jene Frage näherzukommen, die seit Aristoteles die Menschen bewegt: „Was ist Geld?".

Literaturverzeichnis

ABS (Arbeitsgruppe Bielefelder Soziologen) (Hrsg.), 1981: Alltagswissen, Interaktion und gesellschaftliche Wirklichkeit. Opladen: Westdeutscher Verlag

Aglietta, Michael, 1993: Die Ambivalenz des Geldes. In: *Jeff Kintzelé* und *Peter Schneider* (Hsrg.): Georg Simmels Philosophie des Geldes. Frankfurt a.M.: Hain

AK VGR (*Arbeitskreis ‚Volkswirtschaftliche Gesamtrechnungen der Länder' im Auftrag der Statistischen Ämter der 16 Bundesländer, des Statistischen Bundesamtes und des Bürgeramtes, Statistik und Wahlen*), 2008: Einkommen der privaten Haushalte in den kreisfreien Städten und Landkreisen Deutschlands 1995 bis 2007. Reihe 2, Band 3. http://www.vgrdl.de/Arbeitskreis_VGR/tbls/R2B3.zip [12.12.2009]

Altvater, Elmar, 1987: Sachzwang Weltmarkt. Verschuldungskrise, blockierte Industrialisierung, ökologische Gefährdung. Hamburg: VSA

Altvater, Elmar, 2001: Geld stinkt doch! Oder: Wie schmutziges Geld durch Geldwäsche auf saubere Konten gelangt. In: PROKLA. Zeitschrift für kritische Sozialwissenschaft, 2001, 31.Jg., Heft 124, Nr.3; S.1-28

Altvater, Elmar, 2004a: Das Dämon und sein Zaubertrick: Geld. In: Freitag 09/2004 (20.02.2004). http://www.freitag.de/2004/09/04092102.php [02.09.2008]

Altvater, Elmar, 2004b: Eine andere Welt mit welchem Geld? http://userpage.fu-berlin.de/~roehrigw/altvater/altvater.pdf [07.04.2009]

Amann, Klaus und *Stefan Hirschauer*, 1997: Die Befremdung der eigenen Kultur. Ein Programm. In: *dies.* (Hrsg.): Die Befremdung der eigenen Kultur: zur ethnographischen Herausforderung soziologischer Empirie. Frankfurt a.M.: Suhrkamp; S. 7-52

Amann, Klaus und *Stefan Hirschauer*, 1999: Soziologie treiben. Für eine Kultur der Forschung. Soziale Welt, 1999, Bd. 50; S.495-506

Amon, Michael, 2004: Solidarität als vernunftgeleiteter Egoismus. In: *Michael Rosecker* und *Bernhard Müller* (Hg.): Solidarität. Gesellschaft, Gemeinschaft und Individuum in Vergangenheit, Gegenwart und Zukunft. Wiener Neustadt: Verein Alltag Verlag

Anderson, Benedict, 1996: Die Erfindung der Nation. Zur Karriere eines folgenreichen Konzepts. Frankfurt/New York: Campus

Arnold, Katharina, 2007: Untersuchung der ökonomischen Wirkungen von Regionalgeld an ausgewählten Beispielen. Diplomarbeit an der FH der Sächsischen Verwaltung in Meißen

Aster, Reiner, Hans Merkens und *Michael Repp* (Hrsg.), 1989: Teilnehmende Beobachtung. Werkstattberichte und methodologische Reflexionen. New York: Campus

Atteslander, Peter, 2000: Methoden der empirischen Sozialforschung. Berlin/ New York: Walter de Gruyter

Baader, Roland, 2004: Am Vorabend der nächsten Weltwirtschaftskrise. Gräfelfing: Resch

Backert, Wolfram, 2003: Leben im modernen Schuldenturm. Überschuldung von Privathaushalten und soziale Milieus in den alten und neuen Bundesländern. Eine qualitative Fallstudie. Frankfurt a.M. u.a.: Peter Lang

Badewien, Jan, 2006: Faszination Akasha-Chronik. Eine kritische Einführung in die Geisteswelt der Anthroposophie. Vortragsmanuskript der Tagung: Anthroposophie – kritische Reflexionen. Humboldt-Universität zu Berlin, 21.07.2006. http://www2.hu-berlin.de/gkgeschlecht/downloads/veranstalt/2006/Badewien%20Vortrag%20HU%20210706.pdf [07.09.2008]

Baecker, Dirk (Hrsg.), 2003: Viele Gelder. Berlin: Kulturverlag Kadmos

Bammé, Arno, 2006: Fetisch „Geld". In: *Paul Kellermann* (Hrsg.): Geld und Gesellschaft. Interdisziplinäre Perspektiven. Wiesbaden: VS Verlag für Sozialwissenschaften; S.9-82

Bangemann, Andreas, 2006: Wie politisch sind Regionalgeld-Projekte? In: Humane Wirtschaft, 2006, 1; S.36-37

Barlösius, Eva und *Wolfgang Ludwig-Mayerhofer* (Hrsg.), 2001: Die Armut der Gesellschaft. Opladen: Leske+Budrich

Barth, Marko, 2007: Ein regionales Komplementärwährungssystem für die Region Pfalz. Konzeptionelle Grundlagen und Praxis der Einführung. Diplom-Arbeit bei Prof. Dr. Kai Tobias und Prof. Dr. Annette Spellerberg an der TU Kaiserslautern

Bartsch, Günter, 1994: Die NWO-Bewegung Silvio Gesells. Geschichtlicher Grundriß 1891 - 1992/93. Lütjenburg: Gauke

Baßeler, Ulrich, *Jürgen Heinrich* und *Burkhard Utecht* (2006[18]): Grundlagen und Probleme der Volkswirtschaft. Stuttgart: Schäffer-Poeschel

Baumann, Zygmunt, 2000: Vom Nutzen der Soziologie. Frankfurt: Suhrkamp

Beck, Ulrich, 1986: Risikogesellschaft. Auf dem Weg in eine andere Moderne. Frankfurt a.M.: Suhrkamp

Beck, Ulrich, 1993: Die Erfindung des Politischen. Frankfurt a.M.: Suhrkamp

Beck, Ulrich, 1996, „Das Zeitalter der Nebenfolgen und die Politisierung der Moderne", In: *Ulrich Beck*, *Anthony Giddens* und *Scott Lash* (Hrsg.): Reflexive Modernisierung. Frankfurt a.M.: Suhrkamp; S. 19-112

Beck, Ulrich, 1999: Schöne neue Arbeitswelt. Frankfurt a M.: Campus

Beck, Ulrich, 2000: Freiheit oder Kapitalismus. Ulrich Beck im Gespräch mit Johannes Willms. Frankfurt a.M.: Suhrkamp

Beck, Ulrich, 2008: Wir haben einen Staatssozialismus für Reiche. Gespräch mit Ulrich Beck. http://www.tagesanzeiger.ch/kultur/diverses/Wir-haben-einen-Staatssozialismus-fuer-Reiche/story/31603563 [01.03.2009]

Beck, Ulrich, *Anthony Giddens* und *Scott Lash*, 1996: Reflexive Modernisierung. Eine Kontroverse. Frankfurt a.M.: Suhrkamp

Beck, Ulrich und *Wolfgang Bonß* (Hrsg.), 2001: Die Modernisierung der Moderne. Frankfurt a.M.: Suhrkamp

Becker, Hermann-Josef, 1987[8]: Neue Kultbewegungen und Weltanschauungsszene. Mönchengladbach: Kühlen

Becker, Howard S., 1973: Außenseiter. Zur Soziologie abweichenden Verhaltens. Frankfurt a.M.: S. Fischer

Becker, Ralf, 2006: Entwicklungsstand und Perspektiven der Regionalgeldbewegung. Zeitschrift für Sozialökonomie, 2006, 43.Jg., 149.Folge; S.32-38

Beckers, Hermann Josef, 1987[8]: Neue Kultbewegungen und Weltanschauungsszene. Mönchengladbach: B.Kühlen

Behrens, Eckhard, 1995: Warum soll das Geld altern? Wie das Geld den Kreislauf der Volkswirtschaft beeinflusst (1). Fragen der Freiheit, 1995, Heft 234; S.3-18

Belk, Russel W. und *Melanie Wallendorf*, 1990: The Sacred Meanings of Money. Journal of Economic Psychology, 1990, Vol.11; S.35-67

Berg, Charles und *Marianne Milmeister*, 2007: Im Dialog mit den Daten das eigen Erzählen der Geschichte finden. Historical Social Research, 2007, Beiheft 19; S.182-210

Berger, Peter, 1973: The Social Reality of Religion. Middlesex: Penguin

Berger, Peter und *Thomas Luckmann*, 2000: Die gesellschaftliche Konstruktion der Wirklichkeit. Frankfurt a.M.: Fischer Taschenbuch

Beuys, Joseph und *Rainer Rappmann* (Hrsg.), 1991: Was ist Geld? Eine Podiumsdiskussion. Wangen: FIU

Bickelmann, Annette, 2009: Kleingeld. Monetäre Regionalisierung durch Regiogeld als Werkzeug im Regionalmanagement. Diplomarbeit, Fachbereich Geographie, Universität Trier; Betreuer: Prof. Dr. Heiner Monheim

Bieling, Hans-Jürgen, 2000: Dynamiken sozialer Spaltung und Ausgrenzung: Gesellschaftstheorien und Zeitdiagnosen. Münster: Westfälisches Dampfboot

Bierl, Peter, 2001: „Schaffendes" und „raffendes" Kapital - Die Tauschringe, die Lehre des Silvio Gesell und der Antisemitismus. http://www.anarchismus.at/txt4/bierl3.htm [08.04.2009]

Bierl, Peter, 2004: Schwundgeld, Menschenzucht und Antisemitismus. http://userpage.fu-berlin.de/~roehrigw/kritik/bierl_tauschring.pdf [02.04.2009]

Binswanger, Mathias, 2002: Spekulative Blasen und ihre Bedeutung in hochentwickelten Industrieländern. In: *Christoph Deutschmann* (Hrsg.): Die gesellschaftliche Macht des Geldes. Leviathan 2001, Sonderheft 21. Wiesbaden: Westdeutscher Verlag; S.351-360

Birkhölzer, Karl, 2004: Warum unterstützt die EU lokale Initiativen? Zusammenhang von lokaler Ökonomie und lokalem Kapital im europäischen Kontext und Entwicklungen in der Bundesrepublik Deutschland. In: *LASA (Landesagentur für Struktur und Arbeit Brandenburg)* (Hrsg.): Innovative lokale Beschäftigungsinitiativen. Dokumentation der Fachtagung am 21.09.2004 in Potsdam-Hermannswerder. http://www.lasa-brandenburg.de/fileadmin/user_upload/MAIN~dateien/schriftenreihen/inno_lok_ Besch.pdf [12.12.2008]; S.23-38

BIZ (Bank für Internationalen Zahlungsausgleich), 2007: Die BIZ-Statistiken über Zahlungsverkehr und Abwicklung. BIZ-Quartalsbericht, Juni 2007.
http://www.bis.org/publ/qtrpdf/r_qt0706ger_f.pdf?noframes=1 [05.01.2009]

Blau, Peter M., 1964: Exchange and Power in Social Life. New York: Wiley

Bloch, Maurice und *Jonathan Parry*, 1989: Introduction. Money and the morality of exchange. In: *Jonathan Parry* und *Maurice Bloch* (Hrsg.): Money and the morality of exchange. Cambridge: Cambridge University Press; S.1-32

Blumer, Herbert, 1981: Der methodologische Standpunkt des Symbolischen Interaktionismus. In *ABS (Arbeitsgruppe Bielefelder Soziologen)* (Hrsg.): Alltagswissen, Interaktion und gesellschaftliche Wirklichkeit. Opladen: Westdeutscher Verlag; S.80-146

BMAS (Bundesministerium für Arbeit und Soziales), 2005: 2. Armuts- und Reichtumsbericht der Bundesregierung.

http://www.bmas.de/coremedia/generator/892/property=pdf/lebenslagen__in__deutschland__de__821.pdf [17.03.2009]

Bochinger, Christoph, 1994: ‚New Age' und moderne Religion. Religionswissenschaftliche Analysen. Gütersloh: Chr. Kaiser

Bockemühl, Michael und *Rolf Kerler*, 1985: GLS Gemeinschaftsbank. Neue Formen im Umgang m mit Geld. Stuttgart: Verlag Freies Geistesleben

Bode, Siglinde, 2004: Potenziale regionaler Komplementärwährungen zur Förderung einer endogenen Regionalentwicklung. Diplomarbeit bei Prof. Dr. Manfred Rolfes und Prof. Dr. Joachim Härtling an der Universität Osnabrück

Bode, Siglinde, 2005: Regionale Währungen für entwicklungsschwache Regionen – Möglichkeiten für eine regionale Ökonomie. Zeitschrift für Sozialökonomie, 2005, 42.Jg., 144. Folge; S.3-10

Böhle, Fritz und *Margrit Weihrich*, 2009: Ungewissheit, Uneindeutigkeit, Unsicherheit – Braucht die Theorie reflexiver Modernisierung eine neue Handlungstheorie? In: *Fritz Böhle* und *Margrit Weihrich* (Hrsg.): Handeln unter Unsicherheit. Wiesbaden: VS Verlag; S.9-24

Böhle, Knud und *Ulrich Riehm*, 1998: Blütenträume – Über Zahlungssysteminnovationen. Wissenschaftliche Berichte. FZKA 6161. Karlsruhe: Institut für Technikfolgenabschätzung und Systemanalyse (ITAS)

Bohnsack, Ralf, 1991: Rekonstruktive Sozialforschung. Einführung in die Methodologie und Praxis qualitativer Sozialforschung. Opladen: Leske+Budrich

Bohnsack, Ralf, 2008: The Interpretation of Pictures and the Documentary Method [64 paragraphs]. Forum Qualitative Sozialforschung / Forum: Qualitative Social Research, 9(3), Art. 26, http://nbn-resolving.de/urn:nbn:de:0114-fqs0803267 [10.12.2009]

Bohnsack, Ralf, 2009: Qualitative Bild- und Videointerpretation. Opladen & Farmington Hills: Barbara Budrich

Boris, Dieter, Alvaro Berriel Diaz, Kai Eicker-Wolf, Ralf Käpernick und *Jan Limbers* (Hrsg.), 2000: Finanzkrisen im Übergang zum 21. Jahrhundert. Probleme der Peripherie oder globale Gefahr. Marburg : Metropolis

Bourdieu, Pierre und *Loïc J. D. Wacquant*, 1996 : Reflexive Anthropologie. Frankfurt a. M.: Suhrkamp

Bourdieu, Pierre, 1987 [1979]: Die feinen Unterschiede. Kritik der gesellschaftlichen Urteilskraft. Frankfurt a.M.: Suhrkamp

Bourdieu, Pierre, 1992a: Die verborgenen Mechanismen der Macht. Hamburg: VSA

Bourdieu, Pierre, 1992b: Interview zu Die Feinen Unterschiede. In: *Pierre Bourdieu* (Hrsg.): Die verborgenen Mechanismen der Macht. Schriften zu Politik und Kultur. Hamburg: VSA; S.31-45

Bourdieu, Pierre, 1992c [1987]: Sozialer Raum und symbolische Macht. In: *Pierre Bourdieu* (Hrsg.): Rede und Antwort. Frankfurt a.M.: Suhrkamp

Bourdieu, Pierre, 1993. Sozialer Sinn. Kritik der theoretischen Vernunft. Frankfurt a.M.: Suhrkamp

Bourdieu, Pierre, 1997: Ökonomisches, kulturelles und soziales Kapital. In: *Franzjörg Baumgart* (Hrsg.): Theorien der Sozialisation. Bad Heilbrunn: Julius Klinkhard; S.217-231

Bourdieu, Pierre, 2005: Die männliche Herrschaft. Frankfurt a.M.: Suhrkamp

Bourdieu, Pierre, Accardo, Alain u.a., 1993: Das Elend der Welt. Zeugnisse und Diagnosen alltäglichen Leidens an der Gesellschaft. Konstanz: UVK

Brachinger, Hans Wolfgang, 2005: Der Euro als Teuro? Die wahrgenommene Inflation in Deutschland. Statistisches Bundesamt - Wirtschaft und Statistik, 2005, 9; S.999-1013

Brand, Karl-Werner, 1998: Humanistischer Mittelklasse-Radikalismus. In: Kai-Uwe Hellmann und Ruud Koopmans (Hrsg.): Paradigmen der Bewegungsforschung. Opladen: Westdeutscher Verlag; S. 33-50

Buchan, James, 1999: Unsere gefrorenen Begierden. Was das Geld will. Köln: DuMont

Bude, Heinz, 1998: Die Überflüssigen als transversale Kategorie. In: *Peter Berger* und *Michael Vester* (Hrsg.): Alte Ungleichheiten - neue Spaltungen. Opladen: Leske + Budrich, S.363-382

Bühl, Achim, 2000: Die virtuelle Gesellschaft des 21. Jahrhunderts. Sozialer Wandel im digitalen Zeitalter. Wiesbaden: VS Verlag

Buiter, Willem H. und *Nikolaos Panigirtzoglou*, 1999: Liquidity Traps: How to Avoid Them and How to Escape Them. National Bureau of Economic Research (NBER) Working Paper No. 7245. Cambridge: NBER

Burgoyne, Carole B. und *David A. Routh*, 1991: Constraints on the Use of Money as a Gift at Chirstmas: The Role of Status and Intimacy. In: Journal of Economic Psychology, 1991, Vol. 12; S.47-69

Busch, Ulrich, 2004: Alternative Geldtheorien und linker Geldfetischismus. UTOPIE kreativ, 2004, H.160; S.137-149

Busch, Ulrich, 2008: Finanzmarktkrise und Finanzmarktkapitalismus. UTOPIE kreativ, 2008. Heft 215; S.804-817

Cahn, Edgar S. und *Jonathan Rowe*, 1992: Time dollars. The new currency that enables Americans to turn their hidden resource time into personal security & community renewal. Emmaus, Pa: Rodale Press

Cahn, Edgar, 1990: Service Credits: Eine neue Währung für den Wohlfahrtsstaat. In: *Rolf Heinze* und *Claus Offe*: Formen der Eigenarbeit. Theorie, Empirie, Vorschläge. Opladen: Westdeutscher Verlag, S.125-146

Camus, Albert, 2004[6] [1942]: Der Mythos des Sisyphos. Reinbek bei Hamburg: Rowohlt

Capra, Fritjof, 1999 [1982]: Wendezeit. Bausteine für ein neues Weltbild. München: Droemer Knaur

Charmaz, Kathy, 2006: Constructing grounded theory : a practical guide through qualitative analysis. London: Sage Publications

Collins, Randall, 1979: Review of „The Bankers" by Martin Mayer. American Journal of Sociology, 1979, Vol.85; S.190-194

Corsten, Michael und *Michael Kaupert*, 2007: Wir-Sinn und fokussierte Motive. Zur biographischen Genese bürgerschaftlichen Engagements. Zeitschrift für Soziologie, 2007, Jg.36, Heft 5; S.346-363

Coser, Lewis A.,1972 [1956]: Theorie sozialer Konflikte. Neuwied und Berlin: Luchterhand

Creutz, Helmut, 1986: Wachstum bis zur Selbstzerstörung. In: *Helmut Creutz*, *Dieter Suhr* und *Werner Onken* (Hrsg.): Wachstum bis zur Krise? Drei Aufsätze. Berlin: Basis Verlag; S.7-39

Creutz, Helmut, 2003 [1993]: Das Geld-Syndrom. Wege zu einer krisenfreien Marktwirtschaft. Aachen: Verlag Mainz

Creutz, Helmut, 2009: Tumorartige Selbstvermehrung der Geldvermögen. HUMANE WIRTSCHAFT, 2009, 01; S.30-32

Creutz, Helmut, Dieter Suhr und *Werner Onken*, 1986: Wachstum bis zur Krise? Drei Aufsätze. Berlin: Basis Verlag

Dackweiler, Regina Maria und *Ursula Hornung* (Hrsg.), 2003: Frauen – Macht – Geld. Münster: Westfälisches Dampfboot

Dahrendorf, Ralf, 1979: Lebenschancen. Frankfurt a.M.: Suhrkamp

DeMeulenaere, Stephen, 1999: Towards an Economy in the Hand of the People: "Parallel Currencies in the Majority World". http://www.appropriate-economics.org/materials/Towards_An_Economy_in_the_hands_of_the_People.pdf [08.02.2006]

DeMeulenaere, Stephen, 2000: Reinventing the Market: Alternative Currencies and Community Development in Argentina. International Journal of Community Currency Research, 2000, Vol. 4; http://www.uea.ac.uk/env/ijccr/pdfs/IJCCR%20Vol%204%20(2000)%203%20DeMeulenaere.pdf [17.04.2009]

DeMeulenaere, Stephen, 2008: 2007 Annual Report of the Worlwide Database of Complementary Currency Systems. International Journal of Community Currency Research, 2008, Vol.12, S.2-19; http://www.uea.ac.uk/env/ijccr/pdfs/IJCCR%20vol%2012%20(2008)%201%20deMeulenaere.pdf [17.04.2009]

DeMeulenaere, Stephen, D. Week und *I. Stevenson*, 2002: The Standardisation and Mobilisation of the Tabu Traditional Shell Currency. East New Britain Provincial Government, Papua New Guinea

Denich, Detlef, 2007: Probleme bei der Einführung einer komplementären Währung auf regionaler Ebene – eine Fallstudie anhand des Dreyecker. Diplomarbeit bei Prof. Dr. Jürgen Schenk an der Berufsakademie Lörrach.

Denzin, Norman, 1989: The Research Act. A theoretical Introduction to Sociological Method. Englewood Cliffs, N.J.: Prentice Hall

Deutsche Bundesbank, 2009: Zahlungsverhalten in Deutschland. Eine empirische Studie über die Auswahl und Verwendung von Zahlungsinstrumenten in der Bundesrepublik Deutschland. http://www.bundesbank.de/download/bargeld/pdf/bargeld_studie.pdf [09.10.2009]

Deutschmann, Christoph, 1995: Geld als soziales Konstrukt. Zur Aktualität von Marx und Simmel Leviathan. Zeitschrift für Sozialwissenschaft, 1995, Heft 3; S. 376-393

Deutschmann, Christoph, 1999: Die Verheißung des absoluten Reichtums. Zur religiösen Natur des Kapitalismus. Frankfurt a.M./New York: Campus

Deutschmann, Christoph, 2000: Geld als 'absolutes Mittel'. Zur Aktualität von Simmels Geldtheorie. Berliner Journal für Soziologie, 2000, Heft 10; S.301-313

Deutschmann, Christoph (Hrsg.), 2002a: Die gesellschaftliche Macht des Geldes. Leviathan, 2002, Sonderheft 21. Wiesbaden: Westdeutscher Verlag

Deutschmann, Christoph, 2002b: Einleitung. In: *Christoph Deutschmann* (Hrsg.): Die gesellschaftliche Macht des Geldes. Leviathan, 2002, Sonderheft 21. Wiesbaden: Westdeutscher Verlag; S. 7-18

Deutschmann, Christoph, 2002c: Kapitalismus, Religion und Unternehmertum: eine unorthodoxe Sicht. In: *Christoph Deutschmann* (Hrsg.): Die gesellschaftliche Macht des Geldes. Leviathan, 2002, Sonderheft 21. Wiesbaden: Westdeutscher Verlag; S. 85-108

Deutschmann, Christoph, 2002d: Geld- die heimliche Religion unserer Gesellschaft? Vortrag bei den Ravensburger Waaghausgesprächen 2002. http://www.akademie-rs.de/dates/020425_waaghaus_deutschmann.htm [28.10.05]

Deutschmann, Christoph, 2007: Wie harmlos ist Geld? Anmerkungen zur geldsoziologischen Diskussion. In: *Paul Kellermann* (Hrsg.): Die Geldgesellschaft und ihr Glaube. Ein interdisziplinärer Polylog. Wiesbaden: VS Verlag; S.161-173

Deutschmann, Christoph, 2008: Der kollektive „Buddenbrooks-Effekt". Die Finanzmärkte und die Mittelschichten. MPIfG Working Paper 08/5. http://www.mpifg.de/pu/workpap/wp08-5.pdf [02.03.2009]

Devereux, Georges, 1992 [1967]: Angst und Methode in den Verhaltenswissenschaften. Frankfurt a.M.: Suhrkamp

Dieckheuer, Gustav, 2001[5]: Internationale Wirtschaftbeziehungen. München u.a.: R.Oldenburg

Ditfurth, Jutta, 1997: Entspannt in die Barbarei. Esoterik, (Öko-) Faschismus und Biozentrismus. Hamburg: Konkret Literatur

Dittmar, Norbert, 2004: Transkription. Ein Leitfaden mit Aufgaben für Studenten, Forscher und Laien. Wiesbaden: VS Verlag

Döblin, Alfred, 1997: Babylonische Wanderung oder Hochmut kommt vor dem Fall. München: dtv

Dornbusch, Rüdiger und *Stanley Fischer*, 1995[6]: Makroökonomik. München/Wien: R.Oldenburg

Douthwaite, Richard J. und *Hans Diefenbacher*, 1998: Jenseits der Globalisierung: Handbuch für lokales Wirtschaften. Mainz: Matthias-Grünewald

Doyle, Kenneth O., 1999: The Social Meanings of Money and Property. In Search of a Talisman. Thousand Oaks, London, New Dehli: Sage

Dressing, Thorsten und *Udo Kuckartz*, 2004: Neue Datenquellen für die Sozialforschung: Analyse von Internetdaten. In: *Udo Kuckartz, Heiko Grunenberg* und *Andreas Lauterbach* (Hrsg.): Qualitative Datenanalyse: computergestützt. Methodische Hintergründe und Beispiele aus der Forschungspraxis. Wiesbaden: VS Verlag; S.195-213

Druyen, Thomas, 2007: Goldkinder. Die Welt des Vermögens. Hamburg: Murmann

Eder, Klaus, 2000: Kulturelle Identität zwischen Tradition und Utopie. Frankfurt/New York: Campus

Einzig, Paul, 1966: Primitive Money. In its Ethnological, Historical and Economic Aspects. Oxford: Pergamon Press

Elsen, Susanne, 1998: Gemeinwesenarbeit und Gemeinwesenökonomie im Zeitalter der ‚Globalisierung'. http://www.leibi.de/takaoe/84_20.htm [09.06.09]

Faivre, Antoine, 2001: Esoterik im Überblick. Geheime Geschichte des abendländischen Denkens, , Freiburg im Breisgau: Herder

Fehr, Ernst und *Herbert Gintis*, 2007: Human Motivation and Social Cooperation: Experimental and Analytical Foundations. Annual Review of Sociology, 2007. Vol. 33; S.43-64

Fehr, Ernst und *Urs Fischbacher*, 2005: Human Altruism - Proximate Patterns and Evolutionary Origins. Analyse & Kritik, 2005, Heft 27; S. 6-47

Fehr, Ernst, 1999: Neid, Status und Markt. Neue Züricher Zeitung, 27./28. November, Nr 277; S.101

Fehr, Ernst, 2001: Über Vernunft, Wille und Eigennutz hinaus. Neue Züricher Zeitung, 28./29. April, Nr. 98; S.29

Fehr, Ernst, 2004: Die Natur des menschlichen Altruismus. Rede zur Cogito Preisverleihung. www.cogitofoundation.ch/pdf/2004/ReferatFehr.pdf [11.11.2009]

Fehr, Ernst, 2005: Mit Neuroökonomik das menschliche Verhalten ergründen. Neue Züricher Zeitung, 25./26. Juni, Nr. 146; S.29

Ferguson, Marilyn, 1982: Die sanfte Verschwörung: Persönliche und gesellschaftliche Transformation im Zeitalter des Wassermanns. Basel: Sphinx

Fielding, Nigel G. und *Raymond M. Lee*, 1998: Computer Analysis and Qualitative Research. London/Thousand Oaks/New Dehli: Sage Publications

Fischer, Lorenz und *Günter Wiswede*, 1997: Grundlagen der Sozialpsychologie. München/Wien: Oldenburg

Fisher, Irving, 1933: Stamp Scrip. New York: Adelphi Company

Fisher, Irving, 1980 [1937]: Die Brakteaten. Fragen der Freiheit, 1980, Heft 144; S. 46-47

Fitz, Wolfgang, 2003: Die Aldisierung der Gesellschaft. http://www.econbiz.de/archiv/bs/tubs/marketing/aldisierung.pdf [06.10.2009]

Fleck, Ludwig, 1980 [1935]: Entstehung und Entwicklung einer wissenschaftlichen Tatsache. Frankfurt a.M.: Suhrkamp

Flick, Uwe, 1991: Stationen des Qualitativen Forschungsprozesses. In: Uwe Flick, Ernst von Kardorff, Heiner Keupp, Lutz von Rosenstiel und Stephan Wolff (Hrsg.): Handbuch qualitative Sozialforschung. München: PVU; S.148-173

Flick, Uwe, 1998: Qualitative Forschung. 3.Auflage. Reinbek b. Hamburg: Rowohlt Taschenbuch

Flick, Uwe, 2002: Qualitative Sozialforschung. 6.Auflage. Reinbek b. Hamburg: Rowohlt Taschenbuch

Flick, Uwe, 2004: Zur Qualität qualitativer Forschung. In: *Udo Kuckart, Heiko Grunenberg* und *Andreas Lauterbach* (Hrsg.): Qualitative Datenanalyse computergestützt. Methodische Hintergründe und Beispiele aus der Forschungspraxis. Wiesbaden: VS Verlag; S.43-64

Flick, Uwe, Ernst von Kardoff und *Ines Steinke* (Hrsg.), 2007a: Qualitative Forschung. Ein Handbuch. 5.Auflage. Reinbek b. Hamburg: Rowohlt Taschenbuch

Flick, Uwe, Ernst von Kardoff und *Ines Steinke*, 2007b: Was ist qualitative Forschung? Einleitung und Überblick. In: *dies.* (Hrsg.): Qualitative Forschung. Ein Handbuch. 5.Auflage. Reinbek b. Hamburg: Rowohlt Taschenbuch ; S.13-29

Flotow, Paschen von, 1995: Geld, Wirtschaft und Gesellschaft. Georg Simmels Philosophie des Geldes. Frankfurt a.M.: Suhrkamp

Foa, Edna B. und *Uriel G. Foa*, 1980: Resource Theory. Interpersonal Behavior as Exchange. In: *Gergen Kenneth J., Martin Greenberg* und *Richard S. Willis* (Hrsg.): Social Exchange. Advances in Theory and Research. New York: Plenum Press; S.77-94

Fuchs, Tatjana, 2000: Reichtum. In: *Jutta Allmendinger* und *Wolfgang Ludwig-Mayerhofer* (Hrsg.): Soziologie des Sozialstaats. Gesellschaftliche Grundlagen, historische Zusammenhänge und aktuelle Entwicklungstendenzen. Weinheim/München: Juventa; S.383-407

Fuchs-Heinritz, Werner, Rüdiger Lautmann, Otthein Rammstedt und *Hanns Wienold* (Hrsg.) 1995[3]: Lexikon zur Soziologie. Opladen: Westdeutscher Verlag

Furnham, Adrian und *Michael Argyle*, 1998: The Psychology of Money. New York: Routledge

Furnham, Adrian, 1984: Many Sides of the Coin: The Psychology of Money Usage. Personality and Individual Difference, 1984, Vol. 5, Nr. 5; S.501-509

Gabriel, Gottfried, 2002: Ästhetik und Rhetorik des Geldes. Stuttgart, Bad Cannstadt: frommann-holzboog

Gabriel, Gottfried, 2008: Ästhetik und politische Ikonographie der Briefmarke. Vortrag auf dem VII. Kongress der Deutschen Gesellschaft für Ästhetik, Friedrich-Schiller-Universität Jena. http://www.dgae.de/downloads/Gottfried_Gabriel.pdf [10.12.2009]

Galbraith, James K., 2008: Das Scheitern des Monetarismus. Von den Theorien Milton Friedmans zur Weltfinanzkrise. Blätter für deutsche und internationale Politik, 2008, Heft 9; S.69-80

Ganßmann, Heiner, 1996: Geld und Arbeit. Wirtschaftssoziologische Grundlagen einer Theorie der modernen Gesellschaft. Frankfurt a.M./New York: Campus

Ganßmann, Heiner, 2002: Das Geldspiel. In: *Christoph Deutschmann* (Hrsg.): Die gesellschaftliche Macht des Geldes. Leviathan, 2002, Sonderheft 21/2002. Wiesbaden: Westdeutscher Verlag; S. 21-46

Ganßmann, Heiner, 2008: Die Krise, das Geld und wir. http://www.eurozine.com/articles/2008-10-21-ganssmann-de.html [13.03.2009]

Garfinkel, Harold und *Harvey Sacks*, 1976: Über formale Strukturen praktischer Handlungen. In: *Elmar Weingarten, Fritz Sack* und *Jim Schenkein* (Hrsg.): Ethnomethodologie. Beiträge zu einer Soziologie des Alltagshandelns. Frankfurt a.M.: Suhrkamp; S.130-175

Garfinkel, Harold, 1967: Studies in Ethnomethodology. Englewood Cliffs, NJ: Prentice-Hall

Gatch, Loren, 2004: "This is Not United States Currency": Oklahoma's Emergency Scrip Issues during the Banking Crisis of 1933. Chronicles of Oklahoma, 2004, Bd.82; S.168-199

Geertz, Clifford, 1984: From the Native's Point of View: On the Nature of Anthropological Understanding. In: *Richard Shweder* und *Robert A. LeVine* (Hrsg.): Culture Theory: Essays on Mind, Self, and Emotion. Cambridge: Cambridge University Press; S.123-136

Geertz, Clifford, 1987: Dichte Beschreibung. Beiträge zum Verstehen kultureller Systeme. Frankfurt a.M.: Suhrkamp

Gelleri, Christian und *Thomas Mayer*, 2003: Regiogeld. So regional wie möglich, so global wie nötig. http://www.omnibus.org/fileadmin/omnibus.org/PDF/Geld_und_Wirtschaft/Expose_Regiogeld_18_Seiten.pdf [07.08.2008]

Gelleri, Christian, 2005: Der Chiemgauer in der ökonomischen Diskussion. Eine Gegenüberstellung. http://www.chiemgauer.info/uploads/media/Regiogeld_pro_und_contra_02.pdf [23.06.2009]

Gerloff, Wilhelm, 1943: Die Entstehung des Geldes und die Anfänge des Geldwesens. Frankfurt a.M.: Vittorio Klostermann

Gesell, Silvio, 1949 [1916]: Die natürliche Wirtschaftsordnung durch Freiland und Freigeld. 9.Auflage. Lauf bei Nürnberg: Rudolf Zitzmann Verlag

GfK (Gesellschaft für Konsumforschung), 2007: GfK-Adhoc-Studie. Besitz und Nutzung von Kundenkarten. August 2007. http://www.loyaltypartner.de/fileadmin/upload/Presse/Studien/BesitzNutzung_Kundenkarten_Sept07.pdf [08.07.2008]

Giddens, Anthony, 1995: Konsequenzen der Moderne. Frankfurt a.M.: Suhrkamp

Giegold, Sven und *Dagmar Embshoff* (Hrsg.), 2008: Solidarische Ökonomie im globalisierten Kapitalismus. Hamburg: VSA Verlag

Girtler, Roland, 2001: Methoden der Feldforschung. Wien/Köln/Weimar: Böhlau

Gladisch, Erwin; *Günter Högemann*; *Harald Loy* und *Christian Schuler*, 2003: Münzgeldentwicklung in Deutschland. Eine empirische Studie über den Münzgeld- und Banknotenumlauf in der Bundesrepublik Deutschland mit einer Prognose der Münzgeldnachfrage bis 2007. Frankfurt a.M.: Deutsche Bundesbank. http://www.bundesbank.de/download/bargeld/muenzgeldentwicklung.pdf [02.02.2009]

Glaser, Barney und *Anselm Strauss*, 1966: Awareness of dying. London: Weidenfeld and Nicolson

Glaser, Barney und *Anselm Strauss*, 1998 [1967]: Grounded Theory. Strategien qualitativer Forschung. Göttingen: Hans Huber

Glaser, Barney, 1992: Emergence vs. Forcing: Basics of Grounded Theory. Mill Valley, CA: Sociology Press

Glaser, Barney, 1998: Doing Grounded Theory. Mill Valley, CA: Sociology Press

Glaser, Barney, 2005: The Grounded Theory Perspective III: Theoretical Coding. Mill Valley, CA: Sociology Press

Gläser, Jochen und *Grit Laudel*, 2004: Experteninterviews und qualitative Inhaltsanalyse. Wiesbaden: VS Verlag

Glover, Paul, 2006: Ortswährung als Anstoß zu einer Gemeinschaftswirtschaft. http://www.ithacahours.com/german.html [12.11.2006]

Godschalk, Hugo, 2006: Wurden die ägyptischen Pyramiden mit einer 'Demurrage'-Währung gebaut? Zeitschrift für Sozialökonomie, 2006, 43.Jg., 149.Folge; S.29-31

Goetz, Stephan und *Hema Swaminathan*, 2006: Wal-Mart and County-Wide Poverty. Social science quartely. 2006, 87, 2; S.211-226

Goffman, Erving, 1980: Rahmen-Analyse. Frankfurt a.M.: Suhrkamp

Goffmann, Erving, 2001 [1959]: Wir alle spielen Theater. München: Piper

Goodrick-Clarke, Nicholas, 1999: Im Schatten der Schwarzen Sonne – Arische Kulte, esoterischer Nationalsozialismus und die Politik der Abgrenzung. Wiesbaden: Marixverlag

Grandt, Guido und *Michael Grandt*, 1997: Schwarzbuch Anthroposophie. Rudolf Steiners okkult-rassistische Weltanschauung. Wien: Ueberreuter

Grill, Wolfgang; Ludwig Gramlich und *Roland Eller* (Hrsg.), 1995[11]: Gabler-Bank-Lexikon. Bank, Börse, Finanzierung. 4 Bände. Wiesbaden: Gabler

Groh, Dieter, 1996: Verschwörungen und kein Ende. Kursbuch 1996, H.124; S.12-26

Gross, Peter, 1994: Die Multioptionsgesellschaft. Frankfurt a.M.: Suhrkamp

Großschmidt, Jörg, 2007: Der Chiemgauer – Die Teilnahme eines Unternehmens an einer Regionalgeldinitiative als regionale Entscheidung? – Sozialwissenschaftliche Diplomarbeit bei Prof. Dr. Norman Braun an der Uni München

Gründler, Elisabeth C., 2005: Komplementäres Geld. Vorteile, Erscheinungsformen und Funktionsweisen. Zürich: MoneyMuseum

Grunenberg, Heiko, 2004: Empirische Befunde zur Qualität qualitativer Sozialforschung. In: *Udo Kuckart, Heiko Grunenberg* und *Andreas Lauterbach* (Hrsg.): Qualitative Datenanalyse computergestützt. Methodische Hintergründe und Beispiele aus der Forschungspraxis. Wiesbaden: VS Verlag

Gukenbiehl, Hermann L., 2000: Institution und Organisation. In: *Hermann Korte* und *Bernhard Schäfers* (Hrsg.): Einführung in die Hauptbegriffe der Soziologie. Opladen: Leske+Budrich; S.141-157

Habermas, Jürgen, 1973: Erkenntnis und Interesse. Frankfurt a.M.: Suhrkamp

Habermas, Jürgen, 1981: Theorie des kommunikativen Handelns. Band I und II. Frankfurt a.M.: Suhrkamp

Habermas, Jürgen, 1985: Der philosophische Diskurs der Moderne. Frankfurt a.M.: Suhrkamp

Habermas, Jürgen, 2008: Nach dem Bankrott. Gespräch mit Jürgen Habermas. http://www.zeit.de/2008/46/Habermas [01.03.2009]

Hacker, Andrew, 1997: Money. Who has much and why. New York: Scribner

Hagenauer, Helmut, 1998: Heutige Eigentums- und Geldverhältnisse in der Wirtschaft und Anthroposophische Alternativen. In: *Evangelische Akademie Bad Boll* (Hrsg.): Im Angesicht des Geldes. Tagung im Rahmen der Gespräche mit der Anthroposophie vom 04.09. bis 06.09.1998. Protokolldienst, 1999, 6; Bad Boll

Hahne, Ulf, 1987: Das Regionstypische als Erfolgschance? Informationen zur Raumentwicklung. 1987, Heft 7/8; S.465-473

Hanegraaff, Wouter J., 1996: New Age religion and Western culture: Esotericism in the mirror of secular thought. Leiden u.a.: Brill

Hanke, Marcus, 2005: Zinsverbot und islamische Bank. Von Datteln und Kreditkarten. In: *Ulrike Aichhorn* (Hrsg.): Geld- und Kreditwesen im Spiegel der Wissenschaft. Wien/New York: Springer; S. 157-175

Hardraht, Klaus und *Hugo Godschalk*, 2004: Komplementärwährungsgutachten. Erstellt im Auftrag der Sparkasse Delitzsch-Eilenburg. http://www.swschwedt.de/kunden/uckermark/projekte/gutachten.htm [09.12.09]

Harlan, Volker, Rainer Rappmann und *Peter Schata*, 1984: Soziale Plastik: Materialien zu Joseph Beuys. Achberg: Achberger-Verlag

Hartmann, Kathrin, 2009: Ende der Märchenstunde. Wie die Industrie die LOHAS und Lifestyle-Ökos vereinnahmt. München: Karl Blessing

Hartmann, Kathrin und *Jakob Schrenk*, 2008: Farbe bekennen. In: Neon, 2008, 12; S.34

Haubl, Rolf, 1998: Geld, Geschlecht und Konsum. Zur Psychopathologie ökonomischen Alltagshandelns. Gießen: Psychosozial-Verlag

Hayek, Friedrich August von, 1977: Entnationalisierung des Geldes. Eine Analyse der Theorie und Praxis konkurrierender Umlaufsmittel. Tübingen : Mohr

Heelas, Paul, 1996: The New Age Movement : the celebration of the self and the sacralization of modernity. Oxford u.a.: Blackwell

Heitmeyer, Wilhelm (Hrsg.), 1997: Was treibt die Gesellschaft auseinander? Frankfurt a.M.: Suhrkamp

Helfferich, Cornelia, 2004: Die Qualität qualitativer Daten. Wiesbaden: VS Verlag

Helfrich, Silke, 2009: Einleitung. In: *Silke Helfrich* und *Heinrich-Böll-Stiftung* (Hrsg.) Wem gehört die Welt? Zur Wiederentdeckung der Gemeingüter. München: oekom; S.14-23

Hellmann, Kai-Uwe, 1998: Paradigmen der Bewegungsforschung. Forschungs- und Erklärungsansätze - ein Überblick.In: *Kai-Uwe Hellmann* und *Ruud Koopmans* (Hrsg.): Paradigmen der Bewegungsforschung. Opladen: Westdeutscher Verlag; S.9-32

Henrich, Joseph, Jean Ensminger, Robert Boyd u.a., 2005: “Economic man” in cross-cultural perspective: Behavioral experiments in 15 small-scale societies. In: Behavioral and Brain Sciences, 28; S. 795-855

Hermann, Muriel, 2005: Potenziale von Regionalgeld-Initiativen als Multiplikatoren für eine nachhaltige Entwicklung. Diplomarbeit bei Dr. Angela Franz-Balsen und Dr. Sabine Hofmeister an der Universität Lüneburg

Hermann, Ursula, 2002[4]: Wahrig. Herkunftswörterbuch. Gütersloh, München: Wissen Media Verlag

Herrmann, Muriel, 2006: Fördert Regiogeld eine nachhaltige Regionalentwicklung? In: Zeitschrift für Sozialökonomie, 2006, 43.Jahrgang, 149.Folge; S.12-17

Herz, Wilfried, 2001: Der Kampf um den Euro hat gerade erst begonnen. Eine Zwischenbilanz zweieinhalb Jahre nach dem beginn der Europäischen Währungsunion, Die Zeit 25: 19-20

Hettlage, Robert, 2003[4]: Erving Goffman. In: Dirk Kaesler (Hrsg.) Klassiker der Soziologie. Band II. Von Talcott Parsons bis Pierre Bourdieu. München: C.H.Beck

Hinz, Thomas und *Simone Wagner*, 2006: Gib und Nimm. Lokale Austauschnetzwerke zwischen sozialer Bewegung und Marktergänzung. Soziale Welt, 2006, Vol.57, S. 65-81

Hirota, Yasuyuki, 2003: Community Currencies in Japan - mainy on cases in Kyushu, Western Japan. https://infotek.awele.net/d/f/713/713_ENG.rtf?public=ENG&t=.rtf [22.07.2007]

Hitzler, Ronald, 1998: Posttraditionale Vergemeinschaftung. Über neue Formen der Sozialbindung. Berliner Debatte INITIAL, 1998, 9.Jg., Heft 1, S.81-89

Hitzler, Ronald, 2000: Die Erkundung des Feldes und die Deutung der Daten. Annäherungen an die (lebensweltliche) Ethnographie. In: *Werner Lindner* (Hrsg.): Ethnographische Methoden in der Jugendarbeit. Opladen: Leske+Budrich; S.17-31

Hitzler, Ronald, 2002: Sinnrekonstruktion. Zum Stand der Diskussion (in) der deutschsprachigen interpretativen Soziologie [35 Absätze]. Forum Qualitative Sozialforschung / Forum Qualitative Social Research, 3(2), Art. 7, http://nbn-resolving.de/urn:nbn:de:0114-fqs020276 [15.04.2009]

Hitzler, Ronald, 2007: Wohin des Wegs? Ein Kommentar zu neueren Entwicklungen in der deutschsprachigen „qualitativen" Sozialforschung [31 Absätze]. Forum Qualitative Sozialforschung / Forum: Qualitative Social Research, 8(3), Art. 4, http://nbn-resolving.de/urn:nbn:de:0114-fqs070344 [15.04.2009]

Hitzler, Ronald und *Anne Honer* (Hrsg.), 1997a: Sozialwissenschaftliche Hermeneutik. Eine Einführung. Opladen: Leske+Budrich

Hitzler, Ronald und *Anne Honer*, 1997b: Einleitung: Hermeneutik in der deutschsprachigen Soziologie heute. In: *dies.* (HRsg.): Sozialwissenschaftliche Hermeneutik. Eine Einführung. Opladen: Leske+Budrich; S.7-30

Hitzler, Ronald, Jo Reichertz und *Norbert Schröer* (Hrsg.), 1999: Hermeneutische Wissenssoziologie. Konstanz: UVK

Hoeben, Corine, 2003: Let's be a community. Community in local exchange trading systems. Groningen : Rijksuniversiteit

Höffling, Christian, Christine Plaß und *Michael Schetsche*, 2002, Januar: Deutungsmusteranalyse in der kriminologischen Forschung [31 Absätze]. Forum Qualitative Sozialforschung / Forum: Qualitative Social Research, 3(1). http://www.qualitative-research.net/fqs-texte/1-02/1-02hoefflingetal-d.htm [07.07.2008]

Hoffmann, Catherine und *Ulrich Schäfer*, 2009: Der nächste Brandherd. Süddeutsche Zeitung, 2009, Nr.42, 20.02.2009; S.20

Hoffmann-Riem, Christa, 1980: Die Sozialforschung einer interpretativen Soziologie. Der Datengewinn. Kölner Zeitschrift für Soziologie und Sozialpsychologie, 1980, Bd. 32; S.339-372

Holm, Carsten, 2007: Hassfach Eurythmie. SPIEGEL, 2007, Heft 17; S. 64

Honer, Anne, 1991: Die Perspektive des Heimwerkers. In: Garz, Detlef und Klaus Kraimer (Hrsg.): Qualitativ-empirische Sozialforschung. Konzepte, Methoden, Analysen. Opladen: Westdeutscher Verlag; S. 319-341

Honer, Anne, 1994: Das explorative Interview. Schweizerische Zeitung für Soziologie, 1994, Nr. 3; S.623-640,

Honer, Anne, 2000: Lebensweltanalyse in der Ethnographie. In: *Uwe Flick, Ernst von Kardoff,* und *Ines Steinke* (Hrsg.): Qualitative Sozialforschung. Ein Handbuch. Reinbek b. Hamburg: Rowohlt; S.194-204

Hopf, Christel, 1991: Qualitative Interviews in der Sozialforschung - ein Überblick. In: *Uwe Flick, Ernst von Kardorff, Heiner Keupp, Lutz von Rosenstiel* und *Stephan Wolff* (Hrsg.): Handbuch qualitative Sozialforschung. München: PVU; S.177-183

Huber, Andreas, 2001: Die Angst des Wissenschaftlers vor der Ästhetik. Zu Jo Reichertz: Zur Gültigkeit von Qualitativer Sozialforschung [34 Absätze]. Forum Qualitative Sozialforschung / Forum Qualitative Social Research, 2(2), Art. 1, http://nbn-resolving.de/urn :nbn:de:0114-fqs010210 [15.04.2009]

Huber, Joseph, 2004: Reform der Geldschöpfung. Wiederherstellung des staatlichen Geldregals und der Seigniorage durch Vollgeld. Der Hallesche Graureiher, 2004, Heft 5. Forschungsberichte des Instituts für Soziologie. Martin-Luther-Universität Halle-Wittenberg.http://www.soziologie.uni-halle.de/publikationen/pdf/0405.pdf [01.03.2009]

Hubert, Eva Maria, 2008: Marktversagen, Verschwendung und bürgergesellschaftliches Engagement. Zeitschrift für Sozialökonomie, 2008, 45.Jg., 158./159. Folge; S.24-28

Huch, Elmar, 2008: Im Münchner Süden konzentrieren sich die gesellschaftlichen „Leitmilieus". Münchner Statistik, 2008, 1. Quartalsheft. http://www.mstatistik-muenchen.de /themen/sozialwesen/berichte/berichte_2008/mb080101.pdf [08.10.2008]

Husserl, Edmund, 1965 [1910]: Philosophie als strenge Wissenschaft. Frankfurt a.M.: Klostermann

Husserl, Edmund, 1996 [1939]: Die Krisis der europäischen Wissenschaften und die transzendentale Phänomenologie. Hamburg: Felix Meiner

Huster, Ernst-U. und *Fritz R. Volz*, 2002: Theorien des Reichtums. Münster: Lit-Verlag

Hutten, Kurt, 1973: Überweltpropheten gegen Diesseitigkeitsapostel. http://www.ekd.de/download/EZWINF54.pdf [09.04.09]

Illouz, Eva, 2003: Der Konsum der Romantik. Lieben und kulturelle Widersprüche im Kapitalismus. Münster: Westfälisches Dampfboot

Jacobs, Herbert, 2000: Armut. In: *Jutta Allmendinger, Wolfgang Ludwig-Mayerhofer* (Hrsg.): Soziologie des Sozialstaats. Gesellschaftliche Grundlagen, historische Zusammenhänge und aktuelle Entwicklungstendenzen. Weinheim/München: Juventa; S.237-268

Jacobs, Jeffrey; Merlin Brinkeroff; Emiliy Jovic und *Gerald Wheatley*, 2004: The Social and Cultural Capital of Community Currency. An Ithaca HOURS Case Study Survey. International Journal of Community Currency Research, 2004, Jg. 8, S. 42-56. http://www.uea.ac.uk/env/ijccr/pdfs/IJCCR%20vol%208%20(2004)%204%20Jacob %20et%20al%202.pdf [09.04.09]

Janszen, Erich, 2008: Die Bubble-Ökonomie. Wie man die Märkte für den großen Crash von morgen präpariert. In: Blätter für deutsche und internationale Politik, 2008, Heft 5; S.49-62

Jasny, Helmut, 1999: Brotbacken gegen Hemdenbügeln. Würzburger Stadtbuch, 1999; S. 198-205

Joas, Hans und *Wolfgang Knöbl,* 2004: Sozialtheorie. Zwanzig einführende Vorlesungen. Frankfurt a.M.: Suhrkamp

Jörges, Hans-Ulrich, 2008: Der Ein-Euro-Banker. Stern, 2008, Nr. 44; S. 60; http://www.stern.de/politik/deutschland/zwischenruf/:Zwischenruf-Der-Ein-Euro-Banker/643892.html [17.01.2009]

Kardoff, Ernst von, 1991: Qualitative Sozialforschung – Versuch einer Standortbestimmung. In *Uwe Flick, Ernst von Kardorff, Heiner Keupp, Lutz von Rosenstiel* und *Stephan Wolff* (Hrsg.): Handbuch qualitative Sozialforschung. München: PVU; S.3-8

Karkuschke, Matthias und *Dietmar Fischer,* 2005: Machbarkeitsstudie Regio-Initiative Barnim-Uckermark. Im Auftrag der Kommunität Grimnitz e.V., Joachimsthal. http://www.swschwedt.de/kunden/uckermark/projekte/machbarkeitsstudie.htm [30.04.2009]

Kasper, Walter (Hrsg.), 1995: Lexikon für Theologie und Kirche. 11 Bd. Freiburg i.Br.: Herder

Kaun, Jürgen, 1986: Kritik der freiwirtschaftlichen Geld- und Zinstheorie. Stuttgart: Feldmann

Kelle, Udo und *Susanne Kluge,* 1999: Vom Einzelfall zum Typus. Fallvergleich und Fallkontrastierung in der qualitativen Sozialforschung. Opladen: Leske+Budrich

Keller, Reiner, 2008²: Wissenssoziologische Diskursanalyse. Grundlegung eines Forschungsprogramms. Wiesbaden: VS Verlag

Kellermann, Paul (Hrsg.), 2006a: Geld und Gesellschaft. Interdisziplinäre Perspektiven. 2. Aufl., Wiesbaden: VS Verlag für Sozialwissenschaften

Kellermann, Paul, 2006b: Geld ist kein „Mysterium" – Geld ist „Handlungsorientierung". In: *Paul Kellermann* (Hrsg.): Geld und Gesellschaft. Interdisziplinäre Perspektiven. 2. Aufl., Wiesbaden: VS Verlag für Sozialwissenschaften; S. 115 – 138

Kellermann, Paul (Hrsg.), 2007a: Die Geldgesellschaft und ihr Glaube. Ein interdisziplinärer Polylog. Wiesbaden: VS Verlag

Kellermann, Paul, 2007b: Moneyismus – Der Glaube an Geld als Alltagsreligion. In: *Paul Kellermann* (Hrsg.): Die Geldgesellschaft und ihr Glaube. Ein interdisziplinärer Polylog. Wiesbaden: VS Verlag; S.115-125

Kennedy, Margrit und *Bernard Lietaer,* 2004: Regionalwährungen: Neue Wege zu nachhaltigem Wohlstand. München: Rieman

Kennedy, Margrit, 1994: Geld ohne Zinsen und Inflation. Ein Tauschmittel das jedem dient. München: Goldmann

Kennedy, Margrit, 2005: Komplementärwährungen zur wirtschaftlichen Lösung sozialer Probleme. Zeitschrift für Sozialökonomie, 2005, 42.Jg., 144. Folge; S.20-28

Kennedy, Margrit, 2006⁶ [1991]: Geld ohne Zinsen und Inflation. München: Goldmann

Keul, Alexander und *Anton Kühberger,* 2005: Zur Psychologie des Geldes – Sicherheit und Illusion. In: *Ulrike Aichhorn* (Hrsg.): Geld- und Kreditwesen im Spiegel der Wissenschaft. Wien/New York: Springer; S.1-22

Keupp, Heiner, 1999: Identitätskonstruktionen. Das Patchwork der Identitäten in der Spätmoderne. Reinbek: Rowohlt

Keupp, Heiner, Thomas Ahbe, Wolfgang Gmür, Renate Höfer, Wolfgang Kraus, Beate Mitzscherlich und *Florian Straus,* 2002: Identitätskonstruktionen. Das Patchwork der Identitäten in der Spätmoderne. Reinbek: Rowohlt

Keynes, John Maynard, 1994 [1936]: Allgemeine Theorie der Beschäftigung, des Zinses und des Geldes. Duncker & Humblot: Berlin

Kitzmüller, Erich, 2007: Geld – Medium einer Normalität oder Killerprämie? In: *Paul Kellermann* (Hrsg.): Die Geldgesellschaft und ihr Glaube. Ein interdisziplinarer Polylog. Wiesbaden: VS Verlag; S. 103-113

Kliewe, Gunnar, 2008: Gemeinschaft in Gesellschaft - zum möglichen Einfluss von Regionalwährungen auf die regionale Sozialstruktur. Diplomarbeit an der Universität Hamburg

Kliment, Tibor, 1998: Durch Dramatisierung zum Protest? Theoretische Grundlagen und empirischer Ertrag des Framing-Konzepts. In: *Kai-Uwe Hellmann* und *Ruud Koopmans* (Hrsg.): Paradigmen der Bewegungsforschung. Opladen: Westdeutscher Verlag; S. 69-89

Klingmüller, Ursula, 2004: Förderung des Landes Brandenburg von lokalen Beschäftigungsinitiativen. In: *LASA (Landesagentur für Struktur und Arbeit Brandenburg)* (Hrsg.): Innovative lokale Beschäftigungsinitiativen. Dokumentation der Fachtagung am 21.09.2004 in Potsdam-Hermannswerder. http://www.lasa-brandenburg.de/fileadmin/user_upload/MAIN-dateien/schriftenreihen/inno_lok_Besch.pdf [12.12.2008]; S.11-22

Kluge, Susanne, 2000, Januar: Empirisch begründete Typenbildung in der qualitativen Sozialforschung [20 Absätze]. Forum Qualitative Sozialforschung / Forum: Qualitative Social Research [Online Journal], 1(1). http://qualitative-research.net/fqs [01.08.2007]

Knoblauch, Hubert, 1989: Das unsichtbare neue Zeitalter. „New Age", privatisierte Religion und kultisches Milieu. Kölner Zeitschrift für Soziologie und Sozialpsychologie, 1989, 41, 3; S.504-525

Knoblauch, Hubert, 1991: Die Welt der Wünschelrutengänger und Pendler. Frankfurt/New York: Campus Verlag

Knoblauch, Hubert, 1999: Religionssoziologie. Berlin/New York: de Gruyter; Online-Version: http://nbn-resolving.de/urn:nbn:de:0168-ssoar-6972 [25.05.2009]

Koch, Eva, 2006: Eigenes Geld - Empirische Untersuchung über die Effekte von Regiogeld-Initiativen auf gesellschaftlicher und individueller Ebene. Diplomarbeit bei Prof. Dr. Dr. Martina Schäfer und Prof. Dr. Klaus Schmals an der TU Berlin

Koch, Sascha, 2009: Die Bausteine neo-institutionalistischer Organisationstheorie – Begriffe und Konzepte im Lauf der Zeit. In: *Sascha Koch* und *Michael Schemmann* (Hrsg.): Neo-Institutionalismus in der Erziehungswissenschaft. Wiesbaden: VS Verlag; S.110-131

Koob, Dirk, 2007, Januar: Loriot als Symbolischer Interaktionist. Oder: Warum man selbst in der Badewanne gelegentlich soziale Ordnung aushandeln muss [49 Absätze]. Forum Qualitative Sozialforschung / Forum: Qualitative Social Research [Online Journal], 8(1), Art. 27. http://nbn-resolving.de/urn:nbn:de:0114-fqs0701279 [15.04.2009]

Koopmans, Ruud, 1998: Konkurrierende Paradigmen oder friedlich ko-existierende Komplemente? Eine Bilanz der Theorien sozialer Bewegungen. In: *Kai-Uwe Hellmann* und *Ruud Koopmans* (Hrsg.): Paradigmen der Bewegungsforschung. Opladen: Westdeutscher Verlag; S. 215-231

Krämer, Franz J., Georg Scherer und *Franz-Josef Wehnes*, 1987: Anthroposophie und Waldorfpädagogik. Infomation/ Kritik. Annweiler: Verlag Thomas Plöger

Kramer, Rolf, 2007: Gesellschaft im Wandel. Eine sozialethische Perspektive. Berlin: Duncker&Humblot

Krech, Hans und *Matthias Kleiniger*, 2006^6: Handbuch Religiöse Gemeinschaften und Weltanschauungen. Gütersloh: velkd

Kreckel, Reinhard, 1992: Politische Soziologie der sozialen Ungleichheit. Frankfurt a.M./New York: Campus

Kremer, Jürgen, 2009: Von den blinden Flecken der Volkswirtschaftslehre. HUMANE WIRTSCHAFT, 2009, 01; S.2-12

Kröhnert, Steffen, Franziska Medicus und *Reiner Klingholz,* 2006: Die Demographische Lage der Nation. Berlin-Institut für Bevölkerung und Entwicklung. München: dtv

Krotz, Friedrich, 2005: Neue Theorien entwickeln. Eine Einführung in die Grounded Theory, die Heuristische Sozialforschung und die Ethnographie anhand von Beispielen aus der Kommunikationsforschung. Köln: Herbert von Halem

Krüger, Malte und *Hugo Godschalk,* 1998: Herausforderungen des bestehenden Geldsystems im Zuge seiner Digitalisierung – Chancen für Innovationen. FZKA 6160. Karlsruhe: Institut für Technikfolgenabschätzung und Systemanalyse (ITAS)

Kuckartz, Udo, 2005: Einführung in die computergestützte Analyse qualitativer Daten. Wiesbaden: VS Verlag

Kuckartz, Udo, 2007: Einführung in die computergestützte Analyse qualitativer Daten. Wiesbaden: VS Verlag

Kuhn, Thomas, 1973: Die Struktur wissenschaftlicher Revolutionen. Frankfurt a.M.: Suhrkamp

*Künzler, Jan,*1989: Medien und Gesellschaft: die Medienkonzepte von Talcott Parsons, Jürgen Habermas und Niklas Luhmann. Stuttgart: Enke

Lamnek, Siegfried, 2005: Qualitative Sozialforschung. 4. Auflage. Weinheim: Beltz PVU

Lane, Robert E., 1992: Money Symbolism and Economic Rationality. In: Mary Zey (Hrsg.): Decision making. Alternatives to Rational Choice Models. Newbury Park: Sage; S.233-254

Lau, Christoph, 1988: Gesellschaftliche Individualisierung und Wertwandel. In: *Heinz Otto Luthe* und *Heiner Meulemann* (Hrsg.): Wertwandel - Faktum oder Fiktion? Bestandesaufnahmen und Diagnosen aus kultursoziologischer Sicht. Frankfurt/New York: Campus; S. 217-234.

Laum, Bernhard, 1924: Heiliges Geld. Eine historische Untersuchung über den sakralen Ursprung des Geldes. Tübingen: J.C.B.Mohr

Lea, Stephen E.G., Roger M. Tarpy und *Paul Webley,* 1987: The Individual in the Economy. A Textbook of Economic Psychology. Cambridge u.a.: Cambridge University Press

Lee, Rogers, 1998: Local money: geographies of autonomy and resistance? In: Ron L.Martin (Hrsg.): Money and the space economy. Chichester: Wiley; S.207-224

Legewie, Heiner, 1991: Feldforschung und teilnehmende Beobachtung. In: *Uwe Flick, Ernst von Kardorff, Heiner Keupp, Lutz von Rosenstiel* und *Stephan Wolff* (Hrsg.): Handbuch qualitative Sozialforschung. München: PVU; S.189-193

Leggewie, Claus, 1998: Neo-Kapitalismus und Neue Rechte. Sozialstrukturelle Voraussetzungen radikaler rechter Bewegungen. In: *Kai-Uwe Hellmann* und *Ruud Koopmans* (Hrsg.): Paradigmen der Bewegungsforschung. Opladen: Westdeutscher Verlag; S. 131-148

LeGoff, Jacques, 2008² [1986] : Wucherzins und Höllenqualen. Ökonomie und Religion im Mittelalter. Stuttgart: Klett-Cotta

LfU, Bayerisches Landesamt für Umweltschutz, 2004: Komma21. 2/2004. http://www.lfu.bayern.de/komma21/zeitung/pdf/k21_akt_2_2004.pdf [28.10.2008]

Lichtblau, Klaus, 1997: Georg Simmel . Frankfurt a.M./New York: Campus

Lietaer, Bernard, 2000: Mysterium Geld. Emotionale Bedeutung und Wirkungsweise eines Tabus. München: Riemann Verlag

Lietaer, Bernard, 2002: Das Geld der Zukunft: Über die zerstörerische Wirkung des existierenden Geldsystems und Alternativen hierzu. München: Riemann Verlag

Lietaer, Bernard, 2004: Complementary Currencies in Japan Today: History, Originality and Relevance. International Journal of Community Currency Research, 2004, Vol.8. http://www.uea.ac.uk/env/ijccr/pdfs/IJCCR%20vol%208%20(2004)%201%20Lietaer.pdf [15.04.2009]

Lietaer, Bernard, 2006a: A Proposal for a Brazilian Education Complementary Currency. International Journal of Community Currency Research, 2006, Vol.10, S.18-23. http://www.uea.ac.uk/env/ijccr/pdfs/IJCCR%20vol%2010%20(2006)%203%20Lietaer.pdf [15.04.2009]

Lietaer, Bernard, 2006b: Die Alchemie des Geldes. http://www.holis.de/wiso/dadg.php [09.07.2008]

Lietaer, Bernard, 2009: Erhöhte Unfallgefahr. Brand Eins, 2009, Heft 1, S.154-161

Lietaer, Bernard, Robert Ulanowicz und *Sally Goerner*, 2008: Wege zur Bewältigung systemischer Bankenkrisen. Wissenschaftliche Arbeit für die World Academy of Arts and Sciences (WAAS) Hyderabad, Indien. http://www.lietaer.com/images/White_Paper_Lietaer_Deutsch.pdf [30.3.2009]

Lindgren, Henry C., 1999: Psychologie des Geldes. Zürich: Conzett Verlag

Lindner, Rolf, 2000: Die Entdeckung der Stadtkultur. Soziologie aus der Erfahrung der Reportage. Frankfurt a.M.: Suhrkamp

Lofland, John, 1979: Der Beobachter: inkompetent aber akzeptabel. In: *Klaus Gerdes* (Hrsg.): Explorative Sozialforschung. Stuttgart: Enke; S.75-76

Lorscheid, Helmut und *Leo A. Müller*, 2006: Deckname Schiller. Die Deutschen Patrioten des Lyndon LaRouche. http://www.agpf.de/Lorscheid+Mueller-LaRouche-Teil1.htm [23.06.2009]

Luckmann, Thomas, 2006: Die kommunikative Konstruktion der Wirklichkeit. In: *Dirk Tänzler, Hubert Knoblauch* und *Hans-Georg Soeffner* (Hrsg.): Neue Perspektiven der Wissenssoziologie. Konstanz: UVK; S. 20-53

Lüders, Christian und *Jo Reichertz*, 1986: Wissenschaftliche Praxis ist, wenn alles funktioniert und keiner weiß warum – Bemerkungen zur Entwicklung qualitativer Sozialforschung. Sozialwissenschaftliche Literaturrundschau, 1986, Bd. 12; S.90-102

Lüders, Christian, 1994: Rahmenanalyse und der Umgang mit Wissen: ein Versuch, das Konzept der Rahmenanalyse E. Goffmans für die sozialwissenschaftliche Textanalyse nutzbar zu machen. In: *Norbert Schröer* (Hrsg.): Interpretative Sozialforschung: Auf dem Wege zu einer hermeneutischen Wissenssoziologie. Opladen: Westdt. Verl.; S.107-127

Lüders, Christian, 2000: Beobachten im Feld und Ethnographie. In: *Flick, Uwe, Ernst von Kardoff* und *Ines Steinke* (Hrsg.): Qualitative Sozialforschung. Ein Handbuch. Reinbek b. Hamburg: Rowohlt; S.384-401

Luhmann, Niklas, 1983: Das sind Preise. Soziale Welt, 1983, Vol.23, S.153-170

Luhmann, Niklas, 1987 [1984]: Soziale Systeme. Frankfurt a.M.: Suhrkamp

Luhmann, Niklas, 1988: Die Wirtschaft der Gesellschaft. Frankfurt a.M.: Suhrkamp

Luhmann, Niklas, 1993: Ethik als Reflexionstheorie der Moral. In: Ders.: Gesellschaftsstruktur und Semantik, Bd. 3, Frankfurt a.M.: Suhrkamp

Luhmann, Niklas, 1998 [1987]: Die Gesellschaft der Gesellschaft. Frankfurt a.M.: Suhrkamp

Luhmann, Niklas, 2005 [1968]: Vertrauen. Stuttgart: Lucius&Lucius

Luhmann, Niklas, 2005[7] [1970]: Wirtschaft als soziales System. In: *ders.*: Soziologische Aufklärung. Band 1. Wiesbaden: VS Verlag

Maanen, John van, 1988: Tales of the Field: On Wirting Ethnography. Chicago: The University of Chicago Press, Chicago

Malinowski, Bronisław, 1975 [1944]: Eine wissenschaftliche Theorie der Kultur. Frankfurt a.M.: Suhrkamp

Martin, Paul C., 2000: Das Brakteaten-Märchen der Freiwirte. http://userpage.fu-berlin.de/~roehrigw/kritik/brakteatmaer.html [03.05.2009]

Marx, Karl, 1872: Das Kapital. Kritik der politischen Ökonomie. Band I. (MEW 23). Ungekürzte Ausgabe nach der 2. Auflage von 1872. Paderborn: Voltmedia

Marx, Karl, 1961 [1859]: Zur Kritik der Politischen Ökonomie. In: Marx-Engels-Werke (MEW 13). Berlin (DDR): Dietz

Marx, Karl, 1968 [1844]: Ökonomisch-philosophische Manuskripte aus dem Jahre 1844. In: Marx-Engels-Werke (MEW: Ergänzungsband I). Berlin (DDR): Dietz. S. 465-588

Marx, Karl, 1972 [1847]: Elend der Philosophie. In: Marx-Engels-Werke (MEW 4). Berlin (DDR): Dietz

Marx, Karl, 1978 [1845]: Thesen über Feuerbach. In: Marx-Engels-Werke (MEW 3). Berlin (DDR): Dietz. S. 533-535

Marx, Karl, 1983a [1894] : Das Kapital. Kritik der politischen Ökonomie. Band III. In: Marx-Engels-Werke (MEW 25). Berlin (DDR): Dietz

Marx, Karl, 1983b [1858]: Ökonomische Manuskripte 1857/1858. In: Marx-Engels-Werke (MEW 42). Berlin (DDR): Dietz

Maurer, Andrea (Hrsg.), 2008: Handbuch der Wirtschaftssoziologie. Wiesbaden: VS Verlag

Mauss, Marcel, 1968 [1925]: Die Gabe. Formen und Funktionen des Austauschs in archaischen Gesellschaften. Frankfurt a.M.: Suhrkamp

Mayer, Thomas, 1993: Assoziative Wirtschaft - oder die Geburt des ökonomischen Liebewesens. http://www.omnibus.org/91.html [09.02.2009]

Mayer, Thomas, 2003: Regiogeld: Das Geld der Bürgergesellschaft, Kempten: Omnibus für direkte Demokratie.

Mayer, Thomas, 2004: Regiogeld. Ein Schritt zur Demokratisierung des Geldes. http://www.omnibus.org/fileadmin/omnibus.org/PDF/Geld_und_Wirtschaft/Regiogeld_OMNIBUS_6Seiten.pdf [09.02.2009]

Mayntz, Renate, 1999: Individuelles Handeln und gesellschaftliche Ereignisse: Zur Mikro-Makro-Problematik in den Sozialwissenschaften. MPIfG Working Paper 99/5. http://www.mpifg.de/pu/workpap/wp99-5/wp99-5.html [08.08.2008]

Mead, George Herbert, 1973 [1934]: Geist, Identität und Gesellschaft. Frankfurt a.M.: Suhrkamp

Meier, Daniela, 2001: Tauschringe als besondere Bewertungssysteme in der Schattenwirtschaft: eine theoretische und empirische Analyse. Berlin: Ducker&Humblot

Meining, Stefan, 2002: Rechte Esoterik in Deutschland. Ideenkonstrukte, Schnittstellen und Gefahrenpotentiale. http://www.verfassungsschutz.thueringen.de/infomaterial/symposien/2002/Meining.pdf [02.03.2009]

Merton, Robert King, 1989. Auf den Schultern von Riesen. Ein Leitfaden durch das Labyrinth der Gelehrsamkeit. Bodenheim: Athenaeum.

Meßenzehl, Doris, 2006: Der Chiemgauer - Ein Instrument der Regionalentwicklung mit Zukunft? - Erstellung eines Stimmungsbildes der Regionalwährung aus der Sicht der

Bevölkerung. Diplomarbeit an der Fakultät für Geowissenschaften, Geografie und Astronomie der Uni Wien

Mey, Günter und *Katja Mruck*, 2007: Grounded Theory Methodologie - Bemerkungen zu einem prominenten Forschungsstil. Historical Social Research, 2007, Beiheft Nr.19; S.11-42

Meyrowitz, Joshua, 1990: Redefining the situation: Extending dramatury into a theory of social change and media effext. In: *Stephen H. Riggins* (Hrsg.): Beyond Goffman. Studies in Communication, Institution and Social Interaction. Berlin/New York: Mouton de Gruyter; S.65-97

Mittermeiner, Roland, 2006: Geld und Information. In: *Paul Kellermann* (Hrsg.): Geld und Gesellschaft. Interdisziplinäre Perspektiven. Wiesbaden: VS Verlag; S.139-170

Mruck, Katja und *Franz Breuer*, 2003: Subjektivität und Selbstreflexivität im qualitativen Forschungsprozess – Die FQS-Schwerpunktausgaben. Forum Qualitative Sozialforschung/ Forum: Qualitative Social Research [On-line Journal], 4(2). http://www.qualitative-research.net/fqs-texte/2-03/2-03intro-1-d.htm [98.08.2008]

Müller, Hans-Peter, 1993: Soziale Differenzierung und Individualität- Georg Simmels Gesellschafts- und Zeitdiagnose. Antrittsvorlesung. http://edoc.hu-berlin.de/humboldt-vl/mueller-hans-peter/PDF/Mueller.pdf [13.11.2008]

Müller, Hans-Peter, 2000: Geld und Kultur. Neuere Beiträge zur Philosophie und Soziologie des Geldes. In: Berliner Journal für Soziologie, 2000, Vol.10, S.423-434

Müller, Hans-Peter, 2007: Max Weber. Eine Einführung in sein Werk. Köln/Weimar/Wien: Böhlau Verlag

Müller, Steffen, 2006: Bonusprogramme als Instrumente des Beziehungsmarketing. Nürnberg: Wissenschaftliche Gesellschaft für Innovatives Markting e.V.

Müller-Plantenberg, Clarita (Hrsg.), 2007: Solidarische Ökonomie in Europa: Entwicklung in Europa. Kassel: Kassel University Press

Münch, Richard, 2002: Soziologische Theorie. Band 2: Handlungstheorie. Frankfurt/New York: Campus

Musil, Robert, 2003: Neue Wege des Wirtschaftens. In: *Joachim Becker, Ronald Heinz* und *Karen Imhof* (Hrsg.): Geld Macht Krise. Finanzmärkte und neoliberale Herrschaft. Wien: Promedia

Nagel, Thomas, 1998: Die Möglichkeit des Altruismus. Bodenheim b. Mainz: Philo

Narayana, Chem L. und *Rom J. Markin*, 1975: Consumer Behavior and Product Performance. An Alternative Conceptualization. In: Journal of Marketing, 1975, Jg.39, H.4 (Oktober); S.1-6

Nassehi, Armin, 2005: Geld oder Leben! Soziologische Revue, 2005, 28; S. 99-107

Nedelmann, Brigitta, 2003[4]: Georg Simmel. In: *Dirk Kaesler* (Hrsg.): Klassiker der Soziologie. Band 1. München: C.H. Beck; S.127-149

Niederegger, Gerhard, 1997: Das Freigeld-Syndrom: für und wider ein alternatives Geldsystem. Wien: Verlag für Ethik und Gesellschaft

Nienaber, Birte, 2008: Geld aus der Region für die Region. In: Nationalatlas aktuell 8 (07/2008) [31.07.2008]. Leipzig: Leibniz-Institut für Länderkunde (IfL). http://aktuell.nationalatlas.de/Regionalwaehrungen.8_08-2008.0.html

North, Michael, 1994: Das Geld und seine Geschichte. Vom Mittelalter bis zur Gegenwart. München: C.H.Beck

O'Neill, John, 1982: For Marx against Althusser and other Essays. Washington D.C.: Center for Advanced Research in Phenomenology and University Press of America.

Offe, Claus und *Rolf G. Heinze*, 1990: Organisierte Eigenarbeit. Das Modell Kooperationsring. Frankfurt a.M./New York: Campus

Onken, Werner, 1994: 'Knochen' - Ein spektakuläres Kunstgeld am Prenzlauer Berg in Berlin. Zeitschrift für Sozialökonomie, 1994, Folge 100

Onken, Werner, 1997: Modellversuche mit sozialpflichtigem Boden und Geld. Oldenburg: Varel

Onken, Werner, 2004: Zum Gegensatz zwischen Geldreform und Antisemitismus. Stellungnahme zu Peter Bierls Diffamierungen. http://userpage.fu-berlin.de/~roehrigw/onken/WO-ueber-Bierl.pdf [03.09.2007]

Ostrom, Elinor, 2009: Gemeingütermanagement – ein Perspektive für bürgerschaftliches Engagement. In: *Silke Helfrich* und *Heinrich-Böll-Stiftung* (Hrsg.) Wem gehört die Welt? Zur Wiederentdeckung der Gemeingüter. München: oekom; S. 218-228

Otte, Max, 2008: Der Crash kommt. Berlin: Ullstein Taschenbuch

Paech, Niko, 2008: Regionalwährungen als Bausteine einer Postwachstumsökonomie. Zeitschrift für Sozialökonomie, 2008, 45.Jg., 158./159. Folge; S.10-19

Parsons, Talcott und *Neil J. Smelser*, 1966 [1956]: Economy and society. London: Routledge&Kegan Paul

Parsons, Talcott, 1951: The Social System. Glencoe: The Free Press

Parsons, Talcott, 1967: Sociological Theory and Modern Society. New York: The Free Press

Parsons, Talcott, 1980: Zur Theorie der sozialen Interaktionsmedien. Opladen: Westdeutscher Verlag

Parsons, Talcott, Robert F. Bales und *Edward A. Shils*, 1953: Working Papers in the Teory of Action. Glencoe: The Free Press

Paul, Axel T., 2004: Die Gesellschaft des Geldes. Entwurf einer monetären Theorie der Moderne. Wiesbaden: VS Verlag

Paul, Gudrun, 1992: Spirituelle Alltagskultur. Formationsprozess anthroposophischer Kultur – untersucht am Beispiel Baden-Württemberg. Tübingen: UI-Schnelldruck

PaySys, 1997[4]: LETSysteme und Tauschringe. Ein Handbuch über Formen und Ausgestaltungsmöglichkeiten lokaler Verrechnungssysteme. Frankfurt a.M.: PaySys GmbH

Pearson, Ruth, 2003: Argentina's Barter Network: New Currency for New Times? Bulletin of Latin American research, 2003, Vol. 22, Nr. 2; S.214-230

Pfeifer, Wolfgang, 1993[2]: Etymologisches Wörterbuch des Deutschen. 2 Bd. Berlin: Akademie Verlag

Pichler, Reinhard, 2002: Euros, Stunden oder Talente? Dissertation. Graz: Karl Franzens Universität

Piek, Marion, 2004: Fördernde und hemmende Faktoren für die Entwicklung lokaler Initiativen. In: *LASA (Landesagentur für Struktur und Arbeit Brandenburg)* (Hrsg.): Innovative lokale Beschäftigungsinitiativen. Dokumentation der Fachtagung am 21.09.2004 in Potsdam-Hermannswerder. http://www.lasa-brandenburg.de/fileadmin/user_upload/MAIN-dateien/schriftenreihen/inno_lok_Besch.pdf [12.12.2008]; S.101-112

Pieters, Rik und *Henry Robben*, 1999: Consumer Evaluation of Money as a Gift: A Two-Utility Model and an Empirical Test. In: Kyklos, 1999, Vol. 52, Fsc.2; S.173-200

Plettenbacher, Tobias, 2008: Neues Geld. Neue Welt. Die drohende Wirtschaftskrise - Ursachen und Auswege. Wien: Planet Verlag

Pohlmann, Friedrich, 1987: Individualität, Geld und Rationalität: Georg Simmel zwischen Karl Marx und Max Weber. Stuttgart: Ferdinand Enke

Polanyi, Karl, 1957: The Great Transformation. Boston: Beacon Press

Polanyi, Karl, 1971: Primitive, archaic, and modern economies. Boston: Beacon Press

Polanyi, Karl, 1977 [1957]: The Semantic of Money-Uses. In: *Janet K Dolgin, David S. Kemnitzer* und *David M. Schneider* (Hrsg.): Symbolic Anthropology. A Reader in the Study of Symbols and Meanings. New York: Columbia University Press; S.394-411

Polanyi, Karl, 1979: Ökonomie und Gesellschaft. Frankfurt a.M.: Suhrkamp.

Preissing, Sigrun, 2007: Komplementärwährungen und Tausch als Reserve gegen Globalisierung? Ethnologische Magisterarbeit bei Prof. Dr. Thomas Hauschild und Prof. Dr. Martina Schäfer an der Universität Tübingen

Priddat, Birger P., 2003: ‚Geist der Ornamentik', Ideogrammatik des Geldes: Allegorien bürgerlicher Zivilreligion auf Banknoten des 19. und 20. Jahrhunderts. In: *Dirk Baecker* (Hrsg.): Kapitalismus als Religion. Berlin: Kulturverlag Kadmos; S.19-34

Pytlik, Priska, 2005: Okkultismus und Moderne: ein kulturhistorisches Phänomen und seine Bedeutung für die Literatur um 1900. Paderborn: Schöningh

Raschke, Joachim, 1985: Soziale Bewegungen: Ein historisch-systematischer Grundriß. Frankfurt a.M.: Campus

Reeder, Stefan, 2002: Verschiedene Formen alternden Geldes: Befristetes Geld versus „rostende Banknoten".
http://www.dreigliederung.de/download/2002-12-001.pdf [02.04.2009]

Reichertz, Jo, 1988: Verstehende Soziologie ohne Subjekt? Die objektive Hermeneutik als Metaphysik der Strukturen. Kölner Zeitschrift für Soziologie und Sozialpsychologie, 1988, Bd. 40, Nr. 2; S. 207-222

Reichertz, Jo, 1989: Hermeneutische Auslegung von Feldprotokollen? Verdrießliches über ein beliebtes Forschungsmittel. In: *Reiner Aster, Hans Merkens* und *Michael Repp* (Hrgs.): Teilnehmende Beobachtung. Werkstattberichte und methodologische Reflexionen. New York: Campus; S.84-102

Reichertz, Jo, 1998: Wunder werden Wirklichkeit. Überlegungen zur Funktion der „Surprise-Show". In: *Ralf Bohnsack* und *Winfried Marotzki* (Hrsg.): Biographieforschung und Kulturanalyse. Transdisziplinäre Zugänge qualitativer Forschung. Opladen: Leske+Budrich; S.51-74

Reichertz, Jo, 2000a: Abduktion, Deduktion und Induktion in der qualitativen Sozialforschung. In: *Uwe Flick, Ernst von Kardorff* und *Ines Steinke* (Hrsg.): Qualitative Forschung. Ein Handbuch. Reinbek b. Hamburg: Rowohlt; S.276-286

Reichertz, Jo, 2000b: Zur Gültigkeit von Qualitativer Sozialforschung [76 Absätze]. Forum Qualitative Sozialforschung / Forum: Qualitative Social Research, 1(2), Art. 32, http://nbn-resolving.de/urn:nbn:de:0114-fqs0002324 [15.04.2009]

Reichertz, Jo, 2000c: Objektive Hermeneutik und hermeneutische Wissenssoziologie. In: *Uwe Flick, Ernst von Kardoff,* und *Ines Steinke* (Hrsg.): Qualitative Sozialforschung. Ein Handbuch. Reinbek b. Hamburg: Rowohlt; S.514-523

Reinfrank, Timo, 2007: Bürgerstiftungen als Motor der Zivilgesellschaft.
http://www.bpb.de/themen/FXYXGF.html [04.06.2009]

Reinhold, Gerd (Hrsg.), 1988: Wirtschaftssoziologie. München/Wien: R. Oldenburg

Reisch, Lucia A., 2002: Symbols for Sale. Funktionen des symbolischen Konsums. In: *Christoph Deutschmann* (Hrsg.): Die gesellschaftliche Macht des Geldes. Leviathan, 2002, Sonderheft 21. Wiesbaden: Westdeutscher Verlag; S. 226-248

Riese, Hajo, 1995: Geld: Das letzte Rätsel der Nationalökonomie. In: *Waltraud Schelkle* und *Manfred Nitsch* (Hrsg.): Rätsel Geld. Annäherungen aus ökonomischer, soziologischer und historischer Sicht. Marburg: Metropolis; S.45-62

Rifkin, Jeremy, 1995: Das Ende der Arbeit und ihre Zukunft. Frankfurt a.M.: Suhrkamp

Ritter, Joachim (Hrsg.), 1974: Historisches Wörterbuch der Philosophie. 13 Bd. Darmstadt: Wissenschaftliche Buchgesellschaft

Ritzer, George, 1995: Expressing America – A Critique of the Global Credit Card Society. Tousand Oaks/ London/ New Delhi: Pine Forge Press

Rogall, Holger, 2006: Volkswirtschaftslehre für Sozialwissenschaftler. Wiesbaden: VS Verlag

Rösl, Gerhard, 2005a: Regionalwährungen in Deutschland. Wirtschaftsdienst, 2005, 85, Heft 3; S.182-190

Rösl, Gerhard, 2005b: Regionalgeld in Deutschland. Lokale Konkurrenz für den Euro? Bundesbankmagazin, 2005, Heft 2; S.16-18

Rösl, Gerhard, 2006: Regionalwährungen in Deutschland - lokale Konkurrenz für den Euro? Deutsche Bundesbank Diskussionspapier: Reihe 1, Volkswirtschaftliche Studien, 2006, Nr.43; S.1-72

Rösl, Gerhard, 2007: Regionalgeld in Deutschland: Eine große Idee in kleinräumiger Wirkung. Orientierungen zur Wirtschafts- und Gesellschaftspolitik, 2007, 111, Heft 1; S.41-45

Rösl, Gerhard, 2008: Regionalgeldausgabe in Deutschland – eine kritische Betrachtung. ZfSÖ (Zeitschrift für Sozialökonomie), 2008, 45.Jg., Folge 158/159; S.3-9.

Roßmeißl, Barbara, 2004: Tauschhandel in Argentinien – Möglichkeiten und Grenzen einer Parallelökonomie in Zeiten der Wirtschaftskrise. Diplom-Arbeit bei Prof. Dr. Klaus Dirscherl an der Universität Passau

Rubinstein, Carin, 1981: Money and Self-esteem, Relationships, Secrecy, Envy, Satisfaction. Psychology Today, 1981, Mai; S.29-44

Rucht, Dieter, 1994: Modernisierung und neue soziale Bewegungen. Frankfurt/New York: Campus

Rüsen, Jörg, 2006: Rassismusgutachten. Rassismus, Modernität und Anthroposophie. http://www.info3.de/ycms/printartikel_20.shtml [09.04.09]

Saage, Richard, 1997: Utopieforschung. Eine Bilanz. Darmstadt: Primus

Safra, Jacob E., (Hrsg.), 2002[15] : The New Encyclopaedia Britannica. 32 Bd. Chicago u.a.: Encyclopaedia Britannica Inc.

SAGS, Institut für Sozialplanung, Jugend- und Altenhilfe, Gesundheitsforschung und Statistik, 2003: Sozialstrukturanalyse für den Landkreis Rosenheim unter besonderer Berücksichtigung jugendhilferelevanter Fragestellungen. Fortschreibung. http://www.landkreis-rosenheim.de/jugendamt-sozialstrukturanalyse.pdf [02.12.2008]

SAGS, Institut für Sozialplanung, Jugend- und Altenhilfe, Gesundheitsforschung und Statistik, 2006: Sozialstrukturanalyse 2003 - 2005 für den Landkreis Rosenheim unter besonderer Berücksichtigung jugendhilferelevanter Fragestellungen. 2. Fortschreibung. http://www.landkreis-rosenheim.de/jugendamt/Dokumente/Sozialstrukturanalyse/sraro06.pdf [02.12.2008]

SAGS, Institut für Sozialplanung, Jugend- und Altenhilfe, Gesundheitsforschung und Statistik, 2007: Ergänzungen zur Sozialstrukturanalyse für den Landkreis Rosenheim (2. Fortschreibung).http://www.landkreis-rosenheim.de/jugendamt/Dokumente/ Sozialstrukturanalyse/KurzfassungErgaenzungsbrosch23.04.2007.doc [02.12.2008]

Schelkle, Waltraud und *Manfred Nitsch* (Hrsg.), 1995: Rätsel Geld. Annäherungen aus ökonomischer, soziologischer und historischer Sicht. Marburg: Metropolis

Schelkle, Waltraud, 1995: Motive ökonomischer Geldkritik. In: *Waltraud Schelkle* und *Manfred Nitsch* (Hrsg.) (1995): Rätsel Geld. Annäherungen aus ökonomischer, soziologischer und historischer Sicht. Marburg: Metropolis Verlag; S.11-44

Schmoller, Gustav, 1990 [1901]: Simmels Philosophie des Geldes. In: *Peter U. Hein* (Hrsg.): Georg Simmel. Frankfurt a.M.: Peter Lang Verlag; S.195-212

Schnabel, Jens, 2007: Das Menschenbild der Esoterik. Neukirchen-Vluyn: Neukirchener Verlag

Schneider, Christian, 1994: Barter-Clubs. Chancen und Probleme. Eine theoretische und empirische Analyse. Berlin: Duncker&Humblot

Schneider, Werner, Andreas Hirseland, Wolfgang Ludwig-Mayerhofer und *Jutta Allmendinger*, 2005: Macht und Ohnmacht des Geldes im Privaten – Zur Dynamik der Individualisierung von Paarbeziehungen. Soziale Welt, 2005, 56; S.99-120

Schöne, Helmar, 2003: Die teilnehmende Beobachtung als Datenerhebungsmethode in der Politikwissenschaft. Methodologische Reflexion und Werkstattbericht [58 Absätze]. Forum Qualitative Sozialforschung / Forum: Qualitative Social Research, 4(2), Art. 20, http://nbn-resolving.de/urn:nbn:de:0114-fqs0302202 [15.04.2009]

Schroeder, Rolf H., 2006: Community Exchange and Trading Systems in Germany. International Journal of Community Currency Research, 2006, Vol.10. http://www.uea.ac.uk/env/ijccr/pdfs/IJCCR%20vol%2010%20(2006)%204%20Schroeder.pdf [18.04.2009]

Schröer, Norbert, 1997: Wissenssoziologische Hermeneutik. In: *Ronald Hitzler* und *Anne Honer* (Hrsg.): Sozialwissenschaftliche Hermeneutik. Opladen: Leske+Budrich; S. 109-132

Schulz, Yvonne, 2006: Regionalwährungen als Instrument nachhaltiger Regionalentwicklung. Diplomarbeit bei Prof. Dr. Volkmar Hartje und Prof. Dr. Martina Schäfer an der TU Berlin

Schumacher, Ernst Friedrich, 1977 [1973]: Die Rückkehr zum menschlichen Maß. [Small is beautiful]. Reinbek b. Hamburg: Rowohlt

Schuster, Falko, 1988: Countertrade professionell. Barter-, Offset- und Switchgeschäfte im globalen Markt. Wiesbaden: Gabler

Schütz, Alfred und *Thomas Luckmann*, 1979: Strukturen der Lebenswelt. Frankfurt a.M.: Suhrkamp

Schütz, Alfred, 1971: Gesammelte Schriften. Bd. 1. Den Haag: Nijhoff

Schütz, Alfred, 2004: Der Motivzusammenhang als Sinnzusammenhang. In: *Martin Endreß* und *Joachim Renn* (Hrsg.): Der sinnhafte Aufbau der sozialen Welt. Eine Einleitung in die verstehende Soziologie. Konstanz : UVK; S.195-210

Schütze, Fritz, 1983: Biographieforschung und narratives Interview. Neue Praxis, 1983, Heft 13; S.283-293

Schütze, Fritz, 1997: Die Technik des narrativen Interviews in Interaktionsfeldstudien – dargestellt an einem Projekt zur Erforschung von kommunalen Machtstrukturen. (Unveröffentlichtes Manuskript) Fakultät für Soziologie, Universität Bielefeld

Schwaiger, Katharina, 2005: Zukunftsfähiges Geld! - Regiogeld als neue Perspektive für die Gemeinwesenarbeit. Diplomarbeit bei Prof. Dr. Gerhard Kral an der Katholischen Stiftungsfachhochschule München-Benediktbeuren

Schwartz, Morris S. und *Charlotte.G. Schwartz*, 1955: Problems in Participant Observation. American Journal of Sociology, 1955, Vol. 60, S.343-353

Schwarz, Fritz, 1951: Das Experiment von Wörgl. Bern: Genossenschaft Verlag Freiwirtschaftlicher Schriften

Schweitzer, Sandra, 2003: Kundenkarten und Kundenclubs. Grundlagen, Konzepte, Praxis. Düsseldorf: VDM Dr. Müller

Scott, W. Richard, 2001: Institutions and Organizations. Thousand Oaks: Sage Publications

Sedillot, René, 1992: Muscheln, Münzen und Papier. Die Geschichte des Geldes. Frankfurt a.M./New York: Campus

Senf, Bernd, 1996: Der Nebel um das Geld. Zinsproblematik . Währungssysteme - Wirtschafskrisen. Lütjenburg: Gauke

Senf, Bernd, 2004: Der Tanz um den Gewinn. Lütjenburg: Gauke

Senf, Bernd, 2007: Fließendes Geld und Heilung des sozialen Organismus. HUMANWIRTSCHAFT, 2007, 38. Jg, H.1; S.33-37

Seyfang, Gill und *Ruth Pearson*, 2000: Time for Change: International experience in community currencies. Development, 2000, 43, 4; S.56-60

Seyfang, Gill, 2002: Tackling social exclusion with community currencies: learning from LETS to Time Banks. International Journal of Community Currency Research, 2002, Vol.6. http://www.uea.ac.uk/env/ijccr/pdfs/IJCCR%20Vol%206%20(2002)%203%20Seyfang.pdf [18.04.2009]

Siebert, Horst, 1992[11]: Einführung in die Volkswirtschaftslehre. Stuttgart u.a.: W.Kohlhammer

Sigmund, Karl, Ernst Fehr und *Martin A. Nowak*, 2002: Teilen und Helfen – Ursprünge sozialen Verhaltens. Spektrum der Wissenschaft, 2002, März; S.51-59

Sikora, Joachim und *Günter Hoffmann*, 2001: Vision einer Gemeinwohl-Ökonomie. Auf der Grundlage einer komplementären Zeit-Währung. Bad Honnef: Katholisch-Soziales Institut der Erzdiözese Köln

Sikora, Joachim und *Günter Hoffmann*, 2005: Vision eines ‚Regionalen Aufbruchs'. Bad Honnef: Katholisch-Soziales Institut der Erzdiözese Köln

Simmel, Georg, 1983 [1908]: Soziologie. Untersuchungen über die Formen der Vergesellschaftung. Berlin: Duncker&Humblot, 256-304

Simmel, Georg, 1989 [1900]: Philosophie des Geldes. Frankfurt a.M.: Suhrkamp

Simmel, Georg, 1992 [1888]: Das Geld in der modernen Kultur. In: *ders.* (Hrsg.): Schriften zur Soziologie. Eine Auswahl. Frankfurt a.M.: Suhrkamp; S.78-94

Sinus Sociovision, 2008: Präsentation: „Ich bin auch ein LOHAS". Werteorientierung als Zielgruppensegmentation.
http://zuerich-nord.swissmarketing.ch/assets/documents/smc_sinus-lohas010408.pdf [25.08.2009]

Sinus Sociovision, 2009: Vortrag: Sind wir (nicht) alle ein bisschen LoHaS? Fakten zur Nachhaltigkeit einer Trend-Zielgruppe.
www.trurnit.de/content/.../forum_09_vortrag_MuellerFriemauth.pdf [25.08.2009]

Soeffner, Hans-Georg, 1982: Prämissen einer sozialwissenschaftlichen Hermeneutik. In: *ders.* (Hrsg.): Beiträge zu einer empirischen Sprachsoziologie. Tübingen: Narr; S.9-48

Soeffner, Hans-Georg, 1997: Auf dem Rücken des Tigers. In: Wilhelm Heitmeyer (Hrsg.): Was hält die Gesellschaft zusammen? Frankfurt a.M.: Suhrkamp; S.334-359

Soeffner, Hans-Georg, 1999: Verstehende Soziologie und sozialwissenschaftliche Hermeneutik. In: *Ronald Hitzler, Ronald, Jo Reichertz* und *Norbert Schröer* (Hrsg.): Hermeneutische Wissenssoziologie. Standpunkte zur Theorie der Interpretation. Konstanz: UVK; S.39-50

Soeffner, Hans-Georg, 2000: Erneuerung durch alternative Gruppen? Zum 'Innovationspotential' neuer sozialer Bewegungen. In: *Ders.*:Gesellschaft ohne Baldachin. Weilersweist: Velbrück Wissenschaft

Soeffner, Hans-Georg, 2004: Auslegung des Alltags - Der Alltag der Auslegungen. Konstanz: UVK

Soeffner, Hans-Georg, 2006: Wissenssoziologie und sozialwissenschaftliche Hermeneutik sozialer Sinnwelten. In: *Dirk Tänzler, Hubert Knoblauch* und *Hans-Georg Soeffner* (Hrsg.): Neue Perspektiven der Wissenssoziologie. Konstanz: UVK; S.51-79

Soeffner, Hans-Georg und *Ronald Hitzler*, 1994: Hermeneutik als Haltung und Handlung. Über methodisch kontrolliertes Verstehen. In: *Norbert Schröer* (Hrsg.): Interpretative Sozialforschung. Auf dem Wege zu einer hermeneutischen Wissenssoziologie. Opladen: Westdeutscher Verlag

Sombart, Werner, 1916[2]: Der moderne Kapitalismus. Historisch-systematische Darstellung des gesamteuropäischen Wirtschaftslebens von seinen Anfängen bis zur Gegenwart. 3 Bände. München, Leipzig: Duncker & Humblot

Spehl, Harald, 2008: Welchen Beitrag zur Regionalentwicklung können Regionalgelder leisten? Zeitschrift für Sozialökonomie, 2008, 45.Jg., 158./159. Folge; S.20-25

Spiller, Achim, 2006: Zielgruppen im Markt für Bio-Lebensmittel: Ein Forschungsüberblick. http://www.uni-goettingen.de/de/document/download/aca1194d9bd45c8d6cac6af2584cff3e.pdf/Zielgruppen%20Endversion.pdf [25.08.2009]

Spradley, James P., 1979: The ethnographic interview. New York: Rinehart&Winston

Spradley, James P., 1980: Participant observation. New York: Rinehart&Winston

Star, Susan Leigh und *James R. Griesemer*, 1989: Institutional Ecology, 'Translations' and Boundary Objects: Amateurs and Professionals in Berkeley's Museum of Vertebrate Zoology, 1907 – 39. In: Social Studies of Science, 1989, 19; S. 387 - 420

Statistisches Bundesamt, 2009: Volkswirtschaftliche Gesamtrechnungen. Private Konsumausgaben und Verfügbares Einkommen. Beiheft zur Fachserie 18; 2.Vierteljahr 2009

Steiner, Rudolf, 1919: Die Kernpunkte der sozialen Frage in den Lebensnotwendigkeiten der Gegenwart und Zukunft. Gesamtausgabe Nr. 23. Dornach: Rudolf Steiner Verlag

Steiner, Rudolf, 1922: Nationalökonomischer Kurs. Sozialwissenschaftliche Ausgabe (SWA), Bibliographie Nr. 1000. http://www.dreigliederung.de/download/340.pdf [06.04.2009]

Steiner, Rudolf, 1923: Vom Leben des Menschen und der Erde. Über das Wesen des Christentums, GA 349, 3. von 13 Vorträgen. http://www.anthroposophieonline.net/index.php?option=com_content&view=article&id=3709:dritter-vortrag-dornach-3-maerz-1923&catid=247:ga-349-vom-lebens-des-menschen-und-erde-&Itemid=19 [09.04.09]

Steiner, Rudolf, 1995 [1904-1908]: Aus der Akasha-Chronik. Dornach: Rudolf Steiner Verlag

Steul, Martina, 2003: Risikoverhalten privater Kapitalanleger.: Implikationen für das Finanzdienstleistungsmarketing. Wiesbaden: Gabler

Stodder, James, 2005: Reciprocal Exchange and Macro-Economic Stability: Switzerland's Wirtschaftsring. http://www.rh.edu/~stodder Stodder_WIR3.htm [29.03.2009]

Straus, Florian, 2001: Soziale Landschaften in der reflexiven Moderne - Individualisierung und posttraditionale Ligaturen. In: *Ulrich Beck* und *Wolfgang Bonß* (Hrsg.): Die Modernisierung der Moderne. Frankfurt a.M.: Suhrkamp

Strauss, Anselm, 1978: Negotiations. Varieties, Contexts, Processes and Social Order. San Francisco/Washington/London: Jossey-Bass Publications

Strauss, Anselm, 1991: Grundlagen qualitativer Sozialforschung. München: Fink

Strauss, Anselm, 2007: „Forschung ist harte Arbeit, es ist immer ein Stück Leiden damit verbunden. Deshalb muss es auf der anderen Seite Spaß machen" – Anselm Strauss im Interview mit Heiner Legewie. Historical Social Research, 2007, Beiheft 19; S.69-79

Strauss, Anselm und *Juliet Corbin*, 1996: Grundlagen qualitativer Sozialforschung. Weinheim: Beltz

Strawe, Christoph, 1994: Brüderlichkeit im Wirtschaftsleben. Assoziative Wirtschaft – Utopie oder aktuelle Gestaltungsaufgabe? http://soziale-dreigliederung.net/Texte_html/wirtschaftsleben.htm [04.04.2009]

Strawe, Christoph, 1998: Money makes the world go round? Von der notwendigen Sozialbindung des Geldes. Die Drei. Zeitschrift für Anthroposophie in Wissenschaft, Kunst und sozialem Leben, 1998, Heft 11; S.12-17

Strübing, Jörg, 2004: Grounded Theory. Zur sozialtheoretischen und epistemologischen Fundierung des Verfahrens der empirisch begründeten Theoriebildung. Wiesbaden: VS Verlag

Tang, Thomas Lie-Ping, 1992: The Meaning of Money Revisited. Journal of Organizational Behaviour, 1992, Vol. 13; S.197-202

Tänzler, Dirk, Hubert Knoblauch und *Hans-Georg Soeffner* (Hrsg.), 2006: Neue Perspektiven der Wissenssoziologie. Konstanz: UVK

Thaler, Richard H. und *Cass R. Sunstein*, 2008: Nudge. Wie man kluge Entscheidungen anstößt. Berlin: Econ

Tönnies, Ferdinand, 2005 [1887]: Gemeinschaft und Gesellschaft. Grundbegriffe der reinen Soziologie. Darmstadt: Wissenschaftliche Buchgesellschaft

Touraine, Alain, 1983: Soziale Bewegungen: Spezialgebiet oder zentrales Problem soziologischer Analyse? In: Soziale Welt, 1983, Bd. 34, Nr. 2; S. 143-152

Touraine, Alain, 1985: An Introduction to the Study of Social Movements. In: Social Research, 1985, Bd. 52, Nr. 4; S. 749-787

Treibel, Annette, 2006[7]: Einführung in soziologische Theorien der Gegenwart. Wiesbaden: VS Verlag

Truschkat, Inga, Manuela Kaiser-Belz und *Vera Reinartz*, 2007: Grounded Theory Methodologie in Qualifikationsarbeiten. Historical Social Research, 2007, Beiheft 19; S.232-157

Tversky, Amos und *Daniel Kahneman*, 1979: Prospect Theory: An Analysis of Decision under Risk. Econometrica, 1979, XVLII; S.263–291

Ude, Johannes, 1934: Die große Not und deren Überwindung durch FFF. Zeitschrift für Volkssittlichkeit und Volksaufklärung, 1934, 7, Heft 3; S.2-53

Ulrich, Peter, 2008[4]: Integrative Wirtschaftsethik. Grundlagen einer lebensdienlichen Ökonomie. Bern u.a.: Haupt

UNO (United Nations Organization), 2007: The Millennium Development Goals Report. http://doku.cac.at/mdg2007report.pdf [17.03.2009]

Vester, Michael, 2001: Milieus und soziale Gerechtigkeit. In: *Karl-Rudolf Korte* und *Werner Weidenfels* (Hrsg.): Deutschland TrendBuch. Fakten und Orientierungen. Opladen: Leske+Budrich

Vilar, Pierre, 1984: Gold und Geld in der Geschichte. Vom Ausgang des Mittelalters bis zur Gegenwart. München: C.H.Beck

Volkmann, Krister, 2008: Regional - und trotzdem global. Solidarische Ökonomie im Spannungsfeld zwischen Regionalität und Globalität. Eine explorative Studie zu Regionalwährungen. Münster u.a.: Lit Verlag

Wade, Robert, 2008: Systembeben. Neue Steuerungsinstrumente für die Weltwirtschaft sind erforderlich. Lettre international, 2008, Winter, H.83; S.35-40

Walker, Karl, 1959: Das Geld in der Geschichte. Lauf bei Nürnberg: Rudolf Zitzmann Verlag

Weatherford, Jack, 1999: Eine kurze Geschichte des Geldes und der Währungen. Oesch: Conzett Verlag

Weber, Max, 1972 [1921]: Wirtschaft und Gesellschaft. Grundriss der verstehenden Ökonomie. Tübingen: J.C.B. Mohr

Weber, Max, 1986[8] [1919]: Gesammelte Aufsätze zur Religionssoziologie. Band 1. Tübingen: J.C.B. Mohr

Weber, Max, 2001 [1922]: Wirtschaft und Gesellschaft. Die Wirtschaft und die gesellschaftlichen Ordnungen und Mächte. Nachlaß. In: Max Weber Gesamtausgabe, Band 22-1: Gemeinschaften. Tübingen: J.B.C. Mohr

Weber, Max, 2002 [1921]: Wirtschaft und Gesellschaft. Grundriß der verstehenden Soziologie. Tübingen: J.B.C. Mohr

Weber, Max, 2006 [1920]: Die protestantische Ethik und der Geist des Kapitalismus. Erftstadt: area Verlag

Webley, Paul und *Richenda Wilson*, 1989: Social Relationships and the Unacceptablity of Money as a Gift. In: Journal of Social Psychology, 1989, Vol. 129 (1); S.85-91

Webley, Paul und *Stephen Lea*, 1993: The Partial Unacceptability of Money in Repayment for Neighborly Help: In: Human Relations, 1993, Vol.46, No.1; S.65-76

Weichert, Thilo, 2006: Scoring - die statistische Verbraucher-Diskriminierung. https://www.datenschutzzentrum.de/scoring/weichert_diskriminierung.htm [27.11.2009]

Weiler, Franz, 1993: Bartergeschäfte. Wien: Barter Clearing und Information

Weimer, Wolfram, 1994: Geschichte des Geldes. Eine Chronik in Texten und Bildern. Frankfurt a.M.: Suhrkamp

Weis, Mathias und *Heiko Spitzeck* (Hrsg.), 2008: Der Geldkomplex: Kritische Reflexion unseres Geldsystems und mögliche Zukunftsszenarien. Bern u.a.: Haupt Verlag

Weiß, Andreas Michael, 2005: Zinsen und Wucher. Das kirchliche Zinsverbot und die Hindernisse auf dem Weg zu seiner Korrektur. In: *Ulrike Aichhorn* (Hrsg.): Geld- und Kreditwesen im Spiegel der Wissenschaft. Wien/New York: Springer; S. 123-156

Wenzel, Eike, Anja Kirig und *Christian Rauch*, 2008: Greenomics. Wie der grüne Lifestyle Märkte und Konsumenten verändert. München: Redline Wirtschaft

Werner, Hans-Joachim, 1989: Geschichte der Freiwirtschaftsbewegung. New York: Waxmann

Werner, Uwe, 1999, Anthroposophen in der Zeit des Nationalsozialismus. 1933-1945. München: Oldenbourg

Whyte, William F., 1996 [1934]: Die Street Corner Society. Die Sozialstruktur eines Italienerviertels. Berlin/ New York: Walter der Gruyter

Williams, Colin C., 1996: Informal Sector Responses to Unemployment: An Evaluation of the Potential of Local Exchange Trading Systems (LETS). Work, employment & society, 1996, Heft 10, S.341-359

Williams, Colin C., 2004: Cash-inHand Work: Unravelling Informal Employments From The Moral Economy Of Favorurs. Sociological Research Online, 2004, Bd.9, Nr.1. http:www.socreonline.org.uk/9/1/williams.html [23.07.2007]

Wimbauer, Christine, 2003: Geld und Liebe. Zur symbolischen Bedeutung von Geld in Paarbeziehungen. Frankfurt a.M./New York: Campus

Wirth, Roland, 2003: Marktwirtschaft ohne Kapitalismus. Eine Neubewertung der Freiwirtschaftslehre aus wirtschaftsethischer Sicht. Bern u.a.: Haupt Verlag

Wiswede, Günter, 1995: Einführung in die Wirtschaftspsychologie. München u.a.: Reinhardt

Witzel, Andreas, 2000: Das problemzentrierte Interview [25 Absätze]. Forum Qualitative Sozialforschung / Forum: Qualitative Social Research, 1(1), Art. 22, http://nbn-resolving.de/urn:nbn:de:0114-fqs0001228 [15.04.2009]

Wolcott, Harry F., 1990: On Seeking – and Rejecting – Validity in Qualitative Research. In: *Elliot W. Eisner* und *Allan Peshkin* (Hrsg.): Qualitative Inquiry in Education. The Continuing Debate. New York: Teachers College Press; S.121-152

Wude, Thomas, 2008: Aktives Kapital für die Region. PlanerIn. Fachzeitschrift für Stadt-, Regional- und Landesplanung. 2008, 04; S.25-27

Yablonski, Lewis, 1992: Der Charme des Geldes. Köln: Edition Humanistische Psychologie

Yamauchi, Kent und *Donald I. Templer*, 1982: The Development of a Money Attitude Scale. Journal of Personality Assessment, 1982, Vol. 46; S.523-528

Zander, Helmut, 2007: Anthroposophie in Deutschland. Theosophische Weltanschauung und gesellschaftliche Praxis 1884-1945. Göttingen: Vandenhoeck&Ruprecht

Zarlenga, Stephen, 1999: Der Mythos vom Geld – eine Geschichte der Macht. Vom Tauschhandel zum Euro: eine Geschichte des Geldes und der Währungen. Oesch: Conzett

Zelizer, Viviana, 1989: The social meaning of monies: »Special monies«. American Journal of Sociology, 1989, 95; S.342-377

Zelizer, Viviana, 1994: The social meaning of money. New York: Basic Books

Zelizer, Viviana, 2000: Die Farben des Geldes. Vielfalt der Märkte, Vielfalt der Kulturen. Berliner Journal für Soziologie, 2000, 10.Jg., Heft 3. Opladen: Leske+Budrich; S. 315-332

Ziegler, Franziska, 2009: Konzept, Umsetzung und Akzeptanz einer Regionalwährung am Beispiel des „Chiemgauer". Eine Untersuchung aus Unternehmer- und Verbrauchersicht. Diplomarbeit an der Philosophische Fakultät der Universität Passau

Zinser, Hartmut, 2006: Rudolf Steiners „Geheim- und Geisteswissenschaft" als moderne Esoterik. Vortragsmanuskript der Tagung: Anthroposophie – kritische Reflexionen. Humboldt-Universität zu Berlin, 21.07.2006. http://www2.hu-berlin.de/gk geschlecht/downloads/veranstalt/2006/Zinser%20Vortrag%20HU%20210706.pdf [07.09.2008]

Zwahr, Annette (Hrsg.), 2006[21]: Brockhaus-Enzyklopädie in 30 Bänden. Leipzig/Mannheim: F.A. Brockaus

Internetquellenverzeichnis

Hinweis zur Zitierweise: In der vorliegenden Arbeit wurde aus Gründen der Nachvollziehbarkeit und Pragmatik die sonst übliche Zitation von Internetquellen abgewandelt. Anstatt oft nicht feststellbare und häufig nichts sagende Angaben zu Autor und Jahr zu machen, wurden die Quellen im Text (aus Lesbarkeitsgründen) mit ihrer *verkürzten* Internetadresse, ggf. mit fortlaufender Nummer, kenntlich gemacht. Die ausführliche URL findet sich nebst Datum des letzten Zugriffs in diesem Verzeichnis.

agrar.uni-kassel.de, http://www.agrar.uni-kassel.de/bdl/?language=de&c=5 [09.04.09]

allbusiness.com, http://www.allbusiness.com/banking-finance/banking-lending-credit-services-payment/7188204-1.html [01.04.2009]

americanexpress.com, http://www10.americanexpress.com/sif/cda/page/0,1641,10732,00.asp; Siehe auch: http://www.vip-kreditkarte.de/american-express/american-express-centurion/ [10.02.2009]

appropriate-economics.org, http://www.appropriate-economics.org/ [11.12.2008]

arbeitsagentur.de 01, http://www.arbeitsagentur.de/Dienststellen/RD-BY/Rosenheim/AA/Zahlen-Daten-Fakten/Strukturdaten/pdf/Strukturbericht-der-Agentur-fuer-Arbeit-.pdf [02.10.2008]

arbeitsagentur.de 02 http://www.arbeitsagentur.de/Dienststellen/RD-BY/Rosenheim/AA/Zahlen-Daten-Fakten/AMR/2008/Arbeitsmarktreport-September-2008.pdf [02.10.2008]

augusta-regional.de, http://www.augusta-regional.de/index.php?option=com_content&view=article&id=71:dievorteile&catid=44:das-regionalgeld [19.05.2009]

bundesbank.de, http://www.bundesbank.de/bildung/bildung_glossar_g.php [17.03.2009]

cash.at, http://www.cash.at/archiv/wer-am-pos-entscheidet/ [24.07.2009]

cashkurs.de: http://www.cashkurs.com/Detailansicht.80.0.html?&cHash=83055acd05&tx_t3blog_pi1[daxBlogList][showUid]=4646 [06.10.2009]

cgw.de, http://www.cgw.de/ [01.06.2009]

chiemgau-online.de, http://www.chiemgau-online.de/lokalnachrichten/tt_text.php?id=5993 [28.10.2008].

chiemgauer.info, http://www.chiemgauer.info/ [09.10.2009]

chiemgauer.info 01, http://www.chiemgauer.info/218.0.html [01.06.2009]

chiemgauer.info 02, http://www.chiemgauer.info/uploads/media/Chiemgauer-Statistik.pdf [01.06.2009]

chiemgauer.info 03, http://www.chiemgauer.info/257.0.html [01.06.2009]

chiemgauer.info 04, http://www.chiemgauer.info/uploads/media/Verein_Satzung_08.pdf [27.10.2008]
chiemgauer.info 05, http://www.chiemgauer.info/uploads/media/Beitragsordnung_04.pdf [28.10.2008]
chiemgauer.info 06, http://www.chiemgauer.info/uploads/media/RegiosSatzung.pdf [12.10.2008]
chiemgauer.info 07, http://www.chiemgauer.info/219.0.html?&L=0; [21.10.2008]
chiemgauer.info 08, http://www.chiemgauer.info/uploads/media/Beitragsordnung_04.pdf [18.10.2008])
chiemgauer.info 09, http://www.chiemgauer.info/uploads/media/Anmeldung_Unternehmen_07.pdf [27.10.2008]
chiemgauer.info 10, http://www.chiemgauer.info/uploads/media/Kontozusatzerklaerung_01.pdf [27.10.2008]
chiemgauer.info 11, http://www.chiemgauer.info/uploads/media/Chiemgauer-Konto_01.pdf [27.10.2008]
chiemgauer.info 12, http://www.chiemgauer.info/uploads/media/Anmeldung_Verein_07.pdf [27.10.2008]
chiemgauer.info 13, http://www.chiemgauer.info/fileadmin/user_upload/Formulare/Sicherheitsmerkmale.pdf [21.08.2009]
chiemgauer.info 14, http://www.chiemgauer.info/227.0.html [06.11.2009]
chiemgauer.info 15, http://www.chiemgauer.info/221.0.html [06.11.2009]
chiemgauer.info 16, http://www.chiemgauer.info/219.0.html [01.06.2009]
chiemgauer.info 17, http://www.chiemgauer.info/index.php?eID=tx_cms_showpic&file=uploads%2Fpics%2FChiemgauermitRegiocard.jpg&width=800m&height=600m&bodyTag=%3Cbody%20style%3D%22margin%3A0%3B%20background%3A%23fff%3B%22%3E&wrap=%3Ca%20href%3D%22javascript%3Aclose%28%29%3B%22%3E%20|%20%3C%2Fa%3E&md5=17ca4c4a4e72513b1e1828698058fff9 [10.03.2010]
christiananders.net, http://www.christiananders.net/buch/bankenschwindel.shtml [03.06.2008]
clickandbuy.com, http://clickandbuy.com/DE/de/ [06.05.2008]
commerzbanking.de, https://portal01.commerzbanking.de/P-Portal/XML/IFILPortal/cms/de/gb/submenues/aktionen/cb_ideenlabor/files/management_summary_ii.pdf?WSPL_ID=7LFlGQyy-iINpghp8ABu7aLwOMrcgYG9mNk8rULqzoIXqbPGnkChNiGQ24ssXxgrSpvw2Hn1RKkwWCBBavYVwdA [13.06.06]
complementarycurrency.org, http://www.complementarycurrency.org/ [03.04.2009]
complementarycurrency.org 01, http://www.complementarycurrency.org/ccGallery/wara2.gif [05.05.2009]
complementarycurrency.org 02, http://www.complementarycurrency.org/gallery.php?action=thumb_view&imageId=50&which=0 [05.05.2009]
das-verbindungsnetzwerk.de, http://www.das-verbindungswerk.de/Regio.htm [01.06.2009]

depressionscrips.com, http://www.depressionscrip.com [03.07.2007]
der-regio.de, http://www.der-regio.de [01.06.2009]
die-keas.de, http://wp1110742.wp121.webpack.hosteurope.de/pdf/kea.flyer.gutscheine.pdf [03.04.2009]
die-ortenauer.de, http://www.die-ortenauer.de/regiogeld.html [01.06.2009]
disneydollar.net, http://www.disneydollars.net/ [01.04.2009]
dradio.de, http://www.dradio.de/dlf/sendungen/hiwi/610932/ [01.04.2007]
dwds.de, http://www.dwds.de [21.11.2009]
ecash.net, http://deu.ecashdirect.net/index.html [08.05.2008]
e-gold.com, http://www.e-gold.com/ [06.05.2008]
eifel-mark.de, http://www.eifel-mark.de/eifelmark-regional-ein-instrument-zur-regionalen-wirtschaftsfoerd.html [01.06.2009]
fincen.gov, http://www.fincen.gov/news_room/rp/advisory/pdf/advis33.pdf [Zugriff: 21.01.2009]
focus.de http://www.focus.de/finanzen/boerse/aktien/kult-investor-buffett-gipfeltreffen-der-geldanleger_aid_298457.html [05.02.2009]
focus.de 02: http://www.focus.de/wissen/diverses/wort-des-jahres-2005_aid_102651.html [08.01.2009]
freigeld.subhash.at, http://www.subhash.at/freigeld/geldfluch.html [07.06.2009]
freiwirte.de, http://www.freiwirte.de/ [01.06.2009]
futurmoney.de, http://www.futuremoney.de/geld/zinsen_text.html [01.06.2009]
gls.de, http://www.gls.de/die-gls-bank/ueber-uns/ziele-und-arbeitsweisen/ausschlusskriterien.html [09.04.09]
goldmoney.com, http://www.goldmoney.com/ [17.07.2007]
gwinner-ev.de, http://www.gwinner-ev.de/mitreden/unser-verein/die-satzung/index.php [01.06.2009]
handelsblatt.de: http://www.handelsblatt.com/news/Unternehmen/Banken/Versicherungen-/_pv/_p/200039/_t/ft/_b/1217722/default.aspx/taler,-taler,-du-musst-wandern.html [30.0.2007]
havelblueten.de, http://www.havelblueten.de/index.php/view/check [01.06.2009]
heller-ev.de, http://www.heller-ev.de/ [01.06.2009]
irta.com, http://www.irta.com/ReciprocalTradeStatistics.aspx [02.04.2009]
ithacahours.org, http://www.ithacahours.org/ [03.04.2009]
kannwas.org, http://www.kannwas.org/ [01.06.2009]
landtagswahl-bayern.lmu.de, http://www.landtagswahl-bayern.lmu.de/cms/index.php?page=stadland [13.08.2009]
libertydollar.org, http://www.libertydollar.org/ [09.07.2008]
moneybookers.com, https://www.moneybookers.com/app/ [06.05.2008]
moneypedia.de, http://www.moneypedia.de [12.12.2009]
nationalatlas.de 01, http://aktuell.nationalatlas.de/Regionalw%C3%A4hrungen.8_08-2008.0.html [05.08.2008]
nationalatlas 02, http://aktuell.nationalatlas.de/Regionalw%C3%A4hrungen.8_08-2008.0.html [05.08.2008]
network-economies.com, http://network-economies.com/ [01.03.2009]
npd-mv.de, http://www.npd-mv.de/index.php?sek=0&pfad_id=37&cmsint_id=1&detail=1535 [03.06.2008]

n-tv.de, http://www.n-tv.de/805175.html [23.05.2007]
ocotopuscards.com, http://www.octopuscards.com/enindex.jsp [08.05.2008]
paypal.de, http://www.paypal.de/de [06.05.2008]
plata.com.mx www.plata.com.mx [17.07.07]
points.microsoft.com, http://points.microsoft.com/UserPortal/About.aspx [02.04.2009]
potsdamer-regional.de, http://www.potsdamer-regional.de/download/PdmRegional_pr_p.pdf [01.06.2009]
rainbowcard.com, http://www.rainbowcard.com/Home.html [01.04.2009]
regiogeld.de 01, http://www.regiogeld.de/arbeitsbereiche.html [01.06.2009]
regiogeld.de 02, http://www.regiogeld.de/149.0.html [07.06.2009]
regiogeld.de 03, http://www.regiogeld.de/wertestandards.html [07.06.2009]
regiogeld.de 04, ttp://www.regiogeld.de/initiativen.html?&no_cache=1&tx_regioinidb_pi1[sort]h=name& tx_regioinidb_pi1[mode]=detaillist&tx_regioinidb_pi1[pointer]=0 [30.06.2011]
regiogeld.tueb...de, http://regiogeld.tueb.reut.googlepages.com/Wie_wirkts.doc [01.06.2009]
regiogeldkongress.de, http://www.regiogeldkongress.de/index.php?id=1,2,0,0,1,0 [08.04.2009]
regionalbewegung.de, http://www.regionalbewegung.de/ [01.06.2009]
reka.ch, http://www.reka.ch/de/rekageld/pages/default.aspx [09.03.2009]
roland-regional.de, http://www.roland-regional.de/Maerchen-Geschichten.18.0.html [16.06.2009]
roessle-regional.de, http://www.roessle-egional.de/fileadmin/upload/Protokolle/Protokoll_r8.12.04.pdf [01.06.2009]
rosenheim.de, http://www.rosenheim.de/aemter/dez_3/III_33/wahl/land2008/erg/ [03.08.2009]
second-life.com, http://www.second-life.com/de/linden_dollar.html [02.04.2009]
signographie.de, http://www.signographie.de/cms/front_content.php?idart=238 [12.12.2009]
sociovision.de, http://www.sociovision.de/loesungen/sinus-milieus.html [26.08.2009]
sonnen-scheine.de, http://www.sonnen-scheine.de/das-unternehmen-2 [01.06.2009]
spiegel.de 01, http://www.spiegel.de/kultur/gesellschaft/0,1518,345725,00.html [18.09.2008]
statistik.bayern.de, http://www.statistik.bayern.de/imperia/md/content/lfstad/evs_broschuere_web.pdf [09.10.2009]
sueddeutsche.de, http://www.sueddeutsche.de/wirtschaft/420/434168/text/print.html [06.10.2009]
swschwedt.de 01, http://www.swschwedt.de/kunden/uckermark/projekte/gutachten.htm [25.06.2009]
swschwedt.de 02, http://www.swschwedt.de/kunden/uckermark/projekte/machbarkeitsstudie.htm [25.06.2009]
tempomat.it, www.tempomat.it [03.04.2009]
thueringer-vereine.de, http://www.thueringer-vereine.de/bilder/wsbwpho3.jpg [12.11.2007]
ticketrestaurant.de 01, http://www.ticketrestaurant.de/de/unternehmen/presse/nachrichtenarchiv/ticket_restaurant_menue-checks_sorgen_fuer_gesunde_ernaehrung_in_der_mittagspause_und_verbessern_das_arbeitsklima_67523.shtml [03.04.2009]

ticketrestaurant.de 02, http://www.ticketrestaurant.de/de/unternehmen/ueber_ticket_restaurant /index.shtml [03.04.2009]
timebanks.co.uk, www.timebanks.co.uk [03.04.2009]
timebanks.org, http://www.timebanks.org/ [03.04.2009]
urstromtaler.de 01, http://urstromtaler.de/verbraucher [01.06.2009]
urstromtaler.de 02, http://urstromtaler.de/wp-content/uploads/teilnahmeerklarung.pdf [01.06.2009]
urstromtaler.de 03, http://urstromtaler.de/wechselkurs [01.06.2009]
usdoj.gov, http://www.usdoj.gov/opa/pr/2007/April/07_crm_301.html; [17.07.07]).
usmint.gov, http://www.usmint.gov/pressroom/index.cfm?flash=yes&action=press_release& id=7 10 [17.07.07]).
waldorfschule.info, http://waldorfschule.info/upload/pdf/schulliste.pdf [30.07.2008]
web.de, https://www1.webcent.web.de/ [06.05.2008]
wider.uno.edu: http://www.wider.unu.edu/events/past-events/2006-events/en_GB/05-12-2006 [17.03.2009]

Anhang

Anhang 1: Klassifikationsschema: Merkmale von Geldarten

Merkmal	Ausprägungen
Geldfunktionen	
▪ *Zahlungsmittel*:	Akzeptantenkreis und Angebot rangieren von unbegrenzt (Annahmezwang beim offiziellen Bargeld) bis zu sehr begrenzt (etwa innerhalb eines kleinen Tauschrings)
▪ *Recheneinheit*:	gekoppelt an die offizielle Landeswährung oder an selbstdefinierte Einheiten (Leistung, Zeit, Energie, Wertmetalle, etc.)
▪ *Wertaufbewahrungsmittel:*	rangiert von als Anlageformen konzipierten Währungen (‚inflationssicher') über zinslose bis hin zu negativ verzinsten Währungen
Geldform	Buchgeld (in Form von Konten) oder Bargeld (‚physisches' Geld; hierbei kann es sich um Warengeld oder um stoffwertloses Geld handeln)
Geldschöpfung	offizielle (Eurosystem, inländische Banken) oder private *Emittenten* (Unternehmen, Vereine, etc.) *Deckung* durch Vermögenswerte, Leistungen, durch offizielles Geld (käufliche Gutscheine), durch Bonusgutschriften bei Einkäufen, gegenseitige Kreditversprechen oder ohne Deckung (Fiat-Geld) etc.

Ziele des Geldes	*Ökonomische Ziele*: etwa zusätzliche Liquidität, Verbesserung von Geschäftsbeziehungen, Kundenbindung, neue Einnahmequelle, Zusammenbringen von ungenützten Ressourcen und unbefriedigter Nachfrage, Schutz vor Inflation, Deflation und möglichen Finanzkrisen etc. *Soziale Ziele*: etwa Aufbau von Sozialkapital, Vergemeinschaftung, Abmindern von Exklusionstendenzen, Stärken einer regionalen Identität, Kompensation von wegfallenden Sozialleistungen (wie Altenpflege, Kinderbetreuung) etc. *Ideelle Ziele*: Gegenentwurf zur momentanen Ökonomie (lebensdienlich statt wirtschaftlich, qualitatives statt quantitatives Wachstum, Kooperation statt Konkurrenz), Erhalt der Natur und Verhinderung von ökologischen Krisen, Orientierung an ethischen Normen (Mensch im Mittelpunkt, größtmöglicher Nutzen für Gemeinschaft, Leben statt Arbeiten, Zeit statt Geld)

Quelle: eigene Bearbeitung nach Kennedy/Lietaer 2004: 267ff; Rösl 2006: 4

Anhang 2: Beschreibende Auflistung der erhobenen Daten

Kurz-beschreibung	Erhebungs-methode	Aufzeichnung	Datenqualität	Zitations-kürzel
Beobachtende Teilnahme				
Teilnahme an einer Regiogeldinitiative; Beobachtung des Prozesses des ‚Geldmachens'	anfangs unstrukturierte beobachtende Teilnahme; später fokussierte Nachfragen	Forschertagebuch; Beobachtungsprotokolle (handschriftlich)	sinngemäß	BP
Internetanalyse				
Auswertung von Internetdokumenten (v.a. Webseiten der Initiativen); Ziel: Überblick und empirisch begründete Dimensionalisierung	umfassende Recherche mittels Suchmaschinen; Klassifikation und Dimensionalisierung mittels inhaltsanalytischer Auswertung in MAXQDA	elektronische Archivierung; Klassifikation mittels einer Datenbank;	wörtlich	- - - URL

Kurz-beschreibung	Erhebungs-methode	Aufzeichnung	Datenqualität	Zitations-kürzel
Dokumentenanalyse				
Erforschung der Regiogeldszene und verschiedener Regiogeldinitiativen	Sammeln und Analysieren einer Vielzahl an Dokumenten (Zeitungsberichte, Flyer, Broschüren etc.)	papierene Archivierung	wörtlich	--- direkte Quellenangabe
Interviews mit Regiogeldmachern				
Experten-Befragungen zur Regiogeldszene und zum ‚Geldmachen' an sich	Leitfadengestützte Interviews mit offenen, erzählgenerierenden Fragen; teilweise abschließende Fokussierung auf bestimmte Aspekte (Gründe des Scheiterns, Entstehung und Struktur der Regiogeldszene usw.			
	- telefonische Interviews (TEL01-07)	Mitschnitt (digitales Diktiergerät) & wörtliche Transkription	wörtlich	TEL
	- persönliches Interview (IN01)			IN
	- telefonische Interviews (GP01-03)	Mitschrift und Gedächtnisprotokoll	sinngemäß	GP
Teilnehmende Beobachtungen				
Erforschung der Regiogeldszene (Kongresse, Veranstaltungen etc.) und verschiedener Regiogeldinitiativen	Teilnehmende Beobachtung (teils mit Beobachtungsleitfäden); ethnographische Interviews	Forschertagebuch; Beobachtungsprotokolle (teils handschriftlich)	sinngemäß	BP
Fallanalyse Regiogeldnutzer				
Interviews mit Nutzern der Regionalwährung „Chiemgauer" mit dem Ziel einer Rekonstruktion von Regiogeldbedeutungen und –handlungen	Explorative Interviews mit theoretisch ausgewählte Nutzern	Mitschnitt (digitales Diktiergerät) & wörtliche Transkription	wörtlich	CG

Anmerkungen:
Die in der Tabelle getroffene Unterscheidung zwischen wörtlichen und sinngemäßen Daten meint folgendes:

Wörtliche Daten sind Interviews, die mittels eines digitalen Diktiergeräts mitgeschnitten und anschließend wörtlich transkribiert wurden. Die dafür verwendeten Transkriptionsregeln (siehe Anhang 3) sind entsprechend des Erkenntnisinteresses relativ einfach gehalten, Sprechpausen, Betonungen, Gesten und Ereignisse werden aber berücksichtigt. In der Auswertung erkennt man diese wörtlichen Daten an dem Zitationskürzel , gefolgt von der Interviewnummer und den entsprechenden Zeilennummern (etwa: TEL02: 56-59). Die verschiedenen Kürzel ermöglichen – im Sinne der intersubjektiven Nachvollziehbarkeit – die Zuordnung der Zitate zu jeweils unterschiedlichen Interviewformen und –situationen. „TEL" steht dabei für die telefonischen Interviews mit Regiogeld-Aktivisten, „IN" für das persönliche Interview mit einem Aktivisten, „CG" bezeichnet die die persönlichen Interviews mit den Nutzern der Regionalwährung Chiemgauer. Weitere ebenfalls wörtliche Zitate, die aus Internetquellen stammen, werden mit verkürzter Internetadresse (etwa: regiogeld.de 05) zitiert; die ausführliche findet sich im Internetquellenverzeichnis. Zitate aus Prospekten, Flyern und ‚grauer' Literatur werden in eigenen Fußnoten spezifiziert.

Sinngemäße Zitate basieren hauptsächlich auf meinen Beobachtungsprotokollen (Zitationskürzel „BP" für Beobachtungsprotokoll) oder auf Interviews, die aus verschiedenen Gründen nicht aufgezeichnet werden konnten und deswegen aus dem Gedächtnis protokolliert wurden (Zitationskürzel „GP" für GEdächtnisprotokoll)

Anhang 3: Transkriptionsregeln

Die geführten Interviews wurden sobald als möglich nach der Aufnahme wörtlich transkribiert. Das hier verwendete Transkriptionssystem basiert auf den Regeln von Hoffmann-Riem (nach Kuckartz 2007: 61), wurde allerdings etwas modifiziert werden, um die computergestützte Kodierung zu ermöglichen. Aus Gründen des Datenschutzes wurde sämtliche reale Namen, die eine Nachvollziehbarkeit ermöglichen durch Kode-Namen bzw. durch Auslassungen (etwa: „[Ortschaft 1]") ersetzt. Ausnahme sind hierbei sehr prominente Namen (etwa Margrit Kennedy, Bernard Lietaer, Christian Gelleri etc.) und Initiativen (bspw. der Chiemgauer), die aus Verständnisgründen nicht anonymisiert wurden. Unverständliche, irrelevante oder zu persönliche Passagen wurden ebenfalls nicht mittranskribiert, sind aber durch Auslassungszeichen „( )" gekenn-zeichnet oder werden paraphrasierend wiedergegeben „{ }".

Die in die die Auswertung eingearbeiteten Zitate (nicht die Transkripte!) wurden zudem leicht bereinigt: Für eine Verbesserung der Lesefreundlichkeit habe ich größtenteils die vom Interviewer zur Unterstützung des Redeflusses eingesetzten Ermunterungen wie ‚ja' oder ‚hm' weggelassen. Außerdem habe ich (aus Rücksichtnahme auf die Leser außerhalb Bayerns) sehr starke Dialektfärbungen entschärft und nicht sinntragende Verhaspler entfernt. Neben einer besseren Lesbarkeit dient dies auch dazu, die Interviewten nicht als ‚Deppen' darzustellen – schließlich wirkt jede exakte Transkription eines mündlichen Gesprächs neben einem ausgearbeiteten Text minderwertig. Durch die vorsichtige Entfernung solcher nicht sinntragender Elemente der Transkripte, lässt sich das zumindest graduell entschärfen. Weiterhin zeigen in runde Klammern gesetzte Leerzeichen ‚( )' eine Auslassung von, für den entsprechenden Zusammenhang, uninteressanten Interviewpassagen an. Die in eckigen Klammern eingesetzten Worte wurden von mir in das Zitat eingefügt, um eine bessere Lesbarkeit zu gewährleisten.

Zeichen	**Bedeutung**
+	kurze Pause
++	mittlere Pause
+++	lange Pause
/INT: hm/	Zur Kennzeichnung von kurzen Einschüben
((Ereignis))	nichtsprachliche Handlungen, z.B. ((zeigt auf ein Bild))
((lachend))	Begleiterscheinung des Sprechens (die Charakterisierung steht *vor* den entsprechenden Stellen);
SICHER	auffällige Betonung, auch Lautstärke
Regiog-	Abbruch eines Wortes
( )	unverständlich oder Auslassung
(so schrecklich?)	nicht mehr genau verständlich, vermuteter Wortlaut
{Interviewer nickt}	Anmerkung, paraphrasierende Zusam-menfassung
I:	Interviewer (Sprecherkennzeichnung)

Satzzeichen

?	zur Kennzeichnung von Fragen
.	zur Kennzeichnung des Satzendes (Stimmabfall)

Kommata werden nicht verwendet

Kolibri 360 GmbH
Ferdinand-Jühlke-Straße 7
99095 Erfurt, Deutschland
produktsicherheit@kolibri360.de